本书编撰人（按目录顺序）：

郑永王（南京师范大学）
喻丰（武汉大学）
孔薇（武汉大学）
李小鲲（南开大学）
朱淑珍（中山大学）
刘毅（武汉大学）
张晖（南京师范大学）
朱晓伟（长江大学）
晏明耀（南京师范大学）
张利（武汉理工大学）
李晓荣（中南财经政法大学）
任再丹（南京师范大学）
魏晓曦（南京师范大学）

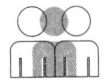

人格心理研究丛书

Series on
Personality Psychology

主编 郭永玉

人格理论

上册

郭永玉 刘 毅 尤 瑾 等著

总　　序

《人格心理学：人性及其差异的研究》（中国社会科学出版社2005年版）一书出版后，我就开始酝酿一个计划，就是以此书的体系为框架，编写一套人格研究丛书。就是说此书尽管很厚，但就人格心理学这一丰富而宽泛的领域而言，仍然是概略性的。如果将每一章扩展成一本书，就可以讲得更明白而翔实一些。但这个计划从酝酿到现在实现，已经十几年过去了。之所以如此"难产"，原因当然很多，其中最主要的是中青年作者队伍的形成。因为人格心理学虽然在西方是心理学的一个基础性领域，已经有了深厚的积累，但在中国，由于历史的原因，人格心理学一直是一个薄弱的分支。

在那个心理学即使被允许存在的年代，"人格"一词在相当长的时间里也是避免使用的。在普通心理学课程中，有关人格的内容讲的是气质和性格，更奇怪的是，把气质又归结为巴甫洛夫的神经活动类型，把性格归结为对人、对己、对集体、对社会的态度。这些内容与西方的普通心理学或心理学导论课程中的人格章节的内容几乎没有相同之处，是另外一套说辞。总之就是回避"人格"一词。直到现在，我也很难解释这件事，只能笼统地理解为"人格"大概属于"资产阶级的东西，姓资不姓社"。这种情况是"冷战"时代意识形态指导学术的一个很小的例证。20世纪80年代初期，由北京大学周先庚先生组织全国同行协作翻译的克雷奇（David Krech）等人编著的《心理学纲要》（文化教育出版社1981年版），涉及人格和心理健康的部分是没有被译出的，也就是说该书只是个节译本。这种情况直到80年代后期才有所改变，周先庚先生主持翻译的希尔加德（E. R. Hilgard）等人编著的《心理学导论》（北京大学出版社

1987年版),就没有整章缺漏的情况了。

人格心理学在中国被视为一个独立的分支,具体而言就是在心理学专业课程体系中被作为一门课程,要比其他基础性分支晚得多。就教科书而言,高玉祥的《个性心理学》(北京师范大学出版社1989年版)和叶奕乾、孔克勤的《个性心理学》(华东师范大学出版社1993年版),是将动机和价值观,以及气质、性格和能力(智力)等都归在"个性"概念之下,将西方心理学中有关人格的知识纳入其中,将人格说成个性或者性格,总之是在"苏联心理学"的概念框架下吸收西方的人格心理学知识,但仍然尽量避免使用"人格"一词。

难能可贵的是,同样在那种背景之下,陈仲庚、张雨新的《人格心理学》(辽宁人民出版社1987年版)和叶奕乾的《人格心理学》(青海人民出版社1990年版)则是采用西方心理学的体系,以各大派别的人格理论为主线。黄希庭的《人格心理学》(台湾东华书局1998年版,浙江教育出版社2002年版)将这种体系加以整合完善。至此,人格心理学教材在体系和内容上才与国际接轨。而此时,"冷战"早已结束,作为特殊话语体系的所谓"苏联心理学"也早就寿终正寝了。当然,单从学术本身而言,人格心理学是具有社会性和文化性的学科,不同国家、地区乃至学术机构和具体学者都可能有不同的理论或体系,但这与"冷战"背景下形成的美苏两大学术壁垒或阵营是两回事。

进入21世纪,人格心理学的教学和研究也发展到更高的水平。在黄希庭等教授的倡导下,2005年10月中国心理学会第九届第一次常务理事会决定成立人格心理学专业委员会。从此,人格心理学的发展进入新的阶段。在教育部颁布的《高等学校本科专业类教学质量国家标准》的心理学部分,人格心理学被规定为心理学类专业的核心知识领域。我有幸作为这些事件的参与者,见证了这一学科发展的若干个里程碑时刻。

尽管如此,整体而言,人格心理学的教学和研究人员一直很少,招收人格研究方向研究生的导师屈指可数。因此,某种意义上,我是在等待愿意并能够承担这套丛书写作任务的中青年学者队伍的形成。直到近五年,时机逐渐成熟了。一批以人格为研究方向的年轻学者成长起来,他们大体在 2010 年前后五年内获得博士学位并成为教学科研骨干。2015 年,我觉得丛书编写的计划可以付诸实施了,于是在上海教育出版社谢冬华先生的积极推动下,丛书写作任务开始落实。

丛书的选题依据基本上是以我在本文开始所言的那本书为蓝本,每一章扩展成一本书。为此,这里简要回顾一下那本书的框架。我当年在自序中说:

> 本书试图较系统地总结人格心理学的主要理论和研究成果,特别是体现这一领域从理论流派的纷争到深入的问题研究这一重大转向。我将主要以 1990 年代以来的文献为依据,以人格心理学的理论和实证研究成果为基础,整合人格心理学领域的最新研究成果,进而打通各理论派别间的界限,沟通各个研究主题间的联系,将已有的理论和实证研究成果整合到一种新的架构中,使人格心理学的知识体系接近历史与逻辑相统一的标准。

那本书包括六部分:第一部分探讨人格的概念及人格心理学的对象、任务、方法和历史,回顾传统的人格理论。在本丛书中,《人格理论》和《人格研究方法》就属于这一部分。

第二部分探讨人格的形成与发展,分别探讨生物学条件(生理、遗传、进化)和社会文化条件,以及发展历程(年龄阶段)和机制(天性与教养的相互作用)。在本丛书中,包括《人格的生理学维度》《人格的遗传学解释》《进化人格心理学》《人格与社会》《人格与文化》和《人格的毕生发展》。

第三部分是人格的整体功能研究,包括认知、情绪、动机和自我,即信息的获取与处理、情绪的反应与适应、行为的动力与目标,以及自我的统合与完善。在本丛书中,包括《认知风格与生活》《人格与情绪》《动机与目标》《自我调节》和《自我》。

第四部分是人格的具体功能研究，分别探讨潜意识、攻击、利他、人格与健康。在本丛书中，包括《人格与健康》《人格障碍》《人格中的恶》《利他主义》《人格与道德》和《人格与创造》。这部分与那本书的章目不完全对应，其间虽有内容上的重叠交叉，但每本书都围绕一个专题展开，各自有其独立成篇的合理性。

第五部分是人格的群体差异研究，包括性别差异和文化差异这两个最大的群体差异。在本丛书中，包括《性别与人格》和《中国人的人格》。

第六部分是总结性的，探讨人格测评的理论和方法，并在最后一章探讨人格理论中的人性观、人格理论分歧的维度、人格研究的方法论问题，以及人格心理学的未来走向。在本丛书中，有《人格评鉴》。

这里列的书目是迄今为止已经明确任务的，随着工作的进展，可能会有个别变动，有的可能因为各种原因不能如期完成，有的专题这里没有提及，但内容很好又有合适的作者，可能会新加入进来。但这些变动不会改变这个大的框架。定稿后的书名可能有变化，但内容基本就是这些。

人格心理学是一个丰富、有趣又富于挑战性的领域。我们期待这套丛书能够较完整地展现这一学科的面貌，也期待有更多的年轻人进入这一研究行列。当然，也期待着读者坦率地指出丛书编撰中存在的问题甚至错误。

郭永玉
2019年2月
于金陵随心斋

自　　序

　　为什么写书？有人是为了讲故事，有人是为了发表新观点，有人是为了传播知识，可能还有很多别的理由。我为什么要写书？而且写好几本书？回想起来，似乎有一个共同的理由，那就是为了表达一个新思路、一种新知识结构或体系。也许从具体的知识而言，我书中讲的在别人的书中也讲过，但整体而言，别人没有像我这样讲的。这就是我常说的："人人书中有，人人笔下无。"在这种动力的驱使下，我按照自己的思路写了《孤立无援的现代人——弗洛姆的人本精神分析》《精神的追寻：超个人心理学及其治疗理论研究》《心理学导引》，以及不同版本的《人格心理学》。这本《人格理论》也不例外，我想讲一种人格理论的新思路或新体系，也就是说，人格理论还是那些，我如何讲它们？尤其是我如何看待它们之间的关系？我有自己的想法，这种想法逐步成熟，就成了这本书的框架或结构。

　　如何看待这种框架的价值？如果我们将知识视为事物之间的关系，那么学科就是知识之间的关系。零散的知识不能构成学科，只有系统的知识才能形成学科，而系统的知识就在于知识之间存在内在的联系，这种联系的体现就是一种目录以及体现该目录的知识呈现。当一个学者在脑子里形成了一套新体系，他很可能也会形成一种表达的愿望，这种愿望与一种新思想的表达愿望可能同样强烈。如果可以将这种新框架也视为一种新思想，那么表达的价值也就不言而喻了。如果一件建筑作品的特殊价值就在于其框架的特殊性，那么一本书的特殊价值是否也可以在于其框架的特殊性呢？况且在具体内容及其表述上，一本书也往往体现了作者自己的写作风格。

以下是有关本书框架的说明。

第一,突出人格理论的历史与逻辑的统一。按照特质理论、生物学理论、学习理论、精神分析理论和现象学理论的顺序来编排,意味着不同人格理论之间的关系,或者它们在解决人格的不同层面的问题上所起的不同作用。特质理论帮助我们描述人,即初步认识一个人的特点。生物学理论帮助我们从生理、遗传甚至进化的方向去解释人的特征。学习理论揭示了环境如何塑造人,其中社会认知理论则强调人与环境的交互作用,并指出人的内在判断和评价会使不同的人在同样的环境中具有不同的感受,作出不同的反应,同时人具有目标奋斗和价值引导的能力,通过认知自我与环境作出判断与选择。精神分析理论挖掘人的潜意识动机,探索心理疾病的病理机制以及免于心理疾病的方法。现象学理论则呈现人的意识经验的整体性和主动性。人具有选择的能力以及建构世界的能力,人的存在状态面临多种冲突,但人会探索健康生活的状态和途径,探索生命的潜能和价值,进而实现人生存在的意义。因此,这五大理论关注的是人格的不同层面,试图从不同视角去描述、解释甚至预测和改变人格。它们之间不是互相排斥的,也不是互不相干的,而是互相补充、互相启发的。当然,正如所有西方学术传统,理论一定是在批判的过程中发展的,批判性思维是理论发展的源泉。不同理论之间的分歧和争论不会阻碍理论的发展,反而会促进理论的发展。读者阅读本书后会对此观点有充分的认识。

我在这里要强调的是,这种排列顺序体现了对它们之间内在联系的一种新的理解,即从描述到解释,从机体到环境,从生物到社会,从外部到内部,从简单到复杂,从深度到高度,从科学到人文。当然,这里讲的七个维度是从非常宏观笼统的视角而言的,不能用微观细致的标准加以论证并贯彻无疑。从描述到解释,是指大体而言,特质理论旨在描述人格的基本结构,而另外四种理论更具有解释性。从机体到环境,是指大体而言,特质理论和生物学理论都聚焦于人格这个有机体本身,尽管行为遗传学和进化心理学在解释体系中都包含环境因素,我们还是可以说,直到学习理论特别是行为主义,才真正将解释重点转移到环境上。

但是，从机体到环境的视角并未涵盖精神分析和现象学两大理论。从生物到社会，是指大体而言，特质理论、生物学理论和精神分析理论都强调人的生物属性或生理特征，而学习理论则强调环境或社会的作用，现象学理论更是远离了人的生物性而朝向人的主体性，这种主体性当然与社会性关系更密切。从外部到内部，是指大体而言，特质理论、学习理论是偏向外部的，精神分析理论和现象学理论则是偏向内部的，当然还可以更具体一点看，特质理论是偏向外部的，而生物学理论是偏向内部的，学习理论中行为主义是偏向外部的，而社会认知理论是偏向内部的。从简单到复杂，是指大体而言，特质理论、生物学理论和学习理论相对简单，而精神分析理论和现象学理论则相对复杂，但这只是从人格层面而言，具体到理论，你也许觉得生物学理论很复杂，而人本主义理论则容易理解得多。从深度到高度，是指大体而言，精神分析理论重在探索人性深处的潜意识领域，所以被视为深度心理学，而人本主义特别是自我实现理论将人生视为一种不断追求高层次需要的过程，人生的价值取决于人所能达到的境界有多高，所以这种理论又被视为一种"高度心理学"，但从深度到高度这一视角并未涵盖全部五大理论。从科学到人文，是指大体而言，特质理论、生物学理论和学习理论都严格遵循科学理论的范式，建立在尽量规范的科学研究基础上，而精神分析理论和现象学理论虽然不乏科学性，但相对而言，它们更多地建立在临床研究的基础上，更带有理论家的个人特色甚至个人的哲学立场，有更多的人文关怀，也更大地影响了人文学科和人文事业，如文史、艺术、教育和健康。

第二，从特质理论讲起，而不是从精神分析理论讲起。迄今为止，所有人格理论著作都是先讲精神分析，而且这一学派占一半以上的篇幅。更糟糕的是，出于课程设置习惯的原因，国内大学特别是在本科往往开设人格心理学课程，而不开设人格理论课程，于是很多英文版本的《人格理论》翻译成中文就被改成《人格心理学》。这样，不仅人格理论课程几乎被讲成精神分析，而且整个人格心理学差不多也被讲成精神分析。由于精神分析是一个庞大而深奥的学派，一入门便觉深似海，沉迷其中而不自觉，不知不觉大半个学期过去了！鉴于人格心理学早已不是以人格理论而是以专题研究为主要内容(参见我已出版的或国内外同行的有关著作),这种教学体系就误人子弟了!因为在今天的人格心理学学科体系中,精神分析所占的篇幅已经很少了。

从特质讲起已经成为人格心理学教科书的趋势,这一点我在别的地方已经讲得很充分。现在,我要强调的是人格理论也应该从特质理论讲起,但我还未见到这样的英文版《人格理论》,大概是因为人格理论这个领域的传统惯性太强大,已有的人格理论著作的第1版大多是20多年以前出版的,现在尽管是新版(如第10版),但框架还是老的,似乎框架变了就不是原来那本书的新版而是另外一本书了。无论如何,我认为人格理论的体系是时候改变了。首先,即使从时间上看,"特质"概念也是最早的。精神分析虽然是最早的现代人格理论,但"特质"概念早就存在于古代理论和民众心理学中,古希腊和古罗马的气质类型学说就基于特质的描述和分类,《论语·先进》中说:"柴也愚,参也鲁,师也辟,由也喭。""求也退,故进之;由也兼人,故退之。"都是在描述人的特质。紧接着就是从生理上解释特质,如西方的体液说和中国古代的《内经》。潜意识的概念则晚得多。其次,从科学发展的内部逻辑上看,"是什么"问题,结构问题或因素问题,是最基本的问题,如物理学的基本粒子、化学元素、生物学的细胞,特质理论要完成的主要任务是描述,也就是回答人格是什么、由什么构成的问题,而生物学理论和潜意识理论要解决的主要是解释层面的问题。描述在先,解释在后。再次,从学生的可接受性来看,特质理论和生物学理论在方法论上更符合一般的科学标准,精神分析虽然秉承科学精神,但更具有个人解释和个人临床经验的特点。如果一开始就讲弗洛伊德(Sigmund Freud),容易使学生形成一种片面的印象,涉及性心理方面的内容教师自己往往也把握不好。特别是由于精神分析具有心理病理学和治疗学的专业性质,因此心理学专业的教师通常讲不到位。最后,弗洛伊德的理论虽然是最早的人格理论,但他无意创建一门人格心理学学科,他的工作重心不在学院,而在临床。奥尔波特(G. W. Allport)却有意创建一门人格心理学,他在哈佛大学心理学系工作,作为人格心理学学科内容的人格理论,是奥尔波特开创的。

第三,将精神分析理论放在一个较恰当的位置上。本书不像已有的人格理论著作那样,开篇讲精神分析学派且篇幅占近一半甚至大半。我认为,精神分析本身可作为一门研究性的课程,在那里,精神分析人格理论可以得到较充分的展开。但在人格理论中,它只是一个学派,尽管是重要的学派。这样也尽量避免了与心理学史课程内容的重复。当然,我没有丝毫贬低或轻视精神分析的意思。精神分析理论是对20世纪整个人类知识甚至世界观影响最大的心理学理论,这是任何其他心理学理论无法与之相比的。我只是认为,在整个人格理论知识领域,它应该占据恰当的位置和篇幅。

第四,重视生物学理论。在多数人格理论著作中,生物学理论要么不讲,要么只在讲艾森克(Hans Eysenck)时涉及他的生理学理论,有的新版本讲到了进化心理学,但远远不够。生理心理学特别是神经科学,还有行为遗传学、进化心理学等对人格理论的贡献现在不能不重视了。我将生理学、行为遗传学和进化心理学三大理论视为生物学对人格探索的一种还原论脉络。从时间上看,三者虽然都可以追溯到19世纪,但作为成熟形态的理论,都是20世纪的事情,而且基本上符合这里列举的顺序。更重要的是,从学理逻辑上看,生理属于个人当下的状态,以此为起点追溯到父母和家族,探讨遗传的作用,再进一步追溯到人类祖先的演化历史,去揭示演化的心理机制。所以,生理—遗传—进化线索是一条逐步还原的人格解释脉络。还有另一条"还原"脉络,是社会—历史—文化线索,也是一种逐步"还原"的人格解释脉络,就是说社会是个人当下的环境,这个社会是经过漫长的历史发展到今天的,所以需要历史的维度才能深入理解当下的社会,而在漫长的历史长河中积淀下来的思维方式、情感方式和行为方式就是文化。因此,这一脉络也可以被视为一种"还原",只是我们习惯于将生物学路径的解释视为还原论,而不将社会—历史—文化的解释路径视为还原论,所以我这里加了引号。如果用汉字"人"作为表征,则恰好可以分别将这两大脉络标刻在两个笔画上。同时,后一脉络在已有的人格理论中只是若隐若现,还没有清晰形成,我在此仅顺便提及。此处仍然强调的是,对生物学理论的重视是本书的一大贡献。

  本书从构思框架到今天已经超过 10 年，最早的几章初稿是 2007 年写成的。真所谓"十年磨一剑"！所以，今天写这个序，难免感慨良多。现在将其放在这套丛书中，也是适得其所。这本书也是我与学生合作的结果，而今他们已分别任教于不同的大学，如武汉大学的刘毅、尤瑾、喻丰，华侨大学的李小新，长江大学的朱晓伟，中南财经政法大学的李敏荣。

  特别要说明的是，中山大学朱新秤教授应邀撰写了有关进化人格心理学的第 7 章，为本书增色添彩，在此深深致谢！

  以下是各章撰稿者情况：第 1 章，郭永玉、喻丰；第 2~4 章，尤瑾；第 5~6 章，李小新；第 7 章，朱新秤；第 8 章，刘毅；第 9 章，刘毅、张跃；第 10~11 章，朱晓伟；第 12~13 章，刘毅；第 14 章，张跃、曾昭携；第 15 章，郭永玉；第 16 章，张钊；第 17~18 章，李敏荣；第 19 章，李敏荣、任怡丹；第 20 章，郭永玉、解晓娜。

  统稿过程中，得到张跃、解晓娜、顾玉婷、任怡丹、于泽坤、张唯茹、曾昭携等同学的协助。

  全书由我提出和确定撰写思路与写作风格，由我负责组稿和统稿，自然由我担负文责。尽管我们主观上很认真了，但难免仍有错误，期待读者批评指正。

郭永玉

2021 年 7 月 20 日

于金陵随心斋

要目
Brief Contents

上 册

1 人格理论概观 1

第一编 特质理论

2 奥尔波特：探寻独一无二的人 21
3 卡特尔和艾森克：勾画人格地图的概貌 52
4 麦克雷和科斯塔：建构人格的元理论框架 82

第二编 生物学理论

5 巴甫洛夫、艾森克和格雷："唤醒"人格的生理基础 111
6 从高尔顿到普洛明：行为遗传学 142
7 以巴斯为代表：进化人格心理学 174

第三编 学习理论

8 华生和斯金纳：行为主义 209
9 多拉德和米勒：基于"驱力"的行为理论 237
10 罗特和米歇尔：社会学习理论 259

11　班杜拉：社会认知理论 288

下　册

第四编　精神分析理论

12　弗洛伊德：创建精神分析 319

13　荣格和阿德勒：挑战弗洛伊德 343

14　安娜·弗洛伊德、埃里克森与克莱因：自我与客体关系 371

15　霍妮和弗洛姆：人格与社会文化 398

第五编　现象学理论

16　凯利：个人建构心理学 425

17　马斯洛：自我实现的人 448

18　罗杰斯：活出真实的自我 472

19　罗洛·梅：爱与意志的存在 491

20　小结与展望 514

目录 / Contents

上 册

1 人格理论概观 ……… 1
  1.1 人格与人格理论 ……… 2
    1.1.1 人格的定义 ……… 2
    1.1.2 人格分析的三种水平 ……… 3
    1.1.3 人格理论 ……… 4
    1.1.4 科学理论的建立与检验 ……… 5
  1.2 人格理论要解决的问题 ……… 7
  1.3 人格的理论问题 ……… 10
    1.3.1 人格在多大程度上由遗传决定,又在多大程度上受环境影响 ……… 10
    1.3.2 对人生而言,过去、现在和未来何者更重要 ……… 11
    1.3.3 人的行为是由什么推动的 ……… 11
    1.3.4 自我概念有多重要 ……… 11
    1.3.5 潜意识机制有多重要 ……… 12
    1.3.6 人的行为是自由选择的还是被决定的 ……… 12
    1.3.7 通过向人们询问,我们能够了解什么 ……… 12
    1.3.8 独特性还是共同性? ……… 13

1.3.9 人是内控的还是外控的 13
1.3.10 心身之间有何联系 13
1.3.11 人性的本质是什么 14
1.3.12 人的行为有多大的稳定性 15
1.4 主要理论流派 15

第一编 特质理论

2 奥尔波特：探寻独一无二的人 21
2.1 奥尔波特传略 22
2.2 人格的本质和结构 25
2.2.1 人格的定义 25
2.2.2 人格的结构 27
2.2.3 人格的基本单元——特质 28
2.3 人格的动力系统 33
2.3.1 前动性动机理论 33
2.3.2 人格的动力：机能自主 35
2.4 人格的发展 38
2.4.1 两种不同的人格 39
2.4.2 统我的发展阶段 41
2.4.3 人格发展中的其他基本问题 43
2.5 人格研究和测量 44
2.5.1 人格研究和测量中的方法论问题 44
2.5.2 奥尔波特对人格特质的研究和测量 46
2.5.3 奥尔波特对人格的其他构成的测量和研究 47
2.6 对奥尔波特人格理论的评论 49

3 卡特尔和艾森克：勾画人格地图的概貌 52

3.1 卡特尔的人格理论 53
3.1.1 卡特尔传略 53
3.1.2 卡特尔的方法学 55
3.1.3 卡特尔的特质心理学思想 59
3.1.4 卡特尔对特质的研究与测量 65

3.2 艾森克的人格理论 70
3.2.1 艾森克传略 70
3.2.2 艾森克的层次特质观 72
3.2.3 艾森克的人格发展观 77

3.3 对卡特尔和艾森克理论的评价 79

4 麦克雷和科斯塔：建构人格的元理论框架 82

4.1 人物传略 83

4.2 人格分类系统的共识 84
4.2.1 词汇学取向的探索 85
4.2.2 理论取向的支持 87
4.2.3 原型取向的界定 89

4.3 五因素模型的发展 91
4.3.1 五因素模型的真实性 91
4.3.2 五因素模型的综合性 93
4.3.3 五因素模型的跨文化普适性 95
4.3.4 五因素模型的生物学根源 96

4.4 五因素人格理论的提出 98
4.4.1 五因素人格理论的人性假设 98
4.4.2 五因素人格理论的基本构成元素 100
4.4.3 五因素人格系统的运作过程 102

4.4.4 五因素人格理论的合理性 105

4.5 五因素人格理论简评 106

第二编 生物学理论

5 巴甫洛夫、艾森克和格雷："唤醒"人格的生理基础 111

5.1 人格的生理类型论 111

5.1.1 巴甫洛夫传略 111

5.1.2 四液说 113

5.1.3 神经活动类型理论 114

5.1.4 体型说 116

5.2 唤醒与人格 117

5.2.1 内外向的生理基础 118

5.2.2 神经质的生理基础 120

5.2.3 精神质的生理基础 121

5.3 敏感性强化理论 121

5.3.1 格雷传略 121

5.3.2 敏感性强化理论 122

5.3.3 行为激活系统与行为抑制系统对人格变量的解释 123

5.3.4 格雷敏感性强化理论的应用研究 126

5.4 感觉寻求 127

5.4.1 克洛宁格的三维人格模型 127

5.4.2 朱克曼的研究 131

5.5 大脑不对称性和神经递质 133

5.5.1 大脑功能模块化 134

5.5.2 大脑不对称性及其个体差异 135

5.5.3 神经递质 137

6 从高尔顿到普洛明：行为遗传学 142

6.1 高尔顿的遗传理论 143

6.1.1 高尔顿传略 143

6.1.2 遗传血统论 145

6.1.3 遗传决定论 147

6.1.4 祖先遗传律 148

6.1.5 优生学 148

6.1.6 高尔顿遗传理论的贡献与影响 149

6.2 经典行为遗传学理论 150

6.2.1 普洛明传略 151

6.2.2 遗传学基础 153

6.2.3 数量遗传学的研究及发现 154

6.2.4 对遗传率的解释 160

6.3 分子遗传学 162

6.4 遗传与环境的关系：天性与教养之争 165

6.4.1 环境：人格发展过程中不可忽视的因素 165

6.4.2 遗传与环境的交互作用 168

6.5 行为遗传学理论评价 172

7 以巴斯为代表：进化人格心理学 174

7.1 进化心理学的基本原理 174

7.1.1 心理机制是进化选择的结果 174

7.1.2 心理机制的形成过程 175

7.1.3 心理机制的特性 176

7.1.4 进化心理学的心理发展观 177
7.2 图比和科斯米德斯的进化人格心理观 177
7.2.1 人物传略 178
7.2.2 人的共性 179
7.2.3 从进化观看个体差异 181
7.2.4 从进化观看群体差异 185
7.3 巴斯的进化人格心理观 187
7.3.1 巴斯传略 187
7.3.2 个体差异是解决社会适应问题的关键 188
7.3.3 策略促进和策略干扰 189
7.3.4 人格五因素在解释适应问题中的作用 192
7.3.5 人格的性别差异 193
7.3.6 人格一致性与行为多样性 195
7.4 麦克唐纳和内特尔的人格心理学 196
7.4.1 人物传略 196
7.4.2 麦克唐纳的人格心理学观点 197
7.4.3 内特尔的人格心理学观点 200
7.5 进化人格心理学的评价 203
7.5.1 进化人格心理学的贡献 203
7.5.2 进化人格心理学的局限 205

第三编 学习理论

8 华生和斯金纳：行为主义 209
8.1 华生的人格理论 209
8.1.1 华生传略 209
8.1.2 人格界定 211

8.1.3 人格形成与改变 212
8.1.4 如何研究人格 214
8.1.5 情绪 215
8.1.6 病态人格 216
8.1.7 理论评价 217
　8.2 斯金纳的人格理论 218
8.2.1 斯金纳传略 219
8.2.2 人格结构 221
8.2.3 人格动力 224
8.2.4 人格发展 231
8.2.5 理论评价 234

9 多拉德和米勒：基于"驱力"的行为理论 237
9.1 人物传略 237
9.2 人格结构 240
9.3 人格动力 240
9.3.1 学习原理 240
9.3.2 习得性恐惧 248
9.3.3 挫折与攻击 249
9.3.4 冲突 250
9.4 人格发展 252
9.4.1 人格发展路径 252
9.4.2 异常人格的发展 255
9.5 理论评价 257

10 罗特和米歇尔：社会学习理论 259
10.1 罗特的社会学习理论 260

10.1.1 罗特传略 260

10.1.2 人格结构 262

10.1.3 人格动力 266

10.1.4 人格发展 269

10.2 米歇尔的认知—情感加工系统理论 271

10.2.1 米歇尔传略 272

10.2.2 人格结构 273

10.2.3 人格动力 278

10.2.4 人格发展 280

10.3 对罗特与米歇尔理论的评价 286

11 班杜拉：社会认知理论 288

11.1 班杜拉传略 288

11.2 人格的本质和结构 290

11.3 人格动力 291

11.3.1 观察学习 291

11.3.2 三元交互决定论 296

11.3.3 自我效能论 299

11.3.4 自我调节 304

11.4 人格发展 308

11.5 理论应用：行为失调与治疗 311

11.5.1 机能失调行为 311

11.5.2 心理治疗 312

11.6 理论评价 313

下 册

第四编 精神分析理论

12 弗洛伊德：创建精神分析 319
- 12.1 弗洛伊德传略 319
- 12.2 人格结构 321
- 12.3 人格动力 325
- 12.4 人格发展 328
- 12.5 焦虑与防御机制 331
- 12.6 理论评价 338
  - 12.6.1 贡献 339
  - 12.6.2 局限 340

13 荣格和阿德勒：挑战弗洛伊德 343
- 13.1 荣格的人格理论 343
  - 13.1.1 荣格传略 343
  - 13.1.2 人格结构 345
  - 13.1.3 人格类型 349
  - 13.1.4 人格动力 351
  - 13.1.5 人格发展 352
  - 13.1.6 人格评估 356
  - 13.1.7 荣格理论的评价 356
- 13.2 阿德勒的人格理论 358
  - 13.2.1 阿德勒传略 358
  - 13.2.2 人格结构 360

		13.2.3　人格动力 ……… 363
		13.2.4　人格发展 ……… 366
		13.2.5　阿德勒理论的评价 ……… 368

14　安娜·弗洛伊德、埃里克森与克莱因：自我与客体关系 ……… 371
	14.1　安娜·弗洛伊德的自我心理学 ……… 372
		14.1.1　安娜·弗洛伊德传略 ……… 372
		14.1.2　自我与防御机制 ……… 373
		14.1.3　儿童精神分析 ……… 376
		14.1.4　理论评价 ……… 377
	14.2　埃里克森的自我心理学 ……… 378
		14.2.1　埃里克森传略 ……… 378
		14.2.2　自我同一性理论 ……… 380
		14.2.3　人格发展 ……… 382
		14.2.4　理论评价 ……… 388
	14.3　克莱因的客体关系理论 ……… 388
		14.3.1　克莱因传略 ……… 389
		14.3.2　儿童人格的结构 ……… 391
		14.3.3　儿童人格发展的动力 ……… 393
		14.3.4　心态观与儿童心理性欲发展 ……… 393
		14.3.5　对克莱因人格理论的评价 ……… 396

15　霍妮和弗洛姆：人格与社会文化 ……… 398
	15.1　霍妮的社会文化神经症理论 ……… 398
		15.1.1　霍妮传略 ……… 399
		15.1.2　霍妮的神经症理论 ……… 401

15.1.3 理论评价 408
15.2 弗洛姆的人本精神分析理论 410
15.2.1 弗洛姆传略 411
15.2.2 人的处境 412
15.2.3 人的需要 413
15.2.4 社会性格论 415
15.2.5 社会潜意识论 419
15.2.6 现代人的困境与出路 420
15.2.7 理论评价 421

第五编　现象学理论

16 凯利：个人建构心理学 425

16.1 凯利传略 426
16.2 人格结构 428
16.3 人格动力 432
16.3.1 基本假设 433
16.3.2 建构过程 434
16.3.3 建构系统的结构 436
16.3.4 对社会嵌入的建构效果 437
16.3.5 焦虑、害怕和威胁 438
16.4 人格发展 439
16.5 个人建构用于心理治疗 441
16.5.1 固定角色治疗 441
16.5.2 角色建构库测验 444
16.6 理论评价 446

17 马斯洛：自我实现的人 448

17.1 马斯洛传略 448
17.2 人格结构与动力 451
17.2.1 需要层次 452
17.2.2 自我实现 457
17.2.3 高峰体验 460
17.3 马斯洛的人格发展理论 463
17.3.1 人格发展阶段 463
17.3.2 自我实现者的人格特征 464
17.3.3 如何达到自我实现 466
17.4 理论评价 468

18 罗杰斯：活出真实的自我 472

18.1 罗杰斯传略 472
18.2 人格结构 475
18.3 人格动力 476
18.4 人格发展 477
18.4.1 积极关注与价值条件 477
18.4.2 自我协调 478
18.4.3 促进自己和他人的自我实现 479
18.5 健康的人格：机能充分发挥者 481
18.6 罗杰斯人格理论的应用 483
18.6.1 以人为中心的心理治疗 483
18.6.2 以学生为中心的教育观 487
18.7 理论评价 487

19 罗洛·梅：爱与意志的存在 491

- 19.1 罗洛·梅传略 492
- 19.2 存在主义的思想背景 495
- 19.3 罗洛·梅的存在分析观 497
- 19.4 人格结构 498
  - 19.4.1 自我中心性 498
  - 19.4.2 自我肯定 499
  - 19.4.3 参与 499
  - 19.4.4 觉知和自我意识 499
  - 19.4.5 焦虑 500
- 19.5 人格动力 502
  - 19.5.1 原始生命力 503
  - 19.5.2 爱与意志 504
  - 19.5.3 宗教紧张感 506
- 19.6 人格发展 507
- 19.7 存在心理治疗 509
- 19.8 理论评价 512

20 小结与展望 514

- 20.1 人格理论的评价标准 515
- 20.2 人格理论分歧的维度 516
- 20.3 人格理论的未来走向 521

参考文献 523

1 人格理论概观

人格心理学是心理学庞大体系中的一个分支,它强调从人性整体的视角来研究人(person)。虽然作为方法论的整体观在所有科学研究中都是不可或缺的,但人格心理学的整体视角除了是方法论意义上的,更是对象意义上的。也就是说,它以整体的人为研究对象。通常一个研究领域只以心理行为的某一方面为对象,如认知心理学、社会心理学等,或者以某一实践中的心理行为为对象,如教育心理学、管理心理学等。当然,也有以整体的人为研究对象的,如发展心理学,但它特别强调心理行为的年龄或时间维度。在人格心理学中,人性整体的结构、功能、发展和改变都是其学科基本问题。只有人格理论家试图呈现人的完整图景(Olson & Hergenhahn, 2018, p. 7)。也许正是因为这种研究的难度和复杂性,所以作为一个明确的研究领域或学科的人格心理学,直到20世纪30年代后期才得以诞生。人格心理学的知识结构包括理论、研究、评鉴和应用,即创建一种理论,通过科学研究来检验理论,找到适当的方法评鉴人格,并将这些知识和方法应用于生活实际。当然,不同的人格心理学家提出了不同的理论,得到了不同的研究结果,也找到了不同的评鉴方法,并且致力于不同领域的应用,他们在这四个方面的工作也各有侧重,但总体上,人格心理学的学科体系由理论、研究、评鉴和应用构成。当然,它们之间存在内在联系,共同构成了一个完整的学科体系。

人格理论(theory of personality)是心理学家对整体人性进行描述和解释,从而对人的行为进行预测和改变时使用的概念体系。人格理论集中体现了整体人性观的学科特性,是人格心理学的学科基石。在过去相当长一段时间，人格心理学基本等同于人格理论。这种情况虽然已经得到根本改变，但人格理论在学科中的基础地位仍然是毋庸置疑的，而且随着学科的发展，理论本身的建构和提炼显得更加紧迫和重要。

那么，人格理论是什么？是为了解决什么问题而提出的？如何评价人格理论？人格心理学中形成了哪些不同的理论流派？各个流派对人格的理解是怎样的？流派之间存在的意见分歧有哪些维度？本章将围绕这些问题展开讨论。

1.1 人格与人格理论

很多心理学家给出了人格的定义，这些定义在揭示人格本质的同时，也传达了人格的外在特征。尽管人格是一个整体意义上的概念，但不同人格心理学家会侧重于不同的分析层面，有的关注人类本性层面，有的关注个体和群体差异层面。人格理论就是心理学家对人性及其差异进行描述、解释、预测和控制时所采用的一套概念体系。在人格心理学中，存在两种不同的理论建构传统——通则取向（nomothetic approach）和特则取向（idiographic approach），正是基于这两种取向，形成了多样化的人格理论。

1.1.1 人格的定义

现代心理学中的人格概念涵盖的内容极为广泛，因此对人格的定义也多种多样，并没有形成一个统一的定义。奥尔波特（Allport, 1961, p. 28）在综合诸多定义的基础上认为，人格（personality）是个体内部决定其特征性行为和思想的心理生理系统和动力组织（personality is the dynamic organization within the individual of those psychophysical systems that determine characteristic behavior and thought）。这一经典定义包含以下四层含义。

第一，人格是个体的身心系统，即人格是生理、心理两方面相结合的统一体。因此，无论是割裂地看待这两方面的作用，还是片面地强调一方面的作用，都不能全面解读人格。第二，人格是个体内部的动力组织，包括：稳定的动机，如亲和动机、成就动机和权力动机；习惯性的情感体验方式和思维方式，如习惯从积极或消极的方面获得和加工信息并作出反应；稳定的态度、信念和价值观等。一个人内部的动力组织决定了其外在的行为模式。第三，人格是个体行为和思想的独特模式。人们的身心系统和动力组织不同，其思想和行为必然迥异，对待相同问题的看法和反应也会表现出各自的独特性。例如，在《西游记》中，唐僧师徒四人的人格截然不同，无论遇到什么样的事情，他们的态度和反应总会表现出显著的差别。第四，人格是内部动力与外部行为的统一体，这种统一体往往由一些特质（trait）构成，如外向性、独立性、自信心等。当然，表里不一的情况也是常见的，如一个对他人怀有敌意的人可能看起来特别友好。但这种经常性的表里不一本身也是一种统一体，即一种人格特质。

1.1.2 人格分析的三种水平

人格心理学旨在理解人。对人格的分析，研究者（Kluckhohn & Murray, 1961）提出了三种水平，即人类本性水平（the human nature level）、个体差异和群体差异水平（the level of individual and group differences）、个体独特性水平（the individual uniqueness level）。

人类本性水平。 在这一水平上，我们探究每个个体作为人的普遍性，即与所有人相似（like all others）。这方面的研究能使我们得到关于人类本性的一般规律，比如，马斯洛（Abraham Maslow）的需要层次理论对我们每个人来说都是一样的，一般而言，我们都有这些需要，而且这些需要具有从低级到高级的属性。

个体差异和群体差异水平。 这一水平旨在探讨个体和群体中人的特殊性，即与某些人相似（like some others）。虽然只是人格研究的一种水平，但个体差异尤其受人格心理学家的重视，也常有理论家将其视为人格心理学的定义性特征。特质理论是典型的个体差异水平上的研究。

在聚会上,有的人沉默寡言,有的人谈笑风生;有的人活泼开朗,有的人冷若冰霜;有的人淡定自若,有的人焦虑异常;有的人尽责,有的人敷衍;有的人聪慧,有的人愚钝。这些都体现了个体在某些人格特质上与某些人相似而又与某些人不同,我们把这些特质称作外向性、随和性、神经质,等等。群体水平的差异则要归结到对人的不同分类方式上,比如性别、年龄、职业、民族、国籍、文化、社会经济地位,等等。当然,每个个体都有归属于某一群体并认同这一群体的需要,而且具有相似性的个体容易相互吸引,因此有很多群体是个体自己选择的而不是我们人为划定的。无论怎样,某一群体中的个体会表现出一定程度的相似性,而又与群体外的成员表现出不同。比如,在攻击性的表现方式上,男性比女性表现出更多的身体攻击,女性比男性表现出更多的间接攻击,如制造和传播流言蜚语。

个体独特性水平。在这一水平上,我们探寻个体唯一的、无法替代和重复的独特性,即与任何人皆不相似(like no others)。就像麦克亚当斯(Dan P. McAdams)等人所认为的,人生便是在讲述自己的故事,每个人的故事都是独一无二的。人格具有独特性,对于同样的事情,不同的人会有不同的知觉和理解,如同样是考试失败,乐观者称失败是成功之母,悲观者却会自暴自弃;同样,人格在不同的情境中也有不同的含义,同样是节俭,在穷人家可能是少吃一顿饭,在富人家则可能只是少买一辆名车。

1.1.3 人格理论

我们常会描述某人,认为某人比较外向,某人比较内向;我们也常会解释,认为外向者是因为其父母都很外向;我们也会预测,认为外向的人肯定朋友多,而内向的人多半在聚会时表现得不自在;我们甚至会进行一些控制,和内向者大谈交友之道,试图让他在下次聚会时变得活跃一些。大多数人可能都有过上述经验,虽然我们在某种程度上完成了科学要求的任务,但我们所基于的只是我们自己的经验,或者说是我们自己的人格理论。从这个意义上来说,我们都是人格心理学家,我们作出判断时所使用的未经检验的人格理论,可以叫作内隐人格理论(implicit personality theory),这样的理论谈不上科学,但在日常生活中帮助我们提高了效率,节约了认知资源,使我们能快速作出判断(Cloninger, 2004, p.13)。特别是在某些信息缺失的情况下,内隐人格理论能帮我们迅速填补空白,快速作出决策。比如,要和一位陌生女性第一次见面,唯一的信息只是听别人说她容颜美丽,于是我们可能基于自己的内隐人格理论,觉得她可能谈吐不凡,举止优雅,因为在多数情况下,在我们的经验中美丽是与这些特征相联系的,这样我们就能选择适合的行为策略来与之匹配。不过,内隐人格理论属于经验和常识,真正的人格理论需要得到科学的检验,也必定要建立在科学研究的基础上。

科学的人格理论包括人格理论家们对人格等诸多问题进行的系统化探讨,形成的系统命题和假设。人格理论既是理论家们对"什么是人格"这个问题的回答,也是他们对人格的结构和动力,以及人格的发展和改变等问题的系统论述。

1.1.4 科学理论的建立与检验

理论(theory)是一系列命题(proposition)的集合,命题则由概念(concept)组成。理论中的概念又叫作构念(construct),心理学的构念通常并不是实体性概念,它很难被观察到,只能间接地去测量,构念通常反映了理论家的思想。如攻击性,我们无法观察到它,所以要想知道某位司机是否具有攻击性,我们只能通过外部行为(比如司机鸣笛的次数)进行间接观察。鸣笛次数就是攻击性的操作性定义(operational definition),即通过测量的程序对某一构念所下的定义,因此操作性定义决定了我们怎样对构念进行客观的经验观察。构念及构念间的关系构成了命题,许多命题架构起了理论。命题表达了构念之间的关系,如"高温导致攻击行为",将高温和攻击行为分别进行操作性定义后,我们会得到一个假设(hypothesis)——"司机在高温天气条件下,其鸣笛次数更多",然后检验这个假设。如果假设得到验证,那么证明假设是正确的。这便是科学研究的程序,由理论演绎成假设,再将假设变为可操作的系统观察,在经验观察的基础上检验假设的正确性(见表1.1)。当然,这个过程如果反过来从经验出发,经由归纳的过程提出假设,再去检验假设,我们也可以建构理论。归纳是从经验观察出发,通过对大量现象的观察,概括出普遍性或一般性的结论,而演绎是从一般原理出发,通过逻辑推理来解释具体的事件或现象(袁方,1997,pp. 94-95)。

表1.1 从理论演绎为假设

理论	气温影响人的行为
命题	高温导致攻击行为
操作性定义:高温	当天的气温高
操作性定义:攻击行为	司机当天的鸣笛次数
待检验的假设	司机在高温天气条件下,其鸣笛次数更多

奥尔波特(Allport,1937)借用哲学家文德尔班(Wilhelm Windelband)对知识获取方式的分类来概括人格理论建构的两大传统。通则取向(nomothetic approach)一般选取大量的人作为研究对象,试图发现适用于每个人的普遍行为规律。特则取向(idiographic approach)则强调个体是一个整体的人,具有不同于其他个体的特殊性,这种方法强调对个体的深入了解。这与人格分析的水平有关,通则取向更关注共同性以及个体之间在量上的差异,而特则取向更关注个体的独特性或唯一性。特质理论是通则取向的典型代表,其假设人格有一些基本结构——特质,探讨个体差异就可以测量个体在这些特质上的得分并进行比较。不过,奥尔波特虽然开创了特质理论流派,但他更强调特则取向的研究。在他看来,每个个体都有着独特的生活经验和主观感受,用相同的特质去测量每个人并不合适。

传统上,通则取向多采用定量方法,这是一种自下而上的加工方式。其优点在于,这样的研究得出的结论能使我们开展预测或者控制的工作,但这种基于统计平均的结论会掩盖其中的个体特殊性,比如基于群体资料得到的外向性与朋友圈的大小存在正相关,并不能保证这个群体中的所有个体都是这样,这只是统计平均的结果,对于群体中的某些个体两者之间的相关是不显著的。再者,两个人即使在外向性上得分相同,他们也并不是完全一样的,他们回答问题时的方式和答案模式也许并不相同。因此,基于统计规律的研究结论虽然能作预测和控制,但是对每一个人来说,它并不恰当。

特则研究更多地采用了定性方法,如个案研究,这更多是一种自上而下的加工方式。其优点在于,它能够形成对一个人完整且深入的理解,但是这种方法的结果很难概括化,缺乏客观性,研究者的偏见容易混淆研究结果。虽然特则研究的"科学性"常常受到质疑,但是将个体作为一个独特的人的思想,在科学上有利于深刻理解人性,比如在收集资料时采用组内的方法和 Q 分类技术,这都是基于个体之内,我们有可能形成对一个独特的人的理解。

表 1.2 通则取向与特则取向的比较

	通则取向	特则取向
目的	探寻普遍规律	理解独特而完整的人
分析的水平	个体差异和群体差异水平	个体独特性水平
研究方法	定量研究,如相关和实验方法	定性研究,如临床方法
加工方式	自下而上	自上而下
优点	客观,可进行预测和控制	形成对个体的完整理解
缺点	基于统计的结论掩盖了个体差异	缺乏客观性,难以概括化

1.2　人格理论要解决的问题

人格理论是心理学家对人格的理解之综合,一般来说,人格理论主要解决三大问题——人格结构、人格动力和人格发展。这是三个基本理论问题,它们分别回答了人格是什么(what)、为什么(why)和怎么样(how)的问题。人格理论家也会将其理论付诸实践,于是还要关心人格改变和人格评鉴的问题。在不同的理论中,理论家们对特定问题可能有不同的侧重,但整体而言,人格理论需要解决的是这三个基本问题,以及与其相关联的人格改变和评鉴问题。

人格结构。这个问题的核心在于:人格究竟是什么?我们应该以什么单元去分析人格？个体差异是怎样通过这些单元表现出来的？人格是一个复杂的概念，心理学家首先想到的便是人格如何构成，这种还原的思想正如物理学家把物体都还原成分子，化学家把物质都分解为元素，生物学家把生命体都归结到细胞。那么，人格可以分成什么呢？它又是由什么组成的呢？针对这一问题，特质理论首先给出了最好的解答。人格就是特质的集合，我们用多种特质就能描绘一个人，理解一个人，也能将这个人与其他人进行比较。这样的表述方式也常常出现在大众的话语中，我们会将他人或自己描述成"外向的""随和的"或者"急躁的"，等等，我们也会用"他比别人更容易急躁"这样的话语来表现个体差异。但是，不同心理学家对人格本质的看法不同，因此他们眼中的人格结构可能大相径庭。比如，从学习理论来看待人格，也许特质就是特定的条件反射的集合，它使我们在某种刺激的情况下作出某种反应。这样的观点发展到认知论就变成图式观，人格结构的意义也就等同于我们的图式，在什么情况下，我们作出什么样的理解，这种"如果……那么……"的集合就构成了我们的人格。仔细想来，无论是特质，还是刺激—反应的联结，抑或是"如果……那么……"这样的脚本，心理学家们都是在回答人格结构的问题。

人格动力。这个问题的核心在于：什么在驱动或者指引我们的行为？我们为什么选择某些行为而不是另外一些行为？这就是在讨论人类行为背后的动因。许多理论强调人格的动机观，如弗洛伊德（Sigmund Freud）的理论核心便是本我、自我和超我的结构冲突，多拉德（John Dollard）和米勒（Neal Miller）的学习理论仍然保留着驱力的地位。但是，这种理论都是人格动力的"推"（push）理论，当代有关目标的研究则是人格的"拉"（pull）理论（Pervin，2003，pp. 104 - 146）。目标理论同样论述人格动力，但行为并不是由驱力驱动的，而是有目的的，是目的在拉动。这些以趋利避害为原则的"推""拉"理论在某种程度上悲观地看待了人性，马斯洛（Abraham Maslow）和罗杰斯（Carl Rogers）等人的观点则更为积极，他们将人类行为的动机建立在自我实现（self-actualization）的基础上，认为自我实现的需要便是人类生活的动机，这样的观点一直延续到现代积极心理学的思潮中。对行为原因的探究是人格理论家们一贯的追求。

人格发展。这个问题的核心在于：人格是否跨时间、跨情境保持稳定？人格是否会发生变化？人格发展是阶段性的还是连续性的？什么因素影响了人格的发展？天性和教养何者在发展中占据优势？它们是如何交互作用的？米歇尔（Walter Mischel）发起的关于人—情境之争（person-situation debate）的论战一度动摇了人格存在的根基，他认为情境决定行为，而人格对行为的影响微乎其微。这使得人格的稳定性问题不复存在，但是，现在人们一般这样来看待这一问题：在某一特定行为的影响上，情境占优势；在诸多行为的集合上，我们可以发现人格的力量。也就是说，今天在聚会上某人是否活跃可能更取决于情境，如果我们要观察这个人的人格，则需要看他在多次聚会中的一贯表现。人格的稳定与变化是多数理论家考虑的问题，不同的理论家对人格的稳定与变化影响因素的研究各有侧重。弗洛伊德提出心理性欲阶段论，在他的发展观中，生物学因素的影响占据着更重要的地位，不过之后，秉承弗洛伊德理论的霍妮（Karen Horney）、弗洛姆（Erich Fromm）等人则更多强调了社会文化的作用。生物学理论强调生物学因素的影响，行为主义则是环境决定论，它们是这一问题的两个极端。

人格改变。人格心理学建立在心理测验和心理治疗的传统之上，这两个实践问题与上述三个理论问题关联紧密。人格改变的方法和操作程序与理论家对人格的理解相辅相成，而且对人格的改变来说，人格动力和人格发展问题也是必须加以考虑的。许多人格理论家同样是卓越的人格治疗家，如弗洛伊德、罗杰斯、凯利（George Kelly）等人，某些学派则对治疗兴趣不大，比如特质理论和生物学流派。

人格评鉴。将理论用于实践时，人格理论家要完成的一项重要工作就是评鉴人格，这一实践问题与人格结构问题关联紧密，因此评鉴工作最为有效的是特质理论，特质理论家开发了一系列工具用以评鉴个体的人格。其他学派的理论家，如学习理论家和生物学流派的理论家多用实验的方法获取数据来评鉴人格。精神分析学派的理论家开发了投射测验,现象学派的理论家则用 Q 分类法、角色构念库测验等方法来评鉴人格。由此可见,人格评鉴和人格改变一样,都以人格结构、人格动力和人格发展这三大基本问题的理论为依据。

1.3 人格的理论问题

人格理论家试图呈现人的完整图景。这一任务非常宏伟,它不仅与心理学的其他领域相关联,而且与其他学科相关联,如生理学、医学、社会学、历史学和哲学等。人格理论家力图将心理学和其他有关人的学科的知识加以整合,形成一个系统的理论。经过多年的努力,人格理论家系统考察了有关人性及其个体差异的若干问题。针对这些问题,尽管研究者还未获得确定的答案,有的还存在争议,但知识得到积累,认识得到深化。以下简要介绍这些问题(Olson & Hergenhahn, 2018, pp.7-10)。

1.3.1 人格在多大程度上由遗传决定,又在多大程度上受环境影响

先天论与经验论之争(nativism-empiricism controversy,亦称天性与教养之争)是心理学自诞生以来就存在的问题,在哲学上可以追溯到经验主义与理性主义之争。经验主义者认为,没有什么人性或天性之类的东西,人会变成他们经历过的样子。理性主义者认为,人生来就有不同的禀赋,人的行为是被其思想、逻辑、理性控制的。这一问题在心理学的不同领域都有所涉及,它也是人格理论要探讨的问题。先天论者主张,人格的一些基本属性在很大程度上是由遗传决定的,生活环境只能改变其表现程度和方式。相反,经验论者认为,人的各种重要属性都是由环境和经验决定的,基因只是提供了人的生物学基础,要成为一个什么样的人,取决于你生活在什么样的环境中。先天论与经验论之争以不同的语境体现在各种不同的人格理论中。

1.3.2　对人生而言,过去、现在和未来何者更重要

童年经验与成年后的人格之间有何联系？与此相关的一个问题是：人格发展有没有一个关键的、不可逆的阶段？弗洛伊德是早期经验决定论者,他认为人在6岁的时候,人格从本质上就已经形成,另一些理论家则强调未来目标对人格的重要意义。指向目标或指向未来的行为也被称为目的性行为(teleological behavior),持这种观点的主要是一些人本主义者和社会学习论者。还有一些理论家则强调现在或当下在人格中的重要作用,如存在主义者认为"活在当下"对人的心理健康至关重要。

1.3.3　人的行为是由什么推动的

人格理论家通常认为,有一种动机推动着人的行为。但这种动机究竟是什么,不同的理论家观点不同。第一种观点认为,在人的行为背后存在一种主要的驱力,这种驱力就是快乐主义(hedonism),或寻求快乐、回避痛苦的倾向。第二种观点认为,这种动机是自我实现(self-actualization),它是一种挖掘自己全部潜力的冲动,一种实现自己潜能的愿望。第三种观点认为,推动人的行为的基本动机是追求优越进而克服自卑感。第四种观点认为,人的行为动机来自对意义的寻求或减少不确定性。第五种观点认为,推动人的行为的基本动机是为了有效应对环境而发展认知能力的需要。如果细分还可以列出不同的观点。

1.3.4　**自我概念有多重要**

中国人说"人贵有自知之明"。自己对自己的认同、认知、评价和感受就是自我。自我与人格是什么关系？有些理论家把自我看作对人格加以组织的机制。自我还被认为是为个体行为提供跨时间、跨情境稳定性的机制。因此,很多理论家非常强调自我,如奥尔波特、霍妮和罗杰斯。反对自我概念的人则认为,使用自我概念可以很容易把关于人的问题转换为自我的问题。换句话说,自我就像是人身体内部的一个小矮人,它操控着人的行为,而自我怎样操控人的行为还是一个谜。斯金纳就是一位严厉批评自我理论的学者。

1.3.5 潜意识机制有多重要

弗洛伊德和荣格这样的深度理论家非常关注潜意识。强调潜意识机制的理论面临的问题是：意识与潜意识之间有何关系？怎样对潜意识进行研究？人们能够知晓自己的潜意识动机吗？如果能，他们是怎么做到的？对强调人格的社会文化因素的精神分析学家（如阿德勒、霍妮、弗洛姆等），以及进化心理学家来说，潜意识机制也很重要。特质理论家、学习理论家，以及现象学派的理论家，则要么否认潜意识对人格的重要性，要么认为潜意识的作用微不足道。

1.3.6 人的行为是自由选择的还是被决定的

如果在某一时间点上，对人的行为的所有影响都能被查明，那么我们能否完全准确地预测人的行为呢？如果你回答"能"，你就是一个决定论者。如果你回答"不能"，你也许就会相信自由意志。不过，在回答这一问题之前必须先假设，我们能查明影响人的行为的所有因素，而这是做不到的。例如，给你一个任务，让你查明一个人为什么去偷窃。可能的原因数不胜数，包括生物、社会和个人因素。无论是偷窃，还是别的行为，大多是由这样或那样的原因互相结合而导致的。因此，即便是坚定的决定论者也懂得，他们对行为的预测只是概率性的。尽管如此，多数人格理论家仍然是决定论者，只是他们强调的决定因素各有不同。唯一不承认决定论的是现象学派的理论家，他们相信，人的行为是自由选择的，人是有意志自由的。在他们眼里，人是自己命运的掌控者，而不是基因、早期经验、文化、特质、奖惩方式或其他因素的"牺牲品"。

1.3.7 通过向人们询问，我们能够了解什么

内省、自我观察和自我报告能否成为了解人格可信且有效的途径？这个问题的关键是，自我报告在多大程度上是可信的？这个问题的答案不一而足。特质论者认为，按照心理测量程序编制的自陈式问卷，可以作为收集人格数据的有效工具。尽管这种问卷可能受到社会称许性的影响，但研究者还是有一些技术来评估问卷在多大程度上是有效的。现

象学理论家认为,内省是探索人格的最有价值的手段,他们更相信通过访谈获得的材料。精神分析学家认为,只有经过训练有素的分析师的解释,内省报告才有用。学习理论家则认为,内省或自我报告基本上是无效的,也是无用的,应该尽可能避免使用这种材料。

1.3.8　独特性还是共同性？

每个人都是独特的,这是因为任何两个人之间都没有完全相同的基因和环境经验。但是,人有很多共同点,这也是事实。我们每个人都拥有与别人相似的大脑、感官和文化,这意味着在很多情境下,我们会和别人作出同样的反应。使人产生美感的东西,勾起人们喜怒哀乐的事物,以及人对某些超自然现象的恐惧,在很大程度上是"人同此心,心同此理"的。因此,每个人既是独特的,又在很多方面与别人相同。这两种说法在人格理论中都能找到。对个体的研究被称为特则研究(idiographic research),对群体甚至人类共同性的研究被称为通则研究(nomothetic research)。奥尔波特、凯利和人本主义者都采用特则研究法,卡特尔和艾森克则采用通则研究法,因为他们强调人所共有的特质。

1.3.9　人是内控的还是外控的

人的行为的控制点在哪里？一些人强调特质和自我调节系统等内部机制,如奥尔波特、卡特尔和艾森克,精神分析学家和人本主义者；另一些人强调环境刺激和奖惩形式等外因对行为发生的作用,如斯金纳、多拉德和米勒；还有人认为内控和外控都重要,如班杜拉、罗特和米歇尔。从内部控制人的行为的变量被称为人的变量(person variables),从外部控制人的行为的变量被称为情境变量(situation variables)。对人的行为来说,究竟是人的变量更重要,还是情境变量更重要,要看每个人格理论家的基本观点。

1.3.10　心身之间有何联系

心理的东西,如精神、思想或意识,对生理的东西,如脑、身体或行为究竟有何影响？反过来，生理对心理有何影响？这个经典的哲学问题仍然存在于人格心理学中。第一种回答是，这个问题并不存在，因为精神并不存在，我们所说的精神状态不过是一些精细的身体反应。这种观点被称为生理一元论（physical monism），亦称唯物论。第二种回答是，精神活动不过是身体反应的副产品，它可以而且应该在分析人的行为时被忽略。这种观点被称为副现象论（epiphenomenalism）。第三种回答是，外部事件同时激发了身体活动和心理活动，这两类活动彼此独立。这一观点被称为身心平行论（parallelism）。最后，有些人主张，心理影响身体，身体也影响心理，如身体疾病会影响心理健康，使人悲观、痛苦或坚强，反过来心理也影响身体，如情绪会通过内分泌系统影响身体健康，长期遭受压力会使生理指标发生改变，甚至导致疾病，如心脑血管疾病等，焦虑、抑郁等心理健康问题很难说是心理影响了生理还是生理影响了心理。这种观点被称为交互作用论（interactionism）。以上关于身心问题的各种观点，在各流派人格理论家中都能找到代表人物。

1.3.11 人性的本质是什么

人格理论家怎样回答人性的本质是什么这个问题，决定着他们的理论如何看待人的行为的动力。答案是因人而异的。本能论者认为，人类拥有和其他动物尤其是灵长类动物相同甚至更多的本能。进化心理学理论家声称，人类继承了祖先的行为倾向，但这些倾向可以凭借理性思维或文化影响而得到修正。演化而来的本能或行为倾向无所谓善恶，它们是人的自然属性，不善不恶。但由于这些本能中包含性和攻击，它们具有强大的能量，因此在人类历史长河中往往被文化压抑，即被视为恶的东西，而当性和攻击的能量不受控制时，它们又可能具有极大的破坏性，即表现出恶的性质。存在主义者主张，人性的核心是人具有选择行为、赋予生活意义的能力，行善与作恶是个人选择的结果。人本主义者认为，人的本性是善的，人的潜能具有建设性。人之所以表现出破坏性的甚至罪恶的行为，是因为文化、社会或家庭条件作用的结果。机械主义者认为，人就像自动对环境事件作出反应的机器。这些自动化的反应既可能是对环境刺激的简单反应,也可能是对来自环境的信息进行加工后作出的反应。身体条件反射或计算机加工都是被决定的,都没有意志自由可言,因此也就无所谓善恶。

1.3.12 人的行为有多大的稳定性

强调特质、习惯、遗传或潜意识机制的理论家在解释人格时假定,人的行为在相似情境中是稳定的,而且随着时间的发展保持一致。例如,拥有诚实特质的人,在大多数有关诚实或不诚实的情境中都会表现出诚实。同样,一个具有攻击性的人会在各种情境中表现出攻击。传统上,多数人格理论家认为,人的行为是稳定的,他们要做的就是对这种稳定性作出解释。但是,后来人们发现,人的行为并非那样稳定。人的行为是很不稳定的,以至于无法用"特质"这样的术语进行解释。证据显示,有些人的行为在某些方面稳定,但在另一些方面不稳定。稳定的那些方面,人与人之间又有不同。人格理论家现在必须面对的问题是:人的行为具有怎样的稳定性?什么原因构成了稳定性?对稳定性的个体差异作何解释?哪些因素导致了稳定性和不稳定性?对这些问题的回答往往转化为关于人的变量与情境变量,或内部变量与外部变量孰轻孰重,以及两者相互作用问题的讨论。

以上问题之间并不是孤立的,也不是同等重要的,因此还可以对这些问题进行提炼,最基本、最重要的问题也许是:遗传与环境,意识与潜意识,决定论与自由意志(Burger,2011,pp.8-9)。

1.4 主要理论流派

当一个理论家致力于以自己的观点解决人格的结构、动力和发展等问题时,他便在建构自己的人格理论。人格心理学一直存在学派纷争的局面,每个理论家都各执一词,他们对人格有着独特的理解。大理论在人格心理学中占据基础性地位,它指导研究,无论我们进行什么样的人格研究，我们都可以溯源，看看自己受哪一派别的影响。本书涉及的人格理论可以归为五大派别：特质理论、生物学理论、学习理论、精神分析理论、现象学理论。虽然五种派别对人格的理解各不相同，但是我们不能说谁对谁错，因为这些理论不是矛盾的，它们只是从不同的侧面去看待人格问题，伯格(Burger, 2004, pp. 3－4)用盲人摸象的例子来解释人格理论的关系，每种理论就像一名盲人，他们摸到了大象的不同部位，因此各自认为的大象都不相同。只有当我们了解各大理论对人格的看法后，才会对人格有完整的理解。

特质理论(trait theory)。特质理论从个体差异水平来描述人格。特质是人格研究的基本单元，也是人格研究的起点。特质理论可以追溯至古老的民众心理学传统，当说到某个人的特点时，我们会用一些形容词去描述他/她，如孔子对其不同学生特点的描述和因材施教学说，古希腊希波克拉底(Hippocrates)和古罗马盖伦(Galen)的体液说等。真正建立起科学特质理论的是奥尔波特(Gordon W. Allport)，在其开创性研究之后，卡特尔(Raymond Cattell)和艾森克(Hans Evsenck)都作出了杰出的贡献，"大五"特质的一致发现，以及麦克雷(Robert McCrae)和科斯塔(Paul Costa)的五因素模型的提出，给这个古老的领域增添了新的活力。

生物学理论(biological theory)。生物学理论强调生物学因素对人格的影响。生物学理论与特质理论似乎有一些相似性，也能够追溯到希波克拉底，体液说正是用生物学来解释人格，特质心理学家艾森克也致力于探讨不同人格维度如外向性、神经质的生理学基础，这一传统一直延续至艾森克的学生朱克曼(Marvin Zuckerman)，当然，朱克曼运用的研究手段和方法更为先进，他更多地运用了当代神经科学的方法。另外两支生物学理论是行为遗传学和进化心理学。行为遗传学秉承高尔顿(Francis Galton)的研究传统，从基因遗传的角度来探讨人格的遗传基础。进化心理学则将高尔顿的表兄达尔文(Charles Darwin)的生物进化理论用于人格解释。

学习理论(learning theory)。学习理论有一个基本观点，即个体行为的改变受到过去经验的影响，由此，个体行为如何变化是可预测的。

环境决定行为,学习理论强调人格的形成受到各种外部环境的影响。行为主义学派的开创者华生(John B. Watson)甚至将环境作为决定人格形成的唯一因素,他认为人格仅仅是人的一种习惯系统。斯金纳(B. F. Skinner)发展了这一思想,将人格视为行为的集合,提出了操作条件反射的概念,用强化来解释学习和人格的形成。随后,米勒和多拉德(Miller & Dollard, 1941, p. 2)指出:"只有当一个人想要些什么、注意些什么、做些什么,以及获得些什么时,学习才能发生。"这反映了他们重视学习和行为表现的内部过程。罗特(Julian B. Rotter)和班杜拉(Albert Bandura)的社会学习理论在考虑环境作用的同时,还强调了社会认知经验的作用。米歇尔提出的认知—情感人格系统理论则试图整合社会学习经验与生物遗传因素之间的相互作用。

精神分析理论(psychoanalytic theory)。精神分析理论致力于探索人类行为背后的动因,而且深入潜意识层面。弗洛伊德的精神分析理论对人格结构、人格动力和人格发展都有阐述,其最初的理论有生物学倾向,本能和驱力的观点代表了这一倾向。由于意见不合,其弟子荣格和阿德勒(Alfred Adler)与他分道扬镳。从阿德勒开始,直到霍妮和弗洛姆,其理论中逐渐融入社会文化的解释视角。弗洛伊德的女儿安娜·弗洛伊德(Anna Freud),以及埃里克森(Erik Erikson)则赋予自我(ego)更为能动的作用,而不是认为自我只服务于本我的满足。

现象学理论(phenomenological theory)。现象学理论关注人的高级心理活动,它只关心人的主观经验,即个人对世界的知觉和看法。凯利的理论受到认知理论的影响,认为个体基于自己的知识经验而形成的个人建构去认识他人和世界,而人格就是人们看待和解释事件时的差异。马斯洛、罗杰斯和罗洛·梅(Rollo May)大体都认为,每个人都是主观地以其独有的方式看待世界,他们强调个体的意识和经验对人格的作用。在他们三人中,罗洛·梅的思想虽更具存在主义色彩,更关注人的存在的冲突和痛苦,对人的潜能实现不乐观,但他们都强调人的价值和尊严,强调使用现象学的方法,强调人的主观经验和自由意志。强调主观经验和自由意志,是现象学理论的共同点。

第一编

特质理论

特质理论从个体差异水平来描述人格。特质是人格研究的基本单元,也是人格研究的起点。特质理论可以追溯至古老的民众心理学传统,当说到某个人的特点时,我们会用一些形容词去描述他/她,如孔子对其不同学生特点的描述和因材施教学说,古希腊希波克拉底和古罗马盖伦的体液说等。真正建立起科学特质理论的是奥尔波特,在其开创性研究之后,卡特尔和艾森克都作出了杰出的贡献,"大五"特质的一致发现,以及麦克雷和科斯塔的五因素模型的提出,给这个古老的领域增添了新的活力。

2 奥尔波特：探寻独一无二的人

奥尔波特是最早的特质论者，是特质流派的开山鼻祖。他不仅最早提出了特质概念，而且对特质的分类和测量提出了很多独到的见解。这些思想不仅为人格心理学研究提供了坚实的理论和实证基础，而且对后来的特质心理学乃至整个心理学都有重要的启发意义。

尽管和所有特质心理学家一样，奥尔波特对特质有足够的重视，但他的兴趣不只包含特质。他的涉猎范围非常广泛，不仅涉足人格研究的方方面面，而且包括其他心理学领域乃至社会生活的许多方面，如对宗教、偏见、流言等的科学研究。尽管如此，在奥尔波特一生的学术生涯中，他从未改变对人格的兴趣，他不仅对人格的概念结构、动力系统、发展形成乃至人格研究的方法论提出了系统、独到的见解，身体力行地从不同的角度和层面对此进行实证探索和验证，而且开设了美国第一门人格心理学课程，出版了第一本人格心理学教科书——《人格：一种心理学的解释》(*Personality: A Psychological Interpretation*)。因此，奥尔波特不仅是特质心理学的鼻祖，而且是人格科学的创始人，是对心理学的影响仅次于弗洛伊德的人格理论家(Hall & Lindzey, 1978)。

本章着重介绍奥尔波特以特质概念为核心的人格结构说、以机能自主概念为主体的人格动力系统观、以统我发展阶段为基础的人格发展理论等，以了解他具有人本色彩和折中倾向的人格理论——一个对诸家关注之重点兼容并蓄，又"没有忘记其忽略之处"的理论。本章最后将提到奥尔波特视野开阔的方法论思想，以及以此为基础对人格所作的不同层面的研究。

2.1 奥尔波特传略

奥尔波特(Gordon W. Allport, 1897—1967), 1897年出生于美国印第安纳州的蒙特苏马(Montezuma)。家中四兄弟中他排行最小。他的一个哥哥 F. H. 奥尔波特(Floyd H. Allport)是著名的社会心理学家。

图 2.1 奥尔波特

他的父亲约翰·奥尔波特(John Allport)最初是一名商人,后来成为一名医生,他的母亲内莉·奥尔波特(Nellie W. Allport)是一名教师。由于缺乏在外面开医院的条件,约翰·奥尔波特将自己的家变成一个医院,家里时常会有病人和护士,并安置了各种各样的医疗器械,奥尔波特和哥哥们经常帮助他们正在行医的父亲做一点事情。父亲的刻苦工作深深地影响着奥尔波特,不过母亲内莉虔诚的宗教信仰更是在奥尔波特幼小的心灵中打上了烙印。在他的家庭中,父母的分工非常明确,父亲是一名实干者,母亲则关注孩子们的精神生活。内莉是一名十分虔诚的基督教卫理公会派教徒(Methodist),遵循严格的戒律,认可自我牺牲、努力工作的价值,并将自己视为道德理想的捍卫者。不仅如此,内莉也努力把孩子们培养成这样的人,比如定期组织家人去教堂,定期参加宗教活动,经常款待来访的传教士等。年幼的奥尔波特并不总是顺从这种宗教灌输,他偶尔也会反抗那些严格、刻板的思想。母亲的这种培养对奥尔波特产生了深刻的影响,也促使他日后对人格特质研究产生兴趣。

奥尔波特在幼年就表现出学术上的天赋,但在体育运动和人际关系方面,他没有那么优秀。由于年纪太小,他不能与哥哥们成为玩耍的伙伴;加上他很害羞,又相当孤僻,因此在学校里与同学们相处得也不是很好;由于学习突出,他甚至被同学们嘲笑为"吃了字典的家伙";更严重的是，他因先天不足而只有 8 个脚趾，这一点也经常使年幼的奥尔波特成为同学们嘲笑的对象。不过，在进入高中后，奥尔波特有了自己的娱乐和生活方式，他成了高中报纸的编辑，这令他乐此不疲。18 岁时，奥尔波特高中毕业，他获得了哈佛大学的奖学金，进入这所名校学习。这个时候，他的哥哥 F. H. 奥尔波特正在哈佛大学攻读心理学博士学位。

对年轻的奥尔波特来说，刚刚进入哈佛大学的时光是十分艰难的，他发现这里的文化和道德信念与他在家受到的教育完全不同，同时他也感到大学的学习十分紧张，于是在最开始的大学岁月里，他的成绩并不怎么好。但是，在第一学年结束的时候，奥尔波特逐渐适应，从此之后，他在大学里是最优秀的学生。1919 年，奥尔波特完成大学学业并获得学士学位。他的专业是经济学和哲学，不过他的兴趣在人格和社会心理学上。他利用大量课余时间参加哈佛大学组织的一些社会活动，这些活动增进了奥尔波特对心理学的热情，他也选修了一些心理学的课程，这些都使他对心理学这个刚刚兴起的学科充满了好奇。

大学毕业后，奥尔波特随即去土耳其伊斯坦布尔的罗伯特学院任教，教授英语和社会学。一年之后他获得了哈佛大学的研究生奖学金，准备回美国攻读博士学位。归国途中他给弗洛伊德写了一封信，意外地获得了与弗洛伊德交流的机会。于是，他去了奥地利维也纳。当时的奥尔波特只是一个研究生，而弗洛伊德已经是大名鼎鼎的心理学家。为了避免尴尬，奥尔波特决定用一件他在火车上看到的事情来开始他们的谈话。奥尔波特说他在火车上看到了一个小男孩，他有洁癖，害怕脏东西，他不断地和外表整洁得体的母亲说，不要和那些看起来很脏的人坐在一起。奥尔波特觉得，弗洛伊德一定能够很快发觉男孩的洁癖应该与他外表整洁得体的母亲有关，但是弗洛伊德望着他良久，说道："这个小男孩是你吧？"奥尔波特当时惊呆了，弗洛伊德精神分析式的思考方式让奥尔波特十分诧异，他发觉精神分析在挖掘人性本质的问题上做得太过，什么事情都去探寻潜意识，反而忽视了那些实际上真正重要的东西。这次会面与谈话让奥尔波特在之后的学术生涯中对弗洛伊德的精神分析学派一直没有什么好感。

1921年，奥尔波特在哈佛大学获得了心理学硕士学位，师从著名心理学家、曾在1930年担任美国心理学会主席的兰菲尔德（Herbert S. Langfeld）。受到其兄长F. H. 奥尔波特以及著名心理学家闵斯特伯格（Hugo Münsterberg）的影响，奥尔波特与其兄长联名发表了第一篇论文——《人格特质：分类和测量》（*Personality Traits: Their Classification and Measurement*）。1922年，他获得了博士学位，之后继续在国外求学，他学习过的学校包括德国的柏林大学和汉堡大学以及英国的剑桥大学等。1924年，奥尔波特返回母校哈佛大学，在社会伦理学系任教。

　　获得博士学位后不久，有一件事情深深地影响了奥尔波特。在克拉克大学的一次会议上，他向著名心理学家铁钦纳（Edward Bradford Titchener）简短报告了自己对人格特质的思考与研究。当奥尔波特报告完之后，全场沉默不语，铁钦纳强烈反对奥尔波特有关人格特质的研究，并质问奥尔波特的导师为什么会让他研究这样一个课题。铁钦纳是冯特（William Wundt）的弟子，当时在心理学界享有盛誉。面对这样的打击，奥尔波特的导师告诉他不要在意铁钦纳怎么看。奥尔波特也确实没有放弃自己的信念与研究，依然坚持自己的思想，直率表达自己的意见，也不管别人对自己有多么怀疑。最终，奥尔波特成为人格特质理论的奠基人，开创了人格心理学这门学科，而这是当时作为权威的铁钦纳所没有预料到的。

　　1925年，奥尔波特与临床心理学家古尔德（Ada Lufkin Gould）结婚，他们育有一子。在哈佛大学，奥尔波特开设了全美国第一门人格课程。1926年，奥尔波特受邀去达特茅斯学院任教，但于1930年重返哈佛大学，并将自己几乎全部的学术生涯献给了母校。1967年，奥尔波特因肺癌在马萨诸塞州的剑桥逝世。

　　奥尔波特一生撰写了大量的著作与文章，其中最为著名的便是1937年出版的奠定人格心理学基础的书——《人格：一种心理学的解释》。1939年，奥尔波特当选为美国心理学会主席，成为继华生（John B. Watson）之后最年轻的美国心理学会主席。1963年，他获得了美国心理学会的金质奖章，1964年，他获得了美国心理学会的基础贡献奖。在奥尔波特的一生中,哥哥 F. H. 奥尔波特是他的领路人之一,他们两人都担任过当时社会心理学领域著名杂志《变态和社会心理学杂志》(*Journal of Abnormal and Social Psychology*)的编委,在选择研究领域时,奥尔波特选择了一个全新的展示舞台,虽然饱受质疑,但人格心理学最终被承认,奥尔波特的成就也超越了其兄。

2.2 人格的本质和结构

当我们提到"人格""性格"这些词时,无论是不是心理学家,也无论是何种流派的心理学家,几乎没有人会感到陌生,甚至还会体验到强烈的、得意的"知晓感"。但是,当我们继续追问"人格"的准确定义时,似乎很多人又会有一种"只可意会而不可言传"的尴尬。但奥尔波特,这位对此研究最深入也最有发言权的心理学家,对这个问题作出了心理学史上最著名的阐释,他不仅分类和总结了前人对人格的所有定义,而且给出了被广泛引用的人格的定义。

2.2.1 人格的定义

在西文中,"人格"(personality)是一个内涵极其丰富的词汇,哲学、宗教、历史、法律、语言学、社会学和心理学等诸多领域的学者赋予它多重含义。奥尔波特回顾了各领域对人格的近 50 条定义后,将其归结为一点:人格就是"真实的人"(What a man really is)。尽管这个定义具有相当的综合性,在一定程度上揭示了人格的生理物理学本质,但因过于简单而显得含糊不清。于是,在此基础上,奥尔波特给出了一个更具体的定义:人格是个体内在心理生理系统的动力组织,决定着个体对环境独特的适应(Allport, 1937, pp. 46 – 50)。后来,受到人本主义思想的影响,即人们并不总是被动地适应环境,还将主动地作用于环境,奥尔波特意识到,上述定义过分强调了行为的适应功能,而忽略了行为的表现性功能。因此,在 1961 年,奥尔波特修改了人格的定义:人格是个体内部决定其特征性行为和思想的心理生理系统和动力组织(Allport,1961,p.28)。

这个定义涵盖了关于人格的综合型、层次型、适应性和区分性定义的要义,从某种意义上说,是"现代心理学概念的综合"(Allport,1937,p.47)。由于定义中每个术语的选择都别具匠心,因此奥尔波特进一步澄清了定义所包含的概念的含义。

使用"动力组织"一词,主要是为了强调人格是积极的心理组织。这包括两层含义:一方面,人格是其包含的方方面面的整合,是有组织的、连续的,使个体能够保持认同感;另一方面,人格又是不断发展变化的结构,而不是静态的、一成不变的,具有动力和自我调节的作用。正如奥尔波特所言,人格从来不是已经形成的,而是正在生成着的。

"心理生理系统"一词中,"心理生理"表明人格并不完全是心理的或生理的,而是身心两方面共同作用构成的整体;"系统"则指处于活动或潜伏状态下的特质或特质群,整合了个体的习惯、态度、情感等倾向的系统功能。

"决定"一词则说明,人格是个体思想和行为的决定因素,对行为有激活和指导的作用。这就是说,人格既不是思想或行为本身,也不是观察者思想的产物或简单的抽象概念,而是蕴藏在个体内部的、特定行为背后的客观实在或"原因所在"。奥尔波特认为,"构成人格的心理生理系统就是决定倾向,一旦被适当的刺激激活,将引起适应性和表现性行为,由此人格也得以凸显出来"。

"特征性"则指个体的思想、行为乃至人格特质都是高度个体化的、独一无二的。在奥尔波特看来,世上没有两个完全相同的人,每个人都有其独特的内在组织,并激发无法重复的个体性(patterned individuality)的形成。因此,个体的独特性在奥尔波特的理论中是极具意义的,也是他强调的重点所在。

"行为和思想"则涵盖了人所做的一切,不仅包括内在的加工(思想),而且包括外显的行为;不仅包括早期定义中的"对环境的适应",而且包括早期定义所忽略了的表现性行为。因此,与早期定义相比,修改后的定义更准确、更全面地描述了人格的功能。

总之,在奥尔波特的概念体系中,人格是以生理为基础的、有组织和层次的心理结构,不仅是其包含的所有方面的整合,而且是不断生成的动态结构;不仅决定着人的适应状态,而且影响着人的风格和意识形态。正如奥尔波特所言,不仅"是人之所是",而且"为人之所为"。

2.2.2 人格的结构

如前所述,人格是一个非常宽泛的整合性概念。奥尔波特认为,人格具有复杂的结构,其中,特质(trait)是最基本的建构单元,但不是唯一的建构单元。奥尔波特强调特质,但是他并没有把特质视为人格和行为的唯一决定因素,相反,他承认其他人格单元的存在,也非常关注它们的本质及其与特质的关系。在他的人格图谱上,除了特质,还有反射、习惯、态度、统我等其他建构单元,按整合程度高低,以金字塔层级形式构成(如图2.2所示)。反射处于最低整合水平,可以联结形成习惯,态度、特质、统我、统合的人生哲学依次处于更高的整合水平(Cloninger,2004)。

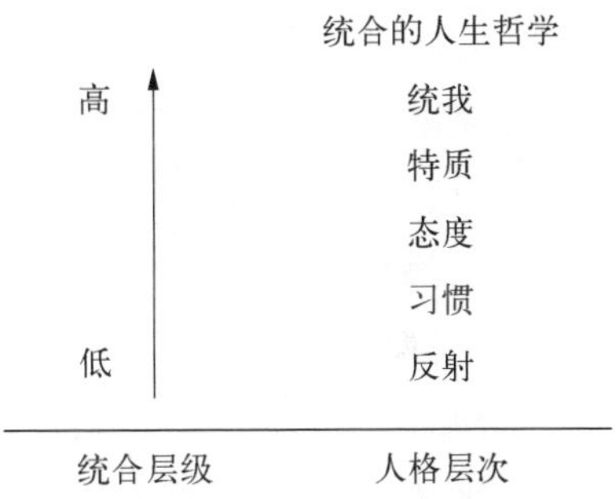

统合层级	人格层次
高	统合的人生哲学
	统我
	特质
	态度
	习惯
低	反射

图 2.2 奥尔波特的人格图谱

在奥尔波特的人格理论中,统我(proprium)是一个重要的概念,处于人格结构中比特质更高的整合水平。奥尔波特的"统我"概念,从本质上讲就是其他理论家所说的"自我"(self 或 ego),是使个体具有独特性的所有事实,是"被认识的自我,是生活中我们认为核心的、重要的、鲜明的、主观经验的我的那部分""包括人格中趋于内在统一的所有方面""包括个体内部对自我认同感和自我提升至关重要的所有方面"(Allport, 1955)。可以说,统我整合了特质、习惯、态度等属于个人的所有方面,有助于个体自我感的建立和维护。值得注意的是,统我不同于代表主观自我的知者自我,它不是"我"的意象或"我"的自尊等"我"的特定方面,更不是住在人心中决定人的行为的"小人",而是客观存在的"我"的所有方面。由于个体同时拥有统我和知者自我,因此奥尔波特认为,在统我水平之上,"金字塔之巅还有完全统合的人格系统"——统合的人生哲学(Cloninger, 2004)。

尽管统我对人格而言很重要,但并不是人格的全部。在人格图谱的边缘,还有整合水平低于特质的习惯、态度等。习惯是对具体刺激的特定反应,容易受到经验和学习的影响,对行为只有相当有限的影响力,多种功能相似的习惯整合得到更为宽泛的特质。但是,在个体层面,特质和习惯并无准确的对应关系。例如,事先制定计划的习惯是严谨特质的表现,但严谨特质还统合着深思熟虑、约会守时等多种习惯,对个体的行为有更宽泛的影响。严谨的人并不一定都有事先制定计划的习惯,我们也不能因某人缺乏严谨的某个习惯而否认他具有严谨的特质。这就是说,具有某种特质的个体,并不一定会拥有某种与之对应的习惯。

态度是与特质相似的另一人格概念。两者虽是不同的概念,但也并非泾渭分明。比如,外向性和权威主义等是特质还是态度?奥尔波特也没能给出问题的明确答案,可见要区分它们并非易事。不过,他指出,我们可以根据以下两个方面区分态度和特质:第一,态度有具体的参照对象,而特质没有具体的指向,而且影响范围更宽泛;第二,态度蕴含评价和判断的成分,有积极和消极、喜好和憎恶之分,而特质没有。

2.2.3 人格的基本单元——特质

奥尔波特之所以被看作特质取向的先驱,主要在于他认为特质是人格的基本单元,他定义了人格的本质,并就特质概念提出了独到、深刻的见解,开创了特质研究的先河。在奥尔波特看来,特质取向具有启发现实主义(heuristic realism)的色彩,即"使用科学的方法发现个体内部普遍的行为趋势(或特质)的本质便是特质研究者的工作"(Allport, 1966, p.3)。下面着重介绍奥尔波特关于特质本质的观点。

特质的概念

奥尔波特认为,完备的人格理论必须包括能够代表生活综合(living

synthesis)的测量单元。在他的人格理论体系中,特质就是最重要的单元。他将特质定义为:"一种广泛的、聚焦的神经生理系统,具有使许多刺激在机能上等值的能力,能够激发和引导形式一致(等值)的适应性行为和表现性行为。"(Allport,1937,p. 295)从这个定义可以看出,特质不仅具有生理基础,而且具有相对的普遍性和稳定性,不仅具有激发和引导行为的动力作用,而且可以统合个体对多种特殊刺激的反应,使个体在不同情境下的行为具有更广泛的一致性。例如,羞怯的特质会使一名学生回避社交活动、缺乏朋友、喜欢单独活动、讨厌参加讨论等(如图2.3所示)。为了更好地描述特质概念,奥尔波特总结了特质的八大特点。

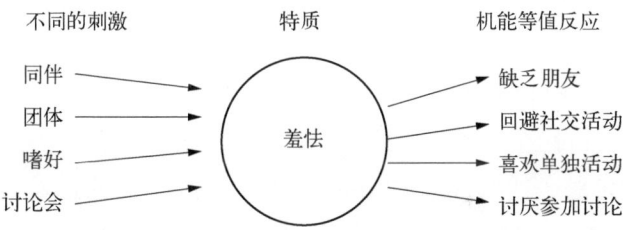

图 2.3 羞怯特质对不同刺激的机能等值反应

特质不是有名无实的存在。从生理意义上讲,特质是真实存在的,不是研究者用于预测行为的抽象概念,"既不是观察者思想的产物,也不是文字的虚构物,而是生理的事实,是确实存在的、与稳定的应激和决策神经系统相联系的身心倾向"(Allport,1937,p. 339)。

特质比习惯更具一般性。如前所述,特质处于更高的整合水平,对不同情境的行为有更广泛的影响。例如,谨慎的特质,不仅使人具有睡前检查门窗的习惯,而且影响着个体的其他习惯(如完成作业后检查的习惯)和为人处世的作风,影响着个体对人、对事、对己的各种反应。

特质是具有动力作用的,至少对行为有决定作用。特质是行为的决定因素,是行为发生的原因。正如奥尔波特的经典比喻:"同样的火候可以使黄油熔化,却使鸡蛋变硬。"正是由于不同的人拥有不同的特质,他们即使面临相同的情境,也可能作出截然不同的反应。而且,特质的决定作用并不是被动的，也不是只在有刺激时才发挥作用，相反，它会驱使个体去寻求刺激，表现出适应性和表现性行为。因此，特质可以被看作适应性和表现性动机的衍生物。

特质是以经验为基础的。特质并不是直接可见的，但是我们可以通过经验和科学实证的方法来验证它的存在，我们可以通过行为的观察结果和其他实证研究结果证实它的存在。

不同的特质彼此相对独立。不同的特质是不完全相同的，但也并非截然不同。它们彼此之间可以有重叠，并没有清晰、严格的界限。例如，攻击和敌意的特质往往会同时存在于同一个体身上，两者存在相关，但并不完全相同。

特质不等同于道德或社会判断。特质是对客观存在的心理事实的描述，虽然有些特质带有评价的色彩，但并不等同于道德判断。

特质既可以从个体人格成分的角度来看待，也可以从群体分布的角度来看待。对于任何特质，我们都可以从两个层面来看待：从个体层面来看，它可能是个体人格结构中的重要成分，有着独特的意义和功用；从群体层面来看，它可能是区分人格个体差异的重要测量单元，可以用于描述群体特点或群体中个体的比较。对此，我们将在后面特质的分类部分进一步阐述。

与特质不一致的行为甚至习惯不能作为特质不存在的证据。在奥尔波特看来，同一个人在不同情境下会有截然相反的行为表现，如一个乖巧的孩子在家表现得非常霸道，这可以从两个角度来理解：一方面，可能是个体内部两种截然相反的基因型特质作用的结果；另一方面，可能是情境暂时导致了个体行为的偏离，从整体趋势来看，个体的行为趋势仍与特质保持一致。

两种不同的特质：共同特质和个人特质

我们可以从个体和群体两个层面理解特质概念。为了强调不同层面尤其是个体层面的特质，奥尔波特提出了共同特质（common traits）和个人特质（personal dispositions）的概念。共同特质是许多人共有的特质，是全人类或一群人（如某种文化的所有成员）共有的特质；而个人特质是某个特定个体特有的特质。两种特质分别与奥尔波特早期提出的两种不同的研究取向——通则取向（nomothetic approach）和特则取向（idiographic approach）相对应。

共同特质是在特定维度上对人群的归类（Allport，1961，p.349），可以用于比较不同个体或群体在某个人格维度上量的差异，也可以用于寻求人格的共性和行为的普遍规律。例如，通过随和性和外向性等共同特质，我们可以说，某个人比另一个人更随和，美国人比中国人更外向，内向的人更喜欢安静，等等。尽管奥尔波特提出了共同特质的概念，也承认它的存在，但他并不十分看重这个概念。在奥尔波特的理论体系中，共同特质并不是人格的真实单元，用他的话说："从严格意义上说……共同特质根本不算真正的特质，不过是复杂的个体特质可测量的方面而已。"（Allport，1937，p.299）在他看来，共同特质更可能随社会标准和价值观而变化，更容易受到社会、环境和文化的影响。那些共性或规律性的东西，只不过是一种概括、抽象的描述，并不能为所有人提供精确的描述，也没有哪个人的真实情况会和普遍规律描述的情况完全相同。

对奥尔波特而言，个人特质才是真正的人格单元，它以生理为基础，而且对每个人来说都是独特的。奥尔波特指出："从严格意义上说，没有哪两个人具有完全相同的特质。"（Allport，1937，p.299）这就是说，即使两个人同样具有支配性，这两个人的支配性也没有可比性，因为他们支配性的本质是不同的。这就意味着，所有特质对个体来说都是独特的，通过比较个体在共同特质上的得分不可能全面描述人格的个体差异。因而，奥尔波特更倾向于使用个人特质的概念来描述个体人格的独特性和行为的一致性，更主张人格心理学家通过特则取向研究个人特质来探究人格的本质。

事实上，难以用精确的研究方法将共同特质和个人特质的差异，或者说通则取向和特则取向的差异操作化。其他研究者也指出，奥尔波特对个人特质的解释并不清楚，他使用的个人特质的例证不过是共同特质的极端分数而已（Paterson，1999）。奥尔波特本人后来也意识到，他对共同特质和个人特质的区分在大多数心理学家看来并不是特别有意义，因而回避了对这个问题的强调。

个人倾向的水平：首要特质、核心特质和次要特质

在试图通过个人特质理解人格的个体差异和个体的独特性时，我们不禁会想到一系列相关的问题：对我们每个人而言，人格究竟包括多少种这样的基本单元呢？这些基本单元在人格中的地位完全相同吗？它们各自又有多大的影响力？基于这些问题，奥尔波特根据特质的重要性和普遍性，将个人倾向区分为首要特质、核心特质和次要特质三大类。

首要特质（cardinal traits）代表着个体最重要的、占主导地位的人格特质，最具普遍性，也最有影响力，几乎影响个体行为的所有方面。奥尔波特认为，首要特质可以被看作优势倾向（ruling passion）和决定个体行为的强大力量。不过，大多数人并没有首要特质。首要特质一旦存在，个体几乎无法掩饰，生活的所有细节都将染上首要特质的色彩。可以说，首要特质的特征非常鲜明，几乎可以成为个体的"代名词"，如林黛玉的多愁善感、曹操的奸诈多疑。

核心特质（central traits）是代表个体主要特征的、相对较少的几个特质。尽管很少有人会有首要特质，但是每个人都有核心特质。核心特质的普遍性及其对行为的影响力比首要特质差，但是仍具有相当的普遍性和重要性。在奥尔波特看来，核心特质描述"个体最突出的特征"，每个人只有少数几个核心特质（Allport，1937，p. 338）。当写推荐信描述熟识的朋友时，列举的特质就是核心特质。奥尔波特研究发现，当要求学生用词、短语和句子描述同性别熟人的代表性特征时，90%的学生列出了5~10个特点，平均为7.2个（Alllport，1962，p. 367）。但是，同一个体具有的这些核心特质，对个体的影响力并不完全相同，仍有大小之分。

次要特质（second traits）是指那些普遍性和一致性较差且不够鲜明的特质。与前面两种特质相比，次要特质"更不明显，更不普遍，一致性更差，影响力也更有限"（Allport，1937，p. 338）。由于没有鲜明的表现，次要特质不易为人察觉，通常只有亲密的朋友才能发现它们的存在。尽管在奥尔波特看来，个体的独特偏好也属于次要特质的范畴，但是次要特质并不等同于习惯和态度,它涉及的范围更为宽泛。

虽然奥尔波特提出个人倾向包括首要特质、核心特质和次要特质三个水平,但他认为,这三类特质并非泾渭分明,也不是分离的,它们只不过是在连续体上人为分类的产物(Allport,1937,p.338)。对某个具体特质而言,它在连续体上的位置和作用是存在个体差异的。这就是说,同一特质在某个人身上可能是核心特质,在另一个人身上却是次要特质或首要特质。因此,前面提到的三类特质及其差异,是针对同一个体而言的,并不能用于人际比较。这就意味着,我们可以说某个人的核心特质一定会比次要特质重要,但我们不能说某个人的核心特质一定会比另一个人的次要特质重要。

2.3 人格的动力系统

奥尔波特认为,人格是不断生成的动力系统。这就说明,人格不仅体现个体的表现性和适应性特点,而且是行为策动力和人格发展动力的来源。与传统的动机理论相反,奥尔波特提出了以机能自主为内核的前动性(proactive)动机理论,强调个体的能动性和成长的可能性,可谓独辟蹊径。

2.3.1 前动性动机理论

在人格和特质的定义中,奥尔波特反复强调了它们的动力特点。这似乎构成了奥尔波特人格理论的基本假设:人格不仅可以对环境作出反应,而且可以主动地作用于环境,不断吸纳、整合新的元素,是一个不断变化的、成长着的系统。与之对应,奥尔波特(Allport,1961)认为,个体的动机也可以分成两种,即外周性动机(peripheral motives)和统我追求(propriate strivings)。外周性动机是那些降低某种需要、保持内部平衡状态的动机,而统我追求是指那些寻求张力和内部不平衡状态的动机。

与奥尔波特的观点相比，之前的心理学理论强调已有经验对人格的决定作用和人格对环境的被动反应，基本都不承认人格成长的可能性，因而被看作反应性（reactive）理论。事实上，成熟的个体并不总是把趋乐避苦的外周性动机作为所有行为的终极目标，他们往往还有许多有目的、有意图的前动性行为。因此，奥尔波特认为，一个完整的人格理论不应该忽视统我追求的存在，必须承认个体对环境的有意识作用，以及人格的成长和心理健康指向，必须对反应性行为和前动性行为作出充分的解释。具体而言，一个完备的动机理论必须满足以下四个条件。

承认动机的共时性（contemporaneity）。与精神分析的早期决定论相反，奥尔波特不认为童年的动机是成人行为背后的真正动机。他曾清楚地指出："如果在健康方面没有受到什么严重伤害，那么对人格来说，生命的第一年是最不重要的。"（Allport，1961，p.78）过去的已经成为过去，对现在并不重要。过去的经验只有到现在还存在时才是重要的。用奥尔波特的话说，就是"推动我们的必须是现在的力量"（Allport，1961，p.220）。

承认多种动机并存。与传统心理学家试图寻求基本需要或动机单元的行为相反，奥尔波特反对将决定行为的动机简化为一种或几种。正如他所言："不同个体的目标是如此繁杂多样，我们能够找出为所有物种所共有的少数几种原始动机吗？奋斗的方向都是先天被决定了的吗？随着人格的成熟，难道我们不需要学习新的动机，培养新的兴趣了吗？"（Allport，1937，p.113）显然，奥尔波特主张采用多种动机概念了解人的动机。

承认认知过程的重要性。尽管奥尔波特并不否认潜意识冲动、防御机制和升华驱力等潜意识动机对行为的作用，但是他更强调有意识动机对行为的重要作用。在奥尔波特看来，成熟的个体往往可以清楚地觉察到自己的行为及其背后的原因。因此，认知过程——有意识的计划和意图——也是个体动机系统的基本组成部分。个体的计划、意图、奋斗目标也是我们了解个体动机、理解个体行为的关键。因而，在奥尔波特看来，人的行为是指向未来的，而不是过去经验的潜意识产物。

承认动机的具体性和独特性。奥尔波特强调个体的独特性,这不仅体现在他强调个人倾向的独特性,而且体现在他强调动机的独特性。奥尔波特强调具体、独特的动机,而不是抽象、概括的动机,因为前者是真实的人真实、独特的动机,后者则是根据已有理论抽象的结果。事实上,正如前面所提到的,奥尔波特认为,"动机的种类如此繁多,以至于我们难以找出它们的共同特性"(Allport,1961,p.221)。

2.3.2 人格的动力:机能自主

机能自主(functional autonomy)的概念是奥尔波特动机理论的核心,充分体现着前动性思想的特色,也是对上述基本假设的最好诠释。根据奥尔波特的观点,当任何习得的动机的系统张力与系统形成之初的原始张力不同时,动机的机能自主就实现了。换句话说,某些行为最初是为了实现特定的目标,但这些行为也会自己发挥作用,这时候,先前的动机转化为新的自主动机。当动机变成在机能上不同于以往动机的新动机时,机能自主就发生了。

尽管过去的经验是现在行为原因的源泉,但过去的毕竟是过去的,经过个体的能动作用,现在的动机已是"源于斯而高于斯"。随着个体的发展,早年推动我们行为的力量开始变得自动化,不再具备它的初始作用,而且逐渐与过去的经验分离。对此,奥尔波特曾作出一个经典比喻,他将当前的动机比作大树,把过去的经验比作种子:毋庸置疑,种子是大树的生命之源,但是随着发展,当大树长出了发达的根系和枝杈时,它显然不能也不再需要从种子那里汲取营养。它在机能上开始自主,不再依赖种子而存在。为了进一步澄清机能自主的概念,奥尔波特将之区分为两个不同的水平:持续性机能自主和统合性机能自主。

持续性机能自主

持续性机能自主(perseverative functional autonomy)是更原始、更基本的动机系统,可用于解释许多重复性行为模式,以及对规律和熟悉的偏好。奥尔波特认为,持续性机能自主在动物和人类身上都存在。例如,被训练走迷宫的大白鼠最初是为了获取食物,但是经过一段时间,当可以轻易得到充足的食物时,它仍然会走迷宫,显然这时走迷宫不是为了获得食物,也许正如奥尔波特所猜测的那样,不过是为了其中的乐趣罢了。对人类而言,持续性机能自主则多体现在成瘾行为和习惯行为等重复性行为上。例如,酒精成瘾的人最初接触酒精的原因也许是多样的,但是当酒精成瘾后,饮酒更多是为了满足生理的需要,因此在成瘾前后,行为的动机发生了根本改变。与之相似,我们的日常习惯行为,如早起饮水,最初可能是为了保持健康或者迫于父母的要求,但久而久之,曾经的目的性和意图性消失,行为自行保持下来,成为自然的习惯行为。不过,根据奥尔波特的观点,这些与持续性机能自主有关的行为不是统我的组成部分,只存在于人格的边缘,对自我的重要性和整合水平都比较低,因此对我们理解个体动机的作用相对有限。尽管如此,它确实存在,而且可以帮助我们更好地理解这些与人格的边缘成分有关的行为。

统合性机能自主

统合性机能自主(propriate functional autonomy)是与人格整合有关的主导动机系统,是指那些与统我相关的自我维持动机。与持续性机能自主相比,统合性机能自主代表的动机水平更高,与自我感的关系更密切,对理解个体的动机也更重要。"propriate"(统合性)一词源于奥尔波特理论中的术语"proprium"(统我)。与两者的字面联系相同,统合性机能自主是与处于统我核心位置的兴趣、嗜好、自尊等有关的动机的机能自主。对此,奥尔波特列举了许多例证:

> 一个当过水手的人向往大海;一个音乐家在被迫同乐器分离后,渴望回到它身边;一个吝啬鬼常年做着无用的积累。水手先前为了谋生而去航海,航海是他饥饿内驱力的"第二强化物";现在,水手可能已是富有的银行家,不再具有航海的物质需要了,但仍喜爱航海活动。音乐家最初可能会为人们忽视他的演奏而烦恼,但现在,他已经超越了这些,热爱乐器胜过一切。吝啬鬼刚开始可能因为穷困才变得节俭,但在以后的岁月里,吝啬的习性存留了下来且变得更为强劲。(Allport, 1961, p. 227)

如前所述,统合性机能自主在奥尔波特的动机系统中极其重要。首先,统合性机能自主是联系外周性动机和统合性动机的桥梁(Allport,1961,p.244)。在上述例子中,正是由于统合性机能自主,水手才会将谋生的需要转化为航海兴趣,音乐家的动机才由尊重的需要转化为自我实现的需要,吝啬鬼也因此养成了吝啬的习惯。其次,统合性机能是使自我感得以保持的组织过程,决定着我们对世界的知觉、注意、记忆、思维等认知过程。通过这些有选择的认知过程,那些增强自尊感和自我意象的动机得以保留下来。这一过程主要遵循以下三条原则。

能量水平的组织。我们之所以会产生新的动机,是因为存在消耗过剩能量的需要。如果找不到合适的途径释放这些能量,那么它们将以破坏性的、有害的方式表达出来。为了有效地组织能量,必须依靠新的动机和活动。例如,老人退休后,有多余的时间和精力,可以培养新的兴趣,参与新的活动,这将有利于能量的合理释放。

控制感和胜任感。我们并不是只根据动机能否满足我们的需要选择动机。成熟、健康的成人追求更好的表现和在工作中的胜任感。那些可以给人以控制感和胜任感的动机和行为会得以保持。例如,人们总乐于去做自己擅长的事情,就是因为在此过程中可以体验到控制感和胜任感。

统合模式。我们的目标指向人格的整合和一致。我们会根据统我的结构和模式决定动机的取舍,并围绕统我组织认知过程,保持那些有利于维持自尊感和自我意象的动机,而拒绝那些有相反作用的动机。例如,很多孩子学习弹钢琴,刚开始可能是迫于父母的压力,到后来,弹钢琴则成为对自我意象来说必不可少的事情。

奥尔波特认为,当动机变成统我的组成部分时,就不再是最初的他人期望,也不再是外在诱因作用的结果,而开始独立地依据自我生成规则(self generated rule)自行其是。把健康的成人对自己目标的追求看作外在奖励和强化的产物是非常可笑的。

说巴斯特投身于他的工作是因为想要奖赏、报酬,或是为了健康、食物和睡眠,或是为了家庭等,是多么空洞、可笑啊!在很久以前,所有这些他都已经拥有,而他仍然忘我地投身于工作。历史上很多天才人物以同样的热情献身于他们的事业,只有很少的奖励或根本没有奖励。(Allport,1961,p.235)

在奥尔波特看来,人与生俱来具有好奇心,有自我实现的创造需要,希望了解自己、他人和环境,也会在社会上寻找属于自己的一席之地,并会努力建立自身独特的认同感。可以说,这种对成长、意义和自我的创造性探索是人性的一部分(Evans,1970,p.32)。因此,正是由于这种积极向上的内驱力,机能自主尤其是处于更高水平的统合性机能自主现象才显得非常普遍。当然,这种内驱力及其带来的机能自主现象,还会受到经验的影响。也就是说,由于经验的差异,个体的潜能会以不同的形式表现出来。没有人生来就是科学家或音乐家,只有通过后天的学习,这种先天的潜能才得以发挥出来。

尽管奥尔波特认为机能自主很重要,但他也承认,并非所有的动机和行为都可以用机能自主来解释。奥尔波特列出了八种不属于机能自主动机控制的动机和行为:呼吸、睡眠、进食等生物驱力,与基本驱力降低有关的动机,眨眼等反射行为,诸如智力、气质之类的构成成分,形成过程中的习惯,需要初级强化的行为模式,与儿童性欲望有关的升华物,神经质或病理性症状。有些神经质或病理性症状也有可能是机能自主的(Allport,1961)。

2.4 人格的发展

如果说从前面关于人格本质和动力的思想中,我们能够感受到奥尔波特对人格的独到理解,那么在某种程度上可以说,从奥尔波特的人格发展理论中,我们可以清晰地看到他的思想乐观积极、充满希望的一面。在人格发展理论中,他不仅强调现在和未来对人格的决定作用,而且阐述了人格的核心——统我的发展历程,以及在此过程中遗传和环境的交互作用。此外，他还提出了成熟人格的概念，并强调了它与病态人格和不成熟人格的分离。

2.4.1 两种不同的人格

在奥尔波特的理论体系中，我们每个人都有两种不同的人格，一种是儿童期的不成熟人格，另一种是成年期的成熟人格。与临床取向的心理学家通过病态人格推测正常人的人格不同，奥尔波特认为，病态人格、不成熟人格和成熟人格，并不是同一个人格维度；人格是不连续的、离散的，充分发展后的成熟人格与其来源——童年期的人格——有着质的差异，也不同于病态人格。成熟人格不仅较少受到生物驱力和反射驱力的影响，而且几乎不会受到童年经验的约束，而是更多地受到当前动机和情境的影响，因而更具心理意义。

在生命的早期，儿童的大多数行为都直接指向生存需要的满足，如避免饥饿、获得安全感，几乎可以被看作非社会化的存在。他们或要求需要的即时满足，或拒绝与他人分享，或不能控制自己的情绪……奥尔波特认为，这些行为都是不成熟人格的表现，它们发生在儿童身上是正常的，但发生在成人身上则是病态人格的表现(Allport, 1955, pp. 28 - 29)。随着年龄的增长，儿童会习得各种使自己免受伤害的防御策略，而这些策略的滥用也是不成熟人格的表现，成熟人格则不会过分依赖这些策略。那么，究竟怎样才是成熟的人，才是成熟的人格呢？奥尔波特认为，成熟的人就是那些能够摆脱对早期外周性动机的过分依赖的人，并指出了具有健康、成熟人格的六个基本条件。

将自我感扩展到自我之外的人和活动。健康、成熟的个体有广阔的生活领域和广泛的兴趣爱好，"不仅可以全身心地投入工作、沉思和娱乐，而且可以忠诚于他人"；不仅关心自己的幸福，而且关注他人的福祉……总之，外部活动已成为统我的组成部分。奥尔波特总结指出："成熟意味着脱离原来那种以自我为中心的，以满足基本需要为重心的生活。对自己的关爱虽然是生活的重要方面，但不是主导部分。虽然每个人都会关爱自己，但只有当个体具有自我扩展能力时，才迈开了通向成

熟的关键一步。"(Allport,1961,p.285)

热情地与人交往,表达自己的亲密、同情和容忍。奥尔波特首先区分了两种截然不同的热情:一种是亲密,另一种是同情。在他看来,心理成熟的个体能够无私、真诚地爱人,没有任何占有和忌妒的成分,而且能够给他人留出适当的空间,尊重并欣赏他人与自己的不同。他们明白,所有人都不是主动要求来到人世的,都被迫为了生存而挣扎,都会遭遇不幸和失败……他们能够意识到他人和自己一样有各种需要、期待和希望,因而不会为个人的满意而伤害他人。奥尔波特将这个原则概括为:"不污染别人也要呼吸的空气。"(Allport,1961,p.285)

具有情绪安全感和自我接纳感。成熟、健康的个体应该具有充分的安全感,具有积极的自我形象,能够接受自我,适度地悦纳自己,奥尔波特将之称为情感平衡(emotional poise)。在事情超出预期或遇到冲突和挫折时,他们也能坦然面对,既不会将过错归咎于他人,也不会因此而认为自己一无是处。

对生活有现实的知觉。成熟、健康的个体不会生活在虚幻世界或扭曲的现实中,他们能够客观、真实地认识各种事物,既有丰富的常识使自己准确、良好地了解和适应现实,也有必备的知识和技能使自己忘我、有效地投入工作和生活。可以说,他们是以问题为中心的,而不是以自我为中心的。

具有幽默感和自我洞察力。成熟、健康的个体对自己有充分的了解和把握,能够准确地洞察自己的优点和缺点,因此不会把自己的错误和弱点归咎于他人。同时,他们有善意的幽默感,能够恰到好处地通过自我解嘲博得他人一笑。奥尔波特认为,幽默感和洞察力是密不可分的,是同一现象——自我客体化(self-objectification)的两面,这就是说,健康、成熟的个体会客观地看待自己,能够洞察生活中的荒唐和不协调,并能处之以淡然。

具有统合的人生哲学。健康、成熟的个体对生活的目标有着清晰的认识。他们有明确而特殊的人生理想,这是他们活着要达成的目标或心愿。正是由于这个目标或心愿,生活才有了方向,才充满了意义。尽管统合的人生哲学可以与宗教无关,但是奥尔波特认为,在个人水平上,成熟的宗教趋向是大多数成熟个体生活的重要成分。

根据奥尔波特的观点,只有具备成熟人格的基本特征,成人才是健康、成熟的,才能实现机能自主而不为早年的经验所奴役。但是,这种成熟人格是如何发展而来的?人格的统合是如何实现的呢?奥尔波特认为,这是一个漫长的过程,并只能从人格内部来寻求答案。在他看来,统合随主宰感(master-sentiments)的形成而发生,这种主宰感的形成则依赖人格的核心——统我的发展。

2.4.2 统我的发展阶段

如前所述,统我包括"人格中趋于内在统一的所有方面"。从出生到终老,统我处于不断的发展变化中,并经历一系列发展阶段。根据奥尔波特的理论,统我的发展会依次经历八个不同的阶段(见表 2.1)。尽管奥尔波特勾勒出统我发展的轨迹,但他也承认,这些区分都是人为的,"每个人都只有一个连续的、不间断的发展历程"(Allport,1955,p.131),而且在现实生活中,统我各阶段的发展结果是相互联系的,在特定情境下,将全部或部分同时发挥作用。

表 2.1 统我的发展阶段

名 称	特 点
躯体"我"感 (sense of bodily "me") 出生后第一年	统我的发展始于婴儿躯体"我"感的形成。躯体"我"感多出现于生命的第一年,随着来自视觉、听觉、触觉、嗅觉等感觉信息的积累,婴儿开始认识到自己躯体的有限性,开始感到自己的躯体与环境不同,进而促使婴儿认识到自身的存在,产生了躯体"我"感。躯体"我"感是最原始的"自我",是个体自我概念的基础和核心,为个体的自我知觉提供了固定点。
自我认同感 (sense of self-identity) 2 岁左右	自我认同感是统我发展的重要产物。18 个月以后,婴儿开始意识到,无论外界环境如何变化,自己始终是同一个人,并能够将自己的名字与自己联系起来。他们开始认定自己的存在和自己在时间上的连续性。正如奥尔波特所言,他们开始明白"今天我记得我昨天的一些想法,明天我会记得我昨天跟今天的一些想法;我敢肯定它们都是同一个人——我自己——的想法"(Allport,1961,p.114)。

续 表

名 称	特 点
自尊感 (sense of self-esteem) 3岁左右	自尊是统我发展到第三阶段的产物,通常在儿童2～3岁时出现。在这个阶段,儿童能够独立完成一些任务,如走路、推开某个物体等,从而开始感到自己是有能力的。因此,此时的儿童常常试图挣脱父母的怀抱,用"不""不要"等字眼来表达自己对父母的抗拒。在此过程中,完成任务后的自豪感和失败后的羞愧感都得到了发展。
自我扩展感 (sense of self-extension) 4岁	这一阶段大约从3～4岁开始,儿童开始明白"我的"的意义,认识到许多东西是"我的",把原来不属于"我"的东西纳入自我系统,并将许多原来不属于自己的事物纳入统我之中,将其看作自己的一部分,而且这个过程将持续到成年。但不同的是,儿童属于自己的事物是具体的、有限的,对待那些事物的态度是自我中心的、自私的;而成人自我扩展的范围更广阔、抽象,能够摆脱自私的立场,将关注点从自我转移到他人或社会。
自我意象的出现 (the emergence of self-image) 4～6岁	随着自我的发展和互动经验的积累,4～6岁的儿童不仅具备制定未来目标的能力,而且有了基本的是非观念,开始出现自我意象。自我意象不仅包括个体对自己现有能力、身份和角色等的评价,而且包括个体对未来的期望(Allport,1955,p.47)。和自我扩展感相似,个体的自我意象也会随着年龄和经验而不断变化。但不同的是,这个阶段的儿童开始学习按父母的期望行事,并学会了回避那些将被他人反对的行为。
作为理性应对者的自我 (self as a rational copper) 6～12岁	大约从6岁开始,儿童逐渐热衷于解决问题、计划行动、检验自己的智力技能,他们往往被看作"理性的应对者"。他们开始意识到思考的重要性,并开始懂得通过思考来解决问题。与此同时,他们也开始学会使用自我防御策略,以及用扭曲的方式看待现实。
统我追求的出现 (emergence of propriate striving) 12岁至青年期	统我追求是统我发展第七阶段的重要特征,往往出现在青少年期,与前面提到的外周性动机相反,它是指"有指向或有意图"的动机,是个体为之奋斗不息的长期目标。统我追求可以"被视为个人存在的中心,并将人类和动物、成人和儿童、健康者和病人区分开来"(Allport,1955,p.51)。在这一阶段,个体开始萌发"应该"意识,学会了听从内部标准行事,而不是服从权威。但如果没能发展到这一阶段,他们将不能根据自己的判断和目标行事,会重复权威带给他们的内心矛盾。
知者自我的出现 (emergence of self as a knower) 成年期	奥尔波特将成年期的发展描述为知者自我的发展。此时,成人在认知上会试图将前七个阶段统合为一体。正如奥尔波特所言,我们现在不仅能认识外界,而且知道统我的经验特征。是"我"具有躯体感觉,是"我"日益体验到"我"的自我同一性,是"我"注意和反思"我"的自我主张、自我扩展、自我文饰,以及兴趣和追求。于是,当我思考统我的功能时,我感到它们很可能从根本上是一起的,我感到它们用某种方式与已知的"功能自我"相联系(Allport,1955,p.53)。

2.4.3 人格发展中的其他基本问题

在深入描述成熟人格及其内在发展过程的同时,奥尔波特也认为,准确预测个体的人格非常困难。在他看来,人格是遗传和环境共同作用的结果,而我们每个人的遗传基因和生存环境又非常不同。除了同卵双生子,每个人与其他人具有相同基因组合的可能性非常小,这就意味着,不同个体人格的生物学基础迥然不同。除此之外,我们每个人生存的社会环境如父母的教养、同伴的影响也不可能完全相同。因此,在此影响下形成的人格也必然是独特的。

根据奥尔波特的观点,遗传基因为人格提供原材料,尤其是智力、气质和体型构成了人格的三种主要原材料(Allport,1937,p.107)。奥尔波特非常强调遗传因素和环境因素的重要性。他指出:"没有哪种人格因素可以免受遗传因素的影响。"(Allport,1937,p.105)但他也指出,这种遗传基础还将受环境条件塑造或限制。奥尔波特用如下方程式表达了遗传和环境因素对人格的作用:

$$人格 = f(遗传) \times (环境)$$

正如奥尔波特所言,"两个因素在发挥作用时并不是相加的关系,而是乘数和被乘数的关系。任何一个因素为零,人格都将不存在"(Allport,1937,p.106)。当然,这只是奥尔波特的一种理论陈述,并不是在实证研究的基础上得出的结论,但后来生物学取向的人格研究的确为奥尔波特的这些观点提供了支持证据,本书生物学流派部分将作更详细的论述。

对于人格发展的连续性和阶段性问题,奥尔波特的立场在前面统我发展阶段的论述中已有充分体现,但值得一提的是,奥尔波特还相信,许多人的人格到了30岁后将不会有大的变化,这与当时心理学家华生和詹姆斯(W. James)的观点一致,这种观点到现在仍有一定的支持证据(Cloninger,2004)。

2.5 人格研究和测量

除了人格各方面的理论建树,与其他理论家相比,奥尔波特在人格的研究和测量方面花费了更多的精力。他不仅就人格领域的方法论问题提出了很多颇具先见性和指导意义的看法,而且根据这些看法进行了大量的实证探索,为今天人格领域的研究奠定了基础。可以说,从理论和研究两个方面来看,奥尔波特都开创了现代人格研究的先河。

2.5.1 人格研究和测量中的方法论问题

在早期著作中,奥尔波特区分了两种不同的研究取向,即通则取向和特则取向。两者的区别、联系及其与共同特质和个人特质的关系,前面已经提到。但是,由于术语"个别化"经常被错用、误解,因此奥尔波特在其后来的著作中用"形态发生学程序"(morphogenic procedure)来代替。与个别化相似,形态发生学也用于描述个体,但不同的是,形态发生学还包括对个体结构和类型的描述,并可以用于个体内部的比较(Allport,1968)。例如,每个人都有与众不同的特质和需要,不仅特质和需要本身是独特的,而且特质和需要的组合也是独特的,这就构成了个体独特的结构模式(structured pattern),以及形态发生心理学的主要内容。

面对如此特殊的研究对象,哪些方法才适用呢?与其他心理学家不同,奥尔波特认为,并不是只有实验法和相关法才是人格研究的合理途径。他提倡研究取向的开放性和折中主义。奥尔波特列出了52种可用于人格研究的分析方法,并将其分作14类(如表2.2所示)。

表2.2 可用于人格研究的14类52种研究方法

文化模式研究	社会规范分析,语言、文艺作品分析,语言分析,心理描述(形容词检核表、量表分析)
生理记录	遗传分析,生物化学相关物,内分泌研究,体型、面型、动作分析

续 表

社会记录	个人档案记录(学校、医院、职位、资历、组织等的记录)、工作分析、时间分配、行为频率、社会测量学、拓扑心理学(对人、阻碍物的反应)
个人记录	日记、自学系统指导、个人信件、主题写作
表情活动	第一印象、外表细节分析(影像材料分析)、外表模式分析、笔迹学、风格分析
量表	等级量表、记分量表、心理图示
标准化测量	标准化问卷、心理测量(动作、迷津、语言测验)、行为量表(想象、联想、情境测验等)
统计分析	差别心理学、因素分析、反向(inverted)因素分析
生活情境微型	时间样本、职业样本、欺骗性情境
实验室实验	一元记录、多元记录
预测	外观预报、趋势预报
深层分析	精神科会谈、自由联想、梦的分析、催眠术、自动书写
理想型	理解的图式、文艺性格分类
综合法	辨别法、匹配法、全过程会谈

显然,除了完全形态发生学的方法,如个人记录、深层分析等,奥尔波特还承认了一些半形态发生学取向的方法,如标准化测验和形容词检核表,在人格研究中的适用性。而且,在很多研究(如价值观研究)中,他使用的是半形态发生学取向的研究方法。但总的来看,他还是更倾向于用完全形态发生学的方法研究每个人独特的方面。

尽管用于人格研究的方法很多样,但由于研究对象的复杂性,上述方法都不是观察和解释人格的好方法。在《人格类型和成长》(*Pattern and Growth in Personality*)一书中,奥尔波特(Allport, 1961)指出,生理诊断法,对文化背景、地位和角色的研究,个人档案和个案研究,自我评价,行为分析,他人评定,测验和量表法,投射测验,深度分析,表现型行为研究,综合法这11种分析方法在人格研究中相对而言更为重要。尽管如此,它们仍然无法揭示人格的全貌,因此,奥尔波特主张,人格研究应该围绕观察和解释的核心将多种方法结合起来使用,甚至可以少量采用科学范畴之外的常识心理学和直觉的方法来弥补科学分析方法的不足。

此外，奥尔波特还反对传统临床领域使用投射技术研究正常人的人格。在他看来，无意识力量对正常成人的人格几乎没有任何作用，他更相信正常被试自我陈述资料的有效性。对于人格的实证取向，虽然他承认这一取向的重要性，但他并不相信因素分析等复杂统计方法的有效性。他指出："这些因素似乎经常偏离心理事实，因此它们很可能是数学方法的人工产物。"(Allport, 1937, p. 245)他进而指出，人格研究应该以理论和常识为指导，而不是仅仅依赖统计数据。

2.5.2 奥尔波特对人格特质的研究和测量

作为特质流派的创始人，奥尔波特不仅提出了人格特质的概念，而且使用不同的分析方法从不同的层面对人格特质进行了研究。总的来看，奥尔波特对特质的研究主要集中在语言、行为、个人材料、价值观四个方面。

在奥尔波特对特质的研究中，对当代特质心理学研究最具影响力和启发意义的，就是从自然语言层面研究特质形容词。奥尔波特及其同事从《韦伯斯特新国际词典》(1925年版)中挑选出"能够将一个人的行为与他人的行为区分开的所有词汇"(Allport & Odbert, 1936, p. 24)。整个词表有17 953个词语，占词典词汇量的4.5%。奥尔波特认为，特质形容词的数量如此巨大，堪称"一场文字的噩梦"(Allport, 1937, pp. 353 - 354)，将这些形容词合理分类的方法则会使心理学家"忙碌终生"(Allport, 1936, p. VI)。事实上，奥尔波特等人也试图努力结束这场噩梦，但他们的尝试只是这项庞杂工作的开始。奥尔波特及其同事将上述形容词分成四大类：(1) 人格特质，即"一般化和个体化的决定倾向——个体适应环境前后的稳定模式"(Allport & Odbert, 1936, p. 26)；(2) 暂时的状态、情绪和活动；(3) 对个体品行和声望的评价；(4) 其他词汇，包括描述身体特征、能力天赋和其他与人格关系模糊的词语(Allport & Odbert, 1936)。之后的70年里，人格心理学家在此基础上得出了具有普遍意义的"大五"人格结构。因此，可以说，奥尔波特对自然语言的研究开创了词汇学取向人格结构研究的先河。

除了自然语言,奥尔波特还认为,行为是可用于推断特质的另一重要线索。奥尔波特将行为分作表现型行为(expressive behavior)和应对型行为(coping behavior)两种。表现型行为是自发出现的、近乎无目的的行为,往往在意识之外表现出来,主要反映个体特有的风格和生活形态。应对型行为则是由特定情境决定的、指向特殊目的的有意识行为,主要用于满足个体的需要和环境的要求,具有适应的功能(Schultz,2001)。因此,个体的行为,尤其是表现型行为,可以被看作个体人格的表现。根据这种思想,奥尔波特研究了声音、笔迹、姿势和手势、面部表情等表现型行为,结果发现这些行为常具有高度一致性。其他研究者也发现,这些表现型行为与相应特质存在相关关系。根据这些结果,奥尔波特总结:"一个人的姿势和笔迹反映着相当稳定的个人风格,而且这些表现型行为并不是彼此独立的,而是很有组织的……它们与个体内在人格中的态度、特质、价值观和其他特征一致。"(Allport,1933,p.248)

尽管奥尔波特的研究,尤其是词汇学研究至今仍为人津津乐道,但最能反映他本人特则研究取向,以及对个体独特性的尊重的研究方法,还是他重视分析个人资料,即通过分析个体的日记、自传、信函、文字作品和其他口头或书面记录的样本,来确定特质的数量和种类。在这类研究中,最有名的是他对珍妮在 11 年间所写的 301 封信件的分析。在研究中,36 名评价者列出了珍妮的 198 个基本特质,根据评定结果的一致性和语义的相似性,奥尔波特又将这些特质分成 8 类。有趣的是,后来他的学生对这些信件进行内容分析和因素分析也发现了非常相似的结果。两项研究都发现,珍妮具有攻击倾向,有较强的占有欲,容易感情用事,有独立和自主的需要,看重感官享受,有自怜心理等。这使得奥尔波特认为,因素分析并没有提供更多有效的信息,他要求评价者根据主观印象所作的分析是有效的,甚至更有助于了解研究对象。

2.5.3 奥尔波特对人格的其他构成的测量和研究

从前面理论部分我们知道,在奥尔波特的人格图谱中,除了基本单元人格特质外,人格还包括价值观、兴趣、人生哲学等处于不同整合水平的其他成分,奥尔波特也对这些成分进行了一些实证探索。比如,价值观是人格的重要表现,不仅是统合的人生哲学的基础,而且是成熟人格的重要条件,并由动机、兴趣决定。根据德国哲学家施普兰格尔(E. Spranger)的观点,奥尔波特也将人的价值观分为理论型、经济型、审美型、社会型、政治型和宗教型价值观六种(如表 2.3 所示)。

表 2.3　奥尔波特提出的六种价值观

类　型	特　　点
理论型	重视真理的追求,多以理性、智慧、科学的方式对待生活
经济型	重视事物的实用价值和有用性
审美型	注重形式、和谐、优雅,强调美感和艺术体验
社会型	重视人际关系,利他主义,关心慈善事业和他人的幸福
政治型	注重个人在所有领域的权力、影响和声望,热衷于影响和控制他人
宗教型	重视行而上的价值,笃信宗教,渴望与宇宙的融合

在奥尔波特看来,每个人都或多或少地拥有上述六种价值观,并将其中一种或两种作为主导的价值取向。在此基础上,奥尔波特等人在 1931 年编制了价值观量表(Value Scale),但现在通用的版本是 1961 年的修订版本。量表主要包括两个部分:第一部分包括 30 个迫选式问题;第二部分包括 15 个项目,每个项目均需对四种事物作出重要性评定。将项目分数分别置于六种价值观类型下,分数偏高者即个体的主导价值观。

奥尔波特等人使用上述量表对大学生的价值观进行研究,结果发现,不同专业的大学生具有不同类型的价值观,例如,商学院学生的经济型价值观分数更高,艺术系学生的艺术价值观分数更高,这说明价值观量表有良好的预测效度。后来的研究也表明,男性大学生在读书期间自评获得的价值观分数与其 25 年后的职业相关(Huntley & Davis, 1983)。因此,价值观研究在职业辅导中有着举足轻重的地位。此外,奥尔波特等人还指出,价值观测量在婚姻咨询中也有重要的作用。很多研究表明,长久婚姻的关键在于夫妻之间在经济、宗教价值观上有高度相似性。

相对其他价值取向而言，奥尔波特对个体的宗教取向尤其关注。在他看来，高度的宗教承诺不仅是成熟人格的特征，而且对个体发现生活的意义、形成统一的人生哲学有重要的作用。为了更好地理解上述现象，奥尔波特及其同事(1967)编制了宗教取向量表(Religious Orientation Scale，ROS)。通过该量表，奥尔波特等人区分出两种不同的宗教取向——外在定向(extrinsic orientation)和内在定向(intrinsic orientation)。外在定向的宗教信仰者往往有功利主义宗教观，将信仰看作实现目的的手段，这种宗教观是为了获取舒适感和社会利益的自利型宗教观；内在定向的宗教信仰者则活在自己的信仰中，将宗教本身看作自己生活的重要组成部分，他们会将其他需要与自己的宗教价值观结合起来，并试图从宗教信仰中寻求自己的主宰感和人格的整合。但遗憾的是，价值观量表的信效度并不理想，奥尔波特后来也发现了量表的效度问题，其他研究者也提出了很多修改建议。但无论如何，奥尔波特仍是宗教心理学这片处女地的开辟者，他的研究也为后人提供了颇具启发意义的理论见解和研究结论。

2.6 对奥尔波特人格理论的评论

正如费斯特等人(Feist et al.，2002)所言，特质、统我、成熟人格、有意识动机、前动性行为、个体独特性、形态发生学等术语可以被看作奥尔波特人格理论的主题词。这些概念不仅反映了奥尔波特人格理论的折中倾向，而且折射出奥尔波特思想的人本主义光芒。

从奥尔波特对人格理论和研究内容的态度来看，他的折中主义倾向无处不在。在他看来，当时所有的人格理论都是不完整的，关于人性的许多内容都没有被囊括进来。因此，他一直反对刻意强调某种研究取向，并不断提醒研究者们"不要忘记他们决计会忽略的东西"(Allport，1968，p.23)。他主张将理论建立在"对人格丰富性和高贵性的准确测量"的基础之上，而不是将人格"删减、压缩来满足封闭系统的要求"

(Allport, 1937)。因此,他不仅接受精神分析、行为主义流派等封闭系统理论的观点,而且提倡强调个体独特性和前动性的开放性人本思想;虽然提倡个体性的研究,但并不否认共同规律的研究……从本质上说,奥尔波特的折中主义并不是毫无选择的"寒鸦式折中主义"(jackdaw eclecticism),而是具有选择性和整合性的系统折中主义(systematic eclecticism)。例如,尽管他接受了其他流派的许多概念和思想,但他并不赞同精神分析强调的早期经验和潜意识动机对行为的决定作用,也不认可行为主义对反应性行为的强调。

从对人性的态度来看,奥尔波特的人格理论明显带有人本主义的色彩。根据德卡瓦略(DeCarvalho, 1991)的观点,奥尔波特是首次使用"人本主义心理学"术语的心理学家,也是人本主义心理学组织的最早奠基人之一。奥尔波特积极乐观、充满希望的人性观,如承认个体发展和成长的可能性,关注个体的独特性和整体性,指出意识对个体行为的决定作用,强调统我的未来指向等观点,都成为后来人本主义运动的重要论点,对存在主义、现象学和人本主义心理学的发展有着重要的推动作用。因此,奥尔波特积极乐观的人格理论使得心理学第一次将人性的尊严和生活的希望还给人类,在某种程度上,可以看作奥尔波特在那个抹杀个性、迷失人性的年代为寻求心理学的正常发展轨道所作的煞费苦心的努力。

就理论的科学价值而言,和任何理论一样,奥尔波特的人格理论也有其自身的优势和局限。从理论的综合性和创新性来看,由于明显的系统性折中倾向,奥尔波特不仅吸纳了其他理论的各种优势,而且在此基础上进一步完善了其中的不足,形成自己"青出于蓝而胜于蓝"的思想,因而表现出相当的综合性和创新性。统我概念就是其中最好的例子,奥尔波特借用传统心理学自我的概念,赋予统我更丰富的内涵,对其作出了更清晰、更完整的解释,避免了前人自我概念的混淆局面。

就理论的精确性而言,尽管奥尔波特精确、严谨的语言风格使其理论显得非常准确、简约,但他理论中的很多概念和命题也显得模糊不清。其中,机能自主是其理论中受批评最多的概念。动机的机能自主究竟是如何实现的,是否所有动机都会实现机能自主,哪些动机会出现机能自主的现象,其中的原因又是什么,奥尔波特都没有给出明确的答案(Phares,1990)。

从理论的可检验性和实证效度来看,尽管奥尔波特本人对相关理论和概念进行了实证研究,但由于他的理论多以推测和常识为基础,后来的研究者几乎没有人检验其人格理论的实证效度,因此他的理论受到很多研究者的批评。有研究者认为,这是因为奥尔波特的理论主要是描述性的,缺乏清晰的、可供研究者检验的科学假设(Ryckman,2004)。

就理论的启发意义而言,奥尔波特的很多观点和研究,如特质概念的提出、对特质的词汇学探索、对宗教取向和偏见的研究、对整体取向的提倡,都得到了研究者的充分重视,对如今特质取向乃至人格心理学的发展都颇具意义。此外,奥尔波特的理论研究,尤其是关于宗教、价值观等的科学研究,对职业选择、婚姻咨询、心理治疗等领域有深远的影响,具有重要的应用价值。

除此之外,其他研究者还对奥尔波特理论的具体内容提出了批评。奥尔波特提倡形态发生学的研究方法,回避研究普遍趋势,因此常被批评为缺乏科学性;过于强调人与动物、儿童与成人、正常和异常的分离,又被批评为有过犹不及的嫌疑。

3 卡特尔和艾森克：勾画人格地图的概貌

如果说奥尔波特创建了以特质概念为基础的人格理论，那么卡特尔和艾森克发展了特质理论，并将其建立在坚实的科学方法的基础之上。之所以将这两位人格理论学家列在一起，是因为他们有诸多相似之处。除了都曾就读于伦敦大学，师从著名的心理统计学家斯皮尔曼（Charles Spearman）外，两人的思想也有诸多相通之处。首先，他们同为特质论者，有共同的理论出发点，即认为特质是人格的基本单元，是理解和预测个体行为的重要变量；其次，两人都试图勾勒人格结构的全貌，为之付出了极大的努力，并各自得到为后人所认可的结论；最后，他们都不是临床取向的心理学家，都有明显的实证主义倾向，尤其强调方法学问题，都主张采用因素分析这一系统、科学、严谨的统计程序研究正常人的人格结构。

当然，这两位人格心理学家的理论也因强调的内容和研究结论的差异而各具特色。与艾森克和其他心理学家相比，卡特尔更注重心理学理论的科学功用，即对行为的预测功能。在卡特尔看来，如果洞悉了人格的结构和动力系统，就一定可以预测人的行为。因此，他毕生都致力于人格特质和动力结构的测定、人类行为规律的探究，以及在此基础上对特定情境中行为的预测。艾森克则将主要精力放在人格结构维度模型的确定、人格维度与行为对应关系的寻求、人格维度遗传基础和生理机制的挖掘上。此外，艾森克还主张将实验心理学的研究策略与人格心理学的研究问题相结合，因此艾森克的理论还有浓厚的实验心理学和生物学色彩。

本章着重介绍卡特尔和艾森克具有浓郁科学色彩的人格理论。由于卡特尔的理论蕴含丰富的方法论思想,并建立在因素分析这一复杂的统计方法的基础上,而且这些方法论思想恰好是理解卡特尔人格学说的基础,故而我们从卡特尔的方法论思想讲起,进而介绍他的特质心理学思想。同时,由于艾森克的数学分析工作和卡特尔的工作有相当的重合,这里着重介绍艾森克的人格维度学说,而其生物遗传学观点将在后面章节详细讲述。

3.1 卡特尔的人格理论

3.1.1 卡特尔传略

卡特尔(Raymond Bernard Cattell,1905—1998),1905 年出生于英格兰斯塔福德郡(Staffordshire)一个中产阶级家庭。父亲是一位机械工程师,对孩子的要求非常严格。但在母亲的庇护下,卡特尔与其兄弟仍可以把大量的时间花在山洞探险、游泳、航海、跳水等户外活动上,度过了自由自在、无拘无束的童年时光。但是,这样的幸福生活很快被现实打破了。开始读书后,卡特尔学业表现优异,近乎超过长其 3 岁的哥哥,这使卡特尔深深地感受到与哥哥的激烈竞争,也使他清晰地意识到如何抗拒哥哥带来的压力以使自己保持自由发展的问题(Cattell,1974,pp.62 - 63)。此外,残酷的第一次世界大战也给卡特尔带来了不小的触动。那时,9 岁的卡特尔虽然没有投身于战争,但目睹了从前线抬回的血淋淋的担架,亲身体验着战争带来的苦难。这使他感觉到,"不知不觉中,那种持久的严肃感开始在我的生活中出现,而这种感受包括对生命短暂的感叹、竭力奉献的责

图 3.1 卡特尔

任和尽可能自我实现的需要"(Cattell,1984)。卡特尔终生孜孜不倦地工作,儿时的这种经历也许是其动力源泉之一。

少年时代的卡特尔兴趣广泛,对自然科学尤其是化学充满兴趣。16岁时,他进入伦敦大学学习,3年后以优异的成绩获得了化学和生理学学士学位。在大学阶段,他涉猎广泛,尤其关注社会问题。在此过程中,他认识到"要超越人类非理性的一面,必须研究心灵本身……心理学就是我一生的兴趣所在"(Cattell,1984)。于是,他作出了一个非常需要勇气的决定,即选择当时就业前景惨淡的冷门学科——心理学。1924年,他再次进入伦敦大学修读心理学研究生课程,并于1929年获得博士学位。在此期间,他师从著名的心理统计学家斯皮尔曼,主要从事智力结构研究,并学习了因素分析技术这一贯穿卡特尔整个职业生涯的研究方法。

毕业后,卡特尔在心理学领域一直没有找到合适的工作,只得接受一个教育职位。1932年,他移居莱斯特(Leicester),并着手建立了一个学校心理诊所,这使他有机会接触精神分析理论并将其应用于实践,甚至还将其融入自己的理论。在5年的工作中,卡特尔虽然主要从事管理和临床工作,但仍开展了一些研究,如智力与家庭规模、社会地位的关系研究,并与默里(H. Murray)同时发展了投射测验。卡特尔还提到,自己是首次使用"投射测验"术语的人。也正是这些年,他因过度劳累和生活条件恶劣而患上了慢性消化疾病,妻子也因经济窘迫和他对工作的忘我投入而离开了他。但他认为,这段艰难的日子使他受益匪浅,迫使他关注实际问题,同时给了他许多人格研究方面的启发(Cattell,1984,p.123)。

1937年,卡特尔应桑代克(E. L. Thorndike)的邀请前往哥伦比亚大学的桑代克实验室担任助理研究工作。在此期间,他与同事开始利用因素分析研究智力,这不仅为他后来的智力分类观点奠定了基础,而且使他开始思考一个重要的问题:因素分析可否用于研究人格?离开哥伦比亚大学后,卡特尔先后接受了克拉克大学、哈佛大学和杜克大学的教学职位。这些年是他埋头工作的日子,没有节假日,可以说就住在办公室。第二次世界大战期间,卡特尔再次从学术研究转向应用研究,编制了用于选拔官员的人格测验。

战争过后,他发现,学术研究才是他向往的工作,于是他于1945年接受伊利诺伊大学的研究教授之职,并担任人格与团体分析实验室主任,直到1973年退休。在伊利诺伊大学的日子是卡特尔最多产的时期,并被誉为杰出研究教授。在这27年里,他还帮助建立了人格与能力测验研究所和多元实验心理学协会。从伊利诺伊大学退休后,他在科罗拉多州的玻尔德创立了道德与自我实现研究所。1977年,他到夏威夷大学的心理学系任教。随后,他又到夏威夷火奴鲁鲁福雷斯特专业心理学学院任教,直到1998年2月2日去世。

在职业生涯中,卡特尔出版了近40部著作,发表了500多篇学术论文,并编制了多种人格问卷,如文化公平智力测验(Culture Fair Intelligence Test)、动机分析测验(Motivation Analysis Test)、焦虑测验问卷(Anxiety Scale Questionnaire)、临床分析问卷(Clinical Analysis Questionnaire, CAQ)和广为使用的16种人格因素问卷(16 Personality Factors Questionnaire, 16PF)等。终其一生,他都在为自己的学术目标努力——运用三种观察媒介(生活行为评定、问卷、客观测验数据)描述人格结构和动机特质。1993年,他评论说,人格和动机特质的测量"完成了我们许久前就开始的结构化研究之路"(Cattell, 1993, p. 108)。

与此同时,著作等身的卡特尔还是一位受人尊重的学者。他一生中获得了多项荣誉,包括达尔文奖学金、纽约科学学术界的温纳·格伦奖,以及1997年美国心理学会颁发的心理科学终身成就奖等,并担任过多元实验心理学协会的主席,是英国心理学会的国外荣誉会员。

3.1.2 卡特尔的方法学

与早期依赖临床经验或演绎推理创建理论的人格理论家不同,自然科学背景出身的卡特尔不仅非常强调将理论建立在对人格客观、精确的分析和测量上,而且强烈主张采用多变量研究方法研究人格和行为。因此,在某种程度上可以说,通过多变量研究方法得到的精确测量构成了卡特尔人格理论的基础。接下来着重介绍卡特尔的若干方法学思想。

理论的建构：归纳、假设、演绎

与其所强调和主张的一致，卡特尔不仅建构了与研究方法和人格测量联系最为密切的人格理论，而且就理论的建构过程提出了独到的见解。根据卡特尔的观点，理论建构应该始于实验观察或测量，然后根据大量的观察或测量结果归纳出若干规律，进而形成粗略的假设。接下来，根据提出的假设再次进行实验研究或测量以验证假设，根据研究或测量结果进一步归纳出更为精确的假设，然后根据假设进一步演绎出下一轮的研究设计、观察测量、归纳假设……如此反复。

因此，上述归纳、假设、演绎三个理论建构过程循环构成了一个螺旋上升的过程（如图 3.2 所示），卡特尔将这个过程称为归纳—假设—演绎螺旋（inductive-hypothetical-deductive spiral），这种理论建构模型就是卡特尔所说的归纳—假设—演绎法（inductive-hypothetical-deductive method）。这种理论建构方法与社会科学领域广泛应用的假设—演绎法（即从一系列已有的命题中演绎出假设然后收集资料进行假设检验）不同，它不需要在研究之初就形成明确、清晰、完备的假设，这就避免了探索前的先入之见，更可能得到偶然的重大发现，这对我们在新的研究领域或对新的课题进行初步探索时非常有利。

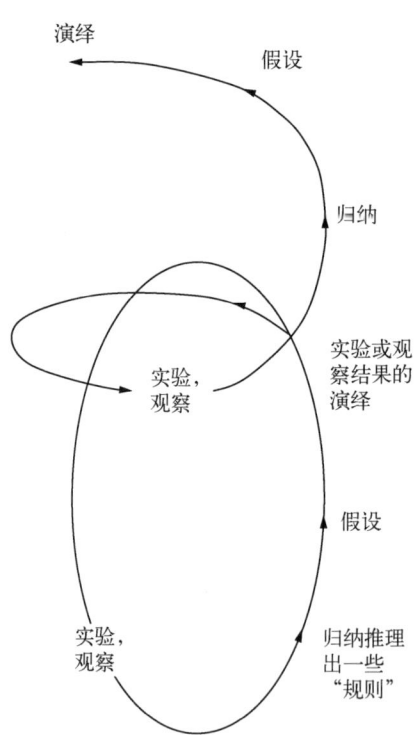

图 3.2　归纳—假设—演绎螺旋（摘自 Nesselroade & Cattell, 1988, p. 17）

观察的媒介：L 数据、Q 数据、T 数据

卡特尔的人格理论以精确的测量和客观的观察为基础，收集观察和测量的结果是卡特尔理论建构或研究的起点。然而，这些观察和测量的结果源自何处？在日常生活中的表现形式是什么？卡特尔认为，根据资料来源的差异，所有的观察或测量结果主要来自三类资料：L 数据、Q 数据和 T 数据。

L 数据（L-data）即一切生活记录资料，是与个人生活史有关的资料或者对日常生活事件的记录，不仅包括主观的信息（如教师对学生的评语等），而且包括客观的信息（如学校成绩记录等）。Q 数据（Q-data）即问卷资料，是个体对问卷或人格测验的自我评定结果。T 数据（T-data）即客观测验资料，是为测定人格的某些特点，在给定情境下对被试行为或反应的观察记录结果，如对压力情境的生理和心理反应、对刺激的反应时、投射测验的结果等。L 数据、Q 数据和 T 数据对人格研究来说很重要，同时，三者都有其自身的优势和局限。L 数据最贴近实际生活，甚至不需要被试作出反应即可获得，但是由于与生活史相关的信息具有很强的个体性，因此难以处理。Q 数据虽然标准化程度较高，但由于是自我报告资料，可能存在自我掩饰或伪装等问题。T 数据可以被看作日常行为的缩影，被试较难洞察反应与所测特质的关系，具有较好的隐蔽性，但很多 T 数据容易受到情境的干扰而失真。根据卡特尔的观点，在人格总体（personality sphere）中，数量最大且遍布人格总体的是 L 数据。尽管如此，卡特尔仍相信，从三种资料中都可以发现人格的基本结构。

研究的分析策略：多变量研究与因素分析

仅仅知道卡特尔的理论建构思路和研究资料来源，我们依然无从知晓大量的数据信息如何与抽象的理论建构过程相衔接。幸运的是，卡特尔对此衔接过程所需的具体研究策略给出了清晰和详细的论述。下面着重介绍卡特尔提倡的多变量研究方法和处理研究结果的统计技术——因素分析（factor analysis）——的几种具体表现形式。

面对研究对象，卡特尔从来没有忘记过人类心理和行为的复杂性，也许正因如此，他不主张采用当时很多心理学家依赖的二变量实验（bivariate experiments）来研究人格问题。他一直认为，所有的行为都是多个因素共同作用的结果，运用一个自变量来预测因变量的做法，不仅忽视了有机体的整体性，而且有将研究对象过度简化的嫌疑，因此他更主张运用多变量方法（multivariate method）来研究人格。

顾名思义，多变量方法就是通过实验程序和统计分析技术同时研究多个变量之间的相互关系。在卡特尔看来，多变量方法可以使生活本身成为研究对象，从而获取变量间有意义的联系，使研究者能够同时关注整体的人和复杂的人类行为。尽管如此，卡特尔并不否认二变量实验的价值。他始终相信，在探索性研究中，在多变量研究基础上，对主要的变量进行二变量实验不失为一种好方法（Cattell，1979，p.7）。

面对通过观察或测量得到的关于多个变量的数据，卡特尔和后来的许多特质心理学家主要采用因素分析探求变量间的相互关系。因素分析背后的数学原理和相关计算较为复杂，是方法学课程的重要内容，这里着重介绍卡特尔提到的三种主要的因素分析技术——P技术（P technique）、R技术（R technique）和dR技术（dR technique）。卡特尔和现代许多心理学家经常使用的是R技术。

所谓R技术，即测量多个被试在多个变量上的反应，进而探求变量间相互关系的方法。使用R技术进行特质研究得到的是多数人共有的特质，即共同特质。与之对应，P技术则是对同一个被试在不同情境下多个变量上的反应进行测量和研究的方法。与R技术不同，通过P技术，我们不仅可以发现每个人独有的特质，即奥尔波特所说的个人特质，而且可以洞悉个体动机的变化过程（如图3.3所示）。

dR技术则是对多个被试在两种不同的情境下多个变量上的反应进行测量，然后研究变量间关系的方法。与R技术相比，dR技术考虑到情境因素（如情绪状态和外界环境因素等）的影响。与P技术相比，dR技术具有更强的外部效度或推论能力。但是，dR技术仍有难以克服的弊端，即可能存在情境抽样误差。因此，只有将外部效度较低的P技术和可能存在情境抽样误差的dR技术相结合，我们才能获得具有普遍性的

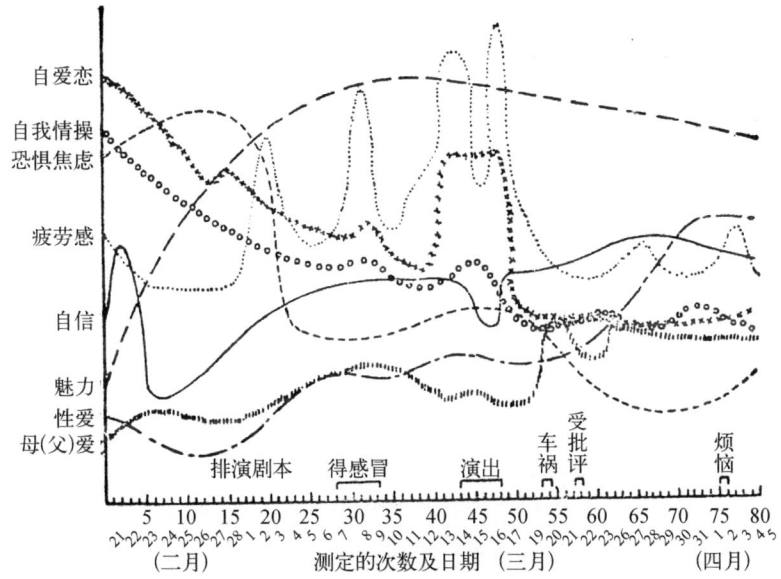

图 3.3 通过 P 技术对若干特质的追踪研究（摘自 Cattell，1957）

状态相关信息。

3.1.3 卡特尔的特质心理学思想

与奥尔波特一样，特质也是卡特尔人格理论中的重要概念之一。根据卡特尔的观点，人格是可用于预测个体在特定情境下所作反应的结构(Cattell，1950，p. 2)。特质则定义个体在给定情境下将作出的反应(Cattell，1979，p. 14)。特质不仅定义了人格，而且可用于预测行为，使个体的行为保持跨时间的稳定性和跨情境的一致性。因此，在卡特尔的理论体系中，虽然没有明确特质与生理根源的对应关系，但特质绝不只是统计的产物，而是对行为具有决定和预测作用的重要概念。

人格的基本单元

由于特质是人格结构的基本单元，因此以探索人格结构为己任的卡特尔一直对特质保持密切的关注，并花费了大量的精力研究这种基本单元，由此卡特尔对特质的性质有自己独到而深刻的认识。这里着重介绍卡特尔为解释人格的多样性而对特质类型或范畴所作的几种不同的划分。

和奥尔波特一样，卡特尔也将特质区分为共同特质（common traits）和独有特质（unique traits）。共同特质是指所有人在一定程度上都具有的特质，如内外向、智力等；独有特质则是个体独有的特质，多通过兴趣、习惯、态度等形式得以体现。所有人都具有共同特质，但可能在程度或强度上存在差异。共同特质可用于解释人格在人类本性或群体层面的差异，独有特质则可以解释个体的个别化本质，因此对它们的区分有重要的意义。

从来源上，卡特尔将特质分为本体性特质（constitutional traits）和环境塑造特质（environmental-mold traits）。本体性特质主要是由生物学因素决定的特质；环境塑造特质则主要是由环境因素决定的特质。值得注意的是，本体性特质尽管主要受生物学因素的影响，却不一定是天生的，例如，后天的生理病变或创伤可能导致人格的改变；环境塑造特质则主要受社会或物理环境的影响，主要是习得性特征。

与上述两种分类相比，卡特尔对根源特质（source traits）和表面特质（surface traits）的区分则更具特色。表面特质是个体相对外显的特质，往往是表面上相关联的一系列特征或行为的表征，如乐观、爱说话、好热闹、热衷于社交活动等；根源特质则是更深层的潜在特质，是彼此相关、共同变化的一系列特征或行为的表征。表面特质通过观察外在的行为表现得到，根源特质则由表面特质推断而来，故而数目也少于表面特质。表面特质往往由其背后的根源特质决定，因此根源特质可用于解释不同表面特质的个体差异和相关关系，只有根源特质才是行为最根本的决定力量和人格的基本结构单元。例如，乐观、热衷于社交、好热闹等特质都是表面特质，代表着个体稳定的行为反应倾向，如积极地看待所有问题、积极参加社交活动、倾向于选择人多的场合，等等。尽管彼此各不相同，但它们往往同时出现在个体身上，或者消长变化趋于一致，这是因为它们都受制于背后的根源特质——外向性。因此，卡特尔指出，我们不仅要懂得如何描述或测量个体所有的特质，而且应该了解这些特质间的相互联系(Cattell，1950，p.156)。

此外,卡特尔还根据内容将特质分为能力特质(ability traits)、气质特质(temperament traits)和动力特质(dynamic traits)。能力特质是个体在应对复杂的问题情境时表现出的技能,决定着个体有效实现目标的可能性;气质特质是个体普遍的反应倾向或行为风格,决定着个体的情感和行为反应;动力特质则是个体行为的驱动力,定义着个体的动机、兴趣等。能力特质最典型的例子是智力。卡特尔对这种能力特质所作的流体智力和晶体智力的划分堪称经典。此外,他还编制了文化公平测验测量流体智力,以矫正传统智力测验将晶体智力当作智力全部所带来的偏差。气质特质和动力特质是卡特尔关注的重点,他对此进行了大量的研究,后面将专门论述。

人格的动力系统

与许多人格心理学家一样,卡特尔也认为,不考虑人格动机力量或动力系统的人格理论是不完整的,因此他非常重视人格动力系统的研究和相关理论的建构。在他看来,人格的动力系统由不同水平的动力特质构成,为个体的行为提供能量和方向。下面着重介绍卡特尔对动力特质所作的分类,以及联系不同动力特质的动力网格。

根据动力特质的来源,卡特尔将其分为能(ergs)和外能(metaergs)两大类。"能"(ergs)一词源于希腊语"ergon",有能量之意,在这里是指"先天的心理生理倾向,使得个体对某些事物作出更强的反应,并对其产生更特殊的情感反应,进而引起一系列行为以更好地实现某个目标"(Cattell，1950，p.199)。在卡特尔的理论体系中,能是本体性特质,是行为的内在驱动力量,是稳定的动机单元,会增减变化却不会消失。卡特尔通过因素分析得到寻找食物、求偶、合群、保护、探索、安全、自信、性爱、好斗和收获10种彼此独立的能,以及吸引力、放松、创造、自我贬损4种相对独立的能(Cattell & Kline，1977，p.181),另外,卡特尔在自然主义观察(即对动物类似于人类的行为和不同文化中人类行为的一般观察)和临床研究中也找到了支持证据。

与能相对应,外能则是习得的动力特质,主要受环境因素的影响,属于环境塑造特质,包括处于不同概括水平的两类特质:情操(sentiment)和态度(attitude)。情操是通过与环境中的人、事、物接触而形成的,与生活中某些重要方面有关的动力特质;态度则是对具体的人、事、物的兴趣、情感和行为。在普遍性水平上,情操是人格中更持久、更深层的潜在动力结构,往往与特定的事物范畴相联系;态度则是在给定情境下对特定事物作出某种反应的特殊兴趣,因而普遍性水平较低。此外,情操是在特定文化中形成的,因此可能存在文化或年龄的群体差异,总的来看,情操多集中在事业、宗教、情感对象等因素上。

虽然能、情操和态度有不同的来源,处于不同的普遍性水平,但三者并不是毫无关系的,相反,它们是相互联系的,而且构成了复杂的动力网格(dynamic lattice)。如图 3.4 所示,网格的最左边是态度,最右边是能,中间散落着各种情操,不同的情操彼此联系,同时可以追溯到几种不同的能的作用,并表现为多种不同的态度。卡特尔将这三种不同层次的动力特质间的复杂关系描述为附属(subsidiation)。这就意味着,某些特质

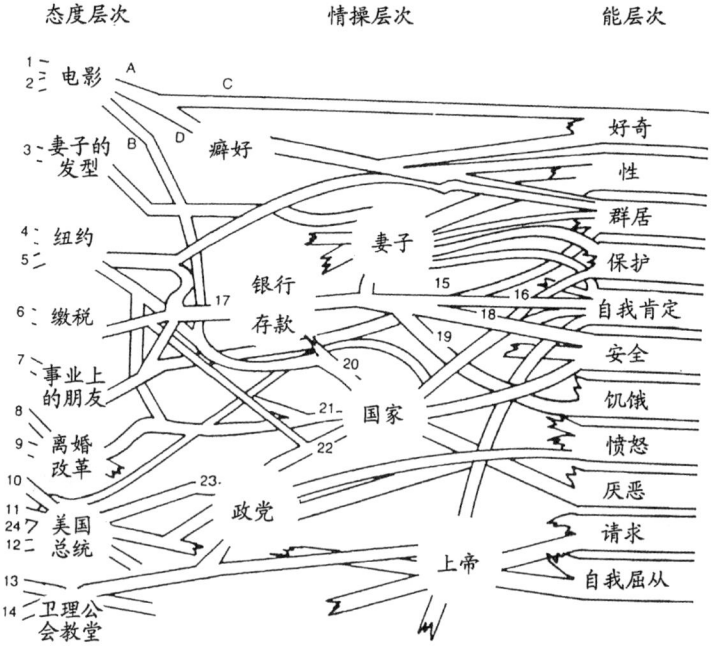

图 3.4 动力网格的片段(摘自 Cattell,1950)

控制或引起了另一些特质的出现,更具体地说,某些态度的出现是由相应的情操引起的,而情操的产生又依赖相关的能的作用。例如,一个学生对数学非常感兴趣,这可能是因为他非常热爱科学,而这又可以归因于他对科学理论的强烈好奇心。根据卡特尔的观点,这种动力网格会随个体的心境或情绪状态而变化,情绪状态的变化往往又由环境的变化引起,因此动力网格深受环境因素的影响。尽管如此,人格的动力系统仍保持一定的稳定性和连续性,因为人格中还存在一种主导的动力特质——自我情操(self-sentiment),它统合和组织着所有的态度、情操和能。

人格的预测作用

从卡特尔对人格或特质的定义中,我们能够发现他非常强调人格或特质的预测作用。在他看来,人格研究的目的在于建立不同个体在各种社会或一般环境中作出何种反应的法则(Cattell, 1950, pp. 2-3)。他始终相信,通过可靠、有效的方法,我们可以预测所有行为。因此,他对人格预测的量化研究作出了很大努力。

作为特质心理学家,卡特尔强调人格对行为的重要作用,但他并未像特质理论批判家所说的那样,忽视情境对行为的决定力量。相反,他提出了行为的生态模型(ecological model)来弥补特质论的这些缺点。在他看来,行为是特质和情境复杂交互作用的结果。换句话说,行为是人格与情境的函数。卡特尔认为,要解释这一交互关系,首先要建构情境或环境体系(environmental sphere)的分类法,然后评定情境对个体的影响力。显然,这个任务很艰巨,卡特尔已经开始第一步的探索,但至今没有研究者继续下去(Cattell, 1979, p.218)。

尽管如此,卡特尔仍给出了一个复杂的数学表达式以详细说明行为与特质、情境等多种因素的复杂关系。这个数学表达式即卡特尔所称的"特征公式"(specification equation),具体方程式如下:

$$\begin{aligned} R = & (b_1 A_1 + b_2 A_2 \cdots + b_n A_n) \\ & + (b_1 B_1 + b_2 B_2 \cdots + b_n B_n) \\ & + (b_1 C_1 + b_2 C_2 \cdots + b_n C_n) \\ & + (b_1 K_1 + b_2 K_2 \cdots + b_n K_n) \end{aligned}$$

在上述方程式中，R 是个体在特定情境中的行为表现或反应。这种行为表现或反应由几种因素加权联合起来决定：第一，个体的根源特质（$A_1, A_2, \cdots, A_n$）；第二，个体的状态和心境（$B_1, B_2, \cdots, B_n$）；第三，个体所处情境的社会和文化意义（$C_1, C_2, \cdots, C_n$）。它还包括没有被详细说明的其他因素（$K_1, K_2, \cdots, K_n$）的联合权重。此外，每种因素都有它自己的加权系数（$b_1, b_2, \cdots, b_n$），代表它在特定情境中对个体行为表现的重要程度(Cattell, 1965, pp. 78 - 80)。这个加权系数可以通过实验确定，相关的特质或因子也可以通过因素分析等统计技术得到，因此从理论上看上述方程式是成立的，但由于各变量的数值需要大量研究才能确定，因此至今尚无实际的应用。此外，从整体上来看，虽然上述方程式仍是一种线性表达，但在卡特尔看来，线性模型就足以预测大多数行为(Cattell, 1965, p. 252)。

人格的发展

和很多人格心理学家一样，卡特尔非常关注人格的形成和发展问题，但他的关注点和其他心理学家有所不同。他深入研究了人格发展的阶段、影响因素(遗传和环境)，尤其是学习在人格发展中的作用等方面。下面从人格的发展阶段开始逐一介绍上述观点及相关的研究。

和弗洛伊德等人的人格发展学说一致，卡特尔也认为，人格在发展过程中会经历不同的阶段，而每个阶段又会面临不同的危机或任务。在2~5岁这一阶段，自我和超我开始发展；6~13岁，自我继续发展，并将对自己的爱延伸至父母，继而延伸至其他人；在青春期，由于身体变化和生理成熟，个体的情绪稳定性开始趋于下降，并开始产生对性的兴趣和对社会的无力感，同时，利他、创造、追求独立、获得爱和自我认同感等念头也开始萌发；25~50岁，人格开始保持相对稳定，随着经验的增加，创造性可能得到发展；到了老年期，个体会有很多典型的心理特点，如担心经济状况和健康状况、记忆力减退、保守、多话等(Cattell, 1950)。

卡特尔认为，遗传和环境因素都对人格发展有不容忽视的作用，但他更关心遗传和环境对人格的相对重要性。尽管卡特尔作出了本体性特质和环境塑造特质的区分，但他仍认为，大多数特质不是绝对的本体性特质或环境塑造特质,而是生物学因素和环境因素共同作用的结果,并用天性—教养比(nature-nurture ratio)和遗传率(heritability)等概念来表示遗传或环境因素对某个特质的相对重要性,其中,遗传率是指由遗传决定的变异在某个特质整体变异中所占的比重(Cattell,1973,p. 145)。此外,他还提出了一种复杂的研究方法,即多元抽象变异分析(multiple abstract variance analysis,MAVA)用于评定这一比率。基本原理就是通过比较分开抚养或共同抚养的同卵双生子、异卵双生子、兄弟姐妹、无亲缘关系儿童在某种特质上表现出的相似性或差异,来探求遗传和环境因素对各类特质的相对重要性(Cattell,1982,p. 90)。通过上述方法,卡特尔确定了已发现的若干根源特质的遗传率,并认为临床心理学家可以根据这些研究结果,选择合适的方法去改变环境塑造特质而不是本体性特质。

除此之外,卡特尔还尤其关注胎前的生理因素和学习对人格的影响。他认为,胚胎的发育不正常或畸形、新陈代谢异常、受孕期内分泌失调、分娩过程中出现问题等都可能造成人格障碍或智力异常。根据他的说法,人格似乎是胎前期个体神经系统自发成熟的结果(Cattell,1950)。对于人格发展过程中学习的作用,卡特尔提出了三种不同类型的学习:经典条件作用(classical conditioning)、操作性条件作用(operant conditioning)和整合学习(integrative learning)。根据卡特尔的观点,经典条件作用在潜意识学习和情绪性反应(如恐惧症)的形成过程中有重要的作用;操作性条件作用即奖励学习(reward learning),对很多特质或动力网格的形成都有重要的作用(Cattell,1965);整合学习即对一系列有层次结构的反应或反应组合的学习(Cattell,1965,p. 30),因为对整个人格结构的形成有重要作用,所以又称人格学习(personality learning)或结构学习(structured learning)。卡特尔认为,通过整合学习,个体习得了对事物的积极或消极反应倾向,进而学会了权衡局面,在不同的情境中抑制或表现不同的驱力,可以说是个体成熟的表现。

3.1.4　卡特尔对特质的研究与测量

如前所述,卡特尔的人格理论是他在精确测量和客观观察的基础上概括而来的,因而除上述特质心理学思想外,他关于特质的具体研究结论和测量结果似乎更广为人知,尤其是由 Q 资料得到的 16 种人格因素问卷(16 Personality Factors Questionnaire,16PF),直至今日仍被广泛使用。

初级和次级根源特质的确定

运用因素分析确定人格结构中的根源特质可以说是卡特尔毕生工作的重点。通过对 L 数据和 Q 数据的分析,他确定了气质的 35 个初级特质(primary trait),其中包括 23 个描述正常人格的正常特质(normal trait)和 12 个描述病理性特征的异常特质(abnormal trait)。

卡特尔对正常特质的探索始于对 L 数据的分析。和奥尔波特一样,卡特尔也相信,在进化过程中,人类行为的所有方面都有相对应的语言符号(即特质名称)(Cattell,1957,p. 71)。故而,沿着奥尔波特的足迹,卡特尔开始了对奥尔波特从英语词典中抽取的 4 500 个特质形容词的研究:首先,通过同义词的合并,将这些形容词缩减到 171 个;然后,通过专家评定的方法,确定了 36 个相关词群(即表面特质),加上从临床资料中得到的 10 个特质,卡特尔得到了遍布人格总体的 46 个表面特质(Cattell & Kline,1977,pp. 30 - 31);通过进一步分析,最终确定了 23 个根源特质。其中的 16 个因素即 16PF 的子维度,J 因素和 K 因素也在 Q 数据中得以体现。为避免常规语义对特质理解的干扰,卡特尔在命名 23 个因素的过程中,特意使用了生僻的字眼(见表 3.1)。

表 3.1 23 个初级根源特质

因素	低分者特征描述	高分者特征描述
A	情感分裂(sizia) 缄默、孤独、挑剔、冷淡	高情感(affectia) 热心、外向、随和、乐群
B	低智商(low intelligence) 能力低下、思想迟钝、不善于抽象思维	高智商(high intelligence) 高能力、聪明、善于抽象思维
C	低自我力量(low ego strength) 情绪激动、易烦恼	高自我力量(high ego strength) 情绪稳定、面对现实、平静
D	冷漠气质(phlegmatic temperament) 深思熟虑、不活跃、乏味、含蓄	兴奋性(excitability) 兴奋、无耐心、要求、过度活跃、无节制

续 表

因素	低分者特征描述	高分者特征描述
E	顺从(submissive) 谦虚、顺从、通融、恭顺	支配(dominance) 好强、固执、独立、积极
F	平静(desurgency) 严肃、审慎、冷静、寡言	激情(surgency) 轻松、兴奋、随遇而安
G	低超我力量(low superego strength) 苟且敷衍、缺乏奉公守法精神	高超我力量(high superego strength) 有恒负责、做事尽责
H	威胁反应性(thretia) 畏怯退缩、缺乏信心	副交感免疫性(parmia) 冒险敢为、少有顾虑
I	高度现实感(harria) 理智、重现实、自恃其力	保护情绪易感性(permsia) 敏感、感情用事
J	热情、乐群、外向(zeppia)	谨慎、自省、内敛(coasthenia)
K	低社会关注(social unconcern) 社交不成熟、无关切、粗野	关注社会角色(social-role concern) 社交成熟、警惕、自我依赖
L	放松(alaxia) 信赖、随和、易于相处	投射紧张(protension) 怀疑、刚愎、固执己见
M	实际性(praxdernia) 现实、合乎常规、力求稳妥合理	我向性(autia) 好幻想、狂放、任性
N	朴实性(naivete) 坦白、直率、天真	精明度(shrewdness) 精明能干、世故
O	信念把握(assurance) 安详、沉着、有自信	易愧疚(guilt proneness) 忧虑、抑郁、烦恼、自扰
P	谨慎不活动(cautious inactivity)	随意乐观(sanguine casualness)
Q1	保守性(conservatism) 保守、尊重传统、抗拒变革	激进性(radicalism) 自由、激进、不拘泥于现实
Q2	群体依赖(group dependency) 参与者、响应者	自我依赖(self sufficiency) 自立自强、当机立断
Q3	低自我情操(low self-sentiment) 失控、松弛、遵从本能	高自我情操(high self-sentiment) 自控、强迫、遵从自我意象
Q4	低能量紧张(low ergic tension) 心平气和、闲散宁静	高能量紧张(high ergic tension) 紧张困扰、激动挣扎
Q5	缺乏社会关注(lack of social concern) 不热衷于服务社会、无责任感、自立	无私奉献群体(group dedication with sensed inadequacy) 关注公益事业、参与社会工作
Q6	自我抹杀(self effacement) 平静、自我抹杀	反社会(social panache) 反社会行为、埋怨社会不公、自我表达
Q7	缺乏直接的自我表达(lacks explicit self-expression) 较少表达自己的观点	直接的自我表达(explicit self-expression) 喜欢言语表达、遵从新潮的思想

上述特质按照对总变异的贡献率由高到低排列,即因素 A 对总变异的贡献率最大,因素 N 到因素 Q7 对总变异的贡献率较小(Cattell,1979)。根据卡特尔的观点,23 个特质完整描绘了正常人格的全貌,或说上述 23 个特质就是最重要的人格特质。在后续研究中,卡特尔及其同事用另外两种资料进一步探索初级特质。在 L 数据的基础上,卡特尔等人设计问卷,进行大规模测量,最终得到 16 种因素,包括 12 种与上述 23 种特质相似的特质和另外 4 种特质(见表 3.2),据此形成的问卷就是我们耳熟能详的 16PF,可用于测定并描述群体和个人的人格特征,至今仍然广泛应用于相关领域。此外,卡特尔等人应用 T 数据也得到 21 种与上述两种特质结果存在复杂相关的根源特质。

表 3.2　16PF 测验得出的主要根源特质或初级因素

低分者特征	因素名	高分者特征
保守、冷漠、疏远、刻板	乐群性(A)	热情、关心人、软心肠、慷慨
迟钝、学识浅薄、不善于抽象思维	聪慧性(B)	聪明、有才学、善于抽象思维
易反应、易烦躁、性情易变化	情绪稳定性(C)	安静、稳定、成熟、沉着
恭顺、谦虚、顺从	支配性(E)	过分自信、强有力、好竞争
严肃、安静、谨慎、好沉思	活泼性(F)	无忧无虑、热情、自发、精力充沛
权宜的、一致性差、低超我力量	有恒性(G)	尽责、小心谨慎、高超我力量
羞怯、社交胆怯、易尴尬	勇为性(H)	社交勇敢、冒险
坚强、现实、不易动感情	敏感性(I)	情绪敏感、有教养、易动感情
信任人、不怀疑、宽恕、接纳	怀疑性(L)	警惕、怀疑、不信任人、机警
现实、重实践、实际	幻想性(M)	抽象、善想象、多思、好沉思
直率、自我暴露、坦率	世故性(N)	世故、谨慎、隐蔽的
自信、镇定、自我满足	忧虑性(O)	忧虑、自我怀疑、有内疚感倾向
传统、保守、抗拒变革	实验性(Q1)	对变革敏感、敢于尝试、思想自由
团体定向、从属性的、团体依赖	独立性(Q2)	自立、孤独、个人主义
可容忍紊乱、不苛求、不严格	自律性(Q3)	完美主义、自律、目标定向
放松、平静、安静、有耐心	紧张性(Q4)	紧张、有紧迫感、高能量、无耐心

由于卡特尔认为上述初级根源特质仍有相关,因此他进一步通过因素分析将初级根源特质聚类,最终发现了 5 个总括性因素——内向性/外向性、高焦虑/低焦虑、接纳性/意志坚强性、顺从性/独立性和缺乏约

束/自制性,这可以说是后来人格心理学中最具影响力的"大五"因素的雏形,下一章将详细介绍这一人格结构模型。

对异常人格的研究

尽管卡特尔认为,上述根源特质可用于完整描述正常人格的全貌,但是他也承认这些特质在描述精神病患者的病态人格时似乎显得有些无力,因为在他看来,精神病患者还拥有一些异常特质。于是,卡特尔再次通过因素分析得到可用于描述异常人格的12种异常特质(见表3.3),并在此基础上发展了临床分析问卷(Clinical Analysis Questionnaire, CAQ)。

表3.3 12种异常人格特质

因素	常态根源特质	变态根源特质
D_1	**低疑病症**(low hypochondriasis) 高幸福感、思维正常、无疑病倾向	**高疑病症**(high hypochondriasis) 过度关注身体机能或健康、无能
D_2	**热忱**(zestfulness) 生活满意度较高、没有死亡的愿望	**自杀性厌恶感**(suicidal disgust) 厌恶生活、有自杀的思想或行动
D_3	**低沉思性不满**(low brooding discontent) 避免危险或冒险事业、不易兴奋	**高沉思性不满**(high brooding discontent) 寻求兴奋、好冒险、愿意尝试新事物
D_4	**低焦虑性抑郁症**(low anxious depression) 处变不惊、对环境自信、泰然自若	**高焦虑性抑郁症**(high anxious depression) 不善于处理事情、紧张、易烦躁
D_5	**高能量欣快症**(high energy euphoria) 对工作很热情、精力充沛、睡眠很好	**低能量抑郁症**(low energy depression) 有疲倦感、焦虑、缺乏能量应对
D_6	**低罪恶感和怨恨**(low guilt and resentment) 不易被罪恶感困扰	**高罪恶感和怨恨**(high guilt and resentment) 有罪恶感、自责、对自我要求苛刻
D_7	**低烦扰抑郁**(low bored depression) 放松的、考虑周到的、与人和善的	**高烦扰抑郁**(high bored depression) 避免同他人交往、孤独、不友好
P_a	**低偏执狂**(low paranoia) 信任人、不被忌妒困扰	**高偏执狂**(high paranoia) 被害妄想
P_p	**低精神病态偏离**(low psychopathic deviation) 避免从事非法的行为或破坏规则、敏感	**高精神病态偏离**(high psychopathic deviation) 反社会倾向、喜欢从众
S_c	**低精神分裂症**(low schizophrenia) 现实地评价自我和他人、无退行行为	**高精神分裂症**(low schizophrenia) 幻听、远离现实、无法控制行为、冲动

续　表

因素	常态根源特质	变态根源特质
A_s	**低精神衰弱**(low psychasthenia) 不被讨厌的思想、观念或强迫性习惯困扰	**高精神衰弱**(high psychasthenia) 被某种强迫性思想、观念、动作困扰
P_s	**低一般性精神病**(low general psychosis) 自我接纳	**高一般性精神病**(high general psychosis) 自卑感、无价值感、胆小、易于失去控制

除这些基本描述外，卡特尔还对异常人格进行了一系列研究。在卡特尔看来，神经症和精神症都是个体内部无法解决的冲突造成的，他一直致力于用量化技术描述这些内在冲突，并预测冲突解决策略。他认为，临床心理学家应该使用有效的诊断工具如 16PF 或 CAQ 来理解患者的冲突。他研究发现，神经症患者、精神症患者在许多人格维度上和正常人存在明显不同：神经症患者在自我力量、支配性等维度上得分较低，在幻想、敏感性等维度上得分较高；精神分裂症患者自我力量和驱力的张力较弱，高度内向且自负；躁郁症患者智力低下，在保守性、超我力量维度上得分较高(Cattell, 1965)。他还深入研究了这些疾病的遗传和环境影响源，发现神经症患者的儿童期成长环境多充满矛盾、冲突，且缺乏感情；躁郁症和精神分裂症则有更强的遗传性，躁郁症患者的父母更热情且过于保护自己的孩子，精神分裂症患者的父母则对孩子有矛盾的态度。

3.2　艾森克的人格理论

3.2.1　艾森克传略

艾森克(Hans Eysenck, 1916—1997)，出生于德国柏林一个演员家庭。2岁后，因父母离异，小艾森克开始和外祖母一起生活。受父母和同样爱好戏剧表演的外祖母的影响，艾森克也非常喜欢表演，但后来因母亲的反对，他最终未能走上演艺之路。少年艾森克在外祖母宽容的教养方式下一直非常顽皮,对体育运动、政治运动,甚至打架斗殴都非常热衷。直到1934年,由于纳粹阻挠,他无法顺利读大学,自由的生活就此结束,他也被迫离开德国。

离开德国后,他先到了法国第戎大学(Dijon University)学习法国文学和历史,然后到了伦敦,就读于伦敦大学。虽然艾森克在文学、艺术甚至表演方面都有着不错的基础,但他依然有追求科学的愿望。起初,他想选择物理学作为自己的专业,但是阴差阳错,他进入

图3.5 艾森克

心理学领域。同卡特尔一样,艾森克也是从伦敦大学心理学系走出去的心理学家,虽然毕业于同一所学校,研究的领域也相近,但是他们似乎没有太多交集。当时的伦敦大学,艾森克的导师、教育心理学家和心理测量学家伯特(Cyril Burt)爵士和卡特尔的导师斯皮尔曼(Charles Spearman)以及皮尔逊(Karl Pearson)等著名心理学家仍然活跃,艾森克也从他们那里获得了实证研究的精神与方法。他于1940年获得伦敦大学心理学博士学位。

第二次世界大战期间,英德开战时,艾森克请求加入英国空军,但是由于其德国国籍,英国军方拒绝了他的请求。同样是因为国籍,艾森克找不到工作,也没有在某个大学中谋得一个职位。为了谋生,他好不容易找到英国一家急救医院的工作,并在整个"二战"期间服务于这家医院。也许正是这段经历,让艾森克终其一生与主流心理治疗理论作斗争。

"二战"结束后,艾森克进入莫兹利(Maudsley)医院,它是英国一所著名的精神病治疗与人才培养机构。1947年,他成为该医院心理科主任,次年他进入伦敦大学,1950年,他成为莫兹利医院新成立的精神病研究所主任。在伦敦,艾森克几乎度过了他全部的职业生涯,当然,他也作为访问教授去美国宾夕法尼亚大学、加州大学伯克利分校等院校进行过学术访问与考察。1997年,艾森克因罹患脑瘤,在伦敦逝世。艾森克

结过两次婚,他与第一任妻子的孩子迈克尔·艾森克(Michael Eysenck)也成为一位知名的心理学家。

艾森克是一位相当高产的心理学家,直至去世,他完成了80多部著作和1 600多篇论文,他也是《人格和个体差异》(Personality and Individual Differences)杂志的创办者。艾森克最大的特点是"好战",他在多个领域的观点饱受争议。其一便是有关弗洛伊德的精神分析理论和精神分析疗法。艾森克指责精神分析理论是不经实证研究得到的结果,他反对精神分析治疗和投射测验,甚至指出没有接受心理治疗的患者也能像接受了昂贵而费时的精神分析治疗的患者那样恢复健康,因此不如不去接受这种治疗。艾森克提倡行为疗法。他指出,智力上的个体差异主要是由天赋造成的,后天教养起不到什么作用,虽然这种观点在一定程度上被现代心理学接受,但在当时,即使是在号称言论自由的美国,这样的观点看上去也很反动,甚至会被误解为种族歧视。艾森克还认为,吸烟造成的健康问题不如人们想的那么严重,这样的观点虽然受烟草商欢迎,却遭到民众的普遍批评。

3.2.2 艾森克的层次特质观

和卡特尔一样,艾森克也非常关心人格的结构,主张用科学的方法研究人格问题,还采用了因素分析的方法。但与卡特尔不同,他提出了更为系统的层次结构模型描述人格结构,他的研究工作主要集中在类型水平上,并提出了自己的因素确定原则。在他看来,要确定某个重要的人格类型是否存在,必须寻找人格维度在以下四个方面的根源:(1)心理测量学证据;(2)遗传基础;(3)理论基础;(4)社会关联性。下面着重介绍艾森克的人格结构学说,以及在此基础上发现的三个基本的人格维度——外向性、神经质和精神质。

人格的结构

根据艾森克的定义,人格是个体性格、气质、智力和体质等的持久而稳定的组织,决定着个体对环境的独特适应。其中,性格是持久而稳定的意愿行为系统,气质是持久而稳定的情感行为系统,智力是持久而稳定的认知行为系统,体质是持久而稳定的身体形态和神经内分泌系统(Eysenck,1970,p.2)。因此,在艾森克看来,人格是包括多方面内容的有组织的系统。

根据人格构成元素对行为影响范围的大小,艾森克将人格系统划分为四个不同的层次:类型层次(type level)、特质层次(trait level)、习惯反应(habitual response)和特定反应(special response)。类型层次处于人格结构的最高层,不同的类型由其次级因素——特质构成,特质又由其次级因素——习惯反应构成,特定反应层次则处于人格结构的最底层,构成习惯反应,这就是所谓的人格层次模型(hierarchical model of personality)(如图 3.6 所示)。在艾森克看来,类型对个体所有的行为系统都有弥散性的影响,使个体的思想、兴趣、生活方式、社交行为、情绪反应乃至价值观都表现出特有的风格。特质对行为系统也有广泛的影响,但往往局限于某些方面。例如,神经质个体易焦虑和紧张、自尊水平偏低、容易内疚,自尊这一特质则与个体对自我的评价有关。习惯反应涵盖的范围更小,只与某些行为有关。特定反应则只与某种情境下的具体行为有关。例如,守时的习惯反应只涉及与时间有关的事件,约会守时则是其中的一种特定反应。

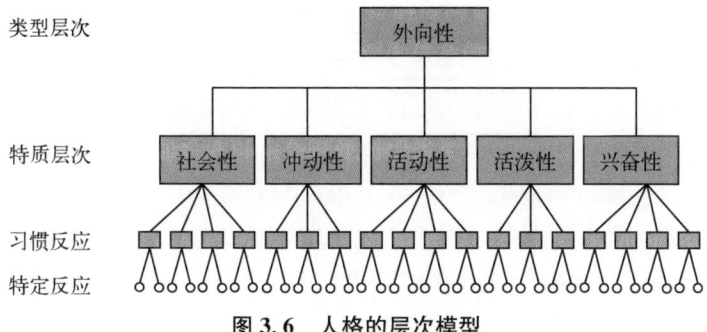

图 3.6　人格的层次模型

后来,艾森克在其关于人格生理基础研究结果的基础上,进一步完善了自己的人格结构学说。在他看来,人格的第一层(L_1)是遗传型人格,主要是指神经过程的兴奋—抑制平衡;第二层(L_2)是以第一层为基础得到的实验事实或现象;第三层(L_3)是表现型人格,表现为特质和习惯反应；第四层(L_4)是态度、状态等特殊表现，但后来因内容过于模糊而被删去。遗传型人格(L_1)主要由遗传决定，表现型人格(L_3)则是遗传和环境交互作用的结果。根据艾森克的观点，人格的结构主要包括行为和遗传生理特征两方面，前者可以通过人格量表如16PF等测定，后者则主要通过诸如阈限测定之类的实验程序来测定。后来，有研究者将上述思想与前面提到的人格层次模型结合，详细描述了表现型人格与遗传型人格的关系(陈仲庚，张雨新，1987)(如图3.7所示)。

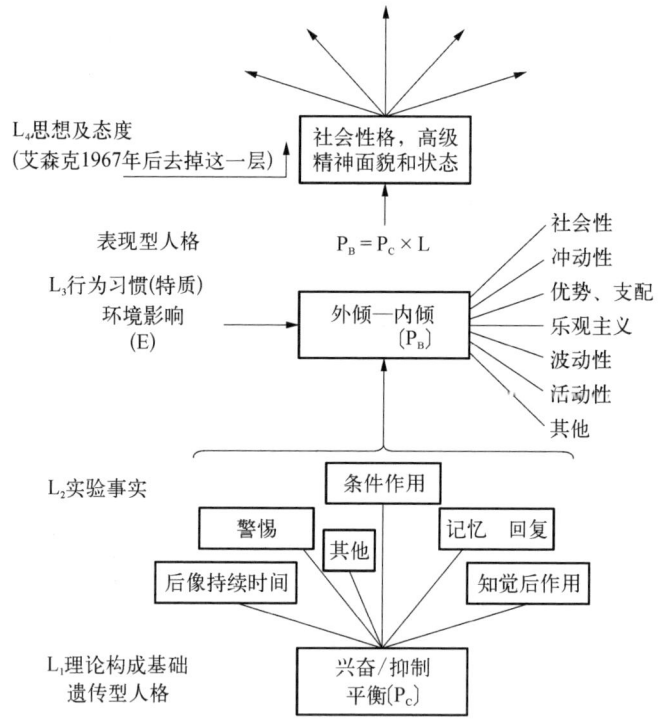

图3.7　表现型人格与遗传型人格的关系(陈仲庚，张雨新，1987)

人格的基本维度

在使用因素分析研究特质的过程中，艾森克发现，某些特质之间存在高相关，可以构成更具概括性的人格因素——类型，因此他很快将研究重点由人格特质转向人格类型。这里的"类型"概念与人格类型说中的"类型"所指不同。后者是一类人具有的相同或相似人格特征的独特组合,是非此即彼的质的区分;而前者仍是一个连续的维度,每个人都可以在维度上找到自己的位置,只是位置不同而已。下面逐一介绍艾森克最终确定的三个基本人格维度——外向性(extraversion)、神经质(neuroticism)和精神质(psychoticism),简称 PEN 模型。

外向性是艾森克早期确定的两大人格维度之一,一端为典型的外向特征群,另一端为典型的内向特征群。典型的外向者好交际、爱热闹、易冲动、自信、活跃、喜欢追求变化,还表现出喜欢聚会、好交朋友、喜欢与人交谈、易激动、凭冲动行事、好冒险等特征;典型的内向者则固执、刻板、主观、害羞、不易激动,表现出喜欢安静、不善交际、善自省、喜欢读书、做事谨慎、行事有秩序、善于控制自己的情绪等特征。但在现实生活中,典型的内向者和外向者都不多,大多数人处于中间位置。尽管内外向的说法早已有之,但直到艾森克才将它看作一个维度,并真正明确了这一重要人格维度的结构(如图 3.8 所示)。

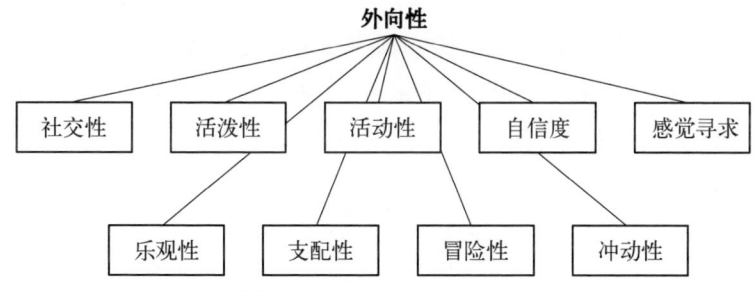

图 3.8　外向性的层级结构示意图(摘自 Eysenck & Eysenck, 1985, p. 15)

神经质是艾森克早期人格理论中的另一重要维度,一端为神经质,另一端为情绪稳定。"神经质"一词最早被心理学家用于描述疑病、歇斯底里等神经症症状或情绪障碍,但艾森克将之与情绪性(emotionality)联系起来,用于描述焦虑、抑郁、紧张、非理性、情绪化等特征,已与精神疾病失去必然的联系,有时也被称为情绪性、情绪稳定性、自我力量等。根据艾森克的观点,高神经质个体可能会有过分担心某事或害怕某物的倾向,也可能在适应过程中出现不平衡的焦虑状态,但并不是所有的神经质个体都有上述情况(Eysenck，1965，pp. 97-100)。低神经质个体则往往是平静的、好脾气的、耐心的。艾森克对神经质的内在结构进行探索,得到的结构如图 3.9 所示。

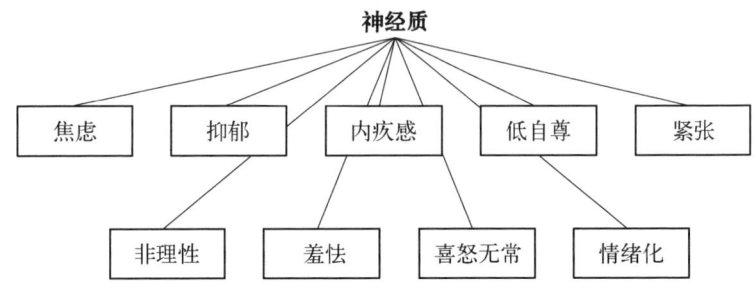

图 3.9　神经质的层级结构示意图(摘自 Eysenck & Eysenck，1985，p. 15)

精神质是艾森克后来发现的又一个人格维度,一端为精神质,另一端为超我机能。前者表现出高攻击性、冷漠、自私、冲动、不道德、反社会、思维和行为迟缓等特点,但与此同时,也表现出高创造性、坚强等特点;后者则相反,表现出较高的超我机能,表现为仁慈、好心肠。精神质的具体结构如图 3.10 所示。

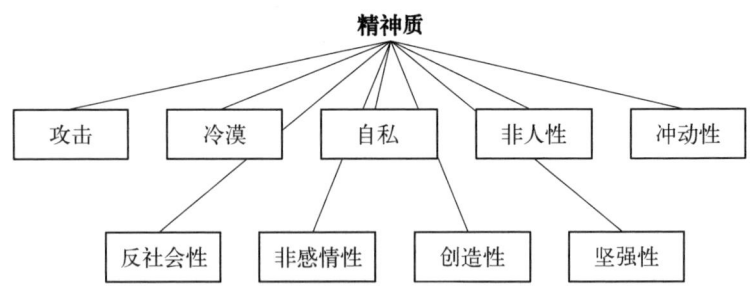

图 3.10　精神质的层级结构示意图(摘自 Eysenck & Eysenck，1985，p. 14)

总之,三个维度是相对独立的基本人格维度,艾森克还编制了著名的艾森克人格问卷(Eysenck Personality Questionnaire，EPQ)对上述三个维度进行测量。尽管如此,艾森克及其同事并不认为三个维度是人格的全部，他们曾多次试图提出四个或更多的因素（Wilson & Eysenck，1976）。此外，外向性和神经质两个维度垂直相交得到四个象限，也与古希腊医学家希波克拉底体液说中提到的四种气质（胆汁质、多血质、黏液质和抑郁质）相对应（如图3.11所示）。当然，三个维度还与神经系统有着密切的联系，后面生物学理论部分将详细论述。

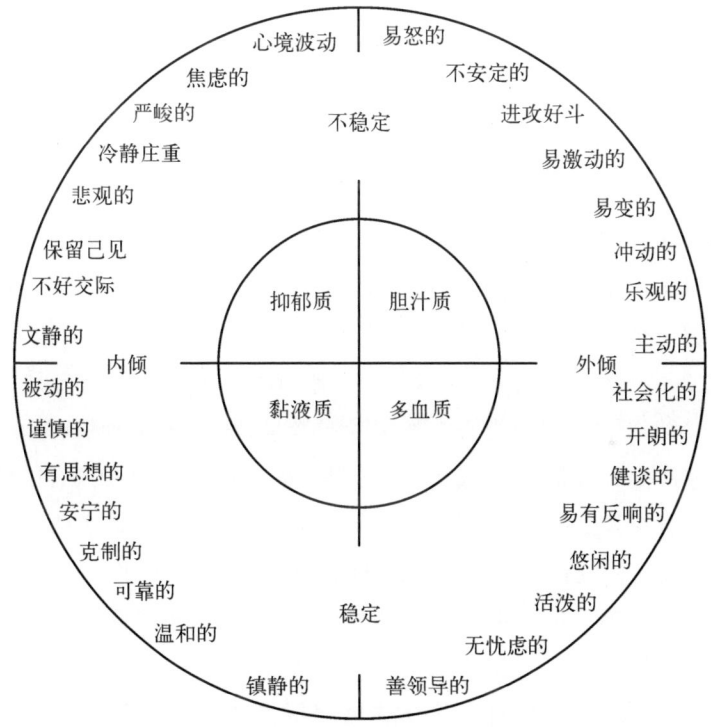

图3.11 艾森克的人格维度与古希腊气质学说的对应关系

3.2.3 艾森克的人格发展观

从整体来看，虽然艾森克更关注人格结构及其生理基础，而且不像奥尔波特和卡特尔那样对人格的发展过程作出详细的论述，但他仍然关心人格的来源，仍然关心遗传和环境因素对人格的作用过程，并开展大量的研究求证遗传和环境因素的相对重要性，描述其中的作用过程。

遗传的作用

对于遗传和环境的相对重要性问题,艾森克虽然不否认环境的作用,也认为个体的人格和行为是遗传和环境复杂交互作用的结果,但是相对而言,他更重视遗传因素对人格类型或特质的决定作用。他还通过人格的普遍性、稳定性和双生子的相似性三个方面的研究资料证明了遗传的重要性。

为证明人格的普遍性,艾森克利用艾森克人格问卷对欧洲、非洲、美洲、亚洲等地35个国家的男性和女性被试进行了大规模的测量,然后进行因素分析抽取重要的因素。结果发现,无论文化、性别和其他因素变异如何,上述三个人格维度在所有国家的男性和女性被试中都得到了验证(Eysenck,1990,pp. 245 - 246)。后来,艾森克用艾森克青少年人格问卷(Junior EPQ)对匈牙利、西班牙、日本、新加坡和希腊等不同文化的儿童进行研究,同样证实了三个因素的存在(Eysenck & Eysenck,1985,pp. 102 - 107)。这就意味着,文化、性别、年龄等因素都没有导致不同于PEN模型的人格结构的出现,那么这个模型一定被某种所有人共有的因素决定着,而在文化或社会环境都不同的情况下,这种共有因素的主要成分应该是遗传。此外,三个人格维度的相对稳定性也得到了大量纵向研究的支持,即经过较长时间,甚至从童年到成年,同一个体前后两次人格测量的结果都有较高的一致性,这也间接证明了遗传的作用。

此外,和卡特尔一样,艾森克也使用了遗传作用的经典研究方法——双生子研究——证明遗传的作用。艾森克等人研究发现,就外向性而言,一起抚养的同卵双生子的相关系数为0.42,分开抚养的同卵双生子的相关系数为0.61,异卵双生子的相关系数为-0.17;就神经质而言,一起抚养的同卵双生子的相关系数为0.38,分开抚养的同卵双生子的相关系数为 0.53,异卵双生子的相关系数为 0.11(Eysenck & Eysenck,1985,pp. 93 - 95)。此外,其他很多双生子研究还发现,同卵双生子躁郁症、精神分裂症等多种精神疾病的共病率显著高于异卵双生子,这说明遗传在精神疾病中有重要作用(Eysenck,1967,p. 222)。

学习的过程

在人格的发展过程中,尽管遗传有着不容忽视的重要作用,但人作为社会性动物,自来到人世那一刻起,就无时无刻不在与周围的世界发生复杂的联系,任何人任何方面的发展都无法脱离客观世界而发生,因此,即使有再坚实的生理基础,人格的发展也无法避免环境因素的影响。

在艾森克看来,社会行为会受到道德的影响,而道德就是个体习得的条件反射的总和。在成长过程中,我们开始学习为父母和社会所赞许的行为,以获得父母和社会的奖赏或避免受到指责、惩罚。例如,父母和其他权威人物会要求个体学习各种社会规范,如果个体表现出合乎规范的行为,就会得到奖赏或赞扬;如果个体违反了社会规范,就会受到惩罚或批评。通过这样的条件作用过程,个体学会了社会规范。因此,从本质上说,这种社会化的过程就是社会行为的学习过程。

尽管所有人社会化的过程都一样,但不同的个体习得社会规范的程度并不相同。艾森克认为,内向者能够更快、更有效地习得社会规范,外向者则很难建立条件反射,因而较难习得社会规范(Eysenck & Eysenck, 1985, p. 241)。根据艾森克的观点,这种学习上的差异取决于遗传的生理基础——皮质唤醒水平。

总之,无论遗传的作用如何,环境的作用显然存在。在艾森克看来,遗传和环境的争论应该不是何者存在的问题,而是何者更重要,以及如何相互作用的问题。遗传很重要,但行为矫治也是可能的;个体的心理倾向由遗传决定,但也会受到环境的影响(Eysenck, 1982, p. 29)。

3.3 对卡特尔和艾森克理论的评价

从前面理论部分的阐述中,我们不难发现,两位心理学家的理论虽然内容各有侧重,但方法学取向乃至理论本身仍有很多相似之处,下面从理论的方法学取向、综合性、精确性、简约性和实证效度等多个方面对两种理论的异同作简要评述。

从方法学取向来看,尽管卡特尔和艾森克都有明显的量化研究取向,都强调用科学的方法研究人格问题,都主张使用因素分析方法探索人格结构,但他们的方法论思想并不完全相同。首先,从对方法学问题的论述来看,卡特尔的人格理论似乎有更丰富的方法学思想,他不仅对人格理论的建构、人格研究的资料来源和研究策略等都给出了独到的见解,而且就某些人格主题提出了新的研究策略,如多元抽象变异分析。与卡特尔不同,艾森克对方法学问题的直接阐述相对较少,更主张用实验的方法研究人格问题。其次,从理论的建构方式来看,卡特尔的理论始于观察或测量结果,是一个归纳—假设—演绎的过程;艾森克的理论则始于理论,根据理论收集数据,然后通过实证研究的结果验证理论,是一个假设—演绎的过程。

从理论的综合性来看,卡特尔和艾森克研究的侧重点虽然并不相同,但是他们的研究范围都可谓宽泛。卡特尔的理论和研究几乎涉及人格领域的所有方面(Pervin, 1933, p. 300):不仅涉及气质结构中的正常特质和异常特质,而且涉及有关人格动力系统的各种动机特质;不仅指出人格及其表现的复杂性;而且强调影响因素的多样性。与之相似,艾森克不仅关心人格的结构和个体差异,而且涉足遗传学、教育学、精神病理学等多个领域。

从理论的精确性来看,卡特尔和艾森克都主张用科学的量化方法对人格问题进行准确的测量和观察,他们毕生都在不懈追求测量和观察的精确性,都使用复杂精细的因素分析程序对数据进行客观的分析。可以说,他们在主观上非常强调理论的精确性,但事与愿违,他们常常因为因素分析对象的模糊性和因素命名的主观性而受到批评,事实上,他们同样使用因素分析技术却得到不同的结果就是上述批评最好的依据。尽管如此,与其他流派乃至奥尔波特的理论相比,他们理论的精确性仍相对较高。

从理论的简约性来看,两种理论都建立在因素分析的基础上,而因素分析的目的就在于将变量尽可能简化,因此从本质上说,这两种理论是符合简约要求的。但艾森克的人格理论试图用三种人格类型概括人格的结构，常常因过于简单化而受到批评。

　　从理论的实证效度来看，两位理论家毕生的研究生涯几乎都在寻求自己理论的支持证据和测量工具的信效度指标，因此与其他理论相比，卡特尔和艾森克的理论在实证效度上有更大的优势，但是艾森克关于精神质和神经质的构想，以及卡特尔就情境变量所作的论述等，仍需要进一步证据的支持。

4 麦克雷和科斯塔：建构人格的元理论框架

尽管奥尔波特、卡特尔和艾森克的特质理论在理论建构、方法学取向、对人格和特质的界定等方面存在不少差异，但他们和后续所有的特质论者都致力于一个共同的目标：确定普遍的人格结构。自奥尔波特提出特质概念起，特质心理学家就开始了探寻人格基本单元的漫漫长路，这条科学的探索之路显然不是康庄大道：面对同样的研究对象，使用相同的统计手段，使用科学的研究方法，不同研究者的研究结果却大相径庭，如卡特尔发现了 16 种人格特质，艾森克却坚持有三种基本的人格维度……沿着这条道路，后续研究者不断探索新的人格维度，提出新的人格结构，编制新的人格问卷，几乎到了无以穷尽的地步。不仅如此，相同名称的量表用于测量不同的人格概念，而相同的人格概念又用不同名称的量表测量(John, Naumann, & Soto, 2008)。所有这些使特质研究领域陷入了众说纷纭、莫衷一是的局面，遭受了纷至沓来的严厉批评，甚至使人格心理学也因缺乏学科的内在统一性而遭到了学术界的质疑，在 20 世纪 70 年代前后跌入了发展的低谷。

到 20 世纪 80 年代，人格心理学面临的这种尴尬局面似乎有所改善，这在某种程度上要归功于特质心理学的突破性进展——"大五"(Big Five)的发现。这里的"大五"即不同研究者分别从自己的研究中得到的五个相似的人格维度——外向性、神经质、随和性、尽责性和文化或智力。正是由于"大五"的发现，特质心理学家在人格结构这个问题上初步达成共识，人格心理学开始步入生命的第二个春天；同样由于"大五"的影响,麦克雷和科斯塔得以在五因素模型(Five-Factor Model,FFM)的基础上建构了五因素理论(Five-Factor Theory,FFT)。作为人格特质共同变异的实证概括,五因素模型涵盖了使用不同样本和方法得到的关于特质的实证证据,作为当代人格理论的元理论框架,五因素理论不仅充分利用了几十年来特质领域的实证成果,而且融合了当代人格领域特质心理学之外诸多重要的概念和思想。可以说,五因素理论是特质心理学家为讲述特质的故事、整合人格知识体系所作的努力。

接下来将从词汇学研究者对表现型人格的探索和"大五"结构的发现讲起,进而介绍以麦克雷和科斯塔为代表的特质心理学家对"大五"人格所作的解释及相关实证证据的概括——五因素模型,最后简要阐述以五因素模型为基础的当代人格理论——五因素人格理论。

4.1 人物传略

麦克雷(Robert McCrae,1949—),1949年出生于美国密苏里州的马里维尔镇,从小就对数学和科学有着浓厚的兴趣。他在密歇根州立大学主修哲学,并在那里度过了大学时光。大学时他表现得十分优秀,而哲学研究中实证精神的缺乏令他感到遗憾。不过,哲学的训练或多或少为他之后理论的建构提供了很有力的帮助。在读研究生时,麦克雷选择心理学作为自己的专业。他当时就读于波士顿大学,被卡特尔寻找人格特质的因素分析方法吸引,但他的导师是一位临床心理学家,对人格特质并没有太大的兴趣。麦克雷于1976年在波士顿大学获得博士学位,在此前一年,他经导师推荐担任发展心理学家福扎德(James Fozard)的研究助手,正是福扎德介绍麦克雷认识了科斯塔,从此两人开始了对人格特质的合作研究。

图 4.1 麦克雷

科斯塔(Paul Costa，1942—　)，出生于新罕布什尔州的富兰克林市。科斯塔于1964年在克拉克大学获得心理学学士学位,并于1970年在芝加哥大学获得心理学博士学位。博士毕业后,科斯塔曾任教于哈佛大学和马萨诸塞大学波士顿分校,并在此期间结识了麦克雷。1978年,科斯塔受聘于美国国立卫生研究院国家老龄研究所老年病学研究中心,并担任行为科学实验室压力与应对分支的负责人。同年,麦克雷也一同前往该中心担任高级研究员。1985年,科斯塔成为行为科学实验室的主任,而麦克雷也成为该中心的数据研究科学家。此后,两人一直在位于马里兰州巴尔的摩市的该研究中心工作。

图4.2　科斯塔

在他们刚刚开始自己学术生涯的时候,正是米歇尔(Walter Mischel)对人格特质提出批评的时代。当时,人格特质研究陷入窘迫的境地,人格特质存在的根基被当时的心理学家们怀疑,但是麦克雷和科斯塔一直坚持自己的观点。他们并没有盲从于当时的背景,而是在自己的研究中发现了一些证实人格特质跨情境一致性的证据,也在纵向研究中发现了人格特质的跨时间稳定性。在老年病学研究中心,基于之前的数据积累,两人开展了大量研究。他们综合了以数据驱动为导向的"大五"人格研究理论,并据此自上而下建立了自己的五因素人格理论。这对搭档著述颇丰,他们联名发表了近300篇论文和书稿章节,并出版了2部专著。

4.2　人格分类系统的共识

和其他领域的科学家一样,人格心理学家,尤其是特质心理学研究者也一直致力于建立一个能够有效组织繁杂的人格特征的分类系统。这个问题非常复杂,可以追溯到奥尔波特所处的时期,甚至更早。麦克雷和科斯塔卓有成效的工作也正始于这个问题。值得庆幸的是,尽管整个探索过程复杂而曲折,但不同取向的研究者最终殊途同归,并初步达成共识——确立了"大五"人格分类系统。

4.2.1 词汇学取向的探索

虽然研究者对人格结构的探索由来已久,如"大五"研究的历史可追溯到1915年韦布(Edward Webb)等人对非智力因素的研究甚至更早(Digman,1996),但"大五"人格结构在20世纪80年代以后才逐渐受到重视,为越来越多的研究者所接受。从总体来看,"大五"的发现或正式提出仍是词汇学取向人格研究者共同努力的结果。

在人格的词汇学探索中,尽管不同研究的词汇采择策略和分析方法不同,但所有的词汇学研究都基于共同的理论前提,即词汇学假设。词汇学假设最早由高尔顿(Francis Galton)提出,是指在人类代际传承过程中,重要的个体差异会被编码进入某种甚至所有种类的自然语言中,并以单个术语的形式表达出来(Goldberg,1993)。基于这种思想,人格研究作出了进一步的推论:综合的人格属性分类系统反映了在不同时间和情境下,可被知觉的行为表现或人格属性的所有个体间和个体内差异,而建构这个分类系统的普遍方式是对自然语言的分析(Norman,1963,p.574)。

自然语言最重要的一个资料来源就是词典。早在词汇学假设形成之初,高尔顿就提出用词典评估人格形容词的方法,并对特质术语的意义重合程度作出了评价。沿着他的思路,奥尔波特和奥德伯特(Henry S. Odbert)使用韦伯斯特大词典开始了他们的词汇筛选和归类工作,卡特尔进一步将其中的4 500个特质描述词缩减至35个。虽然奥尔波特本人并未对人格结构作深入的探索,卡特尔进一步分析得到的人格结构也与"大五"截然不同,但他们的工作对"大五"的发现仍非常重要,不仅为后来的词汇学探索提供了思路,而且成为之后许多研究的基础。

事实上,在卡特尔之前,瑟斯顿(Thurstone,1934)曾对60个形容词进行斜交旋转因素分析,结果发现,五个因素足以解释所有的变异。遗憾的是，他并未将这项工作继续下去，故而也与"大五"失之交臂，但他的斜交旋转分析方法极大地影响了卡特尔和后来的词汇学研究者。使用上述方法，卡特尔最终确定了16种根源特质；不过，后人对其结果进行再分析发现，在矫正了数据中的错误后，最终得到五个因素（即外向性、顺从同伴、成就愿望、神经质和才智），并与"大五"有很好的对应关系。

1947年，菲斯克（Donald W. Fiske）对卡特尔特质形容词量表中22个项目的自我报告、同伴报告和指导者评定等结果进行分析，最终得到五个因素——社会适应性、顺从、情绪控制、探索智力和自信的自我表达。前四个因素与"大五"中的外向性、随和性、情绪稳定性和智力对应，第五个因素则包括社会适应之外的外向特征。虽然在最初的分析中没有发现尽责性，但后来迪格曼（John M. Digman）等人对其数据的再分析结果证实了这个维度的存在。因此，菲斯克可以被看作"大五"的偶然发现者。

同样在卡特尔研究的基础上，图佩斯和克里斯塔尔（Tupes & Christal, 1961）使用同伴评定、指导者评定、教师评定、临床医生评定和再分析等多种方法都发现了五个因素——精力充沛、愉快、可信赖、情绪稳定性和文雅。在十多年间，他们深入探索了同伴评定的长期预测效度、反应模式和熟识程度对评定结果的影响，以及人格结构跨样本的普遍性，结果无一例外都支持上述五个因素。根据戈德堡（Lewis R. Goldberg）的说法，他们才是名副其实的"大五"之父。

尽管图佩斯和克里斯塔尔提出了"大五"结构，也积累了大量的支持证据，但他们的研究并未受到其他研究者的重视。直到1963年，诺曼（Norman, 1963）对卡特尔形容词量表中的20个形容词进行因素分析，得到五个因素。在多变量实验心理学协会的会议上，他及时报告了这个人格属性分类系统，然而多数研究者认为"大五"结构过于简单，他们都期待着能发现更复杂的模型。结果，诺曼认同了大家的意见，在1967年开始了新一轮的词汇学探索：从扩充奥尔波特和奥德伯特的人格描述词开始，得到了一份更为详尽的人格描述词词表，进而将之归入75个语义范畴、7个语义类别（生理物理特质、暂时状态、活动、社会角色、社会效应、评价词、解剖学或物理学术语及晦涩难懂的词语),并最终得到2 800个特质描述词。

在诺曼词表的基础上,戈德堡(Goldberg, 1981)将1 710个人格描述词分类,对其自我评定结果进行分析,结果发现,无论使用何种分析方法,最后都得到了相似的五个因素。在进一步的研究中,戈德堡将通过自我评定和他人评定得到的475个常见特质形容词归入131个同义词群,然后使用不同的样本进行因素分析,再次复制了前面提到的五个因素。上述五个因素最终被戈德堡命名为外向性、随和性、尽责性、情绪稳定性和才智,成为"大五"在词汇学研究领域最广为认可的"名字"。

4.2.2 理论取向的支持

几经曲折,词汇学取向的研究者终于初步达成共识,但在人格研究领域,并非所有人都接受"大五",相反,很多研究者,包括著名的特质心理学家卡特尔和艾森克,对"大五"提出了严厉的批评。幸运的是,理论取向的特质心理学家的研究与词汇学研究殊途同归,共同捍卫着"大五"在当代人格理论中的地位。

虽然"大五"不是理论取向研究者的发现,但理论取向心理学家对人格结构的探索可以追溯到更早,他们的发现在某种程度上也支持"大五"的合理性。早在1915年,韦布就发现了尽责性、毅力等许多不同于g因素的人格特征,它们被统称为意志,用字母"w"表示。加尼特(J. C. Maxwell Garnett)于1919年进一步分析韦布的相关变量,发现了第三个因素聪慧性(cleverness),即c因素,不仅与"大五"中对智力(intellect)或开放性(openness)的解释对应,而且包括外向性的很多特征,如有幽默感、喜悦的大体趋势、喜欢大型聚会等(Digman, 1996)。可以说,他们的研究结果已经蕴含着"大五"人格中的尽责性、外向性和智力三个因素。

如前所述,在此之后,艾森克提出了外向性、神经质和精神质三维度人格模型(即PEN模型)。由于艾森克区分了智力层面和非智力层面的个体差异,加上才智维度,艾森克的模型应该包括四个维度。研究者指出,与其他研究者的模型相比,艾森克的模型似乎与"大五"更为接近,唯一的差异就在于"大五"中包含随和性和尽责性两个维度,而艾森克的模型只有一个维度与之对应。事实上,后来的研究表明,随和性、开放性和尽责性都与精神质有较高的相关(Zuckerman et al., 1991)。

尽管从前人的人格结构中,我们或多或少都可以看到"大五"的影子,但理论取向的研究者中,最有力的支持者是麦克雷和科斯塔。从本质上讲,麦克雷和科斯塔早期的工作仍以卡特尔的研究为基础。早在1976年,麦克雷和科斯塔对16PF进行了聚类分析,结果不仅再次验证了外向性和神经质两个维度,而且使其他研究者意识到16PF中的一些初级因素如幻想性、实验性的重要性。于是,20世纪80年代前后,他们开始着手编制NEO人格量表,用以测量外向性、神经质和开放性三个重要的维度。受"大五"的影响,麦克雷和科斯塔也意识到了他们的理论体系与"大五"的相似性,并决定将"大五"的另外两个因素——随和性和尽责性纳入他们的理论框架,并以此为基础修订了NEO人格量表,得到了当前广为使用的NEO人格量表修订版(NEO-PI-R)。NEO-PI-R共有240个项目,包括测量"大五"因素的五个分量表,每个分量表又分别包括六个具体层面,具体如表4.1所示。

表4.1 NEO-PI-R的维度和层面(Costa & McCrae, 1992)

	维度	层面
E	外向性	乐群、自信、活跃、兴奋寻求、积极情绪、热心
A	随和性	信任、坦率、利他、顺从、谦逊、温和
C	尽责性	能力、秩序、责任感、上进心、自律、深思熟虑
N	神经质	焦虑、敌意、抑郁、自我意识、冲动、脆弱
O	开放性	思想、幻想、审美、行动、情感、价值

如上所示,外向性(extraversion)、随和性(agreeableness)、尽责性(conscientiousness)、神经质(neuroticism)和开放性(openness)五个初级因素的首字母拼合起来恰巧是英文单词"OCEAN"(海洋),从字面上可代表人格如海洋般浩瀚无边,因此他们的"OCEAN"模型可以说是当前最具形式美的"大五"结构。20世纪90年代,科斯塔和麦克雷在上述量表的基础上编制了简式量表NEO-FFI(Costa & McCrae, 1992)。在进

一步的分析中，科斯塔和麦克雷报告，简式量表具有良好的信效度，虽然并未涵盖 NEO‐PI‐R 的所有层面，但与 NEO‐PI‐R 有较高的相关，包括 NEO‐PI‐R 的主要内容。

4.2.3 原型取向的界定

词汇学取向和理论取向的研究者最终都发现，可以用五个因素概括整个人格分类系统，但不同研究者得到的五个因素虽然相似，对他们的命名却并不一致，以至于谈及"大五"时，我们往往不禁会思考：究竟有几个"大五"？这里提到的又是谁的"大五"？原型取向的研究似乎能够很好地解决这些问题。

在原型取向的研究者看来，一方面，"大五"维度的范围本身有宽泛的内涵；另一方面，不同研究者选择变量和命名因素的方式并不一致，故而"大五"结构出现上述不一致的局面，似乎是必然的结果。因此，从这个角度来看，定义原型特质也许是整合"大五"分类系统的有效方法。基于上述思想，约翰等人（John et al., 2008）通过专家评定法对高夫（H. G. Gough）和海尔布伦（A. B. Heilbrun）形容词检核表中的 300 个项目进行了分析。结果发现，评定者的评定结果具有较高的内部一致性，即评定者对五个维度形成了相当一致的理解。而且，300 个项目中的 112 个项目基本被一致归入"大五"的某个因素，并构成了"大五"的核心定义。

在进一步的研究中，约翰等人（John et al., 2008）对一个包括 140 名男性和女性被试的形容词检核表观察者评定结果再次进行因素分析，结果发现，每个形容词用最大方差法旋转得到的因素负载在假设因素上都有与假设一致的方向。此外，"大五"的所有因素都有宽泛的内涵，如外向性包括五个子维度——活跃性、支配性、社交性、表现性和积极情绪，随和性包括体贴、利他和信任等子维度，与 OCEAN 模型中的维度都有较好的对应关系，具体如表 4.2 所示。

如上所述，尽管这些研究最终无一例外都得到五个因素，内容也有较好的对应关系，但从严格意义上讲，不同取向的"大五"，尤其是词汇学

表 4.2 最初的和验证后的"大五"原型：专家评定选取的 ACL 标记项目及其因素负载

外向性		随和性		尽责性		神经质		开放性	
低	高	低	高	低	高	低	高	低	高
−0.83 安静的	0.85 健谈的	−0.52 挑剔的	0.87 有同情心的	−0.58 粗心的	0.80 有条理的	−0.39 稳定的	0.73 紧张的	−0.74 平庸的	0.76 兴趣广博的
−0.80 矜持的	0.83 武断的	−0.48 冷漠的	0.85 友善的	−0.53 杂乱的	0.80 考虑周到的	−0.35 沉着的	0.72 焦急的	−0.73 兴趣狭隘的	0.76 有想象力的
−0.75 羞怯的	0.82 话跃的	−0.45 不友好的	0.85 感激的	−0.50 轻率的	0.78 有计划的	−0.21 知足的	0.72 惶恐的	−0.67 简单的	0.72 聪慧的
−0.71 沉默的	0.82 精力充沛的	−0.45 好争辩的	0.84 爱爱的	−0.49 不负责任的	0.78 有效率的		0.71 情绪化的	−0.55 肤浅的	0.73 新颖的
−0.67 孤解的	0.82 直率的	−0.45 心肠硬的	0.84 心软的	−0.40 虎的	0.73 负责任的		0.71 担忧的	−0.47 愚钝的	0.68 有洞察力
−0.66 腼腆的	0.80 坦率的	−0.38 不友善的	0.82 温暖的	−0.39 靠不住的	0.72 可靠的		0.68 易怒的		0.64 好奇的
	0.79 支配的	−0.33 残忍的	0.81 慷慨的	−0.37 健忘的	0.70 可信赖的		0.64 害怕的		0.59 久经世故
	0.73 热烈的	−0.31 严厉的	0.78 信任的		0.68 尽责的		0.63 高度紧张的		0.59 风雅的
	0.68 爱炫耀的	−0.28 忘恩负义的	0.77 给予帮助的		0.66 一丝不苟的		0.63 自怨自艾的		0.59 机灵的
	0.68 善文际的	−0.24 啬的	0.77 宽容的		0.66 实事求是的		0.60 易激动的		0.58 有创造力的
	0.64 爱冒险的		0.74 亲切的		0.65 慎重的		0.59 反复无常的		0.56 机敏的
	0.62 喧闹的		0.73 和谐的		0.46 辛勤的		0.58 自我惩罚的		0.55 灵巧的
	0.58 专横的		0.73 友好的		0.26 重横的		0.54 沮丧的		0.45 风趣的
			0.72 合作的						0.45 机智的
			0.67 有礼貌的						0.37 聪明的
			0.66 无私的						
			0.56 赞美的						
			0.51 善解人意的						

取向和理论取向的"大五",并不完全相同。首先,两种模型的理论前提不同,词汇学取向的"大五"模型以词汇学取向为基础,理论取向的OCEAN模型则以特质理论为前提;其次,两种模型的本质不同,词汇学取向的"大五"模型是人格属性(personality attributes)模型;理论取向的OCEAN模型则是人格特质模型。最后,两种模型的功用不同,词汇学取向的"大五"模型是描述性的,无关基因型和内在动力系统,理论取向的OCEAN模型则暗含着特质理论的解释性假设,与生物性特质有关。

4.3 五因素模型的发展

正是由于理论前提和本质不尽相同,词汇学取向和理论取向研究者的目标也不相同:在词汇学研究者试图从语言中寻找具有普遍性的最佳人格分类系统时,以麦克雷和科斯塔为代表的理论研究者则在不断尝试从特质层面对基于理论的五因素模型作出解释,并进行了大量的实证探索,从长期的纵向追踪到对动物特征的比较研究,从基于问卷的自我和他人评定到具体的个案分析。如他们所言,五因素模型"就像一棵圣诞树,关于它的综合性、稳定性、遗传性、会聚效度、跨文化普适性和预测效用的发现正是满缀其间的圣诞礼物"(Costa & McCrae, 1992, p.302)。总的来看,五因素模型的实证积累主要集中在以下四个方面。

4.3.1 五因素模型的真实性

对人格结构而言,似乎所有人都承认基本的人格维度一定是某些客观的心理现实的反映,要有一定的真实性(reality),但几乎所有的特质结构模型都面临一个严厉的批评:人格结构不过是虚构的认知产物,是内隐人格理论的体现(Passini & Norman, 1966)。事实并非如此,博克瑙对相关研究进行元分析后指出:"判断者在拥有了评定所需的信息后,得到的特质就是真实的,并能够被人准确觉知。"(Borkenau, 1986, p.2)不仅如此,研究者为五因素模型和其他人格结构的真实性提供了实证支持,主要包括人格结构的稳定性和观察评定的效度等。

麦克雷和科斯塔对五因素模型的稳定性进行了大量的追踪研究。根据398名被试的自我报告数据,他们发现,神经质、外向性和开放性在六年前和六年后的重测信度分别为0.83、0.82和0.83。其中,167名被试对配偶神经质、外向性和开放性的评定分数在六年前和六年后的稳定性系数分别为0.83、0.77和0.80(Costa & McCrae, 1988)。此外,还有研究表明,神经质、外向性、开放性、随和性和尽责性的同伴评定分数的稳定性分别为0.67、0.81、0.84、0.63和0.78(McCrae & Costa, 1992)。

不同评定方法所得结果的一致性一直是研究者关注的重点,理论取向的研究者也不例外。为补充自我报告的方法在评定准确性上的差异,研究者对自我报告、同伴评定和配偶评定等结果的一致性进行了大量的研究。其中一项研究以NEO-PI-R为考察对象,研究结果如表4.3所示:各个因素不同评定方法的结果都显著相关,而且相关系数基本都大于0.30(效度指标的临界值),这样的结果一方面说明了不同方法的区分效度和有效性,另一方面也为五因素模型的真实性提供了支持证据(McCrae & Costa, 1992)。

表4.3 NEO-PI-R五因素不同评定结果的一致性

NEO-PI-R因素	同伴/同伴	同伴/配偶	同伴/自我	配偶/自我
神经质	0.36	0.45	0.33	0.53
外向性	0.41	0.26	0.44	0.53
开放性	0.46	0.37	0.63	0.59
随和性	0.45	0.49	0.57	0.60
尽责性	0.45	0.41	0.49	0.57

此外,麦克雷和科斯塔(McCrae & Costa, 1992)指出,五因素模型的预测效度也为其真实性提供了实证支持。大量研究表明,开放性是职业兴趣的重要预测源;尽责性是工作表现和学业成就的最佳预测源;外向性和神经质是情绪幸福感的重要预测源,在控制了外向性和神经质后,随和性和尽责性与生活满意度有比较高的相关(Digman & Takemoto-chock, 1981; Costa, McCrae, & Dembroski, 1989; Barrick

& Mount，1991）。更具体的研究表明，五因素模型可以帮助我们理解认知和社会性发展过程中的重大生活事件：低尽责性和低随和性能够预测青少年犯罪；尽责性与生理健康和长寿有较高的相关，低随和性和高神经质则是健康的威胁（Costa & Widiger，1994）。

4.3.2 五因素模型的综合性

正如前面所提到的，词汇学取向的"大五"结构和理论取向的五因素模型并不完全相同，其中一个重要的区别就在于，词汇学取向的人格结构是自然语言的词汇聚类得到的自下而上的结构，五因素模型则并非如此。五因素模型是一个具有丰富理论内涵的概念系统，与经典人格理论的核心问题都有密切的关系（McCrae & Costa，1996）。因此，五因素模型应该能够涵盖多数人格结构或人格理论的主要内涵，是一个综合的模型。

源于理论的五因素模型的综合性首先体现在，它与被人称为常识心理学的"大五"结构存在惊人的相似性。根据已有的研究结果，五因素模型的测量工具 NEO‑PI‑R 与"大五"结构的测量工具特质形容词表和"大五"量表都表现出较高的一致性，尤其是在外向性、随和性和尽责性三个因素上的平均相关系数超过 0.90，神经质和开放性的平均效度也分别为 0.88 和 0.83。

如上所述，五因素模型很好地概括了自然语言中重要的人格维度，然而更能说明五因素模型综合性的是，它能够很好地将很多已有的人格理论涵盖其中。麦克雷和科斯塔指出，人格障碍量表修订版、人格研究表、形容词检核表、爱德华个人偏好量表、多维人格问卷、人格心理病理学‑5、基本人格调查表、16PF 等量表与五因素模型的五个因素都有很好的重合，而其他的一些量表如 MMPI 因素量表、MMPI 项目、MMPI‑PD 量表、加利福尼亚心理调查表、威金斯人格形容词量表、艾森克人格问卷、自我指向寻求、迈尔斯—布里格斯类型指标、加利福尼亚 Q 分类、戈德福德—齐默尔曼气质调查表、科姆里人格量表等的内容又可以被五因素模型的部分因素概括（John & Srivastava，1999），主要量表与五因素模型的具体对应关系见表4.4。

表4.4 五因素模型与其他人格理论或测量工具的对应关系
(John & Srivastava, 1999)

理论家（或测量工具）	外向性	随和性	尽责性	神经质	开放性
贝尔斯	支配—主动	社会情绪定向	任务定向		
布洛克	控制不足		控制过度	适应性	
巴斯和普洛明	活跃性	—	冲动性	情绪性	
卡特尔	外向对内向	情感取向	超我力量	适应性	独立性
科姆里量表	外向、活跃	女性气质	条理性和社会遵从	情绪稳定性	反抗性
艾森克	外向性		精神质	神经质	—
加利福尼亚心理调查表	外在性	—	赞同规范	自我实现	
加利福尼亚心理调查表分量表	社会性	女性气质	赞同规范	幸福感	自我成就
吉尔福什德	社会活动性	偏执倾向	思维内敛	情绪稳定性	—
霍根	社会性	可爱性	审慎对冲动	适应性	明智
杰克逊	开朗、社交	自我保护定向	工作定向	依赖性	审美才能
明尼苏达多相人格调查表	表演型	妄想	强迫型	边缘型	分裂型
迈尔斯—布里格斯类型指标	外向—内向	感受—思考	决策—知觉		直觉—感觉
特利根	积极情绪		拘谨	消极情绪	专注
威金斯	能动性	共生性			
威金斯	支配性	教养			

不仅如此，五因素模型在概念化或重新概念化的过程中与其他很多经典的人格理论也有密切的联系(McCrae & Costa, 1996)。在五因素模型开放性维度最初概念化的时候，研究者就考虑到罗杰斯的开放性，以及卡特尔的实验性和创新性的概念价值；五因素模型的随和性还涵盖了阿德勒所谓的社会兴趣(social interest)、埃里克森提出的基本信任(basic trust)，以及霍妮的趋近(moving toward)等许多方面(McCrae &

Costa,1996)。另外,实证研究的结果也支持了五因素模型与其他人格理论的密切联系。根据研究者(Cartwright & Peckar,1993)对情感—反应—信念调查(Feelings,Reactions and Beliefs Survey,FRBS)和五因素模型的联合分析,五个因素都与情感—反应—信念调查有关,说明五因素模型在描述罗杰斯人格理论中的个体差异时也十分有效。在某种程度上可以说,五因素模型甚至有效地澄清了心理学概念之间的复杂关系。

4.3.3　五因素模型的跨文化普适性

虽然词汇学取向研究者和理论取向研究者的关注点并不相同,但寻求具有跨文化普适性的人格模型是他们共同的兴趣和目标。人格结构的跨文化研究主要有两种研究策略:本土研究策略和强加一致的研究策略。本土研究策略主要通过不同文化的独立研究实现,可以发现不同文化的特异性成分。强加一致的研究策略则是将一种文化的结论推论到另一种文化中,只能确定文化之间的相似性。对理论取向的五因素模型而言,由于自身具有理论假设,因而理论取向的跨文化研究主要通过强加一致的研究策略实现。

在五因素模型的跨文化研究中,最重要的方面是验证模型结构本身。自五因素模型及其测量工具在英语语言中得到确定以来,许多研究者指出,在许多文化中五因素模型的结构通过不同的方法都得到了很好的验证(McCrae & Costa,1992)。一项涵盖亚洲、非洲、欧洲等地区50种文化的跨文化研究表明,五因素模型的结构可以在多数文化的他人评定样本中得到重复验证,并与自我报告的结果有很好的一致性;仅在少数文化(如博茨瓦纳和尼日利亚)中发现,他人评定样本的结果难以很好地复制五因素模型(McCrae & Terracciano,2005)。

除了基本结构的跨文化比较外,五因素模型跨文化研究的另外一部分重要内容是对群体差异模式的跨文化比较,具体而言,即性别差异和年龄差异的跨文化比较。对德国、意大利、韩国、俄罗斯、日本、西班牙、英国、土耳其和捷克等国家的研究表明,其年龄差异模式与美国非常相似,即从青少年到中年,个体能够更好地适应社会,更加利他,更有条理,更加尽责,同时更不热情,对经验更不开放(McCrae et al., 2000)。对50种文化的他人评定研究发现,男性和女性的年龄差异仍与自我报告的结果一致,具体而言,尽责性及其子维度的得分随年龄的增长不断升高,感觉寻求、积极情感和幻想等子维度的得分则随年龄的增长显著下降(McCrae & Terracciano, 2005)。

性别差异的跨文化比较同样发现了相对普遍的差异模式。一项以26个社会的大学生和成年人为被试的跨文化研究比较了人格的性别差异,结果发现,在所有文化样本中,性别差异模式是普遍的:女性在神经质、随和性、外向性和开放性的一些方面(如热心、对美的开放性等)得分相对较高,男性则在外向性和开放性的另一些方面(如自信、思想的开放性等)得分相对较高(Costa, Terracciano, & McCrae, 2001)。在他人评定样本中,也得到类似的差异模式(虽然性别差异相对较小)(McCrae & Terracciano, 2005)。此外,研究还发现,上述性别差异在高度现代化的欧洲国家更加明显,在韩国等传统思想浓厚的文化中则相对较小,这有可能是因为在传统文化中,人们将顺从等人格特征归因为女性的角色,而在欧洲文化中,则将之归因为人格本身(Costa, Terracciano, & McCrae, 2001)。

根据上述研究结果,尽管不同文化的历史、教养方式、生活方式、习俗等都存在差异,但是不同文化中的人格结构乃至它们的发展变化趋势和性别差异模式都表现出惊人的一致性,这使得理论取向的研究者开始思索上述现象背后的深层含义。根据麦克雷和科斯塔的逻辑,年龄差异和性别差异既有可能是文化影响或社会化的结果,也有可能是自然发展成熟的结果;当在不同文化中发现了不同的群体差异模式时,它们更可能是不同历史和社会生活经验的产物,如果所有文化的差异模式相似,则说明五因素模型也许正是人性自身的基本特征(McCrae, 2002)。

4.3.4 五因素模型的生物学根源

尽管跨文化研究可以从侧面说明五因素模型反映了人性的基本特征,但是这并不足以说明五因素模型是具有神经心理根源的特质结构,因为人类在共同的生理基础之外还有其他很多共同的东西(McCrae & Costa,1992)。因此,为了证明五因素模型作为特质基本结构的基本性质——与神经生理机制的对应关系,研究者必须提供与五因素模型的生物学基础有关的各种证据。总的来看,这些证据主要源于行为遗传学、分子遗传学和比较心理学三个领域的相关研究。

首先,行为遗传学的研究证据为五因素模型的遗传性和生物学根源提供了直接的证据。相关研究表明,人格变量25%~50%的变异可以归结为遗传因素的作用(Bouchard & McGue, 1990; Hershberger, Plomin, & Pedersen, 1995)。研究表明,NEO-PI-R所有变量的遗传率基本都在41%~61%之间(Jang, Livesley, & Vernon, 1996)。一项包括5个国家涉及24 000对双生子的大规模研究表明,同卵双生子和异卵双生子在外向性上的平均相关为0.51和0.18,在神经质上的平均相关为0.46和0.20,在随和性、尽责性和开放性上的平均相关约为0.45和0.20(Leohlin,1992)。对双生子的追踪研究发现,18~30岁,神经质出现了一致的下降,尽责性则有了一致的上升;30岁以后,人格保持了较高的一致性(McGue, Bacon, & Lykken, 1993; Jang, Livesley, & Vernon, 1996)。上述人格特质变化趋势的一致性和跨时间的稳定性很可能反映了发展过程中神经生理过程的潜在作用。

其次,分子遗传学的一些证据也为五因素模型的生物学基础提供了支持。根据麦克雷和科斯塔(McCrae & Costa, 1992)的一项研究,神经质和尽责性与多巴胺受体(dopamine receptor D4, DRD4)有显著的相关,其他三个维度则没有发现类似的关系。还有研究表明,神经质与血清素机能相关的基因(5-HTTLPR)控制区中的一个机能标识有关(Lesch et al., 1996),坚持性则与血清素受体(HTR2C)基因的一个DNA标识有关(Ebstein et al., 1997)。其他研究证据也一致表明,多巴胺神经递质与新异寻求特质有较高的相关,5-羟色胺与威胁回避特质有较高的相关(Herbst, Zonderman, & McCrae, 2000)。

最后,比较心理学的研究也为五因素模型的进化渊源提供了支持。根据金和菲格雷多(King & Figueredo, 1997)的研究,当用一系列形容词评价黑猩猩的习性特点时,不同评价者的独立判断表现出较高的一致性水平,这说明评定结果能够真实地反映动物的行为风格,进一步对结果进行聚类分析发现,除了一个重要因素外,其他五个因素与人类的五因素模型都有较大的相似性。在分析中,他们还发现,黑猩猩类似于人类神经质的特质会随年龄而下降,类似于人类随和性的特质会随年龄而上升,它们似乎与人类有着共同的遗传模式。

4.4 五因素人格理论的提出

虽然五因素模型就其自身的真实性、综合性、跨文化普适性和生物学基础已经积累了相当多的证据,足以证明五因素模型作为解释性特质结构的本质,但根据迈耶(Mayer,1998)的主张,人格应该是一种系统,完善的人格理论需要提供人格系统的定义、组成成分的详细说明、这些组成成分的组织和相互作用的模型,以及有关系统发展的说明,无论模型本身还是与之相关的研究证据的集合,都不能算是完整的人格理论(McAdams,1992)。但事实上,麦克雷和科斯塔建立在五因素模型及其实证证据基础之上的五因素人格理论(Five-Factor Theory,FFT)正是这样一种人格理论,一种可以涵盖多数人格理论的综合的元理论框架。

4.4.1 五因素人格理论的人性假设

和其他所有人格理论一样,五因素人格理论也隐含着一系列人性假设。具体而言,采用耶勒和齐格勒(Hjelle & Ziegler,1976)评价所有人格理论人性假设的分类体系,所有特质理论,包括五因素人格理论,都蕴含了人格的变异性(variability)、前动性(proactivity)的本质前提和可知性(knowability)、理性(rationality)的方法学前提。

人性的本质不仅是一个复杂的哲学话题,而且有着无处不在的影响,影响着经济、法律、宗教、教育甚至生活的方方面面。因此,许多学科关注人性的本质,对人性作出了一系列的探索,特质心理学也不例外。

对于人性的本质,特质心理学蕴含着两个重要的前提假设,即人性具有变异性和前动性。毋庸置疑,个体差异的描述很重要,教育工作者必须充分地意识到学生的个体差异才能真正做到因材施教,社会工作者和政策制定者只有考虑到个体差异才能更好地满足民众的需要。但事实上,很多教育工作者和社会工作者并没有做到这一点,研究者将其归咎于考虑个体差异的复杂性和个体差异描述系统的混乱(McCrae & Costa, 1996)。五因素模型最大的优势就在于为纷繁多样的人格特质提供了综合而简单的模型来描述每个人的个体性,使得人格的个体差异可以轻易地为人们所理解。除了变异性外,特质心理学的另一个重要的人性假设就是,个体的行为源于前动性。这就意味着,个体行为的决定因素不是外在的情境,而是个体的内在力量。虽然许多特质论的批评者指出,特质不过是虚构的认知产物,人格是反应性的,可以轻易地被社会角色、生活事件等环境因素重塑,但麦克雷等人通过一致性效度、预测效度、长期稳定性等证据证明了特质的存在及其对思想、情感和行为的维持作用。麦克雷和科斯塔指出,批评者所谓的真正的人可以通过五因素模型涵盖的前动性倾向体现出来(McCrae & Costa, 1996)。

就方法学前提而言,五因素模型及其理论都以严格的量化科学为基础,主要依赖自我报告和观察者评定的结果,因此蕴含了重要的假设:人类是理性的,可以准确地知觉人格,并通过科学的方法研究人格。人格领域是一个特殊的研究领域,几乎所有人都了解人格心理学关心的问题,词汇学研究者指出,所有人都是人格特质熟练的判断者,并用进化了数千年的自然语言来表达这些重要的社会判断(Saucier & Goldberg, 1996)。值得一提的是,普通人了解的是表现型人格,五因素人格理论则试图从遗传和基因的水平说明问题,麦克雷和科斯塔将其比作绘画艺术,普通人可以看到美丽的图案,但是其中的绘画技巧和规律则需要专业人士来澄清(McCrae & Costa, 1999)。与强调人性自由和独特性的人本主义和存在主义理论不同,五因素人格理论假设上述规律可以通过科学研究发现,因此人格也是科学研究非常合适的研究对象。

4.4.2 五因素人格理论的基本构成元素

众所周知,几乎所有的经典人格理论都有自己强调的变量或主题,行为主义关注外显的行为,精神分析强调潜意识,人本主义强调基本需要,特质理论强调人格的基本单元。但是与这些理论不同,五因素人格理论试图综合所有人格理论中的重要元素并将之归类整合,主要包括基本趋向(basic tendency)、个性化适应(characteristic adaptation)、自我概念(self-concept)、客观传记(objective biography)和外在影响(external influence)五个主要成分,以及帮助它们建立彼此之间联系的第六个成分——动力过程(dynamic processes)。

基本趋向。在麦克雷和科斯塔的人格系统中,最基本的构成是基本趋向。基本趋向可以被看作人格的原材料,主要是指由推断得到的,而不是直接观察到的能力和倾向。麦克雷和科斯塔给出了这个构成的典型例子,如遗传学因素、生理特征、认知能力、生理驱力和疾病易感性、人格特质等典型代表。具体而言,诸如性别、年龄、种族、外貌或长相、知觉风格、学习能力、普遍智力、性驱力等都可以被包括在基本趋向里面。根据麦克雷和科斯塔(McCrae & Costa, 1996)的解释,基本趋向既可能是遗传的产物,也可能是早期经验的沉淀,可以通过心理干预或生理变化而改变,但无论如何,它决定着个体的潜能和倾向,与罗杰斯所谓的有机体,以及其他理论家所说的"面具下真正的人"等从本质上说是一致的。值得一提的是,麦克雷和科斯塔指出,最重要的基本趋向就是人格特质,人格特质既不是行为的频率或一致性,也不是行为的模式,而是抽象的倾向,是从行为和经验中推断而来的深层的心理存在(McCrae, 1996; McCrae & Costa, 1999)。

个性化适应。个性化适应是个体在与环境的相互作用过程中习得的技能、习惯、态度和关系,是基本趋向的具体表现形式。麦克雷和科斯塔也指出个性化适应的典型方面,例如,习得的技能、态度、信念、目标、行为和人际适应等,而习惯、社会角色、关系、他人知觉、职业兴趣、个人计划、社交策略、图式、语言、偏好、风格等属于个性化适应更具体的内容(McCrae & Costa, 1996)。麦克雷和科斯塔反复强调了基本趋向和个性化适应的区别。根据他们的观点,基本趋向是个体的"所有",是人格潜在的可能性,个性化适应则是个体"所为"的总和,是潜在可能性的实现,不仅受到基本趋向的影响,而且受到外在因素的影响(McCrae & Costa,1996)。这和基因型人格与表现型人格的区分、麦克亚当斯(McAdams,1996)对第一水平与第二水平人格变量的区分非常相似(McCrae & Costa,1999)。

自我概念。自我概念主要是关于自我的知识、观点和评价,不仅包括能够赋予生活以目的和连贯性的自我认同感,而且包括个人历史的方方面面,并以生活叙事和个人神话的形式表达出来(McCrae & Costa,1996)。根据麦克雷和科斯塔的观点,和人际知觉一样,自我概念也是一种个性化适应,由于它在人格理论中的重要作用才将它专列出来。此外,与一些理论中的自我观不同,基于特质概念的五因素人格理论假设,自我概念能够被准确知觉,尽管有可能被扭曲。

客观传记。客观传记是个体整个生命历程中感到、想到、说到、做到的所有重要事件(Murray & Kluckhn,1953,p.30)。不仅包括诸如外显行为、意识流、生活过程、职业生涯等一系列生活事件,而且包括由上述生活事件引发的个体情绪反应。麦克雷和科斯塔(McCrae & Costa,1996)指出,这一范畴的内容不同于人生叙事,它是不受主观因素影响的、无选择的、具有相当准确性的行为结果,可以被看作人格心理学家试图预测的结果变量。为更好地描述基本趋向、个性化适应和客观传记这三种基本构成的关系,麦克雷给出了具体例子(见表 4.5)。

外在影响。外在影响是指心理环境,包括发展影响因素、宏观和微观环境等一系列因素,教养方式、同伴关系、文化和历史因素、家庭、情境因素、奖惩作用等变量都可以被包括在内。

动力过程。动力过程本身是五因素人格理论的重要构成,而且是上述五个元素彼此联系的桥梁。根据麦克雷和科斯塔的观点,这些动力过程既可能是构成宏大理论的普遍原则,也可能是与中小理论相联系的具体机制,指明了发展、变化和动力平衡的路径,为所有行为和经验提供解释(McCrae & Costa,1996)。

表 4.5　五因素人格系统基本构成的若干例子

基本趋向	个性化适应	客观传记(个案)
神经质		
N3：抑郁 (体验悲伤、无助、内疚等情绪的倾向)	低自尊、非理性的完美信念、悲观态度	(高抑郁)对自己在工作中缺乏威信而深感愧疚
外向性		
E2：合群性 (对同伴关系和社会刺激的喜好)	高社交技能、积极的职业兴趣、参加运动	(低合群性)离开巴黎去了农村
开放性		
O4：行动 (对多样性、新颖性、变化的需要)	爱好旅行、广泛的爱好和职业兴趣、结识志趣相投的朋友	(高行动力)去南极旅行
随和性		
A4：顺从 (在人际冲突中遵从他人的意愿)	宽容的态度、合作理念、委婉的语言、容易被他人说服	(低顺从)争吵时向丈夫摔东西
尽责性		
C4：成就动机 (高目标感和抱负水平)	领导技能、长期计划、专长	(高成就动机)竞选总统

4.4.3　五因素人格系统的运作过程

与迈耶的人格观一致，麦克雷和科斯塔也将人格看作一个动态系统，五因素人格理论不仅强调人格结构本身，而且关注人格对体验和行为的动力组织作用。如图 4.3 所示，麦克雷和科斯塔详细说明了人格系统的运作过程。矩形部分包括人格系统的三种核心成分——基本趋向、个性化适应和自我概念，而外围的椭圆部分代表了与人格系统有关的三类重要的变量——生物学基础、外在影响和客观传记，界定了人格之外的系统边界。概括地说，生物学基础和外在影响是系统的输入成分，人格因素通过与外部因素和生物学因素交互作用，产生了系统的输出成分——客观传记。人格系统的运作图示一方面可以静态地解释人格在给定时间点的作用关系，另一方面也动态地反映了个体成年期发展的过程。

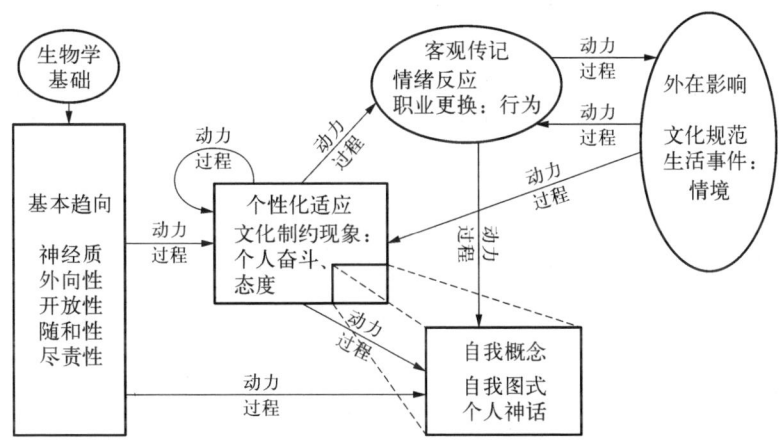

图 4.3　五因素人格理论人格系统的运作图示

为了更好地描述人格系统的运作过程,麦克雷和科斯塔针对人格系统的六大构成元素提出了 16 个具体的假设,一方面为已有的实证文献提供解释,另一方面为未来的研究提供前提假设(McCrae & Costa,1999)(具体如表 4.6 所示)。自从维度和结构的思想被引入人格领域之后,人格特质按照概括程度以层级的形式组织,每个个体都将处于人格维度上相对独特的位置,进而表现出相对独特的特征,因此假设 1a 和 1d 对人格心理学家来说并不陌生;但对于假设 1b 和 1c,麦克雷和科斯塔的说法则非常激进,引起了很多研究者的争论。麦克雷和科斯塔认为,人格特质的主要影响因素是生物学基础,而不是环境因素。事实上,他们也承认,从绝对意义上讲上述论断很可能是错的,在某些条件下,环境因素可以对特质产生直接的影响,但是为了保持模型的简约性,同时以已有的支持证据为基础,他们依然保留了大部分论断(McCrae & Costa,1992)。

通过一系列动力过程,基本趋向将对包括自我概念在内的一系列个性化适应产生影响。对此,麦克雷和科斯塔提出假设 2。一方面,个体将受到人格特质的影响,发展出一系列与之一致的认知、情感和行为模式;另一方面,由于受到文化规范、生活事件等各种外在和内在因素的影

表 4.6　五因素人格理论的基本假设

构成元素	基　本　假　设
基本趋向	1a 个体性：所有成人都因不同程度地具有一系列影响思想、情感和行为模型的人格特质而形成自己的特征。 1b 起源：人格特质是内源性的基本趋向。 1c 发展：特质经过儿童期的发展到成年期成熟，并从此保持稳定。 1d 结构：特质按概括程度以层级的形式组织，神经质、外向性、开放性、随和性和尽责性处于层级结构的顶层。
个性化适应	2a 适应：随时间发展，个体将通过发展与人格特质和早期适应相一致的思想、情感和行为模式对环境作出反应。 2b 适应不良：很多时候，个性化适应可能不能很好地与文化价值观和个人目标匹配。 2c 可塑性：个性化适应会因生理成熟、环境变化或有意干预而变化。
客观传记	3a 多重决定：个体任何时候的行为和体验都是由情境引起的所有个性化适应的复杂功能。 3b 生活历程：个体拥有计划、时间表和目标，以使个体的行为在长时间内以与特质一致的方式得到组织。
自我概念	4a 自我图式：个体对自己保持一种能够意识到的认知—情感观。 4b 选择性知觉：信息在自我概念中以与人格特质相一致，以及赋予个体连贯感的方式有选择地被表征。
外在影响	5a 相互作用：社会和生理环境会与人格倾向发生交互作用以塑造个性化适应，进而与个性化适应发生交互作用以调节行为。 5b 统觉：个体将以与人格特质一致的方式注意并解释环境。 5c 交互作用：个体有选择地影响他们所要反映的环境。
动力过程	6a 普通的动力系统：个体形成个性化适应，通过思维、情感和行为表达它们的功能将不断发展，并在一定程度上受到普遍认知、情感和意志机制的调节。 6b 特异的动力系统：一些动力系统将受到基本趋向包括人格特质的不同影响。

响，个体的个性化适应又表现出一定的可塑性。此外，个性化适应彼此之间也可以通过动力系统相互作用，当其他个性化适应与价值观或个人目标等产生冲突时，就会出现适应不良的现象。

同样，作为个性化适应的组成部分，自我概念也会通过各种动力系统受到基本趋向和其他个性化适应的影响。但不同的是，外在影响并不能直接影响自我概念，而是通过各种动力系统尤其是客观传记的中介作用对自我概念产生间接的影响。客观传记可以被看作人格系统的主要输出产物，是个性化适应和外在因素共同作用的结果。值得一提的是，客观传记和外在因素的关系是双向因果关系，不仅外在因素影响着个体的客观传记,而且个体的客观传记可以有选择地反作用于外界环境(假设5c)。不仅如此,根据假设5b,个体对环境的注意和选择还将受到人格特质等个人变量的影响,这无一不是他们前动性假设的充分体现。

4.4.4 五因素人格理论的合理性

如前所述,虽然五因素人格理论有着坚实的实证基础,能够很好地解释很多研究结果或生活现象,但由于相对激进的论断,因此常常面临很多挑战。事实上,麦克雷和科斯塔一直保持着非常开放的态度,不断丰富他们理论的内涵,寻求机会使之完善。总体来看,五因素人格理论仍是相当科学、合理的人格系统理论。

在五因素人格理论中,最激进也最富有争议的论断主要集中于有关特质的假设。就特质的结构而言,假设指出,五因素模型构成了特质层级结构的顶层。但其他研究者指出,在五因素模型之上还可以抽象出更具概括性的两个水平——α水平和β水平。前者由神经质、随和性和尽责性构成,与社会化和交往有关;后者由外向性和开放性构成,与个人成长和动力有关。但麦克雷和科斯塔(McCrae & Costa, 1992)指出,上述两个水平不过是评价性的人为现象,分别对应正向评价和负向评价,因此排除评价的偏向后,将五因素模型看作最具概括性的特质结构仍然很有意义。不过,他们也承认,五因素模型之外的因素也很可能存在并被发现,五因素人格理论也可能会因此而被修正。

就特质的起源而言,前面提到的大量实证证据为外向性、神经质、随和性、尽责性和开放性的遗传性和生物学根源提供了支持,但很多研究者非常怀疑具体层面特质的遗传性。对此,麦克雷和科斯塔指出,行为遗传学分析表明,特质具体层面的变异几乎在所有情况下都表现出显著的遗传性(McCrae & Costa, 1999)。此外,很多研究者批评指出,文化等环境因素也可能是特质的影响因素;但是行为遗传学研究一致表明,遗传因素对特质起了很大的作用,而环境因素对特质只起很小的作用甚至没有作用(Riemann, Angleitner, & Strelau, 1997)。因此,虽然五因素人格理论的论断比较激进,但目前来看,它仍具有相当的合理性。

就特质的发展而言,根据研究进展,在整个成年期,神经质、外向性和开放性将持续下降,随和性和尽责性则表现出持续升高的趋势(McCrae, Costa, Lima et al., 1999)。这与假设1c关于成年后人格将保持稳定的说法不一致。麦克雷和科斯塔指出,这是五因素人格理论修订和完善的成熟机会,之所以提出上述假设,正是因为假设提出之初相关研究领域的发展不完善(McCrae & Costa, 1999)。

此外,五因素人格理论的其他假设也得到很多证据的支持。值得一提的是,根据五因素人格理论,上述人格系统可以被看作人性的普遍规则,但是其他研究者指出,在动物身上也可以看到上述系统的雏形。由此,麦克雷和科斯塔指出,五因素人格理论描绘的人格系统之所以存在,可能有其进化渊源,上述人格系统不仅包括进化过程中保留下来的特征,而且包括适应环境变化的机制(McCrae & Costa, 1999)。

4.5 五因素人格理论简评

近几十年来,人格心理学逐渐复兴。从有意识的个人奋斗到无意识的加工过程,从行为的进化功能和生理基础到自传体记忆和生活叙事,几乎所有人格领域都有了长足的发展,但其中最引人瞩目的是特质领域的发展,即五因素模型和五因素人格理论的提出。作为当代最典型的特质理论,五因素人格理论一方面以经典特质理论为基础,另一方面有所超越,表现出很多独特之处。

根据麦克雷和科斯塔的观点,五因素人格理论试图描述整个生命过程中人格的整体机能,澄清特质的来源、发展和结构,说明特质对其他人格变量乃至思想、情感、行为等的弥散性影响,概括人格系统内部的动力过程或内在机制,建构一个能够涵盖大部分人格理论和研究的元理论框架。五因素人格理论不仅概括诸如自我概念、特质等一系列经典的人格变量,而且将诸如个人奋斗、自我传记等最新的研究热点纳入其中;不仅提到人格发展的问题，而且关注个体差异和整体规律；不仅描述了人格系统的内在过程，而且探讨了人格系统外显可见的输出产物……从这个角度看，五因素人格理论不愧是一个具有综合性的宏大理论（grand theory），因此综合性应该是五因素人格理论最大的优势。

除了综合性，科学性也是五因素人格理论的优势所在。无论是五因素人格理论，还是五因素模型，乃至它们的基础——艾森克的三维模型、"大五"和其他人格理论，都以大量的实证研究为基础。尤其是五因素模型，其研究规模之大、研究范围之广、研究方法之多样，几乎是其他任何一个理论模型都无法比拟的。因此，五因素人格理论堪称当代人格领域的实证概括，它的科学性是其他理论难以企及的。

此外，五因素人格理论还具有较大的创新性和启发价值。虽然五因素人格理论是在已有实证探索的基础上提出的，但是其中很多思想都非常大胆而激进，与传统心理学思想相差甚远，因此它的创新性是显而易见的。也正是因为与传统思想不同，它才引起了许多研究者的思考和辩论。一方面，为了反驳它，研究者试图为寻找证据进行大量的探索；另一方面，为了捍卫它，麦克雷和科斯塔也在不断地为之积累证据。显然，理论的检验是一个漫长的过程，争论仍将继续下去，并将长久地继续下去。

最后，就五因素人格理论而言，简约性大约是麦克雷和科斯塔最看重的方面。正如前面提到的，保持理论的简约性甚至成为他们提出激进论断的一个理由。能够将人格领域丰富的内容涵盖在一个框架中，应该可以被看作五因素人格理论简约性的最好阐释，但这种简约性是以精确性为代价的。可以说，精确性一直是五因素人格理论经常受到批驳的一个方面。麦克雷和科斯塔指出，人格系统的不同构成通过动力过程联系起来，但从未对这些动力过程作出详细说明；五因素模型是否可以准确地代表人格，也常常受到研究者的质疑。

总之，五因素人格理论是一个宏大的元理论框架，因为宏大，所以概括，仍需不断补充和完善。麦克雷和科斯塔（McCrae & Costa, 1999）也指出，他们的工作不过是一个开始，研究者可以根据每个元素建构更具体的亚理论,这个建构的过程需要不同领域研究者的共同努力,也需要现有理论框架的方向指导。理解人格是迷人的话题,从特质的角度理解人格更是伟大的尝试,五因素人格理论的未来如何,我们拭目以待。

第二编

生物学理论

生物学理论强调生物学因素对人格的影响。生物学理论与特质理论似乎有一些相似性,也能够追溯到希波克拉底,体液说正是用生理学来解释人格,特质心理学家艾森克也致力于探讨不同人格维度如外向性、神经质的生理学基础,这一传统一直延续至艾森克的学生朱克曼,当然,朱克曼运用的研究手段和方法比前人更为先进,他更多地运用了当代神经科学的方法。另外两支生物学理论是行为遗传学和进化心理学。行为遗传学秉承高尔顿的研究传统,从基因遗传的角度来探讨人格的遗传基础;进化心理学则将高尔顿的表兄达尔文的生物进化理论用于人格解释。

5 巴甫洛夫、艾森克和格雷："唤醒"人格的生理基础

生物性是人的基本属性，人类所有的心理与行为首先建立在其生物属性的基础之上。因此，想要理解人类心理与行为的一般规律，从生理层面寻找答案是非常重要的。这也是人格生物学理论的基本观点。事实上，从生物学角度寻求对人格的解释有着悠久的历史渊源，在古希腊时期，就有了体液说对人格的经验解释。到近代，出现了以巴甫洛夫神经系统兴奋与抑制理论为基础的艾森克的唤醒理论。20世纪下半叶开始，人们从大脑神经机制的层面来解释人格及其差异。总的来看，人类认识自己的过程历经千载，从最开始无法验证的理论假说，到依托神经递质学和大脑解剖学的人格生理基础检验；从基本的生理结构层面相关关系的解释，到遗传决定论，再到进化取向的人格理论，学者们对人格的生理基础进行了不懈的探索，而且这种探索仍在继续。本章先介绍从生理结构层面对人格的几种理论解释。

5.1 人格的生理类型论

5.1.1 巴甫洛夫传略

巴甫洛夫（Ivan Pavlov，1849—1936），俄国生理学家、心理学家、医师，高级神经活动类型学说的创始人，条件反射理论的建构者，行为主义学派的先驱，也是传统心理学领域之外对心理学发展影响最大的人物之

图 5.1 巴甫洛夫

一,曾荣获诺贝尔生理学奖。

1849年9月26日,巴甫洛夫出生于俄国中部小城梁赞,他的父亲是一位乡村牧师,母亲是一位牧师的女儿。巴甫洛夫是父母五个子女中的长子,自幼很有责任心,学习勤奋,兴趣广泛。受到他父亲的影响,巴甫洛夫在家中读过多部名著。他于1860年进入梁赞教会中学,1864年进入梁赞教会神学院,准备将来做传教士,但由于受到当时俄国一些伟大的革命民主主义者,以及达尔文、生理学家谢切诺夫(Ivan Mikhailovich Sechenov)等人的影响,他对自然科学产生兴趣,逐渐放弃神学。

1870年,巴甫洛夫在他21岁的时候考入圣彼得堡大学,先进入法律系,后转到物理数学系自然科学专业。在著名的生理学家谢切诺夫和化学家门捷列夫(Dmitri Mendeleev)门下学习,后在大学三年级时上了齐昂(Ilya Cyon)教授开授的生理学课程,对生理学和实验产生了浓厚的兴趣,并开始投入生理学的研究。在齐昂教授的指导下,巴甫洛夫和同学阿法纳西耶夫(Afanasyev)在1874年完成了第一篇科学论文《论支配胰腺的神经》,获得研究金质奖章。

大学期间,巴甫洛夫和弟弟同校,尽管勤奋刻苦且成绩优异,年年获得奖学金,但他的生活还是比较清贫。由于在生理学上投入太多时间,大学最后一年,他主动要求留级,1875年,巴甫洛夫获得了生理学学士学位,后进入医学院攻读医学博士学位。1878年,他应俄国著名临床医师波特金(Porterkin)教授的邀请,到他的医院主持生理实验工作,虽然那里工作条件十分简陋,但巴甫洛夫在那里工作了十余年。1879年,巴甫洛夫和教育系的女学生谢拉菲玛(Seraphima Vasilievna)结婚,婚后巴甫洛夫的生活被妻子料理得井然有序。1883年他写成博士论文《心脏的传出神经支配》,文中报告发现了温血动物的心脏有一种特殊的营养性神经,科学界称之为"巴甫洛夫神经",巴甫洛夫由此获得博士学位、讲师职务和金质奖章。

1884—1886年,巴甫洛夫赴德国莱比锡大学路德维希研究室进修,1886年,他自德国归来后重回大学实验室,并逐渐转向消化系统研究。巴甫洛夫提出条件反射学说和高级神经活动类型学说,并因在消化生理学方面的出色成就而荣获1904年诺贝尔生理学奖,成为世界上第一个获得诺贝尔奖的生理学家。1907年当选为俄国科学院院士。

巴甫洛夫是投身学术研究的典型学者,只专注于研究,不注意衣食住行等生活细节。他结婚时即同妻子约定,妻子不干涉他的研究,他不负责家庭事务,并向妻子承诺不饮酒、不打牌、不应酬,每年9月至次年5月每周工作7天,只有暑假陪妻子到乡下度假。70岁以后,巴甫洛夫仍每天乘电车上班,他的工作热忱一直保持到他逝世,最后他在病中挣扎着起床穿衣时,因体力不支而倒在床上逝世。巴甫洛夫逝世后,苏联政府在他的故乡梁赞建造了巴甫洛夫纪念馆,并设立纪念碑。

巴甫洛夫一生学术成果颇丰,涉及心脏的神经机能、消化腺的生理机制、条件反射学说、高级神经活动类型学说等。尽管巴甫洛夫并不愿意被冠名为心理学家,但是他仍然为生理心理学的发展作出了巨大贡献,同时也认同心理学的存在,认为"只要心理学是为了探讨人的主观世界,自然就有理由存在下去",鉴于他对心理学的重大贡献,人们还是将他归入心理学家的行列,并因其对行为主义学派的重大影响而将其视为行为主义学派的先驱。

5.1.2 四液说

人类对人格生理基础的认识最早可追溯到公元前4世纪。古希腊著名医师希波克拉底提出了"四液说",认为人体内有分别来自四种不同器官的体液:血液、黏液、黄胆汁和黑胆汁。血液来自心脏,黄胆汁来自肝脏,黑胆汁来自胃部,黏液来自脑部。四种体液在人体中混合的比例是不同的,因而个体患有不同种类疾病的可能性也不同。后来,古罗马医生盖伦用这种体液学说来解释人的气质。他认为,每一种体液都具有热—寒、干—湿两种性质,不同的体液占优势就形成不同的气质类型,不同气质类型的个体具有不同的心理特征与行为表现。气质类型共分为四种：**多血质、胆汁质、黏液质和抑郁质**。多血质的人血液占优势,血液以热和湿为特点,因此多血质的个体开朗,像春天一般温暖,对刺激的感受迅速而强烈,但并不持久;胆汁质的人黄胆汁占优势,黄胆汁具有热和干的特点,因此黄胆汁的个体热血,像夏天一般暴躁,情绪反应具有爆发性,行动迅猛但不持久;抑郁质的人黑胆汁占优势,黑胆汁以寒和干为特点,因此黑胆汁的个体沉静,像秋天一般忧伤,对刺激的感受并不太明显,但很深入;黏液质的人黏液占优势,因此黏液质的个体冷漠,像冬天一般寒冷,他们不易冲动,具有正常理性,情绪反应迟缓但持久(郭永玉,2005,p.68)。

用体液的混合比例差异来解释人的气质类型,是古人凭经验对人格的生理机制的朴素认识,缺乏科学的依据。四种体液的划分在现代医学上根本找不到依据,而四种气质类型的划分也没有明确的界定标准。因此,在17世纪文艺复兴时期,这种学说已然没落(虽然它仍可能改头换面以各种形式出现在民间或大众心理读物中)。总体而言,这种学说算是人们寻求从生理机制层面解释人格的原始启蒙思潮,可以给后来的学者带来一种启发,但仍需要采用更为科学的方法来探索人格的生理机制。

5.1.3 神经活动类型理论

俄国生理学家巴甫洛夫在狗的唾液反应中发现了经典条件反射,他也对个体神经系统的差异非常感兴趣(Pickering,1997)。他的研究集中在动物对新刺激的定向反应上。巴甫洛夫认为,有机体必须作出适当的反应才能适应环境。他在研究狗的条件反射时,发现不同的狗条件反射建立的特点和行为反应存在差异,有两类不同行为的狗:一类喜欢狂吠、躁动、撕咬,爱与其他狗嬉戏;另一类喜欢安静、独处,不太合群。于是,巴甫洛夫开始关注在相同的环境条件下,动物出现行为差异的原因。后来,他用大脑半球活动以及神经活动类型的差异来解释这些行为上的差异。巴甫洛夫提出神经活动的三种基本特性,即**强度**(strength)、**均衡**

性（equability）和**灵活性**（mobility）。强度关注刺激强度和反应强度之间关系的阈值，均衡性是指不同动物兴奋和抑制过程的强度均衡性存在差异，灵活性是指不同动物兴奋和抑制过程的启动和终止速度存在差异。根据神经活动强度的不同，动物的神经活动类型可分为强型和弱型两种，强型神经活动类型动物的兴奋和抑制过程都很强，能够形成条件反射的刺激强度较高；弱型神经活动类型动物的兴奋和抑制过程都很弱，刺激强度达到一定水平，动物就开始抑制。巴甫洛夫认为，高级动物的神经活动特性可以应用于人类，他根据神经活动的强度、均衡性和灵活性这三种基本特性，将神经活动类型分为四类，即兴奋型、活泼型、安静型和抑制型，分别和传统的气质类型相对应（见表5.1）。

表 5.1　巴甫洛夫的神经活动类型

神经活动类型	强　度	均衡性	灵活性	气质类型
兴奋型	强	不均衡		胆汁质
活泼型	强	均衡	灵活	多血质
安静型	强	均衡	不灵活	黏液质
抑制型	弱			抑郁质

巴甫洛夫的神经活动类型理论是最早根据科学研究结果而得出的人格的生理机制理论，开创了人格和神经系统之间关联的研究，为后续研究者提供了研究线索。巴甫洛夫本无意从事任何关于心理学的研究，甚至不接受别人称他为心理学家，但他确实为生理心理学作出了巨大的贡献。

除了盖伦和巴甫洛夫根据人格表现及部分生理机制提出经典的气质类型理论以外，还有一些心理学家通过研究婴儿早期的活动表现对婴儿的气质进行分类，如心理学家托马斯和切斯（Thomas & Chess，1977）基于对纽约151名婴儿的纵向研究，将婴儿的气质类型分为容易型、慢热型、困难型和平均型。卡根及其同事（Kagan et al.，1994）通过研究21个月大的婴儿对新奇情境的反应，将婴儿的气质类型分为抑制型和非抑制型。这些气质分类并不完全以个体的生理机制为分类标准，而是主要以婴儿早期与外界的互动方式和行为表现为分类标准，但实际上婴儿早期与外界的互动方式和行为表现也是个体与生俱来的生理机制差异的外在表现。

5.1.4 体型说

20世纪20年代,德国精神病学家克雷奇默(Ernst Kretschmer)根据对精神病患者的临床观察提出了人格体型说,并于1921年出版了《体格和性格》(*Physique and Character*)一书。他认为,人的体型与人格类型之间存在直接的关联性,人的体型不同,气质也不同,因此患不同精神病的可能性也有差异。克雷奇默通过测定和记录身高、体重、身体各部位的长度、面容和头形、骨骼、脂肪、毛发、腺体等指标,将人的体型分为四种:瘦长型(asthenic)、肥胖型(pyknic)、健壮型(athletic)和畸异型(dysplastic)。克雷奇默发现,在躁郁症患者中,矮胖型的人较多;在精神分裂症患者中,细长型的人较多。克雷奇默的追随者后来对世界各地8099名精神病患者进行调查研究,结果发现,50.30%的精神分裂症患者是瘦长型的人,64.60%的躁郁症患者是矮胖型的人(高玉祥,2007)。

克雷奇默的研究成果直接启发了美国心理学家和医学家谢尔登(W. H. Sheldon)。20世纪中叶,谢尔登和史蒂文斯(S. S. Stevens)一起创立了胚叶起源的气质类型理论。他们认为,人格不仅与体型有关,而且与形成体型的胚叶有关。在借鉴和吸收克雷奇默理论的基础上,谢尔登和史蒂文斯突破了以往研究的局限。在研究对象上,不再单纯研究精神病患者,而是选用正常的大学生为研究对象;在研究方法上,不再以观察法为主,而是采用了生理测量和心理访谈等较为科学的方法。具体来说,他们的研究包含三个步骤。

第一步:评定体型。拍摄4000名正常男大学生的裸体照片,并将体型分为**内胚叶型**(endomorphy)、**中胚叶型**(wesomorphy)、**外胚叶型**(ectomorphy)。第二步:测量气质。他们通过词汇分析和描述得出了三个特质群,谢尔登将之称为三种气质,即**内脏型**(viscerotonia)、**肌肉型**(somatotonia)、**脑髓型**(cerebrotonia)。第三步:验证体型与气质之间的关系。对200名被试进行研究,结果表明,体型评分与相应的气质评分之间呈正相关,相关系数接近 0.80,而与不对应的气质评分之间呈负相关(见表 5.2)。

表 5.2 体型与气质之间的相关

	内脏型	肌肉型	脑髓型
内胚叶型	0.79	−0.29	−0.32
中胚叶型	−0.23	0.82	−0.58
外胚叶型	−0.41	−0.53	0.83

克雷奇默和谢尔登的体型说虽然都发现了人格与体型之间存在某种关系,为探讨人格的生理机制提供了借鉴,但是从方法学的角度来看,这种关系只是一种相关关系,不是具有方向性的因果关系,这种相关关系背后的原因值得研究者探索。众所周知,人类心理活动的发生源于中枢神经系统,特别是大脑。于是,心理学家们开始尝试从大脑的神经活动上寻找人格及其差异的原因。

5.2 唤醒与人格

尽管巴甫洛夫无意将他的研究称为心理学的研究,也没有将他的神经活动类型理论用于解释人格差异,但他的神经活动类型理论启发了后续研究者的研究思路和假设。后续研究者开始借用神经活动水平来解释人格,如艾森克等人在巴甫洛夫的理论基础上提出将唤醒作为人格内外向的生理基础。与用体液或体型来解释人格相比,用神经活动水平来解释人格的生理基础,是一种更可取、更接近科学的理论。

艾森克不仅提出了更为清晰、系统的人格结构模型,并在此基础上最终确立了人格的三个基本维度,即内外向、神经质和精神质,而且进一步从生理基础层面给出了人格这三个基本维度的理论解释。人格结构模型和三个基本维度的内容都已经在第三章详细介绍过,这里只介绍艾森克提出的人格三个基本维度的生理基础。

5.2.1　内外向的生理基础

艾森克对人格内外向的生理基础的解释在三个维度中最为详细和最有说服力，随着研究的深入还在不断修正和完善。在早期，艾森克受到巴甫洛夫等人研究的启发，将兴奋和抑制过程看作人格内外向的生理基础，并称之为**抑制理论**(inhibition theory)。该理论认为，外向者的大脑皮层抑制过程强而兴奋过程弱，他们的神经系统属于强型，因而忍受刺激的能力强；内向者的大脑皮层抑制过程弱而兴奋过程强，他们的神经系统属于弱型，因而忍受刺激的能力弱。由于外向者的皮层抑制过程强，对刺激的反应慢而弱，因此他们渴求刺激，喜欢通过接触外界、参加聚会或冒险活动等方式寻求刺激。相反，内向者的皮层抑制过程弱，生来具有较高的兴奋性，对刺激的反应快而强，仅能忍受微弱的刺激，因此他们总是避免从外界环境中获得刺激，喜欢读书、写作和下棋等较为安静的活动。

大部分基于抑制理论的行为研究都验证了内外向者在生理基础上存在差异的假设。如艾森克曾进行过一项痛觉忍受力的研究，结果发现，外向者能够忍受痛觉刺激更久，外向者中感到疼痛的人数也显著少于内向者(Eysenck，1965，p.83)。艾森克解释说，这是因为外向者的神经系统属于强型，更能抑制刺激。正因为如此，外向者一般更喜欢高声的音乐、较为嘈杂的环境和明亮的颜色等。另外，在感觉剥夺实验中，结果也正如艾森克的抑制理论所预期的那样，外向者比内向者能够忍受感觉剥夺的时间更短，外向者有强烈的刺激需求(Eysenck，1965，p.84)。但也有一些研究结果刚好相反，外向者对感觉剥夺情境忍受的时间更长。艾森克解释说，这是因为外向者更早厌烦感觉剥夺情境，因此通过做白日梦或躁动来提高觉醒水平，实际上被观察到的感觉剥夺时间与被试体验到的感觉剥夺时间是有差异的。

为了更好地解释内外向者的行为差异，艾森克还引入了赫尔(Clark Hull)学习理论中的反应抑制概念。**反应抑制**(reactive inhibition)是指当个体对重复刺激作出连续反应时，其反应强度会趋于降低，这是神经疲劳的一种现象。艾森克认为，与内向者相比，外向者的反应抑制更加敏感,在给定的活动任务中更容易产生疲劳感,进而转向其他活动。这也解释了外向者在生活中容易变换工作,注意力转移较快,在情感关系中更容易失去兴趣和新鲜感。

虽然抑制理论能够解释内外向者的行为差异,但是由于大脑皮层的兴奋和抑制过程很难测量,因此艾森克采用唤醒的概念来进一步解释。**唤醒**(arousal)是指个体身心随时准备作出反应的警觉状态,唤醒状态与中枢神经系统中的**上行网状激活系统**(ascending reticular activating system,ARAS)有关。上行网状激活系统位于脑干,控制着整个大脑皮质的唤醒水平。艾森克认为,内向者的上行网状激活系统活动水平比外向者高,因此其开放程度高,允许较多的神经刺激进入大脑,大脑皮质的基线唤醒水平高,个体对外界刺激的需求少,喜欢较为安静的环境。相反,外向者的开放程度低,大脑皮质的基线唤醒水平低,对刺激的需求多,表现出外向行为是为了提高大脑皮质的唤醒水平(Claridge,Donald,& Birchall,1981)。同时,由于内向者的大脑皮质唤醒水平天生比外向者高,对于同样强度的刺激,内向者比外向者体验到的强度更大,因而对刺激更敏感。

艾森克的理论发表后,大量研究对其进行了验证(Bullock & Gilliland,1993;Gray et al.,2005;Stelmack,1990;Zuckerman,1991)。根据艾森克的理论假设,如果内向者的皮质唤醒水平比外向者高,那么通过仪器测量到的内向者的皮质活动水平就比外向者高。就整体结果而言,研究证据表明艾森克的理论大约有一半是对的,即在中等刺激条件下,内向者对刺激更加敏感,神经系统反应比外向者更强烈或者更快。但内向者的唤醒水平并不总是比外向者高,在无刺激或者弱刺激条件下,内向者和外向者神经系统反应的差异很小甚至没有差异,这一点并不符合艾森克的理论假设。

基于这一事实,艾森克在1985年修改了唤醒理论,对基线水平、唤醒水平和唤醒反应等概念进行了区分。他认为,内向者和外向者的主要区别在于**唤醒能力**(arousability)或者**唤醒反应**,而不是唤醒水平。比如,当处于比较安静平和的环境中,外向者和内向者的唤醒水平是一样的,大脑活动水平没有区别。但是,当处于嘈杂的环境中,内向者的反应确实比外向者的反应更加强烈,这种反应使其回避人群和嘈杂的环境。内向者回避的环境正是外向者所努力寻求的。由此可以得到一个重要推论,即当可以自由选择时,外向者选择的环境刺激水平会高于内向者。

5.2.2 神经质的生理基础

关于神经质的生理基础,艾森克最初认为应该是自主神经系统。因为自主神经系统控制情绪生理反应,包括恐惧和焦虑等。艾森克认为,在神经质维度上得分高的人,在心率、呼吸、皮肤电反应、血压等方面反应会更强烈。但这一观点遭到其他心理学家的质疑。后来,艾森克又把**边缘系统**(limbic system)或者**内脏脑**(visceral brain)看作神经质的解剖结构。边缘系统包括海马、杏仁核、扣带回、中隔和下丘脑等部位,这些部位都与人天生的情绪能力相关。边缘系统与自主神经系统协同活动,与上行网状激活系统相邻,边缘系统活动会唤醒自主神经系统的交感神经分支,使得个体出现紧张活动反应,消化变慢,瞳孔放大,呼吸和心跳频率增加等。艾森克认为,高神经质的人边缘系统激活阈值较低,交感神经系统的反应性较强,他们会对微弱刺激作出过度反应(Eysenck & Eysenck, 1985)。艾森克还认为,焦虑和神经质有许多相似之处。焦虑源于神经质和内倾的混合物,它是在神经质量表上得分很高的内倾者的典型特征。因为神经质的人拥有易变的、活跃的边缘系统和自主神经系统,所以他们在压力情境下体验到的恐惧和焦虑水平都比较高。

艾森克将其提出的上述两个重要的人格维度的生理基础结合起来考虑,形成如图 5.2 所示的上行网状激活系统的兴奋和抑制平衡机制。上行网状激活系统负责接收和管理大量的刺激输入,并通过两条不同的通路来处理这些刺激。大脑皮层通路控制由刺激输入产生的皮质唤醒,个体间唤醒水平的不同则表现为人格内外向水平的不同;边缘系统通路负责处理和控制情绪刺激产生的唤醒,个体间唤醒水平的不同则表现为情绪稳定性的不同(Maltby et al., 2010, p. 195)。

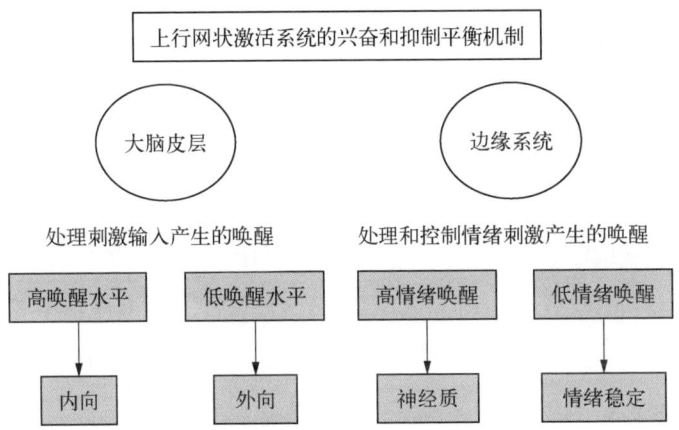

图 5.2　艾森克的人格生理基础模型(Maltby et al.，2010，p.195)

5.2.3　精神质的生理基础

相比于内外向和神经质,精神质是艾森克人格理论中较晚提出的一个维度,虽然艾森克通过各种努力去寻求精神质的生理基础,但至今其生理基础仍不明确。有意思的是,通过人格问卷测量,艾森克发现男性在精神质上的得分总是高于女性。罪犯和精神病患者在精神质维度上的得分较高,而这些人中的大多数也是男性。女性(至少是绝经前的女性)比男性不容易患精神分裂症。依据这些事实,艾森克认为精神质可能与男性内分泌有关,特别是与雄性激素的分泌有关。精神质维度得分高的人,如精神分裂症患者,他们体内的 5-羟色胺水平较低并有一定的抗原存在,依据艾森克的观点,这是精神质生理基础的关键所在。但是,目前还没有确切的证据支持雄性激素与精神质之间存在联系的推测(Ryckman,2007,p.195)。

5.3　敏感性强化理论

5.3.1　格雷传略

格雷(Jeffrey Alan Gray,1934—2004),英国心理学家。格雷出生于

图 5.3　格雷

英国伦敦东部,父亲是一名水手,在格雷 7 岁时就去世了。母亲靠经营一家服饰店,独自抚养格雷长大。1952—1954 年,格雷参军服兵役,之后获得麦金农奖学金并进入牛津大学学习,攻读法律。后来,他又转专业到现代语言专业,学习法语和西班牙语,并继续攻读第二学士学位,这次他选择了心理学和生理学,并于 1959 年毕业。

1959—1960 年,格雷进入伦敦精神病理学研究所受训,成为一名临床心理学家。之后,他在艾森克门下攻读博士学位,研究环境、基因和激素对动物情绪行为的影响,并于 1964 年获得博士学位。随后,他在牛津大学实验心理学系任教。格雷在牛津大学任教至 1983 年,后转到艾森克的精神病研究所。1999 年退休后,继续作为荣誉教授从事实验研究,并作为赌博心理学专家在加利福尼亚州斯坦福大学高级研究中心工作一年,成果颇丰。

5.3.2　敏感性强化理论

格雷于 1970 年提出**敏感性强化理论**(reinforcement sensitivity theory,RST)。一开始,这个理论被认为是艾森克理论的修改版。1970—2000 年,有大量的研究对其进行验证。随后,格雷等人修订了敏感性强化理论,现在它常被认为是一个完全不同的理论。格雷在动物脑功能研究结果的基础上提出经典的敏感性强化理论,认为人的大脑中有两个相对的控制中枢:行为激活系统和行为抑制系统。

行为激活系统(behavioral activation system,BAS)由趋近动机组成,使个体对偏好的刺激或者潜在的奖赏很敏感,并努力获得这些奖赏,常用于解释行为激活系统工作机制的是神经递质多巴胺。当行为激活系统意识到某个刺激代表一种潜在的奖赏时,就会启动趋近行为。例如,在孩童时代,每当听见小贩响亮的吆喝声,你就知道热腾腾的豆花已经到巷子口了,小贩的吆喝声就成了一条奖励线索,每当线索出现,行为激活系统就启动趋近动机，使我们想要冲出去喝上一碗豆花。

行为抑制系统（behavioral inhibition system，BIS）由回避动机组成，神经基础包括海马系统、脑干、前额叶等部位，主要负责解决趋避冲突，对惩罚和潜在的危险很敏感，倾向于避免消极或者痛苦的后果，产生抑制、消除或者回避行为。接着上面的例子，可能某一次你跑到巷子口买豆花时摔倒把膝盖磕破了，此时巷子口变成一条危险的线索，会抑制你跑去那里的行为。行为激活系统和行为抑制系统都是健康心理功能的必备条件，因为它们是激活行为和抑制行为的生理基础。行为激活系统过度激活、行为抑制系统功能不足可能是冲动、过度风险行为、延迟满足困难，以及儿童多动症的原因（Avila & Parcet，2001）。行为抑制系统过度激活则可能导致焦虑问题。

格雷在其经典理论中描述了一个独立的**战斗—逃跑系统**（fight-flight system，FFS），后来经过修订发展为**战斗—逃跑—僵化系统**（fight-flight-freeze system，FFFS）。战斗—逃跑—僵化系统假设，个体对所有厌恶刺激都很敏感，该系统负责调节愤怒、害怕和恐慌情绪，启动战斗或者逃跑行为来回避危险（DeYoung，2010）。战斗—逃跑—僵化系统与行为抑制系统都会启动回避行为，具有防御功能，它们的不同之处在于，行为抑制系统处理的一般是趋避冲突，比如想偷吃糖果却又害怕被妈妈发现，需要回避激发趋近动机的刺激，会产生焦虑情绪；战斗—逃跑—僵化系统处理的只有回避动机，比如遇见具有危险性的蛇，面对这种威胁个体不会想要趋近，而是会产生恐慌情绪，要么战斗，要么逃跑，最终都是为了消除回避的危险刺激。格雷等人认为，战斗—逃跑—僵化系统与消极情绪状态相关，尤其是与艾森克三个人格维度中的精神质相关（Gray，1987）。

5.3.3　行为激活系统与行为抑制系统对人格变量的解释

格雷把行为激活系统和行为抑制系统分别与冲动性和焦虑联系起来（如图5.4所示）。行为激活系统敏感者行为激活水平高，这类个体常被描述为冲动的，因为他们在生活中经常意识到潜在的奖赏，经常受寻求奖赏的趋近动机驱动，行为激活水平低的个体则常被描述为不冲动的。行为抑制系统敏感者行为抑制水平高,这类个体常被描述为焦虑的,因为他们对潜在的威胁或者惩罚都会有强烈的反应,换句话说,他们趋向于认为生活中到处都存在受到惩罚的可能性,行为抑制水平低的个体则常被描述为不焦虑的。在格雷的模型中(如图 5.5 所示),将焦虑和

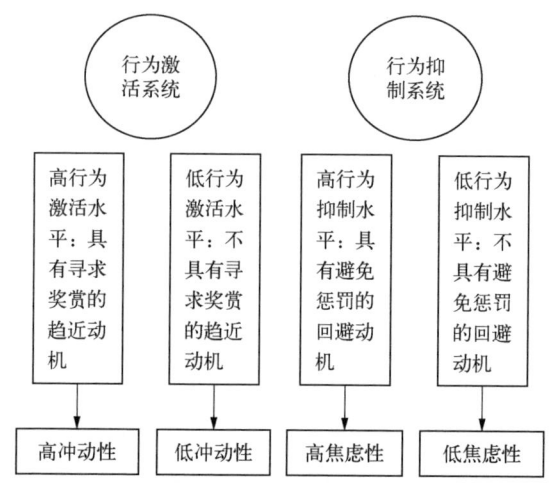

图 5.4 格雷的敏感性强化理论(Maltby et al.,2010,p.199)

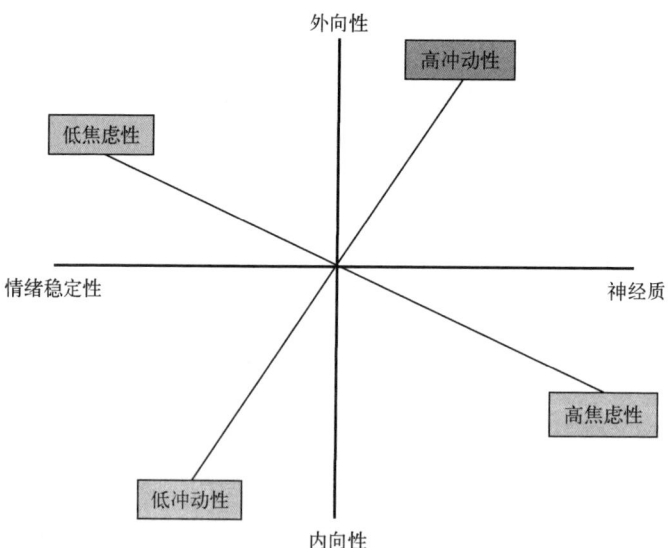

图 5.5 艾森克的外向性和神经质维度与格雷的冲动性和焦虑维度的关系(Larsen & Buss,2005,p.241)

冲动性维度旋转 30 度即可得到神经质和外向性维度。轻微神经质的外向者最具有冲动性，冲动性维度的另一端是内向情绪稳定者；高度神经质的内向者最容易产生焦虑，焦虑维度的另一端是外向情绪稳定者。格雷等人将冲动性和焦虑模型当作艾森克的外向性和神经质维度的另一种解释，认为行为激活系统和行为抑制系统也可以解释外向性和神经质：外向者对奖赏更敏感而内向者对惩罚更敏感，如果这种敏感度很高，那么不论是内向者还是外向者，都会被认为是神经质的——以行为激活系统为主导的神经质就是冲动（外向不稳定），以行为抑制系统为主导的神经质就是焦虑（内向不稳定）。

关于格雷提出的行为激活系统和行为抑制系统与艾森克早期提出的两个人格维度——外向性和神经质之间的关系并未有定论，有一些学者甚至直接与格雷等人进行讨论（Gomez, Cooper, & Gomez, 2000；Pickering, Corr, & Gray, 1999；Rusting & Larsen, 1999）。有研究者（Rusting & Larsen, 1999）认为，格雷的模型和艾森克的模型之间存在直接对应的关系：行为激活系统相当于外向性，而行为抑制系统相当于神经质。

1994 年，美国心理学家卡弗（Charles Carver）和怀特（Teri White）研发了行为激活系统和行为抑制系统测量工具，编制了一个包含 24 个条目的问卷（行为抑制系统/行为激活系统量表）。该问卷包括行为抑制系统惩罚敏感性、行为激活系统奖赏反应性、行为激活系统驱力和行为激活系统愉悦寻求四个维度（Carver & White, 1994）。测量个体行为激活水平的问题条目包括"为了得到想要的东西我不怕麻烦"（条目 3），"我总是乐意去尝试一些我认为将会很有趣的新事物"（条目 5），"当有好事发生在我身上时，对我的影响都会很强烈"（条目 18）。测量个体行为抑制水平的问题条目包括"当我认为或知道某人对我很生气时，我会感到非常担心或者低落"（条目 13），"如果我认为将有一些不好的事情发生，我经常会变得很激动"（条目 16），"我很害怕出错"（条目 24）。研究者认为，这个问卷是测量行为激活和行为抑制水平最好的工具之一。

此后，很多研究验证了行为激活系统和行为抑制系统与奖赏敏感性和惩罚敏感性之间的关系(Arnett & Newman, 2000; Bartussek, Diedrich, Naumann, & Collet, 1993; Carver & White, 1994; Corr, Pickering, & Gray, 1997),结果发现,高行为激活水平与外向性、高度生理和情绪唤醒存在高相关。有研究(Harmon-Jones & Allen, 1997)发现,行为激活水平与积极情绪状态、行为抑制水平与消极情绪状态存在显著正相关,类似的结论在卡弗等人的研究中也得到了证实(Carver, 2004; Ravaja & Kallinen, 2004)。

前面介绍的这些研究表明,外向者/内向者、奖赏敏感/惩罚敏感和积极情绪/消极情绪之间存在对应关系,即与内向者相比,外向者更容易受到奖赏的影响,产生更多的积极情绪;与低神经质个体相比,高神经质个体更容易受到惩罚的影响,产生更多的消极情绪。行为激活系统/行为抑制系统与前述两者之间的对应关系不仅在敏感性强化理论中已经阐明,而且得到了实证研究的支持。这些实证研究的结果也支持行为激活系统与外向性、行为抑制系统与神经质之间的对应假设。因此,格雷等人在2000年修正敏感性强化理论时也修正了模型,使得行为抑制系统的定位更接近神经质,行为激活系统的定位更接近外向性。

5.3.4　格雷敏感性强化理论的应用研究

近年来,许多研究不仅验证了格雷的理论,而且对其进行扩展和推论。戈麦斯等人(Gomez & Gomez, 2002)通过实验发现,行为激活和行为抑制水平不仅与个体的情绪类型和激活水平有关,而且与个体对情绪刺激的认知过程有关。在实验中,被试需要完成单词补全任务,即给被试呈现一些有缺失字母的单词,让他们补全。在积极情绪词中,比如"e_a_ed",相比于行为激活系统得分低的个体,行为激活系统得分高的个体更多补全为"elated"(兴高采烈的),而不是"erased"(消除)。其他的情绪词任务也得到了类似的结果。这一发现与情绪研究领域的情绪一致性效应具有一致的解释意义和推论:当个体当前的情绪状态与情绪思考或者情绪记忆一致时,情绪思考或者情绪记忆更容易被激活,不仅如此,高行为激活水平的个体随着时间会建立加强这种趋向性的积极认知,由此强化了他们的趋向行为,他们会更加积极、主动、外向;相反,高行为抑制水平的个体强调消极认知的趋向会越发明显,他们会更加退缩、消极、被动、内向。

惩罚敏感性和奖赏敏感性是许多问题行为、心理疾病和心理障碍的有效预测指标。格雷等人(Gray,1997)通过实验发现,高焦虑的被试因为对惩罚更加敏感,所以在实验室计算机上对包含惩罚(言语反馈或者是输钱)的任务学得更快,而低焦虑的被试学习得相对较慢,这无疑会强化高焦虑者对惩罚的敏感性。另外,有研究发现,过高的惩罚敏感性可以预测焦虑和神经质性抑郁,而较低的奖赏敏感性可以预测单纯性抑郁(Campbell-Sills, Liverant, & Brown, 2004; Hundt, Nelson-Gray, Kimbrel, Mitchell, & Kwapil, 2007)。冲动的人对惩罚的学习效果较差,因为他们行为抑制系统薄弱,研究者分别对冲动性水平高的大学生、少年犯、精神病患者和在押人员进行研究,结果发现,他们缺乏惩罚学习的能力,玩游戏时,与因错误反应而受罚相比,他们因正确反应而获得奖励的学习效果更好(Arnett & Newman, 2000)。

格雷的理论将生理机制和经验学习的影响结合在一起,提供了一种对人格的新的理解,人格既是遗传的,也可随着经验学习而发生改变。

5.4 感觉寻求

在谈及人格的生理基础时,生理心理学家似乎都谈到机体对刺激的敏感性和唤醒水平,从巴甫洛夫、艾森克到格雷,无一例外,这也是本章将"唤醒"作为主题的原因。接下来介绍的两位人格生理学家及其理论,也都与新异刺激寻求或者感觉寻求有关。

5.4.1 克洛宁格的三维人格模型

20世纪80年代,克洛宁格(C. R. Cloninger)基于一系列家族研究、人类行为学习与控制的研究提出人格三维模型,即新奇寻求、伤害避免和奖赏依赖。克洛宁格认为,人格是基于生理基础并通过环境经验发展起来的,因此他提出的三个维度分别基于三种生理基础,并将其定义为三种气质特征(Cloninger,1987a,1987b)。

第一种气质特征是**新奇寻求**(novelty seeking)。新奇寻求是个体对新奇的、具有奖励意义的刺激的反应,表现出兴奋趋向和愉悦情绪,并激发个体的猎奇行为。这一维度反映了激发和冲动的行为,关键词是"行为激发",类似于行为激活系统。高新奇寻求的人面对新奇刺激反应更加兴奋,他们会在环境中进行更多的探索,喜欢结识新朋友、发现新事物,会报告更多关于尝试新事物来满足自己追求的刺激感的经历。克洛宁格认为,新奇寻求与神经递质多巴胺水平相关,多巴胺在大脑控制机体运动的内部机制中起到重要作用,通常与愉悦感相联系,为活动机体带来享受、愉悦的体验。多巴胺水平高会激发新奇寻求。在老鼠实验中,当老鼠体内的多巴胺水平升高时,它们的探索行为(与人类的新奇寻求类似)也增多(Sher & Wood, 1995)。另外,有研究发现药物滥用者的新奇寻求得分也很高(Berman, Ozkaragoz, Young, & Noble, 2002)。

第二种气质特征是**伤害避免**(harm avoidance)。伤害避免包括对厌恶刺激的强烈反应,以及避免伤害和对新奇行为的抑制。这一维度反映了谨慎和选择低风险的行为,关键词是"行为抑制",类似于行为抑制系统。伤害避免得分高的人更容易受到厌恶刺激或者惩罚信号的影响,采取行动以避免痛苦,他们会报告更多的担心、害怕和紧张,害怕尝试新的事物,在人群中很害羞。伤害避免被认为与高水平的5-羟色胺相联系,这种神经递质可以调节情绪、情感和睡眠,与大量行为和生理功能的控制都相关。5-羟色胺水平低与冲动攻击行为相关,包括谋杀、自杀和纵火(Coccaro et al., 1989)。前面提到药物滥用与高新奇寻求有关,实际上药物滥用与高伤害避免也存在相关(Berman et al., 2002)。

第三种气质特征是**奖赏依赖**(reward dependence)。奖赏依赖是指对有利刺激的积极反应倾向,它使得个体对有利刺激作出反应的行为保持下去。这一维度反映了个体表现出友好和寻求奖赏的趋势,描述奖赏依赖的关键词是"行为保持",类似于行为维持系统。高奖赏依赖的人对奖赏刺激（比如社会赞许的语言信号或者来自他人的积极回应）很敏感且反应良好。高奖赏依赖者一般报告他们都是勤奋工作者，哪怕其他人已经放弃了他们还会继续努力。奖赏依赖被认为与去甲肾上腺素相联系，去甲肾上腺素是一种控制关注和冲动的神经递质，与激活同情神经系统、规律化对压力的反应相关。低水平的去甲肾上腺素容易引起奖赏依赖，使得人们继续以可能获得奖赏的方式行动，尤其会对回馈温暖的社交产生依恋（Stallings，Hewitt，Cloninger，Heath，& Eaves，1996）。

克洛宁格的三维人格模型原本只包括新奇寻求、伤害避免和奖赏依赖三个维度，很显然，克洛宁格的人格模型与艾森克和格雷的人格模型存在一定的联系。如新奇寻求被认为与艾森克的外向性相对应，伤害避免被认为与格雷的行为抑制系统和艾森克的神经质抑制相对应，奖赏依赖被认为与格雷的行为激活系统相对应（Maltby et al.，2010，p.200）。其中，奖赏依赖的另一个称谓是坚持性，坚持性一开始被认为是奖赏依赖的一个方面，后来克洛宁格发现，在测量奖赏依赖时，与坚持性相关的某些条目并不与奖赏依赖相关。因此，克洛宁格后来就将坚持性作为人格模型的第四种气质特征。

坚持性（persistance）代表行为保持，这一维度反映了即使在沮丧和疲劳的情况下个体仍坚持的趋势。高坚持性的人有能力一直聚焦于某个任务而且不放弃，这种气质特征可能会激发完美主义和高成就（Cloninger & Svrakic，1997；Stallings et al.，1996）。和奖赏依赖一样，坚持性也被认为与神经递质去甲肾上腺素有关。

克洛宁格的理论在后期除了发展出第四种气质特征，还提出三种性格特质：自我定向、合作性和自我超越。现在，一般将他的理论称为七维度的心理生理人格理论。克洛宁格理论中的性格特质与气质不同，因为性格原本并不是生物性的，而是更多涉及个体在其所处的社会中如何理解自己，代表了个体的情绪、习惯、目标、知识和能力，这些都是个体形成的对外界的反应。

自我定向（self-directedness）。这个特质反映了个体对自己行为的调整和控制，以使自己的行为符合具体情境，并与目标保持一致。在这个维度中,人们显示出诸如自尊、人格完善和领导品格等特征。

合作性(cooperativeness)。这个特质基于个体对他人接受度的自我概念,是指能够承认个体之间的差异并接纳他人的能力。这个维度包含社会伦理道德和同情心,高合作性的个体具有较高的社会容忍度和同情心。有研究发现,自我定向水平低的个体,如果合作性差,则容易出现人格障碍(Svrakic, Whitehead, Przybeck, & Cloninger, 1993)。

自我超越(self-transcendence)。这个特质反映了个体自我概念中有关非传统的精神体验和信念,自我超越是一种与精神状态有关的性格特质,具有这种特质的个体会将主体和客体看作一个统一体。在这种"统一意识"的状态下,个体与周围环境的界限变得十分模糊,成为整体的一部分。比如,一些宗教信仰和心灵体验都形成于这个维度。

尽管克洛宁格将气质和性格分离开来,但他也提出两者可能存在交互作用的假设,拥有同样气质特征的个体可能因为性格发展结果而表现出不同的行为。比如,两个同样在刺激寻求上得分高的个体,一个人可能在合作性维度上得分也高,因此他可能花费大量时间与人沟通或社交,并通过做大量的周旋工作而获得更多的报酬。另一个人可能在自我超越上得分高,因此他可能环游整个世界以探索自己的心灵。

克洛宁格的人格模型可以用气质—性格问卷(Temperament and Character Inventory, TCI)测量(Cloninger, Svrakic, & Przybeck, 1993),初始版问卷共包含226个自陈项目,对应以上七个维度进行测量,采用5点量表计分。气质—性格问卷修订版包含140个项目,这些项目反映了每个气质或性格维度(Cloninger, 2004, p. 278)。

研究者使用气质—性格问卷进行测量,鉴别出酒精成瘾者的不同类型:第一种类型的酒精成瘾者在伤害避免和奖赏依赖维度上得分高,在新奇寻求维度上得分低,这类酒精成瘾者容易因为环境压力而变得酒精依赖;第二种类型的酒精成瘾者在新奇寻求维度上得分高,在伤害避免和奖赏依赖维度上得分低,这类酒精成瘾者更偏向于在早期就开始酗酒(Cloninger, Sigvardsson, & Bohman, 1988; Wills, Windle, & Cleary, 1998)。然而,气质特征不会对人们的生活产生直接、自动的影响,经验的调节起到更重要的作用。比如,是否与滥用药物的朋友交往可以预测青少年的药物使用情况;只有新奇寻求特质得分高且拥有滥用药物的朋友才能够预测其药物滥用的行为,如果没有这类朋友,新奇寻求特质本身不会导致药物滥用问题(Wills et al., 1998)。

5.4.2 朱克曼的研究

在阐述艾森克外向性人格维度的生理基础时,有研究者曾提到感觉剥夺实验中内向和外向人格的不同表现,即不同个体在所处环境中寻求刺激的程度不同,朱克曼将这种个体差异变量称为**感觉寻求**(sensation seeking),并将其定义为"个体对变化的、新异的、复杂的和强烈的感觉和经验的需要,而且为了获得这些体验,宁愿去从事身体的、社会的、法律的和经济的冒险活动",并认为感觉寻求具有生理基础和心理进化意义(Zuckerman, 1971, 1994; Zuckerman, Persky, & Link, 1969)。

朱克曼等人(Zuckerman et al., 1969)认为,最佳唤醒水平理论能够解释不同个体对感觉剥夺实验情境的反应差异。刺激唤醒的最佳水平最早由冯特(Wundt, 1893)提出,后来弗洛伊德在其早期著作中也作出此类假设,60多年后,赫布(Hebb, 1955)改变了这种理论的形式,提出**最佳唤醒水平**(optimal level of arousal)理论。朱克曼以此为理论假设,运用因素分析法发现,感觉寻求这一人格维度由四个因素组成。

(1) **兴奋和冒险寻求**(thrill and adventure seeking, TAS),是指渴望参加一些生理极限运动,包括能够提供速度、坠落,或者探索水下世界之类的特殊体验的运动。

(2) **经验寻求**(experience seeking, ES),是指通过一些新的感受和经历,以及没有计划、不可预知的事件等,比如音乐、旅行,或者非常规、非传统的生活方式,来寻求新异的感觉和体验。

(3) **去抑制**(disinhibition),是指通过不受约束的行为和他人一起寻求放松感和兴奋感,比如参加聚会、赌博,滥交和酒精滥用等。

(4) **厌倦感受性**(boredom susceptibility, BS),是指对不变的或者常

规的活动和人感到厌倦,对重复体验的容忍能力较弱,当事情毫无变化时会坐立不安。

朱克曼通过研究发现,感觉寻求能够很好地预测人们忍受感觉剥夺的程度,高感觉寻求者认为感觉剥夺实验让人特别难受,忍受时间更短。20世纪60年代以后,朱克曼放弃了感觉剥夺的实验室研究,转而开始研究与感觉寻求维度有关的其他特征。他发现,高感觉寻求者在日常生活中需要高水平的刺激,更可能参加感觉剥夺之类的非常规实验,但不参加一般的学习和社会心理学实验;军队中的高感觉寻求者更倾向于自愿执行高危险任务。在一项以男大学生为被试的调查中,高、中、低感觉寻求者吸烟的比例分别是67%、47%、18%(Zuckerman, Bone, Neary, Mangelsdorff, & Brustman, 1972)。大学生自我报告早期性行为的研究证实,感觉寻求与风险性行为(多个性伙伴,无保护)存在高相关。高感觉寻求者喜欢直接的兴奋体验,比如聚会、夜店和摇滚音乐会等(Zuckerman, 2006),但并不局限于冒险行为,他们也会喜欢零风险的娱乐活动,比如在多媒体中寻找强烈的体验,高感觉寻求者会对多媒体、杂志或其他地方露骨的性描写感兴趣(Zuckerman & Litle, 1986),他们喜欢观看暴力、性施虐、恐怖类型的电影。低感觉寻求者则喜欢浪漫的电影,当感到厌倦或需要改变的时候只是拿着遥控器不停地换台(Brown, Ruder, Ruder, & Young, 1974; Schierman & Rowland, 1985)。

关于感觉寻求的生理机制,很多研究者都尝试探索或验证最佳唤醒水平理论。通过皮肤电、脑电或者心率测量,少有证据支持感觉寻求得分高者与得分低者之间存在基本生理唤醒水平的个体差异(Stelmack & Geen, 1992),这就无法说明高感觉寻求是由低生理唤醒导致的(Zuckerman, 1979)。但有证据显示,在某些条件下,高感觉寻求者对刺激的反应远比低感觉寻求者强烈。对于与感觉寻求量表相关的新奇项目,比如呈现滑翔、吸大麻、爬山、性和暴力刺激等图片(Smith, Perlstein, Davidson, & Michael, 1986),高感觉寻求者表现出更大的皮肤电反应(Zuckerman, 1979)。这些证据给感觉寻求量表的有效性提供了很好的支持,但是不能证明感觉寻求的生理基础。

5.5　大脑不对称性和神经递质

盖奇(Phineas P. Gage)是美国佛蒙特州铁路建设工地建筑队的一名工头。1848年9月13日,正当盖奇用一根铁钎子把炸药填塞到孔里的时候,炸药突然爆炸。当时,他的头正歪向一边,提前引爆的炸药将他手中的铁钎子从他的左颧骨下方穿入头部,然后从眉骨上方出来,落在他身后。这根铁钎子重6.35千克,长约110厘米,一端直径为3.18厘米,另一端直径为0.64厘米。当他被铁钎子击倒后,尽管颅骨的左前部几乎完全被损毁了,但他并未失去知觉。在一位年轻的外科医生哈洛(John Harlow)的精心治疗下,盖奇在10周后出院了。此后,他的身体逐渐恢复,又可以工作了。工友发现他虽然头上有个洞,但话语如常,思维清晰,而且没有疼痛的感觉。他虽然奇迹般地活了下来,大部分智力完好无损,但人格明显发生了改变。

事故发生前,盖奇本是一个工作勤奋、为人随和、有责任感的人,被雇主们评价为能力最强、效率最高的工头之一。但这次事故发生后,他变得粗俗无礼、固执倔强,又反复无常、优柔寡断,他似乎总是无法计划和安排自己将要做的事情,冲动且具有攻击性,开始使用污言秽语,对周围的人也不友好。正如他的朋友们所说,"他不再是盖奇了"。出院后的盖奇已无法胜任工头的工作,他后来在出租马车行工作,负责喂马和打扫马厩。几年以后,他的健康状况开始恶化,1860年2月癫痫发作,同年5月21日去世。

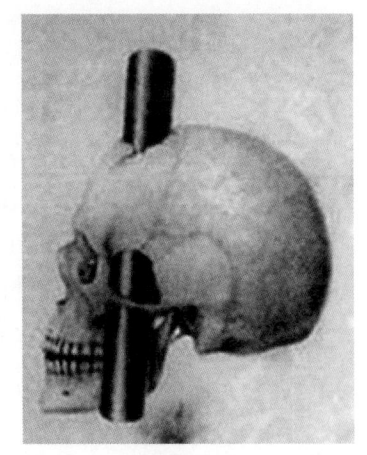

图5.6　铁钎贯穿盖奇头颅的路径模拟

在他生前和死后,医学和心理学权威人士对他进行了大量研究。在他去世几年后,在一位专家的劝说下,经他姐姐同意,人们打开他的墓穴,取出他的头骨,加以研究。目前,他的头骨和那根铁钎子一起被陈列在哈佛大学医学博物馆(Larsen & Buss, 2005, p.179)。

在盖奇的案例中,盖奇的大脑因为意外而受到严重损伤,研究者们通过对比他的大脑受损前后人格发生的变化进而推断大脑额叶与人格之间存在某种关系,但科学研究不能违背伦理,不能重复这个事故或者打开一个人的头颅进行深层的研究。那么,我们怎样才能不打开一个人的头颅就能测量到大脑的活动水平呢?得益于生物学、医学和生物仪器学的发展,现在心理学研究者可以直接观察到不同情境下机体大脑内部发生的一些变化,很多社会认知现象,比如识别人们的面孔、理解人们的表情、想要和别人交流,都可以定位到相应的大脑区域和神经机制(Brothers, 1996; Kesler et al., 2001)。常用的技术和设备包括脑电图、事件相关电位、功能性磁共振成像等,通过这些技术和设备,研究者才能探索大脑功能与人格之间的关系。

5.5.1 大脑功能模块化

为了弄清大脑在处理信息和反射活动过程中的机制,研究者提出各种假设来解释大脑发挥功能的方式,包括定位说、整体说、机能系统说等。1976年,美国生理学家加扎尼加(Michael Gazzaniga)提出脑认知功能的模块说。他认为,大脑由在神经系统各个水平上活动的子系统以模块的形式组织在一起,在结构和功能上由高度专门化并相对独立的模块组成,每个模块提供一个专门的功能。1983年,福多尔(Jerry Fodor)出版了《大脑模块》(*The Modularity of Mind*)一书,引起了很多认知心理学家的讨论和兴趣。

利用核磁共振成像技术,研究者发现,当我们识别或者思考自己或者他人的心理状态(比如情绪)时,中央额叶皮层和颞叶会被激活,中央额叶皮层主要负责自我监测,颞叶主要负责目标行动(Frith & Frith, 2001)。当我们观看自己的面孔时,边缘系统、右侧颞叶中部、左侧顶下和左侧额叶区域都出现激活,当我们评定自己的人格特质时,小脑皮层的梭状回会被激活(Kircher et al., 2000)。研究者还发现，被诊断为患有反社会型人格障碍的人比正常的人大脑前额叶皮层灰质更少(Raine, Lencz, Bihrle, LaCasse, & Colletti, 2000)。杏仁核与恐惧情绪有关，这一区域遭到破坏的人在实验中无法判断哪些面孔是冷漠的或者不值得信任的，但他们还是可以清楚地识别面孔，当信息以文字呈现，而不是以图片呈现时，他们也可以作出准确的判断。在现实生活中，这些个体表现出不加区分的轻信(Adolphs, Tranel, & Damasio, 1998)。

上述大脑功能的模块化主要体现在大脑内皮层(即旧皮层)，新皮层功能模块化并没有得到验证。新皮层更少模块化，更多依赖生活经验(Quartz & Sejnowski, 2000；Quartz & Sejnowski, 1997)。旧皮层模块化的大脑功能能够更早发挥应用优势，属于遗传功能模块，不需要个体通过经验学习获得，但是它可能引起模块功能和意识经验之间的冲突。例如，杏仁核与恐惧情绪相关，个体不需要意识参与就能产生这种情绪，能够帮助个体迅速探测到人们的表情(Öhman, 2002)，这在社交过程中很重要。当看到危险信号时，它有明显的生存优势，但可能发展出对无关刺激的病态恐惧(Öhman & Mineka, 2001)。遗传功能模块在带来效率的同时，也缺乏一定的灵活性。这些功能模块有助于我们完成已经被设计好需要我们完成的任务，但当环境中出现祖先们从未遇到过的问题时，我们应对起来就有一定困难。

5.5.2 大脑不对称性及其个体差异

随着技术的发展，人们对大脑功能的认识越发深入，这种认识主要是认知功能层面的，包括大脑加工和处理信息的神经机制。除了上面提到的大脑功能模块化，涉及个体差异和人格层面的另一个重要发现是大脑不对称性。大脑不对称性是指，大脑左右半球活动性水平不同。有研究发现，大脑左右半球对积极情绪和消极情绪的卷入完全不同，当人们体验消极情绪时，大脑右半球额叶激活水平更高；当人们体验积极情绪时，大脑左半球额叶激活水平更高，即大脑左右半球在情绪反应和激活中扮演了不同的角色，由此也可以推论出大脑左半球活动性更高的人体验到更多积极情绪,大脑右半球活动性更高的人体验到更多消极情绪。

很多研究都支持了半球优势与情绪体验相联系的观点。在情绪研究中,研究者特别关注大脑前额叶的活动性。有研究表明,当个体高兴时,左半球前额叶的活动性水平比右半球高;反之,当个体不高兴时,右半球前额叶的活动性水平比左半球高。例如,戴维森及其同事(Davidson et al., 1990)让被试观看能诱发积极情绪体验或者消极情绪体验的电影片段,记录他们的脑电活动,并对被试观看电影片段的过程进行录像。结果发现,当被试体验到积极情绪时(笑、嘴角上扬),他们的左额叶比右额叶活动性水平更高;当被试体验到消极情绪,表现出厌恶表情时(抿嘴、咂舌、皱鼻),他们的右额叶比左额叶活动性水平更高。研究者还发现左右脑不对称性的个体差异,在戴维森的另一项研究中,在呈现诱发情绪体验的电影片段之前先通过脑电测量了大脑半球的活动,而且引导被试在电影片段呈现之前,将情绪锁定在一个固定的水平上。结果发现,前额叶的不对称性与情绪基线水平、观看影片时的情绪反应相联系,甚至观看影片后的情绪波动差异也具有统计学意义:那些在基线水平左侧前额叶被激活的个体对积极影片报告了更多的积极情绪,在基线水平右侧前额叶被激活的个体则对消极影片报告了更多的消极情绪(Tomarken, Davidson, & Henriques, 1990; Wheeler, Davidson, & Tomarken, 1993)。戴维森等人以婴儿为被试也得到类似的研究结果(Davidson, 1993, 2003; Fox, Bell, & Jones, 1992)。还有研究发现,正经历抑郁或者曾经历过抑郁的个体左前额叶活动性低于没有经历抑郁的个体(Allen, Iacono, Depue, & Arbisi, 1993)。左脑前额叶受损的个体更容易抑郁,而右脑前额叶受损的个体更容易躁狂(Robinson & Downhill, 1995)。

这些发现都说明,大脑左右半球前额叶具有不对称性,而且这种不对称性存在个体差异。左脑前额叶活动性更高的个体,产生的积极情绪更多,对积极情绪的诱发易感性更强;右脑前额叶活动性更高的个体,产生的消极情绪更多,对消极情绪的诱发易感性更强。戴维森和萨顿采用行为抑制系统/行为激活系统量表测量被试的积极情绪倾向,并检测额叶的活动水平,结果发现,具有积极情绪倾向的人在没有情绪刺激的情况下,左脑前额叶的脑电基线水平相对更高。他们吸收了格雷的理论观点,将情感类型和脑功能机制结合起来,支持格雷提出的行为抑制系统和行为激活系统概念的效用,以及它们不同的激活机制:趋近动机和回避动机。有研究发现,当人们具有趋近动机时,左半球激活水平更高;当人们具有回避动机时,右半球激活水平更高(Harmon-Jones & Allen, 1997; Sutton & Davidson, 1997)。其他研究者采用功能性磁共振成像技术也得到相同的结果(Canli et al., 2001)。

5.5.3 神经递质

任何心理活动或行为动作的完成都依赖机体神经系统的工作,神经科学中受到巨大关注的领域之一就是神经递质的功能。现在,人们发现的神经递质的种类越来越多,已经发现60多种在大脑和身体中传递信息的化学物质。神经递质与多种亚神经系统有关,对行为有很大的影响。前面在讲述各种与生理基础相对应的人格特质时,已提及相应的神经递质可能产生的影响,包括去甲肾上腺素、多巴胺、5-羟色胺等。去甲肾上腺素、多巴胺和5-羟色胺多分布在脑和脊髓中以发挥作用,而肾上腺素则遍布全身的神经网络。

肾上腺素和去甲肾上腺素

你在户外踏青,欣赏着田野里开得正艳的油菜花,突然远远发现一条蛇横躺在你面前的小路上,这时你的瞳孔开始放大,血压升高,心跳加快,呼吸也变得急促,大脑急速思考该怎么办。此刻,你体内分泌了大量的肾上腺素(epinephrine)和去甲肾上腺素(norepinephrine),激活了交感神经系统,启动战斗—逃跑反应。

在压力情境下,机体内的肾上腺素和去甲肾上腺素水平会迅速发生变化,身体表现出心跳加速、消化放缓和肌肉收缩,即前面提到的身体应激反应,使得身体提前对压力情境作好战斗或者逃跑的准备。但是,如果这种应激反应过于容易被激活,可能也会产生问题,高焦虑和高神经质的个体去甲肾上腺素系统可能是过度激活的(Bremner, 2005)。

肾上腺素和去甲肾上腺素主要用于解释个体在压力情境下的战斗或者逃跑的应激行为,心理学家泰勒(Shelly Taylor)认为这可以解释男性的应激反应和行为。对女性来说,面临压力时,催产素(oxytocin)也会发挥作用,女性会安抚大家的情绪,把大家集中起来共同应对压力。泰勒等人还用进化心理学的观点对此进行了解释(Taylor et al.,2000),认为在进化过程中,女性遇到危险时可能正在怀孕或者照看小孩,战斗或者逃跑都可能让自己和孩子面临更大的危险,所以她们选择了照顾和友善反应。

克洛宁格通过去甲肾上腺素的机体含量来解释其三维人格模型中的奖赏依赖,认为奖赏依赖由低水平的去甲肾上腺素导致(Larsen & Buss,2005,p.196)。在去甲肾上腺素水平低的年轻人当中,暴力犯罪行为更加普遍;从生理上来看,这些人看起来更加镇定(心率低),这可能使得他们更少遵守纪律,因为他们的生理特征使得他们更少感到害怕(Kagan et al.,1994)。

多巴胺

多巴胺(dopamine)不仅在大脑控制身体运动的内部机制中起到重要的作用,而且在趋近有吸引力的目标和对奖赏作出反应的机制中起到重要的作用,是奖赏反馈系统的核心。如果用语言表达这一奖赏系统,就是"这个很好,我们再做一次,我们要记住这是如何做的"(Hyman,1999)。成瘾药物,比如可卡因,就被认为是多巴胺的伪装品,作用机理类似于多巴胺,一旦摄取药物就会拥有愉悦的情绪体验,使人感到快乐。但是,摄入这些药物后,人体内自然分泌的多巴胺就会减少,当药物对神经系统的作用消失后,人体内多巴胺含量降低,就会体验到低落和烦躁的情绪,从而驱动个体迫切地想要摄入更多的药物,从而出现成瘾。多巴胺过量可能会导致精神分裂,但多巴胺不足也可能导致帕金森病。

有研究发现,多巴胺水平高与趋近行为、刺激寻求、社交整体活跃度、愉悦感相联系,被称为快乐剂(Hamer,1997),而多巴胺不足则与动力不足相关。多巴胺可用于解释很多与行为趋近和激活相关的人格维度,如外向性、冲动性等。格雷在1981年假设,多巴胺和下丘脑结构(多巴胺激活这个部分)可能是行为激活系统的生理基础(Corr et al., 1997)。

5-羟色胺

5-羟色胺(serotonin)是一种很重要的神经递质,在抑制冲动的过程中发挥了重要的作用,例如阻止人们去做很有吸引力但是很危险的事情,在抑制情绪冲动方面也同等重要。如果你见过猫捕捉老鼠,在等待老鼠离自己足够近之前表现出来的隐藏和耐心,你就会了解5-羟色胺对抑制冲动的重要性。抑制行为冲动的能力可以帮助人们避免过多担心、反应过激或者过度敏感。

5-羟色胺水平较低容易引发多种问题,包括危险犯罪行为、攻击性强,各种暴力罪犯体内的5-羟色胺水平都比较低(Virkkunen, Rawlings, Tokola, & Poland, 1994)。克拉克和沃森(Clark & Watson, 2008)发现,5-羟色胺水平低的个体倾向于有攻击性,而且过度使用提高多巴胺含量的药物;酒精中毒也与5-羟色胺水平的下降有关。此外,5-羟色胺水平低的动物格外易怒(Depue, 1995)。在猴子的等级制度中,统治地位与高水平的5-羟色胺相关,如果群体中诞生了新的统治者,那么它们会发展出比之前在底层时更高的5-羟色胺水平(Raleigh & McGuire, 1991)。

当脑脊液中5-羟色胺主要代谢产物的水平很低时,则存在严重抑郁的风险,但在焦虑和压力状态下,5-羟色胺的水平会升高(Larsen & Buss, 2005, p.196)。梅茨纳(Metzner, 1994)认为,体内5-羟色胺不足的个体会患5-羟色胺综合征(serotonin depletion),症状包括非理性愤怒、对拒绝过于敏感、长期的悲观情绪、过度担忧。哈默等人(Hamer & Copeland, 1997)认为,5-羟色胺水平低与对世界的黑暗观点相关,并将其描述为"感觉很差"的化学物质。

多种人格维度的生理基础都与机体内5-羟色胺的代谢水平有关,比如格雷的行为抑制系统、克洛宁格三维人格理论中的伤害避免维度等。5-羟色胺最受关注的方面,是它带来的抑郁体验,以及衍生药物对抑郁症的治疗效果。很多抗抑郁的药物,比如在全球畅销的百忧解,其生理疗效就是引起神经细胞突触间隙内 5-羟色胺水平的升高,首先使人产生焦虑感,然后减少对压力的过度反应,从而缓解抑郁。百忧解等药物对于正常个体也有情绪调节作用,可以降低消极情绪水平,增加社交、抚慰行为(Knutson et al.,1998),但是它带来的副作用也广受争议。

一般认为,神经递质这种生理性因素主要受遗传因素的影响,然而马纳克的研究团队关注一个完全不同的因素:**社会经济状况**(social economic status)。他们推测,5-羟色胺功能差异也可能是社会经济状况造成的。马纳克等人认为,与邻居相比,在经济条件相对较差的人群中,人们更可能经历高水平的日常压力,而且营养状况更差,因为身体对压力和营养都会有所反应,这些外部环境因素可能影响内部生理,包括 5-羟色胺水平。他们检测来自不同社区的成人对 5-羟色胺兴奋剂的反应,且控制人格或者智商等变量,结果发现,社会经济条件不那么优越的成人显示出较低的 5-羟色胺反应性,且在男性和女性中结果类似。因此,他们推测,社会经济地位低的社区人群普遍存在的心理方面的问题,比如抑郁、冲动性攻击和自杀等,可能由 5-羟色胺功能失调导致(Manuck et al.,2005,p.526)。

激素

激素(hormone),是人体内分泌系统分泌的调节生理平衡的物质,包括雌性激素、雄性激素、生长激素等。关于激素与人格之间的关系,研究得最多的是性激素。长久以来的研究发现,男性的攻击性比女性强,研究者开始寻找这一攻击性的来源,首先跃入脑海的是男性体内含有更多的雄性激素。准确地说,正常女性体内,每 100 毫升血液中,大约含有 40 毫微克的睾丸酮;正常男性体内,每 100 毫升血液中睾丸酮的含量在 300~1 000 毫微克之间,几乎是女性的 10 倍。睾丸酮是雄性激素的主要成分。

许多研究尝试验证这个假设:睾丸酮可以引发攻击性。其中一些研究发现,睾丸酮水平较高的男性表现出更多的攻击行为和其他行为控制方面的问题。达布斯和莫里斯(Dabbs & Morris,1990)调查了美国男性退伍军人的行为史,结果发现,睾丸酮水平较高的个体,在与他人交往时有更多的困扰,报告了更多的攻击行为、药物滥用和性伴侣等。但是,这些研究的结论并不总是一致,而且研究方法饱受争议,比如总是采用自我报告法,无法控制报告内容的真实性。另外,睾丸酮水平并不与攻击性水平完全对应,也就是说睾丸酮水平高的个体并不一定表现出高攻击性。进一步研究发现,只有在贫穷、受教育程度较低的男性身上才会发现睾丸酮水平与攻击性之间的这种关联(Dabbs & Morris, 1990)。另外,格特尔曼(Gettelman, 2002)测量世界杯足球赛球迷唾液中的睾丸酮,结果发现,在观看加时赛赛前和赛后,获胜队伍的球迷睾丸酮水平出现升高,失利队伍的球迷睾丸酮水平出现降低。这或许也解释了,为什么在NBA赛后,获胜队伍所在的城市往往发生更多骚乱,而失利队伍的球迷通常都灰溜溜回家了。这样看来,激素不仅是行为的原因,而且可能是行为的结果。因此,简单将睾丸酮认定为引发攻击性行为的原因过于武断,它在抑制攻击冲动的过程中也发挥了重要作用,水平过高只会具有过度行为的倾向,攻击性行为总是发生在特定的时间和情境中。

6 从高尔顿到普洛明:行为遗传学

艾森克和戴维森的研究证明人格有特定而直接的生理基础,但需要进一步考虑的是,这些生理基础又是从何而来的?如同没有亲代(父母)就没有子代一样,决定生理基础的基因来自遗传。很早以前,人们就认识到遗传对个体的行为有重要作用,如"龙生龙,凤生凤,老鼠养儿缘屋栋"。在近代,英国遗传学家高尔顿(Francis Galton)第一次采用系统的科学方法来研究人类行为遗传,他的遗传理论和研究奠定了行为遗传学的基础,他也因此被公认为行为遗传学的奠基人。

行为遗传学(behavioral genetics)是建立在遗传学、心理学、行为学和生理学等学科基础上的一门交叉学科,它通过将家族研究、双生子研究、收养研究与数理统计的方法相结合,探究人类某些行为或者性状的遗传规律,从而揭示遗传和环境对行为的影响。不过,这是早期行为遗传学的研究范式,通常被称为经典行为遗传学或者数量遗传学。随着生物学研究深入分子水平,遗传学研究也随之深化,发展出与数量遗传学相对的分子遗传学。分子遗传学倾向于研究与具体的人格特质或者人格障碍有关的基因变异。

本章将首先介绍高尔顿的遗传理论,然后介绍行为遗传学的研究方法和代表性的研究结果和解释,并对分子遗传学的研究思路和进展作简要说明,最后总结人格的天性与教养之争,并对行为遗传学理论作简要评价。

6.1 高尔顿的遗传理论

高尔顿在其表兄达尔文发表《物种起源》(*On the Origin of Species*, 1859)之后,立即成为进化学说的信奉者,开始思考遗传在进化过程中所起的作用,并着手研究遗传对人类心理特征及行为的影响,提出血统论、遗传决定论、优生学和祖先遗传规律,为遗传学和心理学作出了突出的贡献。

6.1.1 高尔顿传略

高尔顿(Francis Galton, 1822—1911),1822 年 2 月 16 日出生于英国伯明翰一个著名的家族。高尔顿的父亲和祖父都非常热爱自然科学,他的父亲是一位著名的银行家,撰写了一本与货币银行学相关的书,高尔顿家里堆满了望远镜、气压表和各式各样的仪器;他的祖父曾是英国著名科学团体"圆月学会"的成员,著有四卷《鸟类自然史》(*The Natural History of Birds*),并于 1785 年当选为皇家学会成员。他的外祖父是英国著名的医学家、动植物学家、诗人和哲学家,同时还是 18 世纪英国知识界的领袖人物,以及英国著名自然学家、《物种起源》的作者达尔文(Charles Robert Darwin, 1809—1882)的祖父。此外,这个家族还不乏医学家、旅行家和著名的工匠,而高尔顿本人,则可以被看成其天赋遗传思想的一个突出代表。美国心理学家推孟(L. M. Terman)曾根据有关资料,对幼年时高尔顿的智商进行过估算,认为他在 3~8 岁时的智力年龄几乎是其实际年龄的 2 倍,智商接近 200。高尔顿的学术成就遍及地理学、气象学、心理学、人类学、遗传学、统计学、指纹学等诸多领域,被人们称为"维多利亚式天才"。

图 6.1 高尔顿

高尔顿是家中第九个孩子,他的姐姐阿黛尔是他的启蒙老师,阿黛尔喜欢在弟弟的摇篮旁读书,不久她就惊奇地发现,只要用手指指着书中某一单词读几遍,还不会说话的高尔顿就能自己指出这个单词。出生12个月之后,高尔顿已能认识大写字母,18个月之后能辨别大写和小写字母。在他开始学说话的时候,阿黛尔开始给他读希腊文和拉丁文,一般读了8遍以后,高尔顿就能背诵出来。6~7岁时,高尔顿已精通《伊利亚特》(*Iliad*)、《奥德赛》(*Odysseia*)、《湖中女》(*The Lady in the Lake*),以及莎士比亚的大量作品,而且只读两遍就能背诵下来。高尔顿还对博物学产生兴趣,按照自己的方式对昆虫和矿物标本进行分类。8岁时,高尔顿被送往寄宿学校,直到15岁时,父亲安排他参加一个医学机构在欧洲大陆的巡回医疗,回来之后在伯明翰市立医院当了两年内科见习医生,这段经历使他积累了大量解剖学和生理学知识。然而,他决定不从医,18岁时到伦敦国王学院学习解剖学和植物学。在他力图寻找接下来做什么时,他的表兄达尔文建议他到剑桥大学学习数学,但是这段数学学习经历是惨淡的,在三年级时由于过度疲劳而濒临崩溃,然后他从数学中退出又重新开始学习医学,并于1844年获得学士学位。

与幼时的"神童"光辉相比,青年时期的高尔顿显得平平无奇,但正是这段看似不太成功的经历,为他成为维多利亚时代最博学的学者之一奠定了坚实的基础。他的学术继承人皮尔逊(Karl Pearson)曾评论道:"这就使高尔顿比10个生物学家中的9个懂得更多的数学和物理知识,比20个数学家中的19个懂得更多的生物知识,比50个生物学和数学家中的49个懂得更多的医理和畸形儿的知识。"

在高尔顿获得学士学位的那年,他的父亲去世,他也因此继承了一笔相当丰厚的遗产,丰厚到余生都不用工作。从1845年开始,高尔顿对地理及相关学科产生兴趣,便充分利用这笔财富去旅行考察,他从尼罗河逆流而上,到过苏丹的喀土穆,在回到开罗之后,又去了黎巴嫩和叙利亚,而且游览了非洲各国,经历各种困难和危险,在旅途中不断与各种恶劣的自然环境作斗争,直到1852年回到英国。

回到英国后,英国科研机构热烈欢迎他的加入,他再也没有离开过科研机构的"怀抱"。1853 年,他获得地理学会的金质奖章,3 年后入选为英国皇家学会的成员。从非洲回来后,高尔顿一度感到身体虚弱和精神郁闷,这种"神秘的疾病"在他的后半生曾反复出现。从此之后,他不再远游,1853 年结婚,1857 年定居伦敦,开始了他书斋式的科研生活。在高尔顿读到他表兄达尔文的大作《物种起源》后,他的生命由此发生了改变。他开始致力于遗传学、个体差异及其数量化的相关研究,设计各种实验和仪器来测量人的心理特征,并在这方面著作颇丰,被称为"行为遗传学之父"。

高尔顿一生著作颇丰,据皮尔逊不完全统计,他著书 15 种,撰写各种学术论文 220 篇,后世流传较多的著作包括《气象测量》(*Meteorographica, or Methods of Mapping the Weather*)(1863)、《遗传的天才:法则和结果的研究》(*Hereditary Genius: An Inquiry into Its Laws and Consequences*)(1869)、《英国科学家:他们的禀赋与教养》(*English Men of Science: Their Nature and Nurture*)(1874)、《人类的才能及其发展研究》(*Inquiries into Human Faculty and Its Development*)(1883)、《自然遗传》(*Natural Inheritance*)(1889)、《指纹》(*Finger Prints*)(1892)、《一生的记忆》(*Memories of My Life*)(1908)等,所有著作涉猎范围包括地理学、天文学、气象学、物理学、机械学、人类学、民族学、社会学、统计学、教育学、医学、生理学、心理学、遗传学、优生学、指纹学、照相术、登山术、音乐、美术、宗教等,高尔顿是一位百科全书式的学者。1909 年,高尔顿被英国王室授予勋爵称号。1911 年 1 月 17 日,高尔顿病逝于英格兰南部哈斯里梅尔,享年 89 岁。他虽然创立了优生学,自己却没有留下一个后代。高尔顿死后,皮尔逊被委托整理其学术遗物。1914—1930 年先后出版了三卷本的《弗朗西斯·高尔顿的生平、书信和工作》(*The Life, Letters and Labours of Francis Galton*)。

6.1.2 遗传血统论

1868 年,达尔文提出泛生论(hypothesis of pangenesis)观点:每个生物体都有很多遗传颗粒,达尔文称之为"泛子"(pangens)或者"微芽",

这些"泛子"遍布生物体，可以在一个新的芽、生殖细胞或者任何一个细胞中组合起来，整个组织的每个独立单元都自我繁殖，精子、卵子、花粉粒中都包含大量的微生物遗传单元(Darwin, 1868)。

高尔顿深受这种观点的启发，并设计了实证研究来证明达尔文的观点。达尔文认为，泛子在血液中传播，因此高尔顿假设如果将其他种类兔子的血液输入纯种银灰色兔子的体内，泛子就会传播到纯种银灰色兔子的生殖细胞中，并在它们的后代中出现"品种杂交后的结果"。但是，持续多年的兔子血液输入研究并没有证实高尔顿的预期假设，最终他总结说泛生论是错的。

在这段经历之后，高尔顿回到了他在1865年提出的有关遗传的观点：父母的身体组织并不是后代相似身体组织的直接来源，后代和父母身体组织相似，是因为他们都来源于一个共享的种系，而在父母身上找不到的特征可能曾在更早的祖先身上出现过，并传递给更久远的后代，这种现象被称为"隔代回归"(interval regress)。在高尔顿看来，后代的身体组织和人格特点与父母相似并不是因为父母直接传递了什么物质给后代，或者有什么直接的因果关系，而是因为他们都是受同一个因素影响的结果，比如他们共享的种系，高尔顿称之为"血统"。同时，他也保留了达尔文的观点，即后代组织的发展源于从父母身体上传递下来的泛子或者遗传颗粒。但是，高尔顿认为，这些遗传颗粒的最终来源并不是父母自己的身体组织而是血统——父母的身体组织也是由此发展起来的共享遗传物质。

高尔顿在《关于血缘关系》(*On Blood Relationship*)和《遗传理论》(*A Theory of Heredity*)两篇文章中详细阐述了遗传血统理论的发展。高尔顿将血统定义为"在受精卵中根据器官组织理论所能找到的细菌、微芽或者其他称谓的总和"(Galton, 1872)。在受精之后，首先对这些遗传血统进行层级分类，有些是显性的，有些是隐性的；然后进行家族分类，有些和器官组织一起死去，有些遗传给下一代。到下一代又会进行同种模式的遗传，通过这种遗传机制，高尔顿尝试解释个体与父母和兄弟姐妹之间的相似性和差异性，以及隔代回归等现象。

6.1.3 遗传决定论

自从 1859 年读到达尔文的著作《物种起源》后，高尔顿就开始对进化论产生了强烈的兴趣，除了与同时代的人有同样的震惊之外，他还花费了大量的时间和精力进行相关的研究，将进化论的遗传、变异和适应等观点运用到人类心理特征上。1865 年，在仔细研读了《物种起源》6 年之后，高尔顿以"遗传的才能和性格"（Hereditary Talent and Character）为题发表了两篇文章。在这两篇文章里，他将进化论的观点充分运用到人类身上（Galton，1865），这是当时达尔文自己尚且未做到的。在文章中，高尔顿指出不只动物的生理特征会遗传，它们的心理特征同样会遗传。此外，高尔顿还推及人类，认为人类的生理和心理特征都是遗传而来的。

此后，高尔顿采用名人家谱研究法进行了一项心理能力研究，这项研究的结果于 1869 年发表于《遗传的天才：法则和结果的研究》（*Hereditary Genius: An Inquiry into Its Laws and Consequences*）一书中，这不仅开创了家族研究的实证研究方法，而且为遗传学提供了支持证据。高尔顿从英国的政治家、法官、军官、文学家、科学家和艺术家等名人中选出 977 人，调查他们的亲属中取得成就的人数，同时选取 977 个普通人作为对照组，结果发现，977 个名人的亲属中有 332 人同样是名人，而 977 个普通人的亲属中只有 1 人是名人。由此，高尔顿认为"杰出"倾向具有家族遗传性，他在著作中写道，"一个人的能力是由遗传得来的，它受遗传决定，正如一切有机体的形态及躯体组织受遗传决定一样"（Galton，1869）。

同时，他还考察了 1660—1868 年 286 名英国法官和他们的亲属，经过统计，每 100 名英国法官的亲属中有 38.30 个名人，而全英国平均每 4 000 人中才有 1 个名人。由此也证明，天才在法官中是遗传的。高尔顿意识到，人们对这一结果可能存在异议，即杰出的人与其亲属共享着社会、教育和经济上的有利条件，因此他随后开展了名人之子和教皇养子的成名比较研究，因为教皇同样享有社会、教育和经济的有利条件，与名人占有的社会资源差不多，因此名人之子和教皇养子的成长环境相仿，这就相当于控制了环境的影响。结果发现，教皇养子成名的人数不如名人之子成名的人数多，因此他认为杰出、成名的原因不在于环境而在于遗传，且个体的发展及其个性品质早在血统中就决定了，发展只是这些内在因素的自然展开，环境和教育只起到引发的作用。

6.1.4 祖先遗传律

在提出遗传决定论之后，高尔顿继续对遗传的机制进行深层探究。1889年，他出版了《自然遗传》一书，书中提到了遗传的机制，即祖先遗传律或遗传法则（Cattell，1897）。高尔顿认为，每个个体从其父那里接受了大约1/2的遗传物质，从其母那里接受了另外大约1/2的遗传物质。同样的推理可以应用到祖亲代：个体从其祖亲那里接受了大约1/4的遗传物质，从其曾祖亲那里接受了大约1/8的遗传物质，依此类推。于是，一个祖先的恩赐，在每一代中都得以分享。

这个遗传法则是高尔顿通过动植物实验得出的，其中，比较成功的案例是有关矮腿猎犬血统来源的实验。矮腿猎犬只有两种颜色，一种被称为二基色，另一种被称为非二基色。在817个案例中，高尔顿追溯到矮腿猎犬的祖先并探究亲代、祖代、曾祖代对后代的影响，结果证实了他的假设。比如，在一个案例中，当亲代一方和四位祖代中的两位是三基色，那么60只矮腿猎犬中有36只是三基色。当亲代和祖代都是三基色，那么119只矮腿猎犬中有108只是三基色。这完全证实了高尔顿的祖先遗传律。卡特尔评价说，祖先遗传律可以很公正地被称为遗传法则（Cattell，1897）。

6.1.5 优生学

如果说血统论、遗传决定论和祖先遗传律都是高尔顿对人格动力和人格发展作出的解释，那么优生学就是他有关人格改变的理论。高尔顿有关优生学的观点最早出现在1864年，虽然当时他并没有提出"优生学"这个概念，但他在一篇文章中谈到："如果将用于马和猫品种改善的开支和努力的1/20用于改善人类，那么什么样的天才我们不可能创造?"他曾提出天才应该和天才结婚,当局应该给每对以生育天才儿童为目的而结婚的夫妻奖励5 000英镑作为结婚礼物。基于将天赋作为个体发展的决定性因素的观念,高尔顿认为,能够改变人类禀赋的就是选择性生育。1883年,高尔顿在《人类的才能及其发展研究》(Inquiries into Human Faculty and Its Development)一书中正式提出了优生学的概念。他对优生学所下的定义是,"在社会控制下,从体力方面或者智力方面改造后代的种族素质的各种动因的研究"(Galton, 1973)。高尔顿先后写下很多论文和专著阐述他的思想,以极大的热情积极建议对古今各国不同社会阶层的生育情况进行广泛调查,寻找某些家族昌盛的原因,深入研究影响人类婚姻状况的各种因素,普及遗传知识,向全民宣传优生学的重要意义。

6.1.6 高尔顿遗传理论的贡献与影响

高尔顿一生著作颇丰,涉及领域广泛,可以说是一位百科全书式的学者,他在许多领域进行的研究及其结果都具有开创性,在遗传学领域也不例外。他不仅为遗传学领域奠定了理论基础,而且提出了遗传学领域的许多研究方法。

首先,高尔顿激发了人们对先天禀赋和后天教养的关注。虽然后人解读高尔顿为了实现其改善人类种族的"优生"理想,发动了一场不必要的天性与教养之争,但他仍然与孟德尔(Gregor Johann Mendel)一起被认为是遗传学界最早的探索者,并通过定量研究提出了一系列遗传理论,为遗传学研究奠定了基础,开辟了天性与教养之争这个新的研究领域,激发了后人不断探索遗传与环境在个体心理和人格发展中的作用和贡献。

其次,高尔顿率先关注个体差异并进行量化研究。高尔顿结合生活经验和简易的量化研究提出人与人之间的能力是有差异的,这改变了过去人们对个体差异的认识,连达尔文在读了《遗传的天才:法则和结果的研究》之后都写信给高尔顿:"你使一个对手改变了信念,因为我一直认为除了白痴之外,人在智力上差别不大,只有热情和勤奋上的差别。"

(刘钝,苏淳,1988)更重要的是,高尔顿首次运用定量研究的方法探索人与人之间各种心理特征的差异,如能力、心理意象、肌肉感觉、反应力、辨色力等,还测量了大量的生理特征,如身高、体重、肺活量、拉力、握力等,这些测量数据都支持了高尔顿关于人与人之间在生理特征和心理特征上存在巨大差异的观点,同时为他发现正态分布曲线、回归和相关提供了数据支持。

最后,高尔顿开创了家族研究、双生子研究等遗传学研究方法。高尔顿首创了家族研究,并通过家族研究考察亲代与子代之间能力的联系,提出遗传决定论,这对遗传学研究有着重要的意义。1875年,高尔顿就曾提出采用双生子研究来排除环境和后天教育的影响以考察遗传对人格发展的作用。

除了在遗传学领域,高尔顿在实验心理学、现代心理统计与测量领域也取得了卓越的成果,他不仅发明了一系列心理测量的仪器和工具,创设了第一个人体测量实验室,而且发现了正态分布曲线、回归、相关等心理统计方法和原理,为心理学的发展作出了不可替代的贡献。

6.2　经典行为遗传学理论

高尔顿的理论观点及其实证研究对后人有很大的启发意义,但他得出的许多结论引发了很大争议。后续研究者从高尔顿的研究思路出发,但常常发现研究过程和结果总是带有导向遗传决定论的嫌疑。于是,在高尔顿遗传理论思想的影响下,诸多研究者开始以一种科学的、中立的态度来探讨遗传究竟对人格和行为有怎样的影响,开始将家族研究、双生子研究、收养研究与数理统计的方法相结合,去探究人类的某些行为或者性状的遗传规律,从而揭示遗传与环境对行为的影响。

6.2.1 普洛明传略

普洛明(Robert Plomin，1948—)，行为遗传学界的领导者，位于伦敦的精神病学研究所的行为遗传学家，并担任伦敦国王学院社会、遗传和发育性精神病学研究中心副主任。他还曾担任行为遗传学会主席，2007 年被美国权威心理学期刊《普通心理学评论》(*Review of General Psychology*，第 6 卷第 2 期)评为 20 世纪最杰出的 100 位心理学家之一。

普洛明于 1948 年出生于芝加哥，他的父母是从欧洲移民的天主教徒，没有受过很好的教育。他有一个和他很不一样的姐姐，他解释这是由于非共享环境的影响。作为一个具有波兰和德国血统的孩子，小时候的普洛明感到

图 6.2　普洛明

自己是"外来者"，和其他小孩不一样，而他的家庭环境培养了他的高自尊。他在童年时期明显比其他孩子更聪明，他认为这是因为自己遗传了母亲的思维能力和父亲的倔强性格。这种倔强性格使得他能够坚持不懈、追求公平并勇敢对抗压迫，他也因此曾卷入一些争议事件。普洛明坚信，每个研究者在逆境中都必须逆流而上，所以他连续三次向同一个地方申请研究基金。此外，他的其他许多特质也使得他很适合从事研究，比如，他描述自己不太善于社交，有点社交焦虑，喜欢一个人待着。

普洛明接受的是天主教的教育，这对他的一生有着决定性的影响。在他四年级的时候有一个重要转折点，他带了一本关于进化和自然选择的书去学校，修女告诉他相信进化论是很大的罪恶，然后他被退学了，这也终止了他对宗教的信仰。后来，他获得了天主教大学的奖学金，其中所修的一门课是哲学，当他被要求思考桌子的现象并将其与桌子的本质作对比时，他感到很枯燥，他走出了课堂，再也没有回来。后来，他开始学习心理学，"因为心理学理论至少是可以得到验证的"，科学的数据是他最喜欢的。

精力充沛是普洛明遗传的另一个影响他一生的特质，在他还是个孩

子的时候,他记得那些在课堂上一直坐着的不舒服和在座位上动来动去的日子,可能是修女的严格要求帮助他控制了活动过度。15 岁的时候,他通过铲雪和倒垃圾来挣钱,后来他开始帮助送货,与此同时还在上大学,并成为教育协会主任的一名助理。他学会了快速打字,这也在多年后有助于他写作研究论文。普洛明来自一个贫穷的家庭,因此对他来说钱很重要,正因为得克萨斯大学提供了可观的资助基金,所以普洛明选择跟随巴斯(Arnol Buss)学习心理学,那时心理学系专门研究行为遗传学,这激起了普洛明的好奇心,他一开始研究不同环境中老鼠的行为,并得出结论老鼠的行为更可能是由其祖先的基因决定的而不是环境差异造成的。

后来,普洛明开始对气质和人格的发展感兴趣,这也是他博士论文的主题。普洛明对 137 对 26 周岁的双生子进行问卷调查,包括对他们的父母和配偶进行调查,结果发现,遗传对活动水平、情绪、社交性和冲动性等都有显著影响。1975 年,普洛明与巴斯合著了一本关于气质的具有开拓性的书,普洛明指出,虽然个体间具有明确的基因差异,但基因对不同种族间差异的作用还不是那么清楚。

一般人可能认为行为遗传学家都会持基因决定一切的观点,但普洛明并不如此,他意识到改变的可能性或者机遇(caprice)(Pearce, 2003),这在他一生中起到了很重要的作用。他早期的大多数教育经历和职业经历都是这样,这种机遇引领他在 1974 年来到位于科罗拉多大学的世界顶尖的行为遗传学研究机构。1982 年,普洛明成为心理学和行为遗传学教授,1986 年又成为宾夕法尼亚州立大学人类发展学教授。20 世纪 70 年代,普洛明开展了两个大型收养研究项目(科罗拉多收养项目和瑞典收养/老年双生子研究项目)。

1986 年,普洛明启动麦克阿瑟双生子纵向研究,1994 年,他开始在宾夕法尼亚州立大学工作并研究成年双生子,用分开抚养和一起抚养的老年双生子来研究老龄化,而且设计出老鼠模型以测定复杂行为系统的基因。目前,普洛明的研究兴趣是利用分子遗传学来测定心理特征的对应基因。

虽然家庭背景并不优越，但普洛明在他涉及的领域达到顶峰。1994年，他成为伦敦精神病学研究所行为遗传学教授，并担任伦敦国王学院社会、遗传和发育性精神病学研究中心副主任。他还曾担任宾夕法尼亚州立大学发育和健康遗传学中心主任，并被授予特聘教授的称号。他还曾是行为遗传学会的秘书长和主席，被英国心理学会授予学术奖章，并成为医学科学学会的成员。普洛明著作颇丰，出版了多部著作，以及发表了多篇学术论文。例如，《行为遗传学》（*Behavioral Genetics*，2001）、《后基因组时代的行为遗传学》（*Behavioral Genetics in the Post-genomic Era*，2003），并在世界顶尖学术杂志《科学》（*Science*）上发表了一项令世界瞩目的重大科研成果，他从大量单卵双生孪生子的遗传基因研究中发现：个体的成功32%~62%由基因决定，其余部分由环境和个体的后天因素决定。

普洛明如何理解自己的成就？如何解释基因和环境对自己人生的影响？他认为，遗传并没有起到决定性的作用，大多数时候它只是一个影响因素。他把自己人生的成功看作遗传个性、环境和机遇之间一个很好的巧合，生活事件也起到了推动作用。他本可能要在越南战争中服兵役，但是军队没有达到他被分配的号码数量。现在，他在英国北诺福克的家中比以往感到更有稳定感，而且他相信行为遗传学有着光明的前景，不仅很多行为都有明显的遗传成分，而且行为可能改变生理。那么，普洛明信仰什么呢？"我的信仰就是科学"，他如此说道，这很显然源于他在研究中的设想、热情和信念，而且确实如此（Pearce，2003）。

6.2.2 遗传学基础

进入现代遗传学领域，首先必须理解三个重要的概念：**基因型**（genotype）、**表现型**（phenotype）和**遗传率**（heritability）。基因型是决定有机体结构和功能的全部遗传特征，是控制有机体各种性状的基因组合类型，全部从亲本处获得。基因型由大量的基因组成，基因又由DNA组成，DNA指导蛋白质的合成，合成的蛋白质控制身体所有细胞的构成和功能。

表现型是个体的外部特征,是所有原子、分子、细胞、组织、器官和肌肉的总和,它包括个体的身高、体形、皮肤、五官等,人格也是一种表现型。人格与人类其他大多数性状一样,并不是简单地由单个基因控制,往往一个性状是多个基因或者多个基因型组合共同控制的结果。行为遗传学的主要目的就在于,考察和探索基因如何影响我们的人格。行为遗传学采用的分析方法通常叫作表现型分析法,这种分析方法是探求基因如何影响人格的起点。

表现型从亲代遗传给子代的程度就叫作遗传率。这是最早的遗传率定义,也称狭义的遗传率,狭义的遗传率通过子代与亲代之间的差异来评估,子代与亲代的差异越小,遗传率则越大;反之,遗传率则越小。在统计学上,广义的遗传率是一个群体内由某种遗传原因引起的变异在表现型总变异中所占的比率(Pervin,1995;Rowe,Vesterdal,& Rodgers,1998),这也是现代行为遗传学通常所说的遗传率。

6.2.3 数量遗传学的研究及发现

在行为遗传学的研究方法上,学者们的做法比较一致,即通常通过研究群体内人格特质的相似性和差异性来估计人格的遗传率,无论是家族研究、双生子研究还是收养研究,采用的都是这种估计方法。在研究的内容方面,研究者则分别采用各种不同的人格测量工具,包括以 PEN 模型为基础的艾森克人格问卷、以"大五"人格模型为基础的 NEO 人格量表,以及多相人格问卷等。这样,不同研究就涉及这些量表的各类人格特质,并分别计算这些特质的遗传率。

家族研究

家族研究(family study)是由高尔顿首创的、最早用于人类的行为遗传学研究方法,高尔顿开创家族研究的过程在上一节介绍遗传决定论时已经谈到,这里不再赘述。家族研究的方法通过研究家族谱系,了解某种人格特质在不同家族群体中出现的频率来估计遗传率,以证实遗传的重要作用,为行为遗传学理论提供了一定的证据。但是,很多研究者对家族研究提出异议,认为家族研究难以将遗传和环境对人格的影响区分开。造成这种缺陷的原因就在于，家族研究的对象一般是同一个家庭的成员，他们不仅共享一定比例的基因，而且共享类似的家庭环境，因此通过观察、访谈或者量表测得的人格间的相似性也可能归功于环境的影响，很难确定行为的相似性在多大程度上应该归功于遗传。一般来说，名人家族的亲属通常比大部分人更加富有、接受更高水平的教育、享有更多的社会资源，从而表现出更高的智商水平，取得更加突出的成就。这样说来，深入了解遗传对人格的作用，单独的家族研究的结果仅供参考，并不能作为定论，估算遗传率并不准确、有效。

双生子研究

双生子是大自然最为神奇的现象之一，也是赐给行为遗传学领域最好的研究对象。**双生子研究**（twin study）是现代行为遗传学最常采用的研究方法，它能解开影响人格特质发展的遗传和环境作用之谜。双生子分为两种：**同卵双生子**（monozygotic，MZ）和**异卵双生子**（dizygotic，DZ）。同卵双生子是同一个受精卵在早期出于某种原因而分裂，产生了两个在遗传上完全相同的个体，因此双生子之间具有完全相同的基因，他们之间的任何差异都可以归功于环境，同时自然界还提供了很好的对照组——异卵双生子。异卵双生子由不同的受精卵发育而来，在遗传上的相似性和普通兄弟姐妹无异，共享50%的亲代基因。一半异卵双生子是同性别的，另一半异卵双生子是不同性别的，作为对照组，双生子研究中一般都采用同性别的异卵双生子，因为同卵双生子总是同性别的，所以同性别的异卵双生子是更好的对照组。

在双生子研究中，一般采用等环境假设，即在同一家庭中长大的双生子，他们经历的环境相似。因此，如果都是在同一家庭中长大，同卵双生子的某一性状比异卵双生子更为相似，就证实了遗传的作用。如果异卵双生子成长环境相同，那么他们之间的任何差异都可以归功于遗传。但是，对于在同一家庭中长大的同卵双生子，他们在某一性状上的相似性，我们却很难将遗传和环境的作用区分开，因此在双生子研究中，行为遗传学研究者设法选取那些在早年出于某些原因被分开抚养的同卵双生子作为研究对象，这样就能真正控制相同的遗传基因、不同的成长环境,而将他们之间的相似归于遗传、差异归于环境。此外,研究者还把同卵双生子和异卵双生子作为研究对象,并考察他们分开抚养和一起抚养的情况,这种组合设计对于考察环境和遗传的作用更加有效。

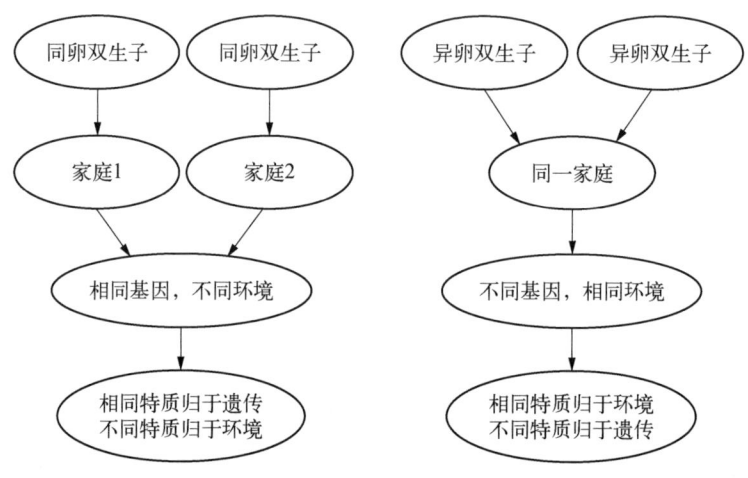

图6.3 双生子研究示意图(郭永玉,贺金波,2011,p.74)

双生子研究以明尼苏达大学的研究最为有名。1979年,明尼苏达大学心理学教授布沙尔(Thomas Bouchard)研究了一例分开抚养的同卵双生子个案,他们是39岁的男性,在出生后几个星期就分开了,分别由住在艾奥瓦(Iowa)不同小镇的人家收养,巧合的是两家的养父母都给婴儿取名詹姆斯,研究者称他们为"吉姆双生子"(吉姆是男子教名詹姆斯的昵称),血液检测证实他们确实是同卵双生子。后来,人们发现他们同时被取名为吉姆只是众多巧合中的一个,也许是有巧合的成分,而另外一些可能根本就不是巧合。两位男士都曾与名叫琳达的女士恋爱,然后又都与名叫贝蒂的女士结婚。他们都有一个儿子,其中一个叫James Alan,另一个叫James Allan。他们在少年时都养过一只狗,都将狗取名为托伊。一位杂志记者去他们各自的家采访并拍照,照片中两位男士都在自己的地下室修理间抽着相同牌子的香烟。记者发现,两位男士都在自己家后院的大树树干周围放置了一把白色的椅子。这对双生子的妻子发现,她们的丈夫都有在屋子里留下爱的小纸条的习惯。两位男士都驾驶雪佛兰车,烟瘾都很大,都爱咬指甲,喝相同牌子的啤酒,都愿意代表社区参加活动,都喜欢看运牲口的火车比赛,但是都不喜欢棒球。当他们变得熟悉一些时,发现早在成年之前,他们都曾经开着雪佛兰车去佛罗里达州的海滩度春假(Bouchard, Lykken, McGue, & Segal, 1990; Lykken, 1999)。

某个典型的个案可能并不能完全说明遗传对人格的重要影响,接下来有大量的实证研究证明了遗传对人格的重要作用。德国行为遗传学家里曼及其同事(Riemann, Angleitner, & Strelau, 1997)通过考察超过1 000对的德国和波兰双生子,以五因素人格模型为基础,比较同卵双生子和异卵双生子的人格差异,结果发现,同卵双生子人格五个维度的相关系数为0.42~0.56,异卵双生子人格五个维度的相关系数为0.13~0.35,其中,环境因素对他们人格的影响理论上来说是相同的,由此可以证明人格发展过程中遗传基因的重要作用。

美国行为遗传学家洛林(Loehlin, 1989)以10 000对瑞典成年双生子、3 000对澳大利亚成年双生子和7 000对芬兰成年双生子为被试,包括男性和女性,测查艾森克人格问卷中的外向性和神经质,结果发现,同卵双生子的人格相关系数显著高于异卵双生子(见表6.1)。实际上,在等环境假设的前提下,同卵双生子的人格相关系数大约是异卵双生子的两倍。

表6.1 一起抚养的同卵双生子和异卵双生子外向性和神经质相关系数

样本来源	外 向 性				神 经 质			
	同卵双生子		异卵双生子		同卵双生子		异卵双生子	
	男性	女性	男性	女性	男性	女性	男性	女性
瑞典	0.47	0.54	0.20	0.21	0.46	0.54	0.21	0.25
芬兰	0.50	0.53	0.13	0.19	0.46	0.52	0.18	0.26
澳大利亚	0.46	0.49	0.15	0.14	0.33	0.43	0.12	0.18

(引自:Loehlin, 1989)

上述研究得到的都是特定表现型,比如人格外向性或者神经质在特定群体之间的相关,从相关系数到遗传率还需要一定的计算方法,这将通过模型拟合来完成。大量研究者采用艾森克人格问卷开展此类研究,结果在三个维度上都得到了显著的遗传效应。美国行为遗传学家伊夫斯、艾森克和澳大利亚行为遗传学家马丁(Eaves, Eysenck, & Martin, 1989)提供了对早期双生子研究的元分析报告,他们发现,外向性的遗传率大约为0.58(58%),神经质的遗传率大约为0.44(44%),精神质的遗传率大约为0.46(46%)。洛林和马丁(Loehlin & Martin, 2001)对从澳大利亚双生子登记处获得的5 400对双生子施以艾森克人格问卷,结果发现,外向性、神经质和精神质的遗传率估计分别为0.47、0.40和0.27。

这些发现都显示人格受遗传因素影响,而且具有较高的平均遗传率,遗传率估计范围为0.33~0.58。直到20世纪末,行为遗传学的评论者,包括美国学者绍迪诺和普洛明(Saudino & Plomin, 1996)以及欧洲学者里曼和德拉德(Riemann & De Raad, 1998)总结出,从这些贯穿人生各个阶段的,包括美国、澳大利亚以及欧洲样本在内的研究来看,普遍得到的结果是受基因影响的人格遗传率为中等水平,遗传因素大约可以解释人格变异的20%~50%。

收养研究

收养研究(adoption study)是行为遗传学家通过观察、访谈和问卷测量的方法,考察被收养的子女与亲生父母和养父母之间的人格相似性来确定基因对人格的影响程度。

有研究者考察了分开抚养和一起抚养的同卵双生子以及异卵双生子之间的人格差异,以证明基因对人格的影响。佩德森等人(Pedersen et al., 1988)从瑞典双生子登记处选取样本进行研究,发现了人格主要维度的遗传效应。研究主要考察了外向性、神经质和冲动性等人格维度,研究样本由160对一起抚养的同卵双生子和99对分开抚养的同卵双生子,212对一起抚养的异卵双生子和229对分开抚养的异卵双生子组成。结果如表6.2所示,不论是一起抚养还是分开抚养的同卵双生子之间在人格特质上的相关系数,都要显著高于异卵双生子,尤其是分开抚养的同卵双生子之间的相关系数高于一起抚养的异卵双生子之间的相关系数,遗传对于人格发展的作用由此可见一斑。

表6.2 一起抚养和分开抚养的同卵双生子与异卵双生子人格相关系数

	一起抚养的同卵双生子	分开抚养的同卵双生子	一起抚养的异卵双生子	分开抚养的异卵双生子
佩德森等人的研究(Pedersen et al., 1988)				
外向性	0.54	0.30	0.06	0.04
神经质	0.41	0.25	0.28	0.24
冲动性	0.45	0.40	0.15	0.09
赫什伯格等人的研究(Hershberger et al., 1995)				
外向性	0.20	0.36	−0.04	0.09
神经质	0.39	0.31	0.09	0.09
冲动性	0.34	0.33	0.16	0.09

(数据来源:Pedersen et al., 1988;Hershberger, Plomin, & Pedersen, 1995)

1995年,美国心理学家赫什伯格同普洛明和佩德森一起,测量了58对一起抚养的同卵双生子、35对分开抚养的同卵双生子,以及81对一起抚养的异卵双生子、68对分开抚养的异卵双生子的24种人格特质,并计算了这些特质的遗传效应(Hershberger et al., 1995)。表6.2呈现了部分研究结果。这一系列双生子收养研究的结果揭示了遗传对人格大部分特质的重要作用。

珀文整理汇集了不同国家不同研究者开展的遗传率研究,研究变量包括生理特征和人格特征,研究对象包括一起抚养的同卵双生子、异卵双生子、亲同胞和收养同胞,以及分开抚养的同卵双生子和异卵双生子,各种不同研究设计中人格的相关系数见表6.3(Pervin, 1995, p.55)。

表6.3 身高、体重、外向性和神经质的家族相关系数

中数相关	身高(H)	体重(W)	外向性(E)	神经质(N)
一起抚养的同卵双生子	0.95	0.90	0.54	0.46
一起抚养的异卵双生子	0.52	0.50	0.19	0.22

续　表

平均数相关	身高(H)	体重(W)	外向性(E)	神经质(N)
一起抚养的同卵双生子	0.90	0.80	0.48	0.41
一起抚养的异卵双生子	0.56	0.49	0.12	0.25
分开抚养的同卵双生子	0.92	0.69	0.41	0.41
分开抚养的异卵双生子	0.67	0.46	0.03	0.23
一起抚养的亲同胞	0.52	0.50	0.20	0.28
一起抚养的收养同胞	−0.07	0.24	−0.06	0.05
中年父母与亲生子女		0.26	0.19	0.25
中年父母与收养子女		0.04	0.00	0.05

(转引自：Pervin，1996，p.55；数据来源：Bloom，1964；Loehlin，1992；Rowe，1993；Zuckerman，2005)

从表6.3可以看出，遗传对人格特质(外向性、神经质)有着重要的影响，虽然遗传对人格的影响不如对身高和体重的影响大，但是同卵双生子的人格相关系数比异卵双生子要高很多。另外，兄弟姐妹是否在一起长大并不造成很大差异，在各个维度上，亲兄弟姐妹之间的相关系数普遍比收养的兄弟姐妹之间的相关系数更高，父母与亲生子女之间的相关系数也显著高于与收养子女之间的相关系数。

到现在为止，已有大量的双生子研究和收养研究考察遗传对人格的影响，有些是纵向研究，虽然由于取样或者测量工具的不同，每个研究所得的遗传率并不完全相同，但是这些研究仍然证实了遗传对人格发展的重要作用，五因素人格特质的遗传率都在28%～46%之间，并得出人格总的遗传率大约为40%(Pervin，1995)。

6.2.4　对遗传率的解释

理解通过相关研究估计出的遗传率是我们必须重视的问题，前面已经强调过，遗传率估计是一种群体统计，受到测量工具、实验方法、样本特征、计算方法等因素的影响，是针对特定的特征以特定的方法在特定的人群中得到的可以归因为遗传变异的估计，生物学家戈德史密斯(Goldsmith，1991)告诫心理学家道：

遗传率并不表示特质受遗传决定的程度。因而，对遗传率的测量根本不能说明为什么个体具有或者不具有某种特质。它不说明遗传在控制特质表现中的作用。

此外，有些学者对遗传率计算方式提出了质疑（Funder，2007，p.237），戴维以拥有手臂的数量的遗传率为例，因为手臂的数量可观察到的变异几乎为0，所以公式中的被除数就为0，由此计算出来的遗传率就为0。但这是否意味着遗传完全决定不了手臂的数量呢？恰好相反，手臂的数量几乎完全是由遗传决定的，但手臂数量的差异几乎都是由事故——环境因素造成的。由此，我们可以得知这个公式的实质含义，遗传率是遗传影响的变异，如果不存在变异，遗传率就会趋向于0。因此，高遗传率可能代表了两种情况，一是该特质的个体变异很大，二是遗传因素对该特质有绝对的影响力。相反，如果某种特质遗传率低，那么该特质个体变异很小，或者受基因影响的程度较小。

另外，理解遗传率还需要说明几点问题：第一，遗传率是一种群体内估算的平均值，并不适用于单独的个体，也就是说，如果在特定群体内估算出的某种人格特质的遗传率为40%，那么并不意味着每个个体这种人格特质的40%是遗传造成的，而是群体内个体间这种人格特质的差异40%是由他们之间的遗传差异造成的。第二，遗传率估计受到研究群体的影响，群体人口结构和组成会影响遗传率的外部效度。例如，与从只包括城市人口的样本研究中估算出的遗传率相比，从包括城市人口和农村人口的全国性样本研究中估算出的开放性特质的遗传率，肯定更具有推广性。第三，遗传率非常强调估计或估算，它只是一种统计估计值，并非准确性测量，不同的测量和统计方法都会影响计算结果。第四，遗传率估计有一个重要的心理学假设，即表现型的遗传作用和环境作用加起来是100%，这就意味着，当某种特质的遗传影响是40%时，环境影响就是60%，预示了环境的巨大影响力（郭永玉，2005，p.114）。不过，这个假设只是行为遗传学研究之初的简单起点，在后面的章节中，我们会讨论这种假设的真实性。第五，人们经常容易误认为，由于某种特质受到遗传的影响,因此它无法改变,这是人们常常容易作出的联系,事实上,即使某种特质完全由遗传决定,也并不意味着环境就不能改变它(Cervone & Pervin,2008,p.350)。

尽管在理解遗传率时有如此多的顾忌和质疑,但行为遗传学家仍然把遗传率看作理解遗传对人格发展作用的十分重要的一步。正如行为遗传学家对这个问题所作的结论,"难以发现不受遗传影响的心理特质"(Plomin & Neiderhiser,1992),"从目前研究的所有行为特质来看,从反应时到宗教信仰,都表明人与人之间心理差异很重要的一部分与遗传有关,事实不容争辩"(Bouchard et al.,1990)。

6.3 分子遗传学

很多心理学家可能并不十分清楚分子水平的遗传机制,但是照样可以进行行为遗传学的相关研究,就像高尔顿并不知晓遗传基因的所在,却也能推论出遗传定律一样,这些主张和研究主要集中于关注自然发生的遗传变异和复杂数量性状的数量遗传学研究。但是,我们仍然会好奇,在生物学水平上,遗传是怎么发生的?遗传变异是怎么来的?基因是如何对表现型起作用的?人类基因计划通过13年的努力已经完成,这个计划涉及成千上万名科学家,英国、日本、法国、德国和中国都参与并作出重要贡献,耗资数十亿美元,目的是描绘出整个人类基因组的序列。2000年6月26日,科学家宣称已经完成人类基因组的草图,并有了很多重要的发现,但确定了DNA分子序列并不意味着了解了所有DNA分子的功能,分子遗传学家需要继续努力以弄清楚基因序列对人的身心和行为有何具体作用。正如绍迪诺和普洛明(Saudino & Plomin,1996)所说的,研究者正进入一个新的时代,分子遗传学技术将会为人格的遗传学研究带来一次革命,识别出人格维度基因变量的特殊基因。

在人类身上操纵或控制基因和环境是不被法律或者伦理所接受的,最早的遗传学基因研究绝大多数在动物身上进行,分子遗传学也不例外,动物模型为测定基因提供了比人类模型更现实有力的方法,并取得了一定的成果,这为测定人类行为的基因型提供了参考依据。

在行为遗传学研究中,讨论基因对行为和人格的影响都将基因作为一个实体,实际上,这个实体是个体间小于1%的具有差异性的人类染色体,个体间超过99%的基因是相同的(Funder,2007,p.231),而分子遗传学不仅强调基因这个实体对于遗传的作用,而且关注所有基因的结构、组织和活动,尤其关注行为差异背后的基因活动。比如,为什么有些人会患苯丙酮尿症? 这是因为,DNA在复制过程中发生突变,产生了苯丙酮尿症等位基因,除非有自然选择的介入,否则在卵子和精子产生过程中发生的突变将会如实地传递给子孙。在开始研究人类行为背后的基因机制之初,分子遗传学家一般都是针对各种行为疾病,包括精神疾病或智力迟滞等,研究大量的基因突变的原因,比如在DNA复制或者转录过程中碱基缺失或者重复等,这些复杂的突变可能造成表现型中新的特性或疾病的出现。随着研究不断深入和技术不断发展,研究者已经超越经典行为遗传学范式,不再仅仅比较不同类型的双生子,开始关注人格特质和心理行为背后的基因机制(Cervone & Pervin,2008, p.350)。

近些年来,研究者开始用分子遗传学的方法研究人格特质,第一篇相关文章发表于1996年(Benjamin et al.,1996)。研究的基因是位于11号染色体短臂上的DRD4,这种基因编码的蛋白质被称为多巴胺受体,它的功能是对多巴胺作出反应,当多巴胺受体遇到来自大脑中其他神经元的多巴胺时,它就会释放电信号,激活其他神经元。最常受到关注的与DRD4基因相关的人格特质是新奇寻求,它表现为寻求新奇体验的倾向,特别是那些相当危险的体验,如吸毒、冒险的性活动、赌博和飙车(Zuckerman,2000)。从新奇寻求的测量得分来看,携带长DRD4基因复制体的个体比携带短DRD4基因复制体的个体在新奇寻求上得分要高(Benjamin et al.,1996)。研究者推测,这是因为携带长DRD4基因复制体的个体对多巴胺不敏感,所以他们才去寻求新奇体验,从而造成"多巴胺飙升"。反之,携带短DRD4基因复制体的个体对大脑内任何类型的多巴胺都很敏感,所以他们不需要寻求新奇体验,避免使多巴胺升高到让他们感到不舒服的水平。

尽管 DRD4 与新奇寻求之间的关联已经得到多次重复验证,但也有一些实验结果与该结论不一致(Plomin & Crabbe, 2000)。例如,一项研究发现,新奇寻求与 DRD4 之间没有任何关联(Burt, McGue, Iacono, Comings, & MacMurray, 2002);另一项对学龄前儿童的研究发现, DRD4 与母亲报告的儿童的攻击行为相关,但与观察到的儿童的攻击行为相关不显著(Schmidt, Fox, Rubin, Hu, & Hamer, 2002)。还有研究发现,新奇寻求与 DRD2 基因的等位基因相关(Berman, Ozkaragoz, Young, & Noble, 2002)。

除此之外,分子遗传学家还得出一些针对人类复杂行为的关联或连锁基因,比如精神分裂症和阅读障碍与位于 6 号染色体短臂上的基因相关,酗酒的数量性状座位位于 11 号染色体的长臂上,智力迟滞、色盲和性偏好与位于 X 染色体长臂上的基因相关,神经质与 5-羟色胺系统中的基因相关。还有研究发现,一个叫作 8P 的染色体与焦虑人格特质相关(Jang et al., 2001; Plomin et al., 2001)。

虽然通过分子遗传学方法得到的研究结果令人振奋,但对这些结果的解释需持谨慎态度。一方面,上述研究中得出的关联都很小,最早的研究者估计 DRD4 基因只能解释新奇寻求变异的 4%(Benjamin et al., 1996),并推测在解释新奇寻求变异时,可能还有其他 10 个尚未发现的基因与 DRD4 同等重要。也有研究者认为,有 500 个左右的基因与人格的其他方面有关(Ridley, 1999),因此可能没有任何一种基因能单独解释人格变异,哪怕是较小的比例。另一方面,有些研究发现某些人格特质(如焦虑和注意缺失障碍)与某种特定基因有关联,但后来的一些研究没能重复验证这些发现(Plomin & Crabbe, 2000),正如上述有关新奇寻求与 DRD4 之间的关联。经过数十年的发展,现在应该能确定已发现的基因与人格特质之间的关联程度,但涉及结论是否确定有关联时我们仍需持谨慎态度。

6.4 遗传与环境的关系：天性与教养之争

前面讨论过很多有关遗传对于人格发展的重要作用，包括相关理论和实证研究，但不论通过何种研究方法，以何种统计方法计算，得到的遗传率估计几乎都没有超过 50%，如果按照遗传与环境的加性原则，那么环境可解释的人格差异应该超过 50%，因此我们无法避开这个在人格发展过程中不可忽视的重要因素——环境。行为遗传学家开始转而关注环境对人格发展的影响，而且得到两个重要发现：第一个发现是，环境的影响使得在同一个家庭成长的孩子彼此不同，而不是彼此相同；第二个发现是，研究者在进行环境的影响研究时也发现了遗传的强大影响，这表明我们无法摆脱遗传来谈环境的作用，也无法摆脱环境来谈遗传的影响，人们部分是因为遗传而创造了自己的经验，这也就是"教养中的天性"。天性与教养究竟孰轻孰重已不是研究者想要继续纠结的问题，研究者真正感兴趣的是它们在人格发展过程中到底如何发挥作用。

6.4.1 环境：人格发展过程中不可忽视的因素

行为遗传学发展比较有意思的转变是双生子研究和收养研究不再只考察遗传对人格发展的影响，更多考察环境对人格发展的影响(Plomin & Bergeman, 1991; Plomin & Neiderhiser, 1992; Plomin & Rende, 1991)。正如普洛明所说，"基因对行为的影响无处不在，现在强调的重点肯定会有一个转变，即不再问什么是遗传而来的，而是问什么不是遗传而来的"。同时，他还指出"行为遗传学数据透露出的另一种信息就是强大的环境影响和作用"(Plomin, Chipuer, & Loehlin, 1990)。

研究者一般将人格发展过程中的环境因素分为共享环境和非共享环境，并主要聚焦于共享环境和非共享环境如何影响人格。早期的一些研究者，如布沙尔(Bouchard, 1994)和艾森克(Eysenck, 1990)认为，兄弟姐妹或双生子共享的环境因素对人格差异的贡献很微小，家庭成员的相似性几乎完全由共享遗传因素引起,而不受共享家庭环境的影响。同时,美国行为遗传学家布劳恩加特和普洛明等人(Braungart,Plomin et al.,1992)认为,对一个家庭来说,非共享因素比共享因素更具影响力,不同的同伴关系和关爱方式解释了生活于同一个家庭却人格各异的现实,因此研究者把更多的注意力放在了非共享环境方面,大量数据也揭示了非共享环境的重要作用。

非共享环境重要作用的首要证据主要来自同卵双生子的研究,不论是一起抚养还是分开抚养的同卵双生子,他们人格特质之间的相关并非为1,很多研究报告他们特质的相关系数平均为 0.31~0.45,尤其是一起抚养的同卵双生子,他们有着相同的基因结构、类似的共享环境,唯一引起差异的因素就是非共享环境,他们之间的差异几乎都可以归因为非共享环境。由此,可以观察到的一起抚养和分开抚养的同卵双生子环境可解释变异的估计值为 0.55 和 0.69。

非共享环境重要作用的支持证据还包括,几乎在所有研究中,分开抚养的同卵双生子的相关系数都低于一起抚养的同卵双生子的相关系数。此外,分开抚养的异卵双生子的相关系数也都低于一起抚养的异卵双生子的相关系数。这可以解释为,分开抚养的双生子之间的环境差异更大,非共享环境造成他们之间相似度较低。通过模型拟合分析也能得到类似的结果,各种环境解释的变异估计值为 0.53(Johnson,Vernon,& Feiler,2008)。

另外,实证研究结果还显示了一个几乎可以忽略不计的影响因素——共享环境。首先,没有血缘关系的收养子女之间的相关可以归因于他们共享的环境,但其相关系数很低,约为-0.05~0.24,平均为 0.08,作为对照的是一起抚养的异卵双生子和亲兄弟姐妹,他们共享类似的环境和 50% 的基因,人格特质相关系数较高。其次,收养子女与养父母之间的相关同样归因于共享环境,但其相关系数也很低,约为 0.04~0.12,平均为 0.07,作为对照的亲生父母与他们抚养的自己的孩子之间的相关系数也较高。模型拟合得到的共享环境的贡献值也很小,约为 0.14(Johnson et al.,2008)。

有关环境因素对人格变异的影响,邓恩和普洛明(Dunn & Plomin, 1990)认为,人格约40%的变异可归因于遗传,约35%的变异可归因于非共享环境,约5%的变异是受到共享环境的影响,剩余20%的变异由测验误差造成。为何同一家庭中的孩子经历如此不同？邓恩和普洛明(Dunn & Plomin, 1990)编制了同胞经验差异的自我报告问卷,要求个体比较父母对待自己与兄弟姐妹的差异,结果表明,与父母实际对待的差异相比,子女感知到的父母对待的差异才是更重要的解释因素。除了父母对待、出生顺序等家庭内的差异之外,美国心理学家哈里斯(Harris, 1995)还重点强调了家庭外非共享环境因素对个体人格发展的影响,他列举了五个可能影响人格的家庭外的非共享特征,具体包括社交的特定情境、家庭外社交、群体中的文化传递、群体形成过程中群体间的巨大差异、群体形成过程中群体内个体的巨大差异。

但这是否就意味着共享的家庭环境不重要？哈里斯(Harris, 1995)曾搜集此类数据证据,声称父母的影响以及共享的家庭环境根本不重要。这似乎引导人们不必费心去做好父母,但经验告诉我们这是很难让人相信的,我们很难说药物成瘾的父母或者总是鼓励孩子上进的父母对孩子的人格发展没有什么影响,而且实验研究表明,当父母试着成为更好的父母时,孩子也会有更好的行为表现,并能更有效地控制情绪(Eisenberg, 1998)。理论解释可以是,好的父母能调整自己的行为以适应每个孩子的需要,而不是千篇一律地对待每个孩子。这方面的父母教养因素不会体现为共享环境,因为对待每个孩子的方式不同,但这是家庭环境重要作用的体现(Funder, 2007, p. 236)。霍夫曼(Hoffman, 1991)也曾提出,过去的行为遗传学研究可能低估了共享家庭环境的作用,比如一起抚养的同卵双生子和异卵双生子的等环境假设并不成立。此外,在测量过程中夸大了同胞间的人格差异,比如两个人可能都存在如何表达愤怒的问题,一个通过爆发来表达,另一个通过压抑来表达,这样在测量行为表现的过程中可能就掩盖了源自共享家庭环境的潜在特质相似性。大多数人格心理学家一致认为教养很重要,不论是家庭内还是家庭外得到的经验对个体的人格发展都有重要影响。

6.4.2 遗传与环境的交互作用

行为遗传学,不论是将基因作为一个实体来考察遗传对人格发展影响的数量遗传研究,还是考察特定基因与行为和人格的关系的分子遗传学,最初都是从力图证明遗传对人格发展的重要作用而开始的,但研究到最后,不管是用什么样的数据来支持,我们都发现无法简单用数据来描述遗传和环境谁更重要。到现在为止,研究者分别考察了基因和环境对人格的影响,分析到最后都会发现遗传不会单独影响任何人做任何事,环境客观存在但是如果没有遗传而来的个体它也什么都做不了,它们之间的关系就像房屋的设计蓝图和建筑过程中所需的工人、材料、设备之间的关系,我们无法住在房屋的设计蓝图里面,没有设计蓝图也无法建造房子。"它们确实时刻相互作用着,所有这些要记住的关键点是在人生的舞蹈中,基因和环境绝对是一对无法拆开的搭档。"(Hyman,1999)没有对方,基因或者环境什么也做不了。因此,两者的交互作用对个体发展的影响成为我们关注的重点。

遗传与环境交互作用的方式

根据基因和环境的组合影响类型,普洛明区分了三种独特的遗传与环境交互作用方式(Plomin et al., 1990; Plomin & Neiderhiser, 1992)。

第一,同样的环境经验可能对不同基因类型的个体产生不同的影响。举例来说,一个容易焦虑的母亲,其焦虑特质对于一个急躁、易冲动的孩子和一个情绪稳定、自控能力强的孩子的影响是不同的,除了母亲焦虑行为的简单效应这部分的影响对两个孩子来说是相同的以外,在母亲的行为和孩子的性格之间还有一个交互作用。压力环境可能使具有精神病遗传倾向的个体患上精神病,但对于不具有这种倾向的个体毫无影响。

第二,不同基因类型的个体可能引发环境中他人的不同反应。举例来说,一个易怒、孤僻的孩子和一个镇定、热情的孩子可能会引发父母和他人不同的反应。在同一家庭中,同胞可以引发父母不同的养育行为从而建立完全不同的亲子互动模式。不仅如此,不同遗传性格也会引发家庭外环境中的同伴和他人不同的反应,灵活好动的孩子和不那么灵活好动的孩子会引发他人不同的反应。

赖斯(Reiss，1997)将这种交互模式称为家庭内的子女影响模式。在子女影响模式的发展过程中，子女的基因引发了某种行为，进而又激发父母作出相同或类似的行为反应。哈里斯(Harris，1995)拓展了这种子女影响模式的观点，他认为受子女基因驱动的行为影响了家庭环境，进而影响了子女的人格。他通过研究证实面对不同外貌、行为方式和身体健康状况的儿童时，成年人的对待方式也是不同的：对待漂亮的和不漂亮的儿童的方式是有区别的，对表现好的和表现不好的、健康的和生病的、活泼的和安静的儿童的反应也是不同的。假如，一个家庭有一对双胞胎，一个很活泼而另一个很安静，这种差异就会激发父母作出不同的反应，父母会以不同的方式区别对待两个孩子：可能会鼓励活泼的孩子出去玩，然后他就会变得更加活泼，安静的孩子则被允许在房间里读书，从而变得更加安静。

第三，不同基因类型的个体选择和创造不同的环境。一旦个体有能力主动选择环境，遗传因素就会影响个体对环境的选择和创造。比如，有感觉寻求遗传倾向的个体，可能会寻求尝试危险事物的环境，这种行为可能使他陷入药物滥用的人际交往圈。外向型个体和内向型个体会寻找不同的环境，有运动天赋的个体和没有运动天赋的个体，有音乐天赋的个体和没有音乐天赋的个体都会寻找不同的环境。这种影响会随着个体年龄的增长、自主选择环境的能力的增强而更加明显。可能在某个时间就能确定，个体在何种程度上是环境影响的接受者还是环境创造者。

除了普洛明区分的这三种遗传与环境交互作用的独特方式，赖斯(Reiss，1997)还区分了家庭环境和遗传的三种交互作用方式——被动模式、父母影响模式和子女影响模式。其中，子女影响模式与上述普洛明区分的第二种交互作用方式类似。赖斯提出的被动模式是指，个体是环境事件的被动接受者，遗传因素和环境因素以一种被动反应的形式发生交互作用。在以被动模式为主的成长过程中，50%的人格变异大致可以通过子女与父母之间的相互作用来解释，由于子女与父母共享影响某种特定行为的基因,同时父母具有该基因决定的行为,因此子女就会在父母类似行为的影响下出现这种特定行为。比如,一个儿童具有攻击性,他之所以具有攻击性是因为与父母共享导致攻击性的基因,同时在家庭中习得攻击行为或受到攻击行为的影响。被动模式考虑共享的行为基因,以及个体基于这种基因对环境作出的被动反应。父母影响模式是指,在家庭中,儿童的行为是对父母行为的反应。换句话说,父母如何回应儿童的行为对儿童人格的发展有一定影响。比如,孩子可能正在吵闹,这导致父母的攻击性反应,相应地,孩子也表现出攻击性。在这种模式中,父母对待孩子的方式导致攻击性人格的发展,引发攻击行为。

总的来说,对于环境影响个体既可能是一个被动的接受者,也可能通过引发环境的反应而发挥主动作用,在个体的成长过程中有天性与教养交互作用的体现。在考虑人格的天性和教养时,我们必须时刻记住,在人格发展的过程中天性和教养一直在交互作用。没有遗传,环境发挥不了作用;没有环境,遗传也发挥不了作用。我们可以在讨论或者分析的时候将两者分开,但实际上两者从来没有分开过。遗传因素和环境因素"纠缠"在一起,以至于传统的天性与教养之争(nature versus nurture)根本没有任何意义,相反,讨论天性与教养之和(nature via nurture)可能更好。天才的基础是遗传物质,但只有个体遇到特定的环境——只有通过特定的抚育方式——才能最终成为天才(Cervone & Pervin, 2008, p.356; Ridley, 2003)。遗传与环境的交互作用从个体生命的最初就开始了,而且这个过程持续人的一生。

遗传与环境交互作用的分子遗传学证据

在关于人格的研究中,分子遗传学开始考察遗传与环境复杂的交互作用并没有多长时间,其中两位先驱是心理学家卡斯皮(Avshalom Caspi)和莫菲特(Terrie Moffit),他们的研究团队在新西兰追踪了一群儿童几十年,曾发现了一种特殊的基因机制与社会环境之间的交互作用。这项研究考察了童年虐待对反社会行为发展的影响,尽管同样不幸遭受虐待,有些儿童仍然发展良好,他们在面对早期生活压力时也表现出很强的适应能力。为了解释这种差异,研究者对他们长期追踪的被试群体中的一部分被试进行分子遗传学研究，结果发现，这部分被试都拥有一种重要的基因，这种基因是 X 染色体的一部分，能作用于单胺氧化酶 A(Monoamine oxidase A)，这种酶可以减少大脑中与攻击性行为相关的神经递质，包括去甲肾上腺素、5-羟色胺和多巴胺等。在童年遭受虐待的被试中，研究者发现拥有这种基因的个体单胺氧化酶 A 水平较高，这可以在一定程度上抵御童年虐待的不良影响，最终表现得与其他童年遭受虐待的个体不同，即使个体在童年遭受严重虐待，但如果拥有高水平的单胺氧化酶 A，那么在成年期表现出反社会行为的可能性较小(Caspi et al., 2002)。换句话说，这种基因差异看起来减弱了童年虐待的负面影响。这样，有关遗传与环境交互作用的假设就得到了证实。

后续还有一项类似的研究考察了压力环境与抑郁的关系。研究者发现，压力环境会让一些人患上抑郁而另一些人没有。研究测量了 21～26 岁的被试在经历诸如经济、健康、就业和人际关系等方面的压力生活事件时知觉到的压力程度，以及后期是否遭受抑郁。结果发现，相比于其他个体，具有短型 5-羟色胺等位基因的个体在经历大量压力生活事件后更容易抑郁。研究者并不期望找到一个具体的基因，证明它必然会导致抑郁，最终他们发现基因能够预示抑郁的来袭，只是对于某个具有特定环境经验的特定基因个体，如果没有遭遇压力，不论是具有短型还是长型 5-羟色胺等位基因，他都不会患上抑郁症(Caspi, 2003)。分子遗传学研究揭示了，遗传与环境的交互作用对心理的影响。

卡根曾考察儿童气质对后期人格形成的影响，证实了遗传与环境的交互作用对人格的影响(Kagan, Snidman, Arcus, & Reznick, 1994)。卡根这样比喻抑制型儿童和非抑制型儿童人格发展过程中基因与环境交互影响的过程：假设你正穿过一片丛林，丛林中有些植物会有看不到的伤人的刺，如果你一个人走，你可能很小心翼翼，与所有植物都保持距离。但如果你有一位可靠的向导，在你每次靠近危险时都会提醒你，你就可能很轻松自如。

到目前为止，并没有关于这种在童年时期的人格发展过程的详细细节(Shiner, 1998)，社会互动可能是一个关键过程。个体遗传的先天气质使儿童有不同的行为表现，同时儿童会经历家庭和社会环境的影响，他人也会以独特的方式来对待儿童，大多数情况下，成人对待儿童的方式取决于他们根据观察所知儿童的气质类型，然后对儿童有不同的行为预期（Graziano, Jensen-Campbell, & Sullivan-Logan, 1998）。一个容易相处的儿童更可能与其他儿童和成人产生积极的互动，并从中变得自信和善于社交。当然，并不能保证每个儿童的气质类型都会朝着预期的方向发展。比如，一个冲动的儿童可能在某个家庭里遭受体罚，但在另一个家庭可能被溺爱，由此他们成年后的人格特征也会不同。相同的基因型并不总是产生同样的表现型，因为会受到环境的影响，环境影响的不只是行为，也会改变生理活动。

6.5 行为遗传学理论评价

尽管行为遗传学研究曾经因行为主义成为主流范式而长期遭受"冷遇"，但近几十年来，行为主义的逐渐衰落和现代生物学的飞速发展，为人格的行为遗传学研究提供了巨大的发展空间和动力，并使它由传统的数量遗传学取向发展到分子遗传学取向。通过数量遗传学和分子遗传学两种取向，行为遗传学领域的研究者对人格遗传性问题进行了不同层次的详细探索，取得了较为丰富的研究成果，推进了我们对人格遗传程度和遗传机制的深刻认识，促进了人格研究的科学化。人格行为遗传学研究的两种取向各有其优势和不足。

数量遗传学取向借助生态研究设计从宏观上估计遗传变异对人格差异的解释程度，资料获取经济、简单、技术要求低，而且结果解释相对容易；但它无法确切地告诉我们究竟哪些基因或多态性导致人格差异以及具体作用过程如何，对研究设计和被试取样的依赖性较强，面对遗传与环境实际存在相关或交互作用的不争事实，遗传率的解释意义往往遭到质疑（王申连，郭本禹，2013）。

分子遗传学取向弥补了数量遗传学取向存在的诸多不足，可以从

DNA水平精确地探知导致人格障碍或差异的特定基因及其作用机制；但研究程序烦琐复杂，对新兴生物技术要求较高，在人格候选基因的选择上带有推测性，迄今为止尚未得出符合最初预期的可重复检验的实质性研究成果(McClellan & King, 2010)。

除此之外，两类研究取向还存在诸多共同的问题：一是受测量手段限制，对被试自陈报告依赖性强，某些人格特质在防御或伪装心理的作用下被隐藏；二是由于研究设计和技术、被试取样、人格和基因自身的复杂性，以及遗传与环境交互作用等因素，研究结果的可重复性不强(Kim & Kim, 2011)；三是受过去百余年消极心理学研究传统的影响，研究对象主要是精神分裂症患者、抑郁症患者、多动症患者等病理人群(张文新，王美萍，曹丛，2012)，缺乏对健康人群积极人格品质的遗传研究；四是研究成果的现实利用率低，未能把研究成果及时有效地转化为现实效益。

7 以巴斯为代表：进化人格心理学

进化心理学是 20 世纪 80 年代中期开始形成的一个心理学流派。它以进化论为心理学研究的指导思想，认为人的心理是人类进化过程中通过自然选择形成的适应机制，心理学的研究目标就是发现、理解和详尽描绘人的心理设计。20 世纪 90 年代初，一些心理学家运用进化心理学的理论对人格现象进行了大量理论与实证研究，形成了完整的进化人格理论。进化人格心理学作为人格研究的一种新取向，获得了人格心理学家的广泛认同。

本章首先介绍进化心理学的基本原理，包括人的心理机制及其形成过程和特性，接着在此基础上介绍进化人格心理学领域的三种有代表性的理论——图比和科斯米德斯的进化人格心理观、巴斯的进化人格心理观、麦克唐纳和内特尔的人格心理学，最后对进化人格心理学的贡献和局限性进行简要评价。

7.1 进化心理学的基本原理

7.1.1 心理机制是进化选择的结果

进化心理学认为，人是通过几百万年自然选择的作用以目前形式存在的一种有组织的结构。作为一个由生理和心理构成的有机整体，人受到进化规律的制约。几百万年的进化过程必然会在人类心理上留下一些痕迹，我们没有理由认为心理不受进化规律的制约。今天活着的每个人都是进化的产物,是保存完好的"活化石",能帮助我们了解过去。就像目前宇宙的特征包含着大量有关它起源的线索一样,现代人身上包含着大量关于人类起源因果过程的线索,每个活着的人都带有祖先成功适应的机制。

"过去是了解现在的钥匙",要想充分理解人的心理就必须先了解心理机制的起源和适应过程。进化心理学认为,过去不仅仅是指个体的成长发展经历,更主要是指人类的种系进化史。在人类进化的过程中,过去不仅在人的身体和生存策略方面留下了很深的烙印,而且在人的心理和相互作用策略方面留下印记,这成为探索心理机制的基础。自然选择设计人脑的过程漫长得让人难以想象,如同被风吹动的沙子雕刻一块石头,即使非常小的一点改变都要花费漫长的时间。人类祖先进化史上99%的时间是在狩猎和采集社会中度过的,狩猎动物和采集植物的生活方式持续了千万年。一代又一代,自然选择缓慢地塑造着人脑。现代社会与人类整个进化史相比只是眨眼的工夫,自然选择拥有足够的时间设计人脑的环路以使其更好地适应当今的社会生活,可以说"我们现代的脑壳里装着石器时代的心理"。

7.1.2 心理机制的形成过程

进化心理学认为,适应是生命的本质特征,所有的有机体(包括人)都是适应环境的产物,人的心理也不例外,也是适应的产物,在漫长的进化过程中,那些能够成功解决问题、适应环境的心理,逐渐演化成现代的心理机制。如我们所知,进化论假设,人类现存的某种特征之所以存在,是因为它能够可靠地、有效地、经济地、精确地解决某种适应问题。这一理论观点被心理学家吸收以解释人的心理机制,他们提出,人的心理机制也是在适应环境的过程中形成的解决问题的策略,并逐渐演化为稳定的心理机制。那些不能解决问题的心理策略在演化过程中不会流传下来,也就不会形成稳定的心理机制。由此看来,人类及其功能机制都是进化成功的产物。

从大的方面说,人类在进化的过程中要解决两类问题:生存和繁衍。根据进化心理学的观点，人的心理机制就是在解决这两类问题的过程中通过自然选择演化而来的。达尔文列举了人类进化过程中面临的一些生存问题，他称之为"自然的敌意力量"，包括食物短缺、气候变化、疾病威胁，以及寄生虫的危害，等等。人类在解决这些问题的过程中形成了一些解决问题的心理机制，如害怕陌生人、蛇和蜘蛛等，这些心理机制对于人的生存具有重要作用。不过，从进化的角度看，生存只是一个前提，繁衍后代比生存更为重要，因此人的许多生理和心理机制都是在解决与繁衍有关的问题中形成的。与繁衍有关的问题包括配偶选择、配偶保持、同性竞争、亲本投入等。以配偶选择问题为例，调查显示，在选择理想配偶时，男性偏爱漂亮的、温柔的女性，女性偏爱拥有财富和权力的男性，男性和女性在择偶上存在这种差异可能是因为，在人类进化的古环境中，漂亮是女性健康、更具生殖力的标志；对女性来说，那些拥有财富和权力的男性，似乎更能保证她们在怀孕和养育后代的过程中得到所需的资源。这样看来，男性和女性虽然持有不同的择偶观，但这种心理机制都是为了保证他们获得生存和繁衍的成功。在进化的过程中，具有这些机制的人比没有这些机制的人更容易存活下来，同时这些心理机制在解决人类生存和繁衍问题的过程中逐渐演化为人的心理机制。

7.1.3 心理机制的特性

进化心理学理论有一个重要的假设，即进化了的心理机制是针对具体问题的，每一个特定的问题都需要特定的解决方案。正如进化心理学家西蒙斯(Symons，1992)所言，不存在"通用性的适应问题"，每个问题都具有领域特殊性。于是，众多特殊的问题就需要众多特殊的解决方案，按照这样的假设，人类应该拥有众多心理机制。我们知道，在进化的过程中，人类祖先面临的适应问题是多种多样的，从配偶选择到食物的消化、亲本投入、同盟的形成，等等。在解决每个问题的过程中，人类逐渐形成了大量独特的心理机制，以指导人的行为、思想和情感去解决面临的问题。比如，配偶选择与食物选择是本质上不同的适应问题，它们应该在人类进化史上选择了本质上不同的心理机制。人类祖先面临的适应问题为数众多，因此可以预期人格机制也为数众多，而且这些机制是领域特殊的，即这些机制只是特殊适应问题的解决方案。科斯米德斯把心理比喻为一把"瑞士军刀"，包括不同的工具，每一个工具都能有效完成某个任务。人的心理也是由大量认知工具组装而成的，每种心理都有特定的功能。

7.1.4 进化心理学的心理发展观

进化心理学还有一个重要的观点，即应当综合考虑遗传和环境对人格的影响。以往谈到影响人格的因素时，人们常常采用二分法，把遗传与环境、先天因素与后天因素、生理与文化、本能与理性等对立起来，从而强调某种因素的作用而否定另一种因素的作用。进化心理学认为，人的行为是心理机制和环境条件相互作用的结果，认为人的行为单纯由环境决定或遗传决定的观点是不正确的。例如，科斯米德斯和图比认为，问在人的心理发展中是遗传重要还是环境重要，就像问计算长方形的面积时是长重要还是宽重要，对汽车行驶来说是发动机重要还是汽油重要这类问题一样没有意义。有机体的任何表现都是基因和环境的共同产物。因此，任何群体间的差异和群体内的相似性都是基因和环境相互作用的结果。

进化心理学家主张，有机体的遗传素质是环境因素起作用的前提。但进化心理学家并不是遗传决定论者，他们对于基因在多大程度上能够解释人的差异这一问题并不感兴趣，因为他们认为，人类进化过程中形成的生理和心理机制是普遍的和共有的，并不存在所谓的种族差异。进化心理学家对环境进行了历史的、个体发展的和经验的分析，以弄清环境与心理机制的相互作用，解释人的行为和种种社会现象。

7.2 图比和科斯米德斯的进化人格心理观

人格心理学的研究通常包括两个方面：人的共性和个体差异。通常情况下，针对这两个方面而形成的人格理论好像是矛盾的。就人的共性而言，理论需要指明人类所有成员共有的人格特征和机制；就个体差异而言，理论则需要描述和解释人与人之间的差异，相对忽视人类的共性。进化心理学如何看待人的共性和个体差异这一问题呢？

图比和科斯米德斯(Tooby & Cosmides, 1990)认为，构成人性的心理共性和个体差异都是进化过程的产物，因此对人格的研究必须与进化生理学的原理相一致。从进化的观点看，进化的产物有适应、噪声、适应的副产品三种，只有人类普遍具有的典型的心理机制才是适应的产物，而个体差异只是噪声或"遗传垃圾"，并不是自然选择的产物，只是一层不重要的"薄膜"。也就是说，人格心理学应该只研究人类普遍具有的心理机制，对个体差异的解释建立在理解人的共性的基础上。

7.2.1 人物传略

科斯米德斯(Leda Cosmides)1957年出生于宾夕法尼亚州费城，美国心理学家。她最初在哈佛大学研究生物学，1979年获得学士学位。

图7.1 科斯米德斯

大学期间，她深受其导师著名生物学家特里弗斯(Robert Trivers)的影响。1985年，她在哈佛大学获得认知心理学博士学位，然后到斯坦福大学在谢泼德(Roger Shepard)的指导下继续深造。1991年，她在加利福尼亚州立大学圣巴巴拉分校获得教职，2000年成为教授。1988年，科斯米德斯获得美国科学发展协会的行为科学研究奖，1993年获得美国心理学会的杰出科学成就奖，2005年获得国家健康研究所的指导先锋奖。

图比(John Tooby)是美国人类学家，科斯米德斯的丈夫。1989年，在哈佛大学获博士学位，目前是加利福尼亚州立大学圣巴巴拉分校人类学教授。在过去20多年里，他和同事一直致力于整合认知科学、文化人类学、进化生物学、古人类学的研究以创造一门新的进化心理学。

科斯米德斯和图比同为进化心理学早期的代表人物,对进化心理学的发展作出巨大贡献。1992年,他们与人类学家巴尔科(Jerom Barkow)共同主编的《适应的心：进化心理学和文化的产生》(*The Adapted Mind: Evolutionary Psychology and the Generation of Culture*)是进化心理学早期最重要的著作。

图7.2　图比

科斯米德斯和图比在加利福尼亚州立大学圣巴巴拉分校共同创立并领导的进化心理学研究中心,对进化心理学的大量课题进行了广泛研究,发表了大量科学研究论文,出版了多部专著,同时培养了大量进化心理学的研究人才,享誉全世界。

7.2.2　人的共性

图比和科斯米德斯认为,人的生理和心理机制都是人类进化的结果,是人类祖先在解决适应问题的过程中通过自然选择形成的,可通过基因保存下来传递给下一代。当代人是成功祖先的后代,都带有人类祖先成功解决适应问题形成的普遍的心理机制。这种普遍的心理机制是人类共享的,即人性。

尽管人类个体之间存在遗传方面的差异,但并不能否认普遍的人性。以人的生理机制为例,人的生理结构设计可以分为两方面：共有的方面和特殊的方面。在检查器官的复杂设计和结构时,就会发现设计的单一性,即人类共有的方面。每个人都有左右肺、一个脖子、一个胃、一根舌头、两片虹膜、十根手指以及血液等。同时,人的生理结构设计还有特殊的方面,如没有两个人的胃在大小和形状方面是完全相同的。人类在生理结构上存在差异,但它们内部的组织结构和功能是完全一致的。图比和科斯米德斯认为,形成人的心理机制的进化力量与形成人的生理机制的力量应该是相同的,由遗传差异引起的个体差异,只是人类具有的普遍的心理机制表现出的量的变化,而不是本质属性的变化。例如,在进化的过程中,个体之间的压力激活阈限存在差异,一些人比另外一些人有更短的"导火线",更容易表现出侵犯行为,而且这种差异是可遗传的,但这种差异只是人类在调节侵犯的心理机制上表现出的量的差异,而不是质的差异。每个人都有调节侵犯的心理机制,进化心理学的主要任务就是探究这种普遍的心理适应机制。

图比和科斯米德斯指出,"遗传""可遗传性"等概念在遗传学和心理学中意义不同,造成了很深的误解,导致一些研究者认为,要表明一个特质是演化形成的适应机制,就必须证明它具有高度的可遗传性。这是导致心理学和社会科学内部一些混乱的根源,必须对此加以澄清。要做到这一点,就必须区分两种遗传的研究:独特的先天论(idiotypic nativism),即关于遗传差异引起个体差异的研究;泛先天论(panspecific nativism),即人类共享的内在发展和心理机制的研究。

在行为遗传学中,大多从物种内的遗传差异来理解行为方面的差异。因此,在行为遗传学中,诸如"遗传作用""遗传影响行为""遗传因素的影响""基因作用"等说法通常指,个体之间遗传的差异如何影响个体之间行为的差异,即个体遗传的先天论。遗传学方法一直注重差异的事实给心理学家留下了广泛的错误印象,"进化的""生理的""先天的"理论都倾向于只通过遗传差异来解释现象。然而,有关这些差异的研究完全回避了人类的共性:所有人共有的遗传,包括共有的复杂心理适应。人类共有的功能设计在很大程度上是单一形态的,在结构和功能方面并没有质的差异,因此行为遗传学家常常认为,这些功能设计并不具有遗传性。但在其他研究者看来,这些共有的特征仍然是遗传的,具有遗传性:它们以特定的组织形式贮存在DNA中,是人类所共享的。同样,当进化心理学家谈到人类心理中演化形成的适应机制时,它是遗传的,具有遗传性。从这一点来看,进化心理学家在研究复杂的适应机制时,运用的是泛先天论取向的概念和假设。

图比和科斯米德斯认为,可遗传的变异只是能够产生进化的原始材料,进化过程输出的不是变异,而是遗传水平单一形态的适应设计。尽管可遗传的变异对于自然选择所起的作用是必不可少的,但自然选择是一个减少变异的过程。好的变异会变得更常见,直到它在基因库中固定下来,变成物种遗传天赋的普遍部分,在这个过程的某个点上特质具有零遗传性。但绝对不能认为,当事物变得具有普遍性时,它就没有遗传的基础,缺乏可遗传性支持而不是否认了它们是先天适应机制的观点。事实上,可遗传的变异普遍缺乏适应的重要性,自然选择对一个特质起作用的时间越长,作用越大,留下的可遗传的变异就会越少。最终,那些具有很大遗传性的特质不会是适应性的特质,尽管它们可能以一种有趣的方式与适应机制相互作用。可以说,行为遗传学研究的不是适应本身的现象,而是将来可能成为适应机制的原始材料,那些对于研究复杂适应机制感兴趣的人最感兴趣的是可遗传的设计特征,它们可能不具有遗传性。从某种意义上说,具有选择史的特质或机制将倾向于展现很少的遗传变异或没有任何遗传的变异。

7.2.3 从进化观看个体差异

如果说人类共有的心理机制是人格的本性,那么如何解释现实生活中广泛存在的个体差异呢?个体人格差异产生的原因是什么呢?图比和科斯米德斯认为,普遍的心理机制引起个体差异的原因,可以从以下五个方面加以说明。

持续的情境稳定地激活一个心理机制,创造了适应的和稳定的个体差异

为了解决某个适应问题,在有些情况下心理机制要一直保持激活状态。只要相关的情境线索存在,相关的心理机制就会处于激活状态,有时持续几个月、几年甚至一生。例如,一个知道自己丈夫有婚外情的女性,其忌妒的心理机制会一直保持激活状态,只要婚外情还在持续,忌妒就会存在。因此,这就会导致那些配偶忠诚的女性与那些配偶不忠诚的女性之间稳定的个体差异,有时可能还会导致不同群体之间的差异。例如,希尔和赫塔多(Hill & Hurtado,1996)研究发现,巴拉圭的 Ache 部落,由于女性的数量比男性多出 50%,因此 Ache 部落的人婚姻不稳定,大多数人都频繁更换性伴侣。与此相对,Hiwi 部落的人婚姻高度稳定,很少发生婚外情,更换性伴侣的情况也很少见。造成两个部落差异的主要原因是当地的男女比例。进化心理学认为,当配偶池中女性过剩时,男性会转向短期性策略,变得不愿意作出承诺;女性也会因为同性竞争者太多,男性不愿意作出承诺而被迫转向短期性策略,从而使得人们频繁更换性伴侣,婚姻变得不稳定。当男女比例表现出相反的模式时,也就是在配偶池中男性剩余时,男性更换性伴侣的机会减少,他们拥有一个妻子后会尽最大的可能性维系这段婚姻,因为他是幸运者,这样婚姻就变得非常稳定。Ache部落大量女性过剩,男女比例为1:1.5,而Hiwi部落表现出相反的模式,男性相对于女性来说过剩。只要男女比例不发生变化,男性和女性相关的心理机制和性策略就会处于激活状态,形成稳定的差异。

个体与环境之间持续的关系可能调整激活心理机制的阈限

稳定的个体环境可能不会激活心理机制而是重新调整它们的激活阈限。例如,朱克曼(Zuckerman,1990)认为,在追求轰动方面的个体差异可能源于趋向或回避资源(包括配偶)方面阈限的变化,不同的阈限伴随着不同的好处和代价。在古代环境中,那些追求轰动的人可能获得更多与繁衍有关的资源,但这个过程中也要冒重大的风险,而那些较少追求轰动的人可以避免这些风险,但可能在积累与繁衍有关的资源方面不成功。心理机制的阈限意味着,个体在过去环境中的最佳适应状况。例如,在食物稀缺的环境中,冒险和追求轰动的阈限可能更低,而在资源较充足的环境中,冒险和追求轰动的阈限可能更高。心理机制会评估那些持久的、与适应有关的个体—环境关系,据此调整心理机制激活的强度和阈限。

有研究发现,激活阈限或强度方面的差异在人格变量之间、人格变量与社会经济地位之间、人格与身体特征之间表现为适应性的协调关系。例如,一名男性的自尊可能部分是他在婚姻市场吸引力的函数。根据进化理论,他在婚姻市场的吸引力应该随着他为女性提供经济资源的能力的变化而变化。一名以前有安全感的男性可能会因为失业而遭受自尊的威胁,这将重新调整其性忌妒心理机制激活的阈限,可能使他倾向于变得对妻子施加暴力。这一过程将在人格变量与社会经济地位之间创造有组织的关系：人格量表评估性忌妒方面的高分与评估自尊的低分之间存在相关，两者与低社会经济地位相关；换言之，社会经济地位的变化可能通过自尊这一人格变量作为中介，进而影响另一人格变量——性忌妒。同样，这名男性在婚姻市场的吸引力可能也是他外表吸引力的函数。假如确实如此，调整心理机制的过程将创造人格变量与身体变量之间的关系：性忌妒的低分将与外表吸引力更强联系在一起。

早期的环境线索可能调整心理机制

更新世时期，生态、文化、人口状况方面的变异可能意味着，个体在小的狩猎—采集队伍中面临着不同的社会生态位。例如，一个出生在Yanomamo村庄的婴儿，可以预期他在一生中的大多数时间会卷入冲突和小规模的战争中，长大以后会面临一夫多妻的婚姻制度。但是，一个生活在Kung San的婴儿，可以预期他会过上一种相对平和的生活，面临一夫一妻制。演化形成的心理机制将监控那些在进化史上预测社会和物理环境性质方面被证明控制的线索，早期的环境线索可能对儿童将成长的社会的种类提供最好的评估。这种线索可能用于调整心理机制激活的强度和阈限。例如，家庭成员的社会行为是社会世界的第一个样本，提供了有价值的线索。儿童期遭受暴力提高了个体以后生活在一个视暴力为重要社会手段的社会环境中的可能性。因此，个体心理机制激活的阈限和强度会被调整，以便个体准备采取行动应对遇到的问题。受过虐待的儿童在成年后表现出更多的侵犯性行为可以通过这种机制加以解释。

德雷珀和哈彭丁（Draper & Harpending, 1982）研究发现，年轻女孩的生活中存在或缺少父亲是性关系类型（一夫一妻或一夫多妻）进化的可靠线索。来自非洲的研究表明，在这种环境线索中生活的人会发展出一种协调的适应策略。缺少父亲的多是一夫多妻的社会，激活的适应策略是过早的性关系、滥交、高生殖率、对每个孩子低水平的亲本投入；存在父亲的多是一夫一妻的社会，激活的适应策略是较晚的和更具选择性的性关系、低生殖率、对每个孩子高水平的亲本投入。早期的环境线索可能以一种不可挽回的方式影响个体的发展，导致人格中稳定的、长期的个体差异。

可遗传属性的适应性自我评估

图比和科斯米德斯（Tooby & Cosmides，1990）用反应性遗传（reactive heritability）来描述某些进化形成的心理机制，因为这些心理机制能以遗传特征作为输入信息，进而引导有机体选择相应的策略。根据这种观点，如果评估机制能够帮助个体挑选出明智的策略，那么自然选择将倾向于让这样的机制得以进化。由此看来，进化形成的机制不仅要适应外部世界中反复出现的问题，而且要与自身的评估机制相协调。有研究者（Hiraishi et al.，2008）对此作了进一步说明，他们认为人类的适应性控制着与人格有关的领域特殊机制的激活，导致具有不同遗传背景的个体在适应性方面存在差异。例如，每个人都具有侵犯性行为的机制，侵犯性行为的能力是一种普遍的人格特质，具有零遗传性。不过，侵犯性机制的激活可能受个体体格的影响，具有很强的遗传性。因此，那些具有遗传优势体格的人更可能激活侵犯性机制，看上去更具侵犯性。从某种意义上说，个体具有的自我评估机制会对个体的遗传属性进行评估，进而影响个体是否激活侵犯性行为的心理机制。从这个意义上说，人格的个体差异只是激活物种典型心理机制的因素。

不同的人格类型是频率依赖的适应策略

一般来说，定向选择过程倾向于试探所有的遗传变异形式。较为成功的变异逐渐取代了那些不太成功的变异，从而产生了具有种属普遍性的适应装置。不过，这种趋势有一种例外，那就是频率依赖的选择过程。在某种情况下，两种或两种以上的遗传变异能够同时存在。最明显的例子就是生物性别。在性生殖的物种中，如果一种性别的数量比另一种少，那么这种性别繁衍成功的机会将更多。通过频率依赖的选择过程，性别保持大致相同的比率。备选的适应性策略也可以通过频率选择的过程在性别内部留存下来。从理论上讲，遗传的个体差异通过频率依赖的选择在总人口中会一直保持下去，而不像直接选择那样把遗传变异排除。例如，一种蛾子，它的颜色既可以是褐色的，也可以是绿色的，而褐色是最常见的颜色。想象一下，吃蛾子的鸟会搜寻最常见的蛾子的颜色，这意味着，越稀少的绿色的蛾子越少被发现和吃掉。因此，绿色的蛾子在种群中会越来越多，而褐色的蛾子，它们被逐个发现和吃掉，正变得越来越少。这个过程将会继续下去直到先前稀少的绿色的蛾子变得更为常见，捕食者的搜寻对象转向绿色的蛾子，转换了选择压力。结果是，褐色和绿色的蛾子将在一个稳定的平衡中共存。那么，人类不同的人格类型或在维度特质中的"位置"构成了不同适应性的模式化的行为形态，它们在人群中也通过自然选择保持一种平衡水平吗？目前，这还只是一种猜想，要证明这一点还需要更多的检验。

应该指出，并不是所有个体差异都是适应性的，人类的许多个体差异只是人类进化过程中"偶然的副产品"和"噪声"。有些个体差异并不具有适应性，例如诵读困难。绝大多数差异是自然的差异，它们是中立的，既不能说是适应的，也不能说是不适应的。

7.2.4 从进化观看群体差异

人与人之间的个体差异是普遍心理机制相互作用的结果，那么人格的群体差异是如何形成的呢？人类共有的心理机制和环境在群体差异的产生中所起的作用如何呢？进化心理学家认为，人格的群体差异是由群体面临的适应问题和生存环境不同造成的，人类先天具有的心理机制和后天的生存环境都在其中产生了重要作用。在这方面，进化心理学家深入分析和探讨了男女之间的性别差异，以及出生次序对人格的作用。

图比和科斯米德斯(Tooby & Cosmides, 1990)认为，在同一物种内，不同的机制设计产生于相同的基因，不同的心理或生理方面的差异不是遗传差异的直接产物。在通过两性交配繁衍后代的物种中，每个后代的身上都有相同的遗传因素。那么，物种的性别差异是通过什么方式形成的呢？主要有两种方式：遗传开关与环境线索。对人来说，性别是通过遗传开关控制的：Y染色体中H-Y抗原的出现或缺乏决定了婴儿的性别。尽管性别是由单一基因决定的，但这个基因并不包含心理选择设计必不可少的信息，只是起开关的作用，以开或关的方式，激活两个遗传子系统中的一个,这两个子系统都具有广泛的功能并同时存在于每个个体身上。在一些脊椎动物如银汉鱼和短吻鳄中,性别是由环境线索如孵化期间的温度而不是遗传开关决定的。这种环境线索起到开关的作用,激活雄性或雌性的遗传程序。可以说,每个个体身上都带有所属物种的所有遗传机制,只是通过遗传开关或环境线索激活了不同的遗传子系统从而导致性别的不同。性别差异使男女在繁衍后代的过程中面临不同的适应问题,进而使得演化形成的解决适应问题的策略也不相同,由此形成男女之间人格的性别差异。例如,在繁衍过程中,女性面临的最大适应问题是怀孕和哺乳期的食物和安全保障问题,因此女性在配偶选择过程中注重男性拥有的资源、经济状况、社会地位、志向、身体与运动技能等;而男性面临的最大适应问题是配偶的繁殖力和父亲身份的确定性问题,因此男性在配偶选择过程中更注重女性的年龄、容貌和性忠诚等。

出生次序对人格差异的影响也是进化心理学家关注的一个重要问题。萨洛韦(Sulloway,1996)不仅发现,出生次序对儿童的"大五"人格和反叛性方面具有重要影响,而且运用进化论对此进行了解释。在一个家庭里,第一个出生的孩子具有高责任感、高神经质、高支配性、低开放性、低随和性、低反叛性的特点。随后出生的孩子具有高开放性、高随和性、高反叛性、低支配性、低神经质、低责任感的特点。萨洛韦认为,导致这种差异的原因在于,出生次序不同使得孩子处于不同的家庭小环境。在一个家庭中,父母往往倾向于偏爱年龄大的子女,因为他们具有更高的繁衍价值。先出生的孩子在家庭中占据有利的小环境,这有利于第一个出生的孩子认同父母的价值观,提升责任感。在资源有限的家庭环境中,兄弟姐妹之间对于资源的需求是存在冲突的,年龄最大的孩子由于身体和力量方面的优势,能够支配年龄小的弟弟或妹妹,强化了自身的社会支配特质。后出生的年龄小的孩子,愤恨年长的孩子的支配,不认同现存的规则,因此对新事物具有高度开放性,但由于没法与年长的孩子直接对抗,因此采取其他策略如高社会性、高随和性来使自己在家庭中尽量处于有利的地位。

总体来看,进化心理学家对人格的个体差异和群体差异的解释并没有本质区别,它们都是人类具有的普遍心理机制与环境相互作用的结果,但对人格群体差异产生过程中相互作用的机理的阐述,远不像对人格个体差异那样清楚和详尽。

7.3 巴斯的进化人格心理观

巴斯是进化心理学流派的重要先驱者之一,对进化心理学的发展作出了巨大贡献。在进化心理学研究的很多问题上,他与图比和科斯米德斯的观点都一致,但在人格的个体差异方面他们的确存在严重的不一致。巴斯不赞成图比和科斯米德斯有关绝大多数个体差异是"噪声"或"遗传垃圾"的观点,认为人格的个体差异是人类演化形成的"适应风景"的核心,是人类普遍具有的心理机制与环境相互作用的结果,具有重要的适应价值。在人格心理学研究中,在强调人类普遍心理机制的同时,绝对不能忽视人格个体差异的适应价值和重要性。他结合"大五"人格理论,详细分析了人格个体差异的适应价值。

7.3.1 巴斯传略

巴斯(David Buss)1953年4月14日出生于印第安纳州的印第安纳波利斯。他的父母都是教师。高中时他曾休学在一个车站工作过一段时间,然后返回学校完成了高中学业。他毕业于得克萨斯大学,然后进入加利福尼亚大学伯克利分校学习人格心理学,1981年获得哲学博士学位。获得博士学位以后,在哈佛大学做助理教授,1985年进入密歇根大学,1996年获得现在的职位。他的主要研究兴趣包括人类交配策略心理学,也发表过有关两性冲突、威望、地位、社会声誉、忌妒进化、凶杀、骚扰等方面的论文。他最

图 7.3　巴斯

有名的著作是《进化心理学：心理的新科学》(*Evolutionary Psychology: The New Science of the Mind*, 2000)，被认为是进化心理学这一最具活力的新学科的关键教科书，介绍了许多突破性的发现。2000 年，该著作获得罗伯特·汉密尔顿(Robert W. Hamilton)图书奖。1988 年，巴斯因其早期生涯中对心理学的贡献而获得美国心理学会的杰出科学成就奖，1990 年获得美国心理学会的斯坦利·霍尔(Stanley Hall)奖。

7.3.2 个体差异是解决社会适应问题的关键

在人格的普遍性和个体差异性问题上，巴斯在承认人类普遍心理机制适应重要性的同时，更加强调个体差异社会适应的重要性。他把汽车和人进行了类比。所有汽车都有四个轮子、一个发动机、刹车、方向盘，这些都是"汽车本性"的组成部分。人都有两条腿、一个心脏、相对的大拇指、无毛的体表，这些都是"人性"的组成部分。就像汽车在轮胎、方向盘等方面存在差异一样，人性的各个部分也是变化的。当一个设计师设计汽车时，"汽车本性"和它的组成部分的差异两者都需要加以考虑。一个人在购买汽车时，"汽车本性"的组成部分不是选择的关键点，因为所有汽车都拥有它们，而汽车之间的差异变成选择的关键点——汽车是大还是小，马力是大还是小，是省油的还是耗油的等。同样，当人类面临一个社会适应问题，如选择配偶时，把有两条腿或相对的大拇指作为关键的选择标准是荒谬的，除极少数人之外，所有潜在配偶都具有这些特性。尽管有两条腿对人性来说非常重要，但一个女性在寻找配偶时不会这样想："哦，我发现他有吸引力——因为他有两条腿！"共性的东西在作出选择的决策时往往不加考虑，而个体之间的差异会格外突显出来。

巴斯(Buss, 1991)指出，人格是一幅适应的风景画，在其中"知觉、注意和根据他人的差异采取行动对于解决生存和繁衍问题很关键"。人格的五个因素反映了社会领域，人类必须选择注意和采取行动的一些重要维度。不管什么时候，这些方面的差异与人类必须解决的生存和繁衍问题息息相关，那些具有觉察这些差异的能力的人具有选择的优势，增强了包容性适应。在人类具有普遍存在的解决适应问题的心理机制的情况下，这些心理机制方面表现出来的个体差异往往决定了社会生活中个体的成败。

在日常生活中，人们会面临各种社会选择，如配偶选择和领导选择。例如，在选举总统时，两位候选人具有的获得语言的能力变得无关紧要，因为这种能力是所有人都具有的。这个时候，两个候选人之间的差异会显得更为重要。人们会考虑：谁的演讲才能更高？谁更聪明和更有悟性？谁更有进取心？谁更诚实？谁与自己有共同的价值观？谁具有国际影响力以与其他国家形成同盟？这些差异对于选举领导人很关键。对于配偶选择来说，两个潜在配偶是否双足直立行走与选择不相关，以下差异则可能成为关键：谁更聪明？谁的外貌更有吸引力？谁的人格更有魅力？谁的价值观与我相同？谁更诚实？谁更有幽默感？谁更可能忠诚？从这两个例子可以看出，个体差异的一些维度，如智力、诚实、价值观对于决策是很重要的。其中，一些维度与一种选择有关，与另一种选择可能无关。在国际影响力方面的差异可能对于选总统至关重要，但对于选择配偶可能无关紧要，而性能力方面的差异可能对于选择配偶很重要，但与选总统可能无关。个体差异的重要程度与解决的适应问题有关，并随着适应问题的变化而变化。

从进化心理学的角度看，识别个体差异的重要维度的标准是检验我们演化形成的解决适应问题的心理机制。人类在无数方面存在差异。不过，哪些是与解决适应问题有关的重要差异，也就是说，哪些是与功能联系在一起的差异？在进化史上，那些注意别人的个性差异，并根据别人的个性差异采取行动的个体，比那些对别人的个性差异一无所知的个体更容易适应，更容易成功生存和繁衍。作为成功祖先的后代，人类差异觉察的机制促进成功的适应解决方案。通过观察个体差异与成功解决适应问题的关系，可以清楚了解这一点。

7.3.3 策略促进和策略干扰

每个人在生活中都形成了自己解决问题的策略，以促进目标的实现。这些策略能否成功地起作用，与周围的环境有很大关系。人生活在一个社会世界，周围的每个人都在追求自己的策略，如果周围的人都是一些追求相同适应资源的竞争者，策略的成败与他人的作用的关系就十分重要。好的食物、宝贵的领地、社会地位、强有力的联盟、有吸引力的配偶总是相对稀缺的资源，个人的"得"通常意味着他人的"失"。正是在这个意义上，达尔文认为，他人构成了最重要的"自然敌意力量"。在社会生活中，那些促进和帮助个人策略实现的现象叫作策略促进，而那些干扰策略实现的现象叫作策略干扰。在每个人的周围，一些人是自己的合作者，促进了目标的实现；另一些人是自己的对手，阻碍了目标的实现。五因素的人格理论从大的方面勾画出与他人交往的重要维度，以及可能带来的代价和好处。

策略促进

这里先以一个大猩猩的例子来说明策略促进。在大猩猩群体中，雄性都会竞争最高的统治地位，从而获得更多的交配机会。一般来说，大猩猩首领至少可获得与50%的雌性交配的机会，有时甚至高达75%，而其他地位低的雄性猩猩只能获得很少的交配机会，有的猩猩实际上根本没有交配的机会，失去了繁衍的可能。因此，大猩猩群体中对于地位的竞争十分激烈。不过，一个没有同盟者帮助的雄性猩猩，仅靠自己的力量是很难获得统治地位的。在一项研究中，一个叫Yeroen的大猩猩是先前的首领，但已经被其他大猩猩取代了首领地位，它与一个想争夺统治地位的大猩猩Nikkie结成同盟。尽管Yeroen和Nikkie没有谁敢单独挑战现在的首领Luit，但它们在一起形成了强有力的联盟。几周以后，终于爆发了冲突，尽管三个大猩猩都受了伤，但Yeroen和Nikkie取得了胜利。Nikkie成为首领，获得了50%的交配机会，而Yeroen也因为与Nikkie结盟获得了25%的交配机会。尽管Yeroen没有再次获得统治地位，但它因为结盟而在群体中保持了自己的地位。Yeroen和Nikkie通过彼此选择形成同盟，促进了双方的成功。因此，与他人形成同盟——朋友、配偶或亲戚——无疑是人类达到自己目标最重要的手段。人类会演化形成对那些促进实现社会目标的同盟者的偏爱，就像我们对促进实现生存目标的食物的偏爱一样。

巴斯认为,人格五因素模型的个体差异维度是策略性同盟形成中的最关键维度,并检验了它们在形成合作关系(个体形成的达到一个共同目标的同盟)、朋友关系(互惠同盟)和配偶关系(长期的异性同盟)这三种非亲戚关系同盟中的作用。在研究中,要求被试判断149个特征分别在上面三种同盟中出现时的喜欢程度。这149个特征包括人格五因素的一些重要指标,是在因素分析的基础上选择出来的。结果发现,在三种策略性同盟形成的过程中,人格的五因素具有突出的作用。在合作关系中,下列特征最受喜欢:有抱负、大胆、自信(外向性);仁慈(随和性);努力工作和可靠(责任感);情绪稳定(情绪稳定性);聪明、开放心态、有广博的知识(智慧—开放)。在配偶关系中,下列特征最受喜欢:自信、对职业目标有志向(外向性);仁慈(随和性);努力工作和可靠(责任感);情绪稳定(情绪稳定性);智慧、聪明、开放心态、创造性、有广博的知识(智慧—开放)。在朋友关系中,最令人喜欢的特征是:勇敢、自信、对职业目标有志向(外向性);仁慈(随和性);努力工作和可靠(责任感);情绪稳定(情绪稳定性);开放心态、智慧、创造性、有广博的知识(智慧—开放)。很明显,人格五因素模型描述的个体差异,是男性和女性在日常生活中形成非亲戚关系同盟时高度令人喜欢的特征。

策略干扰

一些个体往往阻碍目标的实现和策略的实施。例如,骗子往往利用合作机制,刚开始表现得像个互惠合作者,一旦取得别人的信任,在关键的时候就会表现出背叛行为或者开小差,干扰成功形成互惠同盟。人格五因素模型的个性差异维度与策略干扰源密切联系在一起。巴斯等人运用三种方法(自我报告、配偶报告和调查、访谈者报告)研究了人格五因素模型中的个性差异维度在婚姻中的干扰作用。他们让已婚夫妇独立完成一份包含147个项目的问卷,评估婚姻中"生气和烦扰的来源",生气、愤怒和烦恼等表示策略干扰的情绪。

结果发现:第一个在配偶身上表现最差的人格维度来源(策略干扰)是低随和性。配偶身上的低随和性与忽略、言语伤害、身体虐待、性不忠、不体谅、自我中心联系在一起。这一结果与前面研究提到的配偶身上令人喜欢的特质的结果刚好相反。第二个在配偶身上表现最差的人格特征是情绪不稳定。情绪不稳定与占有欲、忌妒、依赖、虐待、不体贴、身体的自我专注、自我中心联系在一起。此外，人格的其他三个维度也与烦扰的来源有关：低责任感与性不忠联系在一起，特别是在男性中；低智慧—开放与和他人的性关系联系在一起，例如，把异性成员看作性目标，评价其他人的吸引力，表现出对电影明星有性欲望；外向性与优越感的行动联系在一起，例如，把配偶当作下人，更重视自己的意见而不是配偶的意见，试图使自己的行动看起来比配偶更好。这一研究表明，人格的五因素与策略干扰的来源联系在一起。在配偶关系中，它提供了描述配偶可能遭受哪些损失的维度。在婚姻关系中，随和性低和情绪不稳定的人是特别成问题的。这些人更可能从言语和身体上虐待配偶，配偶更可能因其性不忠而遭受损害。

7.3.4 人格五因素在解释适应问题中的作用

不同的人格特性既可能成为个体解决适应问题时可利用的资源，也可能成为制造适应问题的来源。人格五因素模型研究表明，高外向性的人更可能运用社会支配的方式解决适应问题，高随和性的人更可能成功与他人合作解决适应问题，高责任感的人更可能通过纪律、勤奋和艰苦的工作解决适应问题，情绪稳定的人更可能依靠内在的复原力和从挫折中恢复的能力解决适应问题，高智商的人更可能运用创造性的认知方法解决适应问题。在这些维度上表现出的个性差异对于他人的适应问题的解决也十分重要。

巴斯等人通过配偶不忠问题的研究对此进行了说明。他们对100对新婚夫妇进行纵向研究。在他们新婚的第一年，通过自我报告、配偶报告和独立访谈报告三种方式搜集数据。4年以后，要求被试完成一个关于"生气和烦扰来源"的问卷调查，问卷包含147件异性成员可能做的事情，这些事情可能使一个人感到生气、烦扰和痛苦。这个问卷在以前的因素分析基础上提出了问题的15个主要来源，其中不忠包括

"他或她含情脉脉地看其他人""他或她与另一个人有性关系""他或她对我不忠""他或她与其他人外出"。结果发现,低责任感的男性和女性比高责任感的男性和女性更容易遭遇配偶不忠的适应问题。一个没有预期到的发现是,高智慧—开放的女性更可能遭遇配偶不忠的适应问题。此外,人格特征也与虐待、忽视、侮辱、不体贴等适应问题有重要关系。这些结果表明,人所处的社会环境中重要他人的人格特征可能在制造适应问题方面起重要作用。例如,高服从性的人更有可能遇到配偶不忠的适应问题,配偶责任感低的人更有可能遇到配偶不忠的适应问题。

在有些情况下,重要他人的人格特征也会促进适应问题的解决。例如,研究发现,高外向性的男性倾向于采取频繁展示资源的行动来保持配偶,如"他在她身上花很多钱""他给她买贵重的礼物""他带她到高级餐馆";而低外向性的男性倾向于采取贬低的策略来保持配偶,如"他告诉她他会作出改变以使她高兴""他变成她的奴隶"。虽然男性采取的配偶保持策略不同,但都有利于女性适应问题的解决。

7.3.5　人格的性别差异

巴斯认为,由于男性和女性在进化的过程中面临着不同的适应问题,因此在解决这些问题的过程中,男性和女性形成了不同的人格特征和行为策略,导致人格方面稳定的性别差异。巴斯对男性和女性在求偶方面的策略差异进行了大量研究,取得了丰硕的成果。

男性和女性在繁衍后代的过程中付出的代价是不相同的。对男性来说,只要和女性发生性关系,形成受精卵,从理论上说其繁衍的任务就基本完成,只要这个后代存活下来,就有他一半的基因,因此男性形成了一些短期的求偶策略,以繁衍更多后代。但是,在长期配偶关系中,男性也面临着一个重要的适应问题——父亲身份的确定性问题,也就是确保自己的亲本投入给了自己的后代。这导致男性在寻求长期配偶时采取和寻求短期配偶不同的行为策略。

对女性来说,繁衍后代所要承受的代价和投入就要大得多。怀孕、生产、哺乳、养育、保护孩子等,这导致女性在选择配偶的过程中对男性具有高度的区分性。如果她们对男性配偶不加区分,将会付出巨大的代价,会导致生殖成功率低,其后代也较少能存活到生殖的年龄。在人类进化史上,一个男性可能几小时甚至几分钟就离开与他发生性关系的女性而他的繁衍成功率不会受到严重影响,女性则要冒怀孕的风险,付出巨大的代价。因此,无论选择短期配偶还是长期配偶,女性都比男性要慎重得多,形成与男性完全不同的求偶策略。巴斯和施米特(Buss & Schmitt, 1993)据此提出了男性和女性求偶的九个假设,并运用实证研究加以证明(见表7.1)。

表7.1 男性和女性的求偶假设及研究证据(Buss & Schmitt, 1993)

假 设	证 据
因为男性的亲本投入水平更低,所以男性比女性更多采用寻求短期配偶的策略。	男性在寻求短期配偶上付出更多努力。男性比女性希望有更多配偶。男性更愿意在关系早期进行性交。男性更少对喜欢或不喜欢的配偶特征设定严格的标准。
男性已经进化出一种独特的短期交配性心理,这种对短期配偶的偏好可以解决判定与哪些女性可以有性接触的问题。	与长期配偶相比,男性会更关注短期配偶的滥交或外显的性经历。男性在寻求短期配偶时,不喜欢拘谨、性经验不足和性驱力低的女性。
男性已经进化出一种独特的短期交配性心理,这种对短期配偶的偏好可以在一定程度上解决承诺和投入最小化的问题。	男性在寻求短期配偶时,女性身上任何显示要求承诺的特征都是不被喜欢的。
男性已经进化出一种独特的短期交配性心理,这种对短期配偶的偏好可以在一定程度上解决识别哪些女性有生殖力的问题。	身体是生殖和繁衍能力最重要的线索,无论是短期配偶还是长期配偶,男性都重视其外表吸引力。
寻求长期配偶时,男性会激活忌妒和特定喜好等心理机制,以确保对父亲身份的信心。	男性介意伴侣的性不忠,而女性更介意伴侣的情感不忠。与短期配偶相比,男性更重视长期配偶的诚实、性忠诚和贞洁等特征,而避免滥交和性经历丰富的配偶。
寻求长期配偶时,男性表现出的偏好可以解决识别哪些女性更有生殖力的问题。	男性更重视长期配偶的外表吸引力和相对年轻化,因为这代表着女性的繁殖价值。
对于短期配偶,女性会寻找那些愿意给予即时资源的男性。	在短期关系中,女性喜欢那些舍得提供资源如钱、礼物的男性;不喜欢那些在短期关系中不愿意提供资源的男性。

续 表

假　设	证　据
女性比男性更多运用短期性关系去评估有长期前景的配偶。对于潜在的配偶,女性不喜欢那些对长期前景不利的特征。	对于短期关系,女性比男性更不喜欢那些还处在另一段关系中的配偶。女性比男性更不喜欢滥交的配偶。因为在短期关系中女性需要配偶抵御攻击,所以女性对短期配偶的体型和力量的要求高于长期配偶。
寻找长期配偶时,女性更重视男性为后代提供经济资源和其他资源的能力。	对于长期配偶,女性比男性更喜欢显示潜在资源的线索,包括志向、挣钱的能力、专业、学历和财富。

7.3.6　人格一致性与行为多样性

人格一致性问题一直是人格心理学中一个有争议的问题。尽管一些特质如友好表现出很高的一致性,但更多特质表现出中度的一致性,特别是在外显行为方面表现出高跨情境一致性的情况更少,而是表现出对情境变化的敏感性,根据情境而变化。对此,进化心理学家提出了新的解释。巴斯(Buss,1991)认为,应该把演化形成的心理机制与外显的心理和行为区分开来。通过解决生存和繁衍问题而演化形成的基本心理机制,会在长时期内保持相对稳定。在这个意义上,人格具有高度的一致性。外显的心理和行为产生于演化形成机制与环境因素之间的相互作用,环境因素在不同个体身上有区别地激活外显的心理和行为。因此,外显的心理和行为是高度背景依赖的和有区别性的。这主要表现在以下三个方面。

第一,每个人在不同时间和情境面临不同的适应问题,激活不同的心理机制,产生不同的行为。一个人面临威胁时激活的机制与开展互惠合作时激活的机制是不相同的,尽管在随和—侵犯维度的外显行为表现上有很大差异,但在面临相关的背景输入时,心理机制仍然会保持稳定和可靠的激活。

第二,每种心理机制能依据不同的背景产生不同的行动,但每个行动都在执行心理机制的功能。例如,追求地位的心理机制是外向性的基础,它会产生各种各样的行动,如长时间地工作、有选择性地社会化、向群体提出新观点、欺骗性地夸大个人目前的地位。不同的行动反映了演化形成的机制,因为它曾经在演化进程中解决过某种问题。

第三,行动可能代表几个心理机制合并的输出。根据这种观点,必须从基本的心理机制水平和激活它们的事件中寻找人格一致性,而不是像一般人格心理学所做的那样在外显行为水平上寻找人格一致性。外显心理和行为可能是多个心理机制作用的结果。以往的人格心理学解释只强调心理内部水平的一致性,而对为什么有稳定的心理机制没有提供任何解释,进化人格心理学对这方面进行了清楚、明确的阐述。

需要指出的是,巴斯一方面赞同图比和科斯米德斯有关人格稳定的个体差异产生的原因的分析,另一方面也指出一些同样适应的、可供选择的行为策略可能以遗传多样性或心理机制的连续体为基础,它们没有任何普遍的最佳水平,因此遗传变异会被保留下来,这为进化人格心理学的进一步研究指明了方向。

7.4 麦克唐纳和内特尔的人格心理学

图比和科斯米德斯与巴斯对于人格心理学的许多观点是一致的,但也存在一些有争议的问题。一些最具争议的问题是:遗传的人格差异是否具有适应价值?遗传的人格差异是如何演化形成的?麦克唐纳和内特尔在整合人格心理学研究的基础上,对这些问题作出了回答,推动了进化人格心理学的进一步发展。

7.4.1 人物传略

麦克唐纳(Kevin MacDonald),加州大学长滩分校心理学教授。1966 年,他毕业于威斯康星大学麦迪逊分校哲学系,获得学士学位;1977 年,他在康涅狄格大学学习进化生物学,并获得硕士学位;随后继续研究生物行为科学,1981 年获得博士学位。1985 年进入加州大学长滩分校心理系工作至今。他的主要研究领域为文化、发展心理学、人格理论、种族关系的进化研究，发表了 100 多篇学术论文，出版了多部著作。

图 7.4　麦克唐纳　　　　图 7.5　内特尔

内特尔(Daniel Nettle)，英国行为科学家，主要兴趣是运用生态学和进化论的观点研究人的行为。1993 年在牛津大学获得学士学位，学习专业是心理哲学；1996 年在伦敦大学获得生物人类学博士学位；2004 年至今在纽卡斯尔大学工作。他的研究兴趣比较广泛，运用生态学和进化论对合作、繁衍决策、亲本投入、家庭、人格、健康、社会经济不平等等一系列问题进行了广泛研究。到目前为止，出版著作 7 部，发表论文几十篇。

7.4.2　麦克唐纳的人格心理学观点

麦克唐纳是美国著名的进化发展心理学家。他认为，人格是人类演化形成的满足有机体最基本需要的适应系统，具有普遍性，而人格稳定的个体差异也是适应的产物。他对人格的个体差异及其遗传多样性表现出浓厚的兴趣，并结合神经科学的研究整合进化人格心理的研究，提出了一些有价值的观点。

人格是演化形成的满足有机体最基本需要的适应系统

麦克唐纳(MacDonald, 2005)认为，心理是由一系列心理机制构成的，它通过自然选择设计解决适应问题。心理作为一个适应系统，在进化适应的环境中完成一系列社会的和非社会的功能。这一适应系统在脑内分别对神经生理系统加以组织,与特定的脑区和神经化学物质有密切联系。人类的心理具有连续性,是演化形成的满足有机体最基本需要的适应系统,每个系统都会产生不同的行为策略。人格研究的焦点在于,确定一系列构成人格差异的基础的演化形成的系统。

结合神经科学的研究成果,麦克唐纳提出构成人格的五个基本系统。(1)行为趋向系统。这一系统与五因素模型中的外向性有关,其行为趋向的核心是支配、感觉寻求、对奖赏敏感等。行为趋向人格系统是设计的推动趋向酬赏的来源(例如,性满足、社会地位),奖赏吸引力是行为趋向系统的核心。在成年人中,行为趋向与侵犯和更多的性经历联系在一起,且存在明显的性别差异。(2)抚育—爱的系统。这一系统包括亲密行为、互惠行为和资源传递行为,是构成亲密关系和长期关系的基础。这一系统是人类情感发展的基础,其进化的推动力是对高水平亲本投入的需要,亲本投入对于人类繁衍必不可少。这一系统的行为是人类情感上的行为取向,女性在这一维度上的得分显著高于男性。(3)行为抑制和责任系统。该系统的功能是监控危险和即将导致处罚的环境,包括延迟满足、坚持不喜欢的任务、非常注意细节,以及负责任和可靠等方面的行为表现,与五因素模型中的责任心维度对应。它通过恐惧和焦虑的情绪对不确定或处罚的信号作出反应,包含为避免危险和获得回报而灵活计划的能力。(4)情感强度系统。这个系统的作用是调动行为资源,通过恰当的唤醒以满足情境的实际需要,服务于趋向和回避的行为。它的进化功能好像一个总的行为发动机,促使有机体根据当前环境和威胁作出趋向和回避行为。趋向与正性情绪相关,回避则与负性情绪相关;趋向是正性情绪在低强度刺激下表现出的行为,而回避是负性情绪在高强度刺激下表现出的行为。(5)经验开放系统。这个系统包括内在驱动的好奇心、对认知和美学的兴趣,以及在这些领域的想象力和创造性。开放性是一种发散的认知方式,寻求新颖和复杂性,探究不同领域之间的关系。构成人格的这五个基本系统是人类共有的,是人类进化过程中形成的解决适应问题共有的心理机制。

人格个体差异的进化观

麦克唐纳反对图比和科斯米德斯有关人格的个体差异没有适应价值的观点,认为人格的个体差异是进化过程的重要组成部分,它不仅是一种可行的适应策略,而且具有重要的适应价值,促进人们在自然和社会环境中占据更广泛的生存环境。适应是人格的基本系统对环境背景作出反应(系统×背景)的结果,环境的变化对于人格表现型的变化具有重要影响。人格的个体差异是演化形成的系统的变异,在正常范围内观察到的人格维度的变异代表了一个可行的、可供选择的使适应最大化策略的连续体。

麦克唐纳从两个方面说明人格个体差异的选择机制:一是通过频率依赖(frequency-dependent)的选择,在一定环境范围内,相对稀少的表现型具有竞争优势,而相对多的共同的表现型具有竞争劣势,因为它们必须彼此竞争相同的生态位;二是稳定的选择,任何人格系统的表现都必须适度,过高或过低的表现都是不适应的。例如,适度的经验开放与高创造性联系在一起,但走向极端可能导致情感紊乱、躁狂等精神病症状。而且,在特定的人格维度范围内,平均的适应大致相等,但不同人格水平的个体实现适应的方式是有差异的。例如,如果一名男性过度追求繁衍和短期配偶,对后代的亲本投入就会减少。如果一个特质有两种水平大致相等的适应,一种适应增加,另一种适应就会减少。可以说,一些方面适应优势的增加,另一些方面必然会付出一些适应的代价。

麦克唐纳的观点与菲格雷多(Figueredo,2005)的观点是一致的。菲格雷多认为,适合不同社会生态位的个体特质的多样化是频率依赖的选择结果,社会竞争驱使个体进入不同的社会生态位,填满这些不同的生态位,这部分缓和了来自同种之间竞争的压力。运用行为生态学的原理可概括为,种内的生态位划分(niche-splitting)导致种内的特征替换(character displacement)。生态位是指,在生态系统中,一个种群在时间和空间上占据的位置及其与相关种群之间的功能关系和作用。生态位划分是生态环境空间被划分为更多专门化的生态位,特征替换是个体特征的变异适应于这些不同的生态位。与前面几种观点不同,这种观点认为，人格的个体差异是自然选择的结果，是适应的产物。

麦克唐纳的研究不仅运用进化论说明构成人格的基本系统的普遍性，而且充分利用神经科学的研究成果论证人格个体差异的适应价值以及可能形成的机制，为进化人格心理学的研究指明了新的方向。

7.4.3　内特尔的人格心理学观点

英国行为科学家内特尔发展并完善了麦克唐纳的进化人格心理学观点，明确指出不同物种身上广泛可遗传个体差异适应权衡（trade-offs）的重要性。人格特质适应的相对重要性随着环境条件的变化而变化，每个人格特质既会带来适应的好处，也会带来某些弊端，不存在最适宜的、广泛适应的特质。他对人格个体差异的研究既是对以往研究的总结，也深化了人们对于人格差异适应性及其产生机制的认识，促进了进化人格心理学的发展。

人格的个体差异是自然选择的结果，具有可遗传性

内特尔反对图比和科斯米德斯有关变异只出现在那些功能不重要的特质上，只有那些没有表现出任何变异的特质才适合用适应加以解释的观点，明确指出人格稳定的个体差异同样是适应的产物，具有普遍性。

图比和科斯米德斯对于人格个体差异的观点主要来自遗传学中的费希尔（Ronald Aylmer Fisher）定理：自然选择通过提高最高适应变量的频率耗尽了遗传的变异，直到它达到固定化，同时从基因池中消除其他变量，具有选择史的特质或机制倾向于展现很少的遗传变异，或没有任何遗传变异。内特尔并没有完全否定费希尔定理的正确性，但明确指出，断言所有重要特质都缺乏可遗传的变异肯定是不正确的。许多遗传变异产生的影响，特别是对行为的影响，会产生或大或小的变化，变异在种群中是一种很常见的现象。正如林奇和沃尔什（Lynch & Walsh, 1998）在进化遗传学的教科书中指出的，"差不多在每个物种中得到广泛研究的每个特质都表现出非零的可遗传性"。这种遗传变异会产生一种表现型的连续性，产生一系列不同形态或策略，它们得到一个或许多基因开关的支持。许多可遗传的特质一直被证明与适应有关，通常那些与适应有关的特质的遗传系数比那些中立的特质的遗传系数更高,适应本身是可遗传的。

为什么人格变异或个体差异能够持久存在呢?变异的长远来源是突变。进化过程都涉及引入新变异的突变与消除它们的选择之间的平衡。在一个特质只受一个基因影响的情况下,一个等位基因比其他所有基因有更强的适应性,变异很小,用费希尔定理来说就是,可遗传性确实会降低为零。不过,当影响人格特质的基因不是一个而是许多个时,就会出现许多可能的突变,或者当不同的等位基因出现相对适应的波动时,即使选择的力量很强,仍然会有相当多的遗传变异会持续地保留下来。因此,人格的个体差异是适应的产物,是可以遗传的。

人格遗传的个体差异是波动选择的结果

内特尔认为,目前观察到的人格差异的范围可能反映了可行的人类行为策略的范围,在极端情况下是存在适应的不利因素的。选择可能是波动的,有时它可能会增加一个特质的适应好处,有时则会带来适应的代价。这是因为,有机体通常在与适应有关的不同目标之间妥协,而不是进行零和交易。例如,人的身体长得更高大会带来同类之间竞争的成功,但所需的成长周期更长,从而也会延迟繁衍开始的时间,付出延迟成熟和繁衍的代价。

任何特质适应都是当时环境的函数。相对小的生态改变足以影响人格特质的适应。内特尔(Nettle,2011)以"大五"人格为例,详尽说明了人格特质水平的改变带来的适应好处与代价。

外向性:与积极情绪、探索活动和奖赏有关的维度。外向性得分高的人有一些适应方面的好处,有更多的性伴侣或更高质量的配偶;从事更多的社会活动,得到更多的社会支持;有更多的身体活动,喜欢有风险的探究活动。但外向者在追求性多样化、高水平的探究活动时,他们也把自己暴露在风险中,付出一些适应的代价。那些由于事故被送到医院的人大多是外向性得分高的人;他们更多卷入犯罪或反社会行为,从而受到惩罚甚至死亡;增大了后代接触继父母的可能性,降低了后代的幸福感。

神经质：与消极情绪系统活动水平的变异联系在一起，如恐惧、悲伤、焦虑和罪恶感。一般来说，神经质是精神紊乱的有力预测因素，特别是抑郁和焦虑，会损害身体健康，神经质有可能导致社会关系失败和社会孤立。但神经质也具有适应好处，有助于回避真实的危险，如焦虑会提高对威胁刺激的觉察，从而加快对威胁刺激作出反应，带来安全方面的好处，因此神经质可能具有保护作用；神经质与竞争存在正相关，有研究表明，在大学生中学业成功与神经质有较强的正相关，神经质有利于在竞争领域取得成功。

开放性：根据经验来看，开放的特质好像只会带来纯粹的好处。开放性与艺术创造呈正相关，有利于获得更多的性伴侣；发散的认知方式，以及寻求新颖性和复杂性有利于人的成功。但开放的、不寻常的思维方式易导致有关世界的超自然的信仰，损害人的身体和心理健康，甚至减少繁衍的机会。

尽责性：涉及有条理和追求目标时的自我控制，在现代社会被认为只会带来纯粹的好处，例如采取健康的行为和回避风险，讲道德。但高尽责性的人也会付出一些代价，例如在缺少短期配偶的情境下会减少繁衍成功的机会。

随和性：与移情和信任有关的特质，其适应好处是明显的，例如和谐的人际关系，回避暴力和人际敌意，有更多的朋友和合作伙伴。其适应代价也很明显，例如过度信任别人容易受到背叛，与获得的奖赏、地位、创造性成就之间呈负相关。

表7.2 "大五"人格维度适应的好处与代价（Nettle，2007）

领域	好处	代价
外向性	交配成功，社会同盟，利用环境	身体冒险，影响家庭稳定
神经质	警觉危险，努力和竞争	应激和抑郁，影响人际关系和健康
开放性	创造性，提高吸引力	不寻常的信仰，抑郁，精神病
尽责性	注意长期的适应好处，延长预期寿命	失去即时的适应好处，强迫，僵化
随和性	和谐的人际关系，有价值的同伴	无法最大化自身的优势，地位竞争中处于劣势

应该指出，内特尔在把人格稳定的可遗传的个体差异归结为遗传多态性的同时，也注意到目前行为遗传学对人格特质的研究只得出 0.50 可遗传性的结果。因此，他明确指出，要弄清人格的个体差异产生的机制，必须注意三个变量，即遗传变异、共享的环境、独特的环境之间的相互作用。只有这样，才能真正弄清人格个体差异产生的原因。

7.5 进化人格心理学的评价

进化心理学作为心理学中的一种新取向，为人格领域的研究注入了活力，提供了全新的研究视野，取得的成就有目共睹。同时，作为一种新事物，它也引发了很多争议和批评。对此，必须辩证地加以分析。

7.5.1 进化人格心理学的贡献

首先，进化心理学把人格研究纳入生命科学的范畴，加深了对人性的认识和理解。近百年来，心理学研究一直以物理学、化学为榜样，以机械论为指导，虽然取得了一些重要成果，但也出现了许多问题，其中一个主要问题是缺少了"人性"，离人的实际越来越远。此前，西方的人格心理学研究虽然并没有忽视探讨人性，但这些研究都集中在人性是什么，即人性的本质方面，从未探讨人性是如何产生的。由于缺乏对人性产生和发展根本原因的探讨，只注重人性发展的结果，因此对人性的研究就成了盲人摸象，难以全面和深入地了解人性。长期以来，我国心理学界虽然认为人格具有生物性和社会性两方面，很少有人完全否定人的生物性，但都认为人性在本质意义上是"社会关系的总和"，对人的生物性，特别是遗传、本能的作用往往不够重视或有意地回避，这不利于全面和深入地理解人的心理或人性。进化心理学家充分认识到这一点，卡纳扎瓦（Kanazawa，2004）明确指出："既然生物学研究生命有机体及其行为和社会系统，而人是生命有机体，那么可以认为社会科学（主要研究人类行为和社会系统）是生物学的分支，所有社会科学理论应该与生物学原理一致。"进化心理学以自然选择和适应为基本原理,从人的生存和繁衍的角度对人性进行深入分析,提出了大量新颖的假设,取得了一些创造性的研究成果,大大丰富了对人性本质及其原因的认识。正是在这一意义上,进化心理学家罗萨诺(Rossano,2003)指出:"以达尔文的进化论原理为基础,进化心理学是理解人性的一种新的取向……在全面理解人性方面,这种观点具有无限的潜力。"

其次,进化人格心理学试图整合心理学中有关人性、个体差异的理论和研究,创建完整的人格理论。标准的社会科学没有任何明确的元理论以指导人格研究,人格研究者只能通过遵循直觉或试错以指导自己发现新的心理现象。这可能阻碍了在理解构成人格差异的机制和那些发展机制方面的重要进展。人格心理学研究中存在众多流派,缺乏整合的理论,以至于很多人格研究者都认为,每一种理论只解释了人性的一个侧面而不是全部。人本身如此复杂,我们不可能奢望仅用一种理论就可以解释所有心理现象。20世纪80年代,美国人格心理学家赫根汉(Hergenhahn,1988)也指出:"一个木匠不可能用一种工具就企图建造一幢房子,一个人也不能奢望只用一种理论就能了解人格,如果说螺丝起子比锉子更好、更有用,那简直是在胡说八道。"人格心理学的这种状况很难令人满意,20世纪90年代以来,许多心理学家都在尝试整合人格心理学理论,进化人格理论就是这种努力的一部分。进化心理学家把进化论作为整合人格心理学的元理论,把适应作为解释人格的主要概念,通过功能分析方法去发现、描述、解释人的心理机制。功能分析就是弄清某些机制用于解决哪些适应问题,这在身体结构方面很容易理解。人体可以用不同方法描述和分析,解剖学家之所以把肝脏、心脏、眼、手等分为不同的器官和系统,是因为它们的功能不同。功能分析也适用于人的心理机制,只有弄清心理现象的功能才能对心理现象有清楚的理解。进化心理学家不仅重新整合了现有的人格心理学理论和研究成果,而且提出了大量有关人格心理机制的新的假设和预测,形成了完整的人格理论。正是在这个意义上,当代著名人格心理学家麦克亚当斯(McAdams,2006)在谈到人格心理学的整合时明确指出,"进化理论必须提供第一的原理是以科学理解人,因为没有考虑到那些特征如何和为什么演化形成,去谈论人性的物种典型的特征是没有任何意义的"。

7.5.2 进化人格心理学的局限

进化人格心理学存在许多局限,很多问题有待进一步研究。进化人格心理学研究在受到许多学者的赞赏和推崇的同时,也受到一些学者的质疑和强烈批评。这些质疑和批评主要表现在以下五个方面。

第一,从方法论角度看,进化人格理论只能解释心理现象的起源,不能预测会出现什么样的心理设计,正是在这个意义上,著名进化心理学家巴斯(Buss,1995)认为,"进化心理学提供了什么不可能演化形成的广泛指导,但是它不能阐明什么必然会形成"。

第二,心理机制的模块化的结论不仅与很多现代心理学研究结果相悖,而且没有得到神经心理学研究的证实。

第三,尽管目前大多数进化心理学家认为个体差异具有重要的适应价值,但个体差异是否为自然选择形成的适应装置还是一个有争议的问题。从进化理论来看,自然选择形成的适应装置的遗传率应该为零,而行为遗传学研究却表明许多人格特质的遗传率都在 0.30~0.50 之间。如果把个体差异看作适应装置,这一矛盾如何解释?其形成机制如何?

第四,进化心理学主要聚焦于一些与生存和繁衍密切相关的问题,对于那些与生存和繁衍相距甚远的心理现象和人格现象并不能提供令人信服的解释。

第五,在人格对行为的影响方面,进化心理学家强调心理机制和环境的相互作用,但两者相互作用的机制仍然是个谜,必须通过科学研究提供证据。

进化心理学家为人格心理学研究提供了一个新的范式,有利于从新的角度对人格问题进行新的探讨,现在的工作还处于开始阶段,要形成系统、完整的人格理论,还需要进行更多的整合。

第三编

学习理论

学习理论有一个基本观点,即个体行为的形成受到过去经验的影响,由此,个体行为如何变化是可预测的。环境决定行为,学习理论强调人格的形成受到各种外部环境的影响。行为主义学派的开创者华生甚至将环境作为决定人格形成的唯一因素,他认为人格仅仅是人的一种习惯系统。斯金纳发展了这一思想,将人格视为行为的集合,提出了操作条件反射的概念,用强化来解释学习和人格的形成。随后,米勒和多拉德指出,"只有当一个人想要些什么、注意些什么、做些什么,以及获得些什么时,学习才能发生"。这反映了他们对学习以及行为表现的内部过程的重视。罗特和班杜拉的社会学习理论在考虑环境作用的同时,还强调了社会认知经验的作用。米歇尔提出的认知 情感人格系统理论则试图整合社会学习经验与生物遗传因素之间的相互作用。

8 华生和斯金纳:行为主义

特质论者和生物论者关注人格的表现及其内在决定力量,与他们不同,行为主义者将目光转向行为,并极为重视外部环境对行为与人格的决定作用。作为行为主义的开创者,华生认为,要使心理学成为一门真正的科学,就必须放弃研究主观的心理或意识,而把可观察的行为作为心理学的研究对象。斯金纳是行为主义心理学最忠实的拥护者和最坚定的支持者,他提出操作条件反射的概念,继承并发展了华生、巴甫洛夫和桑代克的思想。

本章首先从行为主义对人格所作的界定入手,介绍在华生的观点中人格形成与改变的影响因素、人格研究方法、关于情绪的研究,以及对病态人格的讨论,并评价华生的理论;之后介绍斯金纳关于人格结构、人格动力和人格发展的观点,并加以简要评价。

8.1 华生的人格理论

华生对人格的阐释从行为主义的角度出发,他认同巴甫洛夫的经典条件作用学说,提出环境是人格形成的决定因素,而且特别强调早期环境和教养对人格形成和发展的重要作用。

8.1.1 华生传略

华生(John Broadus Watson,1878—1958),出生于美国南卡罗来纳

图 8.1　华生

州格林维尔附近的一个农场主家庭。虽然华生的母亲是个勤劳能干的虔诚的基督徒,但他有一个不务正业、游手好闲的父亲。在华生13岁那年,他的父亲甚至突然抛妻弃子,多年杳无音信。这对少年的华生无疑是个重大打击,他也一度成为叛逆少年,甚至两次被捕。不过,天资聪颖的华生很快就清醒了过来,开始为自己的未来作打算。16岁时他进入大学学习,随后逐渐明确自己的兴趣在心理学领域。1900年,他前往芝加哥大学攻读博士学位,师从哲学家杜威(John Dewey)、心理学家安吉尔(James Rowland Angell)等一批著名学者。他以白鼠为研究对象,凭借对动物心理学的研究,3年后获得了博士学位。因为表现优异,毕业后华生留在芝加哥大学担任讲师和心理实验室主任,进一步开展自己的研究。

1908年,华生应邀来到约翰斯·霍普金斯大学担任教授,并在其后的十几年时间里逐步形成自己的行为主义心理学理论体系,在获得辉煌成就的同时,也奠定了自己在心理学中的地位。1908年,在耶鲁大学的演讲中,华生首次提出行为主义的观点。1912年,在哥伦比亚大学的一系列演讲中,他对这一观点进行了初步阐述。1913年,华生在《心理学评论》(Psychological Review)上发表论文《行为主义者眼中的心理学》(Psychology as the Behaviorist Views It),这篇论文被称为"行为主义的宣言",它标志着行为主义心理学的正式诞生。1914年第一次世界大战爆发后,华生加入军队服务。战后,他继续进行学术研究,1919年出版《行为主义心理学》(Psychology: From the Standpoint of a Behaviorist),书中系统完整地论述了其行为主义心理学理论体系。虽然华生在1925年出版了另一部重要著作《行为主义讲演录》(Lecture In-Print Behaviorism),进一步论述了自己的观点,然而他辉煌的学术生涯在1920年戛然而止。经过一场沸沸扬扬的婚外恋丑闻,华生已经无法继续在学术圈内立足。为生计所迫,他不得不转而投身广告业,尝试将心理学知识应用于广告领域,为诸多名牌产品进行广告策划。几年后,华生俨然已经转型为一名成功的商人。

离开学术圈的华生对心理学研究并未完全释怀,而心理学界也没有忘记这位行为主义的开创者。1957年,已年近80的华生获得美国心理学会授予的金质奖章,以奖励他对心理学作出的巨大贡献。第二年,华生逝世。生前能够获得同仁的肯定,对华生而言无疑是莫大的安慰了。

8.1.2　人格界定

从行为主义的观点出发,华生从完全不同的角度阐释了人格。他认为,完全有必要彻底抛弃以往的人格概念,而改用行为主义的术语。他的人格概念也是为了全面观察个体的行为,在变化的情境下观察整个有机体的行为表现。1919年,华生曾经指出,要研究人格,就必须对个体的全部生活,包括过去的和现在的,进行细微的观察。关于一个人的过去和现在,我们的知识越全面,分析这个人的人格就越准确。他指出,要把个体当作社会的一员去评价,通过个体在当前环境中的功能评价个体,估量个体是否适应一种新的环境,列出个体在现在和将来的适应中会作出的改变。有多种实际的情境强迫研究者采用这种方式研究个体,当我们使用"人格"或"性格"这样的术语评估个体时,它表明我们不是从个体的某一特殊情绪、本能或某些习惯的功能出发观察个体,而是从整个有机体在不断变化的情境中怎样活动或可以怎样活动出发看待个体。

对人格的界定,1919年华生明确指出,人格是指一个人在反应方面的全部资产和债务,其中既包括现有的,也包括潜在的。所谓资产,是指已形成的各种习惯的总体、社会化的和已被调整过的各种本能、社会化的和已被训练过的各种情绪,上述这些事物之间的各种组合和相互关系,可塑性(即养成新习惯和改变旧习惯的能量)和保持性(即已养成的各种习惯在失去作用后重新发挥作用的敏捷度)的高度协调。

从机能主义环境适应的思想来看,作为资产的人格组成部分在个体适应环境中可以起到积极的促进作用,资产就是在个人的资具中,使个体在当前的环境中得以保持顺应和平衡,而且当环境发生改变时得以重新顺应的那一部分。但是,作为债务的人格组成部分则会产生消极的阻碍作用。所谓债务,是指在个人的资具中,在当前的环境中并不发生作用的那一部分,以及各种将会阻碍个体顺应已改变的环境的潜在的或可能的因素。

1930年,华生又一次明确界定人格,认为人格是各种行为的总和,而这些行为只要我们经过长时间的有效观察便可以发现。简而言之,人格只是我们各种习惯系统的最终产物(Watson, 2010)。

8.1.3 人格形成与改变

影响人格形成与改变的因素是什么呢? 华生指出,所有健康的个体出生时都是平等的,他们出生后发生的事情,使得一个人成为干苦活的人还是外交家或成功的商人。他那段广为人知的名言形象地表明了这一态度:"给我一打健康的婴儿,并让我自己设定一个用来养育他们的特殊世界,我可以保证从中随机选出任何一个婴儿,把他训练成任何一种特殊类型的人——医生、律师、艺术家、大商人,甚至乞丐和小偷,而无论其才能、嗜好、倾向、能力,以及祖先的职业、种族如何。"(Watson, 1930, p.104)但是,华生并未否认个体在构造上存在遗传差异。然而他强调,构造上的遗传并不能证明机能上的遗传。许多人认为个体的机能也存在遗传,那是把机能和构造混为一谈。许多已经存在于遗传中的构造和机能并不会表现出来,除非有机体处于某种环境之中,接着遭受某些刺激,再接受某种训练。个体遗传而来的构造具有很多种变化的可能,至于它将来发展成何种形式,则要看我们所处的环境如何。

在人格的具体形成机制上,华生接受了巴甫洛夫的经典条件作用学说。通过研究狗的消化腺,巴甫洛夫发现将中性刺激与无条件刺激多次配对呈现后,条件反射就会形成,即此时即便中性刺激单独呈现也能够引发原先由无条件刺激引发的反应。如将铃声与食物配对呈现,最后狗听到铃声也能分泌唾液。巴甫洛夫还发现条件反射的泛化,即与条件刺激相似的刺激也可以引起条件反射;与之对应,条件反射的分化则是指动物学会了区分不同的刺激。

巴甫洛夫的研究为解释人格奠定了基础。许多行为反应模式都可以用经典条件作用来解释,而人格(在华生看来即行为反应的模式)的改变也可以用经典条件作用中的消退过程来解释。如果停止将条件刺激和无条件刺激一起呈现,那么消退可能发生。也就是说,条件反射频率降低,联结变弱,直到最终消失。

此外,巴甫洛夫的研究也为神经质这样复杂的人格维度提供了某种可能的解释。巴甫洛夫通过实验设计,使狗出现了类似于神经质行为的反应。研究中首先使狗形成对圆的条件反射,并对椭圆产生条件反射的分化,然后逐渐使椭圆近似于圆。当狗无法分辨出椭圆和圆时,神经质行为就出现了。这一研究结果意味着,神经质也许是形成的一种条件反射,当有机体几乎无法对不同刺激作出区别判断时,神经质就形成了。

对于人格的改变,在华生看来,除非发生新的强烈刺激,否则基本确立的人格很难发生改变。换言之,改变人格的唯一方法便是一个人所处的环境完全改变。如果个体处于不同于以往的环境中,那么他将不得不养成新的习惯。环境改变的程度越大,人格改变的程度也会越大。由此,我们可以看到华生对环境作用的强调,情境在人格改变上发挥着重要作用。如果个体想获得一种新的人格,那么必须改变情境,因为只有情境改变了,个体才有可能形成一种新的人格,每个人的人格都取决于他从刺激与反应间学习到的联结。

毫不奇怪,华生的极端环境决定论引起了其他学者的强烈反对。华生后来也承认,自己的环境论观点的确有点过头了,但是他指出,那些反对他的人也没有证明他们的观点是正确的。既然环境是人格的塑造者,那么与此相一致,在人性观上华生也认为,人性无所谓善与恶,性善或性恶均是个体受到环境影响和后天塑造的结果。

对于人格何时基本形成,华生认为在人的一生中,幼年和少年时期是各种习惯系统的形成时期,也是人格变化发展最快的时期。随着年龄的增长,新的习惯系统不断形成,旧的习惯逐渐消退。3岁儿童恰当的人格特点就是一套适合3岁儿童的习惯系统。4岁时,儿童就应当舍弃3岁时的某些习惯系统。一般说来,十三四岁以后的个体,其习惯系统已基本确立。

8.1.4　如何研究人格

华生认为,所有人生来具有相同的素质,但是因为每个人的生活环境和接受的教育不同,所以不同的人会形成各种不同的习惯系统。例如,宗教习惯系统、婚姻习惯系统、私人习惯系统等。尽管人格由这些习惯系统构成,但是具体到个体身上,则其中总有一些占优势的习惯系统,而根据一个人占优势的习惯系统,就可以判断他的人格特征,人格的分类也以此为依据。

华生还指出,一个人在某一年龄阶段各种习惯系统或动作流的横切面,就是他在该年龄阶段具有的人格。因此,研究人格就要设法将一个人的动作流切断,使之成为横切面。

关于动作流概念的提出,华生解释是为了使人们易于理解行为主义的中心原理(即一切复杂行为,都是由各个简单的反应发展而来的)。它可以代替詹姆斯(William James)提出的意识流。华生着重指出,每种非学习的动作都在婴儿出生后不久便被条件刺激控制。人的手臂、腰、腿、脚在出生后不久便被组织起来,进而发展出各种固定的习惯,有些习惯会一直存在于动作流中,而有些习惯只存在很短时间便逐渐消失。

具体而言,要研究个体的人格,就必须在复杂的日常活动中观察个体,不是在某一瞬间,而是一周又一周,一年又一年,观察个体在压力下、在诱惑中、在物质丰富或贫乏的条件下的行为,即对行为进行长期细致的观察是判断人格的唯一方法。华生主张通过实践的、常识的、观察的方法研究人格,并进一步提出要正确评估人格,可从以下五种具体的人格研究方法入手:第一,研究个体的教育图表,了解其受教育状况;第二,研究个体的成就图表,如升迁速度和薪资水平;第三,运用各种心理测验;第四,研究个体的业余实践和娱乐活动,了解其度过闲暇及娱乐时光的方式;第五,研究个体在生活中的情绪表现,即在实际情境中的情感特征(Watson, 2010)。

8.1.5 情绪

对华生来说,情绪或情感只不过是对特定刺激的生理反应,它是一种感官上的反应,是一种遗传的"模式反应",其中包括整个身体机制的深刻变化,特别是内脏和腺体系统的深刻变化。每一种情绪都涉及一种特定的生理变化模式。但是,在讲到成人的情绪表现时,华生认为成人情绪反应模式中的遗传模式大都已经遭到破坏,除非在异常情况下,遗传模式差不多已经消失(但其中小部分永远不会完全消失)。在成年个体身上,环境因素改变了原始模式的情绪表现,阻止了情绪某些方面的表现,但情绪模式含蓄的方面,即腺体与平滑肌的活动仍旧保留了下来。尽管华生注意到情绪反应确实涉及外部反应,但是他相信内部反应占优势地位。因此,情绪是内隐行为的一种形式,在这种内隐行为中,内部反应明显表现在诸如面红耳赤、呼吸加速、心率加快等生理表现形式上。

1915年起,华生开始特别关注儿童心理的研究,尤其是儿童情绪的发展。华生认为,成人的所有情绪,诸如恐惧、厌恶、焦虑等都是在儿童早期通过条件反射形成的(Watson & Rayner,1920)。但是,由于和意识一样,潜意识也无法进行客观观察,因此华生抛弃了整个潜意识概念,认为情绪并不是像弗洛伊德所声称的那样,源于潜意识冲动。

通过对儿童的观察,华生推论出,人类具有三种原始的或基本的非习得性的情绪反应模式:愤怒、恐惧和爱。华生确信,儿童所有的情绪反应都是这三种最基本的情绪反应模式通过条件反射过程而形成的。通过条件反射,这些情绪反应可能与最初并不能诱发它们的那些刺激建立联结。决定儿童情绪发展的主要条件是环境因素,特别是家庭。儿童的情绪为家庭所塑造,父母是这种情绪的种植者、培养者。当儿童到3岁时,他的全部情绪生活和倾向,便已打好了根基。

为了证明情绪反应也是条件反射作用的结果,华生运用巴甫洛夫的理论,对动物和11个月大的婴儿阿尔伯特进行研究。在这项虽然经典但日后饱受指责的研究中,华生及其学生雷纳(Rosalie Rayner)运用条件反射原理,将原本可爱的小白鼠与令人害怕的巨大噪声多次配对呈现,从而使阿尔伯特对白鼠产生了恐惧。当阿尔伯特的条件化恐惧形成时，泛化也出现了，他甚至对其他毛茸茸的东西，如兔子、狗、皮大衣、白胡子的圣诞老人面具也感到恐惧。根据这一研究，华生得出结论，对某种刺激条件化的情绪反应可能导致随后对大量刺激或活动的情绪反应。同时，他也指出，任何中性刺激都可能引发情绪。华生相信，大多数人格特征的形成也是如此。

华生原本计划继续通过经典条件作用原理，消除阿尔伯特对皮毛类刺激的恐惧，可惜他已经被母亲带走，再也找不到了。不久，华生被迫离开学术界，再也无法完成这项研究。但是，这一研究引起琼斯（Mary Jones）的兴趣，在华生的指导下，琼斯运用条件反射原理消除了一名3岁大的小男孩皮特对兔子的恐惧。皮特的恐惧并不是在实验室中人为造成的，但是通过实验得以消除。当皮特心情愉悦时，一只兔子被带了进来，为了不引起皮特的极度恐惧反应，它与皮特之间保持足够的距离，而且此刻依然让皮特保持心情愉悦。经过几周的一系列尝试，兔子总是在皮特吃饭的时间里出现，而且与皮特的距离越来越近。最后，皮特终于习惯了兔子的存在，并且可以触摸兔子而不再出现恐惧反应。先前他对类似事物如老鼠、羽毛的泛化恐惧反应也随之消除。这是第一个应用系统脱敏法的个案记录。皮特对兔子脱敏，他人格中的这一部分也发生了变化。琼斯也被认为是行为矫治的先驱，这项技术随后在心理治疗领域大受欢迎。

使用系统脱敏技术对恐惧症进行去条件化治疗，如今已成为一种普遍而有效的治疗形式。它表明，经过长时间治疗，人格的情绪部分也会消失。当代计算机技术的发展，促进了系统脱敏技术在心理治疗中的发展与应用。

8.1.6 病态人格

华生还讨论了成人人格中的一些弱点，如病态人格的问题。他尖锐地指出，在"病态人格"此类术语的含义和使用方面，再没有比精神病理学更混乱的领域了。他甚至预测在20年内，使用弗洛伊德的概念和理论的分析师将会与颅相学者处于同一水平，而依据行为主义原理的分析将会被保留下来,成为社会所必需的职业,处于与内科和外科相同的地位。

华生认为,病态人格既不是人体器官的病变,也不是生理功能失调或生理功能丧失,而是习惯系统的紊乱。因此,改变病态人格就是以新的良好的习惯系统代替旧的紊乱的习惯系统。华生认为,病态人格大多可以追溯到童年时期或青少年时期。童年时期和青少年时期是习惯系统和反应系统极易变化的时期,在这一时期旧的情境总是很快被新的情境取代。随着年龄的增长,儿童所处的社会生活环境在不断变化,儿童要想适应新的环境就必须形成新的习惯系统,并在新情境中抛弃不适应的旧习惯以及相关的情绪元素,旧的反应模式必须让位于新的反应模式。所以,这一时期每个人发展起来的人格模式需要进行极大的修改和调整,而病态人格患者的生活环境是闭合的圆圈,充满旧的习惯系统。旧的习惯系统已经形成一个组织庞大的、定型的、稳定的体系,要养成新的习惯系统并取而代之,其艰难程度非同一般。它需要环境的改变,以新的环境代替旧的环境,只有环境改变得越充分,新的习惯系统才越容易养成,人格改变的可能性才越大。

8.1.7 理论评价

在华生创立行为主义前,心理学界就已经弥漫着对内省法可靠性的怀疑。在心理学研究方法上,华生的行为主义反对传统的内省法,主张采用客观的观察法、测验法、条件反射法、言语报告法等实证方法。他从经验、哲学、实用三个层面批判内省法,大大推动了实验法的发展,使心理学在客观实验方法上走向成熟和精致。

华生的行为主义是对传统心理学的猛烈抨击和反叛,除了抨击传统心理学的内省法,华生也声称,心理学应该采用客观的实证方法研究可观察的外显行为。他认为,机能主义研究的仍然是意识,还保留了一些含糊不清的术语如情感、意志等,而一切主观的名词如感觉、知觉、意象、欲望、目的,甚至思维与情绪等都应该被排除在科学的词法之外。

华生对心理学应用领域的推崇促进了心理学研究成果的应用。在他看来，教育心理学、心理测验、心理病理学、法律心理学、广告心理学等领域是最兴盛的。同时，他对家庭和社会环境的高度重视也是其观点受到大众热烈欢迎的原因之一。

在心理治疗领域，虽然华生并没有明确提出行为治疗的概念，但他在行为主义治疗领域的贡献不可磨灭。1916年，他首次发表了精神病学的相关文章《行为与精神疾病的概念》(Behavior and the Concept of Mental Disease)，奠定了行为治疗的理论基础。在华生之后，人们对行为治疗技术的兴趣激增，一些相关刊物和学术机构纷纷出现。目前，华生对阿尔伯特恐惧症形成的研究已经成为精神病学、临床心理学教科书的常规内容。华生指导琼斯所做的皮特恐惧症消除的研究也具有重要意义，它不仅显示了运用行为矫正改变个体行为的潜在价值，而且是系统脱敏行为治疗技术的先驱性研究。

华生的行为主义也招致了尖锐的批评。华生在传播其思想的过程中竭力主张研究动物和人的外显行为，与此同时，他忽视了对心理、意识的研究，甚至完全排斥心理的概念。这种观点在当时招致许多学者的批评，他们认为华生提出的行为主义恰恰不是心理学，心理学为证实其学科身份必须保留意识、内省等概念和方法。例如，琼斯(Jones, 1915)指出："我们依然可以确信，不论什么心理学，它至少是一种意识的学说。否认这一点，就等于把孩子和洗澡水一起倒掉。"

此外，他过分强调人和动物的同一性。这些极端的做法在很大程度上窄化了心理学的研究范围，使得心理学在相当长的一段时间内忽视了对人的需要、动机、尊严、价值等的研究。因此，虽然有人宣称，华生提出的行为主义标志着人类思想史上一个划时代的转变，但是也有学者指出，在某种意义上，华生的行为主义是一个伟大的失败。

8.2 斯金纳的人格理论

作为激进的行为主义者，斯金纳虽然强调严格分析行为的原因和结果,但他并没有忽略对人格的研究,认为只有满足已建立的科学标准,人格研究才是合理的。因此,他提出经典的操作条件反射,以及惩罚和行为塑造等来分析行为;在人格研究方面,他强调人格研究应该包含有机体的行为,及其受到的强化或惩罚这两者之间的特殊关系。斯金纳的操作行为主义思想关注对人格的解释,并强调环境和情境因素的影响,对人格理论的发展产生了巨大影响。

8.2.1 斯金纳传略

斯金纳(Burrhus Frederic Skinner,1904—1990),出生于宾夕法尼亚州萨斯奎哈纳(Susquehanna)。据斯金纳回忆,他成长于一个温暖安定、舒适幸福的中产阶级之家,父母信奉基督教,父亲是一名律师,母亲则在家中照料孩子。斯金纳是父母的第一个孩子,从小心灵手巧,爱好手工,还善于发明创造。同时,他从小就对动物及其行为充满兴趣,比如,他会在集市上目不转睛地观察受过训练的鸽子。童年时期的这些兴趣爱好对他后来在心理学研究中关注动物行为,以及制作和使用实验设备产生了重要影响。成年后,斯金纳强调自己的人格是儿童时期强化的结果,是所经历的奖励和惩罚的结果,自己的生活和人格是由环境事件决定和控制的。

图 8.2 斯金纳

1922年,斯金纳进入汉密尔顿学院主修英国文学。从文学系毕业后,他用了整整一年的时间埋头写作,但最终没有什么成果。随后,他去了欧洲旅行,在此期间读到了巴甫洛夫和华生的一些著作,这影响了他一生的职业选择。虽然他在大学期间从未学过心理学课程,但是1928年从欧洲回国后,他来到哈佛大学主修心理学。三年后,刻苦学习的斯金纳以论文《行为描述中的反射概念》(*The Concept of the Reflex in the Description of Behavior*,1931)获得博士学位,而这篇论文奠定了他作为行为主义者的学术基调。在博士论文中,斯金纳明确提出,心理学家应当把反射看作刺激与反应之间的一种相关，对可能的中间环节置之不理。它是斯金纳后来创立操作强化理论的起点。博士毕业后，斯金纳在哈佛大学实验室开展了几年的研究工作。1934年，他在两篇研究报告中进一步发展了自己的观点。1936年，他来到明尼苏达大学开始教学和研究工作，1946年担任印第安纳大学心理学系主任，1949年返回哈佛大学任心理学教授直到退休。斯金纳一生工作勤奋，他在地下室建造了一个巨大的、由黄色塑料制成的箱子，这就是著名的"斯金纳箱"，即一个可以提供积极强化的受控环境，斯金纳严格遵循操作条件反射原理安排自己的生活，几十年如一日。

因为研究成果卓著，1950年斯金纳当选为国家科学院院士。1963年，正值行为主义心理学的诞生标志《行为主义者眼中的心理学》(*Psychology as the Behaviorist Views It*, 1913)一文发表50周年之际，斯金纳发表了《年适五十的行为主义》(*Behaviorism at Fifty*)，全面而概要地总结了行为主义理论，尤其是他自己的理论体系。此时，他的行为主义体系已经达到完全成熟的程度。1968年，斯金纳获得美国政府对科学贡献给予的最高荣誉——国家科学奖，他的肖像也登上美国《时代》(*Time*)杂志的封面。20世纪50—80年代，斯金纳一直是行为主义心理学无可争议的领袖人物，在这段时间里，没有任何一名心理学家对美国心理学的影响能够超过他。1990年，他获得美国心理学会颁发的终身成就奖，在大会致辞中，他仍然主张其激进的行为主义思想。获奖一周之后，斯金纳与世长辞。

斯金纳一生著述颇多，其中比较有影响的是《有机体的行为》(*The Behavior of Organisms*, 1938)，这是他的第一部著作。该书作为斯金纳的早期代表性著作，系统介绍了斯金纳强化理论体系的基本思想和实验结果，确立了实验的行为分析的主要观点。最初，对该书的评价大多并不积极，而且该书销量不佳，在最初4年里仅售出80本，随后4年也仅售出500本，然而50年之后，这本书被评为改变心理学面貌的为数不多的几本书之一。《沃尔登第二》(*Walden Two*, 1948)是一部畅销的乌托邦小说，斯金纳在书中首次尝试提出改变世界的行为技术学，试图把实验室中的发现应用于整个社会，并提出了文化设计的思想。多年以后，以该书思想为基础的实验性社区在弗吉尼亚建立起来。此外，《科学与人类行为》(Science and Human Behavior, 1953)、《言语行为》(Verbal Behavior, 1957)、《超越自由与尊严》(Beyond Freedom and Dignity, 1971)等也是斯金纳颇受关注的重要著作，成为其学术生涯的一座座里程碑。

8.2.2 人格结构

斯金纳的心理学思想与研究被称为实证主义和操作行为主义，其根本思想排斥理论探讨，忽视对有机体内部机制的研究，只研究环境事件和行为之间的联系。操作条件反射理论强调研究可观察的外显行为、环境条件，以及环境事件和结果决定行为的过程。在斯金纳看来，通过适当的分析，人类的复杂行为都可以按照他的基本概念及其相互作用来理解。他用操作条件反射理论来描述人格，该理论的重点是行为的功能而不是人格的结构。根据该理论，"人格"一词是没有意义的，也不存在人格的内部成分、心理结构（本我、自我、超我）、特质、自我实现、需要或本能。因此，在斯金纳的激进行为主义中，既没有明确的人格定义和解释，也缺乏人格结构与人性等问题的探讨。

不过，斯金纳从自己的行为主义出发，重新解释了人格。在他眼中，所谓传统的人格仅仅是一组对环境的反应与行为的集合，即人们观察到的个体的行为模式，而这些行为模式由一些特殊的反应组成。斯金纳不相信所谓人格结构的说法，主要关注个体如何获得单个反应，如何改变和控制个体反应。因此，在其理论中看不到像特质那样的类化的反应倾向，有的只是一个个的反应。斯金纳特别反对使用特质、动机和基本冲突这一类概念来解释行为，他认为这些概念只不过是毫无用处的假设结构。他提出，要分析支配当前行为的可观察事件、条件、情境变量和过去的经历。根据当前的刺激复合体和个人过去在类似情境中的训练经历就可以解释行为的原因。神经症患者则已经学会以个人、法律和社会所不容许的方式行动，因而被认为是反常的。

在行为的模式上，斯金纳认为存在两种不同类型，即应答性行为和操作性行为。巴甫洛夫的条件作用研究的是**应答性行为**（respondent behavior），它是由某种特殊的、可观察到的刺激引起的行为。这类行为的发生和先于它可观察到的刺激之间存在着一种直接的联系。与巴甫洛夫和华生不同，斯金纳强调的是与应答性行为相对立的**操作性行为**（operant behavior），它是有机体直接表现出的而不是由已知刺激诱导出的行为，即在没有任何能够观察到的外部刺激的情况下，有机体的一种自发行为反应。斯金纳认为，有机体的大部分行为都是操作性行为，而且这些操作性行为共同构成我们所说的人格，运用强化原理就可以说明人格的发展和改变。这并不是说，没有引起某种反应的刺激，而是说当反应发生时，有机体没有觉察出任何刺激。当然，个体的反应一定与整个情境有关。应答性行为与操作性行为的一个重要区别是，应答性行为是一种非自发行为，是有机体对环境的被动反应；操作性行为是一种自发行为，是有机体对环境的自发操作和主动适应，它能以某种形式改变环境从而获得刺激，而应答性行为则不能。不过，尽管两者形成的条件和过程不同，但它们都是后天习得的，都通过条件作用而形成。

斯金纳认为，操作性行为是动物和人类表现得最多的行为，也是心理学研究的主要对象。心理学家应该关注行为的环境决定因素，而不是内部决定因素，正常个体与病态个体之间并没有质的区别，同一强化原理可以解释所有个体的行为。斯金纳认为，强化程式能够说明、预测和控制人类的行为，人格也不例外，他对强化程式进行了许多研究。此外，操作性行为总是发生在某些环境中，环境在塑造和保持行为上具有一种选择作用。每个人在其成长过程中都会因对环境中的某些因素（而不是其他因素）作出反应而受到强化。不同的强化经历导致操作性分化（operant discrimination）。斯金纳声称，这种分化并不是人们具有的能力，而是受强化的结果。

斯金纳认为，只有满足已确立的科学标准，人格研究才是合理的。他从行为主义出发将学习定义为行为反应概率的变化，并从学习的角度来考察人格。他认为，人格研究应该包括考察个体特殊的学习史及独特的遗传特质。在行为分析中,个体就是一个有机组织,获得一系列行为。个体不是一个发起者,而是一个所在地,一个众多遗传和环境条件相互作用的聚集地。正因如此,他是独一无二的。没有人(除非他有一个完全相同的双胞胎兄弟姐妹)具有他的遗传禀赋,毫无例外,没有人具有他的人格历史。因此,没有人拥有和他完全一样的行为方式。

斯金纳反对把人的内部心理过程当作行为的原因。他明确提出,用内部心理过程说明行为是心灵主义的观点。不过,他反对内部心理过程并不是说他否认内部心理过程的存在。斯金纳并不否认我们有情绪、思想和内部心理过程,但他在解释和理解行为时并不考虑它们,因为在他眼里它们无关紧要,思想和情绪并不引起行为。当然,我们确实感到与行为相联系的身体状态,但它们只是副产品,而不能被误以为是原因。斯金纳还担心关注内部心理过程会混淆我们关注的焦点,从而忽视行为的真正原因,即有机体的强化历史。他担心关注解释行为的内部心理过程最终将导致忽视环境事件产生的关键影响。内部心理过程与对行为的函数分析不相干,我们最终还是必须转向作用于有机体的外部力量。和有机体的其他所有特点一样,思想、情绪等也都是由环境事件引起的。由于我们不能操作内部心理过程或者对其加以测量,因此我们不应该询问一个人是否感觉累或者有多累,而应该去观察环境,观察这个人上次睡觉是什么时候,睡了多久等。这些环境事件是可以测量和科学研究的。因此,不同于许多人格学者,斯金纳强调人格并不是人类特有的,按照他的理解,人格仅仅是获得环境支持的一组行为,因此任何有机体都可能有人格。

当然,斯金纳并不否认其他人格学者对人类行为有深刻的见解和洞察,对人们理解人类行为颇有贡献。但是,他不接受和承认任何心灵主义的概念,在他看来,这些含糊不清的概念将导致对行为的错误解释。然而,他也相信许多类似的传统临床概念都可以转化为符合科学要求、经得起科学验证的术语。例如,弗洛伊德认为,各种自我防御机制是个体内部的本我冲动无法满足而潜伏在潜意识之中的结果。在斯金纳看来,这完全可以用强化的原理加以解释:惩罚使得与被惩罚的行为相关联的刺激变得令人讨厌,因此任何能够减少或消除该刺激的行为都变成积极强化。人们试图以各种方式避免或逃避惩罚。在压抑中,通过不参与或不"看见"由于惩罚而变得讨厌的行为,人们便能避开条件型厌恶刺激;在升华中,如果两种行为方式都是积极强化,但其中一种会受到惩罚,那么另一种(通过社会赞许的方式释放本能)更可能发生。

相比于其他人格心理学家,斯金纳极其依赖动物实验,排斥特质等内部的、不可观察的概念,他的基本概念主要来自实验室中对动物行为的观察。斯金纳相信,行为的习得具有普遍法则,以相同的方式使人类和动物操作化,可以造就我们所说的人格,只不过这一过程在动物身上可能更简单。

8.2.3 人格动力
强化的作用

斯金纳的人格观体现了人格的可塑性。在有关人格的理论中,他考虑到控制或操纵重要的行为事件,这些重要的行为事件是指对人格形成有重要影响的事件,而控制或操纵行为的方法便是强化。斯金纳非常强调强化,以至于他的行为原理被称为操作强化理论。他系统研究了强化的种类和性质以及强化程式等问题,指出任何习得的行为都与强化有关,在操作条件反射的形成过程中强化是关键,对强化的控制就是对行为的控制。

所谓**强化**(reinforcement),是指跟随在一个行为之后,并使该行为出现的可能性增大的条件。强化本身并不引发行为,而只是增大了行为重复出现的可能性。强化分为两类,一类是**正强化**(positive reinforcement),即有益于环境条件的强化,人与动物的许多行为就是通过正强化获得的;一类是**负强化**(negative reinforcement),即减轻或回避有害环境条件的强化。能起到强化作用的反应后果称为**强化物**(reinforcer),与强化的两种类型相对应,强化物也分为两类。通过某种反应,有机体获得期望得到的刺激,这种刺激称为**正强化物**(positive reinforcer),食物、水、性等都是处于匮乏状态下的个体的正强化物;在负强化中,通过某种反应,有机体避免了某种厌恶刺激,这种厌恶刺激称为**负强化物**(negative reinforcer),比如强光、噪声、批评等。车夫在赶马车时应用的就是负强化原理。车夫通过马鞭击打马背来让马前进,经过几次强化,马就习得前进反应,以避免鞭打。时间久了,即使没有受到鞭打,只要听到马鞭的声音,马也会表现出前进反应。因此,鞭打或马鞭的声音就是增强前进反应的负强化物。负强化的效果与正强化的效果相同,都可增强行为反应;不同之处在于,前者需要消除一种厌恶刺激,而后者需要增加一种有利的刺激。任何减少或回避厌恶刺激的行为通常都会受到强化。

需要说明的是,**惩罚**也是一种厌恶刺激,然而惩罚并不是一种负强化物。虽然负强化物与惩罚在性质上都是个体厌恶的,但两者的实施方式不同,因而效果也不同。负强化是由于负强化物停止出现从而强化了个体既有的适当行为,惩罚则是施加厌恶刺激以试图阻止个体再次表现出不当行为。斯金纳发现,惩罚是现代生活中最常用的控制手段,从表面上看,它使用方便,易于学习,能够立刻产生可见的满意效果,因此从古至今我们经常使用它。然而,斯金纳认为,虽然惩罚在短时间内看起来有效,终止了非期望行为的出现,但这种效果可能存在误导性。首先,惩罚之后行为强度的降低并不持久,只要撤销惩罚,该行为极易再次出现。其次,惩罚可能导致强烈的冲突。用斯金纳的话说,这种冲突不仅仅是一种内部心理斗争与情绪反应,在一定程度上更是反应间的不相容:一种是非期望行为本身带来的强化,另一种则是潜在的外界惩罚。此外,惩罚效果的预测能力要弱于奖励效果,因为惩罚通常是为了阻止有机体表现出某种行为而强加的。即使成功了,有机体也只是终止了这种行为,但是可能还会出现其他行为。我们无法准确预测有机体还会表现出哪些其他行为,因为惩罚并没有告诉他们应该做什么,只是制止了他们不适当的行为倾向。因此,斯金纳认为使用强化比使用惩罚更有利于控制人类和动物的行为。

事实上,能够作为强化物的刺激是多种多样的,对不同的个体和行为反应而言,相同强化物的强化效果不尽相同。斯金纳区分了**初级强化物**(primary reinforcer)和**次级强化物**(secondary reinforcer)。初级强化物与有机体的生存密切相关，如食物、水、空气、性等，其强化特性由生物学因素决定。次级强化物在生物学上是中性的，不具有强化作用，它们只是作为中介刺激，通过不断地与初级强化物配对出现而具有强化的性质，即需要与初级强化物建立联结才能起到强化效果。大多数人的行为受次级强化控制，但从生物学意义上看，如果有机体长期缺乏两种强化物中的任何一种，都无法生存下去。有些次级强化物不仅仅与初级强化物相联系，这种不依赖某一特殊动机状态的次级强化物称为**一般强化物**（generalized reinforcer）。例如，对婴儿来说，母亲就是一种一般强化物，她与消除饥饿、身体舒适等相联系。斯金纳认为，一般强化物提供的强化有助于行为塑造和反应习得，维持人们大多数行为的一般强化物主要有关注、赞同、关爱、顺从他人、物质的替代品（钱）这五种，每一种都可以在不同情境中充当强化物。通过配对，次级强化物还可以产生另外的次级强化物。这一连锁化的观点也许可以解释人一生中强化物的复杂系统。

形成操作性条件反应时，对有机体的反应进行强化的方式是不同的，这些不同的方式就是强化程式（schedule of reinforcement）。强化可以分为连续强化和间歇强化。**连续强化**（continuous reinforcement）是指每次反应之后都给予强化；**间歇强化**（intermittent reinforcement）则是间隔一段时间，只对部分行为给予强化。在实际生活中，个体的行为更多地受到间歇强化的影响，而不是像实验情境中的动物行为一样总是受到连续强化，因此斯金纳重点研究了间歇强化。

间歇强化有很多种形式，斯金纳区分了间歇强化的四种最基本形式，分别是定比强化、定时强化、不定比强化和不定时强化。**定比强化**（fixed-ratio reinforcement）是指以反应的数量（而非时间）为单位来实施强化，即在有机体作出一定数目的正确反应之后才给予一次强化。计件工资就体现了这种强化，在这种分配原则下，人们根据劳动的数量来获取报酬。**定时强化**（fixed-interval reinforcement）则是依据反应时间（而非数量）予以强化，即在一段固定的时间间隔后对有机体进行强化。计时工资体现了这种强化，在这种分配原则下，人们根据工作时间来获取报酬。日常生活中，很多行为习惯也体现了定时强化，比如学生按照一定的时间到学校学习,电视台根据固定的时间表播出电视节目等。**不定比强化**(variable-ratio reinforcement)是指在有机体作出数目不定的正确反应之后给予一次强化,但平均反应次数是预先确定的,常见的有博彩或赌博等。**不定时强化**(variable-interval reinforcement)是指在一段随机或可变的时间间隔后对有机体进行强化,但平均时间间隔是预先确定的,比如英语老师不定期地随机抽查学生的单词记忆情况,有时5天抽查一次,有时10天抽查一次。

在斯金纳看来,相比于连续强化,间歇强化具有很多优势。首先,间歇强化可以有效影响反应频率。比如,通过定时强化形成的行为具有一个特征,即每次强化之后反应频率下降,但在下次强化来临之前反应频率又迅速提高,而且强化的时间间隔越短,反应频率越高。其次,间歇强化增强了对行为消退的抵抗力。连续强化更能提高反应的频率,但是它降低了强化物的利用率,而在间歇强化下习得的行为更难消退(Skinner, 1953, p. 99)。与连续强化相比,间歇强化都对行为消退具有更大的抵抗力,这称为间歇强化效应。如果使习得的行为逐渐消退,那么相比于受到间歇强化的动物,受到连续强化的动物会表现出更强烈的情绪反应或更差的挫折承受力。不过,几乎所有的间歇强化开始时都以连续强化为基础,随后间歇强化逐渐代替连续强化,即便是较好的定比强化也必须从较低的反应频率开始,然后逐渐提高,达到较高的频率。

操作条件反射的机制

斯金纳认为,我们作用于环境并产生结果(Skinner, 1953, p. 65),也就是说,行为在某种情境中发生,并会产生一定结果。斯金纳认为,应答性行为和操作性行为具有不同的条件作用形成机制,即巴甫洛夫提出的**经典条件反射**(classical conditioning)和他提出的**操作条件反射**(operant conditioning)。华生只采用经典条件反射来解释有机体的一切行为,而斯金纳认为,人类的行为大多表现为操作性行为,因此他着重研究了操作条件反射。

操作条件反射的形成。在研究人格时,斯金纳关注在与环境的交互作用中个体获得的能使他生存下来并获得成功的一系列行为。换言之,人格是个体在环境中通过不断学习而形成的。那么,环境如何决定行为呢?斯金纳对此的解释是,环境作为偶联性联系的一部分决定人的行为。所谓**偶联**(contingency),是指决定有机体行为的各种相互关联的因素系列。在操作条件反射的偶联事件中,有三种重要的组成成分:一是行为之前的事件(即反应或行为发生的环境或刺激事件);二是行为本身;三是行为之后的事件(即结果)(Skinner, 1953, pp. 108 - 109)。在考虑人的行为原因时,不能脱离各种偶联性而孤立地对环境进行分析。只有处于具体的偶联性联系中,环境才能对行为产生作用。

为了研究操作条件反射,斯金纳设计制造出后来被称为斯金纳箱的实验装置,对白鼠的操作性行为进行了一系列研究。斯金纳箱可以使动物远离无关的环境影响,只接触实验者严格控制的环境。此外,斯金纳箱还可以自动校准和控制强化频率,同时准确测量反应频率。比如,白鼠可以通过按压杠杆触动一个机关,从而获得一颗食丸(即正强化),或者停止遭受电击等不良刺激(即负强化)。食物的强化使得白鼠按压杠杆的可能性增大,因此,连续的食物强化使白鼠习得了按压杠杆的行为。在这种情境下,白鼠获得食物之前表现出的是一个新的有效行为(按压杠杆),而不是先前就有的反应(流口水)。强化(食物)是跟随在某一有效行为之后,而不是在反应之前将条件刺激物和无条件刺激物先后或同时呈现,因此这种强化实际上是一种奖励。在经典条件反射中,强化不是在反应之后,不针对具体的行为反应,因此不具有奖励的作用。两种条件反射的对比见表 8.1。

表 8.1 经典条件反射与操作条件反射的对比

	经典条件反射	操作条件反射
反应的性质	先前就有的反应(流口水)	新的有效行为(按压杠杆)
强化的性质	在反应之前(铃声—食物—流口水)	在反应之后(按压杠杆—食物)
强化的作用	建立条件刺激物与无条件刺激物之间的联系(铃声—食物)	奖励有效行为
学习的内容	刺激物之间的信号关系(铃声是食物出现的信号)	有效行为

斯金纳还用类似的方法研究其他动物和人，得出操作条件反射形成的规律：第一，任何反应若有强化刺激随后呈现，都会具有重复出现的倾向；第二，强化刺激可以是提高操作反应概率的任何刺激物（Skinner，1938）。需要说明的是，斯金纳不同意巴甫洛夫和华生等人关于强化增加条件反应强度的观点，认为强化增强的不是某一具体的条件反应本身，因为反应在强化之前已经发生，强化只是提高该反应发生的概率，即它增强了反应发生的倾向性。强化可以提高行为发生的概率，可以控制行为的结果。斯金纳指出，操作条件反射的特点在于，它依赖事后强化刺激，由于人类的行为主要是操作性行为，因此操作条件反射就显得特别重要。

在人类或者许多动物的行为中，这种操作条件反射的规律都得到印证。比如，小狗在偶尔一次摇尾巴时，得到食物奖赏，这种强化使得小狗学会了通过摇尾巴获得食物；儿童在上课时主动回答老师的提问，受到老师的表扬，这种强化会使儿童更加积极地表现自己。事实上，通过巧妙地安排强化程序，可以训练动物习得许多复杂的行为。

操作条件反射的消退。日常生活中，很多习惯如不保持，一段时间后就会消退，这就是操作条件反射的消退现象。如果一个已经通过条件化增强的操作性反应发生之后，没有强化刺激物出现，这种反应的力量就会削弱。因此，与操作条件反射的形成一样，是否消退的关键在于是否加以强化。比如，在上面的例子中，如果不再给予食物奖赏，小狗摇尾巴的次数就会减少；同样，如果老师不再给学生积极的反馈，学生主动回答问题的次数也会减少。斯金纳认为，消退不是骤然发生的，它有一个过程，其中会出现自然恢复现象，即一个已经消退的行为反应经过一段时间，可能会在没有强化学习的情况下重新出现。斯金纳发现，一只已经习得按压杠杆反应的白鼠，如果停止强化，仍然会按压杠杆50～250次，直至最终停止反应。这种现象表明，消退不是一次就能完成的，一个已经习得的行为并不随强化的终止而立即终止，而是会持续一段时间，只有在经过几次消退之后最终才会真正消失。当然，经由自然恢复所能达到的反应强度是有限的，一般最多只能达到原强度的一半。斯金纳十分重视消退的作用,他认为对待我们不期望出现的行为,更为合适的方法是让其消退而不是施加惩罚。

操作条件反射的分化。个体面临的环境或刺激事件复杂多样,通过对环境或刺激事件的某一特征(如速度、持续时间、强度等)进行不同程度的强化,可以使个体逐渐习得有选择性的反应。这种有差别的强化产生了分化,使人或动物对某个刺激的某种特征作出反应,忽视或抑制对另一个刺激的反应。比如,斯金纳在训练白鼠按压杠杆的力量的实验中验证了这种分化反应。在开始阶段,对白鼠任何力量的按压杠杆反应都进行强化;随后,制定一个较低的力量标准,只强化超过这一标准的反应,于是低于这一标准的反应就逐渐消退了;此后,逐步提高按压杠杆的力量标准,只强化超过力量标准的反应,因此白鼠逐渐习得了以强力量作出按压杠杆的反应。可见,与操作条件反射的形成和消退一样,分化的关键仍然是强化的作用。操作条件反射的分化表明,有机体作出反应前的刺激非常重要,因为它使有机体学会了辨别在一定刺激出现时(或在某种情境下),自己的行为有可能受到强化,而在另外的刺激出现时(或在另外的情境下),同一种行为不会受到强化。

与分化相对的是泛化,即在一种情境下受到强化的行为,即使在其他情境下没有受到强化,仍然会重复出现。当人们能够区分两种情况,就意味着他们的反应不会从一种情境泛化到另一种情境。当他们的反应在两种情境中泛化,就意味着他们不能区分两种情境。这种泛化有积极的意义,能够促进个体更好地适应环境。我们常说的"举一反三"就是一种经验的泛化,即个体将在一种情境下习得的经验迁移到其他情境。当父母告诉儿童在家里不要随地丢垃圾时,儿童也会将这种环保意识泛化到公共环境。然而,如果个体不能把握泛化的程度,那么泛化会带来消极的后果。例如,时间管理的理念要求我们在工作中分清轻重缓急,如果员工对所有工作内容平均分配时间和精力,就会导致绩效下降,甚至给组织带来损失。

操作条件反射的塑造。有时候,通过对某个反应进行强化,有机体可以形成新的行为。但是，就大多数操作条件反射而言，期望的目标行为太复杂，这时个体往往不能立即全部完成。面对这种情况，斯金纳提出强化偶联原理，认为只要把复杂的行为分解成基本的单位，以一系列小步子循序渐进，精确地安排强化的组合方式，就能最终塑造目标行为。这就是斯金纳所指的塑造（shaping），它意味着通过强化接近新行为的反应从而使有机体习得一种新行为。

但是，在行为塑造的过程中，如何才能引导有机体出现逐渐趋向目标行为的反应呢？行为不是离散的而是连续的，即有机体的行为通常只是略微偏离先前被强化的反应。由于有机体可能会略微偏离先前被强化的反应，因此我们可以利用这微小的不同作为新强化的最低标准。斯金纳认为，人类的行为也可以依照动物来训练，而行为塑造对于教育和抚养儿童极其重要。

8.2.4 人格发展

人格发展的路径

对于人格的发展过程，斯金纳并没有像其他学者那样，根据个体成长的时间将人格发展分为若干阶段，考察不同阶段的人格特点，他更倾向于强调环境的作用及其独特的强化程式。斯金纳坚持极端的决定论，深信行为完全由行为的后果决定。在人格发展上，他仍然强调强化程式对行为模式的获得和表现的重要性，强调情境的特殊性，注重外部环境中的刺激，强调通过实验来操纵变量，个体曾经受到何种强化，行为就是什么。他认为，没有必要再引入其他特殊的概念来解释人类社会行为的形成和发展。人类没有任何自由意志或自主选择来控制自己的行为，对行为的控制也不是某种心智实体或特质。所有行为都是由环境事件决定的，都是按照一定的法则发生的。个人社会行为的获得与老鼠按压杠杆的行为都受操作条件反射原则的支配。只不过，在特定环境中精确地区分什么是社会刺激，或者什么是次级强化物很困难。

在斯金纳看来，将每个行为都归因于本能无疑是错误的，因为这种做法完全忽略了环境状况。但是，他并不否认有机体存在遗传差异，他认为生物因素的作用定义了有机体反应的范围和行为被环境事件强化的能力。他同时强调,即使在遗传特质中,环境也是最重要的,因为环境会选择那些有利于生存和繁殖的行为,即在相对稳定的环境中,最具有生存和繁殖适应行为的个体会留存下来。斯金纳认为,环境在物种进化中作出了它的第一个重大贡献;在个体生活期间,环境却发挥着另一种类型的作用。这两种作用的结合便是我们在任何时间观察到的行为,关于这两种作用的任何信息资料,都有助于预测和控制行为,以及解释日常生活。

因此,斯金纳在研究人格时,关注行为的环境决定因素,而不是内部决定因素。儿童学会辨别刺激或情境,在什么时刻或场合一种行为能得到强化,而另外的时刻或场合同样的行为却得不到强化,因此行为就是在刺激控制下习得的。消退则可以被看作习得的对立面。按照斯金纳的观点,行为的建立和消退这两个过程可用于解释所谓的人格,它们能够说明许多人格现象的共同规律:受到强化的行为得以形成和保持,没有受到强化的行为自行消失。对改变行为的任务而言,基本原则是,强化期望的行为,忽视不期望的行为。人们首先学会简单的技能,然后获得和实施越来越复杂的行为。但是,斯金纳并不认为人类只是简单、自动地对强化体系作出被动反应的有机体。相反,人类通过选择和改变环境变量,以便对环境加以控制来满足自己的需要。

正常人格和异常人格的发展

斯金纳认为,正常人格和异常人格之间并没有本质的不同;两种人格差异在于行为反应的不同,而同一强化原理可以解释所有个体的行为。也就是说,在斯金纳看来,异常人格和正常人格一样,都是通过控制强化条件获得的,而改变强化条件,就能改变相应的行为模式。所谓"正常",是指个体在与环境相互作用的独特方式中习得了人们普遍认为正常的全部技能(repertoire)。所谓"异常",则是指个体在与环境相互作用的过程中因个体经验习得了人们普遍认为异常的反应模式。正常和异常的划分符合正态分布,一种行为在一种社会环境中属于正常范围,而在另一种社会环境中或许就属于异常范围。

在异常行为的习得过程中，环境因素的作用更强烈一些。极端的处罚或令人不快的控制，对不符合要求的行为的强化，以及失去重要的强化者，都会导致个体被视为精神病或神经病患者。具体而言，斯金纳认为，异常人格主要由过度的反感控制和惩罚，以及不充分的正强化和对不良行为的强化所致。例如，对能使个体充分满足并体验到愉快情绪的正强化不充分，而某些不合乎规范的行为受到了充分强化，长此以往，就会导致异常人格的形成。据此，斯金纳提出行为矫正法来改变异常人格，具体包括放松训练、系统脱敏、模仿学习、代币制等。

斯金纳认为，应关注行为的环境决定因素，而不是内部决定因素。他提出，要摒弃所有的诸如弗洛伊德使用的心灵装置（mental apparatus）的术语，因为这些术语是不准确的、含糊的，会导致对行为的错误解释。尽管他认为，弗洛伊德的理论对我们理解行为有很大贡献，但同时强调，许多传统的临床概念都可以转换成经得起科学验证的术语。

文化与人格

作为环境因素的重要组成部分，斯金纳晚年时对文化塑造人格的重要性作了全面而详细的阐述。斯金纳认为，作为个体，我们的行为是由遗传结构和个体强化经历决定的，后者的作用更为重要。然而，作为一个物种，我们又是被各种生存偶联塑造而成的。人格是长期进化的产物，自然选择在人格的形成中具有重要作用。后来，他又进一步论述，人类行为（和人格）是自然选择、文化演变、个体强化经历这三种偶联的产物。但是，最终"它是一个自然选择的问题，因为操作条件作用是一个进化的过程，而文化演变是该过程的具体体现"（Skinner，1987，p.55）。

纵观整个历史，那些对物种有益的行为往往保存了下来，那些只因其特异性而受到强化的行为则逐渐消失。就像选择在人类演化史以及强化偶联上具有的重要作用一样，那些延续下来的文化惯例也应归因于自然选择。人们并不是为了群体更有可能生存下去而遵守某些特定的惯例，他们之所以遵守某些特定的惯例是因为，那些促使其成员这样做的群体生存了下来并将这些特定的惯例传递下去。换言之，人们并没有协商决定做什么事最有利于社会，但是那些能够相互协作的人组成的社会往往幸存了下来。

斯金纳强调强化偶联,特别是那些塑造人类文化的强化偶联可以说明绝大多数人类行为,"我们能将一小部分人类行为……追溯到自然选择和物种进化,但是绝大多数人类行为必定追溯到强化偶联,尤其是我们称之为文化的极其复杂的社会偶联。只有考虑到人们过去的经历,我们才能解释人们为什么会表现出那样的行为"。

关于情绪,斯金纳承认它是主观存在的,但坚持认为行为不一定归因于情绪。他用生存偶联和强化偶联来说明各种情绪。千百年来,最能驾驭恐惧和愤怒的人就是那些能逃离危险或战胜危险的人,因为他们能够将这些特征传递给后代子孙。在个体水平上,那些带来快乐、欣喜、愉悦和其他愉快情绪的行为往往会受到强化,因此这些行为在个体生活中重现的概率会大大提高。

当然,与自然选择的幸存者一样,文化的遗留也并不都是适应良好的。例如,在前工业时代,战争对某些社会是有益的,但现在它已经演变成一种对人类生存的威胁。此外,在对待男女角色的关系上,斯金纳是一个旗帜鲜明的平等主义者。早在《沃尔登第二》一书中,他就设想女性和男性一样能够平等参与社区生活的每个领域,而在家庭事务中男性也要和女性一样照顾儿童。

8.2.5 理论评价

斯金纳提出了一套在简约性、内部一致性、精确性、可验证性方面均较高的概念。较之其他一些观点,斯金纳的理论要简洁得多,内部一致性也要高得多。与此同时,斯金纳以实验室研究为基础提出自己的观点,他对各种概念及其关系的陈述也具有较好的精确性和可验证性。换言之,在科学理论的可证伪性方面,斯金纳的理论表现得不错。

首先,斯金纳的理论促进了人格心理学的发展,激发了大量研究。斯金纳倡导的行为主义从条件作用、强化的独特角度阐释人格,使我们对个体的外在行为有了更为深入的认识,丰富和发展了人格理论。同时,他的理论对其他研究者产生了重要影响,启发他们从行为主义的角度思考和探索人格,从而衍生出大量人格心理学的相关研究。在近三十年的时间里,斯金纳的行为主义成为人格研究的主导理论。

其次,斯金纳发展出行为技术,拓展了心理学的应用范围。第二次世界大战前的心理学界热衷于学术研究,并不关注心理学的实际应用,甚至认为从事应用研究会降低自己的学术身价。然而,斯金纳在强调心理学科学性的同时,也非常具有人文精神与社会忧患意识。无论是在著作中,还是在公开言论中,他都致力于将自己的研究成果广泛应用于各个实践领域,包括教育、语言学、军事和临床心理学等,希望心理学能够真正为人类服务,有助于改造社会。在斯金纳及其追随者的努力下,行为主义的原理与技术已经应用于解决人类面临的许多重要问题,对当今社会产生了深远影响,尤其在精神病治疗和教育领域中,事实已经证明行为主义的原理与技术具有巨大价值。

然而,斯金纳的理论在解释人类心理时显得过于简单,这表现在两个方面。首先,斯金纳否认人与动物之间存在本质性的差别。斯金纳建构的行为主义理论最初几乎只关注低等动物的功能,目的主要是提出一套简单的学习原理,其方法论的基础就是将动物研究的结果推及人。在他看来,人和动物都是有机体,而有机体均按照某种情况重复某种操作行为。虽然人类行为由于其复杂性、多样性以及较大的成就而与动物行为有所区别,但是不能因此就认为两者的基本构成必然不同。尽管通常情况下,成年人的体型比狗大得多,但在科学分析的范围内人和狗是一样的。事实上,斯金纳本人后来也认识到,在试图解释复杂的人类学习现象时,可能需要另外的概念。但是他依然认为,所有发生在社会领域的进步都是从关注简单行为开始,而后深入复杂的方面。关注简单行为使科学家较好地控制当前情境条件,长期记录行为,并控制遗传和环境变量。一旦探明低等动物的基本行为过程,便可将其用于研究复杂多样的人类行为。

其次,斯金纳用行为研究取代心理学研究,难以真正科学地、全面地解释人类心理的原因与机制,这样的心理学只能是不完整的心理学。斯金纳的研究只关注行为分析,而将自我、认知、动机、目的等问题均划归于心灵主义而不予理睬。斯金纳的研究方法是描述行为及其赖以发生的条件，然后对这些事实进行概括化。虽然他通过操作条件反射原理分析了许多人格特质，甚至从行为主义出发，对防御机制、神经质、利他行为、梦等抽象概念重新作出解释。然而，操作条件反射并不适用于所有心理现象与过程，例如顿悟、创造性、动机、灵感等。

此外，斯金纳的环境决定论认为行为完全由环境决定，过分夸大了环境的作用。在《超越自由与尊严》一书中，斯金纳正式明确了自己的想法，相信通过控制环境可以设计一个美好的乌托邦社会（Skinner，1971）。这种环境决定论忽视了遗传对人的影响，虽然斯金纳在遗传作用这一问题上的立场要比华生温和，但斯金纳在实际研究中依然并不重视遗传。既然行为完全由环境决定，那么这意味着个体不必对自己的行为负责。正如斯金纳本人所言，环境应对适应不良的行为负责任，是环境而不是个体的品质必须被改造。随之而来的一个问题是，谁能够充当环境的控制者。

尽管在改变动物与人类行为的很多方面，斯金纳的行为技术得到了肯定与支持，然而批评者认为其作用被夸大了。一方面，改变不良行为对从根本上解决个体的心理问题到底有多大帮助；另一方面，行为技术能否解决复杂的社会问题。虽然斯金纳声称行为技术能够解决复杂的社会问题，但这更多是他基于有限的实验证据而进行的推论，并未获得可靠的证据。

9 多拉德和米勒：基于"驱力"的行为理论

多拉德和米勒试图利用学习理论来有效地解释人类的行为和人格。与斯金纳只关注外在行为的立场截然不同，多拉德和米勒的目标在于将赫尔(Clark Hull)严谨客观的科学方法与弗洛伊德的精神分析思想统一起来，在动力的基础上更清楚地理解人类行为。他们更加注重行为学习的内部心理机制，不但认为简单的外显行为可以通过学习获得，而且认为语言以及精神分析理论中的压抑、转置和冲突等某些复杂的内部心理现象与机制也是学习的结果，并致力于重新解释这些内部心理现象与机制。经过数十年的合作，他们建立了区别于古典行为主义的特殊结构的理论体系。

本章首先介绍多拉德和米勒具有行为主义传统的人格观，与斯金纳类似，他们也更倾向于认为人格是学习的产物，并强调习惯层级在人格形成中的重要作用。由于学习原理在多拉德和米勒的思想体系中占有重要地位，因此接下来系统分析他们关于学习要素的观点，并介绍他们基于严谨科学实验而探讨的精神分析主题，如习得性恐惧、挫折与攻击，以及冲突。最后，介绍在人格发展方面，在强调学习作用的同时，他们也吸收了弗洛伊德的观点。

9.1 人物传略

多拉德(John Dollard，1900—1980)，1900年出生于美国威斯康星

州，1922年获得威斯康星大学文学学士学位。1930年和1931年，先后获得芝加哥大学文学硕士和哲学博士学位。此后，多拉德赴德国进修，

其间他系统接受了精神分析训练，这段经历对他以后的心理学研究影响巨大。1932年回国后，他开始担任耶鲁大学人类学助理教授，1933年加入赫尔在耶鲁大学建立的人类关系研究所，任社会学副教授，1948年任心理学教授，此后终生都留在耶鲁大学工作，1969年退休后被聘为该校荣誉教授，1980年逝世。多拉德博学多才，除研究心理学、人类学、社会学之外，他还是一位精神分析医生。他对社会问题、非裔美国人地位和军事心理等方面均有研

图9.1 多拉德

究和论著。

米勒（Neal E. Miller，1909—2002），1909年出生于美国威斯康星州，1931年获得华盛顿大学理学学士学位，1932年获得斯坦福大学文学硕士学位，1935年在著名学习理论家赫尔的指导下获得耶鲁大学哲学博士学位。随后，米勒作为社会科学访问团的成员来到欧洲，在维也纳心理研究所接触了著名新精神分析学家哈特曼（Neither H. Hartmann）的精神分析法。1936年，米勒加入赫尔的人类关系研究所，与多拉德成为同事。第二次世界大战期间，他参与并领导为空军服务的研究工作。战争结束后，他重回耶鲁大学，并于1951年被选为美国心理学会主席。他在耶鲁大学一直工作到1966年，随后任洛克菲勒大学心理学教授、生理心理实验室主任，并致力于生物反馈、心率等的自主控制研究，在这些领域的开拓性研究使米勒成为健康心理学的领军人物。

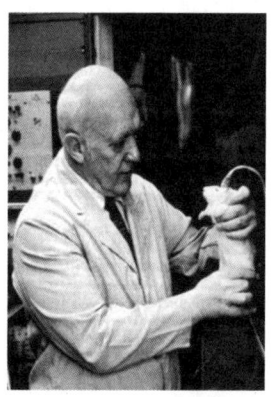

图9.2 米勒

多拉德和米勒的合作始于1933年赫尔在耶鲁大学成立人类关系研

究所,该研究所集合了来自人类学、社会学、心理学、精神医学等领域不同背景的优秀研究者,组成了一支极具创造性和影响力的团队。多拉德和米勒先后加盟其中,开始了硕果累累的合作。他们都深受赫尔学习理论的影响,同时都接受过精神分析训练,深知如果能够以赫尔的客观架构来重新解释精神分析的人格理论,那么这将是一项意义深远的工作。因此,他们将这两大理论体系融合起来,再结合自身的人类社会学观点与实验心理学方法,共同发展出一个更易于理解、更为广博和实用的独特的理论结构。他们借用了赫尔学习理论的一些概念,如驱力、习惯、线索、反应层级、刺激泛化、初级强化与次级强化等,并以此来解释或描述精神分析关注的潜意识过程、动机、冲突、防御等复杂的心理过程。他们相信,这种心理学在社会科学和人文学科中应占有重要位置。在多拉德和米勒的共同努力下,他们形成赫尔提出但未能实现的关于弗洛伊德理论和赫尔理论相结合的体系。这个体系已经不再是早期行为主义式样,以至于被称为"非正统的行为主义"(张厚粲,2003,p. 309)。

1939年,两人合作出版了第一本著作《挫折与攻击》(*Frustration and Aggression*)。书中分析了弗洛伊德的挫折导致攻击的观点,在学习理论的框架下解释了攻击,并概括出挫折决定攻击程度的几种主要因素。1941年出版了致敬赫尔的《社会学习和模仿》(*Social Learning and Imitation*),他们在书中明确指出,人类的重要行为主要是后天习得的,而不是天生的,但是只知道学习的原则或条件是不够的,必须将两者综合起来考虑才能预测行为,因此心理学描述原则,而其他社会科学描述条件。书中试图将赫尔的学习理论应用到社会与人格心理学中,分析了在学习原则的前后联系中一些复杂的行为问题。多拉德和米勒在1950年又合作出版了《人格与心理治疗》(*Personality and Psychotherapy*),该书试图创造一种人类行为一般科学的基础,其最终目的是将精神分析的生命力、自然科学实验的严密性与文化的事实统一起来。基于该目的,书中探讨了学习、思维、文化的问题,并试图将学习的基本原理应用于复杂的人格、心理疾病及其治疗。

9.2　人格结构

多拉德和米勒认为，人格是习得的，虽然他们并没有直接探讨过人格结构、人格特质和人格类型，但是他们对习惯层级及习惯的形成与消除的各项条件的研究集中反映了他们的人格观。他们认为，习惯层级就是个体在后天社会文化影响下学会的，在特定情境下作出特定行为的所有习惯的可能性层级排序。它意味着，最有可能降低驱力和带来奖励的反应会成为最有可能发生的反应。不同个体由于成长经验和强化经历不同，形成各自不同的习惯层级，而这种个体在面临相同情境时表现出来的习惯行为反应是稳定的个体间差异，也就是我们所说的人格。

9.3　人格动力

9.3.1　学习原理

多拉德和米勒从学习理论的角度解释人格，他们认为研究学习理论的最简单形式就是研究反应和线索刺激联结的情境。在他们的理论体系中，学习原理占有重要地位。他们认为，人类大多数行为是习得的。不仅简单的、外显的行为是习得的，语言以及弗洛伊德所说的压抑、转置和冲突等复杂的机制也是习得的。因此，要理解人类的行为，就必须懂得学习原理。

"只有当个体需要些什么、注意些什么、做些什么，以及获得些什么时，学习才会发生。"(Dollard & Miller, 1941, p.2) 为了更准确地描述学习过程，他们曾用一个简单的实验进行说明。在实验中，一位 6 岁的小女孩想要吃糖，实验者告诉她，房间书架上的某本书下放有一块糖果，只要找到就可以吃掉。女孩在得到指示后便立即开始仔细搜寻。结果，在花了 210 秒后，搜寻到第 37 本书时，她终于找到糖果并开心地吃掉。之后，她被送出房间，实验者在同样位置的同一本书下又放了一颗糖果。随后，小女孩被叫回来再次寻找。这一次，她用了86秒，在搜寻到第12本书时，找到了糖果。在与前两次相同的第三次任务中，女孩直接走到正确的位置，并在搜寻到第2本书时完成了任务，用时仅11秒。在接下来的任务中，女孩的行为发生了戏剧性的变化，她开始变得更加仔细，从那排书的最边上开始寻找，在搜寻到第15本书时才找到糖果，这一次耗时86秒。多拉德和米勒解释说，这可能是因为女孩把前几次惊人的成功部分归因于侥幸，或者行为受到某些无法控制的因素的干扰。不过，在之后的任务中，她的时间不断缩短，并最终在第10次任务中，仅用时2秒就找到糖果，此时，她的学习已经发生。

多拉德和米勒指出，这位小女孩的学习经验包含四个因素：（1）驱力，正是由于有获得糖果的愿望和需求，小女孩才愿意去搜寻糖果；（2）线索，或者说引起一系列反应的提示，包括驱力、来自实验者的要求或指示，以及整个房间的状况，如色彩、设施、面积、位置和书上的标记等；（3）反应，如果这位小女孩对实验的全部细节缺乏了解，那么她永远不会知道怎样去寻找糖果；（4）报酬，即强化，它使接二连三进行的实验中出现大致相似的期待反应。多拉德和米勒认为，穷尽整个学习范围，这四个因素是普遍存在的根本因素。接下来详细介绍多拉德和米勒关于这四个因素的观点。

驱力

在多拉德和米勒的理论中，驱力是一个动机性的概念，是人格的能量单位。具体来说，驱力（drive）是指任何能够驱动有机体行动的强烈刺激。任何刺激只要足够强烈都会成为一种驱力；刺激越强烈，越能表现出驱力作用。尽管任何一种刺激都可以变得足够强烈并成为一种驱力，但某些特殊类别的刺激似乎是更大比例的动机的主要基础，它们被称为**初级驱力**或**内生驱力**（primary or innate drives）。这种驱力是与生俱来的，由生物因素决定，比如疼痛、口渴、饥饿、寒冷和性需求等。此外，人是社会性动物，有一些驱力是在社会互动中产生的，它们被称为**次级驱力**或**习得驱力**（secondary or acquired drives）。这种驱力是后天习得的，由社会文化因素决定，比如恐惧、忧虑、成功需要和关注需要等。"无助、赤裸裸的人类婴儿出生时，只有诸如饥饿、渴等基本驱力及对痛与冷的反应力。他们还没有区分出某位成人属于哪个特定部落、国家、社会阶层、职业或职位的动机。许多重要的动机，诸如金钱欲、成为艺术家或学者的愿望，以及特定的恐惧与罪恶感，均是经由社会历程而习得的。"（Dollard & Miller，1941，p.2）

初级驱力是构建人格的主要基石，所有次级驱力最终都取决于初级驱力。这与弗洛伊德的立场非常相似，即我们日常所见的许多行为都是诸如性与攻击等基本驱力的间接表现。比如，恐惧或忧虑是最强烈的次级驱力，这种驱力反映了疼痛，其产生也主要源于疼痛。很多需要同样基于初级驱力而产生，它们通常可以与初级驱力相结合，并且在初级驱力本来很弱的情况下提供相当大的动力。这种次级驱力或需要根据个体所处的社会条件而变化，而且经常为初级驱力赋予文化色彩。因此，饥饿会表现为对特定食物的需要，性会表现为被美女（男）吸引，口渴会表现为对某种类型的饮品的需要。简而言之，次级驱力可以满足社会需要。

多拉德和米勒十分强调次级驱力，即后天获得的社会性动机的作用，认为在现代社会中它们比初级驱力更多地影响人们的行为。此外，一些较强的次级驱力或社会需要不是基于单个驱力，而是源于很多驱力。比如，对金钱的追求就是为了满足多种需要。在社会化过程中，个体逐渐意识到拥有金钱是满足不同需要的手段，而缺钱则意味着不得不忍受需要无法满足带来的不安。对金钱的需要一方面来自初级驱力，比如饥饿或寒冷；另一方面则可能来自次级驱力，比如忧虑。事实上，在成人世界中，这种对金钱的需要无处不在，以至于它似乎被认为是人们的初级驱力；然而，很明显这种需要并不是天生的，儿童只有通过学习才懂得金钱的价值。

过度自满的人是失败的学习者。离开了驱力，无论是初级驱力还是次级驱力，有机体都将无法正常行动，也无法学习。比如，对于动机不强的学生，任何想要努力教学的老师都会感到无能为力。

线索

驱力推动个体作出反应,而线索决定了个体什么时候作出反应,在哪里作出反应,以及作出何种反应。可见,**线索**(cue)是一种对行为有指导作用的刺激。生活中很多例子生动地反映了线索的这种指导作用。比如,下午五点的钟声预示着劳累了一天的人们即将下班,餐馆的标牌指引着饥饿的人们走向就餐地点,交通信号灯则决定了十字路口的司机是该踩刹车还是踩油门。

同样是刺激,为什么有的刺激具有驱力功能,而有的刺激会成为线索呢?多拉德和米勒认为,这取决于刺激的属性。具体来说,刺激的强度决定了它能否成为驱力,强度越大的刺激越有可能驱动个体的行为;而刺激的独特性决定了它是否具有线索的价值,这种独特性越明显,就越有可能指导个体的行为。也就是说,任何一个刺激,只要个体能把它与其他刺激辨别开来,它就有可能成为线索。比如,声音可以通过响度和音调来区分。微弱的声音本身不具备驱力价值,然而这种微弱的声音可能是独特的,因此具有线索价值。通过训练,个体能够对一种高音调的微弱声音作出一种反应,而对一种低音调的微弱声音作出另一种反应。两种声音的音调差异越大,人们就越容易将它们与不同的反应相联系,它们也就越具有线索的独特性。随着声音变大,它们的驱力价值也会增加。中等强度的噪声可能具有驱动作用,会导致个体更加兴奋并影响入睡;当声音变得非常响亮时,它本身就具有驱力价值,甚至会激起婴儿的行为。不过,响亮的声音也会有所不同,因此也可以作为行为的线索。通过训练,个体能够对一种响度的声音作出某种反应,而对另外一种响度的声音作出不同的反应。

可见,不同强度的刺激之间也是有差异的,因此能够发挥线索的作用。事实上,驱力和线索是同一事物的两个方面,两者之间并没有明确的界限。任何刺激,比如响亮的声音,都可能具有这两种功能。此外,决定某种反应的不是某个单一的线索,而是一种刺激模式;在这种刺激模式中,往往包含多个线索。诸如饥饿之类的驱力刺激既能驱动个体反应,也可能具有线索功能。其实,饥饿是驱动个体对餐馆标牌作出反应所涉及的刺激模式的一部分。设想一下,假设你的左边是餐馆,而右边是宾馆,你会向左走还是向右走?可以想到,此时你的选择将受到内在感受和外在线索的共同影响——如果你饿了,那么饥饿和餐馆标牌将指引你向左走;如果你累了,那么困倦和宾馆标牌将驱使你向右走。

多拉德和米勒强调线索对学习过程的重要作用,他们通过实证研究发现,如果线索过于模糊,那么个体很难学会准确地作出反应。对线索的注意本身就是一种可以学习的反应,称作"学会注意"。

反应

反应(response)是由驱力和线索诱发,用以降低或消除驱力的行为或心理活动。与斯金纳不同,多拉德和米勒认为反应既可以是外在的动作或行为,它们直接降低了驱力;也可以是内部的心理活动,这些内部反应被称为线索性反应,它们通常决定了随后的反应是什么,最终同样能够降低驱力。思维、计划和推理等都是重要的线索性反应,它们也正是人与动物的区别之所在。

在一些特定的情境中,个体能够很容易地习得某个反应。比如,在游泳馆学游泳显然要比在书本中学习得更快;为了帮助学生掌握立体几何的知识,老师们通常会借助一些立体模型。多拉德和米勒认为,反应习得的容易程度取决于线索引出该反应的概率。如果反应相对频繁地出现,则这种反应很容易得到强化,进而提高其出现的频率;如果反应很少出现,则很难把握它出现的时机对其加以强化。因此,在反应习得的过程中,刺激情境引起反应的初始趋势是一个重要的影响因素。为了描述这种因素,多拉德和米勒提出反应的**初始层级**(initial hierarchy),用以表示按照出现的概率对反应进行的排序。最有可能出现的反应被称为初始层级的**优势反应**(dominant response),最不可能出现的反应则被称为**最弱反应**(weakest response)。同一种情境可以用不同的方式来描述,可以说它与优势反应有很强的联系,也可以说它与最弱反应有很弱的联系。不过,这种联系并不是特定的神经联结,而是一种因果序列,其中的细节是未知的。

人类需要有效应对各种复杂的情境,不同情境与个体反应的联系是复杂多样的。因此,反应的初始层级并不是固定不变的,而学习能够改变初始层级中反应的顺序。尽管一些反应出现的初始概率很低,但在获得强化后,也会变成优势反应。多拉德和米勒将学习产生的新的层级称为**结果层级**(resultant hierarchy)。当然,除了学习的作用,多拉德和米勒也强调遗传因素的影响。初始层级中的反应顺序往往是在类似情境中人类积累习得的。在这些情境中,决定反应顺序的不是学习,而主要是遗传因素,多拉德和米勒将这种初始层级称为**先天层级**(innate hierarchy)。比如,对婴儿来说,表达厌恶的最好方式是哭泣而不是说"不",因为哭泣比说"不"在先天层级中的位置更高。不过,随着婴儿的不断成长,在社会文化及规范的影响与要求下,这些先天层级很快就会因养育者的选择性强化而发生改变。也就是说,在个体成长过程中,反应层级进行了重新组合,不同反应在该层级中的位置发生了调整,最终先天层级被后天习得的新的反应层级替代。

经过学习,个体就会以一种新的方式作出反应。然而,如果正确反应是强化的结果,那么学习增加了什么新的特征呢?多拉德和米勒认为,新的特征在于,经过学习,特定的反应经常作用于某一特定的线索,而之前这非常罕见。因此,线索与反应之间的这种联系正是学习的新产物。通常,很多不同的反应单元会与一些线索相联系,使得它们同时或依次出现。因此,一种新的反应模式就产生了。

强化

如果某种随机反应出现后,伴随它出现的事件导致驱力降低,那么随后暴露于相同线索时该反应出现的趋势会增强。也就是说,刺激模式(驱力和其他线索)与反应之间的联系得到增强,多拉德和米勒将激发这种增强效应的事件称为奖赏(reward),也就是**强化**(reinforcement)。虽然使用了强化的概念,但是他们认为,强化等同于降低驱力;没有驱力的强化显然是不存在的,因为对于强度为零的驱力刺激,进一步降低强度是不可能的。比如,吞食食物对饱足的动物来说不是一种强化,甚至可能成为一种痛苦,因此反刍对它们来说是有益的。

强化是通过强化物实现的,任何能够使驱力降低的刺激都是一种强化物。关于强化物的分类，多拉德和米勒认同斯金纳的观点，即把强化物区分为初级强化物和次级强化物。初级强化物是初级的、原始的，与满足生理和生存需要有关的刺激，比如人们在口渴时要喝水，饥饿时要吃饭，劳累时要休息等。次级强化物则是习得的，由那些经常和初级强化物配对出现的中性刺激转化而成。

如果一个线索激发一个反应，这个反应又引发强化作用，那么该线索与该反应之间的联系就会增强。如果这一过程重复多次，那么有机体就会形成一种牢固的习惯，这就是学习的过程。在习惯的形成过程中，不同反应出现的可能性不同，优势反应具有较高的出现频率，而最弱反应具有较低的出现频率，这样就构成了一个反应排序，赫尔（Hull, 1934）称之为反应的**习惯层级**（habit family hierarchy）。习惯层级是多拉德和米勒社会学习理论中最关键的概念，在赫尔观点的基础上，他们提出，强化、惩罚以及学习的效果就是使习惯层级排序，这也体现了他们与经典行为主义者的主要区别。斯金纳认为，学习改变了行为；多拉德和米勒则认为，学习改变了一个不可观察的心理实体的排序，也就是习惯层级。

习惯层级是如何改变的呢？多拉德和米勒指出，习惯会使学习新的反应变得困难，个体不太容易通过试误来学习新的反应。这是因为，对优势反应的进一步强化使其他新的反应更少出现，强化也使驱力保持在一个较低的水平。因此，为了使个体学习一种新的反应，通常需要将他安排在一个旧的反应不会得到强化的情境中。多拉德和米勒将这种情境称为**学习困境**（learning dilemma）。也就是说，只要已有的习惯层级不能适应新的情境，或旧的情境发生了改变，这时已有的习惯层级就无法解决当前面临的问题。在没有学习困境的情况下，个体通常不会通过试误来进行新的学习。这也就是为什么通常很难教会一些成功人士学习新事物。因此，在新的学习发生之前，必须中断旧的、高度强化过的习惯。

为了解决学习困境，个体已有的习惯层级中各种反应的优势就需要发生相对变化，即某些反应的发生概率相对升高，另一些反应的发生概率相对降低。多拉德和米勒将这种变化称为学习。因此，按照多拉德和米勒的观点，学习的实质就是将各种习惯层级中的反应不断重新组合的过程。换言之，如果在已有的习惯层级中，优势反应总是能够有效地降低驱力，学习就不会发生。在学习过程中，无论一个人习得攻击性还是被动性，都是环境提供的某种强化的结果。行为的改变则是以新的强化代替旧的强化的结果。旧的、受到过分强化的各种习惯必须中断，新的学习才能够发生。一旦习惯了的强化被不寻常的环境取消时，各种新的反应就可能出现。如果它们受到强化，就会变成习得的行为。

　　多拉德和米勒还分析了学习中存在的泛化与分化。他们认为，**泛化**是指一个新的反应不仅可以由实际学习过程中的线索引起，而且可以由其他类似的线索引起。某个线索和在训练中实际使用的线索越相似，它就越有可能诱发同样的反应。因此，在一种情境中习得的行为、情绪、思想或态度可能会在其他相似情境中出现。多拉德和米勒区分了两种不同类型的泛化：初级泛化和次级泛化。初级泛化是那些建立在刺激之间物理属性的相似性上的泛化，即两个刺激之间的物理属性越相似，它们引发相同反应的可能性就越大。初级泛化是天生的，受到个体感觉器官的制约。虽然与斯金纳一样，多拉德和米勒也讨论了语言，但斯金纳只是把语言作为外显行为来研究，认为其本质与按压杠杆没有区别，然而多拉德和米勒认为语言有其内部的认知概念，他们同意巴甫洛夫的观点，认为语言是实际事物的符号，有了语言这种符号系统，个体就能够通过经验来学习和思考。由此，他们提出次级泛化。次级泛化也称为间接泛化或中介泛化，它以语言符号为基础和中介，而不是基于刺激之间在物理属性上的相似性。语言使刺激泛化越过物理属性上的相似性而产生线索性反应，这种新的反应比直接依靠外显行为来降低驱力要快速有效得多。如果想要某种行为继续出现，那么在它出现时必须给予强化。如果习得的反应出现后总是得不到强化，该反应出现的频率就会下降，最后逐渐消失，这就是**消退**。当原有反应无法降低驱力时，行为就会发生改变。但是，有时候已形成的习惯特别牢固，某种行为不断出现，难以消退。驱力的强度、行为以往的强化频率、强化满意度，以及其他反应的可获得性等都会影响消退现象。

9.3.2 习得性恐惧

对许多心理学家来说，精神分析的两个致命缺点就在于：一是概念模糊，无法对概念进行客观研究；二是难以精确地预测行为。多拉德和米勒熟悉精神分析，相信它对人类行为的临床观察是极有价值的，因此他们将实验室中对动物的研究与弗洛伊德的临床观察结合起来，试图验证弗洛伊德提出的一些理论观点和概念，例如恐惧的习得。

1948年，米勒开展了著名的恐惧习得实验。该实验的设备是一个带有黑白隔间的箱子，两个隔间之间有一扇门互通。最初，当白鼠自由活动时，它对白隔间或黑隔间没有表现出任何厌恶。随后，米勒在白隔间对白鼠施加电击，并允许白鼠跑进黑隔间躲避电击。此后60分钟内，以不固定的时距重复上述程序，发现白鼠逃离白隔间的时间越来越短。后来，当白鼠被再次放到白隔间时，哪怕没有遭到电击，它仍然跑到黑隔间。这说明，白鼠已经学会对白隔间的恐惧，因为它与电击相联系。接下来，米勒调整了实验程序，白鼠只有先转动一个小轮子，才能逃离白隔间。结果发现，即使没有遭到电击，白鼠也学会了转轮反应。随后，米勒又放入一个带有杠杆的小轮子，白鼠只有按压杠杆（而不是转动轮子）才能逃离白隔间，结果发现，白鼠很快就消除了转轮反应（它现在是无效反应），转而学会了按压杠杆的反应，这一次仍然没有施加电击。这表明，白鼠已经对白隔间产生了一种恐惧条件反应。

上述研究表明，恐惧是可以习得的，而且恐惧本身就可以成为一种强大的驱力。正是为了降低恐惧这一驱力，白鼠才学会了转轮和按压杠杆的反应，而且这种反应对消退具有很强的抵制力，它一旦产生就不容易消失，因为只要恐惧存在，它的降低就会被高度强化。多拉德和米勒认为，对人类而言，恐惧症、焦虑和其他非理性的惧怕反应都是通过类似的经验产生的。

多拉德和米勒认为，习得的行为反应会出现泛化和分化现象。最初，所有习得的反应都会向其他类似刺激泛化。然而，随着经验的积累，大多数人在一段时间之后学会了辨别，对刺激作出有选择性的反应，会对恐惧和厌恶等习得的反应产生合理的分化。但是，对某些精神病患者而言，他们经常失去辨别能力，习得的非理性的情绪反应常常过度泛化而不能合理分化。因此，消除类似恐惧反应的办法就是提供一种情境，使患者能够在不受惩罚的条件下体验那些可怕的经历，从而形成新的联结。

9.3.3 挫折与攻击

攻击是许多人格心理学家都关注的问题，多拉德和米勒用驱力、习惯和学习（包括社会学习）等概念分析了攻击，揭示了攻击具有的复杂性和多维性的本质。他们在合著的《挫折与攻击》一书中，分析了弗洛伊德关于挫折导致攻击的思想，并提出挫折—攻击假说（frustration-aggression hypothesis）(Dollard, Doob, Miller, Mowrer, & Sears, 1939)。根据多拉德和米勒的界定，**挫折**（frustration）是指目标反应遭到阻碍时的伴随状态，**攻击**（aggression）是指行为的反应目标是伤害一个有机体。他们认为，攻击是挫折的某种发泄。也就是说，尽管挫折与攻击之间并不一定存在直接的、必然的联系，然而挫折始终是引起攻击的一个先决条件，挫折的存在总会导致某种形式的攻击。基于学习原理，他们进一步指出，挫折在多大程度上引起攻击行为主要依赖四个重要因素：第一，支配目的行为的驱力水平，即受挫驱力的强度。个体目的行为的动机越强烈，目的行为受阻时遭受的挫折就越大，因而就越具有攻击性。第二，受挫驱力的范围，即目的行为是部分受阻还是整体受阻。如果目的行为部分受阻，则只会产生较小的挫折，它导致的攻击行为比目的行为整体受阻时导致的攻击行为要小得多。第三，较小挫折的累积作用，即以前遭受挫折的频率。以前的许多小挫折叠加起来会产生严重的挫折，并导致强烈的攻击行为。第四，攻击行为受到惩罚的可能性。对较直接的攻击行为的抑制程度越高，较间接的攻击行为发生的可能性就越大。

多拉德和米勒的挫折—攻击假说体现了弗洛伊德关于替代的观点，即当某种驱力的降低遭遇挫折时，这种驱力不会自行消失，而是被压抑或者以伪装的形式出现，并要求得到满足。多拉德和米勒还进一步提出

替代攻击（displaced aggression）的概念，指个体遭遇挫折后，因无法直接向挫折来源（人或事物）发泄情绪，转而以另一个不相关的对象为替代者并实施攻击行为。他们用实验证明了替代攻击确实存在。在研究中，两只老鼠被放到一个箱子里，然后对其施加电击，如果它们开始打架则停止电击，即逃避电击强化了打架这一攻击行为。随后，在箱子里放一个玩偶，再次对老鼠施加电击，它们会立刻打架，不理睬玩偶；然而，如果只放一只老鼠在箱子里，施加电击时它便会攻击玩偶。实验结果表明，当老鼠无法攻击原来的对象时，它会转而攻击玩偶这一替代物。他们关于替代攻击的思想至今仍有很好的启发意义，为我们理解很多报复社会的行为提供了一种解释。

9.3.4　冲突

个体的行为反应往往受到所在环境的影响，有时一个环境线索会引发一个或多个行为反应。如果反应之间是相容的，即两个反应可以同时发生，对个体而言就不会产生**冲突**（conflict）。比如，对司机而言，边驾驶汽车边听音乐可以同时进行，因此这两种行为就是相容的。但是，如果环境线索引发两个不相容的反应，即两个反应不能同时发生，就会产生冲突。多拉德和米勒曾站在行为主义立场上用实验方法深入细致地研究弗洛伊德和勒温提出的冲突概念，对冲突作出了学习原理的分析。

人类有两类反应倾向：一类是趋近（approach），即个体希望积极参与目标的倾向；另一类是回避（avoidance），即个体希望回避目标的倾向。反映这种行为反应趋势的强度称为梯度（gradient），梯度取决于个体与目标的距离。多拉德和米勒利用刺激—反应理论进行了有关冲突的研究，这一理论的基础部分包括五个基本假设（Dollard & Miller, 1950/2002, p.363）（如图9.3所示）。

假设一：趋近目标的倾向越强，个体离目标越近，这称为趋近梯度。

假设二：回避恐惧刺激的倾向越强，个体离目标越近，这称为回避梯度。

假设三：当个体趋近目标时，回避强度较之趋近强度增加得更迅速。换言之，回避梯度比趋近梯度更陡直。

假设四：趋近或回避倾向的强度随个体内驱力强度的变化而变化。换言之，内驱力的增强将提升整个梯度的高度。

假设五：假如两种反应倾向处于竞争状态，较强的倾向就会在行为中出现。

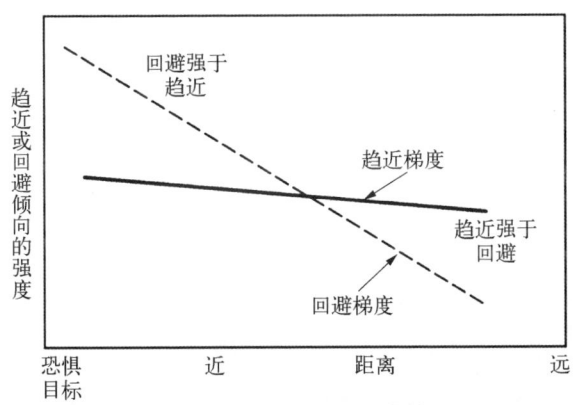

图 9.3　趋近—回避冲突简图

多拉德和米勒深入研究了冲突的四种类型，即趋避冲突、双避冲突、双趋冲突和双重趋避冲突。

趋避冲突（approach-avoidance conflict）。当个体对同一目标同时存在趋近与回避两种相互竞争的倾向时，就会产生趋避冲突。比如，朋友邀请你假期去旅行，你却很焦虑，一方面，旅行地点是你心仪已久的旅行胜地；另一方面，选择旅行就无法完成学习计划。多拉德和米勒认为，当个体远离恐惧目标时，趋近倾向强于回避倾向，个体会朝着恐惧目标移动；当个体接近恐惧目标时，回避倾向强于趋近倾向，因为回避梯度比趋近梯度更陡直。此时，个体想要远离恐惧目标。最终，个体会在趋近强度和回避强度的平衡点上停下来。简而言之，当个体远离目标时，就会靠近目标一段距离然后停止不动；当个体接近目标时，就会远离目标一段距离然后停止不动。最后，停留在两者交叉的某个区域内。

双避冲突（avoidance-avoidance conflict）。当个体面对的两个目标都会引发恐惧，但又不得不在两者之间作出选择时，就会产生双避冲突。"进退维谷""左右为难"描述的就是这种冲突状态。如果有可能，两个目标都避免当然最好。但无法逃避时，个体会停留在两条回避梯度交叉的位置，因为无论朝哪个方向运动都会提升焦虑感。用惩罚的方法来控制儿童的行为往往会产生这种冲突。比如，儿童在要么吃掉讨厌的胡萝卜要么挨打的情况下，就会采取不作为的方式以示抗议。让个体作出反应的唯一方法是增强惩罚的威胁性，使惩罚的回避梯度增大，但这样做又会增大个体逃避的可能性，因此对个体控制的强度也要相应增大。

双趋冲突（approach-approach conflict）。当个体面对的两个目标具有同等程度的吸引力，但又不得不在两者之间作出选择时，就会产生双趋冲突。"鱼与熊掌不可兼得""布里丹毛驴效应"就是这种冲突的表现。相比于另外几种冲突形式，此时个体面对的冲突往往是最小的，因为两边的强度平衡。但是，这种平衡是不稳定的。朝向任一目标，哪怕是最小的运动，也会打破这种平衡，使得朝向该目标的趋势增强。因此，这种冲突比较容易解决。正如多拉德和米勒所说，"毛驴不会在两堆都爱吃的干草前挨饿"（Dollard & Miller, 1950/2002, p. 366）。

双重趋避冲突（double approach-avoidance conflict）。当个体面对的两个目标同时既有令人喜欢又有令人不喜欢的方面，但又必须在两者之间作出选择时，就会产生双重趋避冲突。当个体接近目标时，与两个趋近趋势相比，两个回避趋势增强得更快。因此，当个体远离两个目标时，很少体验到冲突，这时趋近的愿望会占上风。一旦作出选择，个体朝着某一目标运动时，回避趋势就会增强。如果回避趋势足够强，使趋近梯度与回避梯度相交，个体就会停止运动，犹豫、焦虑，不再朝目标运动。实际生活中有很多这样的冲突，比如工作枯燥无味，但能保持收入；不工作令人愉快，却要饿肚子。

9.4 人格发展

9.4.1 人格发展路径

在个体人格的形成中，通过学习而获得的次级驱力具有至关重要的作用。多拉德和米勒认为,人类的初生婴儿有三个基本特征:(1)每个婴儿生来就具有一套在特定情境下的特殊反射,这些反射使婴儿在有限的范围内产生反应;(2)婴儿具有一套先天反应层级,这些反应是由遗传模式决定的;(3)婴儿具有一套原始驱力。虽然刚出生不久的婴儿只具有大量未分化的生理驱力和反应模式构成的先天反应层级,但是很快社会化的进程就会展开,通过学习和强化,婴儿会慢慢变成一个复杂的成人。在原始驱力的驱使下,通过随时起作用的驱力降低机制,已有的反应与新的刺激联系在一起,新的反应得到强化,次级驱力从原始驱力中产生,复杂的心理过程和行为通过间接的刺激泛化逐渐发展起来。最终,成人人格的复杂性得以形成。

传统人格理论中的概念(如内外向等)都可以用次级驱力来解释,它们都是社会奖赏的结果,个体最终获得次级驱力和习惯层级。由于习惯层级是个体在成长过程中获得的,对习惯层级的强化反映了社会的要求,因此它在本质上是社会化的结果。20世纪30—50年代,多拉德和米勒与其他许多心理学家一起,重新解释了传统的精神分析概念,使概念更加精练。直至今日,他们的工作在当前儿童社会化理论中依然占据主导地位。

在人格发展问题上,多拉德和米勒同意弗洛伊德关于早期童年经验对成人人格具有深远影响的观点。儿童需要成人的养育,其驱力的降低完全依赖父母,成人控制着儿童,因此儿童习得什么行为在很大程度上取决于成人提供的训练情境。他们认为,喂食情境、排便训练、早期性教育、愤怒—焦虑冲突对成人人格具有深远影响。

喂食情境

由于进食可以降低饥饿驱力,因此进食行为得以强化。母亲的出现总是伴随着哺乳行为,因此母亲成为次级强化物。母亲为孩子提供的喂养环境决定何种反应会被强化。如果饥饿的孩子大哭时总是被置之不理,没有及时获得食物,他们就会学会不以哭来获取食物,哭这一反应就会消失,慢慢形成冷漠与忧虑的特质;相反,如果孩子在饥饿时能够及时获得食物,而且母亲在喂食时能够仁慈、温和、积极地对待他们,这些孩子就会发展出对母亲的爱和依恋,长大后也会以积极的态度对待他人,并通过泛化形成亲社会的人格。

排便训练

如何训练儿童大小便对其人格的形成极为重要,这个阶段会产生个体与社会需要之间的冲突。儿童可以将内在的生理线索(膀胱的满胀感)与排泄反应联系在一起。但是,排便训练要求儿童减弱这些线索与反应之间的关联,这样才能够形成更多复杂的行为(去厕所,脱裤子,坐在马桶上)。如果父母对儿童不能控制大小便的反应是消极的,那么儿童可能无法区分父母是讨厌他的排泄物,还是讨厌他。如果儿童接受了父母的消极反应,就会习得过分的服从与愧疚感。此外,为了避免父母的惩罚,儿童还会学着躲避父母。假如把排便训练推后,直到儿童具有语言能力,语言就能够提供调节的线索,使这一阶段复杂的学习变得简单,也就不太可能产生焦虑与愤怒感。

早期性教育

儿童的早期性教育大多与手淫相联系。在多数情况下,这种行为会受到惩罚和训斥。性驱力是一种天生的原始驱力,但是个体对性观念和性活动的恐惧以及过分的羞耻感是在童年时期习得的。多拉德和米勒认为,应该让儿童学会坦然地面对性观念和性行为。如果性冲动依然有吸引力,但是会唤起焦虑,那么这将导致冲突。泛化的结果是,儿童会对床产生恐惧,因为手淫总是在床上进行,惩罚也是如此。多拉德和米勒支持对手淫更多地持一种宽容的态度。如果在性冲动问题上产生冲突,那么儿童会习得对权威人物的恐惧感,这是从对父母的恐惧感泛化而来的。

愤怒—焦虑冲突

儿童会面临许多挫折,比如兄弟姐妹之间的竞争、儿童期的依赖感等。挫折在童年期以及其他年龄段是不可避免的,对挫折的最常见反应就是攻击,但是儿童的攻击行为通常会遭到父母的反对和惩罚。这时,儿童就会陷入冲突之中:既想进行攻击,但又害怕遭到惩罚,因此不得不抑制攻击行为。如果父母过于严厉就会扼杀儿童合适的、自信的行为。愤怒的感觉可能会被贴错标签：儿童因表现出愤怒而被惩罚，于是可能会认为愤怒是"坏的感觉"而不是"愤怒的感觉"，随后产生愧疚感而不是自信。儿童一方面想表达愤怒，进行攻击，但又因为害怕惩罚而抑制这种冲动，这可能导致儿童逆来顺受、过分被动，进而妨碍他们在现代社会中成功地开展竞争。因此，儿童学会适当地表达自己的愤怒情绪或攻击行为对人格发展也很重要。

9.4.2 异常人格的发展

多拉德和米勒认为，父母如何对待儿童与饥饿、排泄、性和愤怒相关联的需要，将决定儿童成为正常人还是神经症患者。他们认同弗洛伊德提出的儿童人格发展关键期理论，但是用其学习理论中的奖励和惩罚重新解释了弗洛伊德所说的关键期。比如，他们用父母提供强化的恰当时期来解释断奶、排便训练等问题。如果饥饿这一原始驱力没有获得满足，那么儿童可能发展出焦虑和被动反应而不是社会性和爱。如果儿童因为手淫被打，即原始驱力受到惩罚，那么他可能学会对与性有关的所有事物都产生焦虑反应。

多拉德和米勒非常关注对神经症患者的研究，认为可以从中获得有用的信息。神经症患者前往医疗机构寻求专业人士的帮助，以解除自己的痛苦，因此较之正常人，他们在医生面前能够更加坦率地说出自己的感受和私生活，研究者也能够在控制条件下对其行为进行长期的系统观察和研究。此外，神经症患者的行为表现比正常人更为夸张，因而也更容易观察。不过，多拉德和米勒也清楚地认识到神经症患者与正常人不同，反对将神经症患者的研究结论直接运用于正常人，而是提醒还需要检验神经症患者的研究结论的适用性。

与弗洛伊德一样，多拉德和米勒也认为潜意识在决定行为中起着重要作用。强烈的情绪冲突是神经症患者行为的必要基础，而这些冲突大多都是潜意识的，是父母影响和儿童期习得的结果。他们还认为，个体的潜意识主要包括两个部分：一个部分是非语言符号化的经验，另一个部分则是被压抑的经验。非语言符号化的经验主要指个体在学会语言之前婴幼儿时期的经验。由于没有语言的辅助，此时个体无法将学习标记或记录下来，因此这种学习成为潜意识的一部分，个体成年后无法回忆起这一时期习得的一切。不过，通过行为记载的那部分学习内容得以在潜意识中保存下来，随后在个体的一生中，这些习得的反应可能会再次出现在类似的情境中。它们会被非符号化的线索诱发出来，悄无声息地进入意识生活领域。

大多数神经症都由潜意识中被压抑的经验导致。如果有些想法令人不舒服，会引起羞愧、厌恶、焦虑或恐惧等消极情绪反应，那么这些情绪本身就是一种习得性的消极驱力，它们像饥饿、疼痛一样需要迅速消除。因此，任何能够减少这些消极情绪的想法和行为都会受到强化，从而习得一种牢固的习惯。通常有两种形式来抑制令人不舒服的想法：一是发生在潜意识水平，即某种潜在的想法进入意识层面之前就消失了，这个过程称为压抑；二是发生在意识水平，即个体已经意识到这种想法，这时压制就被激发了。与其他反应一样，这两者都是习得的反应，随后它们会使驱力(即消极情绪)降低，因此反应得到强化。

多拉德和米勒赞同弗洛伊德的观点，认为大多数神经症都源自童年时期，父母在神经症的形成中起到重要作用。童年时期的重要性在于，由于儿童还没有学会通过语言标记或记载自己的情感和经验，还不能意识到它们，因此成年后的患者无法监督和控制自己相应的思维过程，也无法理解和分析自己的行为及其原因。

基于以上观点，多拉德和米勒将行为主义的学习理论与弗洛伊德的治疗体系巧妙地结合起来，提出一套神经症的治疗方法。他们认为，既然神经症是习得的，那么也能够通过行为学习的方式将其消除。因此，心理治疗就是建立一套强化体系，使神经症患者遗忘神经症的行为习惯，同时学会正常的行为习惯。他们把治疗师视为老师，病人则是学员，并将治疗师比喻为优秀的网球教练。正如一名优秀的网球教练能够纠正运动员不好的动作习惯，治疗师也能够纠正患者不良的心理和情绪习惯。

在治疗实践中，要消除一个已经学会的习惯反应，唯一的办法就是在该反应再次出现时不给予强化。但是，神经症患者已经学会压抑不良情绪，不让其表现出来，于是症状依然无法消除，问题得不到解决。因此，治疗师应该人为地设置情境，鼓励患者将被压抑的想法说出来，然后尽力帮助患者理解这些被压抑的想法及其形成机制。然而，由于这些被压抑的想法已经伴随患者相当长的时间，因此要想完全把它们弄清楚是不可能的。多拉德和米勒认为，即便在压抑得到释放，治疗获得成功之后，治疗通常并没有完全结束，患者的生活中仍然存在重大缺陷。治疗师需要继续给予患者一些行为上的指导，而这也是心理治疗过程的重要组成部分。

9.5 理论评价

多拉德和米勒将弗洛伊德的精神分析理论与赫尔的学习理论整合起来，提出一种更有说服力、更有效的理论。一方面，他们以实验室动物研究为基础提出刺激—反应学习理论，引入社会文化和人类学的内容，将理论用于解释更为复杂的人类心理过程和人格，从而增强了学习理论的适用性和有效性；另一方面，他们在行为主义的框架下重新阐释了精神分析理论的一些概念和思想，运用行为主义的实验方法，提升了精神分析理论洞察人类心理的客观性，弥补了精神分析理论在研究方法上的不足，使精神分析理论更易于被实证取向的心理学家接受。

多拉德和米勒相信，心理治疗和实验室研究的结合为研究人格提供了最好的工具，并提出了一些更为实用的心理治疗方法。通过实验室研究，他们客观地解析了神经症的产生机制，以及童年经验如何通过强化使个体习得不良行为，影响人格发展与适应。在他们看来，心理治疗是一个逐渐消退的过程，它取决于泛化的程度，因此他们提出了一种连续接近的方法，即当代心理治疗中经常使用的系统脱敏法，促进了行为主义治疗技术的发展。

虽然多拉德和米勒与斯金纳等激进行为主义者并不完全相同，但是作为行为主义的代表人物,他们的观点与理论也存在一些明显的缺陷,因而受到其他学者的批评。首先,尽管他们认识到动物研究的局限性,但在实际研究中,他们依然将动物研究的结论用于推论和解释人类的心理和行为,忽视人类的自我、意识、选择等,以及它们对行为的调控作用。其次,由于过分强调影响反应出现的条件,强调环境刺激对个体习得性行为的影响,因此虽然多拉德和米勒的理论强调源自生物性的初级驱力对行为的决定作用,但是依然对个体遗传因素的作用重视不够。

10　罗特和米歇尔：社会学习理论

　　罗特和米歇尔以及下一章介绍的班杜拉，同属社会认知取向的人格心理学家，除了罗特的主要理论是在认知革命之前提出的，其他认知取向的人格理论大多是在认知革命的影响下发展起来的，凯利关于个人建构的思想更是对他们产生了直接影响。罗特曾与凯利一起在俄亥俄州立大学共事多年，在那里他们共享了许多有价值的观念，米歇尔在他的认知情感人格变量中更是直接采纳了凯利提出的个人建构的概念。罗特和米歇尔在一些基本假设上具有共识，如他们都认为认知因素在塑造个体如何应对环境刺激方面发挥着重要作用，他们都反对斯金纳关于行为主要受环境因素即时强化塑造的观点，并指出个体对未来事件的预期才是决定行为表现的首要因素。

　　罗特主张，只有理解个体与对其具有独特意义的环境的互动，行为才能得到最好的预测。他坚信，无论是环境因素还是个体因素，都不能单方面决定行为。这种观点与斯金纳的极端行为主义以及特质流派的人格理论截然不同。他提出，人的认知、特定的学习经历以及对未来的预期，才是预测行为的关键。米歇尔的理论与罗特以及班杜拉的理论有许多共通之处，与罗特和班杜拉一样，米歇尔也坚信，认知因素，如预期、主观刺激价值、目标和个人标准等，在塑造人格的过程中发挥了重要作用。他对人格一致性与可变性的论述、与合作者共同提出的认知—情感加工系统理论，以及对儿童延迟满足的研究，都是对人格理论的重要贡献。

10.1 罗特的社会学习理论

罗特的人格理论是基于学习概念和原理建构起来的,其基本观点是,人的大多数行为是习得的。同时,他认为个体持续不断地与有意义的环境发生相互作用,个体对环境刺激的反应依赖个体赋予环境刺激的意义或重要性,因此行为也是通过与他人相互作用获得的(Rotter, Chance, & Phares, 1972, p. 4)。这种社会学习的观点采用了人格研究的历史视角,即通过了解人们生活中的既往事件来理解他们现在的行为。不过,与精神分析学派不同,罗特并不主张通过深入探究个体过去的经验来预测行为;在他看来,只有当既往事件有助于实现预期目标时才值得关注(Rotter, Chance, & Phares, 1972, p. 5)。因此,人格不是生理上的预先设定或者由发展的某个特定年龄阶段决定的,相反,它可以通过学习来改变或矫正。

尽管罗特强调人格是学习的结果,但他也承认人格的相对稳定性。罗特强调人格的统一性或互依性,即个人经验与互动经验会持续地相互影响。过去的经验会影响现在的经验,而现在的经验也会改变过去的经验。因此,在罗特看来,人格是变化的,因为个体会不断面临新的经验;同时,人格也是稳定的,当人们有了丰富的经验时,他们学会用先前的强化经验来评估新的经验,而这种相对一致的评估会使人格更加稳定与统一(Rotter & Hochreich, 1975, p. 94)。

10.1.1 罗特传略

罗特(Julian B. Rotter, 1916—2014),出生于纽约布鲁克林的一个犹太移民家庭,经济危机的爆发使他们原本殷实的生活陷入困境,这种转变对罗特触动很大。在中学时期,罗特

图 10.1 罗特

接触到弗洛伊德和阿德勒等人的书籍,对心理学有了初步的了解。但是,经济萧条时期迫于就业压力,他进入布鲁克林学院学习时选择了化学专业。与此同时,罗特并未放弃对心理学的热爱,大学三年级时,他聆听了阿德勒的讲座,并拜访了阿德勒本人,还受邀出席了每月在阿德勒家中举行的个体心理学会议。作为犹太人,罗特曾多次被劝告,无论他拥有什么样的学历,他都不可能获得学术职位。但是,1937年他从布鲁克林学院毕业时,他修习的心理学学分高于化学学分,他选择到艾奥瓦大学研究生院学习心理学,此时勒温正任职于该大学。1941年,罗特在印第安纳大学获得临床心理学博士学位。第二次世界大战爆发后,罗特作为一名心理学家,为军队服务了三年多。罗特早年的经历不仅使他终生都在关注社会不公问题,而且使他认识到人格和行为是受情境条件影响的,这成为他的社会学习理论的基石。

战后,社会对临床心理学工作者的需求大量增加,环境再一次影响了罗特的职业生涯,1946年他在俄亥俄州立大学正式开始了自己的教学和研究生涯。此时,罗杰斯刚刚离开该大学,罗特与个人建构论的倡导者凯利成为同事,他们一起制定出当时美国最好的临床心理学教学计划。罗特的社会学习理论与凯利的个人建构论虽然在很多方面迥然不同,但是共同点在于两个理论均强调认知因素的重要性,而且都形成于认知革命之前。因此,他们的观点对后来持认知观的人格心理学家有很大启发,这一点在米歇尔的理论中得到了很好的体现,米歇尔当时正好就读于俄亥俄州立大学。

1963年,罗特成为康涅狄格大学的心理学教授,并在那里一直工作到1987年退休。罗特最有影响力的著作是1954年出版的《社会学习和临床心理学》(*Social Learning and Clinical Psychology*),以及1972年与他人合著的《人格的社会学习理论的应用》(*Application of a Social Learning Theory of Personality*)。在前一本书中,罗特系统提出了他的社会学习理论,后一本书则侧重于阐述社会学习理论在更广泛的领域中的应用。罗特曾担任美国心理学会社会与人格心理学分会主席、临床心理学分会主席以及东部心理学会主席。1989年,美国心理学会授予他心理学杰出科学贡献奖。

10.1.2 人格结构

在对行为的分析中，尽管罗特也强调情境对行为的重要作用，但与华生和斯金纳等很多行为主义者不同，他认为人有稳定的特质，这使个体在不同情境中表现出行为的一致性与稳定性。这种稳定的特质是什么呢？罗特提出，人具有预期各种事件的能力，在过去独特经验的基础上，人形成两种较为持久的问题解决的预期倾向，即控制点与人际信任。其中，控制点是指人对强化作用是否由自己的行为控制的信念或预期，人际信任是指人对其他人或群体是否值得信任和依赖的信念或预期。

控制点

20世纪50年代至60年代早期，罗特研究发现，人们对成功或失败的看法因人而异。有的人尽管经历了成功，却没有增强控制环境的信念；有的人尽管不断经历挫折和失败，却没有放弃成功的期望和努力。有的人认为成功与否取决于自身的努力、能力、智力或技能等内部因素，有的人将成功或失败归因于运气、命运或其他不可控的外部因素。罗特对这一发现深深着迷，他将人们表现出的这种认知倾向称为**控制点**(locus of control, LOC)，即个体对强化作用是否由自己的行为控制的信念或预期(Rotter，1966)。

罗特区分了两种类型的控制点，即内在控制点和外在控制点。**内在控制点**(internal-LOC)强调，生活中的一般强化作用大都由自己控制；**外在控制点**(external-LOC)则强调，生活中的一般强化作用大都由外力或他人控制。罗特关于控制点的观点能够帮助我们理解人们对成败的归因倾向。尽管在客观意义上，成功或失败的原因可以区分为内在原因和外在原因，但是罗特认为，决定归因倾向的是人们如何理解和觉察这些原因，正是人们稳定的控制点影响了行为和对结果的评价。面对同样的问题或情境，内控型和外控型的人可能会表现出不同的行为，并对结果作出不同的归因解释。

为测量人们的控制点倾向，罗特(Rotter，1966)编制了**内外控制点**

量表(Internal-External Locus of Control Scale)。该量表共有29个二选一的迫选项目,包括23个有效计分项目和6个用于掩蔽测量目的的混淆项目。23个有效计分项目各包含1个代表内控倾向的选项和1个代表外控倾向的选项,计分时只对外控倾向的选项计分,即选择外控选项计1分,选择内控选项计0分,最终得分为0~23分。得分越高表明个体越具有外控倾向,得分越低则表明个体越具有内控倾向。表10.1列举了罗特内外控制点量表的几个项目,其中标有下划线的选项为外控选项。

表10.1　罗特内外控制点量表项目举例

1	<u>a.</u> 人们生活中很多不幸的事都与运气不好有一定关系。 b. 人们的不幸归因于他们所犯的错误。
2	a. 发生战争的主要原因之一就在于人们对政治不够关心。 <u>b.</u> 不管人们怎样努力阻止,战争总会发生。
3	a. 最终人们会得到他们在这个世界上应得的尊重。 <u>b.</u> 不幸的是,不管一个人如何努力,他的价值多半会得不到承认。
4	<u>a.</u> 不管你怎样努力,有些人就是不喜欢你。 b. 那些不能让他人对自己有好感的人,不懂如何与他人相处。
5	a. 普通老百姓也会对政府决策产生影响。 <u>b.</u> 这个世界主要由少数几个掌权者操纵,小人物对此做不了什么。
6	<u>a.</u> 很多时候我都感到我对自己的遭遇无能为力。 b. 我根本不相信机遇或运气在我的生活中会起很重要的作用。

作为一种稳定的人格因素,控制点不仅表现在归因倾向的差异上,而且会对人们的动机、行为和身心健康产生影响。比如,内控者更愿意延迟奖赏并使奖赏最大化(Bialer,1961),更偏好需要能力而不是运气或机会的任务情境(Rotter & Mulry,1965)。此外,控制点与学业成就显著相关,内控者的学业成就显著高于外控者(Findley & Cooper,1983)。在坚持性方面,外控者在任务中表现出坚持性不足的特点(Ducette & Wolk,1972)。在身心健康方面,研究显示内控者比外控者有更多的健康行为(如定期体检、控制饮食、锻炼身体)和更少的不健康行为(如放弃吸烟、停止酗酒等)(Steptoe & Wardle,2001)。此外,内控者往往比外控者心理更健康,能够更好地应对压力。可见,一般而言,内

控者比外控者表现出更大的优势。不过，在一些情况下，外控者也会表现出更强的适应性。

内控或外控的控制点信念是如何产生的？大量研究表明，控制点具有一定的代际传递性，即内控型的父母倾向于培养出内控型的儿童，外控型的父母倾向于培养出外控型的儿童。这可能是因为，内控型的父母对儿童有着较为一致的要求，他们始终鼓励适当的行为，惩罚不适当的行为，儿童在这样的环境中成长，就能够很好地预期自己的哪些行为将带来何种后果，这有助于他们形成内控信念。外控型的父母在教育儿童时不停地改变规则，对同一种行为他们有时鼓励，有时视而不见，有时甚至惩罚，这样儿童就不能对自己行为的后果形成良好的预期，而只能把行为的后果归因于外部因素，最终形成外控信念。另有研究表明，关系紧张的家庭和单亲家庭中的儿童也容易形成外控信念（Trusty & Lampe, 1997）。

罗特的控制点概念自提出以来，逐渐成为人格与社会科学研究中最为经典的主题之一，内外控制点量表也得到广泛运用。不过，研究中也存在一些对控制点概念的误解和误用。对此，罗特（Rotter, 1975）专门进行了分析和回应。比如，有研究者认为，控制点倾向得分是行为的决定性因素，或者控制点是个体对自己在特定情境下能否获得强化的预测指标。罗特指出，控制点概念是指个体对强化的一般预期，它代表个体相信自己能够控制生活的一般程度。控制点倾向得分不能作为行为的原因，只能作为个体泛化预期高低的指示器。因此，控制点倾向得分必须与强化值结合才能更好地预测行为。

有研究者认为，人可以分为内控和外控两种截然不同的类型。罗特指出，事实上，内控—外控是一个连续的倾向维度，大部分人都处于这个维度的中间而不是两个极端，因此大部分人都应该被描述为比较内控或比较外控。当然，有时出于研究的需要，研究者会根据中位数或平均数把被试区分为内控型和外控型。

此外，还有研究者认为，较高的内控得分是社会期许的，而较高的外控得分是社会拒斥的。对此，罗特认为不管是内控还是外控，极端的得分都可能是适应不良的表现。被试在外控上得分很高往往与心灰意冷和绝望无助相联系,它意味着被试相信自己无法控制所处的环境;被试在内控上得分很高则可能意味着被试相信自己应该对发生在自己周围的每件事情负责,因此极端内控的人可能体验到更多羞愧与内疚,承担更多不必要的压力。现在,许多研究者开始重新考虑控制点与健康适应之间的关系,但大多数人都相信,得分居于两个极端之间并略微倾向于内控,可能对健康最有益。

人际信任

由于人们获得的大量奖励或惩罚都来自他人,因此对于某些奖励或惩罚是否会伴随他人的承诺或警告,人们通常会形成一定的泛化预期。他人的承诺或警告有时兑现,有时没有兑现,通过这些经验,个体会逐渐学会相信或不相信他人所说的话。这就是罗特提出的**人际信任**(interpersonal trust),即个体或群体持有的对其他个体或群体的话语、承诺、口头的或书面的陈述可以被信赖的预期(Rotter, 1967, 1971)。人际信任与广泛应用的基本信任(basic trust)不同,后者被埃里克森(Erikson, 1953)定义为健康人格的核心成分;而罗特所指的人际信任不是关于人性本善的信念,它是指在没有证据证明他人不可信的情况下,个体同他人交流时对他人是否值得信赖的预期。

为了测量人们在人际信任上的差异,罗特(Rotter, 1967)编制了人际信任量表(Interpersonal Trust Scale)。该量表包括 25 个有效计分项目和 15 个用于掩蔽测量目的的混淆项目,每个项目包含一个陈述。量表采用 5 点计分,1~5 代表强烈不同意(不信任)到强烈同意(信任)。25 个项目中有 12 个项目采取正向计分,另外 13 个项目采取反向计分。得分范围为 25~125,得分越高表示人际信任水平越高。表 10.2 列举了罗特人际信任量表的若干项目。

表 10.2　罗特人际信任量表项目举例

1	在和陌生人打交道时要小心为上,除非他们能够提供证据表明他们值得信赖。
2	我们通常可以相信父母会遵守他们的诺言。

	续　表
3	大多数选举出来的官员参选时所作的承诺都是真诚的。
4	在这个竞争的时代,人必须时刻警惕,因为你可能随时被他人利用。
5	我们可以指望大多数人会言行一致。
6	大多数售货员是在诚实地描述他们的商品。

信任和不信任,何者更加可取呢?罗特指出,当信任不等同于轻信时,较高的人际信任不仅是可取的,而且是在文明社会中生存所必须具备的。罗特总结相关的研究结果,发现高人际信任者相对于低人际信任者,具有以下特点:(1)更不可能撒谎;(2)更不可能欺骗或偷窃;(3)更倾向于给他人第二次机会;(4)更可能尊重他人的权利;(5)更少体验到不快乐、内心冲突以及适应不良;(6)更加可爱和受欢迎;(7)更值得信赖。从这里可以看出,高人际信任者具有更多在他人看来积极的、可取的人格特征。

10.1.3　人格动力

罗特关注的主要问题是行为的动机,即如何预测人们在面临多种可供选择的行为方式时作出的选择。在他看来,动机是目标导向的。他反对人们以降低驱力或寻求快乐为主要动机的观点,主张人们的行为由推动他们朝向目标的期望激发。例如,绝大多数大学生的目标是顺利完成学业,因此为了达到这个目标,他们能够忍受压力、紧张和艰苦的学习。他们知道需要苦读几年大学课程才能毕业,这并没有降低他们的驱力,反而激发了他们的驱力。在其他条件相同时,人们得到的最有力的强化来自促使他们追求预期目标的行为。这就是罗特所谓的**经验效果律**(empirical law of effect),即"将强化定义为影响个体趋向目标的行动、条件或事件"(Rotter & Hochreich,1975,p.95)。

在上述思想的基础上,罗特整合了动机领域的两种主要观点——强化观和认知观,以解释人们的选择倾向。为了更为准确地预测人们在特定情境中的行为,他提出必须分析四个变量:**行为潜能**(behavior potential,BP)、**期望**(expectancy,E)、**强化值**(reinforcement value,RV)

以及**心理情境**(psychological situation，S)。罗特认为:"一种行为在某种情境下发生的可能性,是由个体对该行为的期望和强化值共同决定的。"这就是著名的**期望—价值模型**(expectancy-value model)(Rotter & Hechreich，1975，p. 57)。用公式表示为:$BP_{x, s1, Ra} = f(E_{x, Ra, s1} \& RV_{a, s1})$。意思是,"在情境 1 中与强化 a 有关的行为 x 发生的潜能是,对情境 1 中强化 a 会伴随行为 x 出现的期待和强化 a 的价值的函数"(Rotter，1981，p. 170)。需要指出的是,该公式提供的是一种理想化的而非实际的预测,并没有具体的数值能够代入该公式进行计算。其中,期望本身并不是一个动机结构,但当它与强化值一起出现时,就具有了动机作用。接下来具体介绍上述几个基本概念。

行为潜能

行为潜能是指,在某种情境下特定行为反应出现的可能性。任何心理情境都会有几种强度不同的行为潜能同时存在,但到底哪一种会被个体采纳并最终成为现实的反应,则主要取决于两方面的因素:(1) 个体期望获得某种强化的可能性;(2) 该种强化对个体具有的价值大小。当个体期望多种行为获得强化的机会均等时,某种行为获得的强化价值越大,则个体作出该种行为的可能性也越大;同理,当多种行为可能获得的强化价值均等时,个体期望某种行为获得强化的机会越大,则个体作出该种行为的可能性就越大。简而言之,行为潜能是期望和强化值的函数。个体选择的行为通常是期望与强化值的最佳结合,即行为潜能的函数值最大。

值得一提的是,罗特对行为的定义远比传统的行为主义对行为的定义要宽泛得多。在罗特看来,行为包括任何反应,它既可以是外显的、可观察的,也可以是内隐的、不可观察的、只能间接测量的。这种对行为概念的理解使他在理论建构的过程中,把概括化、问题解决、思维、分析等认知反应也纳入行为的范畴,体现了对认知过程的重视。

期望

期望是指,个体在行动前对行动之后获得某种强化的概率的主观预测。期望不是强化发生的客观概率,它完全是个体在行动前的主观认识,因此"期望"这个术语有很强的认知色彩。罗特认为,行为的动力取决于想要实现的期望目标,"所有由目标决定的行为可以带来心理上的平衡、满足和安全感"(Rotter,1954)。根据概括化程度的高低,罗特将期望分为具体期望与泛化期望(Rotter,1966)。

具体期望(specific expectancies,SE)是指,个体对特定情境中强化物出现的可能性的期望,通常与个人过去的经验(直接经验或间接经验)有关。稳定的期望往往会带来稳定的行为模式。比如,一个喜欢炒股的人,在决定是否购买某种股票时,会考虑它能否带来收益。若这种股票确实增值了,他就会对买这种股票抱有高期望。经过几次强化,他的期望就趋于稳定。对他而言,购买这种股票就意味着挣到钱,于是,他逐渐习惯买这种股票。然而,个体对强化的可能性的预测并不像斯金纳声称的那样完全取决于个体以往的强化史。当然,强化史是一个影响因素,但有时个体缺乏相关的经验,他只能凭自己的想象来预测,只要他真切地相信某种强化将会伴随特定反应出现,他就会有较高的期望。这就是**泛化期望**(generalized expectancies,GE),即个体依据以往经验,对相同或相似的行为在多种不同情境中可能获得强化的期望。泛化期望具有跨情境的特性,而具有跨情境性的个体特性往往是稳定人格的组成部分。罗特关于内外控制点和人际信任的研究就属于泛化期望的研究,而控制点和人际信任也确实是个体身上比较稳定的人格特性。

强化值

面对多种强化物时,它们在个体心中的价值是不一样的。比如,几个人共同完成了一项任务,有人希望金钱奖励,有人希望通报表扬,还有人希望职位晋升。强化物对个体的价值就是**强化值**,罗特把它定义为"如果一系列强化物出现的概率相同,那么个体希望某种(某些)强化物出现的程度,就是该强化物的强化值"(Rotter,Chance,& Phares,1972,p.21)。当期望和情境变量保持一致时,行为主要由强化值的高低决定,强化值高个体就愿意行动;强化值低,即便预期强化概率为100%,个体也懒得行动。当然,在大多数情境中,期望很少保持恒定,同样,强化值的高低也不是一成不变的,这就是行为预测比较困难的原因。

哪些因素能够决定强化值的高低呢？首先，个体能够知觉到自身所处的社会文化环境赋予某种强化物的价值。个体赋予强化物的价值通常会受社会文化环境的影响并与其保持一致。当然，有时个体赋予强化物的价值也会与社会文化环境赋予强化物的价值有所差异甚至完全相反，如个体认为非常有趣的电影却被自己的朋友和同事认为低俗无聊，这时个体或多或少都会受到环境的影响而修正其评价。其次，人的需要也会影响强化值的高低。通常，一种特定强化物的价值会在它能满足的需要变得强烈时提高，在需要变弱时降低。最后，个体预期该强化与未来强化的关系也会对强化值产生影响。强化很少独立于与未来相关联的其他强化而单独出现，它更可能出现在一组相互关联的强化序列之中。罗特相信，人能够利用认知能力预测一系列事件对未来目标的作用，而最终目标将会影响事件序列中每一次强化的价值高低。一个睿智的商人不会在与商业伙伴的初次业务合作中斤斤计较，这是因为，他能认识到当前斤斤计较获得的强化对未来可能获得的强化无益，所以他降低了对当前强化的价值评估。罗特的这一观点符合他的基本理论假设——动机是目标导向的。

心理情境

第四个行为预测的变量是心理情境，它可以被定义为个体主观体验到的内部世界与外部世界。与行为主义简单认为环境事件塑造行为，以及特质理论认为个体特质单独决定行为的观点不同，罗特认为行为源于个体与有意义的环境之间的互动。人们不是被动地对环境刺激作出应答，也不是生活在真空中，完全根据自身特点去行动，而是对知觉到的环境线索作出反应。这些线索有助于他们对行为—强化序列以及强化—强化序列形成特定的期望。罗特对心理情境的关注体现了，他对影响行为的环境因素和个体差异同等重视，不过他并不是将两者的效应简单相加，而是持一种交互作用的观点。

10.1.4　人格发展

罗特认为，人格发展在很大程度上取决于个体与他人互动经验的范围、多样性和质量。在生命早期,父母通常就是这种重要他人。个体的早期目标产生于某些生理需要,并通过父母或父母的代理人得到满足。伴随需要的满足,父母本身就成为强化刺激,儿童开始依赖他们获得关心、爱、赞扬、认可和其他强化物。罗特认为,当出现刺激泛化时,其他与父母相似的人就会以相同或相似的方式被感知和评价。一旦父母和其他人(比如老师)获得作为条件强化物的价值,不管他们能否降低儿童的初级驱力,儿童都会努力获得他们的认可,避免他们的反对。

因此,在罗特看来,人格发展过程包括期望与强化值的获得与调整,而这一过程是通过各种**社会代理人**(socialization agents)实现的。社会代理人既包括成年的权威人物,也包括同辈伙伴。人格发展取决于同辈伙伴和父母传达给儿童的标准、道德、目标和技巧。罗特认为,健康或不健康行为源于家庭,后来转移到学校情境。这是因为,儿童的健康行为是由父母培养的;当儿童的行为能够带来接纳、爱以及认同时,父母的鼓励将会促进这种行为的发展和维持。因此,在父母自身能够对子女的幸福和成长表达关心的家庭中,健康行为最有可能出现;在父母不提供这种强化的家庭中,儿童不太可能学会适应复杂社会的各种行为,甚至可能以一种反社会的方式成长,并表现出自私的行为,从而对他人产生敌意(Rotter,1954,pp. 406 - 407)。

不只忽视和拒绝会导致行为失调,过度放纵和过度保护也会导致行为问题。对过度放纵的儿童来说,上学可能是一种痛苦的经历,不同于家庭,在他们看来学校似乎是一个不受欢迎、缺乏关爱和保护的地方(Rotter,1954,p. 418)。一般来说,遭受拒绝的儿童上学时对成功的期望很低,而过度放纵的儿童对成功的期望可能过高。这两种态度都是不切实际的。罗特认为,学校的主要作用是纠正这些观点,帮助儿童获得安全感和符合现实的成功期望,当他们承担起成人的责任时,这些期望会帮助他们实现自己的价值(Rotter,1954,p. 419)。因此,为了帮助儿童成长为合格的公民,罗特认为父母、老师和其他社会代理人应该在他们的纪律实践中保持热情、接纳、善良、民主和一致。

10.2 米歇尔的认知—情感加工系统理论

传统的人格理论,包括特质理论和心理动力学理论均认为,人格差异包含某些整体性的人格特征,这些人格特征影响个体广泛的行为模式。尤其是特质心理学家普遍相信,具有整体性人格特征的人类个体,其行为必将表现出跨情境的一致性。然而,到了20世纪60年代,受到行为主义和早期社会心理学的影响,研究者们普遍相信,个体行为基本上是由社会环境决定的,这种环境决定论也成为人格心理学危机的导火索之一。

正是在这一背景下,米歇尔强烈反对试图将行为归因于整体性人格特征的做法。他认为,这样的尝试仅仅是描述人格的一种方法,这种方法除了对人作出枯燥无味的分类外,根本不能对人的行为作出任何有意义的解释。在1968年出版的《人格与评鉴》(*Personality and Assessment*)一书中,米歇尔大胆质疑:人格真的存在吗?他提出,如果人格真的存在,那么在不同情境下,行为就应该具有一致性,即个体行为的"跨情境一致性"。然而,他回顾了1968年之前的研究,并没有证据支持这个假设。在进一步回顾了20世纪50—60年代影响较大的几项测评研究之后,发现自陈式人格测量与行为表现之间的平均相关系数很少超过0.30。因此,他得出结论,具有跨情境一致性的行为并不存在,这就是著名的"人格悖论"。米歇尔对传统人格理论的质疑引发了对人格心理学发展极为重要的个体—情境的大讨论(Kenrick & Funder, 1988)。

在对人格的跨情境一致性提出质疑的同时,米歇尔也指出,特质论者低估了心理情境的作用、人类的可变性和改变的潜能。对此,米歇尔试图提出一种更为综合的理论。他吸收了认知理论先驱凯利与罗特的观点,从认知理论和社会学习理论出发,提出了人格的**认知—情感加工系统理论**(cognitive-affective processing system,CAPS)(Mischel & Shoda, 1995),用以说明个体内在行为跨情境的可变性和一致性,预测一个人的行为从一种情境到另一种情境的变化。

10.2.1　米歇尔传略

米歇尔(Walter Mischel，1930—2018)，1930年2月22日出生于奥地利维也纳，9岁前一直住在离弗洛伊德家很近的地方，很自然地受到精神分析思想潜移默化的影响。1939年，因纳粹德国侵占了奥地利，米歇尔随全家来到纽约。1947—1951年，他就读于纽约大学，1951—1953年就读于纽约市立学院，并在著名心理学家墨菲(Gardner Murphy)的指导下完成硕士学位论文，在攻读学位的同时，米歇尔作为一名社会工作者受雇参加纽约东区贫民窟的工作，这使他对精神分析理论的实用性产生怀疑。1953—1956年，米歇尔在俄亥俄州立大学学习临床心理学，此时凯利和罗特正在该大学任教。在获得哲学博士学位之后，米歇尔来到科罗拉多大学工

图10.2　米歇尔

作。1958年，受麦克莱兰(David C. McClelland)的邀请，米歇尔到哈佛社会关系学系任助理教授，并与奥尔波特、默里联系密切。1962—1982年，他在斯坦福大学度过了其学术生涯的辉煌时期，并与班杜拉成为同事，他们有着共同的研究兴趣——儿童的攻击性。1965年，米歇尔参加了和平部队评估计划，在评估中他发现综合的特质测量实际上还不如自我报告，这使他开始怀疑特质论的有效性。1983年，米歇尔回到纽约，担任哥伦比亚大学心理学教授。

最初，米歇尔以批评特质论著称，1968年，他出版的专著《人格与评鉴》批判了传统特质理论和心理动力理论的基本假设，引发了长达20多年的个体—情境之争。为整合心理动力学派、特质学派和行为主义学派的理论思想，米歇尔于1995年提出一个试图调和个体与情境之争的综合理论，即认知—情感系统理论。同时，他还出版了《人格导论》(Introduction to Personality)，该书到2003年已出第七版。作为后起之

秀，米歇尔在心理学界的影响比较大，甚至超过许多知名的心理学家，在20世纪心理学家知名度排名中，米歇尔名列第25位。米歇尔还曾担任过许多重要的学术职位，例如美国心理学会人格与社会心理学分会主席、美国艺术与科学学会委员、《心理学评论》（*Psychological Review*）主编等。除此之外，米歇尔也获得过许多重要的奖项，包括美国心理学会临床心理学分会授予的杰出科学家奖、美国心理学会授予的杰出科学贡献奖、美国实验社会心理学家协会授予的杰出科学家奖等。

10.2.2 人格结构

社会认知理论将人格看作一个由多种人格变量构成的相互联系的动态系统，而不是一个由各种特质组成的分散的、静态的组织。系统的行为表现不仅反映了各个单独的组成部分，而且反映了各部分之间的联系与互动方式。系统通过对各个部分的高度整合，表现出高度复杂与一致的行为模式。

在社会学习与认知研究的基础上，米歇尔借助认知心理学和新行为主义理论重新界定人格。他对人格持系统论的观点，把人格看作一个由**各种认知—情感单元**（cognitive-affective units，CAUs）构成的中介加工系统。认知—情感单元主要是指与个体的认知、情感和感受相关的心理表征，包括所有使个体以相对稳定的方式与环境交互作用的生理、心理和社会层面的个体因素。这些认知—情感单元与情境变量相互作用，共同决定个体的行为。在研究早期，为了说明社会行为中个体差异的心理中介过程，米歇尔（Mischel，1973）提出了五种相对稳定的人格变量，即认知与行为建构能力、编码策略与个人建构、行为—结果预期与刺激—结果预期、主观刺激价值、自我调节系统与计划。随着研究的深入，米歇尔等人（Mischel & Shoda，1995）基于五种人格变量进一步提出了五种认知—情感单元。

五种人格变量

认知与行为建构能力

个体会从环境中习得大量行为和概念，而且能够在特定的情境中建构(产生)适当的认知和行为。**认知与行为建构能力**(cognitive and behavioral construction competencies)就是指个体的所知以及所能,即个体产生特定认知和行为的能力。米歇尔列举了发展心理学家提出的,儿童在成长过程中获得的大量认知与行为建构能力,例如性别同一性观念,对物理世界结构与规律的理解,社会规则与习俗观念,关于自我和他人的个人建构,以及观察者的复述策略等。具备了这些能力,个体就能在特定的情境中产生特定的认知与行为。例如,一个5岁的小男孩会认识到有些行为不是男孩该有的,并拒绝别人要他穿花裙子的建议。相对于其他认知—情感单元,建构能力有更好的跨时间和跨情境的一致性,这主要是因为智力是构成认知与行为建构能力的基础,而智力相对于其他人格特质来说,显然更加稳定。

编码策略与个人建构

个人建构(personal constructs)是个体对自我、他人及周围环境和事件的知识单元。这些知识是个人的,意味着个体在这些知识方面有极大的差异。与个人建构对应,人与人之间还有不同的编码策略。**编码策略**(encoding strategies)是指个体对外界输入的客观刺激进行分类、组织和解释的方式。个体通过编码策略将外界刺激加以转换并纳入个人建构,由于个体独特的学习经验,环境刺激的意义对个体来说各不相同,因此纳入个人建构的信息和知识也各不相同。行为主义者认为,个体的行为是由环境刺激决定的,按照米歇尔的观点,行为主要是由个体对外界刺激的独特解释而不是刺激的客观属性决定的。因此,评估个体从刺激中获得的意义是社会行为评估的核心所在。

行为—结果预期与刺激—结果预期

预期(expectancies)涉及社会环境、特定情况下行为的结果,以及自我效能。个体根据先前的经验,在行动之前往往会对行为的结果、刺激与事件之间的伴随关系,以及自己是否有能力应对当前的环境产生预期,这些预期与信念对个体是否行动、如何行动有着巨大的影响。米歇尔主要区分了两类预期:(1)**行为—结果预期**(behavior-outcome expectancies),是指人们对个体以特定方式行动可能产生的结果的预期,这种预期往往符合前面提到的"如果……那么……"的形式。这种预期在学前儿童中非常常见,他们往往认为自己对发生在他们身上的积极事件和消极事件有足够的控制(Hegland & Galejs,1983)。(2) **刺激—结果预期**(stimulus-outcome expectancies),是指人们对刺激与某种事件或特定结果之间伴随关系的预期。这种预期可以帮助人们预测某种事件可能会伴随特定刺激而发生,例如有经验的农民能够根据动物的反应或者自然界中的其他变化预测暴雨即将到来。米歇尔相信,刺激—结果预期是帮助人们更好地理解人类经典条件作用的重要认知单元。除了以上两种预期,班杜拉还提出一种自我效能预期,米歇尔也认同自我效能预期对行为的影响。自我效能预期是指,个体对自己在特定情境中是否有能力完成某种任务的预期,关于这种预期,下一章还会具体论述。

主观刺激价值

即便两个人能力相当,对同一事件有相同的结果预期,他们的行为选择也可能不同,这是因为行为结果对他们有不同的主观价值。**主观刺激价值**(subjective stimulus values)是指,个体知觉到的事件结果对他具有的价值。同一事件结果对不同的个体来说具有不同的主观价值,学业良好的学生看重老师的表扬,但一些厌恶学习的学生可能对此不以为然。主观刺激价值也是一种相对比较稳定的认知—情感单元,一个主要的原因可能是它具有情绪引发的特性,一种刺激对个体具有的价值大小往往与该种刺激引发个体产生的积极或消极情绪相对应。刺激引发个体产生的某种情绪,如果没有特殊的经历,通常不太容易发生变化。

自我调节系统与计划

自我调节系统与计划(self-regulatory systems and plans)是指个体设立目标并组织、调节目标导向行为的内部机制。个体的行为并不总是由外在的奖励或惩罚控制,人们能够自己设立目标,制定计划,并根据自己的行为能否让自己向目标逐步靠近来有条件地进行自我奖赏和批评。通过自我调节系统,人们能够在相当大程度上影响周围的环境并摆脱环境对个体的控制。米歇尔认为,人们能够为了某个重大的长远目标而放弃即时的享受,即延迟满足。**延迟满足**(delay of gratification)是一种甘愿为更有价值的长远结果而放弃即时满足的抉择取向,以及在等待过程中展示出的自我控制能力。它在儿童时期逐步发展,是自我调节系统这一人格变量的一个具体佐证。对此,他开展了大量卓有成效的研究,其中最著名的就是他在1966年开展的**"棉花糖实验"**(Marshmallow experiment)(如图10.3所示)。

图10.3 棉花糖实验

在实验中,米歇尔将4~10岁的儿童带入实验室玩"游戏",并给他们呈现一些棉花糖。他告诉儿童,如果想立即吃掉棉花糖,就只能吃到一块;如果愿意等实验者离开一段时间(15分钟)回来后再吃,则可以吃到两块。在等待期间,儿童可以随时摇响铃铛终止等待,这样马上就可以吃到一块棉花糖,但必须放弃第二块。实验发现,有的儿童忍不住吃掉了棉花糖,大约有30%的儿童在选择等待后成功延迟了满足,直到实验者返回并吃到了两块棉花糖。后来的研究使米歇尔等人发现了一个令人惊讶的结果:那些选择延迟满足并能有效等待的人,往往在自我控制测量上得分高,能更详细地制定未来的目标,有较高的成就动机,较少冲动以及更加亲社会(Mischel,1983)。此外,学前期延迟满足时间的长短与青少年期的学业成绩、社会能力和应对技能显著相关,而且不存在性别差异。从父母的评价可以看出,那些能够较长时间等待的儿童语言表达更流畅,做事更专心、理智、果断,更有计划性,更自信,更富有好奇心和求知欲,社会适应能力更强(Mischel, Shoda, & Peake, 1988)。这一实验揭示了延迟满足、自制力的重要意义。

为什么有些人可以延迟满足,有些人却无法抵制诱惑?通过系统操纵实验中的各种因素,米歇尔等人也考察了各种促进或者阻碍儿童延迟满足的因素。实验表明,在等待过程中把奖励物品放在儿童可见的地方,或者儿童等待时总是想着奖励的糖果会如何美味,都会使延迟满足变得困难。反之,如果儿童看不见奖励物品或者在等待时想些其他的事情,延迟满足就会变得容易(Mischel & Ebbesen, 1970;Mischel & Baker, 1975)。此外,用符号呈现(如图片)代替实物呈现也会增强儿童的延迟满足(Mischel & Moore, 1973)。

儿童延迟满足的能力随时间推移显得非常稳定。5岁时,儿童逐渐发展出有效的策略来增强延迟满足,例如在等待过程中将奖励物品遮盖起来或是想些与奖励物品无关的事情;7岁左右,儿童能自发产生有效的认知策略,并验证策略的可行性,能理解某些抵抗诱惑的规律;10岁左右,儿童的延迟策略更为复杂,他们已经牢固掌握基本的延迟规律。儿童延迟满足的能力可以通过成人教授一些策略得到提高,也可以通过向他们呈现能够延迟满足的榜样而得到提高(Mischel, Ebbesen, & Zeiss, 1972)。

从人格变量到认知—情感单元

随着对认知—情感系统研究的深入,尤其是社会认知领域情绪情感研究不断取得进展,米歇尔等人逐渐意识到人格变量不可避免地与情感反应存在紧密联系。因此,米歇尔等人(Mischel & Shoda, 1995)基于上述五种人格变量,进一步提出了人格系统的认知—情感单元或心理表征(见表10.3),即编码(encodings)、预期与信念(expectancies and beliefs)、情感(affects)、目标与价值(goals and values)、能力与自我管理计划(competencies and self-regulatory plans)。

表 10.3　认知—情感单元(引自 Mischel & Shoda, 1995)

1　**编码**：对自我、他人、事件和情况(外部和内部)的分类(建构)。
2　**预期与信念**：关于社会环境、特定情况下行为的结果、自我效能。
3　**情感**：感受、情绪和情感反应(包括生理反应)。
4　**目标与价值**：理想的结果和情感状态，厌恶的结果和情感状态，目标、价值观和生活计划。
5　**能力与自我管理计划**：潜在的行为和脚本，以及对有组织的行动、情感结果、个人行为与内部状态的计划和相关策略。

米歇尔等人(Mischel & Shoda, 1995)指出，这些变量之间不是孤立的，而是以复杂的方式相互作用。例如，个体对任务情境和自身的心理表征会引发个体的自我效能预期，个体的能力会影响目标设定，而这一切都会影响个体的自我评价和情感反应。这些认知表征和情感状态动态地相互作用、相互影响，它们之间关系的组织构成人格结构的核心，并引导和约束它们的影响。

10.2.3　人格动力

认知—情感加工系统理论重在从多个水平分析个体对信息的认知与情感编码，它不仅包括社会认知过程，而且包括人们将认知和情感转化为稳定的、有意义的社会行为模式的过程。最重要的是，该理论帮助我们理解人格的可变性与一致性，即人们在不同行为类型的总体特征水平上表现出的稳定差异，以及人们在情境—行为可变性方面的稳定模式。如图 10.4 所示，不同的社会环境或者情境特征会激活整体人格系统的不同子系统，并针对特定情境产生某种典型的行为。例如，看一部讲述家庭关系的电视剧会激活个体关于处理自己家庭关系的目标和期待，而听朋友聊他的工作状况又会激起个体与自己工作相关的认知和情感反应。此外，虽然个体的人格系统相对稳定，但由于不同的情境特征将会激活个体整体人格系统的不同子系统，因此个体的行为和体验会随着情境的变化而发生相应的变化。例如，一个在处理家庭矛盾和应对工作压力上有着消极和积极两种截然不同的经验和信念的个体，在同朋友聊到家庭问题和工作问题时，可以设想他的体验和行为反应是截然不同的。因此，个体的人格系统不断地与外部环境发生交互作用(Mischel & Shoda，1995)。

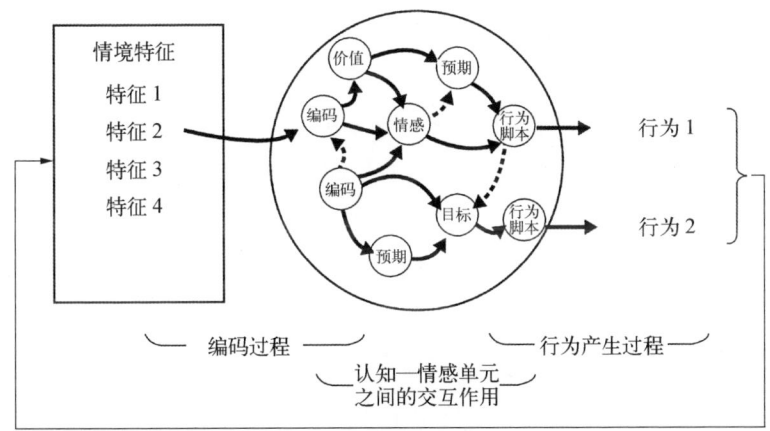

图 10.4　认知—情感加工系统示意图

为了更好地解释认知—情感加工系统的运作原理，米歇尔等人(Mischel & Shoda，1995)举了一个例子进行说明：设想你刚做完身体检查，正在等待体检结果。在这一情境中，你会观察并关注与体检相关的特定信息。此时，编码过程会被激活，将这一情境认知为对自己的健康威胁，同时会引发担忧和焦虑，这会使你更加关注与体检相关的信息，并将其重新反馈给激活健康威胁的编码过程。这种感知到的威胁会使你相信情况是无法控制的，从而进一步引发焦虑和消极的结果预期。焦虑和消极的结果预期同时激活防御计划，使个体产生多种不同强度的行为模式。因此，最终产生的行为既取决于情境特征，也取决于认知网络的组织以及被激活的影响。

米歇尔认为，每个个体都有情境—行为关系的独特图谱，即个体的**行为特征**(behavioral signatures)，它是指个体行为内在的、稳定的模式和组织。行为特征是理解个体功能独特性的关键，如果人格研究只对人们的整体行为趋势作平均的考量，就必然会忽略个体独特的行为模式。例如，两个在人格测量的不同情境中焦虑的平均得分相同的个体，很可能其中一个在成就领域有较高的焦虑得分,而另一个在恋爱关系领域有较高的焦虑得分,如果不对他们的表现作"如果……那么……"的情境—行为模式的分析,而仅仅用平均得分来说明特质焦虑的高低,那么个体独特的人格动力学特征将会被这些平均数湮没,这对于深入理解个体人格没有助益。

认知—情感加工系统模型较好地兼顾了人格的一致性和可变性两个方面。首先,对不同个体来说,其稳定而独特的人格结构是经验、社会学习史与决定气质和遗传的生物化学因素交互作用的产物。相同的情境特征作用于不同的个体,将会激活不同的认知—情感单元,从而引发个体不同的行为反应,同时,从时间维度来看,相同的情境特征在不同时间引发同一个体产生的行为反应较为一致,这体现了人格的独特性和一致性。其次,不同的情境特征作用于同一个体,将会激活该个体不同的认知—情感单元,同样会使个体产生不同的行为反应,这体现了人格的可变性。

10.2.4 人格发展

认知—情感加工系统拓展了人格的概念,将人置于社会环境中进行分析。根据这种观点,我们可以分析人与环境的双向互动。个体的行为决定环境如何作出反应,反过来又决定个体将会面对怎样的环境。这种人与环境的持续互动进一步引发了人格发展的问题,在生命发展历程中,人格是如何发展与变化的?

为了回答这一问题,米歇尔等人(Mischel & Shoda, 1995)从五个水平分析了人格的一致性与可变性(如图 10.5 所示)。其中,水平 1 至水平 4 是心理水平上的分析,水平 5 是生物社会水平上的分析。具体来说,**水平 1** 是人格的心理加工系统,包含认知—情感系统的加工结构与加工动力;**水平 2** 涉及人格系统的行为表现,因为人格系统是通过个体独特的行为(包括思想与情感)来体现的;**水平 3** 是对人格与个体行为的知觉,包括自我知觉;**水平 4** 由情境中稳定的个体环境构成,这些情境体现了个体独特的生活空间;**水平 5** 是先天特质,包括遗传生化、身体结构和状态,以及构成个体生命历程与当前禀赋的社会学习与社会文化的影响。

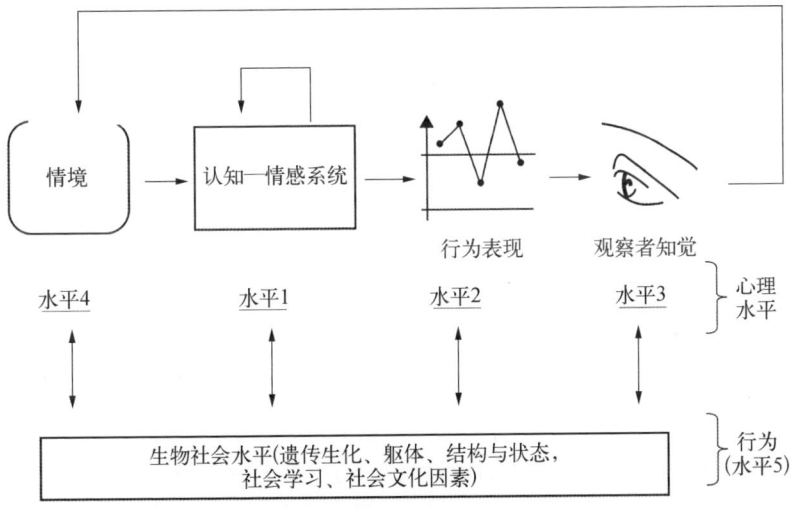

图 10.5　人格的一致性与可变性：五个水平的分析
（引自 Mischel & Shoda，1995，p. 262）

水平1：人格的加工动力

水平 1 是人格的心理加工系统,在这个水平上,米歇尔等人(Mischel & Shoda, 1995)将特质定义为一种独特的认知—情感加工结构,能够形成独特的加工动力。其中,特质的**加工结构**（processing structure）由一系列独特的认知、情感和行为策略组成,这些策略的激活在一个相互关联的组织中受到指导和约束；特质的**加工动力**（processing dynamics）由有组织的激活模式和序列组成,这些激活模式和序列存在于认知—情感单元之间,当某种特质的人遇到具有相关特征的情境时就会生成。

米歇尔等人以**拒绝敏感性**（rejection sensitivity）为例加以说明。很多对拒绝敏感的人都经历过家庭暴力或拒绝。在以后的生命历程中,当恋人对他们表现出不友好的行为（比如,对别人很关心）时,他们会很容易产生"他（或她）不爱我了"这样的想法,这种想法反过来又会引发拒绝、抛弃的预期以及相关情绪。这些预期与情绪反应相互作用并结合在一起，使得他们即便在模棱两可的情况下也会感知到拒绝。这种感知到的拒绝反过来又会激活敌意行为。随着时间的推移，这个过程逐渐以一种自我挫败的模式侵蚀伴侣关系，最终维持拒绝的预期，并加强恶性循环。

水平2：人格的行为表现

水平2涉及加工系统的行为表现。行为表现的一致性或连续性的本质一直是人格研究者关注和讨论的焦点。如前所述，米歇尔对行为跨情境一致性的质疑掀起了人与环境的大讨论。事实上，米歇尔也同意一些基本的特质可能在相当长的一段时间内保持稳定，但这些特质对行为的影响是有条件的。赖特和米歇尔建议重新界定特质与行为的关系模型，提出了一个完全不同的人格一致性概念。他们将人格解释为一个相对稳定的社会认知—情感的中介过程系统，表现为可预测的情境—行为关系模式。在他们看来，人格与情境不是相互孤立的两个部分，主张将情境纳入人格系统的概念和分析，否则无法对人格系统进行恰当的评估。在分析人格一致性及其行为表现的本质时，需要关注一个人的潜在品质在何时、何地会表现为一种行为，而不是分析行为出现的总体频率。比如，近几年社会诚信问题突出，"老人摔倒扶不扶"一度成为社会热议的焦点，如果不考虑这一现实背景，单纯从"扶不扶"的行为来推断一个人的助人品质，显然有失公正。同样，以攻击性这种特质为例，只有当人感到愤怒或挫败，或者受到他人的威胁和批评时，才可能影响个体作出攻击性行为。一个勤奋的人通常只会在自己认为有价值、符合自己目标的情况下（如遇到学术难题）表现出刻苦钻研的行为，而在他认为浪费时间的情境中（如棋牌娱乐），却表现得浅尝辄止、不求甚解。

这种行为的情境性背景的观点与人们的日常描述也是一致的。赖特和米歇尔指出，当人们试图描述他人的行为时，常常会说明与一种特质相关的行为将会在何种条件下得到明确的表现。例如，人们可能会说："当小明被同伴取笑时（条件修饰语），他会作出有力的反击（攻击行为)。"从这里我们可以看出,这种对特质相关行为表现的条件性描述符合"如果……那么……"的句式。儿童虽然不太擅长描述他人行为发生的条件,但他们也能意识到其他儿童只有在某些时候才会表现出特定的行为,而这些行为并不会依据个人的性格始终保持不变。因此,人们在描述行为时,并不会笼统地、过分简化地采用特质术语而忽视行为发生的情境。在一项研究中,当行为自然发生的条件被人为改变后呈现给被试,并要求被试对这种行为作出判断时,研究者发现,被试的判断通常会受到条件改变的影响。例如,对儿童行为准确的情境描述通常被判断为是合乎常理的(儿童被他人激怒时会打人);但是,当以不合乎常理的方式对行为发生的情境描述加以歪曲时(儿童受到他人表扬时会打人),被试则会判断该儿童是行为古怪的、孤僻的或者有神经病的(Shoda, Mischel, & Wright, 1989)。这一发现证实了米歇尔的观点,即特质概念建立在行为发生的情境的认识基础上,离开特定的情境单独用特质来解释行为毫无意义。

因此,人的行为随着环境的变化而变化,在一定程度上反映了人格系统本身潜在的意义。米歇尔的观点认可同一个人拥有同样真实的、矛盾的人格表现。当我们分析认知与情感之间的关系网络,以及它们如何与情境互动时,这些矛盾就变得可以理解。研究焦点在于,要明白不同的认知和情感在什么时候,以及为什么随着情境的变化而被激活。个体独特的变异模式不一定是内在矛盾,而可能是一个稳定的内在系统的可预测的表现,而这个系统本身可能保持不变。关键是要区分和预测不同方面何时会被激活及其背后的动力。

行为随情境发生变化不应该被看作人格理论面临的难题。事实上,区分情境的能力正是适应良好的个体的显著特征,不能有效区分情境,对不相似的情境作出一致的行为反应,则可能是个体适应不良的表现。正如米歇尔(Mischel, 1984)所说:"长久以来,人格理论家都在寻求行为从一种情境到另一种情境的一致性,仿佛这种一致性才是人格的本质所在。相比于那些协调的个体,表现出这种一致性的个体或许将被证明具有更加僵化的、适应不良的、社会功能低下的特点。"

水平3：人格知觉

根据人格的行为表现，普通人和心理学家都可能很容易对人物原型、特质类型作出准确的判断。观察者是依据行为的哪些方面作出判断的？一种可能是，这种判断指向传统特质人格心理学家关注的同一种广义的行为倾向。然而，将人格等同于行为倾向，很容易使人把人格和情境理解为相互排斥甚至对立的因素。如果个体依赖这样一个等式，那么有必要假设感知者会将观察到的行为一分为二，即把行为划分为情境因素和特质因素，目的是区分情境的影响，从而发掘出感知的"真实"部分。然而，人们可能（至少在某些情况下）会把他们的感知建立在行为可变性，以及"如果……那么……"这种情境—行为模式的基础上。如此一来，人们的知觉不仅依赖一个人表现出的不同类型行为的平均水平，而且依赖行为所处的情境。

相对稳定的情境—行为模式反映了个体在与不同的心理状况或情境特征的联系中表现出的独特的个人特质，成为人格的一种行为识别标志（Shoda, Mischel, & Wright, 1994）。这些情境—行为模式的一致性反过来又预示着对一致性的自我感知，并与人们对特质的判断相联系。因此，认知—情感加工系统理论强调，人们表现出来的稳定的情境—行为模式是人格可变性的关键。

水平4：稳定的人际空间——人格的情境特征

关于人格与情境的关系，尽管不同的人格理论提出了不同的中介机制，但从行为遗传学到社会认知互动论的不同研究者，达成了一个广泛的共识，即个体的特质和行为会影响其所在的环境或情境。如前所述，这些特质和行为既被观察者感知和编码，也被行动者本人感知和编码，并对行为产生重要影响。比如，观察者对某个人所作的特质推论，反过来又会影响他的反应（比如，避免接触），从而影响这个人以后的人际空间。因此，人们选择、影响甚至生成自己的人际情境，并在互动的过程中受到这些人际情境的影响。最终，这一过程会在人们所经历的特定情境下保持一定程度的稳定或平衡。这种一致性不是孤立地属于个人或情境，而是反映了个体与情境相互作用的稳定模式，因为它们之间是相互影响的。

因此，激活个体加工动力的情境特征不仅是由外部因素触发的，而且是内部生成的，是在人格系统内通过思想、计划、幻想和想象产生的。它们不仅包括社会和人际关系状况，而且包括内部状态，比如情绪状态以及生活中的经历和感受等。

水平5：基于生物、遗传与社会历史的先天特质——各水平的交互作用

水平1至水平4形成了一个个人—环境系统，它决定了个体内部和个体之间的动力，从而使个体产生认知、情感与行为的变化。因此，一个人表现出一种行为，环境就会产生一种反应，进而激活了个体的认知—情感加工系统，并进一步产生其他反应。水平1至水平4描述了个人—环境系统中个人的作用。这个系统导致行为发生很大变化，而在这些相互作用中，系统的组成部分（比如，个体的认知—情感加工系统本身）很有可能是稳定的。问题是，在个人—环境系统中，生物遗传与社会学习如何影响个体的人格发展？

人们在不同的生物—遗传—躯体因素上有很大的不同，米歇尔等人（Mischel & Shoda，2008，p. 230）将这些因素称为**先天特质**（predisposition）。先天特质最终会影响与人格相关的品质，比如心理活动的敏感性和脆弱性、技能和能力（包括自我调节和目标延迟满足所需的能力）、气质（包括激活水平和情绪），以及心境和情感状态等。通过个人—环境系统的中介作用，这些相关品质反过来又与社会认知、社会学习和文化社会的作用相互影响。可见，先天特质在人的整个成长过程中与情境相互作用，以影响个体的思想、情感、行为，以及加工动力和行为特征的方式发挥作用。

因此，米歇尔等人强调，一种全面的人格研究取向不仅要强调认知—情感—行为加工系统的结构和组织问题，而且要关注先天特质，以及它们与社会学习和文化社会因素的交互作用（Mischel & Shoda，2008，p. 231）。基因导致的个体差异会（至少是间接地）影响人们如何解释、编码和塑造他们的环境，进而在整个人生过程中产生重要的个人—情境交互作用。

基于以上观点,认知—情感加工系统理论认为,无论是生物化学因素还是社会认知因素,无论是遗传的因素还是习得的因素,都会影响认知—情感单元的有效性及其组织,即人格系统。比如,在生命早期,一些可见的气质或反应性变量(易怒、紧张、压力、情绪不一致性等)与情绪、注意加工和自我调节有重要关联,进而对人格产生影响。当人格系统发生变化时,无论是由于生物因素的改变,还是由于成长或重要的生命事件,这种变化会表现在行为水平上,而且情境与行为的独特关系也会随之改变。

10.3 对罗特与米歇尔理论的评价

罗特与米歇尔的理论都强调个体与环境的互动,重视认知因素在行为决定中的作用。他们共同推动了传统学习理论的发展,使学习研究对象从以往实验室中的动物转变为有思想、有价值观念、受目标指引的人类个体。有关罗特与米歇尔理论的价值与局限,我们可以从以下几个方面来考量。

从理论影响而言,罗特与米歇尔提出多个具有重要影响的研究主题,激发了大量相关研究,对人格科学及其他社会科学的研究具有重大促进作用。例如,罗特的控制点概念,至今仍然是心理学文献中研究最为广泛的主题之一。但控制点概念并不是罗特理论的核心,它激发的许多研究也与罗特本人的核心理论关系不大,罗特的核心理论本身并没有激发具有相当数量和质量的研究。相对于罗特的控制点概念,米歇尔的理论激发的研究要少很多,但这些研究大多围绕米歇尔理论的核心展开。

从理论的可验证性方面而言,罗特与米歇尔的理论主要是在实证研究的基础上提出的,这使得他们的理论具有较强的可验证性。当然,罗特的行为预测公式是一种理论假设,是一种理想化的预测,无法精确检验。相比较而言,米歇尔的理论比罗特的理论具有更强的可证伪性。

从行为指导和实践价值方面而言,认知社会学习理论具有显著的指导意义。罗特关于心理治疗的观点较为明确,对临床治疗具有一定的帮助。不过,他关于人格的多数观点的实践价值是很有限的。例如,他的行为预测公式并不能对行为产生提供具体的指导,因为我们无法对公式中的各个变量进行准确的赋值。同样,米歇尔的理论只具有一般的实践指导意义。它只告诉人们个体在不同的情境中行为会有所变化,但并没有提供关于行为的具体指导原则。

在理论的内在一致性上,罗特在使用定义时非常严谨,因此在他的理论中同一术语不会存在多个定义。此外,罗特理论的不同部分在逻辑上也是协调一致的。米歇尔的理论建立在扎实的实证研究基础之上,严格的研究程序极大促进了理论的一致性。

除了以上观点,有学者认为认知社会学习理论总体来说较为简单,并不能提供关于人格的多方面的解释。过多强调实证研究,较少进行冷静的思索,使得罗特和米歇尔的理论显得不够大气。

11 班杜拉：社会认知理论

班杜拉的社会认知理论是随着多拉德和米勒的研究发展起来的。班杜拉的理论已经不为传统行为主义的观点所束缚，是一种出身于行为主义，但又超越行为主义的理论体系。一方面，他承认传统行为主义理论有关行为习得的一些观点，认可外部环境对个体行为的影响；另一方面，与传统行为主义认为学习机制仅限于解释可观察变量之间的关系不同，班杜拉借鉴了赫尔的观点，即学习理论应关注刺激与反应之间不可观察的中间变量，以及托尔曼（Edward Tolman）关于"认知地图"的观点，即这种不可观察的变量能够帮助个体更好地学习。基于这种思想背景，班杜拉形成人、环境和行为交互作用的决定论。

班杜拉的这一理论体系是从行为主义出发，吸收了人本主义心理学和认知心理学的思想后形成的一种独特的社会学习（social learning）或社会认知（social cognition）的人格理论，超越行为主义体系的框架和基本观点。本章介绍班杜拉基于丰富的实证研究发展出的人格理论观点。

11.1 班杜拉传略

班杜拉（Albert Bandura，1925—2021），出生于加拿大阿尔伯塔省，父母都是欧洲移民。班杜拉在只有两名教师的学校里度过了他的小学和中学时光，大部分的时间都靠自学。他选择心理学作为专业纯属偶然，在不列颠哥伦比亚大学上学时，为了打发课前的富余时间，他选择了碰巧在那个时段开设的心理学课程,正是这一课程让他最终决定主修心理学。班杜拉在艾奥瓦大学读研究生期间与妻子不期而遇,这更让他认识到偶然事件对于个体生活的重要影响,并在理论中强调人对于偶然事件的社会影响的敏感性。班杜拉几乎是唯一一个重视偶然事件影响的人格理论家。

班杜拉于1951年和1952年在艾奥瓦大学获得硕士和博士学位,当时艾奥瓦大学是行为主义的重镇,斯彭斯(Kenneth W. Spence)

图11.1　班杜拉

和西尔斯(David O. Sears)等人正在艾奥瓦大学执教。西尔斯曾在耶鲁大学与多拉德和米勒一起工作,并开始了对儿童早期行为的研究。毕业后班杜拉来到斯坦福大学心理学系,开始了自己辉煌的学术生涯,而此时西尔斯正担任斯坦福大学心理学系主任,正是在他的影响下,班杜拉开始研究儿童的攻击性,并由此发现了观察学习的重要作用。班杜拉一直在斯坦福大学从事教学和研究工作,直至退休,中途只离开过一年。

20世纪50—70年代,班杜拉一直在进行以观察学习为核心的社会学习研究,并于1977年出版《社会学习理论》(*Social Learning Theory*)一书。之后,他的研究兴趣转向关注人类自我调节能力和人类自我参照思维对心理机能的影响方面,并于20世纪80年代中期初步形成阐释人类心理机能的社会认知理论,1986年出版《思想和行动的社会基础:社会认知论》(*Social Foundations of Thought and Action: A Social Cognitive Theory*)一书。但这并未成为班杜拉学术思想的终结,其后,班杜拉开始系统研究自我效能,并于1995年和1997年先后出版《社会变革中的自我效能》(*Self-efficacy in Changing Societies*)和《自我效能:控制的运用》(*Self-efficacy: The Exercise of Control*)。

由于其卓越的才能和理论建树,班杜拉获得了很多荣誉。1972年获得美国心理学会第12分会杰出科学家奖;1973年获得加州心理学会杰出科学成就奖;1974年当选为美国心理学会主席;1977年获得卡特尔奖;1980年获得攻击行为国际研究会杰出贡献奖和美国心理学会杰出科学贡献奖,并担任美国西部心理学会主席;1989年当选为美国科学院医学部研究员;1999年获得美国心理学会教育心理学分会杰出贡献桑代克奖;2001年获得行为治疗发展学会终身成就奖;2002年获得西部心理学会终身成就奖;2016年5月19日,美国总统奥巴马为其颁发美国国家科学奖章(National Medal of Science),也称总统科学奖章(Presidential Medal of Science)。

11.2 人格的本质和结构

班杜拉的理论重点在于人类行为的形成、发展以及调节和控制,即人格的发展和动力方面,他并没有描述人格结构。在他看来,个人的人格就是人们见到的表现在行为上的心理特征。虽然**自我系统**(self-system)在班杜拉的人格理论中扮演重要角色,但它并不是某种独立的、稳定的结构,而是一组动态的认知过程,个体通过它来感知、评价和调节自己的行为,使之适应环境并有效地实现个人目标(Bandura,1978)。班杜拉认为,个体不仅受到环境提供的外部强化过程的影响,而且受到期望、预期强化、思想、计划和目标,也就是自我的内部过程的影响。

在学习过程中,个体的主动性至关重要。人们不仅可以通过改变行为来对直接强化作出事后反应,而且可以主动地思考和预测环境的影响。个体可以预见自己行为的可能后果,从而根据环境和环境中其他人的预期反应来选择如何行动。经典的行为主义学习理论假设,一个人的行为会随着时间的推移而改变,以应对强化(和惩罚)对刺激—反应联结的直接影响,与此不同,班杜拉的理论认为,先前强化的效果是内化的,行为的改变实际上是由于人们的知识和期望发生改变。他指出,个体不仅有能力控制自己的行为,而且有能力控制自己的内在思维过程和动机,这就是他的人格动因观(human agency)(Bandura,1989)。如果自己或他人在某一特定情境中的某一特定行为在过去得到强化,个体就能预期在未来相同(或类似)情境中该行为也会得到强化。

11.3 人格动力

11.3.1 观察学习

人的思想和行为来源于哪里？是源于个体在生命旅程中的独自探索，还是在独自探索的同时更多地依靠吸取他人的生活经验来指导自己的行为？"斯金纳箱"中的白鼠必须通过不断尝试并在食物奖励的强化下才能习得按压杠杆的行为。在传统行为主义者看来，人亦如此，人也需要亲自尝试各种行为反应，并通过强化机制来习得适应性行为。班杜拉对此有不同的看法，他承认人们能够从直接经验中学习，但他坚持人类个体更广泛的行为模式是从观察他人的行为及行为后果中获得的。

观察学习与榜样作用

在班杜拉看来，不是所有行为的习得都需要个体亲自作出反应，然后在具有强化或惩罚作用的结果影响下保持或抛弃该反应。亲力亲为不是行为习得的必要条件，同样，直接的强化作用也不是行为习得的必要条件。设想，如果人们所有的行为模式都必须通过他们亲自对环境作出反应，并接受来自环境的结果反馈才能获得，那么我们将难以想象人们会在短时间内掌握数目如此繁多的行为模式。更重要的是，这种成长过程必须付出的巨大成本将很少有人能够承担。正如班杜拉所说："缺乏信息的指导，我们的努力在很大程度上可能花费在损失惨重的错误和无谓的辛苦上。幸运的是，大多数人类行为是通过对榜样的观察而获得的……由于通过模仿，人们在采取某一行为之前大概知道如何去做，因此他们会减少因错误的努力而带来的损失和痛苦。"(Bandura，1986，p. 47)

班杜拉指出，人仅仅通过观察他人的行为就能产生学习，他把这种学习称为**替代学习**(vicarious learning)或**观察学习**(observational learning)。通过观察学习，人们的行为习得效率极大提高，可以在短时间内通过观察习得大量行为模式,而不必去亲身经历他人可能受到的强化或惩罚。观察学习的一个重要概念是**榜样作用**(modeling)。我们通常把被观察的行为表现者称为**榜样**(model),而榜样作用就是学习者通过观察榜样行为学习的过程。榜样作用包括对榜样行为的修正、抽象、概括化的过程,因此榜样作用不等同于简单的模仿或行为复现,它包括行为的信息表征、储存、提取等多个复杂的认知过程。

哪些因素将会影响个体在特定情境中向榜样学习呢?首先,榜样的特点非常重要,相比于社会地位低、缺乏能力、没有权力的个体,人们更倾向于向社会地位高、能力强、有权力的榜样学习。其次,学习者自身的特点也会影响观察学习的发生,通常社会地位低、缺乏能力和权力的个体更可能通过榜样作用来学习,儿童比老人更多地学习榜样的行为,一个领域的新手比专家更可能通过观察来习得相应的技能。最后,榜样行为的后果也会对学习者产生重要影响,如果学习者认为该行为对自身越重要、越有价值,他就越可能从榜样的行为中获得学习。通常,对观察者来说,榜样行为受到巨大的强化或惩罚都具有更为重要的意义,观察者更可能从这类榜样行为中获得学习。

习得与表现的区分

传统学习理论认为,只有当个体行为受到直接强化时,学习才能发生。班杜拉指出,行为习得和行为表现是两个不同的过程,个体不一定将学习到的所有行为都表现出来,当个体认为行为不能带来满意的结果或者面临惩罚的危险时,行为习得和行为表现尤其不一致。行为习得不需要依赖强化作用,强化作为一种动机性因素只会影响行为表现。也就是说,只要学习者仔细观察榜样的行为,学习就可能发生,但学习者习得该行为后,他是否表现出该行为,则要取决于榜样行为的后果如何。当学习者观察到榜样行为受到强化时,他表现出该行为的概率就会增大,这被称为**替代强化**(vicarious reinforcement);相应地,如果学习者观察到榜样行为受到惩罚,他表现出该行为的概率就会减小,这被称为**替代惩罚**(vicarious punishment)。

班杜拉及其助手的一项被广泛引用的研究可证明行为习得与行为

表现的区别,同时也能证明替代强化与替代惩罚对学习者行为表现的影响。在这项研究中,研究者让幼儿园的儿童观看电视节目,在节目中,儿童看到一个成人榜样用手、脚、木槌、橡皮球等工具对一个塑料充气玩偶进行多种形式的攻击。研究者把儿童分成三组,第一组儿童看到成人榜样在攻击塑料充气玩偶后受到另一个成人的奖励;第二组儿童则看到成人榜样因为其攻击行为受到了惩罚;第三组儿童看到成人榜样在攻击塑料充气玩偶后既没有受到奖励也没有受到惩罚。观看完节目后,研究者把儿童带到一个游戏室,游戏室除了有各种其他玩具外,还有儿童在电视节目里看到的塑料充气玩偶和各种被成人榜样用来击打塑料充气玩偶的工具。研究者设定了两种实验条件,第一种是让儿童在游戏室自由活动,没有任何要求;第二种是鼓励儿童去模仿榜样的攻击行为。研究者通过单向玻璃观察和记录各组儿童在这两种实验条件下表现出攻击行为的类别和次数。

结果显示,各组儿童在第二种实验条件下表现出攻击行为的平均次数大大多于在第一种实验条件下表现出的次数。这说明,很多儿童都学习到了榜样的攻击行为,但他们在第一种实验条件下没有表现或较少表现出攻击行为,是因为没有奖励因素的存在。因此,行为习得与行为表现是分离的,强化会影响行为表现但不会影响行为习得。结果还显示,相比于观看榜样受到奖励,以及榜样既没受到奖励也没受到惩罚的两组儿童,观看榜样因为攻击行为而受到惩罚的儿童在第一种实验条件下明显表现出更少的攻击行为,而在第二种实验条件下,这三组儿童表现出的攻击行为却没有差异。这说明,替代强化或替代惩罚确实对学习者的行为表现产生了影响。在没有直接的奖励因素存在时,替代强化增加了学习者的攻击行为表现,替代惩罚则减少了学习者的攻击行为表现。需要指出的是,替代强化和替代惩罚主要影响行为表现,而不是行为习得,这再次说明强化不是行为习得的必要条件。

观察学习的心理过程

观察学习是一种社会认知理论,其中,"社会"一词指观察学习是在人们的社会互动中完成的,而"认知"一词指这种学习方式是在认知因素的参与下实现的。班杜拉指出,"学习在很大程度上是一种信息加工活动,在这种活动中,有关的行为结构及环境事件的信息被转化为指导行为的符号表征"(Bandura,1986,p.51)。具体来说,观察学习包含四个关键的心理过程,即注意过程、表征过程、行为生成过程和动机过程。

注意过程(attention)是学习者选择性地感知榜样行为的过程。这一过程受到多种因素的制约,这些因素决定了学习者选择观察什么样的榜样以及什么样的行为。首先,榜样的特征会影响学习者的注意过程,经常与学习者接触的人,以及电视上的体育明星、影视明星都更可能被注意到。其次,榜样行为的实质也会影响注意,学习者通常会优先注意到对自己特别重要或有价值的行为。

表征过程(representation)是将观察到的榜样行为以符号表征的方式保持在记忆中的过程。学习者的符号表征既可能是表象表征,也可能是抽象的言语表征。对于言语功能还没发展起来或者发展有限的儿童,表象表征显得尤为重要。言语表征是成人的主要表征方式,通过言语表征,观察学习的速度和效果得到极大提升。通过语言,学习者可以评估榜样及自身的行为结构,从而决定需要抛弃、保留或尝试的行为。言语表征还能帮助学习者采用语言复述榜样行为,学习者可以一遍又一遍地告诉自己榜样是如何做的,如果自己有机会应该怎样做,这些都能促进信息的保持。

行为生成过程(behavior production)是将记忆中的行为编码转换成实际动作的过程。对个体行为表现的反馈有助于促进行为表现的准确性。这种反馈有时来自他人,例如儿童的行为反馈通常来自家长和教师,运动员的行为反馈主要来自教练。个体也能够借助一些科技产品进行自我反馈,例如舞蹈者可以用摄像机把自己的舞姿拍摄下来,然后放映出来作为反馈,实践证明,这种方法对促进观察学习的行为生成过程很有效。

动机过程(motivation)是指促使个体表现出榜样行为的内在动力过程。前面提到,班杜拉对行为习得与行为表现进行了区分。学习者通过对榜样行为的注意和表征,学会了如何执行这些行为。但是,如果没有动机的推动作用，他们不会表现出这些已经学会的行为。行为表现的动机源自三个方面：其一，源自外部的直接强化，例如在班杜拉的研究中，实验者对奖励的承诺；其二，源自间接强化，如儿童观察到成人因为攻击塑料充气玩偶受到奖励；其三，源自自我强化，人们能够将外在强化因素内化为自我强化，从而在没有外部强化的情况下，通过内部的自我强化来推动行为表现。例如，一个孩子有为老人让座而受到爸爸妈妈表扬的经历，此后，他在爸爸妈妈不在场的时候，也主动为老人让座，此时虽然没有外部强化的存在，但是他通过自我强化来推动行为表现，在作出这种行为后会为自己感到骄傲和自豪。

前面谈到班杜拉对于观察学习的主要观点，事实上，他也指出观察学习只是人类学习的一种形式，传统行为主义者提出的**亲历学习**（enactive learning）同样在人类学习中发挥重要作用。但是，对于亲历学习，斯金纳等人把它看作反应结果对行为塑造的一个自动化的、无意识的过程，他们否认认知因素的参与。对此，班杜拉的观点是，认知因素在亲历学习中同样发挥了巨大的作用。在认知因素的参与下，学习者能够在记忆中对过往的行为结果形成符号表征，并使用这些表征来预期自身行为的未来结果，通过预期引导自己的行为。尤其是在一些复杂行为模式的学习中，认知因素的参与可以大大提高学习效率。由此可见，不管是对于观察学习还是亲历学习，班杜拉都更加强调认知因素的作用，这也正是班杜拉的学习理论不同于传统学习理论的地方。

首先，班杜拉的观察学习修正了传统行为主义理论关于学习的狭隘观点，强调人类的认知能力在学习中的作用，突出了人类学习的主动性，拓展了有关人类学习的认识，具有很强的理论价值。其次，观察学习的提出激发了大量卓有成效的研究，例如，关于攻击行为榜样作用的研究揭示了媒体暴力对儿童青少年攻击行为的影响，引发了研究者的广泛关注，有关这一主题的研究非常丰富，很多研究结果甚至对社会政策的制定产生了积极的影响。最后，观察学习也广泛应用于行为治疗和幼儿教育等实践领域，发挥了重要的应用价值。治疗者可以通过呈现儿童榜样与小兔子玩耍和亲密接触的方式，来引导儿童消除对兔子的恐惧，教师也可以通过呈现儿童相互帮助、和睦相处的节目，来引导儿童学习亲社会行为。

11.3.2　三元交互决定论

关于人类行为产生的原因，之前的人格理论已经提供大量解释。斯金纳相信人类行为是由环境刺激引起的，任何行为产生的根源都可以最终追溯到外在的决定力量。环境的改变将不可避免地引起个体行为的改变。但是，反过来又是什么力量在推动环境的变化呢？斯金纳承认，人类通过练习能够在一定程度上对环境产生反向的控制作用，但他还是坚持认为，行为从根本上是由环境决定的。与行为主义不同，精神分析论者更重视潜意识和本能力量对行为的作用，特质论者则强调个体特质及内在特性对行为塑造的重要作用。与他们不同，班杜拉的社会认知理论认为，行为既不是某种单方面因素的产物，也不单纯是人和环境联合作用的产物，只有把人、环境、行为纳入一个三元互动体系，才能获得对人类行为原因的深刻认识。

交互作用论模型

对于各种内外因素与行为之间的因果关系，以往的理论观点大多分析人与行为或环境与行为这些两因素之间单向的决定作用。针对这些片面的观点，班杜拉（Bandura，1978）提出**三元交互决定论**（triadic reciprocal determinism）来解释个体、环境与行为之间的复杂关系。三元交互决定论认为，环境信息以及奖励、惩罚等外力作用与个体的信念、思维和期望等内在因素都是一个相互影响的系统中的一部分，它们共同决定人的行为，同时也受到行为的影响。简而言之，环境（environment，简称E因素）、个体（person，简称P因素）和行为（behavior，简称B因素）构成了一个相互作用、相互影响的三元结构系统。该系统的相互作用过程如图11.2所示。

在三元交互决定论模型中，个体、环境和行为互为因果，每一个因素都通过双向作用影响另外两个因素的同时也受到另外两个因素的影响。对于这一模型，有两点需要注意：一是三个因素互为因果并不表示每一

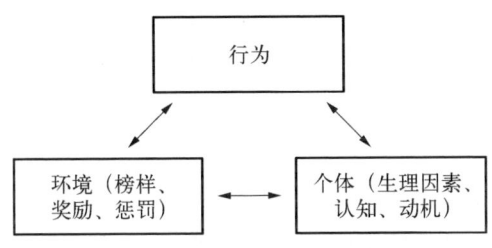

图 11.2 班杜拉的三元交互决定论模型

个因素作为影响源在力量上是对等的,有时候环境会对行为产生决定性的影响,而此时个体因素对行为的影响相对较弱,例如人在灾难突发时的逃避行为,就主要受环境的影响。二是三个因素互为因果不表示交互作用会同时发生,有时候环境对行为的影响快速而直接,但行为对环境的影响在短时间内没有明显效果。同一个因素对另一个因素的影响也会有时快、有时慢,到新单位工作建立友好的人际环境往往需要长期的行为努力,但建立充满敌意的人际环境往往只需要几分钟甚至更短的时间。

此外,交互作用过程不仅存在于三个因素之间,而且存在于每一个因素内部。在行为方面,许多行为相互联系,有些行为相互促进,而另一些行为则相互阻碍。环境之间也常常相互影响,某一环境的变化常常会引起其他环境的变化。在个体内部,认知、情感和动机之间的相互作用也是非常频繁的,考试中认知受阻常常引发焦虑,反过来,焦虑又会影响人的思维过程。

三元交互作用的分解

不同研究者倾向于关注三元交互决定论模型中的不同方面,对不同因素之间的交互作用过程进行分解,有助于我们更好地理解这一模型。

个体与行为之间互为因果,反映了人的思想、情感与行为之间相互影响、相互决定的关系。一方面,个体的预期、信念、目标和意图等内在因素会对行为产生指导作用,如预期成功的个体比预期失败的个体在行动中表现出更强的坚持性。反过来,个体的行为表现也会对自身的思维模式和情感反应产生一定的影响,在行动中能够一直坚持的个体通常能够提升自信,强化自己一定能够成功的信念。个体因素还包括人的生理特征,生理结构、感知觉系统和神经系统都会影响行为,而感知觉系统和大脑结构也会被行为经验塑造,这一过程在婴幼儿时期这一发展阶段尤其明显。

环境与行为交互作用,首先表现为环境对行为的影响和决定效应。文明的环境常常使人的表现更加文明,野蛮的环境常常使人的行为更为野蛮。环境对行为的影响有两条途径:一是通过观察学习,个体能够习得他人表现的某些行为;二是通过环境对行为的强化或惩罚,行为表现得到加强或减弱。反过来,行为也会影响环境,环境的许多方面对行为的影响需要适当的行为来激活。班杜拉对潜在环境和实际环境进行了区分,潜在环境对身处其中的每个人都一样,潜在环境转变为影响个体的实际环境则通常依赖个体自身的行为表现。大学生刚进大学时潜在环境都是一样的,但正是学生自己的行为为自己选择和创造了一个对学习和生活有利或不利的实际环境。由于行为与环境影响的双向性,人既是环境的塑造者也是环境的产物。行为粗鲁、高攻击性的个体四面树敌,每到一处都创造出对自己充满敌意的环境,而行为友善、举止得体的人则往往创造出对自己友好的社会环境(Raush,1965)。因此,当人们抱怨周围的环境时,不妨想想这样的环境又是怎样形成的呢?

模型中个体与环境部分涉及个体特征与环境影响之间的交互作用关系。社会环境通过榜样作用、提供教学指导和言语说服等途径向个体提供信息并激起个体的情绪反应,人的期望、信念、兴趣爱好、情绪反应倾向以及认知能力就是在社会环境的影响下发展和改变的。个体因素也能够对环境产生影响。除去言行的作用,人仅仅借助生理特征,如年龄、身高、种族、性别、外貌等就能从社会环境中激起不同的反应(Lerner,1982)。同样,人借助社会角色和地位也能激起不同的社会反应。例如,相比于社会地位较低的个体,有着较高社会地位的个体能够引起同伴更多的积极反应。因此,人不需要说什么或做什么,通过其社会地位和可观察的特征就能影响周围环境对他的反应。

从上面的分解中,我们清晰地看到个体、环境与行为三个因素之间相互影响、相互决定的关系。正如前面所说，这三个因素在决定力量上常常会有强弱之分，在时间上也不是同步的，一个因素对另一个因素的影响是快速而直接的，反过来，另一个因素对该因素的反作用可能是缓慢而间接的，这些特点使得这一模型富有弹性，大大增强了该理论的包容性。

11.3.3 自我效能论

个体在特定情境中的表现取决于个体、环境和行为三个因素之间的交互作用。在个体因素中，那些与个体对自己在特定情境中能否执行必要的行为，并产生满意结果的信念相联系的认知因素显得尤为重要。班杜拉（Bandura，1977，1986）提出**自我效能**（self-efficacy）这一概念来说明个体对自己在特定情境中能否通过行为来获得满意的结果的判断和期待。根据班杜拉的社会认知理论，自我效能影响人们的选择和行为过程，人们愿意在活动中付出多大努力，在面临阻碍时能够坚持多久，以及在遭受挫折后韧性如何，都与自我效能有关。自我效能在三元交互决定模型中属于个体因素，它与环境、先前的行为以及其他个体因素一起，共同决定行为的产生。

自我效能

班杜拉将自我效能定义为，"人们对自身达成既定行为目标所需行动过程的组织和执行能力的判断"（Bandura，1986，p. 391）。自我效能不是指个体实际拥有的能力，而是个体对自身能够做什么的判断。班杜拉声称，自我效能是人类动因的基础。相比于自我效能较低的个体，那些相信自己的行动能够潜在地改变环境事件的个体更可能付诸实际行动，而且更可能取得成功。

对自我效能的判断，有别于对行为结果的预期。班杜拉区分了效能预期和结果预期这两个概念。效能预期是个体对自己是否有能力执行特定行为的判断，而结果预期是个体对一种行为可能带来的结果的预测。行为结果并不等同于行为执行本身，个体相信自己能够成功地执行某种行为并不意味着他相信该行为一定会带来某种满意的结果。比如，一个人相信自己在求职面试时能够从容地面对面试官，较好地回答面试问题，但这并不意味着他预期自己一定会被聘用。能否被聘用属于行为结果，它会受到很多因素的影响，比如就业市场情况、公司业绩、应聘者竞争强度等。因此，尽管个体对自己的面试过程有较高的效能预期，但可能对行为的满意结果有较低的预期。

　　班杜拉还对自我效能和自尊进行了区分。自我效能与对个人能力的判断有关，而自尊与对自我价值的判断有关。一个人对自己能力的信念与他是否喜欢自己没有必然的关联。对于一些自认为没有价值的活动，个体可能具有较低的自我效能，但这对个体的自尊没有丝毫损伤（Bandura，1997，p. 11）。有研究者指出，自我效能能够预测人们为自己设定的目标以及取得的成绩，而自尊既不影响个人目标也不影响成绩（Mone，Baker，& Jeffries，1995）。

　　除了结果预期和自尊之外，还要注意自我效能同其他几个概念的区别。首先，这里的效能不是指个体作出某些基本动作的能力，如跑、跳、走或者抓取等技能。其次，较高的效能感并不表示个体在执行指定任务时不会体验到焦虑、压力或害怕。最后，效能判断和抱负水平也不相同，一个人有着较高的抱负水平，却可能对自己能否成功实现抱负缺乏信心（Feist & Feist，2008，p. 488）。

　　需要特别注意的是，自我效能不是一种整体性或一般性的自我概念。人们的自我效能判断依赖具体的任务和情境。个体的自我效能在一种任务或情境中可能较高，但在另一种任务或情境中可能较低。自我效能伴随情境变化而发生变化，这主要是因为不同的任务需要不同的能力。班杜拉认为，自尊和自信心等概念过于笼统，不能较好地预测一个人在具体情境中会有怎样的行为。这些笼统的概念可能具有一定的推广性，但对具体情境的预测作用十分有限。自我效能充分反映了人们对各种情境所需能力的区分，因而在行为预测上具有更高的准确性。

　　高低不同的自我效能与应答性环境及无应答环境结合在一起，将会产生四种可能的行为预测变量（Bandura，1997，p. 20）。当高自我效能的个体处于应答性环境中，则更可能产生满意的结果，从而增强个体的抱负、活动积极性和使命感。当低自我效能的个体处于应答性环境中，尽管在很困难的任务上取得成功，却常常因为别人对自己的看法而变得消极抑郁。当高自我效能的个体处于无应答环境中，他们通常会更加努力来试图改变环境，他们可能采取抗议、不满或社会行动来改变不公正的社会惯例，但是如果努力失败，根据班杜拉的预测，他们可能会放弃原来的活动或离开无应答环境，转而寻求一个更具应答性的环境继续从事原来的活动。当低自我效能的个体处于无应答环境中，他们往往产生冷漠、无助等消极体验，最终放弃所有努力。

自我效能的来源

自我效能的建构有四个主要的信息来源：绩效经验、替代经验、言语说服和情绪唤醒状态。这些信息来源中的一个或多个同时发挥作用，使自我效能得以提升或降低。

绩效经验（performance experience）是个体过去在相同任务上的成败经历，是对自我效能最具影响力的信息来源。通常，成功使人对自己的能力信心倍增，失败则会让人降低效能期待。当然，这种一般性的陈述不能说明绩效经验与自我效能之间的复杂关系。自我效能的产生涉及复杂的推理过程，个体需要对影响成败的各种能力和非能力因素的相对作用进行权衡。一些情境性的因素会影响个体的推理过程，这些因素包括任务难度、外部支持、努力程度、情绪状态等，以任务难度为例，相比于在高难度任务上取得成功，在低难度任务上取得成功对自我效能改变的作用是有限的。

替代经验（vicarious experience）是自我效能的第二个信息来源。观察到一个和自己能力相当或者比自己稍逊一筹的人取得成功，能够使观察者提高自我效能；相应地，观察到一个能力比自己稍强或与自己相当的人在任务上失败，则会降低观察者对自身能力的评价，并削弱自身的努力（Brown & Inouye，1978）。一般来说，替代经验对自我效能的影响不如直接的绩效经验的影响那么大，但是当人们几乎没有评价自身能力的先前经验时，自我效能就很容易受到相关榜样的影响而发生改变（Bandura，1986，p.400）。

言语说服(verbal persuasion)是指，社会中其他人提供的关于个体能力的信息对个体自我效能的影响。生活中，我们常常告诉朋友或孩子，我们相信他们能做好某些他们不敢尝试的事情，有时候这样的鼓励能够激起人们行动的力量，有时候却不能。这说明，言语说服的作用是有限的，它的作用取决于一些条件，如被劝说者对劝说者的信任，劝说者的身份、地位和专业知识等。此外，言语说服如果和其后的成功经验相结合，将会有更好的效果。如果个体在他人的说服下尝试某种行为并取得成功，那么此时成功的经验和行动前后的激励信息一起，将会有效地提高个体以后面临该任务时的自我效能。

自我效能还受到**情绪唤醒**(emotional arousal)状态的影响。通常，强烈的情绪唤醒状态会降低人们的自我效能及相应的行为表现水平。例如，强烈的紧张、焦虑，巨大的压力，极度的恐惧等都会降低人们对自身能力的评估，使人们在任务面前怀疑自我，并由于注意力过度集中在生理信号和紧张体验上，从而对最终的行为表现产生消极影响，而糟糕的行为表现反过来又会强化之前的自我怀疑，进一步降低个体以后在类似情境中的效能评估。当然，在有些情境中，适当的情绪唤醒可以提升个体的自我效能。相比于中性情绪，积极情绪更能提升自我效能，沮丧情绪则会降低自我效能(Forgas, Bower, & Moylan, 1990)。让个体回忆或喜或悲的爱情经历，由此引发的情绪不仅能够影响他们的恋爱效能，而且会影响社会交往、运动等其他方面的效能预期(Kavanagh & Bower, 1985)。需要注意的是，与情绪唤醒相伴随的生理信号本身并不能直接决定自我效能，此类信息需要通过认知加工才能影响自我效能感。因此，个体要避免情绪唤醒对自我效能的消极影响，一方面要注意增强体质，降低应激水平；另一方面要注意纠正对身体状态的错误解释。

在形成效能判断时，人们不仅要加工由特定方式传递的与效能感相关的信息，而且需要对这些来源不同的信息进行权衡和整合，这是一个复杂的信息加工过程(Bandura, 1997, p. 114)。在整合这些信息时，各种信息的重要性如何，个体采取哪种规则进行整合，可能一方面依赖情境，另一方面依赖人格，对此问题还需要深入研究。

自我效能与行为表现

班杜拉的社会认知理论认为，自我效能感能够对行为表现产生直接影响。对此，有人提出质疑：或许自我效能感与行为表现并没有直接的因果联系；或许行为表现出色是由其他因素引发的，而与自我效能感无关；有没有可能是个体实际的工作技能既影响了自我效能感又影响了最后的行为绩效，但最终被人们解释为高自我效能感促进了行为绩效的提升。社会认知理论的拥护者无法回避这些理性的质疑，他们用实验的方法回应了这些问题。

采用实验法检验自我效能感是否会影响行为表现，需要在实验过程中操控自我效能感的变化，同时使其他因素（尤其是被试的实际工作技能）保持恒定，然后观察自我效能感的变化是否对行为表现产生影响。当然，这样的实验最难的地方就是如何操控自我效能感的变化，同时又不会对被试的生理状态、实际工作技能等其他无关变量产生影响。对此，研究者借鉴了判断与决策研究采用的锚定法（anchoring）(Tversky & Kahneman, 1974)。锚定法充分利用了人们在判断过程中的认知特点，即人们总是稳固地"锚定"在最初的猜测上，即使这些猜测仅仅是任意设定的。例如，让被试判断挪威的人口有多少，回答前实验者会向被试提供一些可能的数字，并将他们安排到两种实验条件下：在一种条件下，实验者给被试提供几个可能的较大的数字，比如830万，被试觉得830万太大了，大部分被试会回答一个小于830万的数字，如610万；在另一种条件下，实验者给被试提供几个可能的较小的数字，比如240万，被试会觉得太小，于是回答一个略大于240万的数字，如360万。实验结束后，将两种条件下被试对人口数量的估值分别平均，结果发现，第一种条件下被试的估值远大于第二种条件下的估值，这说明随机呈现一个锚定值，就会对被试的判断产生影响。

塞尔沃纳和皮克（Cervone & Peake, 1986）采用这种技术研究自我效能判断与行为表现的关系。在实验中，要求被试解决一系列难题。在正式解决这些难题前，先让被试判断自己能否解决超过"X"个难题，"X"是实验者提供的一个数字（锚定值）。实验者随机将被试分为三组，给予其中一组被试一个高锚定值,如15;给予另一组被试一个低锚定值,如6;剩下一组被试为控制组,没有给予锚定值。根据前面介绍的锚定法,可以预期实验者提供的不同锚定值将会影响不同组被试预期自己能够解决的难题数目。事实确实如此,操控锚定值影响了被试的自我效能判断,高锚定值组和低锚定值组分别对应高自我效能预期和低自我效能预期,控制组预期的自我效能居中。显然,这样的操作没有影响被试实际的问题解决能力,使其他因素保持了恒定,接下来要做的就是观测这样的操作会不会对被试随后的任务表现产生直接的影响。实验者让不同组被试解决一系列相同的难题,并测量他们的行为坚持性(如在最终放弃解决问题之前能够坚持多长的时间)。结果显示,自我效能的变化确实引发了相应的行为变化,相比于低自我效能预期组的被试,高自我效能预期组的被试在接下来的问题解决中平均坚持的时间更长,尽管这种高低不同的自我效能预期仅仅通过随机呈现不同的锚定值引起。这一研究充分证明了社会认知理论的核心观点之一,即人们对自己的主观觉知可以直接影响行为,个体在执行任务之前的自我效能预期与随后的行为表现存在因果关系。

在自我效能的评估上,班杜拉强调采用一种微分析研究策略(microanalytic research strategy)。根据这种策略,自我效能应该在具体情境中执行相应的任务之前测量。实验者要问被试在特定情境中能够执行特定任务的可能性,而不是提一些模糊的问题。例如,一项针对篮球运动的自我效能测量就不能向运动员提"你认为自己是一位优秀的篮球运动员吗"这种问题,因为"优秀"不是一个有着明确标准的概念。我们应该向运动员提这样的问题,"你对自己在自由罚篮命中75%以上有多大信心"或者"你对自己在面对一个强有力的防守队员时能够成功带球上篮有多大信心"。这种评估策略直接反映了前面提到的理论观点,即个体知觉到的自我效能会随具体任务和情境的变化而变化,采取情境特异性测量,可以有效地把握自我效能的变化性。

11.3.4　自我调节

前面谈到观察学习和亲历学习时,分析了个体观察到的或亲身经历的外部结果如何调节行为的问题。但是,人的行为不仅仅取决于外部奖励和惩罚,人具有自我定向的能力,能够通过设立目标来对自己的思想、情感和行为施加控制(Bandura,1986,p. 335)。**自我调节**(self-regulation)是指个体通过计划、预期等来激活、指导和调控自己的行为。从广义上来讲,自我调节机制就是三元交互决定论中的个体因素及其作用;从狭义上来讲,它可被看作一个自我反馈系统,通过这个反馈系统,人不是消极被动地去回应环境的要求,而是积极主动地去设定自我评价的标准和目标,观察自身行为的实际表现,对行为表现与目标之间的差距进行比较和判断,最后通过自我反应来延续产生积极自我反应的行为过程,限制产生自我责备的行为过程。

自我调节的心理过程

自我调节要借助一系列内部心理过程,这些过程是实现自我定向的转变所必须形成和启动的(Bandura,1986)。除非个体能够对自身的动机和行为施加影响,否则单独依赖意图或者期望来实现行为的转变不太现实。班杜拉确认了三个对动机与行为实施自我影响的心理过程,即自我监控、判断过程和自我反应。

自我监控。自我监控是对行为表现的自我观察,它是自我调节的第一个内部心理过程。我们首先要能对自身行为进行监控,尽管有时这种监控不够全面或者不够准确,但它是对行为施加自我影响所必不可少的。通常,人们会选择性地关注自身行为的某些方面而忽视其他方面。人们关注自身行为的哪些方面依赖自身的价值观和活动的重要性。在成就情境中,人们通常更加关注自身行为的质量、效率、数量、创造性等方面;在人际情境中,人们通常更加关注自身行为的社会性和道德性。

判断过程。单独的自我监控并不能为行为调节提供足够的信息,我们还需要对观察到的自我表现进行判断和评估。判断过程作为自我调节的第二个内部心理过程,是指个体依据自己设定的标准和目标评价自身行为的价值。个体的评价将会影响个体对自身行为产生积极或者消极的反应。具体来讲,判断过程依赖个体标准、参照标准、活动价值和表现归因。

个体标准是个体依赖自身状况对行为设定的内部标准,它使个体不需要与他人的所作所为进行比较就能评价自身的表现。例如,对一个没有上肢的残疾男孩来说,能够用脚写出自己的名字就是一种足以值得骄傲的行为,他不必因为看见其他同龄人能够轻而易举地写出自己的名字而降低对自己行为的评价。

个体标准只适用于有限的情境,在更多的情境中,人们需要将自己当前的行为表现与其他参照标准进行比较,从而获得自我评价的信息。人们使用的参照标准可以是社会中其他个体的表现,也可以是自己以前的表现,还可以是某种规定的参照标准。因此,一个学生可以把自己的考试成绩和班上平时与自己成绩相当的同学进行比较,也可以和自己过去的考试成绩进行比较,还可以和某种规定的参照标准进行比较。

除了个体标准和参照标准,判断过程还依赖人们赋予活动的价值高低。如果我们对某项活动(如下棋或打网球)赋予较低的价值,我们就可能对自己在这些活动中的表现抱无所谓的态度,也不会努力去提高自己从事此类活动的能力;反之,如果我们对某项活动(如商业成功或专业学习)赋予较高的价值,我们就会努力提升自己的能力,以期在这些领域取得成功。

自我评价还依赖人们对自身行为表现的归因。相比于将成功归因于外在因素的个体,那些将成功归因于自己努力的个体,将会对自己的成绩感到骄傲和满足,并倾向于付出更多的努力去达成目标。同样,在失败的情境中,相比于将失败归因于某些不可控因素的个体,那些将失败归因于自己不够努力的个体,更可能通过自我调节来改变不利的情况。

自我反应。自我调节的最后一个内部心理过程是自我反应。人们对自身行为作出积极还是消极的反应,依赖人们对自身行为是否达到预设标准和目标的判断。也就是说,人们能够通过自我强化或者自我惩罚的方式来激励自己的行为。

自我强化并不依赖伴随行为反应出现的现实的强化物,它在很大程度上依赖以人类的认知能力为中介而产生的行为结果,例如伴随成功产生的自豪感和满足感。这种自豪感和满足感是伴随行为达到自己设定的内在标准而自我生成的奖励,在它们的激励下,个体会保持该结果的行为方式,或在此基础上设定更高的行为标准。当行为达不到自我设定的内在标准时,个体会产生自我不满和自我批评,他们或者在反省的基础上纠正和改进自己的行为表现,或者重新设定行为标准,降低自我要求。

班杜拉提出的以自我为中介的行为结果与斯金纳提出的环境决定的行为结果形成鲜明的对比。前者关注在认知能力基础上自我生成的激励因素,如任务完成后的成就感;后者关注伴随行为出现的现实的强化物,如物质奖励。在很多情况下,这两种激励因素是相伴随的,但对人类来说,班杜拉认为,自我激励显得更加重要。

道德情境中的自我调节

人同样能够通过行为的道德标准来调节自身行为。根据内化理论,外在的道德标准可以内化成良心和超我,成为个体行为持续不断的内部监督者。班杜拉认为,良心和超我并不能自动地成为内在控制动因,道德戒律只有转变成具体行动时,才能预测人的道德行为。换句话说,道德行为的自我调节影响要在激活后才能发挥作用,很多因素有选择性地控制它的激活(Bandura,1986)。

班杜拉指出,即便有着强烈道德信念的个体,也常常不能成功地调节自身行为使其导向较高的道德标准。他们剥削他人、破坏环境、实施暴力并作出其他多种有损道德的行为。班杜拉将这类现象称为道德脱离(moral disengagement)。道德脱离允许人们单独或者与他人一起,在保持道德标准的同时去作出一些非人道的行为。为什么会这样呢?班杜拉(Bandura,1990)的回答是,"人们通常不会去从事可能遭受谴责的行为,除非他们向自己证明了该行为的道德性"。对于不人道的行为,由于人们证明了该行为的"道德性",因此能放心大胆地去行动。纳粹士兵认为自己不用为屠杀犹太人而自责,因为他们认为自己是在"清洁"欧洲,是在消灭"邪恶"和"丑陋"的种族。

班杜拉(Bandura,1986)提出了四种实现道德脱离的机制。其中,第一种是重新界定行为的本质,包括对行为进行道德上的合理化,将行为与更具破坏性的行为进行有利性比较,以及对行为进行委婉的命名。第二种是忽视或歪曲伤害性的结果。第三种是对受害者去人性化或进行责备性的归因。第四种是通过责任转移或者责任扩散来降低甚至消除自身行为的道义责任。

11.4　人格发展

在班杜拉的理论中,社会认知经验对行为的发展和改变起到关键作用。当然,父母会对儿童的成长起到积极或消极的作用。从好的方面来说,模仿父母的行为往往会得到奖励。受到奖励的行为往往会重复出现,当在其他人面前出现时,也会得到正强化。因此,儿童很早就习得社会认可的行为模式。从不好的方面来说,那些严厉惩罚或冷漠无情地虐待儿童的父母,很可能使儿童在学校表现出各种问题行为。父母严厉的体罚给儿童树立了不良的榜样,他们逐渐学会以暴力作为反应,来对待自己不喜欢的行为。

不过,很多复杂行为的习得并不总是那么简单和直接。儿童经常会遇到很多不同的行为模式,父母或其他人呈现出的行为也往往是互相矛盾的。比如,父母中的一方可能会因为他们在客人面前说话而奖励他们,而另一方可能会因为同样的行为而惩罚他们。即使父母双方意见一致,教师或其他人也可能有不同意见,同伴们也可能通过其他方式向他们传达不同信息。因此,对特定行为的强化并不总是一致的,强化物似乎由不同的社会化力量通过复杂的方式提供。重要的是,儿童在成长过程中也逐渐学会将强化物应用于自己的行为。自我强化和自我惩罚的标准可以通过多种方式获得,父母和其他人会教给他们行为准则,遵守准则就会获得奖励,而违反准则就会受到惩罚。儿童也可以通过书籍、报纸、电影、电视、广播或电子游戏来学习这些行为准则。

当然,榜样的示范作用也会发挥重要作用。班杜拉等人(Bandura &

Kupers，1964）在一项研究中考察了榜样的示范作用对儿童的影响。在研究中，班杜拉将儿童分为两组，分别与不同的成年榜样一起参加一场小型保龄球比赛。在第一组中，儿童看到一个榜样只有在表现出色时才会奖励自己糖果；在第二组中，儿童看到一个榜样即使表现不佳也会奖励自己糖果。随后，儿童被单独留下来玩游戏，没有榜样在场。结果发现，两组儿童会作出与榜样一致的行为。尽管都有很多糖果，但第一组儿童只有在达到或超过标准时才会给自己少量奖励，而第二组儿童即使表现不佳也经常奖励自己。后来，麦克梅因斯和利伯特（McMains & Liebert，1968）进一步考察了模仿行为的多重榜样作用（multiple modeling effects）。同样是保龄球游戏，在实验的第一阶段，成年人对自我奖励确定了严格的标准（他们只有在取得一定分数时才会奖励自己，并告诉儿童也要这样做）或宽松的标准（无论取得两个分数中的哪一个，他们都会奖励自己）；在第二阶段，研究者将在第一阶段中接受严格标准训练的儿童介绍给第二个成年榜样，其中，有的榜样坚持以严格的标准奖励自己，有的榜样则以宽松的标准奖励自己。结果发现，最初接受严格标准训练的儿童，在第二阶段看到同样坚持严格标准的榜样行为后，会坚持该标准；在第二阶段看到以宽松标准奖励自己的榜样行为后，则不再坚持已经习得的严格标准。这一结果表明，父母或其他人在教导儿童遵守严格的标准时要以身作则，言行不一的说教是无效的。

尽管班杜拉非常重视观察学习与自我强化的作用，但他并没有忽视生物因素对行为的决定作用。他指出，先天因素不可避免地影响个体社会学习史的性质。对于某些由生物因素决定的特征，比如人的体型或面部特征等，社会因素的影响相对较小。然而，如果一个社会中，某种身体素质的价值受到重视，与之相关的社会强化出现的频率则部分地受到社会文化观念的影响。比如，在北美社会，运动能力和强健体格会使人赢得声望和社会奖励，因此如果男孩身材矮小、缺乏肌肉力量和灵活性，或者肥胖、体格较弱，就不太可能得到同龄人的认可。同样地，如果女孩不符合社会认可的审美标准，也很少会得到（尤其是来自男性的）积极反应。苗条娇小的女性在北美文化中备受推崇,然而在看重劳动能力的文化中,她们可能获得相对较少的积极强化,甚至会被厌恶(Bandura & Walters,1963,pp.26-27)。

在人格发展方面,班杜拉反对先天决定论和成熟阶段论,而是坚持行为主义的经验论。他不像皮亚杰(Jean Piaget)那样认为发展的阶段结构限于成熟,前一阶段未完成就不能出现新阶段;也不像弗洛伊德那样认为幼儿早期教育决定终身人格。他认为,个体不一定以固定的、有次序的方式来学习各种技能。个体的认知能力也未必在某一时期只有一定的表现形式,可能因事件和情境而异。他强调社会认知经验对行为发展和行为矫正的重要作用,认为阶段不是稳定不变、截然分开的,"所谓发展阶段是容易通过成人规定的示范而加以改变的"(Bandura & Walters,1963,p.206)。在班杜拉看来,发展就是围绕个人目标、计划、自我效能的变化,而这种变化可以用观察学习、替代强化、自我调节等原则来解释。而且,班杜拉对人格的发展与改变持有更加积极的态度,他相信人的能动性,即人能够塑造自己的生活环境,相信人们可以对自己的行为和成长施加实质性的影响(Bandura,2006)。在他看来,改变人格的方法很简单,就是要掌控自己的生活。人们可以为自己创造机会,并充分利用这些机会。具体来说,这种能动性表现为四个关键要素:(1) 目的性(intentionality),人们形成目的,包括在环境限制下达到这些目的的方法;(2) 前瞻性(forethought),人们可以用有助于指导当下的方式展望未来;(3) 自发性(self-reactiveness),人们可以在执行计划时激励和规范自己的行为;(4) 自我反思性(self-reflectiveness),人们可以反思自己的目标、行动和进展,以使自己朝着目标行动。

总之,班杜拉认为人的行为既不完全由内在冲动驱使,也不单纯由环境刺激左右,而是内部动力与外部环境之间复杂交互作用的结果,即交互决定论(Bandura,1971,p.2)。该理论批判吸收了人本主义的思想,并强调认知过程对人格形成和发展的作用,坚持研究行为表现来表明人格形成和发展的路径,即通过行为、个体、环境三者的动态交互作用来说明人格结构及其发展(张厚粲,2011,p.425)。

11.5 理论应用:行为失调与治疗

班杜拉提出的三元交互决定论认为,行为是个体(包括认知和神经生理过程)、环境(包括人际关系和社会经济条件)和行为(主要是先前的强化经验)交互作用的结果。机能失调行为也不例外,班杜拉的理论观点为我们理解抑郁、恐惧和攻击等机能失调行为提供了一个新的视角。此外,他基于社会学习原理的心理治疗技术也为治疗这些机能失调行为提供了一条新的途径。

11.5.1 机能失调行为

班杜拉主要探讨了抑郁、恐惧和攻击等机能失调行为。对于抑郁,他指出,当个体设置过高的内部标准和个人目标而无法达到时,就常常会产生抑郁的反应。反过来,抑郁的个体常常低估自己的表现和成就,他们把本不该自责甚至值得自豪的成绩与某个遥不可及的目标进行比较,结果就会产生长期的苦恼、无价值的感受、目标的丧失感,以及持续的抑郁。班杜拉(Bandura,1986,1997)相信,机能失调的抑郁在自我调节的三个心理过程中都有表现。

首先,抑郁的个体在自我监控的过程中往往会忽视或者歪曲自己的成绩,他们过分夸大自己所犯的错误并贬低自己的表现。其次,在判断过程中,抑郁的个体也更容易作出错误的判断。他们把自己的表现与不切实际的标准进行比较,结果即便在他人眼中被看作成功的表现,在这种比较下都将被评价为失败。那些设置的内部标准超过其自我效能感能够达到的目标的个体,往往更可能产生抑郁(Feist & Feist,2008)。最后,相比于非抑郁的个体,抑郁的个体在自我反应上更倾向于因为自己的缺点而采用恶劣的、自我惩罚的方式对待自己。

恐惧作为一种强烈的厌恶反应,会极大地弱化个体的日常生活功能。一个对蛇有着强烈恐惧的个体,显然不能从事多种与蛇有关或者可能碰见蛇的工作和活动。班杜拉(Bandura,1986)认为,恐惧是通过直接接触、不适当的泛化,尤其是观察学习的过程习得的。恐惧很难消除,因为个体通常只针对特定的对象产生恐惧反应,如果不接触这些令其害怕的对象,潜在的恐惧将会无限期地持续下去。

班杜拉认为,电视和其他新闻媒体应该对人们产生的很多恐惧负责,正是由于它们的大肆宣传,很多发生率很低的恐怖事件让我们心生恐惧,从而把自己封闭在一个狭小的相对安全的空间里。此外,恐惧反应一旦产生,就会因为负强化的作用得以持续。这种负强化作用是恐惧的个体回避那些导致恐惧的情境后产生的。例如,如果个体预期野营会遇上令他感到恐惧的事物(如蛇),他就会通过拒绝参加野营来避免或降低由蛇带来的恐惧体验。在这里,机能失调(回避性)行为的产生和维持就是由个体的预期(相信野营可能遇上蛇)、环境(有蛇出没的山野)和行为因素(先前产生恐惧的行为经验)交互作用导致的。

对于攻击行为,当程度较为严重时,也可以被看作一种机能失调行为。班杜拉(Bandura,1986)认为,攻击行为主要是通过观察学习、直接经验的强化作用、训练以及教导等方式习得的。班杜拉和他的研究团队对通过观察学习获得的攻击行为进行了深入研究,结果发现,不管是向儿童呈现真人攻击榜样还是电视媒体中的攻击榜样,都能使儿童习得攻击行为(Bandura,Ross,& Ross,1963)。尽管他们的研究已经过去半个多世纪,但关于媒体暴力对儿童攻击性的影响的探讨在这期间一直没有停止过,而且随着新媒体的出现,这类研究还会继续下去。从现有的研究结果来看,大量研究都证实了班杜拉的观点,即接触媒体暴力会增加人的攻击行为(Liebert & Baron,1972;Krcmar & Cooke,2001)。

11.5.2 心理治疗

班杜拉批评了以会谈为主的治疗方法,他主张在心理治疗中应主要运用基于学习原理的治疗方法(Bandura,1961)。他先后报告了多起对成人(Bandura,Adams,& Beyer,1977;Bandura & Barab,1973;Bandura,Blanchard,& Ritter,1969;Bandura,Jeffery,& Wright,

1974)和儿童(Bandura & Menlove, 1968)恐惧症的成功治疗案例,向世人展示了基于社会认知学习原理的治疗方法的有效性。在一次治疗实践中,他发现仅仅向来访者呈现对蛇不感到恐惧的真人或电视中的榜样,就能使来访者对蛇的恐惧有所改善(Bandura, Blanchard, & Ritter, 1969)。班杜拉也采用系统脱敏法来治疗恐惧症,对治疗结果的评估显示,这种方法在治疗恐惧症方面比较有效。这些治疗方法的效果在现实生活中得以延续,通过治疗来访者能够从事一些以前不敢做的事情。

其他研究也证实了基于学习原理的治疗方法在治疗多种恐惧症中的良好效果,班杜拉等人对广场恐惧症的成功治疗就是例证(Bandura, Adams, Hardy, & Howells, 1980)。这些成功的实践恰好与精神分析理论的预言相悖,因为在精神分析理论看来,如果没有深入挖掘来访者潜意识冲突的根源,那么治疗是不会有效的。班杜拉(Bandura, 1961)提出,心理治疗的过程实际上就是一个学习的过程,对学习原理的系统应用将会极大促进治疗效果。作为一位重视人类认知能力的理论家,班杜拉还指出认知中介在治疗过程中发挥的重要作用,在他看来,大多数行为习得和行为改变的过程都是以来访者的预期和信念为中介产生的。

11.6 理论评价

班杜拉的社会认知理论是在行为主义和现代认知理论的基础上发展起来的。同这两个流派的大多数先驱一样,班杜拉将自己的理论建立在坚实的实验研究基础上,在理论发展的过程中很好地平衡了理论建构的两个最基本的要素——创新思考和精确观察。他很少像一些精神分析学者那样撇开实证研究的数据大胆进行理论探索,他的很多理论假设虽然先于实证研究而提出,但总是在随后就有实证观测的数据作为支持。科学的研究程序使得他的理论假设常常能够得到有效的验证,并在此基础上产生新的可供检验的假设。

自20世纪五六十年代开始,班杜拉和他的学生做了大量工作,他们的研究吸引了众多学者的注意。在众多人格理论家中，班杜拉可能是最严谨的写作者，他一丝不苟地建构了他的理论框架，为其他研究者提供了不计其数的可供检验的理论假设。自他的理论提出以来，成千上万项研究在其理论的激发下展开，仅围绕攻击行为的观察学习展开的研究就数不胜数。因此，从理论的启发价值和影响力来看，班杜拉的理论无疑是较为出众的。

从理论的可验证性来看，班杜拉的理论无疑具有较强的可验证性。例如，班杜拉曾指出自我效能的信念能够影响个体选择从事的活动，在活动中付出的努力，面临失败和阻碍时坚持的时间和表现出的韧性等。显然，对他的这一理论观点，我们可以通过实证研究加以检验。

从理论的包容性来看，班杜拉的社会认知理论可以将心理学研究中的许多成果组织到该理论框架中。尤其是三元交互作用模型，可以为大部分外显行为的获得提供强有力的解释。该模型提出个体、环境和行为三个因素交互作用决定行为，显然比斯金纳片面地强调环境对行为的决定作用具有更强的解释力。

班杜拉的理论还具有较大的实践价值。尤其是观察学习理论和自我效能理论，对治疗师、教师、儿童父母和其他对行为学习和行为控制感兴趣的人，都具有较强的指导作用。

此外，由于班杜拉的理论建构在实证研究的基础之上，加上他在报告研究结果和撰写学术著作时态度认真、严谨，因此他的理论具有高度的内部一致性。同时，他的理论表述简洁，易于理解，在理论简约性上达到了较高的标准。

总体而言，班杜拉的社会认知理论在理论评价的各项指标上都达到较高的标准。但是，没有哪一位人格理论家能够免于批评，班杜拉也不例外。首先，社会认知理论很少提及人格的结构和组织，是一个整合性有限的理论。尽管班杜拉的社会认知理论比传统行为主义理论更为广阔，但同行为主义一样，它并没有试图提供一个宏大的、包容一切的人格理论体系。正如利伯特和斯潘格勒（Liebert & Spangler, 1990）所指出的，班杜拉的理论"提及了一些一般性的原理，但只论述了人格功能中几个狭隘的、选择性的领域"。其次,班杜拉的理论忽略了基因和激素等生物学因素的影响,这极大地限制了社会认知理论的潜在有效性。在心理治疗方面,一些治疗专家发现社会认知理论很难运用到具体的治疗实践中,另外还有一些重视咨询关系的治疗专家认为,班杜拉贬低咨询师与患者之间关系的重要性是不可取的。

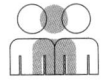

人格心理研究丛书
Series on
Personality Psychology

主编 郭永玉

人格理论

下册

郭永玉 刘 毅 尤 瑾 等著

要目
Brief Contents

上 册

1 人格理论概观 1

第一编 特质理论

2 奥尔波特：探寻独一无二的人 21
3 卡特尔和艾森克：勾画人格地图的概貌 52
4 麦克雷和科斯塔：建构人格的元理论框架 82

第二编 生物学理论

5 巴甫洛夫、艾森克和格雷："唤醒"人格的生理基础 111
6 从高尔顿到普洛明：行为遗传学 142
7 以巴斯为代表：进化人格心理学 174

第三编 学习理论

8 华生和斯金纳：行为主义 209
9 多拉德和米勒：基于"驱力"的行为理论 237
10 罗特和米歇尔：社会学习理论 259

11 班杜拉：社会认知理论 288

下 册

第四编 精神分析理论

12 弗洛伊德：创建精神分析 319
13 荣格和阿德勒：挑战弗洛伊德 343
14 安娜·弗洛伊德、埃里克森与克莱因：自我与客体关系 371
15 霍妮和弗洛姆：人格与社会文化 398

第五编 现象学理论

16 凯利：个人建构心理学 425
17 马斯洛：自我实现的人 448
18 罗杰斯：活出真实的自我 472
19 罗洛·梅：爱与意志的存在 491

20 小结与展望 514

目录 Contents

上 册

1 人格理论概观 1

1.1 人格与人格理论 2
1.1.1 人格的定义 2
1.1.2 人格分析的三种水平 3
1.1.3 人格理论 4
1.1.4 科学理论的建立与检验 5
1.2 人格理论要解决的问题 7
1.3 人格的理论问题 10
1.3.1 人格在多大程度上由遗传决定,又在多大程度上受环境影响 10
1.3.2 对人生而言,过去、现在和未来何者更重要 11
1.3.3 人的行为是由什么推动的 11
1.3.4 自我概念有多重要 11
1.3.5 潜意识机制有多重要 12
1.3.6 人的行为是自由选择的还是被决定的 12
1.3.7 通过向人们询问,我们能够了解什么 12
1.3.8 独特性还是共同性? 13

1.3.9 人是内控的还是外控的 13
1.3.10 心身之间有何联系 13
1.3.11 人性的本质是什么 14
1.3.12 人的行为有多大的稳定性 15
1.4 主要理论流派 15

第一编 特质理论

2 奥尔波特：探寻独一无二的人 21
2.1 奥尔波特传略 22
2.2 人格的本质和结构 25
2.2.1 人格的定义 25
2.2.2 人格的结构 27
2.2.3 人格的基本单元——特质 28
2.3 人格的动力系统 33
2.3.1 前动性动机理论 33
2.3.2 人格的动力：机能自主 35
2.4 人格的发展 38
2.4.1 两种不同的人格 39
2.4.2 统我的发展阶段 41
2.4.3 人格发展中的其他基本问题 43
2.5 人格研究和测量 44
2.5.1 人格研究和测量中的方法论问题 44
2.5.2 奥尔波特对人格特质的研究和测量 46
2.5.3 奥尔波特对人格的其他构成的测量和研究 47
2.6 对奥尔波特人格理论的评论 49

3 卡特尔和艾森克：勾画人格地图的概貌 52

3.1 卡特尔的人格理论 53
3.1.1 卡特尔传略 53
3.1.2 卡特尔的方法学 55
3.1.3 卡特尔的特质心理学思想 59
3.1.4 卡特尔对特质的研究与测量 65

3.2 艾森克的人格理论 70
3.2.1 艾森克传略 70
3.2.2 艾森克的层次特质观 72
3.2.3 艾森克的人格发展观 77

3.3 对卡特尔和艾森克理论的评价 79

4 麦克雷和科斯塔：建构人格的元理论框架 82

4.1 人物传略 83

4.2 人格分类系统的共识 84
4.2.1 词汇学取向的探索 85
4.2.2 理论取向的支持 87
4.2.3 原型取向的界定 89

4.3 五因素模型的发展 91
4.3.1 五因素模型的真实性 91
4.3.2 五因素模型的综合性 93
4.3.3 五因素模型的跨文化普适性 95
4.3.4 五因素模型的生物学根源 96

4.4 五因素人格理论的提出 98
4.4.1 五因素人格理论的人性假设 98
4.4.2 五因素人格理论的基本构成元素 100
4.4.3 五因素人格系统的运作过程 102

4.4.4 五因素人格理论的合理性 ……… 105

4.5 五因素人格理论简评 ……… 106

第二编 生物学理论

5 巴甫洛夫、艾森克和格雷:"唤醒"人格的生理基础 ……… 111

5.1 人格的生理类型论 ……… 111

5.1.1 巴甫洛夫传略 ……… 111

5.1.2 四液说 ……… 113

5.1.3 神经活动类型理论 ……… 114

5.1.4 体型说 ……… 116

5.2 唤醒与人格 ……… 117

5.2.1 内外向的生理基础 ……… 118

5.2.2 神经质的生理基础 ……… 120

5.2.3 精神质的生理基础 ……… 121

5.3 敏感性强化理论 ……… 121

5.3.1 格雷传略 ……… 121

5.3.2 敏感性强化理论 ……… 122

5.3.3 行为激活系统与行为抑制系统对人格变量的解释 ……… 123

5.3.4 格雷敏感性强化理论的应用研究 ……… 126

5.4 感觉寻求 ……… 127

5.4.1 克洛宁格的三维人格模型 ……… 127

5.4.2 朱克曼的研究 ……… 131

5.5 大脑不对称性和神经递质 ……… 133

5.5.1 大脑功能模块化 ……… 134

5.5.2 大脑不对称性及其个体差异 135

5.5.3 神经递质 137

6 从高尔顿到普洛明：行为遗传学 142

6.1 高尔顿的遗传理论 143

6.1.1 高尔顿传略 143

6.1.2 遗传血统论 145

6.1.3 遗传决定论 147

6.1.4 祖先遗传律 148

6.1.5 优生学 148

6.1.6 高尔顿遗传理论的贡献与影响 149

6.2 经典行为遗传学理论 150

6.2.1 普洛明传略 151

6.2.2 遗传学基础 153

6.2.3 数量遗传学的研究及发现 154

6.2.4 对遗传率的解释 160

6.3 分子遗传学 162

6.4 遗传与环境的关系：天性与教养之争 165

6.4.1 环境：人格发展过程中不可忽视的因素 165

6.4.2 遗传与环境的交互作用 168

6.5 行为遗传学理论评价 172

7 以巴斯为代表：进化人格心理学 174

7.1 进化心理学的基本原理 174

7.1.1 心理机制是进化选择的结果 174

7.1.2 心理机制的形成过程 175

7.1.3 心理机制的特性 176

7.1.4 进化心理学的心理发展观 177
7.2 图比和科斯米德斯的进化人格心理观 177
7.2.1 人物传略 178
7.2.2 人的共性 179
7.2.3 从进化观看个体差异 181
7.2.4 从进化观看群体差异 185
7.3 巴斯的进化人格心理观 187
7.3.1 巴斯传略 187
7.3.2 个体差异是解决社会适应问题的关键 188
7.3.3 策略促进和策略干扰 189
7.3.4 人格五因素在解释适应问题中的作用 192
7.3.5 人格的性别差异 193
7.3.6 人格一致性与行为多样性 195
7.4 麦克唐纳和内特尔的人格心理学 196
7.4.1 人物传略 196
7.4.2 麦克唐纳的人格心理学观点 197
7.4.3 内特尔的人格心理学观点 200
7.5 进化人格心理学的评价 203
7.5.1 进化人格心理学的贡献 203
7.5.2 进化人格心理学的局限 205

第三编 学习理论

8 华生和斯金纳：行为主义 209
8.1 华生的人格理论 209
8.1.1 华生传略 209
8.1.2 人格界定 211

8.1.3 人格形成与改变 212
8.1.4 如何研究人格 214
8.1.5 情绪 215
8.1.6 病态人格 216
8.1.7 理论评价 217
8.2 斯金纳的人格理论 218
8.2.1 斯金纳传略 219
8.2.2 人格结构 221
8.2.3 人格动力 224
8.2.4 人格发展 231
8.2.5 理论评价 234

9 多拉德和米勒：基于"驱力"的行为理论 237
9.1 人物传略 237
9.2 人格结构 240
9.3 人格动力 240
9.3.1 学习原理 240
9.3.2 习得性恐惧 248
9.3.3 挫折与攻击 249
9.3.4 冲突 250
9.4 人格发展 252
9.4.1 人格发展路径 252
9.4.2 异常人格的发展 255
9.5 理论评价 257

10 罗特和米歇尔：社会学习理论 259
10.1 罗特的社会学习理论 260

10.1.1 罗特传略 260
10.1.2 人格结构 262
10.1.3 人格动力 266
10.1.4 人格发展 269
10.2 米歇尔的认知—情感加工系统理论 271
10.2.1 米歇尔传略 272
10.2.2 人格结构 273
10.2.3 人格动力 278
10.2.4 人格发展 280
10.3 对罗特与米歇尔理论的评价 286

11 班杜拉：社会认知理论 288

11.1 班杜拉传略 288
11.2 人格的本质和结构 290
11.3 人格动力 291
11.3.1 观察学习 291
11.3.2 三元交互决定论 296
11.3.3 自我效能论 299
11.3.4 自我调节 304
11.4 人格发展 308
11.5 理论应用：行为失调与治疗 311
11.5.1 机能失调行为 311
11.5.2 心理治疗 312
11.6 理论评价 313

下 册

第四编 精神分析理论

12 弗洛伊德：创建精神分析 319
12.1 弗洛伊德传略 319
12.2 人格结构 321
12.3 人格动力 325
12.4 人格发展 328
12.5 焦虑与防御机制 331
12.6 理论评价 338
12.6.1 贡献 339
12.6.2 局限 340

13 荣格和阿德勒：挑战弗洛伊德 343
13.1 荣格的人格理论 343
13.1.1 荣格传略 343
13.1.2 人格结构 345
13.1.3 人格类型 349
13.1.4 人格动力 351
13.1.5 人格发展 352
13.1.6 人格评估 356
13.1.7 荣格理论的评价 356
13.2 阿德勒的人格理论 358
13.2.1 阿德勒传略 358
13.2.2 人格结构 360

13.2.3 人格动力 363
13.2.4 人格发展 366
13.2.5 阿德勒理论的评价 368

14 安娜·弗洛伊德、埃里克森与克莱因：自我与客体关系 371

14.1 安娜·弗洛伊德的自我心理学 372
14.1.1 安娜·弗洛伊德传略 372
14.1.2 自我与防御机制 373
14.1.3 儿童精神分析 376
14.1.4 理论评价 377

14.2 埃里克森的自我心理学 378
14.2.1 埃里克森传略 378
14.2.2 自我同一性理论 380
14.2.3 人格发展 382
14.2.4 理论评价 388

14.3 克莱因的客体关系理论 388
14.3.1 克莱因传略 389
14.3.2 儿童人格的结构 391
14.3.3 儿童人格发展的动力 393
14.3.4 心态观与儿童心理性欲发展 393
14.3.5 对克莱因人格理论的评价 396

15 霍妮和弗洛姆：人格与社会文化 398

15.1 霍妮的社会文化神经症理论 398
15.1.1 霍妮传略 399
15.1.2 霍妮的神经症理论 401

15.1.3 理论评价 408
15.2 弗洛姆的人本精神分析理论 410
15.2.1 弗洛姆传略 411
15.2.2 人的处境 412
15.2.3 人的需要 413
15.2.4 社会性格论 415
15.2.5 社会潜意识论 419
15.2.6 现代人的困境与出路 420
15.2.7 理论评价 421

第五编　现象学理论

16 凯利：个人建构心理学 425

16.1 凯利传略 426
16.2 人格结构 428
16.3 人格动力 432
16.3.1 基本假设 433
16.3.2 建构过程 434
16.3.3 建构系统的结构 436
16.3.4 对社会嵌入的建构效果 437
16.3.5 焦虑、害怕和威胁 438
16.4 人格发展 439
16.5 个人建构用于心理治疗 441
16.5.1 固定角色治疗 441
16.5.2 角色建构库测验 444
16.6 理论评价 446

17 马斯洛：自我实现的人 448
17.1 马斯洛传略 448
17.2 人格结构与动力 451
17.2.1 需要层次 452
17.2.2 自我实现 457
17.2.3 高峰体验 460
17.3 马斯洛的人格发展理论 463
17.3.1 人格发展阶段 463
17.3.2 自我实现者的人格特征 464
17.3.3 如何达到自我实现 466
17.4 理论评价 468

18 罗杰斯：活出真实的自我 472
18.1 罗杰斯传略 472
18.2 人格结构 475
18.3 人格动力 476
18.4 人格发展 477
18.4.1 积极关注与价值条件 477
18.4.2 自我协调 478
18.4.3 促进自己和他人的自我实现 479
18.5 健康的人格：机能充分发挥者 481
18.6 罗杰斯人格理论的应用 483
18.6.1 以人为中心的心理治疗 483
18.6.2 以学生为中心的教育观 487
18.7 理论评价 487

19 罗洛·梅：爱与意志的存在 491
  19.1 罗洛·梅传略 492
  19.2 存在主义的思想背景 495
  19.3 罗洛·梅的存在分析观 497
  19.4 人格结构 498
    19.4.1 自我中心性 498
    19.4.2 自我肯定 499
    19.4.3 参与 499
    19.4.4 觉知和自我意识 499
    19.4.5 焦虑 500
  19.5 人格动力 502
    19.5.1 原始生命力 503
    19.5.2 爱与意志 504
    19.5.3 宗教紧张感 506
  19.6 人格发展 507
  19.7 存在心理治疗 509
  19.8 理论评价 512

20 小结与展望 514
  20.1 人格理论的评价标准 515
  20.2 人格理论分歧的维度 516
  20.3 人格理论的未来走向 521

参考文献 523

第四编

精神分析理论

精神分析理论致力于探索人类行为背后的动因,而且深入潜意识深处。弗洛伊德的精神分析理论对人格结构、人格动力和人格发展都有阐述,其最初的理论有生物学倾向,本能和驱力的观点代表了这一倾向。由于意见不合,其弟子荣格和阿德勒与他分道扬镳。从阿德勒开始,直到霍妮和弗洛姆,其理论中逐渐融入社会文化的解释视角。弗洛伊德的女儿安娜·弗洛伊德,以及埃里克森则赋予自我(ego)更为能动的作用,而不只是认为自我服务于本我的满足。

12 弗洛伊德：创建精神分析

弗洛伊德是精神分析流派的开山鼻祖，他本来关注神经症（neurosis）的心理病理学和治疗学，对于创建一门心理学并无兴趣。但他的理论事实上成为历史上第一个完整的人格理论，进而远远超出心理学和精神医学的范围，作为一种思想流派和社会思潮，成为20世纪整个思想文化的重要组成部分。由于精神分析理论具有极大的原创性，其内部不断有新的理论发展起来，而且都以潜意识和心理动力学为基础，集中于人格结构、人格动力、人格发展和人格改变等问题，因此长期以来，精神分析理论成为人格理论这门课程的主要内容。

本章介绍弗洛伊德精神分析视角下的人格理论，包括人格的结构模型、人格的动力系统、人格的五大发展阶段，以及焦虑和防御机制，从而使人们对他的人格理论有一个全面而深入的了解。

12.1 弗洛伊德传略

弗洛伊德（Sigmund Freud，1856—1939），"精神分析之父"。1856年5月6日，弗洛伊德出生于摩拉维亚（现属捷克）的弗赖堡，父母都是犹太人，家中有八个孩子，身为长子的他深受母亲的关爱。弗洛伊德聪明勤奋，酷爱读书，记忆超群，在同学中出类拔萃。

图 12.1　弗洛伊德

1873年，17岁的弗洛伊德考入维也纳大学医学院，8年后获得医学博士学位。在医学院期间，弗洛伊德师从著名生理学家布吕克（Ernst Brücke），并在实验室独立开展低等动物的生理学研究。布吕克治学严谨、坚韧不拔，对弗洛伊德今后的学术态度产生了重要影响。

获得博士学位后，弗洛伊德选择继续留在实验室，以期获得一个职位。在此期间，他遇见了未来的妻子，两人坠入爱河，但实验室的薪酬不足以支撑他结婚成家。因此，一年多后，在布吕克的强烈建议和鼓励下，弗洛伊德暂时放弃了学术生涯，离开实验室成立了一家私人诊所。1886年，弗洛伊德和妻子结婚，一起幸福地生活了大半个世纪。

尽管开始了私人行医生涯，但弗洛伊德的主要兴趣仍是科学研究。一次偶然的机会，弗洛伊德参加了一门精神病学课程的学习，这使他对心理症状与生理疾病之间的关系产生兴趣。于是，他开始将更多精力放在临床病人的精神问题上。

1885年，在布吕克的推荐下，弗洛伊德获得了资助。他来到巴黎，与当时法国著名的神经学家沙可（Jean Charcot）一起从事神经障碍的相关治疗工作。在那里，弗洛伊德学习了催眠术，并对催眠术的治疗作用产生了兴趣。

返回维也纳后，弗洛伊德继续从事了十余年的临床工作和研究，经过不断思考，开始形成自己独特的观点和方法。他于1896年首次使用"精神分析"（psychoanalysis）这一术语来描述自己的方法，并于1897年开始了终其一生的自我分析。随着弗洛伊德著作的不断出版和思想的不断传播，越来越多的人开始对精神分析理论产生兴趣，其中不乏一些追随者围绕在弗洛伊德身边，在弗洛伊德的领导下组建精神分析学会并出版自己的杂志。1909年，弗洛伊德应美国克拉克大学校长、著名心理学家霍尔（Stanley Hall）的邀请赴美讲学，自此精神分析开始在美国乃至世界范围内大规模传播。

弗洛伊德一生努力工作，勤于思考，其著作涉及领域非常广泛，包括临床实践方面的各种文章、一系列全面概述精神分析理论的讲稿，以及专门论述宗教和文化问题的专著等。随着弗洛伊德的学说逐渐广为人知,他面临的批评与指责也日益增多。弗洛伊德一生都在不断发展和完善精神分析理论,试图建立一个重新定位精神病学的整体结构。与此同时,他也在不断地对精神分析学说进行澄清,希望阻止他人对精神分析理论的扭曲和滥用,以防那些偏离精神分析本质的人削弱精神分析的力量及发展潜力,他甚至无法容忍精神分析界内部有人对自己的观点持不同意见。

晚年的弗洛伊德健康状况不佳,患了口腔癌,这也许与他毕生酷爱抽雪茄有关。他接受了33次手术,饱受疾病的折磨。但是,他仍然坚持对病人的临床治疗工作,也从未中断过写作,而且亲自回复各种来信,甚至为许多陌生人提供帮助。

弗洛伊德在维也纳生活了78年,直至1938年6月,为了逃离纳粹德国的迫害,他被迫前往英国。1939年9月23日,弗洛伊德在伦敦去世。

12.2 人格结构

在弗洛伊德看来,人格是个体在不同时间和不同情境中持续具有的独特的思维、情感和行为。他认为,成年人的人格是早期童年经验的综合,这些经验有意识地或无意识地在个体的各个发展阶段发挥作用,最终塑造了个体的人格。

1915年,弗洛伊德在《潜意识》(*The Unconscious*)一书中提出他最初的人格结构理论,即心理地形说(psycho-topography)。他认为,个体的人格分为三个部分,即**意识**(conscious)、**前意识**(preconscious)和**潜意识**(unconscious,亦译无意识)。意识指的是日常生活中能够被个体觉察到的观念和感觉,但意识相对于人格结构而言只是浮于水面的冰山一角,是人格最表层的部分。前意识指的是个体在一般情况下无法明确地觉察到,但可以通过注意使其进入意识层面的部分。潜意识则是从来都无法进入意识层面的部分,它包含个体的原始冲动、本能和各种欲望,这些原始冲动、本能和欲望往往不被社会道德接纳，因而被个体排斥在意识之外。前意识和潜意识共同组成了冰山水下的庞大部分。

20世纪20年代，弗洛伊德在分析治疗中获得了新的发现，并试图将这些新发现整合到已有的理论体系中。1923年，弗洛伊德出版了《自我与本我》(The Ego and the Id)一书，详细阐述了自己的新构想，将潜意识概念限定为心理过程的一种属性，认为它其实是心理活动的一种特征，能够存在于人格的任何部分。弗洛伊德的新观点认为，人格实际上由几个不同的结构组成。此后，早期的心理地形说被结构模型所替代。人格的结构模型认为，人格由本我(id)、自我(ego)和超我(superego)三个相互作用的系统组成。有些学者将该理论称为脑解剖模型，但它们并不是生理学意义上的人格结构，各个部分在人脑中并没有具体的、生理的定位，弗洛伊德只是将其描述为不同的心理过程。

本我(id)。弗洛伊德认为人类与其他动物相似，生来就具有某些本能，这些本能是未分化的人格内核，构成了人格的最初来源。它们与人类最基本的生理和心理需要有关，是最原始的、最早的、未受外界影响和未经社会化的内部动机。弗洛伊德使用"本我"一词来指代人格结构中的这一部分，本我由强大的、人类无法意识到的性本能和攻击本能组成，本我包含巨大的心理能量，这些心理能量是个体心理与行为的最基本的驱力，它们迫切地要求被释放、被满足。

本我遵循快乐原则(pleasure principle)，其需要的满足过程是初级的，只考虑尽快地、直接地满足自己的欲望，以减少自身内部的紧张、不安或痛苦，即刻获得快感和放松。一般来说，婴儿的人格几乎只具有本我这一部分，在本我的驱使下，婴儿的行为受原始生物冲动的控制，他们只考虑如何满足自身基本的生理需要，感到不舒适时就会以哭闹的方式表达自己的需求，而不会考虑现实状况或他人与社会的需求，更不会考虑自己表达需求的方式是否对自己有利或是否合适。

自我(ego)。个体一出生就具有本我的部分，但个体又必然身处于某种环境之中，无论何种环境都会对本我有所限制，使得本我无法随心所欲而必须适应环境。因此，环境会对本我的表面产生作用，使本我的表面发生改变并发展成一种保护性的外壳,在满足本我需要的同时避免使个体受到伤害,弗洛伊德将人格的这一结构称为自我(Freud,1961),自我受到思维、计划、评价、决策等更高水平的心理功能的引导。但是,弗洛伊德强调,自我并没有完全与本我分离,它的某些部分与本我相互融合。

自我遵循现实原则(reality principle)。随着自我的逐渐形成,现实原则代替了快乐原则,但这并不意味着个体放弃了快乐原则,现实原则仅仅是对个体的一种安全保护。个体放弃的只是暂时的、不确定的快乐,现实原则是为了让个体能够用新的方式,在未来获得长久的、确定的快乐。本我只为寻求快乐,在现实环境下,只有本我的个体将难以生存,自我的作用就是帮助个体根据现实中的不同情境,控制自己的冲动,管理本我,并为个体的冲动提供释放的方向,找到最佳的时间和方式来满足本我的需要。自我从本我中分离和形成的过程,就是个体学会控制自己的过程。实际上,自我是本我与环境之间的协调者和沟通者,它既要考虑本我的需要,又要考虑环境中可能存在的危险因素,使本我在不受伤害的情况下满足需要。个体对于本我需要的满足必须通过自我与环境的相互作用和协调。

超我(superego)。超我大约在个体 5 岁时开始形成,是个体所处环境的社会价值观的体现。超我起初是由父母传递给儿童的,父母告诉儿童哪些是好的行为,哪些是不好的行为,儿童逐渐将这些价值观内化,形成自己的超我。

超我遵循完美原则(perfection principle),它代表道德的力量。超我的主要作用一方面是抑制本我的冲动,完全禁止本我表达性、攻击以及其他有违规范或禁忌的本能冲动;另一方面则是要求自我以符合社会道德规范的目标来行动,并追求完美。超我包括良心和理想自我。超我的一部分是潜意识的,它使个体无法意识到自己身上承受的限制其行为的内化道德力量。

适应良好的个体会形成成熟的超我,此时超我的作用是自我批判,它代表了个体的道德准则。超我的积极作用在于阻止个体公开表达原始冲动,使个体努力成为一个好的社会公民,维持社会秩序。然而,适应不良的超我则可能使个体固执地坚持某些标准,从而产生心理问题。

在人格的本我、自我和超我三个部分中,本我代表了人格的生物层面,自我代表了人格的心理层面,超我则代表了社会的作用。自我和超我源于本我,并独立于本我,它们都是人格中后天形成的部分。自我和超我在发展中都从本我中获取能量,本我、自我和超我都受个体本能需要的驱使,由于可以利用的心理能量是有限的,因此它们不得不相互展开竞争。

同时,本我、自我和超我之间也存在着相互作用。本我只关注本能冲动的满足,而超我承载了社会道德规范、追求完美,自我则代表了出于自我保护和生存的现实考虑。超我和自我一样,作用都在于控制本我,应对本能冲动,但是与自我通过现实方式满足本我的需要不同,超我更倾向于压抑本我的需要而不是满足它们。

在心理平衡的成人身上,超我与自我之间的冲突是很小的。这时,自我可以较为有效地控制本我和超我。一方面,自我寻求现实的、社会许可的方式满足个体的本我冲动;另一方面,自我会说服个体的超我放弃追求完美,寻求更加现实的目标。当然,自我对本我和超我的控制并不容易,也并非一劳永逸。例如,在弗洛伊德看来,口误和笔误并非简单的语言失误,而是自我疏忽时,本我中的潜意识冲动和欲望浮现出来,它实际上反映了个体更深层次的真实动机。当个体非常疲劳、紧张或注意力分散时,自我的运作通常会不太有效,而这时口误和笔误更容易出现。它恰恰说明,正是由于自我对本我的控制作用,在正常情况下,潜意识冲动才不容易出现在意识层面。

本我和超我会不断地在自我这个战场上发生冲突,激烈的冲突则可能会导致焦虑。为了保护个体不受焦虑的折磨,自我有时候并不全是意识层面的。在通常情况下,本我、自我和超我处于协调和平衡状态,从而能够保证人格的正常发展。但如果三者失调乃至遭到破坏,就会导致神经症,危及人格的健康和发展。

12.3 人格动力

终其一生，弗洛伊德都在试图发现与解释行为背后的动机，创建自己的动机理论。在整个精神分析理论体系中，动机理论具有重要的地位。对本能驱力及其运作的持续关注使得精神分析具有其独特之处。弗洛伊德认为，在自己的精神分析工作中，任何时刻都不能无视人格的动力。通过梦、自由联想和行为的分析解释对潜意识进行的探究，目的也在于考察本能驱力。弗洛伊德认为，其他学者描述的各种本能，例如权力、亲密、游戏或社会本能，在解释某些主导人类心理生活的现象时显得微不足道。与其他动机理论不同，弗洛伊德的观点指向生物学，即指向维持生命所必需的过程本身，而该过程也反映在心理过程中。

弗洛伊德的动机理论受到物理学的影响，他的驱力理论基于水力学模型，从紧张和释放、平衡和失衡的角度来分析人类的行为。弗洛伊德本能论的最初设想是一种能量学，能量的可获得性是弗洛伊德的潜意识、心理发展、人格和神经症概念的核心。他提出的动机理论主要用于解释心理能量的来源问题；性心理发展理论和防御机制主要用于解释能量的转移问题；本我、自我和超我理论主要用于解释能量的冲突以及冲突的结果。弗洛伊德相信，自然界中存在一种能量，所有可观察的行动要么由该能量产生，要么是它的变形或转换。如果在物理学中是这样，那么在其他科学中，如在化学、生物学和心理学中也是如此。能量可以积累、保存、释放、消散、受阻，但是无法消失。心理能量的恒定性、可转换性、与物理能量的相似性，是精神分析的指导法则之一。心理能量是可转换的、可替代的，有些过程消耗了更多能量，有些过程消耗的能力较少。

基于以上观点，弗洛伊德提出了一个基本的心理学假设：身体是所有心理能量的唯一源泉。他相信，心理机制背后具有生物学基础，并尽力去了解潜藏在心理反应下的生理结构和规律。多年来，弗洛伊德一直从事神经学研究,他从未放弃自己的一元论观点,他相信身心是统一的,身体能量可以转换为心理能量。实际上,他的整个心理学理论体系使用了很多身体术语,例如"紧张""释放"和"阻碍",这些都与神经组织的行动一致。

弗洛伊德提出,潜意识能量是自由浮动地、不受束缚地、无特定目标地前进的,它是一种高度紧张的、无限制的能量,这种能量寻求即刻释放。这种无意识的、初级的能量并不是为了生存,因为它不是现实导向的。有意识的、次级的能量则是有限制的、目标导向的,其目的是自我保护和生存。在前意识中,初级的能量和次级的能量是混合存在的。弗洛伊德最终把有机体内部运行的这种能量称为"Triebe",它是指各种驱力,有时被翻译为"本能驱力"或"本能"。弗洛伊德认为,各种本能归结底可以分为两类:生本能和死本能。

生本能。弗洛伊德认为驱力是先天的,它们朝向两个主要目标,即维持个体生命和物种保存。1914年之前,弗洛伊德把朝向第一个目标的驱力称为自我保存驱力,这种驱力有助于个体适应生活。把朝向第二个目标的驱力称为力比多(libido),又叫作性驱力,这种驱力更具有冲动性,而且需要很长时间才能让它们略微服从现实。自我保存驱力并不十分灵活,因为个体无法无限期地延迟满足饥渴,而满足饥渴的方式也无法有太大改变。基本的需要如食物和水,必须包含人体所需的某些成分。但是,性驱力可以根据身体部位、目标和寻求满足的个体而发生改变。自我保存驱力是清晰的,而性驱力则充满矛盾、替代物、偏差、反转和掩饰性,对性驱力的掩饰与目标和对象有关。性驱力的转换、融合和替代不仅常见而且非常明显。

1914年,弗洛伊德引入自恋的概念,并修订了本能驱力理论。他将所有本能力量都统一到"爱洛斯"(Eros,即爱和生命的象征)这一名称之下,爱洛斯的能量就是力比多。最初,弗洛伊德坚持认为力比多仅与性本能相关,但晚年他修正了自己的观点,拓展了力比多的概念,最终提出生本能,认为生本能是与满足生的本能有关的某些精神的、令人愉快的情感,并提出与生本能相对应的死本能。

作为一种能量,力比多有许多种形式,但最纯粹的形式,或者说它最有力的证明就是性。弗洛伊德对性也有多种描述,如将其称为"性爱倾向""广义上的性欲"以及"性生活的驱力"。在弗洛伊德的理论中,性的含义十分广泛,它包含刺激性敏感区域后产生的任何愉悦感。在这些性敏感区域中,有些是一般意义上的性器官,有些则不属于一般意义上的性器官。但将弗洛伊德的性解释为一般意义上的生命力是不准确的。

力比多获得满足的例子之一就是婴儿吮吸时,嘴唇和舌头由于受到刺激而产生的快感体验。在弗洛伊德所处的年代,人们认为儿童天真、纯洁,与性的欲望毫不相关,然而弗洛伊德在临床实践中发现,患者的创伤经验通常可以追溯到儿童早期,而且这些经验大多与性有关。因此,他提出儿童也有能力进行许多心理和生理活动,人们不应该忽视儿童的性问题。在《性学三论》(*Three Essays on the Theory of Sexuality*)中,弗洛伊德断言婴儿一生下来就有性的需求,而且父母是其第一个性爱对象,婴儿的第一个也是最快乐的行为就是吮吸母亲的乳房。对于这一惊世骇俗的观点,人们认为只有心灵污秽之徒才会写出如此邪恶和令人震惊的书,于是弗洛伊德在当时的社会和学术环境中受到极大的孤立。但他并没有在强大的压力下妥协,而是坚持认为自己是正确的,自己的观点最终能为社会所接受。

死本能。弗洛伊德最初并不确定,敌意冲动和死亡欲望是性的组成部分还是另外独立的实体。1902年,在维也纳精神分析学会会议上,他使用"塔纳托斯"(Thanatos)这一术语,后来他在1905年出版的《性学三论》中进一步提出,残忍和冲动的根源实际上独立于性欲,但是在早期可以与性欲合为一体。

弗洛伊德在晚年最终提出一种新的本能理论,认为除存在生本能之外,还存在一种与之相反的死本能,它产生于生命早期,其目的在于毁灭生命,使生命回归原始的死亡状态,重新建立无生命的本质。在他看来,所有生命的终点都是死亡,生命结束于死亡,而死亡孕育新的生命。攻击性是塔纳托斯最重要的功能。他将两种本能力量,即爱洛斯和塔纳托斯,都解释为生物体想要回到过去状态的一种永久倾向的特殊方面。

在精神分析师以外的更广泛的人群中，弗洛伊德的本能论获得的支持和反对几乎一样多，即便在弗洛伊德的忠实追随者中，情况同样如此。弗洛伊德提出生本能与死本能这两种相互对立的力量，而它们之间的二元论成为争论的焦点，一些精神分析师认为死本能的假设是个异类，另一些精神分析师则认同它，认为它是所有心理冲突的基础。

12.4 人格发展

在弗洛伊德的人格形成与发展理论中，快乐和性是两个紧密联系的部分。婴儿期的性不涉及生殖器官，但它是个体成年后性的先驱，这时的各种愿望和欲望是独立存在的。童年期身体的各部位旨在获得各自的快乐，而成年后，生殖器区域占据统治地位，此时仍然保持婴儿期性欲的个体就是变态的个体。弗洛伊德对性对人格发展的影响这一问题的关注和强调是其人格理论的突出特征，正是由于性在弗洛伊德人格发展阶段论中的重要性，该理论也被称为心理性欲阶段论。

弗洛伊德提出，人格发展可分为五个连续的阶段，每个阶段都有其独特的性敏感区（erogenous zone）。在所有阶段中，性驱力的目的就是释放集中于身体某一特定区域的紧张。通过身体的这些区域，个体可以在人生的不同阶段获得本能的满足（Freud，1920）。然而，如果只将弗洛伊德的人格发展视为一个线性的过程，即个体不断超越各个阶段而逐步走向成熟的过程，就过于简单化了。弗洛伊德认为，个体经历过的各个阶段仍然存在，未来阶段建立在过去阶段的基础之上，过去的阶段仍然会对潜意识产生影响，否则我们就无法通过精神分析知道它们的存在。过去的阶段仍然是整合的，尽管个体已经成熟，但早期阶段并未被完全遗忘。

阶段一：口唇期（oral stage，0～1岁）

新生儿获得快感或性满足的部位在口唇，这时他们主要通过舌头和嘴唇，在吃喝中获得满足，因此弗洛伊德将人格发展的第一个阶段称为口唇期。婴儿最初的性兴奋与哺乳过程有关,婴儿吃饱后满足睡去的样子和成年人性高潮后的样子非常相似。婴儿常常在吃饱奶之后仍然吮吸乳头,这纯粹是因为吮吸能带来快乐。弗洛伊德注意到,婴儿性欲的第一个表现就是吮吸拇指。婴儿吮吸拇指十分常见,而且通常被认为与性没有任何关系。吮吸拇指是口唇期的原型活动,吮吸能够给婴儿带来愉悦,这也是以后所有性满足的原型。

在这一阶段,饥饿与爱相互交织,吮吸带来了食物与爱的双重满足,此时父母的养育方式以及对婴儿需要的满足程度都会影响婴儿成年后的人格特点,如果婴儿的需要没有得到满足,或者过分得到满足,那么其成年后就有可能固着(fixation)于口唇期,出现人格问题,表现出口唇期人格特点,即依然通过口腔部位来获得快感,如贪吃、咬手指、吸烟等。

阶段二:肛门期(anal stage,1~3岁)

1岁左右,儿童的快感集中于肛门区域。这时,儿童学会控制自己的排便并从中获得快感,排便后肠道不再紧张,而且肛门受到刺激时,儿童也获得快感和性满足。排便意味着个体身体的一部分与整体分离,此时自我也逐渐从本我中分离出来,开始体验到独立和自主。排便过程对儿童今后如何看待与物体的分离,以及是否对他人慷慨大方都具有关键作用。此时,父母对儿童大小便的要求和训练难免与儿童自身的要求发生冲突。儿童将粪便视为自己身体的一部分,不愿和它们分离。儿童会拒绝父母的要求,试图抵制排便训练,这表达了一种对成人的反抗。这些冲突过程和冲突的解决会对儿童的人格产生重要影响,后来弗洛伊德提出了洁癖、吝啬和固执这三种与肛门期有关的人格特点。它们是肛门期创伤经验的结果。

阶段三:生殖器期(phallic stage,3~6岁)

这个阶段的儿童开始关注身体的性别差异,甚至偷看异性同伴或异性父母的性器官,并且触摸自己的性器官以获得快感。这时,儿童会对异性父母产生爱恋,并对同性父母产生嫉恨。在男孩身上,这种感情称为"俄狄浦斯情结"(Oedipus complex);在女孩身上,这种感情则称为"厄勒克特拉情结"(Electra complex)。男孩由于嫉恨父亲,又发现女孩没有那个小器官，以为是被父亲割掉了，于是产生阉割恐惧（fear of castration）或阉割情结（castration complex）。为了克服这种恐惧，男孩转而向父亲学习，以父亲为榜样，这种现象叫作认同（identification）。女孩发现男孩有的器官自己却没有，于是产生自卑感，并心怀忌妒，这叫作阳具妒羡（penis envy）。如果这个阶段的问题不能得到顺利解决，这些问题（如俄狄浦斯情结）就会固着在潜意识中，成为以后心理疾病的根源。如果人格发展停滞在这一阶段，就会形成生殖器人格（phallic character），表现为过分夸耀性别特征，如男性的"秀肌肉"行为，包括炫耀财富和权力，女性穿着过分夸张、暴露等。弗洛伊德非常看重俄狄浦斯情结，甚至认为它的发现是精神分析的主要贡献，并声称："如果精神分析可以自夸，不是因为其他什么成绩，而是发现了被压抑的俄狄浦斯情结，它应该被单独列出，放入珍贵的人类新成果之列。"（Freud，1940，p. 97）

阶段四：潜伏期（latency stage，7～11、12 岁）

7～11、12 岁，儿童进入潜伏期，此时儿童身上缺乏明显的性敏感区，性发展也处于相对静止的水平，乱伦和攻击性的俄狄浦斯情结被压抑和中性化。部分本能驱力合并到超我之中，成为抵御本能的"士兵"。构成超我核心的"内化的"父母禁令，严格管控着被压抑的俄狄浦斯情结。儿童仍然爱父母，但爱是被阉割过的，目标受到抑制，即性行为的性目标被移除了，但一些性成分仍然保留在潜意识之中。较之先前的热烈，此时儿童对父母的情感在程度上变得更加温和。

在这一阶段，抑制、压抑和升华在控制冲动方面发挥了决定性的作用，性能量会转化为其他形式的活动，儿童会把能量更多用于学习和交友，更倾向于与父母、其他成人和同性别的伙伴交流，兴趣发展增强了他们对同性别的认同和归属感。对于儿童社会化过程中的这一重要阶段，弗洛伊德并未详细论述潜意识性驱力是如何发生作用的。

阶段五：生殖期（genital stage，青春期以后）

这是个体人格发展的最后一个阶段，此时个体在生理上进入青春期，身体的快速发育和腺体变化使得青少年的性兴奋和性活跃水平变得格外突出。在一定程度上，对自身性别的认同是在潜伏期获得的，这一时期的青少年遵循同性别父母的行为模式，努力寻求建立异性关系。青少年逐渐长为成人，他们的生殖器官已经发育成熟，具备了生殖能力，真正成熟的性爱开始了。如果个体在之前的各个阶段发展良好，那么他会越来越希望寻找一个适当的异性作为性对象，并与其建立一种长期的充满爱恋和关怀的关系，这种关系最终会使人们缔结婚姻、建立家庭并生儿育女。与此同时，个体也会产生工作兴趣，追求工作目标，通过有意义的、创造性的工作使本我的冲动得以升华。成熟的性爱和工作在本质上都有助于维持个体生命和物种保存，同时它们也是成熟而健康的人格的体现，即生殖人格的两种主要表现。

在以上人格发展的五个阶段，如果个体在任何阶段经历了某种创伤体验，尤其是与性有关的创伤，能量的流动就会受到阻碍，从而导致部分能量一直停滞在该阶段，这时固着就发生了。固着的个体遇到压力时，可能会出现退行(regression)，即行为、情感和思想退回之前固着的那一阶段。固着会使个体在以后的人生阶段更容易受到伤害、遇到危机，并在成年后出现固着阶段特有的人格特点，表现为不成熟、神经症或性异常。此外，固着可能使个体缺乏足够的能量来应对在以后的人生发展中将遇到的问题。尤其在生殖期，个体需要大量能量与异性建立关系，获得成熟的爱与被爱的能力，形成真正成熟的人格。然而，早期的异常经历会导致个体成年后出现人格问题，影响其今后的生活。实际上，弗洛伊德认为个体的主要人格在5、6岁时就已经大致形成，而且终生基本保持稳定。

12.5 焦虑与防御机制

自我就如同一个永不停息的战场，本我和超我无休止地在这里发生冲突。面对威胁性的本能冲动，自我会体验到焦虑。所谓**焦虑**(anxiety)，就是一种忧虑、不安、烦恼的负面情绪体验，是神经症的基本症状。焦虑意味着个体的本能冲动可能会失控,或者个体想做违背超我准则的事情,这些都会招致来自外界环境或良心的惩罚。此外,来自外部环境的现实威胁也会让我们感到焦虑。焦虑的作用是发出信号,使自我感知到个体正在遭受威胁。

弗洛伊德提出了三种类型的焦虑,分别是现实焦虑、神经症焦虑和道德焦虑。现实焦虑(real anxiety)来源于人们对外部世界中真实的、客观的威胁的感受,因此也称为客观焦虑(objective anxiety),通过一些必要的措施或行动,可以从客观方面解决这种焦虑。神经症焦虑(neurotic anxiety)是担心本我的冲动会战胜自我,并导致个体做出某些使他将要受到惩罚的事情的一种恐惧,即个体害怕因表现出本能冲动而受到惩罚。道德焦虑(moral anxiety)是指自我的行为受到超我惩罚的威胁时产生的情绪。自我既要应对外界的威胁,又要应对本我的冲动,还要接受超我的监督。如果自我的行为不符合超我的要求,超我就会惩罚自我,从而产生道德焦虑。

焦虑这种极不愉快的情绪体验会促使自我采取一些方式加以应对,一种是在意识层面直接面对和解决令人焦虑的情境,另一种则是在潜意识层面恢复对本能冲动的控制——自我会通过歪曲情境,或者直接否认等方式保护个体免受威胁,这些应对方式称为**防御机制**(defense mechanisms)。防御机制是内部的、无意识的、自动的心理策略,用以应对焦虑或重新获得本我控制感。防御机制压抑了让个体难以接受的欲望或观念,使它们不能到达意识层面。这些防御机制能够积极有效地保护个体免受痛苦,它们是正常的,是个体内部在潜意识层面对痛苦的普遍反应。但是,弗洛伊德认为,如果防御机制被任意地、强制地、以与事实相抵触的方式使用,就可能导致病变。

弗洛伊德认为,各种防御机制一般都在儿童期首次出现。个体会组合使用各种防御机制来应对焦虑,而使用何种防御机制则取决于遗传、环境和家庭团体的亚文化。在意识和自知层面使用防御机制可以使生活更顺利、更成功。然而,如果过度使用防御机制,导致现实模糊不清,阻碍个体正常行使功能,就会发展成神经症,这是过度控制本能的一种变态行为，会对生活起到负面影响。

弗洛伊德对自我防御机制进行了基本描述，使它成为我们理解人格的一部分，并在精神分析治疗中得到普遍应用。防御机制具有动力性，属于人格动力的范畴，为了突出防御机制在弗洛伊德人格理论中的重要性，我们才将它单列出来加以叙述。以下介绍十种常见的防御机制。

压抑

弗洛伊德认为，压抑（repression）是最根本的防御机制。压抑过程的本质并不是扼杀代表本能冲动的、对自我产生威胁的想法，而是阻止这种想法从潜意识层面进入意识层面。压抑的本质在于逃避某些事情，使它们与意识保持距离，因为承认它们太痛苦，表达出这些情感可能会导致严重后果。作为防御机制之一，压抑会迫使某个可能导致焦虑的事件、想法或知觉进入潜意识层面，由此排斥任何可能的后果。这时，威胁性的内容无法被唤起，自我只能意识到那些与威胁性内容关系并不密切的想法和欲望，从而保护了个体。然而，压抑从来就不是一劳永逸的，被压抑的内容仍然是心理的一部分，尽管是潜意识的，但它仍然很活跃，并一直试图寻找出口。如果自我的力量更强大，那么这些不被社会允许的冲动会被压抑到潜意识层面，无法进入意识层面表达出来；如果本我的力量更强大，那么这些不被社会允许的冲动会表现出来。因此，自我需要一直消耗能量，努力将本我试图表达的冲动和真实情感压抑到潜意识层面，从而达到保护个体的目的。压抑完全发生在潜意识水平，而且压抑的记忆不受个体意识的控制。

压抑会导致许多身体问题。例如，歇斯底里症通常就源自压抑，哮喘、溃疡、过于疲劳、浑身乏力等身体不适和疾病也可能与压抑有关。弗洛伊德在临床中发现，很多患者潜意识中的性冲突都与儿童期遭受的父母性骚扰记忆有关，而他们在应对这些痛苦的记忆时，常常会采用压抑的方式。同时，这种从未真正消失的记忆又会导致个体对父母产生强烈的爱恨交织的矛盾情感，这种情感不合乎社会道德标准，是自我和超我无法接受的，因此它同样会被压抑，不被允许进入意识层面。

弗洛伊德认为，压抑是一个基本问题，是研究神经症过程的出发点，也是理解神经症的基石,他甚至指出,压抑理论是整座精神分析大厦的支柱。终其一生,弗洛伊德一直在不断努力地试图解释,为什么有些心理过程能够将其他心理过程从意识中驱赶出去。在他的描述中,自我受到本我的本能冲动、外部环境以及超我的道德要求三者的夹击,最终求助于压抑这一防御机制以寻求庇护。如果压抑达到预期目标,即把不受欢迎的心理内容或多或少地长期排斥在意识之外,那么在意识层面这些不受欢迎的心理部分内容不会明显表现出来,最多不过是心理联系出现断裂,但这些断裂也常常被忽视。如果压抑没有成功或者部分成功,就会形成症状,个体会不断察觉到冲动与防御之间的冲突,以及被压抑的内容的涌动与压抑力量之间的冲突。这就使我们得以了解防御抗争所有的阶段、形式和机制。

尽管其他防御机制都可能导致本能冲动的偏离、释放方向的改变和驱力衍生物的转变,但只有压抑才能彻底成功地使本能冲动不在意识层面出现。出于该原因,弗洛伊德认为压抑是最稳定和最高度发展的防御机制。

投射

投射(projection)是指个体将自身具有的、不被社会接纳的情感、意图、想法等归咎于他人。通过这一防御机制,个体拒绝承认引发焦虑的本能冲动或特点在自己身上出现或存在,从而使个体远离内部威胁,达到保护自己的目的。例如,一个人认为朋友对自己不满,但实际情况是他对朋友不满。另外,一些社会问题也可以用投射来解释。例如,弗洛伊德用投射来解释偏见和战争。

反向形成

反向形成(reaction formation),亦称反向作用,是指个体表现出的外在行为或情感体验与潜意识愿望正好相反。那些不被意识接纳的冲动朝着对立方向发生转换并发展起来,从而避免了直接表达威胁性冲动的严重后果。许多看上去值得称赞的行为有可能恰好是为了缓解与其对立的、难以启齿的欲望带来的焦虑。比如,对孩子过度投入的父母其实是为了掩饰内心对孩子的排斥。再比如,许多道德规范的坚定捍卫者表现出来的言行(如捉奸)，如果用反向形成这一防御机制来解释，可能正是因为在他们内心深处有着强烈的违背道德的欲望和冲动。可想而知，很多人无法接受这种解释。如何识别反向形成和真正的道德维护行为呢？答案是，使用这一防御机制的个体会对不被接纳的行为表现出反应过度，态度极为严厉，或者对相反的行为(所谓道德)过于关注和热衷。

弗洛伊德解释了反向形成的机制：儿童开始意识到性兴奋，然而它无法获得满足，为了有效地压制这种令人不快的感受，性兴奋会唤起相反的心理力量，使我们建立起厌恶、羞愧和道德感的精神大坝来拦截和阻止它。这样不仅可以压抑原始想法，而且承认这些原始想法产生的羞愧感或自我谴责也会被排斥在意识之外。在弗洛伊德看来，反向形成也可以称为一种升华，但是层次较低。

合理化

合理化(rationalization)是指，个体为自身无法接受的想法或行为找到一个自己可以接受的理由。它其实是为个体的冲动寻找一个合理的借口，一个与事实并不相符的原因，由此避免接受真相对自我造成的伤害。例如，"我背叛了好友，不是因为我自私自利，而是因为他先做了对不起我的事，不值得我为他牺牲那么多"。通过合理化，个体可以接受来自超我的压力，它有助于掩饰行为背后的真正动机，使个体的行为符合道德规范。但是，它会阻碍成长，使个体无法真正面对和解决那些无法接受的冲动。如果站在旁观者的角度来审视合理化，就会发现它不过是自欺欺人，是一种阿Q精神。

否认

作为另一种常见的防御机制，否认(denial)是指拒绝接受已经发生的、会导致自我焦虑的事件。有时候，个体难以承受一些事实带来的巨大压力和痛苦，于是会通过否认拒绝考虑或提及这些事实，从而回避自己不愿面对的情感体验。否认能够使个体以不那么痛苦的方式应对突如其来的打击，但在正常情况下，个体最终会逐渐接受现实。否认的典型例子就是，挚爱的亲人逝世后，个体拒不接受已经失去他(她)的现实，而是在日常生活中表现得仿佛他(她)依然活着，相信他(她)还会回来。

替代

替代(displacement)是指,将本我的冲动从一个危险的或不可接受的对象转移至一个安全的或可以接受的对象身上,从而获得替代性满足。在替代中情绪、想法或欲望能够得到转移,各种情绪、想法或欲望都可以通过替代的方式释放出来,例如愤怒、依赖和性欲,使用这一防御机制的个体转换了能量释放的对象。例如,对老板心怀不满的员工在公司里唯唯诺诺,回家后却无故对妻子大发雷霆,或者小题大做指责妻子。在弗洛伊德的著作中,替代的例子之一就是小汉斯对马的恐惧症,这个小男孩过于担心马会咬到或踩到自己,弗洛伊德认为这是他害怕父亲的一种替代表现,即马是父亲形象的替代,小汉斯潜意识中真正害怕的是强大的父亲会将他阉割。

退行

退行(regression)是指,个体退回到早期发展水平或者一种更简单、幼稚的表达模式。退行是一种初级的应对方式,个体退回到具有安全感的童年,从成熟退回到不成熟。尽管它减轻了焦虑,但只是对现实的一种逃避,个体面临的压力和所处的坏境已经与以往大不相同,采用以往的应对方式常常无法从根本上解决焦虑来源。儿童会更多地采用这种防御机制,例如为了重新获得父母的关注,已经不再尿床的儿童可能会在弟弟或妹妹出生后再次尿床。有时候,在成年人身上也会看到各种退行的表现,例如咬指甲、行事冲动、找"替罪羊"、过分炫耀、服从权威等。人们对某些退行的表现已经司空见惯,甚至将它们视为成熟的标志,然而事实上,它们都是成年人在面对压力时为了使自我不受到威胁而使用的防御机制。有时候,个体会特别退回到能量发生固着的某一发展阶段。

理智化

理智化(intellectualization)是指,不带感情色彩地在理性层面思考那些对个体具有威胁的事情,由此将焦虑和痛苦感受排斥在意识之外。它通过过度解释将情感分离出来,使得个体无法清楚、正确地意识到隐藏的真实冲动是什么,从而保护个体免受内心的折磨。例如,一位内心憎恨妻子的丈夫为妻子制订了格外细致的健康生活计划。

隔离

隔离（isolation）是将一种情境中引发焦虑的部分与心理的其他部分分离开来。这是一种将与事情相关的情绪分离开来的行为，个体不带感情色彩地述说发生的事情，似乎它们发生在其他人身上。这种清心寡欲的方式可以成为一种主导的应对风格，个体可能会退回到想法之中，而与自身的情感越来越疏离。

有时儿童会在玩耍中出现隔离，将自己的身份分割成好的方面和坏的方面。例如，儿童可能会和一个动物玩具玩耍，然后说着和做着各种被禁止的事情。在他眼中，这个动物玩具可能是残暴的、粗鲁的，具有各种不好的特征。由此，儿童可以通过动物玩具，展示通常情境下父母不会允许的、分裂的行为。

弗洛伊德认为，隔离的最初表现通常是逻辑思考，它同样试图将内容与相伴随的情绪状况分离开来。只有当个体使用隔离来阻止本我接受那些会导致焦虑的情境或关系时，隔离才是一种防御机制。

升华

通过升华（sublimation），原本指向性或攻击目标的能量指向了新的目标，个体无法接受的本我冲动以社会赞许的方式表达出来，并通常与艺术、智力或文化有关。与其他防御机制不同，升华是一种真正成功的防御机制，因为它不仅能够在不减弱强度的情况下，解决危险的欲望带给我们的焦虑，而且能够将性能量转化为积极的、社会接受的动机，并由此带来积极的、对社会有益的结果。正如我们可以合理地疏导、利用定期泛滥的河流，使其造福人类，我们也可以疏导本我的原始能量，这样不仅可以缓解和消除紧张，而且能够促进人类文明的发展。然而，由于升华毕竟不是直接满足原始欲望，而是在社会压力下，不得不将性冲动从直接的性目标转移到社会接受或赞许的其他对象身上，因此弗洛伊德认为，即便使用了升华这一防御机制，个体仍然会感受到某种痛苦。归根结底，升华是较高层次的替代。

弗洛伊德提出，促使人类文明不断进步的巨大能量和复杂性都来自个体被压抑的冲动渴望找到可以被现实社会接受的、足够的宣泄途径。通过升华个体的原始欲望，可以出现创造性的成果，它促进了人类文明的延续。人类文明鼓励个体超越原始驱力，而在有些情况下，比起满足原始欲望，达到社会为我们设立的目标可以使本我获得更大的满足。弗洛伊德认为，艺术成就常常是性能量获得升华的结果，并对几位伟大的艺术家进行了心理分析，例如达·芬奇、米开朗琪罗等，认为他们获得的巨大成就都是将性能量升华到艺术创造领域的结果。成功的升华主要取决于个体的自我及其对父母的认同。

总之，防御机制是个体用于保护自己避免来自内部或外部的紧张和伤害的方法。这些防御机制可以是逃避现实、排斥现实（否认），重新定义现实（合理化），或者颠倒现实（反向形成）。这些防御机制将内在情感放置到外部世界（投射），从现实中退缩（退行），对现实进行重新定向（升华），为现实辩解（理智化），或者分割现实（隔离）等。在每种情况下，现实都被扭曲了，从而导致一种知觉的改变，使得焦虑感降低。然而，每种防御机制都会消耗心理能量，尽管感觉到的紧张随之降低了，但它使得维持防御所必需的能量——力比多无法运用于其他方面，从而导致个体自我的灵活性和力量受到限制，使自我无法自如地运作。

尽管在正常人身上也可以看到防御机制，但它们都可能是神经症的表现。如果在某个个体身上，一种防御机制的影响力非常大，那么这种防御机制会完全支配自我，并削弱自我的灵活性和适应性。在这种情况下，如果这种防御机制失效，自我将无法灵活使用其他防御机制进行反击，结果就是个体完全被焦虑压倒。

12.6　理论评价

评价弗洛伊德创立的精神分析理论并非易事，众多学者采用了各自不同的标准或角度。即便在精神分析内部，也不断有人提出各种批评和指责。然而，不可否认的是，弗洛伊德的人格理论是他的哲学思想、严格的科学训练、治疗实践，以及潜意识体验的一种原创性综合。

12.6.1 贡献

第一，尽管弗洛伊德的理论存在争议，但毫无疑问，他是整个心理学领域影响最深远的心理学家之一。作为第一个对人格进行了深入而系统探讨的理论，弗洛伊德的精神分析理论引发了大量补充、完善和解释。时至今日，精神分析理论的许多方面仍然吸引着人们的注意，各种相关讨论依然热烈。这足以说明弗洛伊德的理论在帮助我们理解人格问题上的重要性。虽然在有些心理学家眼中，弗洛伊德的理论已经过时，而且现代科学研究也已经证明他的某些观点并不正确，但这丝毫无损于他在整个心理学领域的重要地位。

第二，从西方世界现代文明的发展来看，弗洛伊德也是一位重要人物。弗洛伊德将其核心的人格理论推广开来，用于解释人类文明和社会中的各种行为，他的影响力并不局限于心理学领域，在文学、哲学、宗教、社会学、政治学等许多社会科学和人文学科领域都可以看到弗洛伊德的名字。这是其他心理学家难以企及的。在心理学研究日益专注细小问题的今天，弗洛伊德在心理学之外的影响力更显得突出和难得，在许多领域他的思想依然具有广泛的学术价值和应用价值。在更大程度上，弗洛伊德的思想已经成为20世纪世界知识的遗产。他也是普通大众心中最熟悉的心理学家，他的思想已经渗透到我们的日常生活中，而且会继续产生重要影响。

第三，弗洛伊德一直以自己的方法积极地促进心理学的科学研究。总体而言，在方法论上，弗洛伊德是经验主义的。他的心理学方法论是近代经验主义的一种延续，是对可观察的现象的因果决定论解释。他的伟大之处在于，他看到可观察的现象背后不可观察的内容，虽然这些内容不可以直接观察，也难以采用严格的科学方法进行研究，但他一直努力试图用自己的方式来揭示并提出假设，如果临床观察不符合假设，或者假设无法解释实证材料，那么他就修订或重新建构假设。

第四，对于作为一门学科的心理学，弗洛伊德采取了一种生物学的取向。他在临床实践中观察人类行为，并试图在神经系统中寻找问题的根源。19世纪下半叶，自然科学取得了令人瞩目的进步，在这种科学氛围的影响下，弗洛伊德一生始终相信身心是一体的，在他看来，所有心理活动都是心理能量的释放，而心理能量是物理化学能量的一种衍生物。

第五，弗洛伊德为现代心理学研究提出或发现问题，引发了大量关注和探讨，尽管他表述或解决这些问题的方式比较独特，甚至不被一些科学家认可。例如，虽然人们凭借日常经验早就感受到，某种超越自身控制的力量常常左右自己的行为，而且学术界也早有学者提出了潜意识的概念，但是只有弗洛伊德真正把这一概念纳入科学研究的领域，提醒人们关注存在于意识之下的那个波涛汹涌的黑暗世界，并且以自己的方式部分照亮了那个黑暗世界。时至今日，尽管现代认知心理学的潜意识研究在取向、方法、结果等方面都与弗洛伊德的观点存在巨大差异，如内隐认知的实验心理学研究，但是这些研究已经足以说明潜意识过程对人类心理的重要作用。

针对弗洛伊德提出的一些具体概念和观点，心理学家也展开了相关的科学实证研究。例如，防御机制、童年期创伤对成年后人际关系的影响等。虽然这些研究并不完全支持弗洛伊德的理论，但是不可否认，至少在一定程度上，弗洛伊德对这些问题的敏锐观察和深刻思考，启发和促进了人们对人格这一人类最复杂的心理现象的了解。他的有些观点已经被学者和大众普遍接受。例如，虽然不是所有学者都赞同人格在五六岁之前就已经形成，但是没有人会否认，儿童早期的经历会对个体成年后的人格产生重要影响。

12.6.2　局限

虽然弗洛伊德本质上是一位具有科学精神、创造性和远见的学者，但是与其他任何理论一样，弗洛伊德的理论也不可避免地存在一些局限。

第一，弗洛伊德的人格理论是他观察和思考了大量临床实践后的成果，他的观察对象和资料来源是前来寻求专业治疗的患者，而这直接导致精神分析理论存在两个主要缺陷。一是这些样本的病理学特点使得弗洛伊德更关注人类心理的病态部分,试图解释个体内心的大量冲突和心理问题。二是弗洛伊德将从这一特殊样本中得出的结论用于解释普通大众这一更广泛的群体甚至全人类的日常心理和行为。心理疾病患者的创伤经历、内心冲突塑造了他们的病态行为和人格,然而对于大多数普通人,显然他们的人格还会受到其他动机的重要影响,但弗洛伊德的人格理论并未重视这一点。

第二,虽然弗洛伊德坚持科学研究的取向,但是精神分析理论存在概念模糊不清、缺乏可验证性的问题。如前所述,弗洛伊德的贡献之一在于他敏锐地观察到隐藏在人类内心的一些心理过程,试图以大量假设和概念来解释它们。然而,他对这些假设和概念的描述并不清晰、明确,而且他的描述常常是一种独特的比喻方式。虽然这种对理论和概念的描述可以帮助人们理解人类的心理过程,但是它并不符合科学研究的要求。当然,弗洛伊德也试图通过临床观察来验证精神分析理论,然而这种观察完全是基于他个人的。一方面,弗洛伊德可能会有意或无意地误导患者说出他本人期望听到的内容;另一方面,对患者讲述的内容或者观察到的现象,他可能会有意或无意地进行选择性注意。此外,弗洛伊德常常是事后记录患者的讲述,而回忆本身并不可信,出于各种原因的遗忘、记忆扭曲很常见。这些都使得弗洛伊德理论的可靠性受到质疑。

第三,精神分析的某些观点过于狭隘,无法对人类的心理和行为作出更充分的解释。弗洛伊德本人也充分认识到精神分析理论的局限性,随着自身学术观点的不断发展,终其一生,弗洛伊德都在不断修订和完善精神分析理论,有时候甚至是实质性的修订,例如焦虑理论、女性性心理的发展,以及心理结构的概念等都曾经历重要变化。他也在 1933 年,即《精神分析引论》(*A General Introduction to Psychoanalysis*)出版 16 年后,又出版了《精神分析引论新编》(*New Introductory Lectures on Psychoanalysis*),对整个精神分析理论进行补充。尽管如此,弗洛伊德理论的一些局限还是显而易见的。例如,他用潜意识本能冲动来解释人类的所有心理和行为,认为它是唯一的决定因素,将人类的行为视为内部冲突的结果。这就导致精神分析理论相对忽视人际关系、自我等对人格的作用。尽管弗洛伊德认为自我是人格结构的重要组成部分之一，但它是受制于各方的被动的执行者。在根本上，这种观点对人格的态度是消极悲观的，既然一切都由人们无法明确觉知的本能冲动和内部冲突导致，那么我们还有什么希望来改变人格呢？我们岂非要生活在被决定了的悲观和绝望中？显然，这是很多心理学家无法接受的。正是对弗洛伊德理论的质疑，使得精神分析理论不断推陈出新，后来各种新理论层出不穷。

13　荣格和阿德勒：挑战弗洛伊德

本章介绍精神分析学派早期的另外两位重要人物：荣格与阿德勒。两人都与弗洛伊德有着千丝万缕的联系——他们都曾与弗洛伊德一见如故，20世纪初两人都是弗洛伊德的"周三讨论会"的参与者，都是当时以弗洛伊德为领袖的精神分析学派的核心人物；然而，由于在泛性论等理论观点上存在分歧与矛盾，两人最终都与弗洛伊德分道扬镳。在与弗洛伊德决裂之后，两人分别创立了各自的理论体系，并最终成为对心理学发展作出重要贡献的心理学家。其中，荣格创立了分析心理学，并因创造性地提出集体潜意识与人格类型理论而扬名于世；阿德勒创立了个体心理学，强调自卑感与追求卓越是人格发展的动力，并提出社会兴趣、创造性自我等重要概念，对后来精神分析学派的发展产生了深远影响。

13.1　荣格的人格理论

13.1.1　荣格传略

荣格（Carl Gustav Jung，1875—1961）出生于瑞士小镇上的一个牧师家庭，从小就在充满宗教氛围的环境中长大。幼时的荣格腼腆内向，与父亲关系亲密。身为牧师的父亲虽然宽厚仁慈，但软弱无力，缺乏一位父亲在孩子面前应有的威严，母亲则身材肥胖、行为古怪，

图 13.1　荣格

她情绪不定、反复无常,因此荣格丝毫不信任自己这位有些精神错乱的母亲。当荣格 3 岁时,他的母亲因病住院几个月(Storr, 1991, pp. 1 - 2)。他在自传中说,这次与母亲的分离对他具有深远的影响:他对母亲形成了爱恨交织的矛盾态度。这种冲突反映在他后期的作品中,有些女性经常被描绘成破坏者、统治者以及保护者,而且既不可靠,也不值得信任(Jung, 1963, p. 8)。

刚入学的时候,荣格刻意回避身边的小伙伴,他把大部分时间都花在漫长的散步上,他沉迷于大自然的神秘。荣格曾说,他在一次上学的路上真正意识到自我的存在,有了这种意识,他认识到自己是一个能控制自己的生活而不是一直被别人控制的人。"我走了很长的路去上学……当我突然意识到我是一个人时,我就立刻明白了:虽然以前我也存在过,但这一切都只是发生在我身上。现在我碰巧遇到了,于是我知道了,我就是我自己,我存在于这个世界上。我先前立志要做这事,后来又立志要做那事,在我看来,经验是极其重要的'权威'。"(Jung, 1963, pp. 32 - 33)在这段回忆中,我们可以看到荣格后来研究的开端就是内在经验的重要性。1900 年获得医学博士学位后,荣格来到苏黎世一家医院工作,开始跟随当时著名的精神科医生、精神分裂症的提出者布洛伊勒(Eugen Bleuler)教授学习(Storr, 1991, pp. 8 - 9)。虽然精神病学在当时并不是一个好的领域,但它深深吸引了荣格,因为它很符合荣格对神秘心理现象的兴趣和追求,使他有机会去探索和思考自己一直感兴趣的问题,即参透人格的秘密。

1907 年,在业界已经颇有名望的荣格终于见到了弗洛伊德。初次见面时,两人一见如故、相谈甚欢,畅谈 13 个小时,对彼此的欣赏和喜爱溢于言表。后来,两人在感情最紧密时更是亲如父子。然而,好景不长,弗洛伊德对自己理论的坚持,以及要求荣格服从自己,使得自小就有独立批判精神的荣格逐渐与他产生冲突。两人在某些观点上的分歧越来越明显。直至 1913 年,维持了数年亲如父子关系的两人彻底决裂,终生再无往来。与弗洛伊德分道扬镳后的荣格在随后的几年里从人们的视线中消失了。此时,已年近四十的荣格正在经历一段严重的心理危机时期,他常常心烦意乱、紧张不安,几乎处于崩溃的边缘。然而,他尽力使自己平静下来,并尽可能地通过图像和文字把种种幻觉和梦境记录下来,仔细探索这些幻觉产生的心理条件,挖掘自己的潜意识世界(Jung, 1963, pp. 170 - 176)。他记录下来的这些潜意识内容日后成为其理论的基础。几年以后,重新出现在学界的荣格提出了自己新的人格理论,并建立了一套相应的独特的临床治疗方法。

荣格的一生成果颇丰,著作等身,这些著作大多被翻译成英语,在世界范围内得到广泛传播。在他职业生涯的后半段,他花了很多时间在世界各地旅行和演讲,宣传自己的观点,并将自己的学说称为分析心理学(analytical psychology)。荣格于1961年6月6日病逝,享年86岁。

13.1.2 人格结构

荣格把人格的总体称为心灵(psyche),认为心灵由三个各不相同却又相互影响的部分——自我、个体潜意识和集体潜意识组成。

自我(ego)

荣格认为,意识是人的心灵中唯一能够被个体直接感知的部分,它伴随生命的诞生而出现,随着思维、情感、感觉和直觉四种心理机能的应用而不断增强。人的意识发展过程就是人的个性化(individuation)过程,其目的就是要最大限度地认识自己或意识到自我(ego)。荣格对自我的理解与弗洛伊德十分相似。他将自我描述为一种复杂的表征,是意识的核心,具有高度的连续性和同一性(Jung, 1923, p. 540)。自我是人格的意识方面,是自我意识的体现,负责清醒时的正常活动,与知觉、感受、记忆和思维有关。因此,自我包含了我们对自己的行为和感觉的有意识的想法,以及对自己经历的记忆。

个体潜意识(personal unconscious)

荣格同样看重潜意识,认为潜意识对人格及其发展起到重要的作用。荣格对潜意识进行了深入研究,并将它进一步区分为个体潜意识和集体潜意识。个体潜意识是靠近自我的部分(如图13.2所示),蕴藏着个体生活中被压抑或遗忘的记忆、冲动、欲望等经验,这些经验要么不太愉快,要么不太重要;个体潜意识还包括感觉印象,这些印象很模糊,无法被有意识地感知(Jung,1969,p.376)。这一水平隐藏得并不深,其中的事件很容易返回意识层面。可见,荣格所指的个体潜意识概念类似于弗洛伊德理论中的前意识。个体的各种经验都储存于个体潜意识中,以供个体随时取用,而自我和个体潜意识之间的内容是可以双向流通的。个体潜意识的核心内容是情结(complex),它是围绕某个共同主题而组织起来的情绪、记忆、知觉和愿望的群集,是整体人格结构中独立存在的较小的人格结构。任何情结的强度都由它的力比多或价值决定。不过,与弗洛伊德对力比多的解释不同,荣格描述的是一种普遍的精神能量,这种能量在本质上不一定是性。因此,情结具有自身的内驱力,带有强烈的情绪和情感色彩,对人的思想和行为有很大的影响。比如,一个有自卑情结的人在社会交往中往往缺乏信心和勇气,在人际交往中比较敏感、易于情绪化,让人感觉不好相处。因此,荣格认为,心理治疗的目的就是帮助患者解开情结;不过,荣格后来研究发现,情结并不总是消极的,它也常常是灵感和创造力的源泉。情结的产生比较复杂,它不仅源自每个个体特有的儿童期和成年期经验,而且源自我们人类共同祖先的

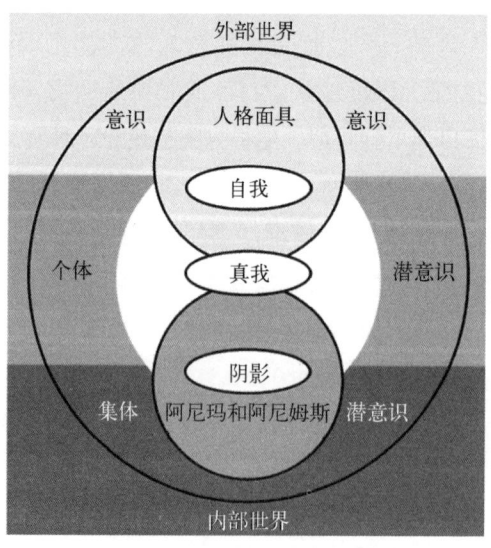

图13.2 心灵的结构及其要素

经验，它们通过世代遗传而蕴含在每个人共有的集体潜意识之中。

集体潜意识（collective unconscious）

这是荣格更为关注的内容，是其人格理论中最具特色同时也最具争议的概念。荣格认为，集体潜意识是人类心灵最深处的、最难接近的层面，是个体不了解的、最为神秘的领域，它包含进化史上所有人类以及动物祖先遗留下来的经验。人人都具有这些经验，它们蕴含在神经系统中，构成了人格的基础。然而，集体潜意识对个体的影响并不是直接以某种特定的统一方式呈现出来的，而是被预先设定为个体知觉世界，并以某种特定的倾向来对环境作出反应的方式。例如，刚出生的婴儿会倾向于以某种特定的方式来知觉母亲，如果母亲的行为也是养育和关爱孩子，那么婴儿的先天倾向便会顺利发展起来。荣格将这些包含在集体潜意识中世代相传的原始经验称为**原型**（archetype）。原型的存在使人们倾向于以可预测的方式对常见的、反复出现的刺激作出反应。荣格在对古代神话和艺术创造物的研究中发现了许多在人类社会历史上反复出现的共同原型，其中最主要的原型包括人格面具（persona）、真我（Self，此处特意大写）、阴影（shadow）、阿尼玛（anima）和阿尼姆斯（animus）。它们在人格结构中起着不同的作用。

人格面具是指人们呈现在他人面前的、与真实自我不同的角色表现。当人们以特定角色在社会上出现时，这个面具就代表了他本人，不过这个角色并不是完整的自我，同真实人格可能不一致。尽管具有欺骗性，但它是个体为了在各种情境中与不同他人和睦相处而必备的。不过，如果个体过分沉溺于这种角色扮演，人格面具就可能会丧失适应价值。

真我是荣格理论中最重要的原型，也是最晚出现的心灵要素。它是指人格作为一个整体，各方面的统一、整合与平衡。个体生命的终极目标就是追求一种完整性，这是个体的未来，我们一直朝着这个目标努力，但从未达到。"在这个过程中，个体不是变成一般意义上的'自私'的人，而仅仅是实现自己的特性，而这……与自我中心或个人主义截然不同。"（Jung，1965，p.183）与推动我们向前的过往经验不同，真我是在前方引领我们前行的一种动机，而不是背后的一种力量。在真我中，意识和潜意识这两种对立的力量会不断同化，从而获得一种平衡。

阴影包含人类各种基本的、原始的生物本能，在所有原型中它具有最深层的根源，也最有力量，它代表了人类本性中阴险黑暗、破坏性和动物性的一面，自我的功能就是压制个体的生物本能，使我们成为社会中的良好一员。虽然阴影是我们内心邪恶的源头，但是荣格认为它也具有积极性——它是生命力、自主性、创造力和情感的来源。自我既要压制阴影中人类的生物本能，也要允许本能获得充分的表达，以使个体具有创造力和活力。如果阴影被完全压制了，那么人格将变得单调，心灵也将变得迟钝而缺乏生命力。

阿尼玛是指男性心灵中包含的女性化的一面。**阿尼姆斯**是指女性心灵中包含的男性化的一面。受东方文化中阴阳概念的影响，荣格认为人在本质上是双性的，正如在生物层面男性和女性都会分泌雄性和雌性激素一样，在心理层面男性和女性同样都会显示出两种性别的气质、特征和态度。阿尼玛和阿尼姆斯是人类本性中互补的两面，在我们的心灵中共存。它们既可以是积极的，也可以是消极的。例如，阿尼姆斯的积极性表现在使女性的争论富有逻辑性，而消极性则表现在"鼓励评判性的争论，她们动辄就对人横眉竖眼，挑毛病"(Jung, 1965, p. 220)。荣格指出，人格完善的个体既会表现出属于自身性别的特征，也会表现出属于异性的特征，即男性和女性都必须同时表现出男性化和女性化的特征，否则会导致人格的片面发展。

所有精神分析治疗都可以被看作对自我为什么会感到痛苦和烦恼（神经症）的原因的一种探索。痛苦和烦恼（神经症）的根源是什么？自弗洛伊德以来，深度心理学将自我（ego）与潜意识联系起来回答这一问题。自我疏离其深层渊源，结果导致不真实的存在、防御、收缩的意识。因此，痛苦和烦恼的消除依赖自我与其深层渊源的重新结合。荣格也将痛苦和烦恼解释为自我与潜意识的分离，但对于荣格，潜意识既包含弗洛伊德所说的伊底(id)和情结，也包括集体潜意识的精神能量，集体潜意识中的原型包括圣子(the divine child)、伟大的母亲、处女、女巫、勇士、骗子、傻瓜、医治创伤的人、国王、王后、智慧老人等。心理健康就意味着让这些原型在我们内部经过,由这些原型来组织我们的思想、情感和动作从而定型我们的经验。痛苦和烦恼则起因于我们只能识别少数原型,因而造成同一性和情感的压缩。例如,如果一个人在工作中的形象是严厉的上司,他的同一性也主要与这个形象相联系,甚至在他回到家里也无法认同其他原型,例如爱人、纯粹的孩子、傻瓜……如果他只能扮演一个严厉的上司,即使在与孩子们玩耍或与妻子亲密时也是如此,那么他的妻子就会很受限制,完整而丰富的生命情感、创造力和自发性也不能在他自己身上流动。荣格的理念就是开放地面对所有的原型或普遍的能量,让这些能量注入我们的经验之中(郭永玉,2002,pp. 68 – 69)。

13.1.3　人格类型

荣格提出,除了自我、个体潜意识和集体潜意识,心灵结构中还有两种基本的态度和四种独立的功能。

荣格认为,我们对情境的意识知觉和反应是由外向(extraversion)和内向(introversion)两种态度类型决定的(Jung,1971,p. 549)。每个人的人格中都包含这两种态度类型,但只有一种占据主导地位,引导着个体的意识和行为,而处于非主导地位的另一种态度类型则会进入个体的潜意识,并且依然对个体产生影响。如果个体的主导态度为外向,即心理能量力比多向外,导向外部世界和他人,则是外向者,表现为开放、善于社交。如果个体的主导态度为内向,即心理能量力比多向内,导向内部世界和自己,则是内向者,表现为害羞退缩、关注自我和自身的思想。然而,在某些特定情境中,外向者也可能会表现出内向的特点,而内向者也可能会表现出外向的特点。

在区分了外向和内向之后,荣格提出了另外一种个体差异的维度,即心理功能。它是指个体知觉和了解外部真实世界以及内部主观世界的不同方式。荣格认为,心理功能包括感觉(sensing)、思维(thinking)、情感(feeling)和直觉(intuiting)四种。感觉是对现象不加评价的最初体验;思维是运用推理和逻辑解释事件;情感是对事物作出判断时的情感方面;直觉是对事物的预感,无须解释和推理。其中,感觉和直觉属于非理性功能,它们不需要通过推理,可以不作评价地接受经验;思维和情感属于理性功能,它们负责评价个体的经验,涉及对经验的组织和分类。

类似于内向和外向两种态度类型,四种心理功能也只有一对能够占据主导地位。由于思维和情感、感觉和直觉这两对心理功能的作用是相反的,因此个体不可能同时被两对功能主导。而且,在每一对功能中,也只有一种功能是主导性的,其余三种非主导性的功能同样会潜藏在个体的潜意识中发挥作用。以上两种心理态度和四种心理功能可组合成八种基本的心理类型,即外向思维型、外向情感型、外向感觉型、外向直觉型、内向思维型、内向情感型、内向感觉型和内向直觉型(见表 13.1)。

表 13.1 荣格的人格类型

心理类型	性格特点
外向思维型 (extrovert thinking type)	关注外部世界,倾向于抑制自己的情感和情绪,严格依照社会规则行事,通常在他人眼中是冷漠刻板的、固执己见的。这类人倾向于运用逻辑和规则对世界进行客观的和刻板的思考、描述和理解,更可能成为优秀的科学家,如达尔文。
外向情感型 (extrovert feeling type)	关注外部世界,好交际、易兴奋,倾向于情绪化并压抑思考模式。这类人通常遵循社会普遍接受和教导的传统价值观和道德准则,对他人的意见和期望比较敏感。这种性格类型多表现在女性身上。
外向感觉型 (extrovert sensing type)	关注外部世界,寻求新鲜体验和刺激,对环境变化的适应性较强,注重享受生活和快乐。这类人通常不断追求新感觉,但浅尝辄止,直觉受到压抑。例如,喜欢在外面玩乐而不喜欢回家的这类男人。
外向直觉型 (extrovert intuiting type)	关注外部世界,善于产生新想法,创造性强,但是想法常常改变。他们常常凭借预感和直觉作出决定,而不深思熟虑,能够敏锐地捕捉到机会,激励他人去完成和实现目标。这类人通常容易在商界和政界获得成功。
内向思维型 (introvert thinking type)	关注内心世界,对自己思想的兴趣大于对他人情感的兴趣,更喜欢思考抽象问题和理论。他们非常注重隐私,实践与判断能力较差,常常无法与他人友好相处,以及进行顺畅的思想交流。在他人眼中,这类人冷漠、自大而顽固。这类人中的最成功者可能是那些哲学家,如康德。荣格自认为是这种类型的人。

续 表

心理类型	性格特点
内向情感型 (introvert feeling type)	关注内心世界,压抑理性思维,虽然情绪体验丰富、深刻但保守而不露声色,拒绝向他人表达自己的内心情感。在他人眼中,虽然这类人安静、谦逊并带有孩子气,但孤僻而冷漠,不太考虑他人的情感和想法,神秘而难以接近。这类人中的最成功者可能是作家。
内向感觉型 (introvert sensing type)	关注内心世界,沉静、随和、有自制力但思维和情感都不够深刻,直觉受到压抑;消极、超脱于日常生活,对多数人抱有怜悯和嘲弄之心。他们具有审美敏感性,通过艺术来表达自己,但缺乏深度和创造性。内心世界贫乏、肤浅和荒芜是这类人的主要特征。
内向直觉型 (introvert intuiting type)	关注内心世界,关心潜意识多于现实,很少接触和考虑现实世界。他们专注于内心直觉,善于幻想和做白日梦,难以应对日常实际生活并不善于为未来制定计划。在他人眼中,这类人冷漠、古怪而奇特,难以捉摸和理解。最杰出者可能是一些古怪的天才,如一些宗教领袖和艺术家。

13.1.4 人格动力

在荣格的论述中,力比多具有两种含义:一种是广义的力比多,即普遍的生命能量,它是一种宽泛的、无差别的生命动力,荣格认为性驱力只是它的一个方面;另一种则是狭义的力比多,荣格称之为心灵能量(psyche energy),并用它代替力比多来指代含义更丰富的生命动力(Jung, 1969, p.17)。心灵能量为知觉、思维等心理活动提供相应的"燃料"和推动力,这好比物理能量会产生光、热和电。荣格认为,个体会将更多心灵能量运用于自己渴望达成的目标。

与弗洛伊德类似,荣格也从物理学的能量定律中获得启发以阐释他的人格动力理论。荣格认为,心灵能量的运行同样遵循了物理学中的守恒、对立和熵原则。首先,荣格赞成心灵能量符合守恒原则(principle of equivalence),即我们的心灵能量无论以何种方式用于人格的何处,其总量都保持不变。心灵能量不会在人格中消失,它只会转化为其他部分。如果我们将大量心灵能量投入某种特定想法或期望时,这种想法或期望就具有较高的心理价值,会对我们的生活产生较大影响。例如,如果个体具有强烈的成就动机,那么会投入大量心灵能量去获取成就。然而,这些心灵能量并不会因为应用于某种心理活动而消失，它只是在形式上发生了改变，转化成人格的其他组成部分，或者说转移到心灵的别处。

其次，荣格注意到物理世界中的能量普遍存在对立的现象，在东方文化阴阳两极思想的影响下，他提出对立原则（principle of opposites），并用阿尼玛和阿尼姆斯等术语来表达此类具有对立特点的人格特征。荣格认为，心灵的每个方面都有对立面，这些对立或相反的心灵能量的冲突为人类的行为提供了能量，是人类行为的主要发起者；而且，与物理世界类似，心灵的每个方面的冲突与碰撞越激烈，就会产生越多的能量来激发或促进行为。

最后，荣格用物理学中的熵原则（principle of entropy）来说明心灵能量的运行规律。物理学中的熵原则描述了自然界的一个普遍规律：能量密度的差异倾向于变得均衡。也就是说，熵标志着热量转化为功的程度，如果特定系统中的能量密度不均衡，那么能量会转化为功。这时，能量从密度较高的地方流向密度较低的地方，直至一切达到平衡。荣格认为心灵能量也遵循熵原则，即人格中心灵能量也有一种均衡分布的要求和倾向。当两种欲望或信念在强度上存在较大差异时，熵原则就会促使心灵能量由较强的一方流向较弱的一方，以求达到均衡分布这一理想状态。因此，人们通过熵原则来保持心灵各结构之间的平衡。

13.1.5　人格发展

荣格的人格发展理论充分体现了他对人性的乐观态度。他认为，人格既受先天遗传因素的影响，也是后天习得的；既受过去经验的塑造，也受未来希望的影响。遗传对人格的影响主要通过集体潜意识中的原型来发挥作用。虽然他赞同童年经验对个体人格发展的影响，但是荣格并没有如弗洛伊德那样过分强调童年经验的重要性，他并不认为人格在5、6岁就已完全形成，而是认为人格发展最重要的时期在成年中期，强调成年中期的经验和对未来的希望对人格的影响更为重要；他批评弗洛伊德只强调过去而忽视未来，认为我们的成长和发展不受年龄限制，会一直朝着更加完善的方向前进。他相信，人们总希望自己变得越来越好,个体会不断提升和拓展自我,不断获得进步,因此人格在一生中都会不断成长和发展,而不是在童年期停滞不前。人类本身也会持续提升自己,超越自己的祖先,现代人类的发展就是显著的进步。

在荣格看来,虽然每个人的前半生都是独特的,但后半生并非如此。诞生于青春期的心灵具有明确的内容,而青春期到成年早期的发展为成年中期的成功作好准备,奠定基础。中年期的人格经历了巨大变化,此时个体努力实现个性化,即实现个人的能力。随着个性化的实现,就会形成一种普遍的人格,不会再有某一方面单独占据支配地位,这时个体的独特性就削弱了,人格不再是某一特定的心理类型。心灵能量必须重新导向内在的潜意识世界,心理态度也必须从外向转为内向。个体必须面对自身的潜意识,抛弃指导自己前半生的行为标准和价值观,从而最终实现超越,即人格的统一。当然,中年期也恰好是荣格自己的人生遭遇最大危机的时期,也是他人生中最重要的时光,决定了他人生中的许多重要事情。

对于人格发展的过程,虽然荣格没有像弗洛伊德那样进行详细划分和阐述,但是也描述了人格发展的具体过程及其特点。

儿童早期是个体自我发展的开始,这时儿童还未形成独特的身份认同,父母对孩子的人格具有十分重要的影响。父母可能会将自己的人格强加于孩子,并通过教养方式促进或阻碍儿童人格的发展。比如,父母可能会希望儿童成为自己的延续,或者期待儿童形成某种人格来弥补自己的遗憾和不足。因此,这时儿童的人格基本上只是父母人格的一种反映。当儿童能够区分自我与他人或物体时,当儿童的意识发展到能够说出"我"时,自我才开始获得真正的发展。

青春期的个体进入心灵诞生期,此时心灵开始具有明确的结构和内容。从青春期到成年早期,个体会面临许多困难,他们必须不断适应客观世界中日益增多的现实需要,关注教育、职业和家庭。这一时期,个体的心理态度主要是外向的,外部现实的需要使个体必须停止童年的各种幻想,并为未来作各种准备,实现生活的目标。这些目标通常是完成学业、开始工作、组建家庭,在这个世界上找到一个让自己感到安全的位置,并获得成功。这一时期的生活令人兴奋、充满挑战,不断拓展个体的视野。这时,意识在个体的心灵中占据主导地位。

荣格认为成年中期是人格变化的重要时期,且变化主要发生在35~40岁。基于自我反省以及对患者的临床观察,荣格发现中年期的变化是一种自然的、必要的,而且有益的过程。这种剧烈的人格改变普遍存在、难以避免,因为此时个体早期的生命需求已经得到较好的满足。也就是说,如果通过成年早期的努力,个体解决了适应性问题,那么进入成年中期时,个体已经完成自己前半生的准备活动,在工作、婚姻和生活中取得一定成功。这时的个体依然拥有大量能量,但不必再将这些能量运用于应对前半生的各种挑战,它们变得无处可去、无法释放,反而令个体感到困扰。因此,大多数人会感到绝望、空虚和没有价值,失去了以往的激情和奋斗的意义,生活不再有明确的目标。这时,个人危机就出现了,荣格称之为"中年期心理危机"。

为了应对中年期心理危机,个体必须将这些能量重新导向其他新的活动和目标。荣格提出的解决方法是,将个体的关注点和兴趣由前半生的外部转向内部。也就是说,进入成年中期以后个体的心理态度必须由外向转为内向,关注此前一直被忽略的主观内部世界,由年轻时关注物理的、物质的世界转向关注精神的、哲学的、直觉的世界。与此对应,此时个体必须由先前片面关注意识转向关注自己的潜意识。荣格强调,允许潜意识进入意识并不意味着让潜意识力量来控制个体,而是指个体需要通过对潜意识的觉知来调和对意识的关注,潜意识的力量必须被意识吸收,从而使潜意识和意识达到一种平衡。当个体进入成年中期,人格的任何方面都不应该占据支配地位,这时个体不应该再被潜意识或意识、特定的心理态度或功能,或者任何一种原型控制。

因此,中年期的个体必须开始自我实现的过程,如果潜意识和意识成功获得整合,达到一种和谐的平衡状态,个体就达到了一种心理健康的新水平,荣格将它称为个性化。在荣格的理论中,个性化是指成为独立的个体,实现个人能力并发展自我。虽然我们每个人都具有这种与生俱来的个性化倾向,但是童年期亲子关系、教育与经济状况等后天因素会促进或阻碍个性化倾向的实现。在实现个性化的过程中,个体必须表达并协调人格中对立的各个方面,例如心灵中邪恶的一面也必须表达出来,而不仅仅是觉知和表达好的一面,那样会导致人格的片面发展。

为了最终实现个性化,已进入中年期的个体必须摆脱先前理性思维的引导,放弃自己前半生遵循的价值观,改变已有的行为,探寻自己的潜意识并将其带入意识,让自发性的潜意识来指导个体的行为。只有这样,个体的真实自我才会显现出来。这个过程涉及某些重要原型的本质发生重大转变。首先,如果我们要接触真实自我,就必须抛弃人格面具。如前所述,人格面具是我们为了适应现实世界而在与他人相处时扮演的多种社会角色,是我们的公众形象,而不是我们的真实本性。因此,只有揭开并抛弃人格面具,我们才能了解并接受真实自我。随着人格面具的揭开,阴影的破坏性会显现出来,我们会看到自己本性中的原始冲动和黑暗面,这时我们要学会接受它们。在我们的前半生,为了做他人眼中的好人、受社会赞许的良好公民,我们常常会运用人格面具来隐藏自己内心的这些阴暗面。然而现在,为了获得成长,我们必须更深入、更全面地认识自己,必须敢于面对和表达内心的阴暗面。同时,我们也要认识到阴影并不只具有破坏性,它也有积极的一面:为生命带来激情、自主性和活力。我们内心的阿尼玛和阿尼姆斯也必须同时表达出来,即我们充分认识到另一种性别的特质并逐渐具有双性心理。除了早期行为模式中的男性特征,中年男性心中的阿尼玛,即女性行为特征也必须逐渐表达出来,女性亦然。尽管自我意象中的这一重大改变在个性化过程中是最艰难的,但它使我们最终从父母的影响中走出来,打开了创造力的新源泉。

荣格认为,要实现个性化,就必须关注梦境,跟随自己的幻想,通过写作、绘画或其他形式来表达自己创造性的想象。一旦我们充分认识自己且心灵结构获得了个性化,便进入下一个发展阶段——超越。这种内在倾向会引导我们最终达到人格的同一性和完整性,使心灵的所有对立面获得整合,形成人格发展的理想状态——自我实现。

13.1.6 人格评估

除了使用传统精神分析中的人格评估方法如自由联想、梦的解析、症状分析等，荣格在临床中还使用了一些独特的技术，如词语联想测验（word association test），即被试根据呈现的刺激词报告意识中出现的词汇。荣格通过词语联想测验来揭示被试内心的情结，常常使用他认为能够最有效地唤起情绪的100个单词。除了分析被试报告的联想词汇，他还测量了被试对每个词汇的反应时，决定刺激词产生情绪结果的生理反应。在他看来，以上反应，以及舌尖现象、口吃、报告多个联想词汇等都是情结的表现。他区分了对刺激词的正常联想反应和神经症联想反应。例如，对蓝色的正常反应是好看，神经症反应则是彩色；对树的正常反应是绿色，神经症反应则是自然；对灯的正常反应是明亮的，神经症反应则是燃烧；等等。

除了运用于临床人格测评，目前词语联想测验也已经成为心理学实验中常用的方法之一。此外，根据荣格的心理类型理论发展而来的迈尔斯—布里格斯类型测验（Myers-Briggs Types Indicator）也是较为常用的人格测评工具之一，在实践中常用于人员选拔、职业选择等领域。

13.1.7 荣格理论的评价

贡献

荣格对人格独特而富有创见的理解对心理学的许多方面产生了积极的影响。

荣格积极的人性观影响了后来的人格学者。他提出个性化、自我实现的概念，强调个体同时受过去和未来的影响，其中对未来的期望会对我们的人格产生很大影响。这些都对阿德勒、埃里克森、马斯洛等人的人格理论产生了影响，使他们从更加积极的角度看待人性，关心人一生的发展，而不再仅仅局限于儿童时期。

荣格提出的中年危机问题已经成为当代心理学中颇受关注的主题之一。荣格对中年危机的思考源于对自己与患者的观察，最初针对的是男性，然而后来研究发现这种现象也普遍存在于女性之中。此外，当代心理学中内外向也是人格研究最重要的维度之一,依据这一维度编制的量表广泛应用于临床和选拔等领域,这一概念引发的相关研究也不计其数。

荣格关于梦的见解获得了许多称赞,而且在临床应用中硕果累累。他为理解明显具有神话性质的梦提供了一种方法,这是其他精神分析学家无法比拟的。另外,他以一种弗洛伊德所没有的方式来理解梦中的某个符号或象征,这对心理治疗具有突破性的推动作用。

词语联想测验已经成为认知研究等心理学研究方向中常见的研究方法,后来也为罗夏墨迹测验的形成提供了重要的启发。

荣格在心理学之外的其他领域也产生了广泛的影响,例如宗教、哲学、精神病学、历史学、社会学、经济学、政治学等。在广泛的思想文化领域,荣格也许是影响力仅次于弗洛伊德的心理学家。

局限

学者们对荣格思想中的神秘主义和超自然性提出了质疑。荣格的理论建立在不同文化中的传说、宗教与神话故事、炼金术、占星术、个人经历、对梦境和幻象的思考和直觉,以及临床案例中对患者的观察的基础上,因此他的大部分理论的科学性在心理学界一直备受质疑。

除了样本规模小,缺乏代表性,资料来源存在问题之外,荣格对资料的分析也显得主观而不可靠。与弗洛伊德一样,荣格并未严格记录与患者的谈话,而且并未阐述资料分析的过程。此外,尽管荣格主要采用的个案研究法也对患者提供的资料进行了理性思考和一定程度的验证,然而他更注重对个体生活史的重建和了解,这是一种对个体已有经验的发散性回忆,通过回忆,荣格力图找出他认为导致当下神经症的发展模式。

荣格的理论依靠的整个研究方法并不客观、系统,更没有实施任何控制,缺乏可复制性,不符合科学实证研究的原则,缺乏科学的效度。

另外,荣格的理论本身并不易于阅读和理解,缺乏系统性和内部一致性。他也承认,在表述自己的思想时并没有特别注意表述上的清晰性,以便读者更好地理解,而只是让思想喷涌而出,有赖读者自己去梳理。这与他特别重视原型的象征意义有关,对各种原型的象征意义的揭示依赖解释者的个人经验、直觉和想象力。此外,荣格理论中的诸多概念甚至前后不一致、相互矛盾,这也招致学者们的批评。

13.2 阿德勒的人格理论

13.2.1 阿德勒传略

阿德勒(Alfred Adler,1870—1937)出生于奥地利一个小镇上的犹太家庭,家境较为富裕。阿德勒兄弟姊妹颇多,他在六个兄弟、两个姊妹中排行老三,童年期的家庭环境,与哥哥在外形上的差距,对阿德勒一生的人格与学术发展都产生了重要影响。5岁时,阿德勒患上肺炎而九死一生,佝偻病对他造成了身体与内心的痛苦,这些经历对他后来的心理和职业选择产生了深刻影响,他力图克服这些阴影,从小便立志成为医生。在学习的最初阶段,老师经常因为他的学业表现而羞辱他,由于数学成绩不好,他不得不留级。但是,阿德勒在家里勤奋地做数学题,直至完全掌握。过了一段时间,他的数学老师出一道谁都解决不了的题目,但阿德勒宣称他能解答这道

图 13.3 阿德勒

题目。阿德勒在同学们的笑声中大步走向黑板,解答了这道题目。从那一刻起,他成为班级最好的学生(Orgler,1963,pp.1-3)。这一经历极大增强了阿德勒的信心,他相信个体可以通过不断努力,最终超越自卑并获得成功。这种信念不仅成为阿德勒一生的人生信条,而且成为他人格理论的核心主旨。

高中毕业后,阿德勒如愿以偿地进入维也纳大学学习医学,系统接受医学训练,并于1895年获得医学博士学位。毕业后的阿德勒作为一名眼科医生曾在维也纳医学院实习。不久后应征入伍,完成了为期半年的短暂兵役,之后回到维也纳大学继续深造。阿德勒尤其关注个体由于

身体器官的缺陷而产生的自卑,认为它是个体行动背后的真正驱动力。然而,作为一名医生,阿德勒日益深刻地体会到面临死亡时,人是多么无能、无力,因此随后开始将兴趣转向精神病学,探索个体内心的奥秘。

1899 年,阿德勒见到了当时已在精神病学界颇具影响力的弗洛伊德,并成为他的追随者。不久以后,阿德勒就成为当时精神分析学派的核心成员之一,他坚定捍卫精神分析的思想,并发表相关论文。

1908 年,弗洛伊德的"周三心理学会"更名为"维也纳社会心理分析学会"。1910 年,在弗洛伊德的推荐下,该组织选举阿德勒接替弗洛伊德担任主席(Fiebert, 1997, pp. 241 - 247)。然而,这时阿德勒也开始质疑弗洛伊德的观点,转而从个体自身和社会文化因素出发解释神经症,逐渐提出并完善了自己的人格理论,他对弗洛伊德观点的质疑也成为日后两人关系破裂的导火索。

1911 年,阿德勒与弗洛伊德的关系彻底破裂,他也成为精神分析学派内部公开与弗洛伊德分道扬镳的第一人。不久之后,阿德勒成立了一个名为"自由精神分析研究协会"的组织,选择这个名称是为了表达他对弗洛伊德独断方式的不满。1913 年,阿德勒把这个协会的名称改为"个体心理学协会",反映了他对整体人格的关注,认为个体是一个不可分割的实体。但是,这个名称也暗示了他注重对个体的研究,而不是对群体的研究。

1912 年,阿德勒发表论文《神经症的特性》(*The Neurotic Constitution*),从而为其创立的个体心理学奠定了基础,并逐渐发展成颇有影响力的新精神分析学派。阿德勒的观点吸引了一些追随者,并成立了自己的精神分析组织,创办了相应的个体心理学杂志,将自己的理论积极运用于实践。他在维也纳创办了第一个个体心理学实验学校,并在维也纳教育学院成立了儿童指导中心,组织和指导对儿童的临床干预,以及预防心理障碍。1926 年,阿德勒担任美国哥伦比亚大学客座教授,将个体心理学介绍到美国。1934 年,他定居纽约,3 年之后在一次去苏格兰阿伯丁演讲的旅途中突发心脏病逝世(Furtmuller, 1973, pp. 330 - 394)。

13.2.2 人格结构

阿德勒没有提出一个完整的人格结构理论，但他的如下概念反映了他理解人格结构的独特视角。

生活风格

阿德勒认为，人格是个体为了适应自己所处的环境而表现出的特殊风格。他对人格持广泛而开放的态度，强调人格具有整体性、统一性和社会性。在他看来，个体的思想、价值、动机、行为都是由生活目标所决定的，都带有生活目标的印记，它们共同构成了一个人的生活风格（life style）；同时，人也是社会性的动物，是社会系统的一部分，受社会驱力的激励，脱离了个体的人际交往和有意义的背景关系就无法真正全面地了解该个体。

在阿德勒看来，人格是在克服自卑、追求卓越的过程中形成的。由于每个人所处的环境千差万别，因而每个人试图获得卓越的方法与途径也各不相同，阿德勒把这种追求卓越的方式称为生活风格。生活风格决定了人们对生活的态度，形成了人们的行为模式。因此，生活风格是人们获得卓越的独特手段，它是标识个体作为统一整体的自我而在社会生活中寻求表现的一种独特方式，内驱力、感觉、情绪、潜意识等都属于生活风格。对每个人来说，各自设定的具体目标不尽相同，这就反映了个体生活风格的差异，即生活风格都以个体设定的目标为中心。

阿德勒相信，每个人都有自己独特的生活风格。根据个体在社会兴趣和活动性这两个维度上的差异，可以把生活风格分为四种：控制型（ruling type）、回避型（avoiding type）、索取型（getting type）和社会型（socially type）。社会兴趣是指个体对他人的关心程度，表现为个体为了社会发展与他人合作的情况。活动性是指个体活动的范围和形式，是个体处理问题时表现出来的总能量。

控制型（低社会兴趣、高活动性）。这种类型的个体倾向于统治和支配他人，他们追求卓越的愿望特别强烈，需要从控制他人中感受到自己的强大和存在。但是，这种人缺乏社会意识，很少考虑他人的利益，甚至不惜利用或伤害他人以达到自己的目的。具有这种生活风格的孩子会在地板上打滚、哭闹，希望父母屈从于自己；为人父母后，他们又会要求孩子服从自己，并在工作中要求他人服从自己。这样的人长大后更容易出现虐待他人、滥用药物等违法行为。

回避型（低社会兴趣、低活动性）。这种类型的个体在面临需要解决的问题或危机时，缺乏必要的信心和勇气，他们不想面对生活中的问题，试图通过回避困难来避免任何可能出现的失败。他们通常不关心社会与他人的利益，只关注自我，沉溺于幻想中，在自我幻想的世界里满足卓越感的需要。

索取型（高社会兴趣、低活动性）。这种类型的个体比较被动，他们很少主动努力解决自己面对的问题，而是依赖他人来照顾自己。对于出生在富裕家庭中的孩子，如果父母溺爱、纵容，害怕孩子遭受挫折而尽量满足他们的一切要求，他们就容易形成索取型的生活风格。在这种环境下长大的孩子从小就不需要努力付出，也没有机会意识到自己的能力，他们对自己缺乏信心，习惯在他人的帮助下解决问题，满足自己的需要。

社会型（高社会兴趣、高活动性）。阿德勒认为，这种生活风格才是健康合理的、最正确的。这种类型的个体能够直面生活、与他人合作，愿意为他人和社会贡献自己的力量。他们具有与他人合作和为社会谋福利的态度，更关心他人的利益而不是自己的利益，能够更好地完成人生的三大任务（即职业、社会和爱情），他们的人生也过得更有意义。阿德勒认为，这类人通常生长于良好的家庭，家庭成员之间相互帮助、支持、理解和尊重。

社会兴趣

阿德勒的早期观点是，个体的一切行为都是为了自己。他把人描述为自私的、为了个人卓越感而奋斗的个体；他认为追求卓越是人类最核心的动机，个体追求卓越更多是为了克服自身的自卑感。但在研究后期，阿德勒提出了"社会兴趣"（social interest）的概念，即"追求一种永恒的社会形式，这种社会形式可以被认为人类已经达到了完美的目标"（Adler，1973，pp. 34 - 35）。此外，阿德勒还重新界定了"卓越"，以此来协调个体和社会的关系，从而弥补了先前个体心理学中对社会性关注不够的缺陷。晚年的阿德勒认为,在追求卓越时,正常的个体应该唤醒社会兴趣的潜能,否则就会暴露自私性,而这不利于社会与人类的发展。他指出,生活的意义不仅在于为追求个人的成功和卓越而奋斗,而且在于追求社会的幸福,满足人类和谐、友好生活的愿望,建立美好的社会。

阿德勒强调,社会兴趣是个体对社会成员的一种情感,是个体对人类本性的一种态度,表现为对社会的关心,以及与他人联系或合作的需要。人是社会性动物,是社会的一分子,与社会密不可分,人类的本性就是渴望与他人和谐共处,建立美好的社会。社会兴趣是人类与生俱来的特点和必不可少的需要,它使得每个人都为社会贡献自己的力量,成为被社会接纳和认可的一员。通过发展社会兴趣这一潜能,个体在满足社会性需要的同时,自卑感与疏离感也会减弱。一方面,由于社会分工,个体只有参与社会生活才能感受到自己的价值,从而变得乐观和自信;另一方面,由于个体对生产作出贡献,慢慢认识到所要克服的个人自卑感来源于社会生活的自卑感,因此社会兴趣也是补偿自卑感的一种自然方式,它是对个体天生弱点的真正的、必然的补偿。因此,为了摆脱自卑感,个体就会表现出浓厚的社会兴趣并力争上游。

社会兴趣有三个发展阶段,即潜能、能力和简洁动力特征。阿德勒认为,人们天生就具有一种与他人合作、和睦共处的潜能。在后天的成长中,个体发展了这种能力,使它在不同的社会合作行为中表现出来。随着这些能力的发展,简洁动力特征作为兴趣和态度在不同的行为中表现出来,成为表达社会兴趣的一种方式。

社会兴趣的发展取决于个体对职业选择、社会生活和爱情婚姻这三大重要人生问题的圆满解决。如果个体从事自己喜欢的工作并获得了较大的成就,在社会生活中人际关系良好,而且拥有幸福美满的爱情或婚姻,那么说明这个人社会兴趣浓厚,获得了生命的意义;反之,则社会兴趣不足或缺乏,生活会丧失意义感,并导致精神疾病。

阿德勒将社会兴趣作为衡量个体人格健康和社会价值的标准,他认为缺乏社会兴趣的人是生活的失败者,会导致自卑情结或卓越情结,并缺乏对自我和社会的正确认知。问题儿童、罪犯、发疯者和酒精中毒者之所以朝向无价值的生命发展，就是因为缺乏社会兴趣。心理学家应该帮助这些人增强社会兴趣，引导他们回到有意义的生活上去，使他们习得对社会更加有用的技能，从而提高自尊水平。

创造性自我

阿德勒晚年提出"创造性自我"（creative-self）这一重要概念，认为个体具有超越自我的创造性潜能，个体决定人格的能力与自身独特的生活风格相一致。个体在成长过程中并非被动地接受遗传和环境的塑造，而是会创造性地运用遗传和环境提供的基础，依照自己独特的方式加以组合，从而形成独一无二的自我。换言之，创造性自我是一种个人的主观体系，个体在经历各种情境之后，会自主地对这些经验加以解释，使它们富有独特的意义。尽管每个特定的个体都受生物遗传因素和环境影响，但正是创造性自我对这些变量的作用和解释决定了这个人的人格。因此，自我具有创造性，它不仅使个体获得经验，而且创造经验，从而帮助个体达成独特生活的目标，最终实现独特的生活风格。因此，创造性自我是人类生活的积极因素，它促使人格和谐一致，具有稳定性、独特性和灵活性。

"创造性自我"这一概念超越了阿德勒早期提出的"生活风格"的概念。生活风格仍然在于通过各种途径，采取各种行为以迎合情境的需要，达到自己的目标，而创造性自我不仅要满足达到目标的愿望，而且要发挥人格的创造性，获得个体独特的生活经验，并在更和谐的基础上成为自己需要成为的重要人物，取得卓越的成就。创造性自我使个体成为自己生活的主人，决定了个体的心理是否健康、社会兴趣是否正确。因此，如果每个人都发展出各自的创造性自我，那么每个人都能形成与众不同的人格，过着独一无二的、充实的生活。当然，这种积极的、理想化的成熟人格，只有少数人才能最终拥有。创造性自我的提出使阿德勒的理论发展达到顶峰。

13.2.3 人格动力

阿德勒反对弗洛伊德对性驱力的强调，反对将本能作为人类行为的动力,提出了社会动机在个体人格发展中的重要驱动作用,即社会文化、社会价值观、社会性才是我们行为的动力。具体而言,人类与生俱来的自卑感和为了克服这种自卑感而寻求补偿,不断使自己变得更好的倾向才是人生的主要动力。在解释这一机制时,阿德勒使用了"自卑与补偿""追求卓越"等概念。

自卑与补偿

阿德勒在其个体心理学理论中系统阐释了自卑感(inferiority),认为自卑感是人格发展的基础和起点。最初,阿德勒对自卑的理解仅限于生理层面,他认为有生理缺陷的人往往有一种生理上的自卑感,必须通过发展有缺陷的器官或全力发展其他功能来补偿这种缺陷。比如,盲人可能是自卑的,但通过训练可以在听力方面表现出色。后来,他把这种由器官缺陷引起的自卑扩展到心理自卑或社会自卑。阿德勒认为,自卑感是与生俱来的,因为与成人相比,每个婴儿都很弱小,无法独立生存,必须依赖成人的照顾和抚养,可见产生自卑感是人类早期发展过程中的正常现象。在成长过程中,个体还会继续面对各种困难情境,比如,无法达到目标时产生的无力感和无助感,对自身条件、行为和表现的不满和失望,自我价值感的缺乏,对生活环境的不安全感等,这些困难情境与消极体验都会使个体不断产生自卑感。

不过,自卑感并不完全是消极的、病态的、扭曲的,它也具有积极性。阿德勒指出,当我们产生自卑感后,就会表现出强烈的补偿倾向,推动个体为了克服自卑感而积极改变现状,使自己产生优越感并追求卓越。补偿作用就是个体自发产生的对自卑感的抵抗,它主要通过两条途径完成:一是个体努力训练自己存在缺陷的器官,尽量使缺陷最小化,使存在缺陷的器官的功能趋近完善并正常发挥作用;二是发展其他器官或机能,从而用其他优势来弥补某些有缺陷的器官或机能。然而,在补偿过程中个体应该寻找恰当的方式,如果补偿不当,随着自卑感的不断累积,个体感觉自己无法改变现状,这时自卑感可能会转化为内在的心理倾向即引发自卑情结(inferiority complex)。它是个体面对一个自己无法有效应对的问题时出现的心理反应,会阻碍人格的发展。受自卑情结支配的个体会逃避自己的问题，甚至通过过分贬低自己、自我麻痹或自我幻想的方式来否认自卑感，结果只会导致自己越来越自卑，甚至产生严重的神经症。此外，个体也可能会出现过度补偿，即为了克服某方面的缺陷而过多地付出努力，具体表现为通过过度努力而把自己原本的缺陷变成优势。过度补偿一方面能帮助个体克服自卑感，获得更大的成就；另一方面可能会在矫枉过正后导致神经症，因为它可能使个体脱离现实，以一种不切实际的态度来面对世界，从而与现实生活隔绝。

自卑与补偿是阿德勒的理论贡献之一。当儿童受到自卑感的驱使，感到自己在社会中无能为力时，就会不断去寻求更好的发展。达到一定目标后，又会在其他方面感到自卑从而开始新的努力和追求。阿德勒甚至将这种动力拓展到解释人类文化的发展这一层面，认为它是生命的创造力，甚至是人类文明产生和发展的原动力：正是由于在无限的宇宙面前，人类感受到了自己的渺小，因而通过发展理性思维和科学让自身变得强大。可以说，自卑感就是人类文化的基础。

追求卓越

除了自卑感的推动，追求卓越也推动个体不断向前发展，它们共同构成人格的动力。阿德勒认为，每个人都有自己的生活目标，努力从自卑到优越，不断通过追求完美来克服无助感，使自己获得更大的发展、成就和满足感，这就是追求卓越（striving for superiority）（Adler, 1930）。追求卓越和自卑感是互补的，只有当个体感受到自卑后，才会去追求卓越，它是个体对自卑感进行补偿的目标。人们会永无止境地追求卓越，它也是个体与生俱来的，是人们生活的基本事实和重要组成部分。以自卑为个人奋斗的原始动力，以卓越为追求的终极目的，人生的主题就是自卑和追求卓越。阿德勒所说的卓越并不是指与他人比较时自己比他人强大，而是指自身能力的不断增强。追求卓越不仅是个体进步的基础，而且是一切文化发展的基础，引领着人类不断进步。后来，阿德勒进一步提出，卓越不仅是追求个体的发展，而且是追求一种卓越而完美的社会。

一般情况下，追求卓越是有益的，它可以引领个体弥补缺陷、战胜自卑、获得成就、追求更完美的生活，使自己的心理得到积极健康的发展。但在阿德勒看来，它同样存在两面性，既存在积极的一面，也存在消极的一面。如果个体追求不当，过分强调自身的卓越性，就可能会迷失自我，为了满足自己的卓越感而忽视生活和他人的需要，变得妄自尊大、爱慕虚荣等，表现出卓越情结。卓越情结是个体追求卓越时的一种夸张状态，实际上是个体对自卑感的文饰。具有卓越情结的个体感受到的自身的卓越条件并不一定客观存在，可能是个体用于麻痹自己而主观想象出来的，这类人特别强调臆想出的卓越感以掩饰真实的自卑感。由此可见，自卑情结和卓越情结并不是相互对立的，而是相互补充的，可能同时出现在某个人身上。

13.2.4 人格发展

阿德勒认为，人格的形成和发展主要取决于个体所处的生活环境，具体包括家庭环境、学校环境和工作环境，它们分别对应儿童早期、读书时期和工作时期。在各个阶段，重要他人对个体社会适应能力的发展都具有十分重要的意义。

家庭环境

家庭环境包括家庭社会地位、家庭经济状况、家庭结构（是否为单亲家庭）、家庭氛围、父母教养方式（是否忽视或溺爱孩子）、孩子的出生顺序、邻里关系等方面。家庭环境对生活风格的影响主要表现在儿童早期。与弗洛伊德一样，阿德勒强调早期经验对个体生活风格形成的重要性，认为个体的生活风格在4、5岁的时候就已经基本形成。这一时期的儿童在自卑感和追求卓越的驱动下，会利用遗传条件和环境因素，观察和模仿周围环境中的强者，不断在摸索中调整并总结出自己的行为方式和应对困难的方法，并根据自身所处的生活环境为自己设定具体的目标。在这个过程中，儿童逐渐形成了自己独特的生活风格。

阿德勒认为，儿童生活风格的形成在很大程度上依赖父母对待他们的方式及其所处的生活环境。父母是儿童最早的社会关系，帮助儿童形成独特的生活方式，并帮助他们设定生活的目标（Adler，1956，pp. 372 - 381）。阿德勒尤其重视母亲在儿童人格形成中的作用，因为母亲是儿童最早的亲密关系者，通过与母亲的互动，儿童形成对人际关系的最初看法。社会兴趣也正是从这个时候开始形成。社会兴趣不仅有先天的倾向，后天的培养也至关重要。一个好的母亲会让儿童感受到可信任的人际关系，教会儿童以正确的态度面对现实生活，培养合作、友爱、尊重、勇敢的品质，这样的儿童长大后自然具有较浓厚的社会兴趣。相反，不称职的母亲会令儿童充满怀疑和敌意，在与现实世界发生冲突时很可能遭遇适应不良的问题。

此外，阿德勒还特别强调出生顺序的重要性。他是第一个关注出生顺序对人格发展的影响的心理学家。阿德勒认为，同一个家庭中的兄弟姐妹会因为各自出生顺序的不同而受到区别对待，从而形成不同的人格特点。由于初次为人父母，因此家中第一个出生的孩子在弟妹出生前会独享父母的关注和爱护，然而第二个孩子的出生会分走父母一部分的关爱，此时第一个出生的孩子心里会感到失落。第一个出生的孩子一般会更重视规则，强调长幼有序，喜欢搬弄是非，但也可能由于年龄最大而发展出关爱与助人的特点。中间出生的孩子由于有哥哥姐姐做榜样，希望能够超越他们，因此更具有进取心，不甘落后，而且由于一出生就没有独享父母的爱，因而合作性更强。阿德勒认为，父母最溺爱和娇宠的常常是最小的孩子（Mairet，1964，p. 107）。最小的孩子容易依赖他人的支持和保护，希望处处超过自己的哥哥姐姐，然而结果往往失败，因此容易形成强烈的自卑感。这种自卑感可能会驱使他们为了超越自卑而更加努力地追求卓越，但也可能导致他们失去克服困难的勇气，形成消极的生活风格。

儿童早期与读书时期，在重要他人的影响中，母亲、父亲、兄弟姐妹的作用依次递减。母亲是儿童最先接触的对象，个体对他人的关注也萌发于此。父亲会与儿童合作，并且强化父子间的关系，弥补儿童无法从母亲那里获得的部分。兄弟姐妹则让儿童最早学会与他人合作，并且将合作扩展到其他儿童身上。

学校环境

尽管阿德勒强调个体早期生活经验对人格发展的影响，但是与弗洛伊德截然不同，他反对性本能决定论，认为儿童是可教育的，通过教育可以改变和塑造儿童的人格。除了强调家庭环境，阿德勒还强调学校环境，它们都对培养与发展个体的健全人格具有重要意义。

学龄期的儿童要离开家庭进入学校，面对学校这一新的环境，这时他们面临的挑战是，自己在家庭中已形成的生活风格是否能够适应学校的新生活。阿德勒认为，学校是家庭的延续，学校生活和教师对于个体生活风格的形成与发展同样十分重要。这一时期的重要他人是教师，教师的作用是帮助儿童修正和调整社会兴趣，家庭教育的不良影响可以通过学校教育来改正。

工作环境

阿德勒认为，当我们离开学校后，生活风格就进入了最后一个发展时期。在这一时期，个体是否从事自己感兴趣的工作十分重要。此外，个体还要在这一时期对自己的生活风格进行最后的调整并使其固定下来。生活风格需要适应现实情境，而且要与社会兴趣相联系，使个人追求符合他人、社会和人类的利益，成就卓越的自己。

在个体的后期发展中，朋友、伴侣和工作伙伴都会影响社会兴趣。朋友可以鼓励和支持个体，为个体提供参加团体活动的机会，以及家庭般的人际网络。与伴侣的亲密关系能丰富个体的社会情感。工作伙伴则可以培养个体合作的能力，良好的工作关系可以很好地激发个体的潜力，使个体体会到自己对他人的价值，这对个体社会兴趣的形成也十分重要。

13.2.5 阿德勒理论的评价

贡献

作为精神分析学派内部第一个公开与弗洛伊德决裂的学者，阿德勒的人格心理学注重人的能动性和自由选择，反对人是消极、被动地受到本能力量驱使的生物这一观点，阿德勒积极的人性观影响和启发了后来的人本主义心理学家。虽然阿德勒也认为遗传和环境会对个体的人格产生作用，但更强调个体的发展是遗传与环境交互作用的结果，这种交互作用必须由自我加以整合后才能发挥作用。他明确指出，个体的生活态度决定个体的人生，决定个体与世界的关系。个体完全可以自主选择和决定自己独特的、最适合的、最有效的生活风格和目标，决定自己的命运，而不是被遗传和环境束缚，受命运支配。正是通过"追求卓越""创造性自我"等崭新的概念，阿德勒为后来的人本主义心理学全面关注积极人性奠定了基础。

阿德勒的个体心理学将个体与社会联系起来，引入社会情境来分析人格，通过"社会兴趣"等概念，综合考虑个体与社会之间的互动及其作用，将人格发展的关注点引向社会文化因素。阿德勒认为，个体是天生的社会性动物，个体的行为受到社会驱力的推动。他注重个体与自然和社会之间的关系，强调遗传和环境对个体人格发展的共同作用，削弱了弗洛伊德理论的性在行为动力中的作用，使人格心理学的发展走出了弗洛伊德的泛性论。同时，他深入探究个体内心的最深处，以科学的态度探究个体成功和失败的动机和原因，把心理学引向社会科学的方向，使得意识、自我等成为心理学研究的重要内容，推动了心理学中的社会学取向，促进了社会心理学的发展，阿德勒也是精神分析社会文化学派的先驱。

此外，阿德勒也为心理咨询和心理治疗的发展作出贡献。他强调心理治疗中的自尊、共情和平等，他的个体心理学治疗思想对整个精神病学领域都产生了影响，也对随后发展起来的认知行为疗法、叙事疗法、家庭疗法等心理治疗方法产生重要的影响；他引入团体治疗，是现代团体治疗的先驱。而且，阿德勒的教育理念和实践都非常具有前瞻性。他格外重视儿童的早期教育，既强调家庭环境对个体发展的重要作用，也强调学校教育对个体发展的重要作用，并将自己的理念付诸行动，最早在学校设立学校心理卫生中心，对问题儿童提供帮助。他还专门探索并建立了相应的心理咨询程序，极大地推动了学校心理卫生运动的发展。

局限

　　阿德勒的心理学理论同样存在科学性不足的问题。他的学说中的许多基本概念普遍缺乏明确的操作性定义，难以验证，同时他的理论主要建立在临床实践和日常生活观察的基础上，后续的相关研究也并未对理论的科学性提供充足的证据。

　　此外，阿德勒对人格的理解过于简单，他的人格理论难以解释人类行为的复杂性。阿德勒虽然重视人格的整体性，但忽视了人格结构及其内在矛盾，把人简单看作由追求卓越等单一动机驱使的个体，过于强调自卑感在人格发展中的重要性。另外，他虽然重视社会环境对人格的影响，但所指主要是家庭环境和学校环境，忽略了其他更为复杂的社会关系对人格塑造的重要作用，没有看到社会实践活动才是众多制约因素的现实基础，未能充分说明心理疾病的宏观社会历史文化根源。

14 安娜·弗洛伊德、埃里克森与克莱因：自我与客体关系

本章介绍对精神分析自我心理学的发展作出重要贡献的三位代表人物——安娜·弗洛伊德、埃里克森与克莱因。这三位心理学家存在诸多相同之处，令人印象最深刻的是，相比于古典精神分析对本我和本能的过度依赖，他们都在不同程度上重视自我的作用，而不是把自我看作本我的附庸和奴隶。安娜·弗洛伊德认为，本我和超我并不总是能够直接被观察到，只能够观察到自我，只有通过观察自我，才能了解本我和超我的活动方式。埃里克森将自我看作包含人的意识活动的心理过程，强调自我的独立性和自主性，能够帮助个体积极应对周围环境带来的挑战。克莱因认为，本我和自我是同一心理结构的两个不同方面，而且与弗洛伊德相比，她将自我形成的时间提前了许多。

虽然都重视自我的作用和功能，但这三位心理学家在具体的人格理论上也存在差异。安娜·弗洛伊德的人格理论依旧带有浓厚的古典精神分析色彩，在自我从本我的束缚下独立这一过程中，安娜·弗洛伊德起到了启发的作用，除了提出发展线索这一独创性的理论之外，她的人格理论和研究方法基本继承了父亲的传统精神分析的思想。埃里克森则更进一步，认为除了本能冲动，社会文化因素也是影响自我形成和发展的重要因素。克莱因则更关注儿童精神分析的理论与实践，尤其重视母婴关系，提出了客体关系理论（object relation theory），发明了游戏治疗技术，这令她的人格理论极具个人色彩。

14.1 安娜·弗洛伊德的自我心理学

安娜·弗洛伊德是弗洛伊德的小女儿,她天资聪颖,刻苦勤奋,13岁时便出席旁听父亲主持的维也纳精神分析学会的星期三讨论会。1918年,她开始接受历时4年的精神分析治疗,并于23岁时成为弗洛伊德的助手。安娜·弗洛伊德将一生献给了弗洛伊德创立的精神分析,她的研究生涯成果丰硕,著作等身。安娜·弗洛伊德不仅开创了儿童精神分析的研究,而且她有关自我的研究对日后精神分析自我心理学(psychoanalytic ego psychology)的创立起到了非常重要的作用。

14.1.1 安娜·弗洛伊德传略

安娜·弗洛伊德(Anna Freud,1895—1982),1895年12月3日出生于奥地利维也纳,是家里的第五个孩子,母亲怀上她时,父母一致认为

图 14.1 安娜·弗洛伊德

安娜·弗洛伊德会是他们的最后一个孩子,而且希望是个男孩。尽管事与愿违,但弗洛伊德依然很喜欢包括安娜·弗洛伊德在内的所有孩子,安娜·弗洛伊德也是唯一继承父亲的衣钵,日后从事精神分析研究的孩子。安娜·弗洛伊德没有让父亲失望,聪明勤奋的她在13岁时便出席旁听由弗洛伊德主持的维也纳精神分析学会的星期三讨论会。由于连夜做噩梦,饱受情绪困扰的安娜·弗洛伊德在1918年开始接受父亲的精神分析治疗,这一过程历时4年之久。与此同时,23岁的安娜·弗洛伊德第一次被父亲允许参加精神分析的工作,成为父亲的助手。安娜·弗洛伊德并未在大学接受心理学和医学的正规教育。但是,在父亲的帮助下,她接受了心理学和医学的严格训练,从事智力和情绪方面的自我研究。

1922年,安娜·弗洛伊德加入维也纳精神分析学会,取得正式会员资格。1923—1938年,她在维也纳开办私人诊所,从事精神分析治疗工作。在此期间,她于1924年首次在维也纳精神分析学会作了题为"击败幻想与白日梦"的研究报告,引起了精神分析学界的重视。1932年,她第一次发表精神分析研究的文章,而且开始在精神分析学界崭露头角。不幸的是,她的父亲弗洛伊德患有口腔癌,在与癌症斗争的过程中,她一直陪伴着父亲直至他离世。1936年,她将自己的治疗实践与父亲对防御机制的研究成果相结合,出版了《自我与防御机制》(*The Ego and the Mechanisms of Defense*)一书。

1938年,纳粹德国入侵奥地利,安娜·弗洛伊德一度被德军逮捕入狱,获释后与父亲移居英国伦敦。在伦敦,安娜·弗洛伊德一面照顾患病的父亲,一面继续从事儿童精神分析与治疗工作。1947年,她与同事一起设立汉普斯特德儿童精神分析理论课程。从1950年开始,她为各国的儿童精神分析工作者开展精神分析讲演,并担任耶鲁大学法学院和儿童研究中心访问教授。1952年起,她担任汉普斯特德诊所的所长直至逝世。1982年10月9日,安娜·弗洛伊德在英国伦敦去世,享年87岁。她将自己的一生奉献给了父亲热爱的精神分析事业,终生未嫁。

安娜·弗洛伊德一生共发表论文100多篇,出版10余部专著。如前所述,她没有正式的学历,她的学术成就凭借自学所得,并先后获得美国克拉克大学、耶鲁大学、哥伦比亚大学和英国剑桥大学等多所名校授予的名誉学位。

14.1.2 自我与防御机制

安娜·弗洛伊德接受了父亲提出的人格结构的学说,即认为人格由本我、自我和超我三部分组成。与父亲不同,她更重视自我的作用,反对本我对心理活动的决定作用。她认为,本我和超我并不总是能够直接被观察到,只能够观察到自我。因此,她认为只有通过观察自我,才能了解本我和超我的活动方式(Freud, A., 1966, p. 43)。如果说弗洛伊德将分析本我作为精神分析治疗和理论的起点,那么安娜·弗洛伊德则改变了这一起点,将分析自我作为解决所有精神分析问题的起点。这在自我心理学发展史上无疑是一个巨大的进步。

安娜·弗洛伊德在《自我与防御机制》一书中明确强调了自我的功能。她认为,弗洛伊德使用的揭示潜意识的催眠术、自由联想和梦的解析等治疗方法是有价值的,但是这些方法都绕过了自我,忽视了自我在心理冲突中的作用,因此治疗效果无法长久保持。精神分析师在运用催眠术和自由联想时,要求患者报告经历过的事情,这在当时的治疗环境下实际是让患者的自我暂时沉默。然而,在临床上经常遇到患者的阻抗和移情,这就是患者的自我防御。

安娜·弗洛伊德认为,自我具有众多功能,而防御是它的一个主要功能。"防御"(defense)一词最早由弗洛伊德提出,用来描述自我为应对痛苦的或无法忍受的观念和情感而作出的努力。安娜·弗洛伊德接受了父亲对防御的定义,并将其扩展为"自我在正常发展过程中和神经症中用来回避痛苦和不愉快的情感的方式和方法"(Midgley,2012,p.141)。安娜·弗洛伊德并不像父亲一样将防御机制视为理解潜意识的障碍,她对防御机制的性质和功能进行了更为深入的探索。她认为,自我的防御功能直接与自我的力量、性质紧密相关,具有重大的临床意义。自我发展总离不开防御机制的发展,通过防御机制的活动可以看到自我的影子。防御的作用在于通过潜意识的方式防止潜意识的材料进入意识,由此使人减少焦虑。但是如果防御机制的运用失败,潜意识的材料就会进入意识层面,增加人的痛苦。

安娜·弗洛伊德认为,自我采用的防御机制不只是在冲突面前的一种妥协,还具有重要的适应价值。在满足正常需求和适应社会环境的过程中,运用这些防御机制是正常且必要的。健康人和神经症患者都会潜意识地运用防御机制,区别仅在于是否运用得当。安娜·弗洛伊德对防御机制的研究对自我心理学的建立和发展具有重大影响。在《自我与防御机制》一书中,除了总结父亲提出的十种防御机制外,她又增加了五种重要的防御机制:利他主义、对攻击者的认同、否认、自虐、禁欲。

利他主义(altruism),是一种投射作用,指通过满足别人的需要来对自己的本能冲动作出利他性转移(altruistic surrender)，它包括良性的反向形成、慈善行为，以及报答别人。在极端情况下，个体会放弃自己的理想来满足别人的需要。利他与投射、发泄的区别在于，它为别人提供的是真实的而不是想象的好处。与反向形成不同，利他主义让使用该防御机制的个体至少部分地得到满足。

对攻击者的认同(identification-with-the aggressor)，也是一种投射作用，指接受令自己恐惧的对象，通过在内心把自己与他等同以消除恐惧。换句话说，通过模仿和学习令自己恐惧的对象，使个体感到自己就是那个令人恐惧的对象。安娜·弗洛伊德认为，这种认同与投射共同发挥作用。那些具有暴力倾向的人往往内心都很脆弱，他们的暴力行为只是为了掩饰自己内心的恐惧。1973年8月23日，两名有前科的罪犯抢劫一家信贷银行，并挟持了四名银行职员。在与警察僵持了130个小时后，歹徒最终投降。然而，这起事件发生后几个月，四名曾经遭受挟持的银行职员却表示并不痛恨歹徒，反而对警察表现出敌对的态度，因为事件发生在斯德哥尔摩，所以这种认同绑匪的心理状态命名为斯德哥尔摩综合征(Stockholm syndrome)。当这四名受害者认同绑匪的某些观点和想法时，他们自身的恐惧似乎消失了，从而感觉到自己并未受到威胁。

否认(denial)，是指人们将威胁事件排除在意识之外，不承认它的存在，以缓解焦虑。这是一种通过扭曲现实来保护自我的防御机制。2014年3月8日，载有227名乘客的MH370航班由吉隆坡飞往北京，该航班在马来西亚和越南的交界处与胡志明管控区失去联络后再无消息。事故发生之初，乘客家属们无法相信自己的亲人就这么离他们而去，故有可能采取否认的方式，缓解事故带来的焦虑。

自虐(tuning-against-self)，是一种受虐癖现象，患者把本能冲动转向自己，通过折磨自己，使自己受苦达到内心平衡。使用这种防御机制的个体常常会以一种受虐狂的方式表达自己的感情。比如，孩子可能对惩罚自己的父亲十分不满，由于害怕或者其他因素，孩子不能向父亲宣泄自己的不满，于是将这种不满转向自己，通过指责甚至伤害自己来缓解焦虑。

禁欲(asceticism)，主要发生在青少年时期，这一阶段本能冲动逐渐增强，为了消除性冲动带来的焦虑情绪，青少年会通过拒绝所有的欲望和快乐来保护自己，避免表现出越轨行为。在禁欲的作用下，青少年会放弃许多娱乐活动而投身于学业，甚至限制自己每天的进食和睡眠。他们采取的禁欲行为似乎是在保护自己，使自己不会受到焦虑、愤怒和羞愧的侵扰。

14.1.3　儿童精神分析

安娜·弗洛伊德为精神分析的发展作出的一项重要贡献是，将父亲创立的针对成人的精神分析理论扩展到儿童。她在长期的儿童心理研究中发现，对儿童进行精神分析不能直接套用成人的精神分析模式。弗洛伊德的精神分析正是对成人的分析，这种模式在儿童那里很难奏效。成年患者在精神分析过程中报告的是早期创伤性经验，但由于儿童的身心还处于发展中，具有脆弱性、可塑性。在儿童那里得到的回忆往往是心理发展过程中的经历，或者说是发展过程中遇到的障碍，这些障碍导致当前的心理问题。安娜·弗洛伊德认为，这些问题反映了儿童在发展过程中的脆弱性，而不是本我、自我和超我之间的冲突。因此，对儿童进行精神分析时，分析者不应该完全把注意力放在症状上，而应该关注儿童的身心健康。

安娜·弗洛伊德还提出**发展线索**(developmental line)的概念，来描绘儿童从依赖外部控制转变为逐渐减少对外部控制的依赖，并能把握内外现实的过程。发展线索主要强调自我在儿童成长发展中所起的作用，它描绘了儿童正常发展过程中的特征表现，也可以作为儿童发展不良的指标。发展线索细致地考察了儿童特定领域的驱力序列和结构发展，通过仔细观察微小领域和发展序列来表明人类发展的巨大复杂性(杨慧芳，王礼军，2016)。发展线索的主要内容包括：

(1) 从依赖他人到情绪独立自主；

(2) 从哺乳到正常饮食；

(3) 从大小便失控到能适当控制大小便；

(4) 从对身体管理不闻不问到负起责任；

(5) 从自我中心到建立友谊；

(6) 从关注自己的身体到关注玩具,从喜爱游戏到参加工作。

其中,线索(1)是最基本、最重要的发展线索,这一方面是因为其他线索围绕它产生,另一方面是因为它是安娜·弗洛伊德所有关于客体关系研究的焦点。线索(1)描述了母婴之间可观察的外部关系和正在发展的客体表征的内部世界,格外关注儿童的客体关系。线索(2)至线索(4)都会经历几个阶段,从需要母亲的管理发展到儿童的自我逐渐强大并接管这些工作。这其中可能会出现暂时的困难,属于正常现象,但是严重的停滞甚至退行则反映了母婴关系的失败或发展困境。线索(5)有四个发展阶段：利己的自恋阶段、将其他儿童视为完成特定任务的帮手的阶段、将其他儿童视为伙伴的阶段、建立友谊关系的阶段。线索(6)的发展以儿童关注自己和母亲的身体为开端,然后过渡到关注客体(Winnicott, 1953)。最终,当儿童能够控制并缓和本能冲动,将其建设性地用于社交活动,能够容忍挫折,根据现实的要求在升华中获得快乐时,儿童游戏的能力就发展为工作的能力(Freud, A., 1963)。

在长期从事儿童精神分析的工作中,安娜·弗洛伊德观察儿童的成长过程,发现儿童通过本我和自我的交互作用逐渐增强自己对外界的信赖,最终形成自我对内外现实的控制能力。因此,她认为任何一条发展线索的积极转变都受到三个方面的影响,即先天禀赋、环境条件,以及内外力量的相互作用(Freud, A., 1965, pp. 64-77)。她特别强调,在儿童人格的形成过程中,环境因素的影响很大,努力创设良好的教育与生活环境是解决儿童心理冲突的关键。发展线索的提出使精神分析不再局限于分析潜意识这一纯粹的内部世界,而是开始接近人的现实生活,因而具有进步意义。

14.1.4 理论评价

作为传统精神分析学派的坚定支持者和继承人,安娜·弗洛伊德深入研究了焦虑与自我防御机制,丰富和发展了弗洛伊德的自我理论。安娜·弗洛伊德认为，自我防御是精神分析的一个重要内容，提出了自我研究的重要性，认为自我应当成为精神分析的合法研究对象。她将自我看作一种独立自主的力量，具有约束本我和适应环境两方面的作用。在总结了弗洛伊德提出的十种防御机制的基础上，她创造性地提出了利他主义、对攻击者的认同、否认、自虐和禁欲这五种自我防御机制。这种重视自我功能的倾向开创了精神分析的一个新取向，从此自我成为精神分析研究的重点，在哈特曼（Heinz Hartmann）等人的推动下，最终建立了精神分析自我心理学。

此外，安娜·弗洛伊德扩展了精神分析的研究方法，推动了精神分析理论的应用。她首先提出对儿童的精神分析，指出适用于成年患者的精神分析治疗模式不能盲目套用于儿童精神分析治疗。同时，她并不把儿童发展过程中面临的问题看作本我、自我和超我之间冲突的反映，她认为这些问题反映了儿童在发展过程中的脆弱性，并提出了使用精神分析方法对儿童进行分析的具体步骤。此外，她还提出发展线索来描述儿童由依赖外部控制到能够控制内外现实的转变过程。她将精神分析方法应用于治疗之外的其他领域，如家庭教育、法律等，扩大了精神分析的应用范围，推动了精神分析理论的应用研究，发展和完善了传统精神分析研究。

14.2　埃里克森的自我心理学

埃里克森将心理社会的因素归纳到自我心理学中，对精神分析自我心理学的发展作出了杰出贡献。他从生物、心理、社会环境三个方面考察自我的发展，提出了一个以自我为核心的心理社会发展阶段理论，使自我心理学的理论达到一个新的水平。

14.2.1　埃里克森传略

埃里克森（Erik Homburger Erikson，1902—1994）出生于德国法兰克

福,生父是丹麦人,母亲是犹太人,在他出生前生父就抛弃了他和母亲,此后不久母亲带着他远赴德国投奔朋友。埃里克森出生后不久患病,母亲带着他到犹太医生洪布格尔(Theodor Homburger)那里接受治疗,这位医生不久后成为他的继父。随着年龄的增长,埃里克森外貌上的斯堪的纳维亚人的特征愈发明显,继父和母亲的教会成员们称他为异教徒。后来他得知自己的身世,他的同一性危机凸显出来,这也为日后他提出同一性危机埋下了伏笔。

图 14.2　埃里克森

埃里克森度过了一个安稳、平静的童年,这种平静的生活在他 18 岁时被打破,当时就读于一所艺术型大学预科学校的埃里克森并不适应这种严肃且正式的学术氛围,他也不是众人口中的好学生(Coles,1970,p. 14)。毕业后他离家远游,遍历欧洲。在此期间,他经历了职业选择的迷惑,先后在家乡和慕尼黑念了一段时间的艺术,后来又搬到佛罗伦萨生活了一段时间。再次回到家乡时,埃里克森已经 25 岁,他计划一边学习,一边以教授艺术谋生。这时,命运给他带来了一次转机,经朋友邀请和介绍,他去到美国一所小型幼儿园任教并结识了安娜·弗洛伊德及其大名鼎鼎的父亲弗洛伊德。此时,安娜·弗洛伊德正致力于开创儿童精神分析研究,埃里克森参与了她早期的研究,并接受了她作为儿童精神分析师的培训。经过一段时间的学习和实践,埃里克森对精神分析在艺术中的应用越来越感兴趣。结婚后,他开始认真考虑是否以精神分析师作为自己的职业。此后 4 年,他完成了在维也纳精神分析学会的培训,并于 1933 年当选为会员。

1933 年下半年,埃里克森举家移民到美国,定居波士顿并成为马萨诸塞州第一位儿童心理分析师。他先后在哈佛医学院、麻省总医院和哈佛心理所任职。在此期间,他的思想和职业发展深受米德(Margaret Mead)、贝特森(Gregory Bateson)、本尼迪克特(Ruth Benedict)等人类学家的影响。1936 年,他前往耶鲁大学任职,同年他在作为人类学家的同事的鼓励下前往南达科他州松岭保留地去观察苏族儿童的行为。1939

年，埃里克森搬到加利福尼亚州并进入加利福尼亚大学伯克利分校儿童福利研究所，在那里他继续对儿童进行分析研究。在儿童福利研究所任职期间，他还去到北部观察尤洛克族儿童。正是哲学、人类学的研究经历使得埃里克森认识到弗洛伊德关于婴儿性欲理论的局限性，并最终提出了一个更为全面的自我发展的心理社会发展理论。

1950年，埃里克森出版了《儿童与社会》(Child and Society)一书，这本书详细介绍了他基于多年跨文化研究和临床经验提出的人类发展理论，首次将精神分析与历史和人类学结合在一起，这本书的出版使他很快成为美国自我心理学的领头人。这本书的手稿出版时，正值美国的反共狂热时期，埃里克森卷入了加利福尼亚大学的一场政治斗争，他拒绝在一份表明自己不是共产党人的"忠诚誓言"上签字，并辞去了在加利福尼亚大学的职位。1951年，埃里克森再次搬到马萨诸塞州，在奥斯汀里格斯中心工作。1960年他回到哈佛任教，直到1970年退休。在这20年间，埃里克森完成了诸多著作，包括《少年路德：一项精神分析和历史的研究》(Young Man Luther: A Study in Psychoanalysis and History, 1958)、《领悟与责任》(Insight and Responsibility, 1964)、《同一性：青年与危机》(Identity: Youth and Crisis, 1968)、《甘地的真理》(Gandhi's Truth, 1969)、《玩具和原因：经验仪式化的阶段》(Toys and Reasons: Stages in the Ritualization of Experience, 1977)等。

1978年，哈佛大学授予埃里克森荣誉博士学位。1982年，他与妻子成立了埃里克森中心(Erik H. and Joan M. Erikson Center)，为生命周期的跨学科研究创立了一个论坛。直至他去世前不久，他还致力于科学研究和创作。他的辛勤工作和学术贡献得到了世人的广泛认可，在他去世后的诸多吊唁信中，有一封来自时任总统克林顿(Bill Clinton)的私人信件，信中赞扬了埃里克森的诸多专业贡献，并称他"对我们的世界产生了巨大的影响"(Wallerstein, 1995, p.174)。

14.2.2 自我同一性理论

埃里克森将人格结构的重心转移到自我上，强调自我的独立性和自主性，认为自我并不包含个体的生物本能驱力的控制，而是帮助个体积极适应周围环境带来的挑战(Ryckman，2004)。他将自我看作包含人的意识活动的心理过程，是可以控制的。自我综合了个体过去和现在的经验，而且能够将个体自身的发展和社会发展结合起来，引导力比多向合理的方向释放，并决定个人命运的走向。埃里克森认为，自我具有信任、希望、自主、同一性、爱、创造、意志、智慧等积极品质。在特定的文化背景下，当个体创造性地解决了人生每个发展阶段遇到的危机，就能获得上述品质，并发展出一个健康、强大的自我。因而，埃里克森的理论关注个体发展过程中危机的顺利解决，以及由此获得的强大的自我同一性(Ryckman，2004)。

自我同一性的概念

自我同一性(self-identity)在埃里克森的理论中具有重要地位，是他的理论的核心概念之一。自我同一性是指个体对自我一致性或连续性的感知，即个体对过去、现在、将来"我是谁"及"我将会怎么样"的主观体验。自我同一性分别在个体和社会两个层面得到体现。在个体层面，个体需要了解自己的生命，清楚自己的爱好和理想，不管是过去还是未来都朝向一个确定的有价值的方向前进；在社会层面，个体也在积极寻求社会和团体对自己的接纳和认可。因此，自我同一性具有个体性、整体性或整合性、一致性或连续性，以及社会团结性等特征。

自我同一性的结构和功能

在结构方面，埃里克森认为自我同一性是由生物、心理和社会三方面因素构成的统一体；在适应性方面，自我同一性是自我对社会环境的适应性反应；在主观性方面，自我同一性使人有一种自主的内在一致性和连续感；在存在性方面，自我同一性给人提供方向和意义感(Erikson，1968a，p. 23)。按照埃里克森的划分，人生发展可分为八个阶段，其中第五个阶段面临的危机为同一性对角色混淆(identity vs. role confusion)。如果个体在这个阶段不能建立自我同一性，就会产生角色混淆或消极的同一性。角色混淆表现为不能选择稳定的生活角色，消极的同一性(negative identity)是指获得社会文化不予认可的角色。为了避免同一性的提前完结，不至于过早接纳尚未形成的社会角色，个体有时会出现心理社会性延缓（psychological moratorium）。例如，一些青年在作出人生的重大决定之前会暂时离开大学去旅行或是从事各种不同的工作，这正是寻求某种同一性的时期。关于自我同一性的功能，埃里克森认为自我同一性一旦形成，个体会获得忠诚的品质（virtue of fidelity），就能"尽管价值体系有着不可避免的矛盾，仍能忠于内心的誓言……"，倘若不能成功解决这个阶段的发展危机，个体的人格中就会留下不确定感。

14.2.3　人格发展

埃里克森认为，人的发展遵循渐成论原则（epigenetic principle），即人类发展要普遍经历一系列阶段，这些阶段以不变的序列展开。他依据渐成论原则提出心理社会发展阶段理论，将人格的发展分为八个阶段。虽然前四个阶段与弗洛伊德的口唇期、肛门期、生殖器期和潜伏期非常一致，但与弗洛伊德将人格发展的动力归于本能冲动不同，埃里克森的理论关注社会心理和人际关系在个体成长中的意义，并把人格的发展放在生命全程中加以考虑，个体自出生之日起，就不断体验生物的、心理的和社会的事件，并按照一定的成熟度分阶段向前发展。

埃里克森认为，每一阶段都有独特的心理社会危机或转折点，个体必须对未来发展方向作出决断（Erikson, 1964, pp. 138-139）。危机能否解决会决定个体在发展过程中是前进还是倒退。埃里克森认为，人类的发展从本质上是朝着危机解决的方向前进的，目的是要发展出强大的自我同一性。每一阶段的危机是否能够成功解决，很大程度上取决于个体心理社会体验的质量。同时，它还依赖个体能否积极地去分析和整合该体验并利用新发展出的能力和技能。因此，埃里克森认为，尽管生物遗传因素决定了人格发展各个阶段出现的顺序和时间，但个体如何完成每个阶段的发展与社会因素密切相关。人的发展是以一种建设性的、有利于成长的方式去积极主动地应对各种问题的过程，而不是受外力决定的、被动的适应过程。

埃里克森认为，每个阶段的危机得到有效解决后，个体会获得一种自我力量，即美德（virtue），意指"一种内在的力量和积极的品质"（Erikson，1964，p.113）。前一阶段危机的有效解决，会增强自我力量，并提升后一阶段危机有效解决的可能性；相反，如果前一阶段的危机未能得到有效解决，就会削弱自我力量，降低后一阶段达到成功适应的可能性。因此，各个阶段是相互关联、相互影响的，后一阶段的发展建立在前一阶段危机有效解决的基础之上（Erikson，1963，p.272）。

基本信任对不信任（0～1岁）

婴儿出生后的第一年，对应弗洛伊德人格发展理论的口唇期。这一阶段，口唇周围是快感中心，婴儿的主要活动是吮吸。婴儿依赖口唇生存和得到快感。在埃里克森看来，如果母亲以关爱的态度和前后一致的方式来照料婴儿，婴儿很可能发展出基本信任感（basic trust）。婴儿取得的第一个社会性发展的成就是母亲离开他时不会过分焦虑，因为他确信母亲一定会回来喂养并照顾他。这种确定感是自我同一性形成的第一步，因为自我同一性建立在婴儿认为他人是可信赖的基础上（Erikson，1963，p.247）。相比而言，基本不信任感（basic mistrust）是由母亲的不可靠、冷淡和拒绝造成的。如果母亲不可依赖且不能提供相应的照料，婴儿很可能会产生沮丧、生气甚至愤怒的情绪，进而出现更多要求和其他难以预料的事情。这种被抛弃的感觉还会导致持续的不信任感继而影响婴儿以后的发展。

当基本信任感多于不信任感时，信任危机得以解决。但是，一定程度上的不信任感有利于儿童的社会生存。如果这个阶段的危机能够顺利解决，儿童会形成信任和希望（hope）的品质，具备这一品质的儿童会对周围人和世界有一种基本的信任感，具有较强的未来定向；缺乏这一品质的儿童往往难以建立人际信任，不敢对他人抱有希望，总是担心自己的需要得不到满足。埃里克森将人生第一阶段的发展与社会信任相联系并通过临床经验加以证实，这一原理是心理学对社会科学的重大贡献，遗憾的是这一原理的意义还远没有得到重视，以致经常有学者指出我们的社会面临信任危机，对其根源却不得要领。

自主对羞怯、怀疑(2~3岁)

这一阶段对应弗洛伊德人格发展理论的肛门期。此时,儿童的肌肉组织发育成熟,他们开始学习各种生活技能。更为重要的是,在这个阶段儿童的自我意识增强,能够自主作出选择和决定,恰好在这个阶段,父母会对儿童的排泄进行训练,要求儿童学会服从,控制自己的大小便,这就导致父母与儿童之间存在冲突。儿童必须变得有主见,并运用自己的信任感,清楚地知道他们能做些什么(Evans,1967,p. 19)。

如果父母过于严厉,对儿童的要求过高,儿童便会体验到一种失败感。这种感觉会使儿童对有效决定和控制自己生活的能力产生怀疑,结果是,儿童可能会试图通过冲动性的行为来重新获得控制感(Erikson,1963,p. 252)。如果父母耐心并持续地指导儿童,儿童便会发展出自主感和自我控制感,意志(will)这种品质也会相应出现。意志是指"进行自由选择和自我约束的持续决心"(Erikson,1964,p. 119),它能逐渐增强个体作出判断和决策的能力。具备意志品质的儿童能够面对羞怯和怀疑的情境,表现出自我控制和自由选择的决心。

主动对内疚(4~5岁)

这一阶段对应弗洛伊德人格发展理论的生殖器期。如果前一阶段的危机得到有效解决,儿童就会感到自己是一个自主的个体。在这一阶段,儿童的主动性得以充分体现,他们必须确定自己要成为什么样的人(Erikson,1968b,p. 115)。此时,儿童对父母、同伴及周围的一切都表现出极大的好奇心。身体的发育使得他们能够更自由地活动,可以独立地与家庭之外的人进行更广泛的接触。他们的语言更为简练,可以连续对大量事物追问个没完。他们的想象力非常丰富,幻想着能和大人一样。这一阶段的扮演活动也急剧增加,儿童开始尝试扮演各种成人角色(Erikson,1968b,p. 115)。

和弗洛伊德一样,埃里克森也认为,儿童除了探索周围世界并尝试扮演新角色之外,还对与性有关的事物表现出过分的关心。他们幻想自己占有异性父母,并产生与同性父母竞争的情感。如果儿童的这种行为受到惩罚,他们就会产生一种内疚感(guilt)。相反,如果父母理解他们的这种行为,并合理地将他们的动机和愿望转移到社会可以接受的活动中去,儿童就会形成目的(goal)的品质并进入下一个发展阶段。具备目的品质的儿童富有想象力和主动性,具有追求个人目标的勇气,不惧失败和惩罚。反之,没有形成目的品质的儿童会由于感到内疚而表现得退缩,不敢触碰他人设定的界限。

勤奋对自卑(6～12岁)

这一阶段对应弗洛伊德人格发展理论的潜伏期。在这一阶段,有关性的欲望和情感平静了下来,儿童离开家庭开始他们的学校生活,学校成为他们学习、玩耍和开展其他活动的主要场所(Erikson,1963,p.258)。这一阶段,儿童的主要活动是习得新知识、学会新技能。在这个过程中,儿童会发展出一种勤奋感(industry),也就是说,他们要忙于学会完成各种任务(Evans,1967,p.28)。教师此时成为儿童生活中的重要他人,他们教给儿童科学文化知识,为儿童的未来和职业发展作准备。

当儿童无法习得新知识、学会新技能时,就会产生一种自卑感(inferiority),即对自己能否成为一个对社会有用的人缺乏必要的信心。埃里克森认为,教师对儿童的积极认同是他们发展出坚强自我的必要条件。教师提供的良好教育会对儿童产生积极影响,并使儿童顺利渡过危机,儿童因此能够发展出能力(capacity)的品质,这种品质将有利于儿童顺利适应以后的工作角色。因此,社会需要那些值得信赖,善于鼓励儿童并懂得如何教育儿童的教师(Erikson,1968b,p.125)。

自我认同对角色混乱(13～19岁)

这一阶段出现的时间与弗洛伊德人格发展理论中的生殖期出现的时间接近。弗洛伊德认为,青少年期由于生理的变化,个体的性本能和攻击本能被唤醒,使个体内心失去平衡。埃里克森也承认,青少年期本能冲动会导致相关问题,但是他更为重视青少年在此阶段面临的新的社会要求与自我发展的冲突。

如果前一阶段的冲突得到充分解决,这一阶段个体就会获得不断发展的自我同一性。父母的教养使儿童感觉到自己是有价值的,同时他们也会萌发出一种独立感和自我效能感。他们能够认识到自己的能力,进行开创性的活动,领悟并完成各种任务。埃里克森认为,在个体积极的同一性中还混杂着消极的同一性,这些消极的同一性包括儿童做过的受到惩罚或感到内疚、羞愧的事情,以及基于先前的失败而产生的无能感或无力感(Evans,1967,pp.35-36)。

同一性的形成不是一蹴而就的,而是贯穿于青少年期的始终。青少年期是个体比较容易出现同一性危机的时期,它是介于儿童期和成年期之间的一个延缓期,在这一时期个体试图解决一些特殊的,涉及人生意义和方向的根本性问题。如果这些问题得不到成功解决,对同一性的热切追求就可能会重新开始甚至持续到老年期。

青少年期的危机如果得以成功解决,青少年会发展出忠诚的品质,埃里克森称之为"即使面对充满矛盾的价值体系,也能誓守忠诚"(Erikson,1964,p.125)。此时,青少年对自己和重要他人更加诚实,他们选择朋友、伴侣和同事,并与他们保持密切关系。他们对未来也持忠诚的态度,并努力朝目标前进(Erikson,1975,p.205)。那些未能充分解决冲突的青少年可能发展出消极的同一性,他们对社会赋予自己的角色持否定、敌视和怀疑的态度(Erikson,1968b,pp.172-173)。

亲密对孤独(20~24岁)

从这一阶段开始,就不能从弗洛伊德的人格发展理论中找到类似的阶段了,这充分体现了埃里克森在人格发展理论上的独创性。由于前一阶段建立了稳定的自我同一性,因此成年早期的健康个体能够与他人建立亲密的关系,他们渴望增强自我同一性。他们致力于寻找自己的伴侣,甚至为了实现这一目标而不惜作出重大让步和自我牺牲(Erikson,1963,p.263)。埃里克森认为,真正的亲密关系只能发生在已明确建立自我同一性和拥有忠诚品质的伴侣之间。对成年早期的个体而言,成熟的爱是指"配偶或伴侣之间相互分享同一性,双方都通过在对方身上……发现自己而相互认同"(Erikson,1964,p.128)。

如果这一阶段的个体没有获得亲密感(intimacy),没有与他人建立亲密关系,就会体验到一种孤独感(isolation),即个体不能通过共享真正的亲密关系形成自己的同一性(Erikson,1968b,p.137),他们注重自己的内心世界,人际关系非常淡漠。相反,那些发展出亲密能力的个体能够顺利度过这一阶段,并形成爱(love)的品质。

生产对停滞(25～64岁)

顺利度过此前各个阶段的健康成人拥有强烈的自我认同感和成熟的人际关系。在这一阶段,生产不仅是指生育和照料儿童,而且是指为下一代的生活创造物质和精神财富。当个体的工作取得进步和成功时,他们就对社会的持续发展作出了贡献,因而也间接地为下一代带来了福利。这一阶段的危机主要在于,成人是否能够有效而富有创造性地工作,并为年轻一代提供帮助。如果不能解决上述危机,个体就会出现停滞,即缺乏效率,感到厌倦,人际关系淡漠(Erikson,1968b,p.138)。如果能够成功解决这一阶段的危机,个体就会形成关怀(concern)的品质,他们不仅关心自己的发展,而且关心和帮助下一代实现有建设性的发展。

虽然生产包括生儿育女,但埃里克森强调,即使没有子女成人也能发展出关怀的品质。没有子女的成人可以通过有效地工作、关心年轻一代的成长,以及为社会更高水平的发展作出贡献等来体现关怀的品质。

完满对失望(65岁到死亡)

这一阶段是埃里克森人格发展理论的最后阶段。此时,个体的主要发展目标都已完成,开始步入生命最后的日子,个体会回首过往的岁月,追忆往事。面临死亡时,他们试图重新建构生命的意义(Walaskay,1984)。顺利度过前面七个阶段的个体会认为,自己的生命是有意义的。他们能够将死亡的必然性看作生命周期的一个必经环节,因此并不畏惧死亡。总之,人格发展良好的个体认为自己的生活是完满的、有意义的。相反,那些不能接受生活中的失败,以及自私、不关心生活的个体会体验到失望,他们认为生命是短暂的,再没有开始新生活或重建整合性的机会了(Erikson,1963,p.269)。

顺利解决这一阶段危机的个体会形成智慧(wisdom)的品质。埃里克森认为,"智慧就是在面对死亡时仍关心生活本身"(Erikson,1964,p.133)。它包括克服自我中心,能更深入地洞察自己和他人的动机和行为,以及对他人的移情、同情和怜悯(Ardelt,2000,p. 361)。智慧是经验的整合,它使个体从整体上正视人的问题,并向年轻一代展示有建设性的生活榜样(Erikson,1963,pp. 133-134)。

14.2.4 理论评价

埃里克森最大的理论贡献是提出心理社会发展理论。这一理论强调社会文化因素在人格发展中的作用,而且将人格发展扩展到青少年期以后,突破了传统精神分析认为人格在青少年期就已基本定型的观点。这使得人格领域的研究发生了革命性的变化,其他研究者看到青少年期以后人格发展的可能性。

埃里克森的另一贡献在于他在研究方法上的独到眼光。除了传统的、常规的精神分析研究方法,埃里克森创造性地使用了其他一些方法。一方面,埃里克森在研究人格发展时采用心理史学研究,即通过研究名人传记,分析他们的一生,从而找到自己的理论基础;另一方面,埃里克森采用人类学的研究方法,他先后去到苏族和尤洛克族的部落,从人类学的角度进行考察,发现社会文化因素对这些部落的巨大影响,这深刻影响了他对人格发展的研究。

埃里克森的理论在儿童心理学、精神病学、职业咨询、婚姻咨询、教育工作、社会工作和商业等诸多领域产生了启发性的影响。比如,他关于自我发展阶段、心理社会冲突的观点启发了治疗者,帮助他们针对不同年龄阶段的患者探索不同的治疗方法。此外,埃里克森的理论帮助人们了解自己在生命特定阶段可能经历的某些压力,并提供缓解压力的建议,有助于他们实现自我的健康发展。

14.3 克莱因的客体关系理论

克莱因将一生献给了儿童精神分析和客体关系学说,为客体关系学派的建立作出了巨大贡献,被视为儿童精神分析学的开创者之一和客体关系学派的奠基人。客体关系理论（object-relations theory）是克莱因精神分析理论的核心和特色，源自她在精神分析领域的实践。克莱因的客体关系理论以弗洛伊德的古典精神分析理论作为理论框架，在具体的理论阐述上，除了使用弗洛伊德使用的术语并赋予它们新的含义之外，她还创造性地使用客体关系理论特有的术语。例如，克莱因创造了"投射性认同""对象的过度理想化""全能性的否认"等概念来说明婴儿的心理发展和心理结构。

克莱因认为，母婴关系的发展将会决定婴儿心理的发展，因此她的研究集中在母婴关系的早期冲突上。在克莱因看来，客体关系是客体之间联系的方式，抑或是每一个"我"与"非我"之间的联系。客体的含义非常丰富，它可以是外部真实的客体，如父亲、母亲、兄弟姐妹；可以是婴儿对外部客体的内在心理表征，如婴儿心中的父母形象；还可以是婴儿自身分离出去并被客体化的一部分。客体关系理论为人格心理学和发展心理学领域关于依恋（attachment）这一重要主题的研究奠定了理论基础。

接下来以客体关系发展为中心，介绍克莱因人格心理学理论中的三个方面，包括儿童人格的结构、儿童人格发展的动力、心态观与儿童心理性欲发展。

14.3.1 克莱因传略

克莱因（Melanie Klein，1882—1960）出生于维也纳一个犹太家庭，她是家里最小的孩子。和安娜·弗洛伊德一样，她的出生也被父母视为一个意外。但与安娜·弗洛伊德不同，克莱因并没有得到父亲足够的关注，父亲偏爱她的大姐。家中其他两个孩子与她关系最好的是二姐，不幸的是她在克莱因4岁时就去世了，从此哥哥成为克莱因最亲近的人。14岁时，克莱因希望自己成为一名精神病学医生。

图 14.3　克莱因

在哥哥的鼓励和帮助下,她考入当地一所高中,并结识了阿瑟(Arthur Klein)。17岁时,他们订婚。尽管后来克莱因回忆自己当时预感这段婚姻不会美满,但由于父亲病逝,家中经济状况急转直下,她不愿意在此时悔婚。1902年,哥哥因心脏病去世,次年3月克莱因与阿瑟完婚。这段婚姻并不美满,而且改变了她成为一名精神病学医生的计划,他们后来孕育了三个孩子。

1914年,第一次世界大战爆发后不久,克莱因前往布达佩斯,接受匈牙利精神分析学家费伦茨(Sandor Ferenczi)的精神分析。与费伦茨的相遇是她人生的分水岭,费伦茨不仅使她接触到精神分析的实质和意义,而且使她发现了自身具有的儿童精神分析的潜能(王国芳,吕英军,2011)。同年,克莱因阅读了弗洛伊德的《梦的解析》,对弗洛伊德的理论产生浓厚的兴趣,并就此投身于精神分析。1921年初,当地反犹太情绪日益加剧,克莱因移居柏林。1923年2月,克莱因成为柏林精神分析学会的正式会员,开始了她的第一次儿童精神分析。1924年初,长期处于抑郁状态的克莱因开始接受著名精神分析学家亚伯拉罕(Karl Abraham)的精神分析治疗。

1926年9月,克莱因移居伦敦。在伦敦的岁月里,克莱因一直充满活力和激情,事业也达到巅峰。1926年10月,她当选为英国精神分析学会会员。1932年,她的第一部重要理论著作《儿童精神分析》(*The Psychoanalysis of Children*)出版,此书对偏执—分裂样心态和抑郁性心态的理论创新奠定了基础。1934年,克莱因的大儿子因登山事故不幸身亡,这使她再次陷入抑郁的状态,并在一定程度上启发她提出抑郁性心态的概念(Segal,2004)。

1938年,弗洛伊德全家移居伦敦,安娜·弗洛伊德和克莱因之间关于儿童精神分析技术的对立和冲突日趋激烈。经过1941—1944年的"科学大论战",英国精神分析学会分裂为三个派别,分别是以克莱因为首的克莱因学派、以安娜·弗洛伊德为首的维也纳学派和以温尼科特为代表的中间派。这次大讨论使克莱因在学界的地位得到进一步巩固,促使克莱因学派的成员更加精确、严格地论证她的学术观点。1946年,克莱因发表了论文《关于某些分裂机制的注释》(*Notes on Some Schizoid Mechanisms*)。这是克莱因职业生涯中最重要的作品之一,在其中她详细描述了自我分裂和投射性认同的概念,将分裂机制和偏执心态联系起来,提出偏执—分裂样心态。

除了上面提到的论著,克莱因的作品还包括《对精神分析的贡献:1921—1945》(*Contributions to Psychoanalysis, 1921 - 1945*,1948)、《嫉羡与感恩》(*Envy and Gratitude: A Study of Unconscious Sources*,1957)、《一个儿童的分析过程》(*Narrative of A Child Analysis*,1961)等。

14.3.2　儿童人格的结构

在人格结构上,克莱因与弗洛伊德持有不同的观点。除了使用客体关系的发展来解释自我和超我的形成与发展,在自我出现的时间上,克莱因也与弗洛伊德意见相左,她认为自我在婴儿出生之时便已存在,超我在婴儿出生不久后也逐渐形成,而且具有施虐特征。总的来看,克莱因更重视客体关系,尤其是母婴二元关系在婴儿人格形成与发展中的作用,降低了本能力量的地位,而且将自我和超我的形成时间提前了许多。

原发性的自我

克莱因认为自我是原发性的,"自我在生命初期就开始发挥作用,它最早的活动包括应对焦虑的防御,以及使用投射和内投的过程"(Klein,1932)。克莱因认为,本我和自我是同一心理结构的两个不同方面。婴儿出生之后,死本能的内在运作引发了婴儿对于死亡的恐惧,而这种恐惧迫使婴儿的自我采取行动,由此产生最初的防御。这些自我活动的动力来源就是生本能的运作,这种运作使婴儿的自我指向客体,婴儿在潜意识幻想与现实之间形成最初的客体关系。

潜意识幻想活动是生本能和死本能互动的心理表现,构成投射和内投机制的心理基础,这些机制使自我能够建立客体关系。具体来看,通过投射和内投两种自我防御机制,婴儿能够将客体分为好客体和坏客体。当婴儿感觉到自身包含好客体时,他体验到信任、自信和安全;当他感觉自身包含坏客体时,他体验到被害和怀疑。这种体验的好坏伴随婴儿与外在客体的关系同步发展,而且会对客体关系的发展产生永久性影响。此外,通过投射和内投这两种自我防御机制,婴儿创造出自我和对象的混合物,即内化的好客体,他们开始形成自我的核心,自我将会围绕这个核心而发展。

超我的形成与俄狄浦斯冲突

通过儿童精神分析实践,克莱因认为口腔挫折,即无法从母亲的乳房处获得满足会激发婴儿的俄狄浦斯情结,同时超我开始形成。因此,克莱因提出,超我在6个月到3岁左右即开始形成,这个过程伴随着俄狄浦斯冲突的出现(Klein, 1928)。

婴儿的施虐本能直接指向有机体自身,自我会将其视为危险,因此焦虑来自攻击。力比多挫折(libidinal frustration)会强化施虐本能,未被满足的力比多会间接地释放焦虑或者强化焦虑。婴儿可在自我内部从两个方面感受到被自身施虐本能冲动激发的焦虑:一是对于内在本能危险(instinctual danger)的害怕;二是将外在客体视为危险的根源。为了对抗外在危险,婴儿未成熟的自我会以摧毁客体的方式(表现为婴儿的施虐欲冲动)进行防御,以保护自己免受伤害,超我的严厉性也与此相联系。与弗洛伊德的观点不同,克莱因认为超我的形成是一个简单和直接的过程,俄狄浦斯冲突与超我形成并发挥作用,在口腔施虐期被内投进入婴儿内部的客体,形成最初的超我。超我形成与客体关系的互动能够增强婴儿对现实的适应能力,对婴儿的发展具有重要意义。

婴儿会根据自身的需求是否得到满足来获得对客体掌控感的认识,认识的结果会影响超我的形成。如果婴儿最初在与母亲乳房的客体关系中无法得到满足,就会将乳房内投为一个带有破坏性和迫害性的对象,这也成为超我的破坏性和迫害性的根源。相反,当婴儿得到爱和满足时,就会将乳房内投为好乳房,带有爱与被爱的特征,这是超我的自我理想部分的来源。由此可见,超我的施虐特征和自我理想特征分别来源于对坏乳房和好乳房的内投。

14.3.3 儿童人格发展的动力

1957年,克莱因撰写的《嫉羡与感恩》一书面世,她在书中提出了一个既具影响力又富有争议的假设:嫉羡在婴儿早期就已发生,在根源上逐渐侵蚀爱和感恩的感觉,它影响婴儿最早期的关系,即婴儿与母亲的关系(王国芳,吕英军,2011)。

婴儿出生后,依赖母亲而生,母亲给予的关爱和食物会在婴儿身上激发两种对立的反应:一种是满足和享受的反应,这成为感恩的最初形式;另一种是怨恨和嫉羡的反应。当婴儿从母亲那里获得满足时,乳房成为他们心理和身体能量的来源,此时婴儿会将乳房理想化,在潜意识幻想中,乳房蕴含着无穷无尽的宝藏,是爱、理解、智慧和创造性的源泉。在克莱因看来,感恩衍生于爱,以良好的客体关系为基础,婴儿获得满足的愉悦感受不仅构成性满足的基础,而且是今后所有幸福和快乐的源泉。这为婴儿今后与他人建立友谊和亲密关系提供了可能性,通过内投的作用,伴随好乳房而来的是安全的体验。这种安全的体验有利于婴儿在今后的交往中建立良好的人际信任,即成年后安全的依恋关系。

当婴儿无法从母亲那里得到哺育并获得满足时,通过投射和内投的作用,乳房便成了充满恶意的客体,婴儿的嫉羡由此产生。因此,在克莱因看来,第一个被嫉羡的客体是母亲的乳房,也叫原始嫉羡(primary envy)。但是,能够为婴儿提供满足感的乳房也可能激发婴儿的敌意和嫉羡。因为婴儿认识到令自己感到舒适和满足的事物来源于外界,随时可能失去这份天赐的礼物,这种不确定感同样会使婴儿对乳房产生嫉羡,进而影响婴儿与母亲的客体关系的发展,不利于婴儿心理的发展和人格的形成(Klein, 2013)。

14.3.4 心态观与儿童心理性欲发展
儿童发展的心态观

克莱因独创的心态观不仅从发展的角度,而且以结构观为起点,阐明了婴儿早期生命中的客体关系、自我的整合状态、遭受的焦虑及相应的防御机制,是克莱因对弗洛伊德提出的儿童心理性欲发展阶段的修正。克莱因认为，人类的心理和人格并不是按照弗洛伊德提出的五个阶段发展而来的，而是通过两种心态（偏执—分裂样心态和抑郁性心态）的发展变化而产生的，这一发展过程具有连续性和反复性。心态观描述的心态是一种隐含的特殊结构。在不同的心态中，婴儿心理世界的主导焦虑、防御机制、对象及客体关系有着不同的特征，这个特殊的结构会贯穿人的一生。

偏执—分裂样心态。 克莱因认为，婴儿出生后不久，即从出生到3、4个月左右，死本能的内在运作诱发了婴儿被毁灭的恐惧，这是被害焦虑产生的最初原因。此时，婴儿尚未达到对于对象的一致性，偏执—分裂样心态在这一时期建立起来。

这一时期，儿童会与作为一种部分对象的乳房建立最初的客体关系，由于口腔力比多和口腔破坏冲动此时均指向母亲的乳房，因此这一关系称作部分客体关系。面对喂养过程中的满足与挫折，以及由此带来的爱与恨的冲突，原始自我还处于虚弱状态，缺乏整合能力，只能以分裂的方式加以应对。结果是，当作为部分对象的乳房能够满足婴儿的需要时，它是值得被爱的好乳房；当作为部分对象的乳房不能满足婴儿的需要时，它会被怨恨并被体验为坏乳房。除了外部因素带来的满足与挫折体验，婴儿心理生活中的各种内在过程，主要是投射与内投，共同促进了与最初客体的双重关系。存在于婴儿内外部世界的好乳房成为所有带来帮助与满足的客体原型，坏乳房成为所有破坏性客体的原型（Klein，1952）。自我也在此时分裂为"好我"和"坏我"，对这一时期的婴儿来说，对象的好与坏是分离的，要么全好，要么全坏，遵循片面的非此即彼、非黑即白的原则。

偏执—分裂样心态的主导焦虑是被害焦虑，此时的婴儿唯恐内部和外部的坏客体毁灭自我或者好客体，这迫使婴儿使用分裂、投射性认同、理想化和否认等防御机制去保护自我和好客体免受伤害。当被害焦虑减弱，分裂机制的运作相对不活跃时，自我能够在一定程度上进行整合，包括整合原来分裂的客体。在分裂与整合交替出现的过程中，自我的整合程度日渐提高，焦虑的承受度也日益提高，防御方式也会有相应改变，婴儿的现实感也随之增强，满足、兴趣和客体关系的范围不断扩大，破坏性冲动和被害焦虑的力量逐渐减弱，抑郁性焦虑日渐增强，这预示着新的心态结构的产生。

抑郁性心态。经历了最初的偏执—分裂样心态，婴儿在智力和情绪方面有了一定发展，与外部世界和其他人的关系越来越分化，满足和兴趣的范围也逐渐扩大，4～6个月，婴儿开始出现抑郁性心态，持续到1岁左右。力比多和攻击性的不同来源汇聚在一起，赋予婴儿情感生活新的面貌，并带来各种新的焦虑情境。潜意识幻想和防御机制也随之发生根本改变。

以上变化反映在婴儿与母亲的关系中，这一阶段客体关系的形成方式构成人格结构的基础。在抑郁性心态中，客体的不同方面，包括可爱的和可恨的、好的和坏的都会紧密联系在一起，母亲作为一个完整的客体被婴儿更加全面地认识和理解。这一阶段，生本能引发的爱和欲望的冲动，死本能引发的毁灭冲动都指向作为完整的客体的母亲，这使得婴儿害怕坏客体，以及自己会毁灭这个让自己又爱又恨的客体从而失去她，便陷入抑郁性焦虑之中。这一时期的心态也因此得名为"抑郁性心态"。

当婴儿感觉到，自己的破坏性冲动和潜意识幻想指向母亲这个完整的客体时，会引发强烈的罪疚感，并伴随着将所爱的客体修复、保存或复活的冲动，克莱因将这种冲动称为修复倾向。克莱因认为，修复倾向来自生本能的运作，依靠力比多的潜意识幻想和渴望。通过修复或复活受伤的客体，婴儿增强了对自己爱的能力的信心，减轻了内心的罪疚感和丧失所爱客体的焦虑，为健康发展和创造性打下良好的基础。婴儿与他人的关系开始发展，与内部和外部客体有关的被害焦虑得以减轻，好的内部客体以一种更加稳固的方式建立起来，这些发展丰富了自我的内涵，提高了自我适应现实的能力。

儿童心理性欲发展

男孩的俄狄浦斯情结及其心理性欲发展。男孩的俄狄浦斯情结始于女性特质期，会经历早期和晚期两个不同阶段，早期主要以施虐为特征,晚期以修复和爱为特征。在女性特质期,男孩由认同母亲转而渴望一个好阴茎;在男性心态中,他希望认同父亲并渴望母亲,由于结合并认同了被欲望的阳具,他为好的异性恋的发展奠定了基础。在男孩身上,阴茎嫉羡与对母亲躯体内容物的欲望相联系。而且,尽管阉割焦虑在生殖器期日益严重,然而更早的恐惧与男孩的女性特质相联系——害怕理想化的母亲的身体被毁坏,导致孩子无法再从其中得到令自己满足的东西。这些早期的焦虑潜伏着并覆盖上一层阉割焦虑的性质。可见,男孩最早的焦虑是丧失恐惧而不是阉割焦虑。

女孩的俄狄浦斯情结及其心理性欲发展。在整个俄狄浦斯期,女孩身上表现出由女性心态向男性心态的转变,同时也表现出从认同母亲到认同父亲的过程。如果俄狄浦斯期顺利结束,则女孩依然保持女性心态,重新认同母亲(Klein,2018)。可以看到,在俄狄浦斯冲突出现的时间、阴茎嫉羡、阉割情结等关键问题上,克莱因与弗洛伊德的观点出现了较大的分歧。在克莱因的理论中,她否认了弗洛伊德认为的女孩对母亲具有很长的前俄狄浦斯固着期的观点,将俄狄浦斯冲突出现的时间提前至口唇期;克莱因认为阉割情结和阴茎嫉羡直接源于前生殖器期的女性心态而不是生殖器期的男性倾向;弗洛伊德所说的发生于父女之间的阴茎嫉羡,在克莱因看来应转移到母女之间,最初受到欲望和嫉羡攻击的是母亲的躯体,而不是父亲。

14.3.5 对克莱因人格理论的评价

克莱因在精神分析的实践基础上发展起来的客体关系理论,对于整个精神分析运动以及精神分析的具体理论和实践都产生了革命性的影响。首先,在对整个精神分析运动的影响上,克莱因的贡献主要有:(1)提出客体关系理论,推动精神分析运动由弗洛伊德的驱力结构模式转变为关系结构模式,而客体关系理论在她之后也成为英国精神分析运动的特色理论,成为国际精神分析运动的发展趋势之一;(2)开创游戏治疗技术,深入探讨儿童的心理结构,丰富精神分析的研究内容,为儿童精神分析的创立奠定了基础;(3)使用游戏治疗技术对传统精神分析认为不能治疗的儿童实现分析治疗，开辟了儿童精神分析治疗的新领域，扩大了精神分析的治疗范围；(4) 建立了克莱因学派，培养并影响了一大批精神分析客体关系研究者。其次，从精神分析具体理论和实践的角度看，克莱因创立的客体关系理论已经成为指导心理咨询和心理治疗实践的重要理念，她开创的游戏治疗技术不仅是一种有效的治疗手段，而且被其他学派的治疗者吸收，用于不同的治疗形式。

克莱因在精神分析理论和实践上作出了诸多贡献，但也存在很多不足，这些不足有些是因其所处的时代而无法避免的，有些则是克莱因个人的原因造成的。首先，克莱因的理论带有浓厚的泛性论色彩，她的两位导师费伦茨和亚伯拉罕都是弗洛伊德的忠实追随者，因此克莱因的理论也不免带有泛性论的色彩。其次，在研究方法上，克莱因通过游戏方法分析儿童，虽然实现了对2岁以下儿童的心理分析，但仍囿于推理和思辨，可信度自然受到质疑。此外，克莱因的理论被诟病难以理解，一是因为她的理论是从精神分析治疗实践中分析归纳而来的，离开了临床实践，她的理论就很难理解；二是因为克莱因采用叙事性的写作风格，尽管内容翔实，但读者难以理解。

在精神分析领域，克莱因不仅是一位具有高度创新精神的理论家，而且是一位富有影响力的实践者。作为客体关系理论的奠基人，她对儿童心理发展尤其是女性心理性欲发展的看法，既是对弗洛伊德思想的深化，又是一种挑战。她的儿童分析技术——游戏治疗及其原则，已经广泛应用于心理咨询和心理治疗领域。不仅如此，在精神分析和精神病学之外，克莱因的名字及其理论也被广泛引用，在当今社会学、人类学、儿童教育、儿童心理学、文学批评、美学以及女性主义等诸多学科领域，均产生了深远的影响。

15 霍妮和弗洛姆：人格与社会文化

本章介绍两位新弗洛伊德主义的代表人物——霍妮和弗洛姆。这两位心理学家有诸多相似之处，首先，他们都是受到弗洛伊德理论的启发才开始真正迈入心理学领域，但又都在理论研究的中后期对弗洛伊德的观点提出质疑，并在此基础上建构了自己的人格理论体系；其次，他们都弱化了弗洛伊德的泛性论，开始将理论研究的视角从生理因素转向社会文化因素；最后，他们都认为人格的塑造不像弗洛伊德所说的那样是由早期童年经验决定的，人格的形成应当是一个持续发展的过程。除了以上相似之处，霍妮与弗洛姆的理论体系同样充满了差异与个人色彩。本章将分别介绍霍妮与弗洛姆的人格理论，深入探讨这两位心理学家突出强调的社会文化环境和心灵冲突如何对人格形成产生影响。

15.1 霍妮的社会文化神经症理论

霍妮强调社会文化因素对人格的影响，引入社会文化的全新角度。她提出社会文化神经症理论，从社会文化的角度分析神经症人格的成因、结构和治疗，开拓了精神分析学派的新思路和新体系。另外，她通过大量临床治疗而总结出的经验，有利于扩展对病态人格的认识和了解。她围绕神经症的病理学展开的研究表明，不同文化下的神经症患者差异巨大，这令她看到社会文化的重要作用，意识到弗洛伊德的那套理论已经不适用于经济萧条下的美国人。这时候的美国人面对的主要是与失业、没有住所、没有食物等相关的问题。基于这种现实,她放弃了弗洛伊德的大部分理论观点,包括性欲的重要性、俄狄浦斯情结、人格三因素结构等,这也使她于1941年被纽约精神分析研究所开除。不过,她接受了潜意识动机的概念,认为情绪性的、非理性的动机是存在的,她同样认为童年经历对人格有重要影响,只是这种影响实质上受社会因素的作用。她很快成立了美国精神分析研究所,并成为精神分析社会文化学派的领军人物。

15.1.1 霍妮传略

霍妮(Karen Danielsen Horney,1885—1952),1885年出生于德国汉堡附近的一个中上阶层基督教新教家庭。她的父亲是一位远洋船长,为人固执沉默、笃信宗教、专制保守。霍妮对父亲的情感十分矛盾。一方面,父亲曾多次带她驾船远行,培养了她对生活的热爱和对广阔世界的向往;另一方面,她的父亲十分保守,给予霍妮的哥哥更多自由与权利,却一味地打压与否定霍妮,使她对自身价值产生怀疑。但幸运的是,霍妮的母亲十分支持她去追求自己的目标,正是由于母亲的保护与鼓励,霍妮才能在幼年时就确立学医的志向,接触当时女性很少涉猎的医学领域。霍妮曾说:"如果我不能变得漂亮,那么我决定变得聪明。"她终生努力工作,要求自己做得更好,以此来证明男女平等,儿时的经历或许对她的发展起到了重要作用。

图 15.1 霍妮

学生时代的霍妮勤奋刻苦,成绩优异。1906年,作为一名女性,她考入柏林大学医学院,并在大学期间对精神分析产生浓厚的兴趣。1909年,由于深受抑郁症等问题的困扰,她开始接受精神分析治疗,但由于治疗效果不佳,她开始质疑精神分析的基本原则。

毕业后,霍妮又在柏林研修了三年精神病学,并于1913年获得柏林大学医学博士学位。随后四年里,她在柏林精神分析研究所进一步接受精神分析的系统训练。1920—1932年,她担任柏林精神医院住院医师,随后成为柏林市医院神经科门诊医师,同时担任柏林精神分析学院讲师。在此期间,随着对传统精神分析观点的深入了解,以及自身临床实践经验的不断积累,霍妮对弗洛伊德的思想产生了质疑。她认为,弗洛伊德过于强调性本能在神经症发展中的作用,而忽略了文化与社会条件。对霍妮来说,神经症主要是由个体混乱的人际关系,以及所处的特定文化环境中存在的各种问题引起的。她不像弗洛伊德那样强调生物学因素在神经症发病中的作用,而是重点关注个体社会化过程对神经症产生的影响。在与柏林精神分析研究所的同事和学生的辩论中,霍妮产生了许多新理论。1920年以后,霍妮开始明确反对弗洛伊德的观点,尤其是女性心理学观点。她开始在杂志上发表大量论文,其中大多数都涉及女性心理学问题,以及对弗洛伊德观点的质疑和不满,反对弗洛伊德关于女性性欲的观点。

1932年,47岁的霍妮受邀来到美国,担任芝加哥精神分析学院副院长,开创了自己的精神分析事业的新大地。两年后她转赴纽约,开始在纽约精神分析研究所任教。她一边训练精神分析师,一边潜心钻研著述,她的著作包括:《我们时代的神经质人格》(The Neurotic Personality of Our Time,1937)、《精神分析新法》(New Ways in Psychoanalysis,1939)、《自我分析》(Self-Analysis,1942)、《我们内心的冲突》(Our Inner Conflicts,1945)、《你在考虑精神分析吗》(Are You Considering Psychoanalysis,1946)、《神经症与人的成长》(Neurosis and Human Growth,1950)、《女性心理学》(Feminine Psychology,1967)。

1941年,随着霍妮与弗洛伊德的分歧逐渐加大,她与纽约精神分析研究所其他成员之间的关系也变得日趋紧张,因此她被迫离开纽约精神分析研究所。随后,霍妮成立美国精神分析促进协会,并建立美国精神分析研究所。此后的几年里,霍妮身兼数职,充分表现出优秀的领导能力,协会不断发展壮大。霍妮的学术思想也日渐成熟和完善,发展出自己的独特理论。1952年,由于长期的疾病,霍妮在纽约逝世。

对霍妮而言，心理治疗不仅仅是工作，精神分析也不仅仅是理论，更是获得自我解脱和成长的切身体验和日常生活。霍妮不算幸福的童年、失败的婚姻都使她饱受折磨，但现实并未将她压垮，而是促使她不断探寻解决之道。

15.1.2 霍妮的神经症理论

霍妮一生的工作都围绕着神经症展开，她的著作也几乎都与神经症有关。实际上，和所有精神分析理论一样，她的神经症理论就是心理病理学，就是一种人格理论。这种人格理论同样围绕人格结构、人格动力、人格发展和人格改变这几个核心问题展开，只是以下叙述遵循霍妮理论自身的逻辑展开，而不是刻意将其理论划归到这几个标题之下。霍妮提出，和一般人不同，神经症患者的人格中更多充斥着破坏性而不是建设性，这种破坏性体现在神经症需要与神经症冲突上。此外，由于焦虑作为动力根源会导致神经症，因此她也十分关注人类的焦虑（Horney，1937）。在介绍霍妮的人格理论之前，先回到她研究的原点，了解她对神经症的研究与思考。

神经症的社会文化因素

霍妮经历了第一次世界大战和战后德国的社会状况，后来又经历美国的经济危机，西方社会的突出问题不再是英国维多利亚时代的性压抑等，因此弗洛伊德提倡的性本能理论的适用性遭到质疑。科学技术和第三产业蓬勃发展，人们逐渐摆脱束缚变得自由。以知识经济为基础的新经济的出现，在为资本主义国家带来发展的同时，也引发了新的社会问题。社会生活节奏的加快，使整个社会呈现出一种病态心理的现象，人们开始变得焦虑、紧张、孤独、恐惧，难以找到生活的意义。同时，社会学、人类学等学科逐渐独立出来，使得人的行为受到社会文化的塑造这一观点更加深入人心，因此强调社会文化因素的新精神分析理论应运而生。

在这样的社会背景下，同时基于在美国社会的学习、工作和生活经验，霍妮认为个体所处社会中的各种规范和标准会促使个体表现出病态的行为，人格是在社会关系、文化背景以及人际交往的过程中形成的，因此霍妮十分重视社会文化因素对神经症的影响。霍妮在研究中发现，不同文化背景下的人们会表现出不同的心理行为模式，在某一文化背景下被视为正常的心理行为，在另一文化背景下则可能被视为异常的。然而，仅仅把文化规范作为神经症的判断依据，似乎并不准确。在现实生活中，有些人的心理行为模式虽然偏离了文化规范，但他们并未真正患有神经症；有些人的心理行为模式虽然表面上符合文化规范，实际上他们却患有严重的神经症。因此，霍妮认为除了文化标准，还应该制定衡量正常与异常的心理标准，概括出神经症患者的共同特征。

霍妮特别论述和强调了社会文化因素在女性人格形成中的重要作用。如前所述，虽然她也承认两性生理结构的差异会在一定程度上影响男性和女性人格的发展，但是她强烈反对弗洛伊德在心理性欲发展阶段论中对男孩和女孩获得性别角色认同的解释，并批判了俄狄浦斯情结和阴茎嫉羡在男性和女性人格形成中的作用。

基本焦虑

基本焦虑(basic anxiety)是霍妮理论体系中的一个基础性概念。霍妮认为，在一个充满敌意的世界里儿童会产生一种孤独和无助感，她将这种感受称为基本焦虑，并将它视为神经症的动力，"这种感受是在不知不觉中逐渐加剧和弥漫的"(Horney，1937，p. 89)。在霍妮学术生涯的早期，虽然她赞同弗洛伊德早期决定论中的部分观点，但她更强调个体早期的经验和父母对待子女的方式，并将它们视为基本焦虑形成的关键因素。她指出，虽然"童年期的经验依然重要，但它以一种新的形式影响着我们的生活"(Horney，1945，p. 13)。在儿童成长的过程中，如果父母没有给予他们真正的关爱，儿童的安全感就会受到破坏，从而导致基本焦虑。

除了早期亲子关系，霍妮还从更宏观的角度进一步探究了影响基本焦虑产生的因素。她否定了弗洛伊德的本能决定论，强调应从社会文化环境中去探寻焦虑的更深刻的根源，反对弗洛伊德对性本能的过分强调

(Horney，1942，p.295)。她具体分析了西方资本主义社会和文化中存在的三种矛盾倾向：鼓励个人成功与提倡友爱、谦恭之间的矛盾，不断增长的享受需要与不能充分满足需要之间的矛盾，个人自由原则与现实制约之间的矛盾。在霍妮看来，这些矛盾既是个体内心冲突的社会文化基础，也是个体产生焦虑的社会文化基础。这种社会文化环境会导致人际关系恶化，使个体产生基本焦虑，从而感到孤独、无助、紧张和不安。因此，霍妮强调产生基本焦虑的直接原因是个体人际关系失调，而文化环境则是根源。

神经质的需要

上面探讨了基本焦虑这一概念，基于此，霍妮认为，产生基本焦虑的儿童，为了应对伴随基本焦虑而来的不安全感与敌意，会主动寻求防御机制的保护，以暂时缓解焦虑。这些防御机制成为儿童人格的一部分，霍妮称之为神经质的需要（neurotic need），它由很多无法满足的不现实的需要构成（Horney，1950）。在《我们内心的冲突》(1950)一书中，霍妮概括出十种神经质的需要（见表15.1）。

表 15.1 十种神经质的需要

需要类型	内涵
友爱和赞许	在寻求友爱和赞许的过程中，这类人会不分青红皂白地取悦他人，只为获得他人的认可，不辜负外界的期望。他们时常贬低自己，将自己的意愿置于他人之下，而且面对他人以及自我的敌意时会感到不安。
主宰自己生活的伙伴	由于缺乏自信，这类人常常会试图结交善于支配他人的伙伴，让他人来主宰自己的生活，为自己负责。这类人恐惧孤单和分离，高估被爱的价值，认为爱能解决一切。
限制	降低自己的存在感，减少他人对自己的注意。甘愿做第二名，沉默、谦虚且非常容易满足。这类人通常会贬低自己的能力，而且害怕对别人提要求。
权力	这类人经常与追求权威和占有欲联系在一起，需要控制他人以显示自己不是软弱无能的和弱小的。
利用和剥削他人	这类人总是想着如何利用他人、剥削他人，也时时担心和防备自己会被他人利用。在这类人眼中，人与人之间就是相互利用的关系，常常以他人能够被利用或剥削的价值来作出评价。

续　表

需要类型	内　涵
社会认可	这类人生活的全部目标只是为了得到他人的关注、认可或肯定。喜欢在公开场合抛头露面，让自己成为公众关注的人物。
个人崇拜	这类人自我感觉良好，希望他人对自己表示称赞。这类人的自尊需要依靠他人的恭维、阿谀、吹捧来满足，而不是依靠真实自我来获得称赞。
野心和个人成就	这类人极其渴望成功，认为个人的成就高于一切。在野心和抱负的驱动下，这类人会不顾一切地追求名誉、地位或金钱。
自我满足和独立性	这类人不愿意受到任何束缚，希望通过离群索居来保持自己的独立性。这类人害怕亲密关系，害怕自己需要他人而被他人束缚和奴役，也害怕他人需要自己而不得不承担责任。
完美无缺	这类人极力想成为完美无缺的人，并坚持不懈地追求这一目标。对他人的批评极为敏感，对自己的缺点不断反省和自责，担心行为失当和出错，害怕受到批评或指责。

需要指出的是，以上这些需要并不仅仅出现在神经症患者身上，通常也会出现在正常人身上。然而，与正常人不同，神经症患者在生活中缺乏灵活性，他们无法根据外部条件的变化调整自己的需要，对某种或某几种需要的追求是盲目且固执的，难以从中抽离出来，并依据实际情况的变化主动转换自己的目标。此外，神经症患者在解决焦虑和满足需要的方法和强度上也与现实情况不符，神经症患者的解决方式是一种不妥协的、病态的解决方式。与现实生活中正常人的解决方式相比，神经症患者的解决方式往往不尽如人意，而且通常以损害完整的人格为代价（Horney，1937，p. 28）。这种对不同现实情境的固化应对，会使神经症患者的需要无法得到满足，从而引发更强烈的焦虑，最终形成一个恶性循环，导致刻板性和强迫性的神经质的需要。

三类神经症倾向

霍妮认为，神经质的需要决定神经症人格，拥有不同需要的个体会表现出不同的行为倾向，而且神经质的需要具有共同点和相似性，因此她将十种神经质的需要概括为三类神经症倾向（neurotic trends）（见表15.2）。

表 15.2　三类神经症倾向

神经症倾向	内涵
顺从型（compliant type）	又称依从型。这类个体需要被爱、欣赏、认可、保护与支配。他们的特点是亲近他人，顺从且谦逊，常会贬低自己的能力与天赋。他们常常竭尽所能迎合他人的期许，从而获得认可和尊重。
敌对型（hostile type）	又称攻击型。这类个体对他人充满敌意，他们相信"适者生存""强者消灭弱者"，对权力、他人的尊敬、个人成就和威望等有神经质的需要。这些需要与反对他人的行为有关，而行为的本质就是对他人充满敌意和不信任。这类人的特点是自傲自大、争强好胜、报复心强、喜欢操控和统治他人，让他人为自己服务。
回避型（detached type）	又称退缩型。这类个体需要独立并远离人群。他们的特点是不愿透露自己生活的细节，不信任他人，从而选择离群索居，以此来提升内心的安全感。然而，他们的优越感和孤芳自赏不仅会使他们与其他人疏离，而且会使他们与自身疏离。

霍妮认为，对神经症患者和正常人而言，这三类神经症倾向是相互冲突的，但是正常人具有更大的灵活性，能随着情境的变化而采用更为恰当的行为方式，也就是该顺从时顺从，该敌对时敌对，该回避时回避；神经症患者则只依赖和运用其中一种行为方式来应对自己在生活中遭遇的一切问题，无论该方式是否恰当。这会使个体形成僵化刻板的人格特点，导致人格萎缩，结果非但不能解决焦虑、缓解冲突，而且会适得其反。例如，在一个传统的社会文化结构中，一位妇女顺从地接受家庭和丈夫的支配，虽然能够从中获得生活的安宁和一定的满足，但长时间的顺从也会使她变得软弱自卑，难以自立。因此，在目标的达成过程中还有许多需要考虑的因素，外部环境也常常与这些因素发生冲突，片面依靠一种方式是无法达成目标的（Horney，1937，p.100）。

基本冲突

霍妮认为，三种神经症倾向之间不是相互排斥的，而是包含在神经症之中，但其中一种会占据主导地位。每种神经症都有与其相关的需求，比如顺从型的个体会依附他人，敌对型的个体会急切地渴望他人的尊重和认可。如前所述，每种神经症都有主导的倾向，那么非主导的另外两种倾向就会受到压制。这些不相容的倾向会在个体内部产生矛盾，而由这种矛盾引起的紧张与混乱的内心冲突，称为基本冲突（basic conflict)。

如前所述，冲突产生于神经症倾向之间。神经症患者因他人指点而发现内心的矛盾，但他们并不重视矛盾甚至否认矛盾，表现出回避的意愿，之后却不得不接受矛盾，变得惶惶不安。为了掩盖冲突，神经症患者会试图逃避，让矛盾的对立面变得强势，加剧神经质需要之间的冲突。神经症患者还会回避他人，尝试通过减少与他人的联系缓解冲突。除此之外，神经症患者还可能回避自己以避免冲突，不能正视真实的自我，通过建立理想中完美的自我来逃避现实（Horney，1945）。因此，基本冲突可以总结为以下三种：第一种是各种神经质需要之间的冲突，第二种是对待他人的行为方式之间的冲突，第三种是理想自我与真实自我的冲突。其中，霍妮重点关注后两种基本冲突。

对待他人的行为方式的冲突。按照上述逻辑，为了克服基本焦虑，个体产生神经质需要，神经质需要又促进相应的人格和行为方式的发展。问题在于，神经症患者往往选择一种行为方式而忽略另外两种，但被压抑的行为方式又会与患者强迫使用的行为方式产生冲突。例如，顺从型的神经症患者常常依附他人，需要他人的保护、认可与支配。他们亲近、顺从他人，通过迎合他人的需求获得认可与赞赏。但在生活中，他们有时必须独当一面，现实逼迫他们学会独立，当无人能够让他们依赖并给予保护时，这类神经症患者就会十分痛苦与煎熬。

理想自我与真实自我的冲突。霍妮抛弃了弗洛伊德对人格结构的解释，不再将人格结构划分为本我、自我和超我，转而开始关注自我。在她看来，人格是一种完整的、动态的自我意象（self-image），它代表我们对自己的看法。自我有三种基本的存在状态：真实自我（real self）、理想化自我（idealized self）和现实自我（actual self）（Horney，1942）。

真实自我指个体的潜能，是我们每个人都有的一个基本的内在中心。人的一切能力、成就等，都是从真实自我发展而来的。它是发展的源头，是个人成长和发展的内在力量，具有建设性。只要身体机能正常，环境适当，就可能发展成健全的人格。但由于个体之间存在差异，最终每个人的发展也会不同，因此霍妮又把真实自我称为可能自我。**理想**

化自我又称为不可能自我,因为它是神经症患者为了逃避内心冲突,寻求感情统一而想象出来的自我意象,是虚幻的、无法实现的,是一种病态的表现。**现实自我**则是"个体在特定时间拥有的或表现出的一切的总称,包括身体的或心理的、健康的或神经症的",是个体此时此地身心存在的总和。它代表个体的现状,当我们想了解自己当下的情形时,接触的就是现实自我。

霍妮通过分析真实自我、理想化自我与现实自我之间的关系,揭示了神经症的形成过程。如果说霍妮研究神经症人格的三种类型时着重分析神经症患者与他人关系的失调,那么她研究自我时着重分析神经症患者与自我关系的失调。正常人也有理想,但这种理想与真实自我、现实自我一致。这种理想符合实际又具有动力性,有助于人的自我实现。但在神经症患者身上,真实自我、理想化自我与现实自我这三种人格结构之间的关系是混乱而矛盾的,他们的现实自我是扭曲的,这使他们无法正确认识真实的自己,而他们的理想化自我与现实自我脱节,阻碍了真实自我的良好发展。

霍妮称这种对自己和他人的不正常的需求为专横的"应该"(Horney,1937,p.65)。患者通过这种自欺欺人的想象,回避理想与现实的冲突。

病态竞争与神经症

在我们的社会文化中,追求地位、权力与财富,就一定会与他人竞争,竞争不仅影响经济状况和名望,而且会渗透到个体生活的方方面面,成为每个人都需要直面的问题。这也就是为什么,即使神经症患者的内心有着强烈且不可调和的、无法解决的各种冲突,但在这些冲突中,具有攻击性的病态竞争仍始终占据核心位置(Horney,1937,p.188)。霍妮认为,病态竞争是不分青红皂白地竞争以获得胜利的一种需求。个体会通过各种方式避免失败,以此维持和提高自我价值感(Horney,1937,pp.188-206)。具体来说,病态竞争表现在三个方面:第一,神经症患者总是喜欢将自己与他人进行比较,无论这种比较是否必要、恰当。事实上,他们与比较对象可能根本就没有共同的竞争目标,彼此根本不会成为潜在的竞争对手。第二，神经症患者不仅极其渴望获得成就或成功，而且想要高人一等，使自己卓尔不群、唯我独尊。第三，神经症患者的野心中隐藏着对他人深深的敌意，他们认为只有自己才是最能干、最成功的人。

霍妮提出，病态竞争的个体通常生长在父母十分严厉，甚至经常受到辱骂的家庭中。在成长的过程中，他们是无力且自卑的。虽然这种感觉大多是潜意识的，但它会促使个体不断追求权力与成功，以此找到自身的价值。他们会在生活中不断争取各个方面的个人优势以维持优越感，而且这种竞争是无情的、敌对的。病态竞争的个体会采取一切手段，甚至通过嘲笑、贬低他人来证明自己的优越性。这种对他人的敌意、欺骗与操纵，拉大了个体之间的社交距离，导致与他人疏离。然而，神经症患者在通过病态竞争追求成功的同时，也极其渴望得到他人的关爱，渴望所有人都爱自己。同时追求个人成功和他人关爱，构成神经症患者内心的一种重要冲突。

病态竞争的个体是否真正从这种具有破坏性的竞争中感受到成功呢？有研究者发现，病态竞争的个体对自己的成就充满怀疑。他们认为，自己在竞争过程中无所不用其极地利用和欺骗他人，因此成功在一定程度上是靠不正当的手段得来的。霍妮也强调这种病态竞争的不适宜性，她认为如果个人主义的竞争精神在整个社会中弥漫，那么必然会使两性关系恶化（Horney，1937，p. 197），对人与人之间的交往产生不良影响。

15.1.3 理论评价
贡献

首先，霍妮的理论代表了对传统精神分析理论的一种反叛和创新，她不仅是精神分析运动内部转向的重要人物，而且为当时心理学的发展作出了重要贡献。她把文化的概念引入心理学领域，大大拓展了心理学的研究视野，并将个体的人格形成和发展也置于整个社会文化背景下加以考察。人是社会性的动物，我们一出生就处于特定的环境中，无时无刻不受到社会文化传统的包围,而它们对个体的心理和行为产生了决定性的影响。与弗洛伊德的人性观截然相反,霍妮认为人天生就有一种建设性的力量,它会促使我们实现自身的潜能。只是在成长过程中,由于社会文化和人际关系的影响,我们逐渐脱离了真实自我,甚至出现神经症等心理障碍。因此,心理治疗的目的就是帮助患者"从内部束缚中解脱,从而使他们自由发展自己的最大潜能",即找回真实自我,在建设性力量的驱动下向着自我实现发展。霍妮的这一人性观是对传统精神分析理论的重要突破,体现了积极的人文关怀精神,为后来的人本主义心理学奠定了基础。

其次,霍妮促进了人们对病态人格的认识和了解,这集中体现在她的焦虑和神经症理论上。她批判性地继承并发展了弗洛伊德的神经症理论。一方面,霍妮继承了传统精神分析理论中"神经症是由持续未解决的冲突导致的"这一观点,赞同神经症的内驱力是追求安全和克服焦虑;另一方面,在引发神经症的具体冲突上,基于自身心理的社会文化观,霍妮从人们所处时代的文化困境,以及文化中相互冲突的价值系统,解释神经症的成因与根源。霍妮并不认同神经症是由文明和本能的冲突引发的,并不是因为本能需要得到释放而文明压抑本能。此外,霍妮虽然也承认个体的早期经验与以往经历对神经症人格的形成有重要作用,但她反对过分强调以过去来解释现在,而是认为应该采用当下的视角,以神经症适应模式在当下环境中的功能来解释神经症,了解神经症个体的人格结构,并由此探究神经症个体的内部心理系统与逻辑。

因此,虽然霍妮在临床治疗中也采用精神分析的方法来收集患者的相关资料并分析患者,但她认为,不同环境使个体面临不同冲突,认清造成冲突的环境对治疗神经症意义重大。霍妮更关注如何让患者重新认识自身焦虑产生的环境,认识真实自我和现实自我,从而建构起新的社会和人际关系认知。

最后,霍妮极大推动了女性心理学的发展。当霍妮身处传统精神分析阵营时,她就已经开始试图以女性的视角去反驳弗洛伊德关于女性的某些言论,改变当时以男性为中心的女性心理学观。然而,弗洛伊德关于女性受虐、阴茎嫉羡等学说使霍妮无法从内部对精神分析的女性学说进行根本性修订，从而促使她提出与弗洛伊德截然不同的女性心理观，最终出版《女性心理学》一书。在该书中，她明确反驳了当时精神分析流行的观点，以一种崭新的视角阐释女性心理，为随后的女性精神分析研究指明方向，也为后来的女性主义心理学研究奠定了思想基础，鼓舞广大女性认清自己的天性，从男性社会对女性心理的设定中觉醒，努力发展和实现自我。

局限

虽然霍妮的人格理论相比于传统的弗洛伊德的观点有了很大发展，但就整体而言，霍妮的研究依然遵循精神分析学派的范式，因而在她的理论中同样可以看到传统精神分析学派固有的一些不足。例如，霍妮女性心理学的依据大多源自对女性心理疾病患者的观察和分析，如果以此来解释正常女性的心理，则难免像弗洛伊德的理论那样，样本的代表性和理论的普遍适用性会受到质疑。

对于社会文化、人际关系在人格形成和发展中的作用，霍妮重点关注焦虑和神经症，她的人格理论论述得并不彻底，缺乏更深入的探讨和思考，没有提出一套更为完整的理论体系。虽然她强调社会文化和人际关系在人格形成和发展中的重要性，但是她并未指出如何改善现代西方社会中的问题，从而减少个体内心的冲突。相反，她更加关心个体如何去适应这种文化，以此缓解焦虑，解决神经症等心理问题。此外，由于霍妮也强调早期经验的重要性，将个体心理问题的产生归因于早期不良的亲子关系导致的安全感缺乏和基本焦虑，因此在具体论述中，她的理论实际上弱化了社会文化的作用，将复杂的社会生活简单化，将人际关系的作用仅归结于早期单一的亲子关系。

15.2　弗洛姆的人本精神分析理论

弗洛姆是20世纪著名的心理学家、社会学家和哲学家，是精神分析的社会文化学派中对现代人的精神生活影响最大的人物。他总是热切地关注现代人遭遇的各种困境,试图以他创立的人本主义精神分析理论和方法达到改善现代人的处境和精神状态的目的。与霍妮不同,弗洛姆很少提到精神分析的技巧或是治疗当中的案例,他的理论常基于对社会、历史和文化的分析,以此探讨影响人格形成的社会和文化力量。正因为他十分关注历史、宗教等不同领域,所以他的人格理论影响更为深远。

15.2.1 弗洛姆传略

弗洛姆(Erich Fromm,1900—1980)出生于德国法兰克福,成长于一个正统的犹太家庭,家庭的原因使他从小就接受了《旧约全书》的系统学习,先知们宽容且富有同情心的言论使他深受感动,这对他之后提出的人本主义的观点产生了深远的影响。童年时期的弗洛姆还深受父母性格的困扰。弗洛姆的父亲是一个焦虑且高度神经质的人,他的母亲则有抑郁症的倾向。在这样的成长环境下,弗洛姆认为自己也是一个"令人无法忍受的、神经质的孩子"。这激发了他探究人的性格和行为的形成原因的兴趣。

图 15.2 弗洛姆

在弗洛姆的青少年时期,曾经有一位与他熟识的年轻女性为了与自己的父亲合葬而选择自杀。这位女性年轻聪慧,充满才气,但毅然决然放弃自己美好的人生,这使弗洛姆深感不解。因此,在随后的多年里,他深入研究了弗洛伊德的精神分析理论,认为可以从中找到答案,并深受弗洛伊德理论的吸引。

随着第一次世界大战的爆发,目睹了暴虐和屠杀的弗洛姆产生了更深的疑问。深受犹太教义影响的他无法理解人们为什么会抛弃理性而任由自己受极端民族主义的驱使。战争结束后,弗洛姆选择前往海德堡大学学习心理学、社会学和哲学,然而在大学所学的内容并未解开他的疑问。

从 1925 年开始,弗洛姆先后在慕尼黑大学、法兰克福以及柏林精神分析中心专攻精神分析研究。学习期间,他深信弗洛伊德的理论,称自己为虔诚的弗洛伊德主义者。1930年以后,弗洛姆等人合作创立了法兰克福精神分析研究所,但当时犹太人严峻的生存形势使他被迫离开,奔波于瑞士、美国等地,并于1934年在纽约开设了自己的私人诊所。在此期间,弗洛姆与霍妮再次相遇并产生了持续多年的浪漫亲密关系(他俩早在1922年在柏林时就相识)(Olson & Hergenhahn, 2018, p.102)。他支持霍妮离开正统的精神分析阵营,并加入了霍妮建立的精神分析发展协会,但由于协会内部的分歧,弗洛姆只好选择离开,并于1946年成立威廉·阿兰森·怀特(William Alanson White)精神病学、精神分析和心理学协会。

1951年,弗洛姆前往墨西哥国立自治大学任职,并建立精神分析系。同时期,他还担任密歇根州立大学心理学教授以及纽约大学副教授。由于多年的长途奔波以及长年累月的刻苦研究,晚年的弗洛姆患上了严重的心脏病。1980年,弗洛姆在瑞士辞世。

作为新弗洛伊德主义的代表人物,精神分析社会学派的奠基人之一,弗洛姆一生著作颇丰,包括他的第一本重要著作《逃避自由》(Escape from Freedom, 1941),以及后来出版的《为自己的人》(Man for Himself, 1947)、《健全的社会》(The Sane Society, 1955)、《爱之艺术》(The Art of Loving, 1956)、《人的本性》(The Nature of Man, 1968)、《人的破坏性剖析》(The Anatomy of Human Destructiveness, 1973)、《占有还是存在》(To Have or to Be, 1976)等。这些著作综合在一起,构成了他的人本精神分析的社会心理学。

弗洛姆不仅仅是20世纪著名的心理学家,同时也是哲学家、社会学家。他的成就并不局限于心理学领域,他对现代人和现代社会的关切和深刻分析,以及生动活泼的文风,使他的著作的读者超出学术人士的范围,进而对社会大众的精神生活产生了深远影响。

15.2.2 人的处境

弗洛姆关于人的处境的观点是其整个思想体系的逻辑起点。他通过分析文明史,指出人类面临的两难处境:一方面,人具有生物学意义上的软弱性,与其他动物相比,人类婴儿是最无能的;另一方面,进化使人拥有自我意识、理性和想象力,这些能力使人类超越自然,有力量掌控自身的命运,是人作为万物之灵的资本,但也成了人存在的矛盾性的来源。存在的矛盾性有三重含义:一是个体化与孤独感的矛盾,摆脱本能控制的人类获得了自由,却与自然不再和谐,成为"永恒的流浪者"。远古时代,个人通过成为部族的一员来获得归属感。随着文明的发展,特别是现代化的过程,人开始反抗从属于权威和群体的地位而追求个人的独立。文明发展的历史就是人不断离开群体、成为个体的历史。尽管拥有了更多自由,个人却与自然、他人、真实自我相疏离。二是生与死的矛盾,了解自己早晚得死会让人感到不安和恐惧。三是自我实现与生命短暂的矛盾,人生苦短,人总会在充分诞生(自我实现)前死去(Fromm, 1955)。三个矛盾中,个体化与孤独感的矛盾最具实质性,是弗洛姆理论的基石。这种矛盾也可表述为自由与安全的矛盾,个体化使人走向自由,但脱离家庭、部落等群体使人失去安全感。古代人安全而不自由,现代人自由而不安全,所以现代人会逃避自由。

15.2.3 人的需要

除了生理需要,人的基本需要都起源于人的处境(situation)。在孤独、疏离的处境之下,现代人就会产生与自然、他人和真实自我建立联系的需要,这种需要不像与生俱来的生理需要,作为人对生存处境的反应,它是后天习得的。不同的人满足需要的方式不同,这些方式有的是健康的,有的是不健康的。具体来说,弗洛姆区分了五种需要,每一种需要的满足都有健康与不健康两种方式(见表15.3)。

关联的需要。人为了摆脱孤独,就要与他人建立一种新的联系。建立这种联系需要关心、尊重他人的生活,承担责任并学会爱。没有发展出这种情感的人总是按照自己的主观臆断而不是客观现实本身去对待外部世界,像婴儿一样仅仅将他人视为满足自己需要的手段或工具。

表 15.3 人的需要

需　要	特　性
关联的需要(relatedness need)	爱与自恋。与他人建立联系,关心他人的需要。
超越的需要(transcendence need)	创造与毁灭。运用想象力与理性参与创造活动的需要。
寻根的需要(rootedness need)	母爱与乱伦。与家庭、群体、社区建立亲密关系的需要。
同一性的需要(identity need)	独立性与顺从性。发展自己的独特性与能力,认同自己的需要。
定向和献身的需要(frame-of-orientation need)	理性与非理性。整合经验形成一个理性的框架,寻找一个有意义的目标并实现的需要。

超越的需要。这种需要是对被动的一般生物状态的超越。人都是身不由己地被带到这个世界,又身不由己地被带离这个世界,但人富有的想象力与创造力决定我们不会像一般生物那样满足于被动的状态。这种需要驱使人去创造,无论是在物质生产的过程中还是在艺术和精神的创造过程中,人都是自由且有目的的;当创造的愿望无法实现时,人就会变得具有破坏性。

寻根的需要。同关联的需要相似,寻根的需要同样源于人与自然之间联系的丧失。人从出生时便被强制切断了与母亲的共生关系,虽然这种共生在离开母体后仍会以其他方式保留一段时间,但随着个体成长后与母亲分离,人会开始感到孤独与疏离,于是迫切需要建立新的联系以代替早期生理上的联系。个体往往通过依恋母亲及母亲的象征物(家庭、氏族、民族、国家、教会)等建立自己的生存根基。如果过于依恋母亲及母亲的象征物,使个性和理性的发展受到束缚,人就会陷入乱伦的精神病态。

同一性的需要。弗洛姆认为,人自诞生起就面临着分裂,人在脱离自然和母亲的"原始束缚"的过程中,形成了自我意识,为了避免分裂的痛苦,人需要重建一种独特的身份,从而保持人与自然、他人和社会的一致性,这种身份的获得可以通过发展自身的特质和能力或者认同一个群体来实现,这就是同一性的需要。自我意识健全的人能够意识到自己的独特性,并保持自我的独立性。但有的人只认同民族、宗教、阶级、同伴等,追求一致性或顺从性,从而失去了自我的独立性。

定向和献身的需要。 人有了理性和想象力,就需要为自己确立一个目标,从而赋予生命一种意义或价值,这就是定向的需要。定向即对意义的追求。健康的人能够客观地认识世界、他人和自己,把自己的人生目的、价值和信仰建立在理性的基础上,因而能够为自己寻找到一条符合实际的、有意义的人生道路。人也往往会非理性地解决人生的这一根本问题,如相信某种图腾动物的力量、某种神的启示、某种迷信、某种使人沉溺的诱惑等,甚至为之献身。

15.2.4 社会性格论

由上文可知,人的需要是在存在的冲突下产生的,与自然、他人、自我建立联系的需要,而人的性格(character)则是在这些需要的基础上形成的。

性格的概念

在弗洛姆的人格理论中,人格由气质与性格组成。气质是稳定的,由个体的生理属性决定;性格则是变化的,在与社会文化环境的互动中形成。弗洛姆将性格作为自己研究的范畴,因此他的性格理论就是他的人格理论。弗洛姆认为,性格是人的第二天性,是由一切非本能的欲求组成的相对持久的体系,个体借由它与社会和自然界相关联,是把人的能量引向同化(人与物的互动过程)和社会化(人与人的互动过程)的过程,其中能量是由个体处境引发的需要(Fromm,1973)。

性格类型

弗洛姆提出,性格由一系列性格特性组成。一些性格特性具有共同的倾向性,即性格取向。一个人的性格结构中可能有几种性格取向,通常根据占主导地位的性格取向来划分性格类型。

同化过程中的取向

弗洛姆根据同化(assimilation)过程中的取向将性格分为两大类型:非生产性取向和生产性(productiveness)取向。其中,非生产性取向是一种与现实联系的不健康的方式,包括接受(receptive)取向、剥削(exploitative)取向、囤积(hoarding)取向和市场(marketing)取向四个方面(见表15.4)。

表 15.4 非生产性取向

非生产性取向	特 性
接受取向	这种人习惯被动地接受所需要的东西,觉得一切好东西都是从外界接受而来的。
剥削取向	这种人试图通过强力或狡诈的方式获取所需要的东西。
囤积取向	这种人通过囤积、储藏或节俭来获得和维持安全感。
市场取向	这种人将自己比作商品,善于随劳动力市场的变化而变化,善于为了利益而随机应变。

生产性取向的性格类型关心人的潜能的实现。生产性取向的性格特性体现在思维、工作和情感过程中。生产性取向的思维即理性,能透过现象发现本质,能客观地看待自己和世界。生产性取向的工作不是为生存或强权所迫,也不是为了克服无聊和空虚,而是出于人的潜能的实现,该类型的个体能够依靠所有能力发展自我,激发潜能。生产性的情感是在保持自我完整性和独立性的同时与他人结为一体,这种情感的基本要素是关心、责任、尊重和理解。弗洛姆还提出健康的人应体验到的一些情感,包括淡泊、温柔、同情、兴趣、责任心和整合感。

社会化过程中的取向及其与同化过程中的取向的联系

人在社会化过程中也会形成不同的性格取向,包括受虐狂(masochism)、施虐狂(sadism)、破坏性(destructiveness)和迎合(automation conformity)(Fromm,1941/1961,p.164),这四种不健康的性格取向与同化过程中的四种非生产性取向一一对应(见表15.5)。

表 15.5 社会化过程中的取向

性格取向	特 性
受虐狂	受虐狂者通过屈从于他人或某种强大的外部力量(上帝、权威、组织、国家等)并成为这种力量的一部分来逃避孤立无助的处境,同时也可以从中得到(接受)所需要的东西。

续　表

性格取向	特　性
施虐狂	施虐狂者热衷于追求权力,通过使他人屈服和痛苦来显示自我的强大,同时也从被统治的他人那里获取(剥削)所需要的东西。
破坏性	破坏者由于害怕自己营造的世界(囤积)被侵犯而主动地去消灭、摧毁对象。
迎合	迎合者会放弃个性,根据市场效应自动地与他人保持一致,主要通过模仿他人、顺应社会来获得安全感。

受虐狂、施虐狂和破坏性三种取向都可能以爱、责任、良心、爱国主义等合理化的形式出现,弗洛姆据此解释了各种社会历史现象的心理基础,如纳粹主义。如果接受取向与剥削取向(受虐狂与施虐狂)相混合,集这两种性格于一身的人在权力大的人面前就情不自禁地谄媚,在权力小的人面前就不由自主地逞强,这种欺软怕硬的性格叫作权威主义性格。社会化过程中的健康性格就是能够自发性(spontaneity)地爱和工作,这里的自发性与生产性的含义相近。

堕落综合征与成长综合征

弗洛姆在《人之心》(*The Heart of Man*,1980)一书中从病理学的角度对人的性格进行分析,提出了**堕落综合征**与**成长综合征**两种性格类型。其中,堕落综合征是恋尸癖、恶性自恋和共生—乱伦这三种严重的病态人格倾向的结合体;成长综合征则是生之爱或恋生癖、人之爱、独立性这三种倾向的结合体,分别与前者的三种倾向对立。具有恋尸癖倾向的人被所有无生命的事物吸引,迷恋腐朽的东西,热衷于暴力和破坏,喜爱机械僵化的事物,沉溺于过去且害怕未来。具有恋生癖倾向的人被生命和生命的成长过程吸引,富于创造性,喜欢新生事物。自恋的实质是不能客观地对待自己、他人和世界,过高地评价自己,过低地评价他人和世界。极端自恋者为社会所不容,但个体自恋可以通过转变为社会自恋而得到合理的满足,这种转变只需将"我"换成"我的国家(或民族、宗教、政党)",如将"我是最优秀的"换成"我的民族是最优秀的",同时对其他民族加以贬斥。真正的人之爱则是建立在理性、平等基础上的爱,与自恋对立。共生—乱伦的固着是指一个人强烈地依恋母亲或母亲的象征物(如家庭等),完全丧失了独立性。恋尸癖、恶性自恋和共生—乱伦这三种倾向的极端形式混合在一起就是堕落综合征,如纳粹党人,其群体的大规模的发作就是战争。大多数人的性格处在两种综合征之间,某种占优势。

重占有的生存方式与重存在的生存方式

弗洛姆于1976年提出重占有(to have)和重存在(to be)两种生存方式的理论。重占有者关注占有对象(包括物、人、精神);重存在者关注生命的存在本身,以人的潜能(爱和理性)的实现为生存目的。占有与存在这一对概念是从价值观上对人的性格类型所作的进一步阐述。

何为社会性格

以上所述的性格理论基于个体的分析,是弗洛姆社会性格理论的概念基础,也是社会性格理论的有机组成部分。**社会性格**(social character)指一个社会中绝大多数成员具有的基本性格结构(Fromm,1941,p.198)。社会性格具有如下基本特性:第一,它是群体心理,在不同场合指不同群体,有时指一定民族或阶级的心理;第二,社会性格是一个群体在共同的处境下,在共同的生活方式和基本的实践活动的基础上形成的;第三,它是激发一个群体的行为的共同内驱力。社会性格是经济、政治、文化诸因素交互作用的结果,而经济因素在这种交互作用过程中占有优势。家庭则起着一种将社会所需要的性格结构的基本特点转移到孩子身上的作用。

弗洛姆为了进一步说明经济基础如何决定意识形态这种上层建筑,提出"社会性格"的概念,并把社会性格看作联系经济基础和上层建筑的重要中介之一。一定社会的经济基础是身处这个社会的人的处境的决定性因素,社会性格是在这种处境下形成的;具有一定社会性格的人会形成一些共同的观念,一些杰出的人物作为代言人将这些观念理论化,这就是意识形态。也就是说,意识形态根植于社会性格,而社会性格又由经济基础决定。反过来,已经形成的意识形态又容易被具有一定社会性格的人接受并强化这种社会性格,从而通过社会性格作用于经济基础。因此,社会性格既是经济基础决定上层建筑的中介,又是上层建筑反作用于经济基础的中介。这种中介作用不能被理解为是被动的,它作为一种能动的力量对社会进程起着重要作用。

15.2.5　社会潜意识论

联系经济基础与上层建筑的另一个中介是社会潜意识。社会性格和社会潜意识都是人们在一定的处境下为满足与世界建立联系的需要而形成的,两者都是人为逃避孤立和排斥而形成的心理机能。弗洛姆指出,在弗洛伊德和荣格那里,潜意识好比一栋房子的地窖,里面存放着罪恶或智慧,他不同意这种实体性的概念而主张一种功能性的概念。他认为,意识或潜意识是指一种主观状态,指觉察到或未觉察到的经验、感情、欲望等。觉察到的是意识,未觉察到的是潜意识。同时,弗洛姆也不满足于弗洛伊德对个人潜意识和荣格对集体潜意识的揭示,认为要达到解除压抑的目的,就要研究社会潜意识。

所谓社会潜意识,是指一个社会的大多数成员共同存在的被压抑的领域。这些共同的被压抑的领域正是一个具有特殊矛盾的社会不允许它的成员意识到的内容。如果大多数人意识到社会的不合理并充满怨恨情绪,就会威胁现存的秩序。对个人而言,压抑这些心理内容的主要原因是害怕受到孤立和排斥。

压抑的机制是什么?任何一个社会都有一套决定人的认识方式的体系,这种体系的作用就好比一种过滤器。除非经验能进入这个过滤器,否则就不能成为意识。这种社会过滤器由三个要素组成。第一是**语言**。同样的经验和现象,在一种语言中有丰富的词汇来表达,在另一种语言中却难以表达,这种难以用语言表达的经验就难以成为明确的意识。第二是**逻辑**。逻辑在一定文化中指导着人们的思维,那些不合逻辑的经验就被排除在意识之外。第三是**社会禁忌**,这是最重要的。每个社会都会排斥某些思想和感情,使之不被思考、感受和表达。有些事不但不能做,甚至不能想。

社会通过过滤器的压抑作用,将那些与一定经济基础不相符的经验排除在意识之外,将那些与一定经济基础相符的经验上升为意识形态。

意识形态反过来强化压抑过程，从而作用于经济基础。

15.2.6　现代人的困境与出路

人的处境特别是存在的矛盾性在现代社会的具体表现，使现代人生活在各种困境中。为了适应这种处境，现代人形成了特殊的社会性格和社会潜意识。施虐狂、受虐狂、破坏性、迎合等这些性格取向都是为了与世界建立联系，为了逃避自由以克服孤立无助和不安全感。施虐狂、受虐狂和破坏性常见于极权主义国家（如纳粹德国），迎合常见于民主的资本主义国家（如20世纪的美国）。19世纪，资本主义社会占主导地位的社会性格是剥削取向和囤积取向的混合；20世纪，资本主义社会占主导地位的社会性格则是接受取向和市场取向的混合。现代人被所有机械的东西深深吸引，执着地发展各种大规模杀伤武器，这种恋尸癖倾向混合着一种自恋倾向，即现代人为自己能生活在这个高度发达的技术世界而自豪并沉迷其中。在这个世界，只要按一下按钮，人的需要就能立即得到满足，正如婴儿一张口就能吃到奶一样。人们依恋发达的技术正如婴儿依恋母亲。因而，现代人拥有病态人格。人们忙于对物的占有，而忽略了作为生命的人的存在。人们对世界的真实的思想和感情受到压抑。

人虽然能适应不同的环境，但不健全的社会导致人的心理疾病，这本身就是人性对病态社会的一种反抗。因而，一方面，社会环境塑造了人；另一方面，人性中又有一种力量反过来改造社会环境。弗洛姆理想中的健全社会是"人道主义的民主的社会主义"，这个社会是在资本主义已经取得的成就的基础上，为克服资本主义的弊端而建立的，它涉及经济、政治、文化、教育等各个领域的变革。在经济上，实行生产资料公有制，保证每个劳动者都成为生产和管理过程的积极负责的参与者。在政治上，把民主原则真正贯彻到社会生活的各个领域。要建立这些制度，不必进行暴力革命，可以通过立法和改革试验等途径。在文化上，要建立一种以人本主义心理学为基础（即关注人的健康，关注生产性取向的实现）的人本主义伦理学，把自古以来的人本主义理想变成社会生活的具体准则,并使这些准则成为人的信仰,即形成一种人本主义宗教。在教育上,要对现存的教育进行改革。现存的教育是培养异化社会的合格劳动力,是为了使受教育者更好地适应这个病态的社会。健全社会的教育应该使学生具有批判思维能力,应该培养具有健全性格的人。至此,弗洛姆创立了一整套思想体系,这套思想体系以人本主义精神分析的心理学为基础,推演出一种社会改革理论,以实现弗洛姆有关人和社会的理想。

15.2.7 理论评价

弗洛姆一生著作颇丰,他的作品不仅涉及心理学领域,而且涉及伦理学、政治学、哲学、历史、宗教等领域。相似之处是,这些作品始终围绕着人性的本质和他的人本主义理想展开。他关注一个社会甚至全人类的生活状况,将现代社会与现代人的问题与困境作为自己关注的核心,这是他的人格理论区别于其他理论的特别之处。

弗洛姆对现代人的生活与心理状况充满了关心,是一位具有人文关怀的心理学家。他直面社会发展带来的种种严重问题,敢于提出质疑,勇敢且富有责任感。

在理论建构上,弗洛姆的理论在很大程度上是基于对历史、社会和文化的分析,同时他还利用了宗教、经济、政治和人类学领域的资源。其理论体系宏大且复杂,影响深远。但同时,宗教哲学意味过于浓厚也使他的理论受到批评。

与前面介绍的一些新精神分析学家不同,弗洛姆虽然也是一位心理治疗家,但他没有充分利用从患者那里获得的数据或资料来对自己的理论进行论证。他将精神分析的方法如自由联想作为重要的治疗工具,但很少描述自己的研究方法或者治疗中的案例。同时,对弗洛姆的理论进行检验的实证研究少之又少,无论是临床检验还是心理测量的开发。

弗洛姆的人格理论体系宏大且复杂,都围绕着核心观点展开。他利用不同学科领域的知识和理论为人们提供了看待问题的不同视角,使人们从不同视角来理解弗洛姆理论的内涵以及他的社会理想。他的理论涉及人格心理学、社会心理学、社会学、伦理学、哲学、宗教，甚至社会改革等广大领域，由于个人学识的局限性，弗洛姆显然不可能在所有领域都有同等的建树和影响力。例如，他将精神分析与马克思主义结合起来，深刻地分析和批判资本主义社会的问题，但当他试图根据人本主义理想提出改革社会的方案时，就不免显得空泛甚至谬误，如他有关计划经济和公有制的主张现在看来是有其局限性的，事实上也没有对社会变革产生影响。

第五编

现象学理论

现象学理论关注人的高级心理活动，它只关心人的主观经验，即个人对世界的知觉和看法。凯利的理论受到认知理论的影响，认为个体基于由自己的知识经验形成的个人建构去认识他人和世界，而人格就是人们看待和解释事件时的差异。马斯洛、罗杰斯和罗洛·梅大体都认为，每个人都是主观地以其独有的方式看待世界，他们强调个体的意识和经验对人格的作用。在他们三人中，罗洛·梅的思想虽更具有存在主义色彩，更关注人的存在的冲突和痛苦，对人的潜能实现不乐观，但他们三人都强调人的价值和尊严，强调使用现象学的方法，强调人的主观经验和自由意志。强调主观经验和自由意志是现象学理论的共同点。

16 凯利：个人建构心理学

精神分析理论是从心理治疗的实践过程中逐步发展而来的，在心理治疗师看来，接受治疗的来访者都是有着丰富生活经历的个体（极其复杂的人），而不是只有一个或几个所谓的心理变量。在治疗师眼中，来访者都是完整的人。与精神分析学派的心理学家一样，凯利也是一位临床心理学家，他一直试图去解读一个个完整的人。

与弗洛伊德把理论重心放在由潜意识引发的动物性本能上不同，凯利认为改变自己、世界和未来是人类特有的能力。他主张，应该把心理学研究的重点放在以实际生活中的人为核心的"真实"课题上。他认为，人在预期未来时，如果某一建构得出的预期被证实，就表明这一建构是有效的；人们为了预期未来，可以以自己喜欢的任何方式，自由且实用地建构现实。

个人建构论既有别于行为主义和精神分析的理论，也有别于特质理论。在凯利生活的那个时代，他的理论似乎只徘徊于当时主流人格心理学理论的边缘。1955年，凯利最重要的一部人格理论著作《个人建构心理学》（*Personal Construct Psychology*）出版，这在被行为主义主宰的年代具有特别的历史意义。正是通过这部著作，凯利的理论极大地影响了强调人的整体性和主动性的人格心理学家和心理治疗家。正如米歇尔所说："令我惊讶的是……他指引的方向的正确性，使得心理学前进了20年。凯利在20世纪50年代提出的所有理论都已被证明是对心理学……以及对多年来发生的事情的富有预见性的绪言。"（Mischel, Shoda, & Smith, 2004）

16.1 凯利传略

凯利(George Alexander Kelly，1905—1967)，出生于美国堪萨斯州威奇塔市的一个农场，他是家中的独子，父母虔诚地信仰基督教，他的父亲还是当地长老会的牧师。作为家中独子，凯利也和他的父母一样，有坚定的信仰，并根据自己的宗教信仰严格约束自己的行为。4岁时，凯利跟随父母前往西部的科罗拉多州拓荒，开垦农场。可是，他们后来发现定居处几乎没有水源，土地一片贫瘠，于是被迫回到堪萨斯州。这段经历对凯利产生了很大影响，培养了他注重实际、特立独行、勇于开拓的品质。

图 16.1　凯利

13岁时，凯利离家求学。中学期间他涉猎广泛，几乎对所有事物都感兴趣。高中毕业后，他进入堪萨斯州威奇塔市的佛伦兹大学，主修音乐和政论。随后转入密苏里州的帕克学院，并于1926年获得数学和物理的学士学位。这两门学科对凯利的人格理论有很大影响，他的理论中包含数学方法，有专门一章论述其理论的数学结构。大学期间，凯利还是校际辩论队的活跃分子，练就了他向世俗观念和有争议的话题发起挑战的高超本领，这也成为他人生中重要的财富之一。演讲和辩论的经历或多或少地影响了他学习兴趣的转变。他发现自己对物理、数学等自然科学并没有那么感兴趣，也并不像当初所设想的那样，适合做一名航空工程师。教育学和社会学的一些课题成为他感兴趣和渴望研究的领域。于是，他开始在堪萨斯大学学习教育学的相关课程，并尝试从事一系列相关的教学工作，比如在劳动学院教授演讲学，在语言学校教授移民了解美国的课程等。一年后，他获得奖学金，前往英国爱丁堡大学访学进修，并在智力测量学家汤姆森(Godfrey Thomson)爵士的指导下获得教育学硕士学位。也正是从这个时候起,他开始对心理学产生了浓厚的兴趣。回国后,凯利进入艾奥瓦大学研修心理学,并于1931年以一篇主题为语言和阅读障碍的论文获得博士学位。在求学的这段时间里,凯利从事过一些短期工作,例如担任航空工程师、口语教师,再加上他大学丰富的经历,这些使得他对自然科学和社会科学都有深刻的了解。

凯利作为心理学家的职业生涯是从堪萨斯州福特·海斯(Fort Hays)州立学院开始的。当时正好是美国历史上的经济大萧条时期,为了帮助那些生活在远离都市的农场里,因家庭经济状况恶劣而身心俱疲的人,1933年凯利及其学生成立了为全州公立学校系统服务的巡回心理治疗服务队,专门前往乡村和偏远的学校,提供心理治疗服务。这段经历在凯利的职业生涯中具有深远的影响。在7年多的时间里,凯利及其学生为1500多名心理障碍患者提供咨询与治疗服务。在心理治疗的过程中,凯利先后尝试过精神分析和行为主义的治疗方法,但他发现人们最需要的并不是解决自己内心潜意识的冲突,或是对某种刺激作出正确反应,而是解释那些发生在他们身上的事件,以及预测将要发生的事件。从此,凯利开始投身于有关个人建构的人格理论。1936年,凯利出版了《临床实践手册》(*Handbook of Clinical Practice*)一书,对学习和阅读习惯等进行了专题讨论,用形容词两极设计(如勤奋—懒惰等)来测试来访者的学习态度,并把这种设计作为临床诊断的工具和职业指导的咨询手段。凯利的这种方法后来得到进一步发展,为人们所广泛使用。

第二次世界大战爆发后,凯利在美国海军服役,为军队从事一些心理学方面的工作。战后,他的研究兴趣重新回到人格问题及其诊断上。1945年,凯利到马里兰大学任教,之后前往俄亥俄州立大学任教长达20年。在这里,他与著名心理学家罗特一起,使俄亥俄州立大学成为当时美国培养临床心理学家的训练中心,凯利先后当选为美国心理学会临床心理学分会和咨询心理学分会主席。在俄亥俄州立大学,凯利吸引了一大批忠实的追随者帮助他鉴定、剖析、检验早期的观点。他还定期举办别开生面的"星期四晚会"。在晚会上,凯利和他的追随者们畅所欲言,激烈辩论,不断实践和完善自己的心理学思想。到1951年,凯利的个人建构理论已经基本成型。1955年，他出版了一生中最重要的著作《个人建构心理学》。1965年，凯利应马斯洛的邀请来到布兰迪斯大学教授心理学课程，两年后去世。

凯利的一生都在不断地学习、实践、建构和总结。在那个年代，他能够打破精神分析和行为主义的垄断，独创一个新派别，这与他注重实际、特立独行、勇于开拓的品质，以及丰富的教育背景和多样的经验积淀密不可分。

16.2　人格结构

凯利以"建构"作为最基本的人格单元来解释和理解人格，审视个体差异，不同建构之间的关系为建构系统，也就是人格结构。建构系统类似于科学家描述和解释世界的知识体系。他甚至提出"人人都是科学家"的命题。那么，究竟什么是建构？我们每个人的建构过程和差异又是怎样的？

凯利认为，人类的行为既源于客观现实，也源于人们对现实的感知，两者都对人类的行为产生影响。这既不同于斯金纳认为人都是环境（现实）塑造的结果的观点，也不同于认为唯一的现实就是人的感知的观点。凯利认为，客观现实是真实存在的，只是不同的人建构它的方式不同。所谓**建构**（construct）就是人们用来观察世界、洞悉世人的方式。凯利指出，人通过他们创造的各种模型或模板来看待世界，然后努力组成世界的许多个真实面——我们可以称这些试验的模型为建构，也就是个人用来解释世界的方式。具体来说，建构是人用来对事件加以整理分类，记录行为过程的一种观点或思想，是一种依据相似和对比成分理解事物的认知模式。

凯利提出了"**人人都是科学家**"的命题，认为每个人都像科学家一样，努力解释、预测和控制事件。凯利在治疗工作中发现，与科学家类似，人们最需要的也是对周围世界的解释、对未来的预测和对事物的控制。人们总是在解释或再解释已有的经验,然后尝试理解和控制周围的世界。每个人都有自己关于行为的理论,都会提出并检验假设,然后权衡实验证据(Kelly, 1955, p. 15)。这样,人们就能更有效地预测未来;或者有目的地改变自己对于世界的概念或建构,以便更有效地行事。试想一下,吃饭时,你会选择哪些食物?看电视时,你会选择哪个频道?大学毕业了,你应该怎么开始自己的职业生涯?当你作出这些决策时,你和一个科学家没有区别:你也会提出问题、建立假设、检验假设并预测结果。在凯利看来,一个人用来预测事件的主要方式是**个人建构**(personal constructs),它用以分析、解释或证实经验,并赋予经验以意义。在某种程度上来说,个体的各种活动(包括行为、思想和情绪等)是受其用以预测世界的各种个人建构指导和控制的。因而,个人建构才是预测人类行为的关键(如图 16.2 所示)。

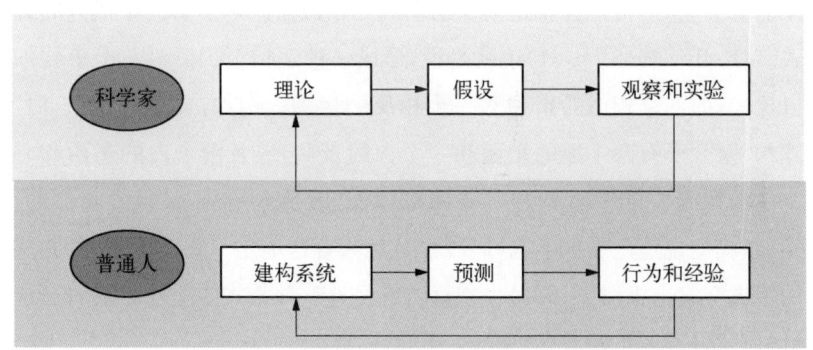

图 16.2 个人建构理论:"人人都是科学家"

假如你下午 2 点有一堂必须参加的课程,现在离预定时间所剩无几,而你乘坐的公交车却因为塞车难以行进。现在你要解决的问题不是吃什么东西,看哪个电视频道了。你可以选择马上下车叫辆出租车绕远路,或是换乘地铁;你也可以选择步行直接赶往上课地点;当然你也可以选择在公交车上继续等待,等待道路畅通;或者给自己迟到找个好理由……也许,你还有其他更好的选择吧。凯利认为,每个人作出决策的过程都和科学家解决问题的过程一样。和科学家一样,当你观察到这些情况("塞车,上课时间就要到了"),你会提出问题("怎么才能不迟到呢?""是不是要下车?""坐出租车还是坐地铁?""要不,步行去?"),预测答案("时间来不及了,找个迟到的理由吧"),分析这些事件之间的关系("不去了,老师一定会认为我不守纪律,会影响对我的评价"),假设可能的应对方案("先找个同学帮忙请假,然后马上转乘出租车赶过去;这样时间应该来得及,可是我要多花一些路费了"),思考更多问题("钱花在出租车上了,一会儿还够用吗?"),预测可能的结果("如果我坐出租车赶去,就能按时上课了"),选择执行可控的事件("坐出租车赶去,按时上课")。

在个人建构系统中,人们通过概括化过程为自己解释事件的意义,对经验进行建构,接着用自己的建构处理环境中的新信息。通过概括,人们能够发现一些事物彼此具有相似之处,并可以与另外一些事物区分开来。凯利认为,建构就是根据相似和差异来组织经验的方式:"在最狭隘的意义上,一种建构就是至少两个成分相似而区别于第三个成分的方式。"(Kelly,1955,p.61)也就是说,形成一种建构至少要对三个事物加以比较,即两个相似的事物和一个相反的事物。例如,要形成"黑—白"建构,至少要有两个黑的东西和一个白的东西,或者两个白的东西和一个黑的东西。同时,建构也具有两极性,既涉及差异性,又包含相似性。例如,我们说这是一件上衣,同时也就意味着这不是一条裤子;这种款式的上衣穿起来很漂亮,同时也就意味着另外一种款式的上衣不好看。这就包含"好看—不好看"的两极。

个体的决策也和科学家的研究结果一样,具有不确定性和不彻底性,需要一直思考并重构。凯利乐观地认为,人们总是可以通过想象和预测,找到更好的方法以重新建构自己的生活。也就是说,人们永远不会完全决定自己的行为,人们总是在一定程度上对自己以往的经验重新作出解释。因此,凯利相信人是能够负责任的行动者,他们能够作出自己的选择和决定。人们并不是直接根据自己的经验作出反应,更多时候人们以自己特有的方式去解释或再解释这些经验,进而作出反应(Fransella & Dalton,1990,p.1)。例如,如果一个学生认为获得更高的学历对于他是重要的,那么这种主观事实将会决定其他一些行为:他会将更多时间花在图书馆和教室学习,而不是去参加各种社交活动。简单地说,对他来说,确定目标是自由的,可一旦确定了这一目标就必然会决定一些相关的行为。因此,个人在创建自己的建构系统时是自由的,但已经形成的建构会影响个人的行为方式,凯利的这种观点称为**建构选择主义**(constructive alternativism)。

我们可能与别人有相同的经验,但对这些经验的解释是不同的。我们形成并用来处理新经验的个人建构是以先前的经验为基础的。例如,同样是与一个人交往,你可能会用聪明—愚蠢、有趣—乏味、文雅—粗俗这些建构来描述他;我可能会用外向—内向、自信—自卑、友好—敌意这些建构来描述他。不同的建构使我们对同样的事物作出不同的反应。每个人都有一套自己特有的、相对稳定的个人建构系统,以决定自身的行为模式。我们也正是通过这种建构系统来解释、预测和控制外部世界。

对于同样的经验,人们会贴上不同的标签,即人们对同一事物可以有多种建构,各种建构无对错之分。没有绝对客观的事实,也没有绝对正确的真理,只有不同的建构。人们从多种建构中选择自己的建构,从而形成自己的建构系统。因此,个人可以自由选择自己的建构,但已经形成的建构会影响个人预期事件的方式,进而决定个人对待世界和人生的方式。

每个人都有一套相对固定的建构系统,正是这种相对固定的建构系统决定我们的行为模式和结果。两个人都从监狱的铁栅栏向外看,一个人看到天空,另一个人看到泥土。个人的建构系统使他们能够解释、预测和控制外部世界。实际上,一个人的人格就是他的建构系统。建构以层级方式组织起来,有助于人们预测生活中将要发生的事件。人与人之间的不同,不仅在于他们运用不同的建构来预测事件,而且在于他们建构系统的组织方式不尽相同。两个人可以具备相似的个人建构,但由于他们的建构系统存在差异,因此可能会呈现出完全不一样的人格。

16.3 人格动力

关于人格动力,凯利不是以动机、驱力、刺激、需求等概念来解释行为。在他看来,"动机"一词是冗言赘语。"动机"这一概念假定人无行动能力,需要某种力量的驱动。凯利认为,人本身就是主动的、活跃的个体,天性如此,不需要有任何动机力量的存在,"除了是活生生的人之外,没有任何原因能激励一个人"(Kelly, 1955, p.49)。这是一个相当令人惊讶的说法。既然凯利认为不需要用动机的概念来解释个体的活动,那么他如何解释个体的活动呢?凯利在《个人建构心理学》一书中系统论述了他的人格理论,其中包括一项基本假设和十一项推论(见表16.1)。有研究者(Neimeyer, 1985)根据这十一项推论之间的关系将其分为建构过程(the process of constructing)、建构系统的结构(the structure of construct systems)和对社会嵌入的建构效果(the social embeddedness of constructing efforts)三个部分。

表 16.1　凯利个人建构理论的基本假设和推论

基本假设	个人的历程在心理上是由其对事件的预测方式引导的。
建构推论	个体有不同的经验,而且用不同的方法预测相同的事件。
个性推论	个体差异在于他们有不同的经验,而且用不同的方式预测相同的事件。
组织推论	个体都会形成特有的包含概念间顺序关系的建构系统。
二分推论	个体的建构系统由许多相互对立的二分建构组成。
选择推论	个体更倾向于作出那些能使其最有效地处理后续事件的选择。
范围推论	一种建构只适用于预测一定范围内的事件。
经验推论	个体的建构系统在连续解释重复出现的事件时会产生变化。
调节推论	个体建构系统在这种建构适用的范围之内,受那些建构的渗透作用的限制。
分裂推论	个体建构的次级系统并不总是保持一致,有时会表现出与经验不一致的行为。
共同性推论	个体对经验的建构相似到什么程度,他们的心理过程就相似到什么程度。
社会性推论	个体能在一定程度上解释另一个人的建构过程,他可能在同等程度上扮演这个人在社交活动中的角色。

16.3.1 基本假设

个人建构理论的**基本假设**是:"个人的历程在心理上是由其对事件的预测方式引导的。"(Kelly，1955，p. 46)凯利进一步解释和说明了这个基本假设。他关心的不是动物,不是社会,也不是个体的某一部分,而是生活着的、不断变化的、运动着的人本身,这也就是所谓的个人的历程(person's processes)。引导(channelized)是指人们按照一种网络通路来有选择地进行个人的历程。这种网络通路具有一定的灵活性,可以经常改变,但它是有结果的,可以拓展人类的生活,同时也限定了人类的活动范围。换言之,人们看待未来的方式决定了他们的行为(思想和行动)。

对于那些有所预期的事情,我们总是早有准备。我们的行为、思维和情绪都被这种预期决定,无论这种预期正确与否。想象一下,你打算明天买张彩票希望中大奖,或者假如明天就是世界末日。这些预期会对你产生怎样的影响?如果事情如期而至,预期就**有效**;如果事情并不如预期的那样,预期就**失效**。我们不停建构生活中的事件,确定或否定各种建构,这是个循环的过程,时常会伴随着倒退。通过对假设的确认或者否定,以达成经验式的学习,这本身就是一种科学的方法。

生活中人们真的就像科学家吗?虽然凯利的理论中关于人是科学家的比喻广受认可,但现实生活中人们似乎并不都是很好的科学家。比如,人们会不辞辛苦地去证实自己的某种信仰,科学家却竭力找寻证据来推翻这些(Klayman & Ha, 1987)。事实上,人们有时为了坚定自己的信仰,甚至转而借助占卜臆测。无论是科学推断还是占卜臆测,生活都能给我们提供足够的证据,来印证我们相互矛盾的期望,而这取决于我们自己怎样看待这一切。就像一个装了一半水的杯子,我们既可以说它"还有半杯水",也可以说它"只有半杯水",正如我们既证实乐观的期望又证实悲观的期望。乐观主义者借助乐观期望和忽视悲观倾向来维持乐观。反之,抑郁的人则通过自我证实悲观期望来维持抑郁。举例来说,一个抑郁者可能会预期别人不想和他形成亲密关系,因此他会避免寻求反面证据(例如建议和别人共处),而更可能寻找正面证据(例如发现那个人有别的朋友)。

比起科学家的严格实验,个人建构的有效性和无效性显然不够精确。事实上,那些在外人看来毫无疑问的事实,如果恰恰和我们的建构相反,也不会影响我们这样一群不完美的科学家对这一事件的建构。只要我们大胆地去检验自我信仰,就能根除那些错误的信念并更加准确地认识自我和世界。

16.3.2 建构过程

基于对事件的预测(建构)的重要作用,凯利在其理论中详细论述了建构过程。奈梅耶(Neimeyer,1985)认为以下四种推论解释了建构过程。

建构推论

建构推论(construction corollary)是指个体通过解释他们生活中的重复经验来预测事件(Kelly,1955,p.51)。重复包括从不同的经验中抽取出共同的成分,贴上建构的标签,将来用这种建构去预测其他行为。也就是说,在经验的基础上,我们会从行为中看出规律性,然后在这种规律性的基础上预测某些结果。好比中国男篮将要和美国男篮进行一场比赛,我们可能会认为中国队获胜的概率不是很大,因为此前中国队几乎没有胜过对方的经历;如果中国男篮将要和日本男篮进行一场比赛,我们则会认为中国队获胜的概率很大,因为此前中国队几乎没有被对方击败过。重复发生的事件或多或少都有相似之处,我们对事件的预测也往往源于先前的经验。当然,有时候也会有些差别,因为事件的重演并不是每次都一模一样。尽管如此,人们还是倾向于依靠重复经验对未来作出预测。

经验推论

经验推论(experience corollary)是指个体的建构系统在连续解释重复出现的事件时会产生变化(Kelly,1955,p.72)。凯利认为,当遇到一些偶然事件时,这些偶然事件会促使我们形成新的建构。随着时间的推移,这些事件一再发生,就会不断地促使我们确认自己的建构系统。如果我们的预测在这些事件的重现过程中得到修正,这个建构系统便经历了一个逐渐改进的过程，我们就会重新组合自己的建构，这就是经验。一个人生活的再组织依赖的就是这种经验。

也许在理论中，凯利更看重的是人们如何去做，而不是如何改变人格。有心理学家（如弗洛伊德和埃里克森等）提出一些通用的人格发展阶段，但凯利并没有这样的提法。与这些人格发展阶段理论不同，凯利的理论并不认为人格的发展必须经历某种特定的影响，或是朝着某个特定的方向，而且并不看重环境在人格发展中的作用。不过，在其他心理学家的扩充下，凯利的个人建构理论还是解释了人格的发展与改变，特别是成年人如何使用建构和重置建构。

选择推论

选择推论（choice corollary）是指人们不断地在建构的两极之间作出选择，在提出选择推论之后，人们更倾向于作出那些能最有效地处理后续事件的选择（Kelly, 1955, p.64）。在凯利的理论中，人们会像科学家那样作出详尽的选择。有时，这种详尽的选择会拓展我们的建构系统。试想，我们在某一特定情境中是应该谨慎还是应该冒险？我们应不应该结婚？我们是努力追求学业成功还是放弃？凯利主张，人们一般倾向于作出能详细说明和阐述建构系统的选择；也就是说，我们作出的一些选择，能增强我们解释世界的信心，使我们通过个人成长加深对世界的了解。他认为，我们天生倾向于作出深思熟虑的选择，但我们也天生喜欢冒险去试验新的建构，这样就能够对世界越来越了解。值得注意的是，凯利关注的是人们的行动，即如何作出选择，而不是人们在认知层面如何对选择进行精细化处理。

调节推论

调节推论（modulation corollary）是指，个体建构系统的变化会受到建构的渗透作用的限制，这些变化只发生在这种建构适用的范围之内（Kelly, 1955, p.77）。经验推论指出，个体的建构系统会在连续解释重复事件时发生变化。但同时，必须明确这种变化只发生在建构系统内部。所谓建构的渗透作用（permeability），是指在一种建构的适用范围内又增加了一些新元素，而且在这个范围内人们还能对此作出解释，这时我们就说这个建构具有渗透作用。举例来说,你也许觉得有些人会读懂你的心思,而另外一些人不会。如果你面对的是朋友或熟人,你会把他们归类为懂你的人和不懂你的人。如果你面对的是一个陌生人呢?他能否也适用于这种分类呢?如果适用,就意味着这种建构是可以渗透的。这样,渗透建构(permeable construct)就能够被我们用作建构新经验。与渗透建构相对的是凝固建构(concrete construct),它是个体建构系统中不接纳新元素的那一部分。

16.3.3 建构系统的结构

奈梅耶(Neimeyer,1987)认为,以下四个推论解释了建构系统的结构。

二分推论

二分推论(dichotomy corollary)是指,个体的建构系统由许多相互对立的二分建构所组成(Kelly,1955,p.59)。凯利认为,一种建构至少包含三个成分,其中两个成分相似,另外一个成分则与这两个成分相反。这时,相似的性质和相反的性质就构成一种建构的两极。"好—坏""高—矮""聪明—愚笨"等,都是二分建构的实例。每个事件都可以用这种两极的二分法来表示。

组织推论

组织推论(organization corollary)是指,为了方便预测事件,个体都会形成特有的包含概念间顺序关系的建构系统(Kelly,1955,p.56)。人们之所以彼此不同,不仅是因为他们有不同的建构,而且是因为这些建构的组织方式不同。建构的组织有助于人们减少冲突。高级建构(superordinate constructs)更为抽象,通常由许多低级建构(lower-order constructs)组成。例如,"蔬菜"这个高级建构就由许多低级建构组成,如白菜、萝卜、豌豆等。只要满足"富含维生素,脂肪含量低的食物"这个条件基本上都可以被纳入这种建构。核心建构(core constructs)是个人认同的建构(Kelly,1955,p.482),它们是被低级建构环绕,层级组合起来处于最中间的高级建构。这些核心建构组织了人格结构中最稳定的单元,它们变化缓慢,而且比外围建构(peripheral constructs)更难理解。对每个人来说,核心建构这种更高级的建构都是有差别的,如果某个人的核心建构无法达成适应,就可能引发心理障碍。凯利流派的心理治疗目的正是要改变来访者无法适应的核心建构。

分裂推论

凯利认为,我们的建构系统处于不断流动的状态。在这些系统中,我们会相继使用一系列理论上互不相容的次级系统(Kelly,1955,p.84)。换句话说,我们的建构次级系统并不总是一致的,有时也会表现出与最近的经验不一致的行为。例如,同学在学习竞赛上有时会是无情的对手,而在日常生活中又会是亲密的伙伴。如果观察者只通过有限的几个行为示例来推断他人的人格,那么很有可能会犯错误,这就是分裂推论(fragmentation corollary)。

范围推论

范围推论(range corollary)是指,一种建构只适用于预测一定范围内的事件(Kelly,1955,p.69)。几乎没有哪种建构能够适用于所有事件。对二分建构的两极而言,如果某一事件(或人)都能得以描述,那么可以说这一事件(或人)在这种建构范围之内。也就是说,每种建构都只适用于一定的范围。比如"高—矮"这种建构,我们可以说一棵树高,另一棵树矮;一个人高,另一个人矮。但对空气、光线、恐惧而言这种建构就无法适用了。再如,苹果、香蕉、酸奶、汉堡包这些都在"营养食品—垃圾食品"的建构范围之内,但水泥显然不在这一建构范围之内。

16.3.4 对社会嵌入的建构效果

个人建构对于理解人际行为尤其重要。奈梅耶(Neimeyer,1985)认为,以下三个推论正好描述了社会情境下的建构过程。

个性推论

人们用不同的方式预测事件。根据凯利的观点,个性推论(individuality corollary)为研究个体差异奠定了基础。人们之所以不同,是因为他们有不同的经验,而且用不同的方式预测相同的事件(Kelly,

1955，p. 55)。因此，人们拥有的建构系统在很多方面是异质的。但人们解释事件的方式依然有共性，能够而且确实会用相同的方式解释经验。

共同性推论

凯利的个性推论说明，如果人们对事件有不同的建构，那么他们将表现出不同的行为。他的共同性推论(commonality corollary)则指出，如果人们以相似的方式解释事件，那么他们将表现出相似的行为。这一推论的基本假设是，"两个人对经验的建构相似到什么程度，他们的心理过程就相似到什么程度"(Kelly，1955，p. 90)。因此，如果人们的建构是相似的，那么尽管他们接受的刺激不同，他们的行为也将是相似的。

社会性推论

社会性推论(sociality corollary)是指，个体能在一定程度上解释另一个人的建构过程，他可能在同等程度上扮演这个人在社交活动中的角色(Kelly，1955，p. 95)。换句话说，如果我们能在一定程度上解释另一个人的建构系统，我们就能在同等程度上精确地预测这个人的行为，并相应地调节我们自己的行为。凯利坚持认为，我们的很多行为都是通过这种相互调整而形成的。因此，社会性推论便我们在社会和人际关系中有效地活动。

16.3.5 焦虑、害怕和威胁

凯利的理论看似相当简单、直接，但如果加入焦虑、害怕和威胁等传统心理学概念，他的理论就变得有些复杂了。凯利是这样定义焦虑的：**焦虑**是个体承认自己面对的事件实际上超出个人建构系统的确认范围。当个体没有建构，失去了对事件的结构性掌握，或者建构失败时，个体就会产生焦虑。人们采用多种方式避免焦虑。面对那些无法解释的事情——事情处于他们能确认的范围之外——个体可能会拓展自己的某一建构，以便将其应用于更为多样的事件，或者缩小自己的建构，聚焦于细枝末节。例如，假设一个拥有"自私—有爱心"建构的个体，认为自己是个有爱心的人，却发现自己的行为表现是自私的，那么她/他如何解释自己和这些事件？她/他可以拓展自己对"有爱心"的建构，将自私行为理解世界,个人建构如此循环往复的运作就是人格发展。尽管凯利也承认人与环境的交互作用在个体成长过程中起着重要作用,但他并不认为这种通过建构循环而达成的人格发展是后天习得的,而是一种先天的倾向。机械学习论认为,行为仅仅是环境事件操作的产物,凯利旗帜鲜明地反对这一观点。他认为,个体并不只是简单地对环境作出反应。相反,个体往往主动地、独特地、系统地建构外部环境,而且利用这些建构预测事物。行为主义心理学家认为,人们对外部环境所作的反应是为了最大限度地满足快乐、避免痛苦。凯利并不认同这一观点,他认为人们对环境的反应是为了最大限度地让自己的个人建构能够更准确地预测事物。

凯利提出多个模型来描述个体如何运用环境信息作出行为选择。其中,最有影响力的一个模型是"C-P-C循环"(circumspection-preemption-control cycle)模型,即个体在新情境下的行动按照"详察—预断—控制"三个阶段的循环进行。首先是详察阶段,遇到新情境时,个体会谨慎地考虑事件发展的各种可能性,提出各种建构,以帮助自己掌控局势。其次是预断阶段,个体逐步筛除备选建构,并选择最能解决问题的建构。最后是控制阶段,个体决定选择他自认为最能解决问题的唯一建构,并付诸行动(Kelly,1955,pp.516-517)。举例来说,一个想成为钢琴家的男孩,他可以有很多不同的方式来建构自己,比如做个运动员、工程师,或者男明星。只有当他筛除其他建构,而且决定全身心投入音乐,他才会逐步取得成功,实现理想。一旦他决定这样去做,就会不断控制自己的行为,选择那些能够促使他成为钢琴家的建构去行动。

凯利认为,个体在不同情境下会不停地选择备选方案,筛选出有效方案,进而采取最优建构展开行动。通过C-P-C循环,人们会减少生活中的不确定性,逐步发展人格,进而适应环境。凯利指出,个体不断汲取新的生活经验加以建构和重构,并以此与环境展开创造性、动态性的相互作用,这一过程就是人格的发展过程,也是人格动力发挥作用的结果。

16.5 个人建构用于心理治疗

正如其他心理治疗家，凯利的个人建构心理学作为一种人格理论，其实首先是一种心理病理学和治疗学。也就是说，凯利的初衷是要解决心理疾病的病因和治疗问题。基于自己的这套理论，凯利提出固定角色治疗，同时他还创造性地设计了角色建构库测验。

16.5.1 固定角色治疗

凯利一直认为，临床心理学的最终目的既不是研究也不是诊断，而是治疗，即让那些有心理或行为障碍的人恢复正常的个人建构系统，从而能解释和预测生活中发生的事件。

"人人都是科学家"，每个人都在运用自己的个人建构系统描述、解释、预测和控制生活，这样个体才能达成良好的适应。其中，描述和解释密切相关，预测和控制密切相关，因此我们可以简化地表述为解释和预测。如果一个人不能运用其建构系统，对生活中遭遇的事件作出有效的解释和预测，就会产生不良适应，出现心理或行为障碍。因此，那些患心理疾病的人，主要是因为他们的个人建构系统无法对生活中的事件作出有效的解释和预测。凯利认为，要改变这些适应不良的症状，就必须建立一套更适当的建构系统。根据凯利的理论，所谓心理治疗，就是帮助来访者检讨现有的建构系统，进而协助来访者建立一套新的建构系统。凯利使用的治疗方法就是固定角色治疗(fixed-role therapy)。

在凯利看来，心理障碍由个体持续采用那些无效的建构所导致。因此，心理治疗的初衷就是帮助来访者建立新的建构或改变旧的建构，如此才能更有效地应对环境变化。心理治疗的最初目的是希望来访者的建构系统发生持续改变。咨询师的工作就是诊断疾病并指导来访者走向康复的光明之路(Kelly，1955，Vol.2，p.582)。

凯利认为，让来访者扮演另外一个角色，就可以帮助他建立一套新的建构系统,这就是固定角色治疗。这种治疗方法鼓励来访者以新的方式呈现自己,表现各种行为,以及了解自己,使自己成为一个新人,对生活中经历的事件建立一套新的看法。进行固定角色治疗时,针对不同来访者,咨询师会提出一个具有某些特征的新人物,然后描述这些特征,要求来访者在规定时间内完全按照设定的人物姿态行事,扮演新的人物角色。凯利认为,让一个人扮演与他本身截然不同的角色,可能比让他扮演与他本身接近的角色容易一些。治疗的目的在于重构来访者的建构系统。由于来访者换了一个角色,因此需要改变原来对某些事物的看法,重新组织自己的建构系统。这样,来访者的整个人格也随之改变。

在固定角色治疗中,当咨询师与来访者开始界定自己的角色时,治疗过程就开始了。凯利相信,咨询师应该对自己的角色有相当宽泛的界定。如果来访者认为治疗只涉及微小的调整,咨询师就必须从来访者这一狭隘的视角着手,并帮助来访者认识到他们可能需要更大的转变;咨询师还要仔细聆听来访者的抱怨和倾诉,并运用多种技巧促成来访者改变。

能够促成微小改变的技巧包括威胁、失效和规劝(Kelly, 1955, Vol. 2, pp. 583 - 587)。在凯利看来,威胁是指来访者意识到自己的建构结构中可能即将发生的改变。在这样的条件下,凯利相信咨询师能利用情境,为来访者指出推断自己经历的新方法以促进建构性成长。如果咨询师能够使来访者注意到他们的建构为何不起作用,来访者的建构就会失效,改变就会发生。最后,咨询师会提醒并规劝来访者以另外一种方式更有效地行动,以实现微小的改变。

要产生较大的改变,来访者必须相信,咨询师接受他们且愿意帮助他们仔细思考自己的问题。凯利关于接受的观点与其他非指导的咨询师(non-directive therapists)不同。传统观点中,非指导的咨询师认为,每个人都有权选择变成自己想成为的人。但在凯利的观点中,接受不一定意味着赞成来访者的特点,而是理解来访者的建构系统并利用这一建构系统帮助他们康复的一种预备状态。这样一种观点暗示我们,咨询师必须对自己的建构系统有清晰的理解,能够在与来访者共情的同时保有自己的观点。综上所述,咨询师应尝试将来访者的大部分建构系统纳入自己的建构系统(Kelly, 1955, Vol. 2, pp. 585 – 587)。

固定角色治疗的具体步骤主要有以下四个阶段。

第一阶段:测定原建构。

在凯利看来,来访者的问题一般都由其角色建构不合理等因素引起,因此在治疗前应该准确找出来访者的问题角色建构,这可以通过会话观察的方式完成,凯利曾说,"若你不知道来访者有什么问题,问问他,他会告诉你的"。可以结合其他人的观察和解释。此外,还可以使用凯利的角色建构库测验了解来访者的角色建构情况。

第二阶段:设计新角色。

设计新角色是固定角色治疗的关键环节。一般而言,新角色应该是来访者可以知觉到,并可以验证的角色。为了使来访者更好地形成新建构,咨询师设计的新角色应与来访者本人的实际角色形成鲜明对比。但为了使来访者能够接受并扮演新角色,咨询师应和来访者共同商议并确定这一新角色。

第三阶段:扮演新角色。

这是固定角色治疗的核心。凯利认为,采用角色扮演可以为来访者提供一种防御措施,以阻止来访者出现威胁、焦虑等情绪。如果来访者认为自己将要变成另外一个人,那么他会感到威胁,会停止自我探索,搁置并逃避新角色。角色扮演则可以消除这种隐患。角色扮演过程中,咨询师通过自由联想等方法,帮助来访者充分感知新角色,并逐渐进入角色。然后,咨询师作为积极的配合者扮演来访者生活中的不同人物,来访者则必须严格按照新角色来说话、做事并预测未来。经过大约两个星期的角色扮演,新角色建构逐步形成,这种新角色就成了来访者自己的角色。

第四阶段:确立新建构。

在完成新角色扮演后的几周之内,咨询师要求来访者在全部生活情境中都按照新角色的要求去做。并定期与咨询师见面,讨论在实际生活中扮演新角色遇到的困难,寻求咨询师的解答和帮助。这样坚持一段时间,来访者就能完全适应新角色的言谈举止和处世之道,逐渐放弃原有不当的建构,形成新建构以适应现实生活,这就是固定角色治疗的最终结果。

16.5.2 角色建构库测验

固定角色治疗的目的在于帮助来访者重新建立一套新的个人建构系统,这就需要充分了解来访者原有的建构系统。凯利在治疗过程中证明一种测验非常有用,它就是角色建构库测验(The Role Construct Repertory Test, RCRT 或 REP 测验)(见表 16.2)。这一测验由凯利设计,用于临床诊断来访者的个人建构系统。测验的具体步骤如下:

(1) 要求来访者在表格上方列出在他们的社会环境中最重要的人物的名字或代号。在整个测验过程中,这些人不能改变。

(2) 让来访者对这些人进行分类,每次考虑三个人,在他们下面画"○",并在每一行右边的空白处把他们记下来。分类的方式是,每次都从三个人中选出两个人在某一方面相似而与第三个人不同。

(3) 将每一行发现的"相似之处"和"不同之处"写下来,这些就是来访者日常生活中用以建构的样本。

(4) 把两个人以及他们在哪一方面相似都写出来后,在两个相似的人对应的圆圈里画"×",这样就确定了一个建构的相似部分。然后要求来访者考虑表中所列的其他所有人,如果某个人也具有第一次选定的两个人的相似之处,就在他下面画"√"。如果空格没有填,就表示建构的不同部分在这里是适用的。

(5) 重复操作,直至全部做完。

根据角色建构库测验,咨询师可以详细了解特定来访者的个人建构系统。比如,在有限次数的人物比较中,来访者使用了哪些建构? 有没有重复使用的建构? 有多少建构是具体的人物特征? 等等。当然,角色建构库测验只能收集来访者的一部分个人建构。但由于表中所列角色都是与来访者密切相关的人物,因此他对这些人物的看法是有意义的。

填完表格以后,还可以用多种方法计分。心理学家比厄里(Bieri,

表 16.2　凯利角色建构库测验的形式

姓名：＿＿＿＿　　年龄：＿＿＿＿
性别：＿＿＿＿　　日期：＿＿＿＿

	我	妈妈	爸爸	(外)祖父	(外)祖母	兄弟	姐妹	异性朋友	同性朋友	小学同学	中学同学	医生	邻居	最可怜的	最害怕的	最吸引人的	喜欢的老师	讨厌的老师	最有权力的	最成功的	最快乐的	最高尚的	相似之处	不同之处
	( )	( )	( )	( )	( )	( )	( )	( )	( )	( )	( )	( )	( )	( )	( )	( )	( )	( )	( )	( )	( )	( )		
	1	2	3	4	5	6	7	8	9	10	11	12	13	14	15	16	17	18	19	20	21	22		
1	○																			○	○	○		
2		○		○		○											○	○						
3			○						○	○						○								
4		○		○				○						○										
5		○			○		○														○			
6					○	○			○		○						○							
7		○					○				○						○			○				
8				○		○	○	○							○									
9						○	○		○					○				○			○			
10									○	○								○						
11					○			○		○						○								
12								○		○														
13						○	○													○				
14			○																					
15		○											○			○								
16			○																○					
17	○			○																		○		
18	○													○										
19	○				○														○					
20	○																							
21																								
22									○															

1955)用的一种简单方法是比较不同行的标号模式。如果一个人对他人的标号模式相似,则表明这个人对他人的理解缺少区分性(即认知相似性);如果一个人对他人的标号模式高度不相似,则表明这个人对他人的理解有高度区分性(即认知复杂性)。在临床治疗过程中,相比于其他测验信息,咨询师可以用认知复杂性来阐明来访者的问题。此外,有学者(Hergenhahn,1990,p.421)指出,角色建构库测验的应用并不应局限于心理治疗临床诊断方面,也可推广到市场研究和管理心理学等研究领域。角色建构库测验能帮助研究者了解个体对事物的看法,进而预测个体的行为。

16.6 理论评价

凯利无疑是最具原创性的心理学家之一,在行为主义者和精神分析学家忽视人的理性思维对人格的解释力时,他却把理性思维当作理论基石,开创性地提出个人建构心理学,以建构为基本人格单元来审视人格。他的理论既强调人的认知(如建构和建构系统)的重要性,也重视情境变量(如个体解释的客观事件)的影响,这对人格研究产生了深刻的影响,其理论中的诸多假设被后来的研究者沿用。此外,在研究方法上,凯利提出的角色建构库测验揭示了二分法在个体生命中的重要性,揭示了个体构念的模式,为证实其个人建构理论的基本观点提供了精确可靠的方法,这一方法也得到诸多研究者的认可。

凯利的贡献还体现在其理论的应用价值上。凯利的理论强调人是理性的存在,具有自由意志,既不受制于某个生命阶段建立的构念,也不受制于过去的经验、潜意识力量以及生物本能。这一思想被广泛接受并应用于发展心理学、政治学和环境心理学等诸多领域(Adams-Webber,1979;Mancuso & Adams-Webber,1982)。凯利提出的个人建构理论的应用领域涉及自杀、强迫症、成瘾性物质滥用和人际关系障碍等。他提出的角色建构库测验广泛应用于市场研究、绩效评估和职业咨询领域。

尽管凯利在人格分析和心理治疗领域作出了突出贡献，但不可避免地存在一些批评的声音。主要包括以下四个方面：(1) 过度强调人的认知等理性因素，忽视甚至否定情绪、潜意识等因素在人格中的作用，这导致他不能全面了解人格在这些方面的信息，也无法治疗与此相关的大量心理问题。正如布鲁纳(Bruner, 1956)所说，"凯利的理论最大的失败是不能解决人的情感问题"。(2) 凯利的人格理论难以预测人的行为。凯利的个人建构理论认为，解释是个体化的、创造性的过程，而建构系统是不断被检验和修正的。这些特性导致凯利的人格理论不能预测人在特殊情境下的行为，当然缺乏预测性是很多人格理论共有的局限。(3) 留下了许多没有答案的问题。例如：个体能够选择限定性还是拓展性的建构系统，但什么决定个体作出更为安全的还是更加冒险的决定？人真的会花费大量时间去尝试准确预测未来事件吗？(4) 研究方法的信效度值得商榷。虽然凯利独创的角色建构库测验得到了一些研究证据的支持，但本质上还是属于纸笔测验和描述性工具，需要更为复杂、精细的实验研究来增强结果的可靠性和有效性。

　　正如个体的建构会随着新经验的出现而变化，凯利希望个人建构理论也能随着未来研究和实践的发展而发展。他的追随者仍然在应用他的理论解决临床心理学、工业心理学和犯罪学等领域的问题，将他的理论作为解释和改变生活中多种行为的一种思维方式(Walker & Winter, 2007)。

17 马斯洛：自我实现的人

马斯洛被称为"人本主义精神之父",他毕生致力于推动人本主义心理学的发展,并建立了美国人本主义心理学会。马斯洛对人本主义理论的发展具有开创性,目的是让人格心理学从对精神病理学的集中关注转向对人及其潜在创造力的更积极和乐观的态度。他主张心理学应以正常人为对象,研究人性的积极方面,如价值、潜能、创造、爱、责任、幸福、自我实现、生命意义等这些既区别于动物,也区别于心理疾病患者的经验,心理学的目的是促进人的健康发展,提升个人的尊严和价值以达到自我实现。从这个意义上讲,正是人本主义才使心理学真正成为一门研究"人"的学问,也使人格心理学真正实现了在更为整体、高级的层面上研究人。

17.1 马斯洛传略

马斯洛(Abraham Maslow, 1908—1970),1908年4月1日出生于美国纽约布鲁克林郊区。父母是从俄国移民到美国的犹太人,受教育程度不高。值得一提的是,马斯洛与母亲关系很糟。1969年,他曾描述过自己对母亲的感情:"我讨厌、憎恨、拒绝的不仅是她的外表,而且包括她的价值观、世界观,她的吝啬、自

图 17.1 马斯洛

私,以及对世界上任何其他人甚至包括她的丈夫和孩子都缺乏感情……她认为世界上任何与她有分歧的人都是坏的,对她的孙子也漠不关心,她没有朋友、大大咧咧、肮脏,与父母关系疏远,对她的兄弟姐妹也没有一点手足之情。我不知道我的乌托邦精神、道德感、人道主义、仁慈、爱、友谊和其他所有健康的情感来自何处,我只能肯定这是母爱缺乏带来的直接后果。我的生活哲学、研究及理论建构的动力,均源自对母亲的憎恨,对她支持的一切事物的拒绝。"(Feist,1990,p.572)一个一生热衷于人本主义运动的心理学家,与母亲的关系却达到如此糟糕的地步,这种缺乏关爱的母子关系与马斯洛坚定不移的人本主义信念是否有某种联系?这无疑是一个令人深思的问题。母爱的缺乏,再加上周围非犹太居住区的环境,使马斯洛的童年很孤独。正是由于孤独,大部分时间马斯洛都待在图书馆,这也为他未来成为伟大的心理学家奠定了良好的基础。在布鲁克林男子高中就读期间,由于学习成绩优秀,马斯洛的性格也慢慢变得开朗,并成为《拉丁文》和《物理学》两本杂志的编辑和一家棋协的成员。

在纽约市立学院读完三个学期后,马斯洛转至康奈尔大学。他的心理学导论课的老师是结构主义心理学派的创始人铁钦纳(E. B. Titchener)。结构主义将复杂的心理现象分解为心理元素,强调心理学的纯学术性质,反对心理学的应用,再加上铁钦纳上课呆板,因此这门课程让马斯洛感到极其枯燥乏味。1932年,马斯洛与表妹结婚。结婚后,他们来到威斯康星大学,在此期间马斯洛才真正对心理学有了浓厚的兴趣。原因之一是,华生的行为主义使马斯洛激动万分,马斯洛曾指出:"实际上,是华生的乐观信条把我和许多人带进了心理学领域。他的纲领性著述展示前方有一条光明大道。我觉得进步有了保证。在某种程度上存在真正的心理学意义上的科学,它让我们觉得可以依赖,使我们从一个基地转移到下一个基地。他提供了一种技术(条件作用),有希望解决一切问题,以及一种极有说服力的哲学(实证主义、客观主义),既容易理解又容易应用,使我们不至于重蹈覆辙。"(Maslow,1987,p.6)此外,马斯洛的指导教授,即后来以研究猴子的社会行为而著名的心理学家哈洛（Harry F. Harlow），对他也有深刻影响。马斯洛的博士论文就以"猴子的性行为和支配行为"为题。这段学习经历也为他日后发展自我实现心理学理论奠定了基础。

1935年，马斯洛来到哥伦比亚大学担任桑代克的研究助理。至此，他的研究兴趣已经转向人类的性行为。一年后，他来到布鲁克林学院担任心理学副教授。20世纪30年代末至40年代，他接触了许多被迫移民到美国的欧洲心理学家，包括精神分析学家弗洛姆、霍妮、阿德勒，格式塔心理学家韦特海默（Max Wertheimer）、考夫卡（Kurt Koffka），机体论心理学家戈尔德斯坦（Kurt Goldstein），人类学家本尼迪克特（Ruth Benedict）等。这对他的学术研究产生了至关重要的影响。马斯洛曾这样描述他的这段经历："我认为可以很公正地说，我遇见过世界上最好的老师，无论是正式的还是非正式的。那仅仅是因为我正好生活在纽约市，当时欧洲的学术精英正为了逃离希特勒的统治而云集于此……我向他们中的每个人学习……所以，我不能说是戈尔德斯坦主义者，也不能说是弗洛姆主义者、阿德勒主义者或其他什么。我从未接受过任何邀请去参加狭隘的组织派别。我向所有人学习，拒绝关闭任何门户。"（Feist，1990，p.570）

1941年，美国加入第二次世界大战。在珍珠港事件发生后的几天，马斯洛的车子被一列由童子军和穿过时服装的平民组成的游行队伍挡住，他们用横笛吹奏爱国歌曲，并高举标语，抗议日本不宣而战的丑行。马斯洛被这一幕深深地触动，这一瞬间改变了他的整个生活，决定了他以后要做的事情。他决心建立一种"和平餐桌"心理学，并证明"人类能够超越战争、偏见、仇恨等，而臻于更完善、更高超的境界"（Hall，1968，p.54）。

1951年，马斯洛到布兰迪斯大学担任新组建的心理学系主任，直至他去世的前一年。其间，他把所有精力投入对心理最健康的个体的研究，写了大量论文、著作和日记，他的重要论文大都收录在六部主要著作中，包括《动机与人格》（*Motivation and Personality*，1954）、《存在心理学探索》（*Toward A Psychology of Being*，1962）、《宗教、价值与高峰体验》(Religions, Values, and Peak-experiences, 1964)、《优美心灵的管理》(Eupsychian Management, 1965)、《科学心理学》(The Psychology of Science, 1966)和《人性能达到的境界》(The Farther Reaches of Human Nature, 1971)等。马斯洛于1943年发表的《人类动机论》(A Theory of Human Motivation)是他被援引最多的论文,该论文提出了需要层次理论的基本构架。

马斯洛曾担任美国心理学会主席,美国心理学会人格与社会心理学分会主席。作为人本主义心理学的领军者,马斯洛参与创办了人本主义心理学会和《人本主义心理学》杂志。20世纪60年代中期以后,作为超个人心理学的主要发起人,马斯洛主持创办了《超个人心理学》杂志。

17.2 人格结构与动力

马斯洛人格理论的核心是动机理论,他的动机理论中也包含结构的观点。在马斯洛之前,动机问题已经成为心理学研究的一个重要领域。自达尔文提出生物进化论以后,詹姆斯(William James)、麦独孤(William McDougall)、弗洛伊德等心理学家试图以本能论来阐释人类行为的动机,为动机心理学领域积累了不少事实材料和研究成果。但这些理论也显示出一些局限,这些局限既有方法论上的,如人与动物不分、还原论等,也有具体观点上的,如忽略人的需要的多样性及其动态联系等。在马斯洛看来,动机理论的研究在方法论上应以人本主义的方法论为指导:坚持以人为中心,以健康人为对象,重视健康动机的研究;坚持整体动力论,阐明动机与有机体、环境,以及动机与动机之间整体的内在关联。正是基于上述考虑,马斯洛在建构自己的动机理论时,从一开始就试图使它立足于基本需要及其层次发展的研究之上。同时,这也预示着马斯洛的动机理论必将与以往的动机理论有很大不同。

17.2.1 需要层次

马斯洛认为,人类由一系列内在需要驱动,总是不断地被各种需要激发,当一种需要得到满足之后,它便失去了激发人行为动机的力量而被另一种需要替代。

马斯洛(Maslow,1954)提出了著名的需要层次理论(the hierarchy of needs theory),指出人有五种基本需要,它们分别是:(1)生理需要(physiological needs);(2)安全需要(safety needs);(3)归属与爱的需要(belongingness and love needs);(4)尊重需要(esteem needs);(5)自我实现需要(self-actualization needs)。随着研究的深入,马斯洛(Maslow,1970)进一步将五种基本需要区分为两类,即**缺乏性需要**(deficiency needs)和**成长性需要**(growth needs)。生理需要、安全需要、归属与爱的需要、尊重需要属于缺乏性需要,这类需要与人的本能相联系,起源于实际的或感知到的环境或自我缺乏,本质上是有机体的不平衡形成的需要。人会努力从环境中寻求能使需要得以满足的东西,无论它们是物质的、人际关系的,还是社会地位的。这些需要的满足完全依赖外界。例如,人要吃饭就必须有食物,而归属与爱的需要的满足依赖得到别人的爱。自我实现需要属于成长性需要,这类需要不受本能支配,以发挥自我潜能为动力,这类需要的满足会使人得到最大程度的快乐。

马斯洛认为,人的基本需要具有层次性。首先,在通常情况下,以上五种基本需要按顺序依次排列,形成需要的层次结构(如图17.2所示)。生理需要是最低层次的需要,自我实现需要是最高层次的需要。低层次的需要是高层次的需要的前提和基础,只有低层次的需要得到充分满足,高层次的需要才能实现。其次,在生物进化进程中,低层次的需要出现得早,高层次的需要出现得晚。在个体发育过程中,同样是低层次的需要出现得早,高层次的需要出现得晚。当低层次的需要占优势

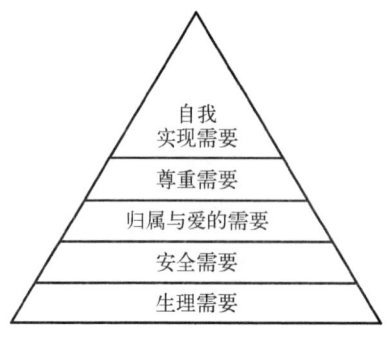

图 17.2 需要层次结构图

时,它必须得到基本满足后,高层次的需要才能占优势。因此,占优势的需要也是依次出现的(如图17.3所示)。占优势的需要会支配人的行为。人类天生对自己和周围的环境充满好奇心,这种好奇心驱使人类不断寻求更高层次的需要,当高层次的需要占优势时,低层次的需要对行为的影响就减弱了。越是高层次的需要,在种系和个体的发展中出现得越晚,越能体现人类的特征和价值。高层次的需要水平上的生活,意味着更长的寿命、更少的疾病、更好的睡眠和胃口;意味着更深刻的幸福感、宁静感,以及内心生活的丰富感;意味着更有益于公众和社会。

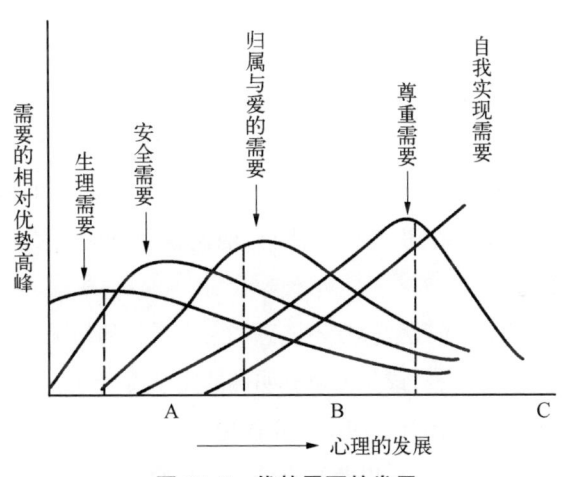

图17.3 优势需要的发展

生理需要

在需要层次结构图中,最基本的需要是生理需要。生理需要与个体的生存息息相关,主要包括对食物、水、性的需要。在人的所有需要中,生理需要是最强有力的。试想,一个极度饥饿的人,食物对他的驱力是何等强大。只要生理需要未得到满足,个体就会把生理需要的满足放在第一位,整个人就会被生理需要主宰。例如,一个在沙漠中挣扎很久的人,水和食物对他的诱惑要胜过任何其他需要,自由、爱、自尊等都可以暂时抛在一边。简而言之,当生理需要没有得到基本满足时,人们不太关心安全需要、归属与爱的需要、尊重需要,以及自我实现需要。

在马斯洛看来，上述情况虽然真实，但并不普遍。遭遇战争、饥荒等危急情况的社会与正常运行的和平社会是不可同日而语的。在大多数正常社会里，经常处于危急状态的极度饥饿很罕见，并不是一种普遍的现象。相反，很多时候一个人想吃东西不是因为饥饿，而单纯只是因为无聊，想借此打发时间而已。低等动物可以总是生活在生理需要这一层次，但对人类来说，生理需要虽然是最基本的，却不是人类唯一的需要。高层次的需要才是更重要的需要，能为人们带来更多价值。

安全需要

比生理需要更高层次的是安全需要。安全需要最初的含义是保护个体免遭危险，但在现代社会中，安全涉及稳定的职业、无疾病，以及社会环境的安定等因素。当安全需要未得到满足时，它就会成为起支配性作用的需要，个体的一切行为均是为了得到安全。马斯洛认为，当环境受到干扰时，婴儿和儿童对安全的需求就会体现出来。例如，当面对巨大的噪声、闪烁的灯光、粗暴的对待时，他们就会感受到威胁（Maslow, 1970a, p.39）。

马斯洛认为，儿童经常会在不熟悉和无人看管的情况下对恐慌作出强烈反应。和儿童一样，成年人也有明确的安全需要，但它们更加微妙，难以察觉。一个稳定的社会应使成年人免于担心没有足够的食物供应，在街头或家中会受到殴打，以及政府的军事政变或平民起义等问题。人们勤恳、努力工作以确保工作稳定，而且年老或者生病时可以获得养老金或医疗保险。

除了儿童和成年人，马斯洛还解释了部分神经症患者的安全需要。神经症患者基于自身的一些特征，通常比正常人有更强烈的安全需要。他们希望世界是安全且有秩序的，自己的安全随时可以得到保障，而且往往会把外界环境中的不安全线索放大，因此神经症患者的安全需要更难以得到满足。正常人虽然也有安全需要，但不会像神经症患者那样，将细微的非安全情况看作生死攸关的大事。

归属与爱的需要

当生理需要和安全需要都得到基本满足后，归属与爱的需要就会产生,而且成为个体的核心需要。处于这一需要层次的人把爱看得极其重要,希望拥有幸福美满的家庭,渴望得到社会与团体的认同,并与周围的人建立和谐的人际关系。如果归属与爱的需要得不到满足,个体就会产生孤独感、异化感和疏离感。

很多研究支持马斯洛的观点。比如,有研究(Carvallo & Gabriel, 2006)关注一群有回避型依恋风格的大学生,在与他人的情感接触中,这些大学生表现出很明显的拒绝倾向,即回避亲密关系,比起依赖他人,他们更喜欢独自一人、自力更生。研究者认为,如果像马斯洛宣称的那样,归属与爱的需要具有普遍性,那么即使是那些声称不关心社交关系的个体,当其他人向他们表示好感和友善时,他们也应该会体验到积极的情绪反应。结果证实了研究者的观点,当了解到小组成员在与他们的互动过程中对他们形成了良好的印象时,那些回避依恋的大学生也产生了积极的情绪和自尊心。

和马斯洛一样,一些人格心理学家认为,归属与爱的需要非常强大,而且从进化的角度来看是高度适应的(Tice & Baumeister, 2001, p.72)。也就是说,如果一个人作为群体的一部分而不是独自生活在这个世界上,那么他的生存和繁衍都会受益匪浅。因此,马斯洛认为,一些人通过朋友或家庭生活来满足归属与爱的需要,还有一些人通过团体和组织的成员资格来满足归属与爱的需要。没有这种联系,我们会感到孤独且缺乏归属感。

马斯洛认为,个体不仅有接受他人爱的需要,而且有给予他人爱的需要。马斯洛特别强调要将爱与性区别开来,他的博士论文即以"猴子的性行为和支配行为"为题。他指出,性可以作为一种纯粹的生理需要来研究。人类的性行为由多方面决定,不仅有性的需要,而且有感情的需要。然而,在现代社会,由于经济快速发展,人们的价值观发生扭曲,极力追求经济利益最大化,人与人之间的关系变得越来越冷漠和疏远,因而归属与爱的需要往往最不容易得到满足。

尊重需要

在上述三种需要均得到基本满足后,尊重需要就会产生并支配人的生活。马斯洛认为,当尊重需要得不到满足时,个体的自尊心和自信心会受到挫败,甚至产生心理问题。他将尊重需要分为两种:一种是基于自我能力和成就的尊重需要,另一种是基于他人评价的尊重需要。后一种尊重需要主要体现在争取他人的认可,努力确保地位、名望、支配性和重要性上(Maslow, 1970a, p. 45)。对于两种尊重需要的满足,马斯洛认为,我们应该把自尊建立在实际能力和完成任务的充分性上,而不应该把自尊建立在他人的赞美或批评上。

尊重需要涉及自尊、自信等。我们可以把追求成就看作尊重需要的表现,因为取得一定的成就会获得社会的尊敬。例如,许多成功的企业家,在获得成功之前其生理需要、安全需要、归属与爱的需要就得到充分满足,他们追求成功的动机就是尊重需要。马斯洛还认为,如果一个人认为自己没有获得足够的爱,那么他会停留在归属与爱的需要的层次上,不会产生尊重需要。

当尊重需要没有得到满足时,个体会产生自卑、弱小和无能的感觉。对于阿德勒十分关注的自卑感,马斯洛认为,这种自卑感实质上就是由于尊重需要没有得到满足而产生的。如果尊重需要得到满足,个体将会产生"自信、有价值感、强大、有能力和被世界接受的感觉"(Lowry, 1973, p. 162)。

自我实现需要

虽然尊重需要是马斯洛缺乏性需要中最高层次的一种需要,但它只是五种基本需要中的第四个层级。更高层级的需要,是属于成长性动机的自我实现需要。

马斯洛(Maslow, 1943, 1954)指出,人类的基本动机是通过个人成长来寻求满足和改变。自我实现的人就是那些正在追求实现自身最大潜能的人。"自我实现方面的成长指的是个人整体生活中存在的个人成长需求。"(Maslow, 1962)在追求自我实现的过程中,人们开始寻找对自己来说最重要的生命意义。由于每个人都是独一无二的,因此自我实现的动机会引导人们朝着不同的方向发展(Kenrick et al., 2010)。值得注意的是,自我实现是一个持续不断的过程,而不是一个完成的状态

(Hoffman,1988)。马斯洛指出:"它是指人对自我实现的渴望,即对自己内在潜能的实现的渴望。实现这些渴望所采取的具体形式当然会因人而异。对一些人来说,可以通过创造艺术作品或文学作品达到自我实现;而对另一些人来说,则可能通过运动、在课堂上或在职场中达到自我实现。"(Maslow,1943,pp.382-383)

17.2.2 自我实现

自我实现是人本主义心理学的重要概念,在众多人本主义心理学家中,马斯洛虽不是第一个提出自我实现概念的人,却是对自我实现研究最多、最深入的人。

起初,马斯洛研究自我实现是因为想充分理解给他带来很大鼓励和启发的两位老师本尼迪克特和韦特海默。即使这两位老师在个性和研究领域方面很不同,但马斯洛相信他们在专业和个人生活中都达到了一种很高水平的自我满足,这是他在其他人身上很少看到的。在他的两位老师身上,马斯洛看到了达到深层次的自我满足,非常具有创造性的杰出科学家和优秀人类的形象。他开始留心观察他的两位老师,分析是什么使他们如此特别。他采取各种方法,搜集关于这两位老师的个人生活、态度、价值观等方面的信息,并把这些信息记录下来。马斯洛对两位老师的研究为他之后终生研究自我实现理论奠定了基础。

自我实现理论的假设和内容

马斯洛假设,每个人都具有良好的或者至少是中性的内在本质,这为他的自我实现理论奠定了基础(Maslow,1962,p.3)。他认为,因为这种内在本质是良好的或中性的,所以最好鼓励它发展。然而,健康的发展很可能只发生在一个"提供所有必要的原材料,然后一切困难让开道路并站在一边的社会中……"在这样的社会中,个体有机会表达自己的愿望和要求并作出选择(Maslow,1970a,p.277)。如果环境具有限制性而且个体的选择是最小化的,则个体可能以神经质的方式发展,因为这种内在本质是微弱的而且受环境力量的控制。马斯洛认为,这种内在本质虽然微弱,但仍然会不断朝着自我实现的方向发展。

也包括在内，或者把"有爱心"这一建构限制在自己生活中重要的人身上，而不是其他一般人。后面的做法中，这种建构适用于较为有限的人或事件。

相比于焦虑，在新建构即将进入建构系统时，个体会体验到**害怕**。威胁的体验则更为重要。**威胁**是指个体意识到自己的核心建构即将发生综合性变化。当个体的建构系统将要发生重大变化时，个人就会感受到威胁。如果死亡即将来临，如果核心建构发生剧变，人就会感受到威胁。如果死亡看似遥远或被认为是人一生的基本内容，死亡就不具有威胁性。

威胁有着广泛的含义。当我们探求新知或站在自身深刻变化的边缘时，威胁就会发生。不论何时人们进行某项新活动，都会将自己置于困惑和威胁中。当个体意识到他们的建构系统将会受到新发现的重大影响时，他们就会体验到威胁。威胁介于困惑与肯定、焦虑与无聊之间，感到威胁时我们多半想退缩。对威胁的反应可能是放弃冒险，拒绝改变旧的建构以回避危机。

焦虑、害怕和威胁这三个概念之所以重要，是因为它们表明了凯利有关人类功能观点的一种新维度。功能动力现在被视为，个体拓展建构系统的愿望与试图避免建构系统失效的威胁的交互作用。个体总是试图维持和提升自己的建构系统，但面对焦虑和威胁，个体很可能严格遵照受限的建构系统而不愿意涉险探索拓展自己的建构系统。在凯利看来，每个人都像科学家一样思考事件、作出决策，以及尝试拓展建构系统。但又和科学家不同，人们会因未知事物而变得焦虑，会因为坚持真理受到陌生事物的威胁时而变得遵从教条。当人们的行为接近优秀的科学家时，就能够采用一种受邀的心境，让自己的建构系统面对生活中的各种变化。

16.4 人格发展

凯利认为，个体总是不断尝试运用自己的建构系统，以最大限度地自我实现需要在马斯洛的需要层次体系中处于金字塔的顶端，它是区别于生理需要、安全需要、归属与爱的需要、尊重需要这些缺乏性需要的超越性需要，是动机发展的最高层次。马斯洛认为："它可以归入人对于自我发展和完成的欲望，也就是一种使人的潜力得以实现的倾向。这种倾向使得一个人越来越成为独特的人，成为他所能成为的一切。"（Maslow，1987，p.53）用一句广为流传的话来说就是，"画家必须绘画，诗人必须写诗"，这样他们才会觉得自己活得有意义。在马斯洛心中，自我实现是有关人性最美好的图画，自我实现者是最理想的人类成员。

马斯洛不仅从动机论的角度认为自我实现是需要层次中最具成长性的动机，而且认为自我实现是人类应有的价值选择。马斯洛认为，人类精神世界的崩塌最主要的原因就是价值观的丧失，解决诸如空虚、无意义等精神问题的最好办法就是发展出一套能充分发挥人类潜能的价值观。因此，自我实现不仅是一种动机论，而且是一种价值论。

马斯洛早期认为自我实现是一种状态，是人超越了缺乏性需要之后达到的，人性潜能能够充分实现的理想境界，是一种只有极少数人才能达到的完美状态。但后来马斯洛逐渐意识到，只将自我实现定义为一种状态是不对的，它容易使人觉得自我实现是极少数人的事，对大多数人来说是一件毫不相干的事，自我实现是"全有"或"全无"的。他认为，任何生命都生而具有实现其潜能的倾向，人更是如此。自我实现就是个体使自己身心各方面的潜能获得充分发展的过程和结果。虽然在现实生活中，真正达到这一人生最高境界的人很少，但自我实现并不是普通人不可企及的，运动员、工匠乃至家庭主妇都有可能获得自我实现的体验。高峰体验（peak experiences）的研究使马斯洛认识到这一点。人类沿着需要层次上升的过程中，可能会同时具有部分缺乏性需要和成长性需要。因此，"从理论上来说，这样的状态可以在任何人一生的任何时刻到来"（Maslow，1987，p.88）。这就是说，自我实现只是一种程度和频率问题，并非全有或全无的问题。因此，后来马斯洛把自我实现看作状态与过程的统一。

自我实现理论的研究方法

马斯洛早期受过实验心理学的严格训练,但他在对自我实现者进行研究时发现,他的实验方法并不适合研究个体的自我实现,因此马斯洛主要使用访谈法、问卷法等方法获得资料。

马斯洛通过两项标准选择研究对象:一是研究对象不能有任何严重的情绪障碍或人格障碍;二是研究对象要能充分发挥自己的潜能。根据这两项标准,他从熟人、朋友、古今名人和大学生中选择几十名对象进行自我实现的研究。马斯洛把这些人分成三类:案例、不完全的案例、潜在的案例。属于案例的研究对象有林肯(Abraham Lincoln)、杰斐逊(Thomas Jefferson)、爱因斯坦(Albert Einstein)、罗斯福(Franklin Roosevelt)、斯宾诺沙(Baruch de Spinoza)、赫胥黎(Thomas Henry Huxley)等人;属于不完全的案例的研究对象为五个当代人,由于这五人当时均在世,因此马斯洛未公布他们的名字;属于潜在的案例的研究对象为 20 名朝着自我实现方向发展的年轻人及一些历史名人,如华盛顿(George Washington)、穆尔(John Moore)等。

马斯洛对在世的研究对象采用访谈、自由联想、投射测验等方法,对历史人物则使用传记分析法。马斯洛承认他的资料收集方式不够精确,而且样本量太少。鉴于以上原因,马斯洛认为自己的研究只处于前科学的水平。他对自己没有时间开展大量验证性的调查研究深表遗憾,指出这一工作只能留给后人去完成。概括而言,这些验证性工作主要集中在两个方面:需要层次理论和自我实现理论。在马斯洛逝世后的 30 余年,他的追随者对自我实现的研究又取得了一些进展。

晚年,马斯洛对自我实现研究对象的选择也出现了一些变化。由于他不再把自我实现看作只有极少数人能达到的一种状态,而是任何人都可能经历的一个过程,因此他写道:"我们不再局限于研究那些在大多数场合自我实现了的极端被试。至少在理论上来说,为了研究自我实现,我们也可以研究任何人的生活史,尤其是那些艺术家、知识分子、有特殊创造性的人、拥有虔诚宗教信仰的人,以及在心理治疗或其他重要成长经历中体验过巨大顿悟的人的生活史。"(Maslow, 1987, p. 89)

17.2.3 高峰体验

高峰体验的定义

给马斯洛的高峰体验下一个明确而具体的定义的确是一件很困难的事。马斯洛的高峰体验论从多个侧面详细、生动地描述了高峰体验现象，因此我们能对这一现象有大致的了解。但是，由于他只描述了这种现象而未对其加以准确定义，因此他笔下的高峰体验又似乎有点令人捉摸不透。

在对高峰体验的理解上，有学者（Krippner，1972）认为，马斯洛的高峰体验是指人在高峰时刻的情绪体验。"创造自由或自我实现给人以最大程度的喜悦，马斯洛称这种感觉为'高峰体验'。"有学者（Schultz & Schultz，2001）则认为，高峰体验是指"处于最佳状态的时刻"。这两种意见哪一种是马斯洛的原意呢？有学者（陶宏斌，1995）认为，这个问题没有答案，因为在马斯洛的真实思想中本就存在关于高峰体验的两种论述。这一思想可以从三个方面看出。首先，从他研究高峰体验的起因来看，他之所以关注这一现象，是因为他研究的自我实现者都报告他们有过强烈的、奇特的、完美的情绪体验。其次，从他引用的类似于高峰体验的概念来看，他认为高峰体验类似于弗洛伊德所说的"海洋感情"，以及詹姆斯所指的"神秘体验"。所谓"神秘体验"，就是"有时变得气势磅礴、混混沌沌、漫无边际"的"强烈的感情"。最后，从马斯洛提供的高峰体验的例子来看，他在例子中使用"不可遏制的爱""强烈的兴奋和幸福"等词语来表示高峰体验。

在另一些论述中，他将高峰体验的外延扩大了。他曾说："在这些神秘体验中，都有视野无垠的感觉。"甚至，他还以"高峰体验中的存在认知"作为文章的标题，并花相当大的篇幅来描述这种认知。这里的高峰体验不仅指某种情感体验，而且含有认知成分。因此，高峰体验有广义与狭义之分。狭义的高峰体验是指高峰时刻的情绪体验，而广义的高峰体验是情绪体验和存在认知的复合心理状态。此外，研究表明，儿童和成人都可能出现高峰期经历。由于儿童无法很好地描述他们感觉最神圣的时刻，因此要求成年被试回忆他们童年时期尽可能多的高峰体验。

这些回顾性报告显然会受到记忆失真和伪造效应的影响,因此研究者应该对这类材料抱着怀疑的态度。考虑到这一点,对于这些回顾性报告,包括将令人难忘的梦想、祈祷,以及自然的宏伟之感当作高峰体验的可信度就值得怀疑了(Hoffman,1998,p.115)。在一项相关研究(Shin,1993)中发现,加拿大露营者对荒野的独特性和美丽有更多认识,而且这种认识使他们比那些不太欣赏荒野的人更有可能达到自我实现。还有研究表明,相比于没有高峰体验的人,拥有过高峰体验的人报告出更低水平的物质主义和地位意识,并更关心他人的福祉(Christopher,Manaster,& Campbell,2002,pp.35-51)。

马斯洛认为,高峰体验有以下三个共同点:第一,高峰体验是个人生命中最快乐、最心醉神迷的时刻。第二,在高峰体验中,个人的认知能力发生了深刻的变化,挣脱了功利主义的羁绊,超越了缺失性认知的偏狭,进入存在认知的境界,领悟到存在价值。自我特性也发生了深刻的变化,在高峰体验中,人们往往有"他们最大程度的同一性,最接近他们真正的自我,最有独特性"(Maslow,1987,p.94)。第三,高峰体验的持续时间往往很短暂,"所有高峰体验都转瞬即逝,而不是永久不变。虽然它的影响和作用可能长期存在,但体验出现的一刹那是短暂的"(Maslow,1987,p.374)。

高峰体验的状态

马斯洛在对自我实现者的研究过程中发现,几乎所有自我实现者都会经常谈起他们曾经历过的一种神秘体验:"这种体验可能是瞬间产生的压倒一切的敬畏情绪,也可能是转瞬即逝的极度强烈的幸福感,甚至是欣喜若狂、如痴如醉、欢乐至极的感觉。最重要的一点也许是,他们都声称在这类体验中感到自己窥见了终极真理、事物的本质和生活的奥秘。"(Maslow,1987,p.366)

马斯洛的一位研究对象曾这样描述他的高峰体验:"它发生在一个辗转反侧、无法入眠的夜晚。我无法确知是何种特别的事件使我的情绪如此低落,但我觉得自己就是地球上最下贱的生物。至少,我曾尝试着说服自己这是千真万确的事实。全世界似乎都在无缘无故跟我作对。

整个晚上,我如同跟恶魔搏斗般地企图说服自己相信这不是事实的事实。大约清晨四点钟,我家的小狗溜进室内,并跳到床上。它常常这样做,但不知何故,今夜它使我感到无比舒畅和喜悦,因为它竟然不嫌弃我——一个可怜、丑陋、令人惧怕、悲惨且渺小的我。现在,我在这个世界上起码还有一个朋友。顺着内在的冲动,我翻身下床,穿上衣服,用皮带将狗拴住,然后走出家门。我漫步到附近山峰的顶端,坐下来观赏旭日东升。这时,狗依偎在我身旁,狂风猛烈吹拂我的面颊。当天空褪尽它最后一抹黑纱,我内心深处忽然涌现出一种惊叹、迷惑和超然的感觉。我感到自己虽然很渺小和微不足道,却是周围环境的一个参与者。对自己本身和遭遇的问题,我也顿然有了更适当的认识。一夜的噩梦终于化为生活的一部分。于是,我开怀大笑,并把狗抱得更紧密些。我真想站起来,对世界高呼'我是存在的'。"(Maslow,1967,pp. 259-261)

如何达到高峰体验

马斯洛指出,通往高峰体验的道路有千万条,高峰体验完全是自然产生的。高峰体验"可以来自爱情以及与异性的结合,来自审美感受(特别是对音乐的审美感受),来自创造冲动和创造激情(伟大的灵感),来自意义重大的顿悟与发现,来自女性的自然分娩和对孩子的慈爱,来自与大自然的交融(在森林里,在海滩上,在群山中,等等),来自某种体育运动(如潜水),来自翩翩起舞时……"(Maslow,1987,p. 368)例如,面对夕阳西下、彩霞满天的景色时,我们会领略到一种崇高感,获得一种宇宙人生的高峰体验。甚至,在春雨中,在晨露浸润的草地上,在看见阳光下孩子们自由自在欢笑时获得的那种欣喜的生命体验,也是一种高峰体验。

马斯洛认为,虽然通向高峰体验的道路有千万条,但它们完全是无法预料的、突如其来的。意志的力量无法帮助我们产生高峰体验。我们只有顺其自然、不加干预、彻底放松自己,完全被动地去感受,才最容易产生高峰体验。但马斯洛又指出,在高峰体验的产生过程中我们并不是无能为力,人格的成熟、自我实现与高峰体验之间有着紧密的联系。如果我们具有统一、和谐的心理状态,我们就比较容易觉察到真、善、美,以及世界的统一性,进而产生高峰体验。"几乎在任何情况下,只要人们能臻于完善,实现希望,达到满足,诸事顺心,便可能产生高峰体验。"(Maslow, 1987, p.369)

17.3 马斯洛的人格发展理论

马斯洛特别关注什么是健康人格,以及如何实现人格的健康发展。他认为,健康不仅是没有疾病,而且是能自我实现。在对自我实现者的研究中,马斯洛发现自我实现者具有一些共同特征,这些特征不仅是对自我实现者的描述,而且是普通人迈向自我实现的行为准则。知道这些自我实现者的人格特征,有助于我们更好地朝着自我实现的方向前进。

17.3.1 人格发展阶段

马斯洛认为,人格的正常发展是分阶段的,从低级阶段到高级阶段发展,即个人在追求较高层次的需要时,至少在一定程度上必须满足较低层次的需要。马斯洛认为,人格是否发展在很大程度上依赖环境,如果环境不能满足基本需要,那么它对个人的成长是不利的;反之,如果环境支持这些需要的满足,那么它会促进个人的成长和自我实现。在马斯洛看来,人们在寻求基本需要满足的早期阶段,环境起重要作用,安全需要、归属与爱的需要统统依赖他人才能实现。当较高层次的需要出现时,人们较少依赖环境和他人的价值判断,较少迎合他人的期望,而是越来越多地聆听自己内心的声音来作出自主选择,依赖自己内在的经验(如本性、能力、潜能、才智和创造性冲动)来指导行为(Ryckman, 1997, pp.457-458)。为了支持马斯洛的观点,有研究者(Bordages, 1989)证明自我实现者的行为独立于他人的期望和要求,他们在解决问题时非常依赖自己的能力和判断力。

从外部世界反复获取动机缺陷的满足感的技术则更不需要。

联想学习(或简单条件)……更多地了解感性学习,增强洞察力和理解力,增强对自我的认识以及对人格的稳定发展……改变得成为不是一个接一个地获得习惯或联想,而是一个人身上总的变化……这种角色转换学习意味着改变一个非常复杂,高度整合的整体有机体,这反过来意味着许多影响根本不会发生变化,因为随着人变得更加稳定和更加自主,越来越多的这种影响将被拒绝。(Maslow, 1962, p.36)

随着持续感性学习的出现,人们可以自主作出选择,不是依靠他人的价值观和期望,而是通过倾听自己的内在本性。

17.3.2 自我实现者的人格特征

马斯洛(Maslow, 1967)认为,自我实现者一般具有以下十四个方面的积极人格特征。

(1) 对事实有准确的洞察力和判断力。自我实现者能客观地看待周围的人和事,而不是把世界看成自己想要的样子。他们能比其他人更敏捷、更准确地看出被隐蔽和混淆的事实。

(2) 对自己、他人和世界有更大的认可。自我实现者能接受自己的天性,包容他人的缺点,但对阻碍人格成长的缺点如懒惰、思想贫乏、忌妒和偏见很敏感,并力图克服它们。

(3) 思想和言行自然、坦率、纯真。自我实现者的思想和言行均发自本性,能够自然地表达思想感情,而不矫揉造作。对他们的行为最有影响力的不是社会规则,而是符合自己观点的基本准则。

(4) 以问题为中心,而不是以自我为中心。自我实现者把注意力集中在事业上,专注并热爱工作,有责任感和献身精神,而不是追求金钱、名望和权势。

(5) 有独处的需要。自我实现者不回避与人接触,但不依附任何人。他们不害怕孤独,会主动寻求独处,他们的思想和行为以自我为导向,不会为他人所主宰。

（6）对平凡的事物不觉厌烦，能以新奇的眼光欣赏生活中平常的事物。

（7）能经常体验到高峰体验。马斯洛指出："在这些神秘体验中，都有视野无垠的感觉，从未有过的更加有力但同时更加孤立无援的感觉，巨大的狂喜、惊奇、敬畏，以及失去时空的感觉。这最终使人确信，某些极为重要、极有价值的事情发生了。"(Maslow，1987，p. 192)

（8）对人类有一种很深的认同、同情和爱的感觉。自我实现者不仅关心他们的朋友和家人，而且关心整个人类和世界。

（9）具有深厚的人际关系。自我实现者的朋友不多，但他们的友情最为长久、深刻。

（10）具有民主的性格。自我实现者不以种族、地位、宗教等背景来看待人，对任何性格相投的人都表示友好，而不在意此人的社会阶层、教育程度、政治信仰、种族和肤色。

（11）有富有哲理的幽默感。

（12）自主活动。较低层次的需要（生理需要、安全需要、归属与爱的需要、尊重需要）的满足主要依赖外部条件，自我实现者则依靠自己内在的潜能。由于受自我实现需要的驱动，自我实现者能超越环境和传统的限制，自主实现自己的目标。

（13）抵制适应现存文化。在重大问题上不随波逐流、墨守成规，但并不故意违反社会准则以显示独立自主。

（14）能超越各种二分式的对立而达到一种整合的状态。自我实现者不用非此即彼的思维去认识世界，在他们眼里仁慈与冷酷、具体与抽象、接受与反抗、神秘与现实之间均是相辅相成、相互协调的。

马斯洛指出，他研究的自我实现者并不是完美的，有些甚至犯过很大的错误。这些自我实现者对自己选择的事业和价值观非常忠诚，以至于他们在追求目标的时候看起来很无情。他们会把工作看得优先于自己的感觉和需要。除此之外，自我实现者可能会把他们的独立性发挥到极致，让人感到难以接近。

但总的来说，自我实现者身上还是更多地表现出积极的人格特点。

自我实现者表现出的积极的人格特点进一步验证了人性是积极而健康的，同时也让我们看到人类身上还有许多我们不曾意识到的成长潜能，努力实现这些潜能，才是最合乎人性的价值选择。

17.3.3　如何达到自我实现

如何才能有意识地达到自我实现呢？1967年，马斯洛在《自我实现及其超越》(Self-actualizing and Beyond)一文中，提出趋向自我实现的七条途径。

（1）个体应全身心地专注于某件事，真正进入"无我"状态。

（2）面对选择时，总是作出朝向成长的选择，而不是作出倒退的选择。

（3）要让自己的思想成为自己行为的最高准则，不必拘泥于他人的意见。

（4）倾听自己内心的呼唤，让自己的天性自发地显现出来，而不是充当权威或传统的传声筒。要勇于承担责任，不隐瞒自己的观点。诚实地说出来意味着承担责任，而每次承担责任都是一次自我实现。

（5）自我实现是一种状态，用一流的标准要求自己，并通过勤奋和努力达到这一标准。自我实现不是一种结局，而是一个过程。

（6）创造条件去经历高峰体验。

（7）善于识别并有勇气放弃自己的防御心理，揭去压抑和遮蔽生命的层层屏障，但不否认任何神圣的价值，能从生命本身的存在中发现神圣、永恒、象征和诗意。

在《人性能达到的境界》中，马斯洛描述了个体达到自我实现的八种方式或者八种促进自我实现的行为。这不是一种简洁、逻辑严谨的讨论，但它代表了马斯洛对自我实现理论的集中思考。

（1）专注。"首先，自我实现意味着经历充分的、生动的、无私的理解和吸收。"(Maslow, 1971, p.45)通常来说，我们不能完全意识到周围发生的事情。然而，我们都会有那样的时刻，即我们有很高的认识度和极大的参与感，这种时刻就是马斯洛所说的自我实现。

（2）成长选择。如果我们把人生看作作出一系列选择的过程，自我实现就是把作出每个决定都当作一次成长的选择。我们经常要在成长和安全之间作出选择，在进步和退步之间作出选择。每个选择都有它积极和消极的方面。选择安全就是选择保持已知和熟悉，但冒着徒劳无功和变得过时的风险。选择成长就是面向新的和挑战性的经历，但有可能面对未知和失败。

（3）自我认识。在自我实现的过程中，我们变得更加认识我们的内在本质并作出符合内在本质的行动。这就意味着，我们是为了自己而不是因为别人的观点来决定我们喜欢哪部电影、哪本书、哪种想法。

（4）诚实。对自己的行动诚实和负责任是自我实现的过程中必不可少的。我们不再是提出或给出让别人愉悦或者让自己看起来很好的答案，而是看到了答案的本质。每一次行动，都是我们在与内在自我联系。

（5）判断。前面的四种方式帮助我们形成作出"更好的生活选择"的能力。我们学会信任并根据自己的判断和内在感觉去行动。马斯洛相信，追随直觉能使我们作出正确的判断——在美术、音乐、食物上更好的选择，以及有关生活的重大决定，例如婚姻和职业的选择。

（6）自我发展。自我实现也是一种持续发展个人潜能的过程。这就意味着，一个人要使用自己的能力和智慧去"把自己想做的事情做好"（Maslow，1971，p.48）。巨大的天赋和智慧不等同于自我实现；很多有才能的人并没有充分发挥出他们的才能，一些天赋平平的人，却取得了很大的成就。自我实现并不是一种有些人有但另一些人没有的"东西"。它是人们真正实现自己潜能的永不终止的过程，是一种持续性地生活和工作的方式，而不是仅仅取得了某个单一的成就就算达到了自我实现。

（7）高峰体验。"高峰体验是自我实现过程中的短暂时刻。"（Maslow，1971，p.48）在高峰体验的时刻，我们以一种更加完整的方式认识自己和世界。在这样的时刻，不论是我们的思想、行动还是感觉都是最清晰和最准确的。我们更加热爱和接受他人，有更少的内部矛盾和焦虑，更能够把精力放在建设性的用途上。一些人比其他人更享受高峰体验,这些人才能被称为正在超越的自我实现者。

(8) 扔掉自我防御。更进一步达到自我实现的方式是认识到我们的自我防御并在适当的时候扔掉它们。为了做到这一点,我们必须理解我们歪曲对于自己和外部世界印象的方式——抑制、保护和其他防御手段。

17.4 理论评价

面对马斯洛建构的人格理论,人们的反应各不相同。有的人对其推崇备至,认为马斯洛的人格理论是心理学的一场革命,代表心理学真正正确的走向;有的人将其视为洪水猛兽,认为马斯洛的心理学概念模糊,方法不精确,会使得心理学偏离科学的轨道;有的人持中立态度,认为马斯洛的心理学不乏真知灼见,但也存在许多缺陷。为了能给马斯洛的心理学一个公正、客观的评价,我们将从可理解性、精确性和可验证性、简约性、实证效度、应用价值、启发意义等方面来分析马斯洛理论的贡献与局限。

从理论的可理解性来看,马斯洛的理论具有开创性,旨在将人格心理学从对精神病理学的特别关注转向对人及其潜在创造力的更积极和乐观的关注。他的理论很全面,因为它融合了许多病理学模型,而且解决了积极成长的问题;然而,从技术上讲,它的重点主要在于后者而不是前者。从这个意义上说,他的理论并不像最初看起来那么全面。因此,马斯洛的理论在解释其明确涵盖的现象的范围和多样性上都受到一定程度的限制。

从理论的精确性和可验证性来看,马斯洛的理论不够精确,难以真正得到验证。例如,在他的需要层次理论中,基本需要由低级到高级的变化被认为遵循连续满足的原则。然而,有些人为了自己的理想和信念而愿意忍受饥饿和口渴,甚至死亡,但马斯洛认为这些需要的价值低于生理需要的价值。虽然马斯洛认识到这个问题,但他的理论并没有考虑例外情况。需要层次理论对于个体在下一个更高层次的需要出现之前必须达到的满足程度也缺乏准确性。需要对理论中的若干术语,例如目的性(purposefulness)、内在要求(inner requiredness),以及好的和坏的情境(good and bad situations)进行更精确和充分的定义。

从理论的简约性来看,马斯洛的理论无法满足简约标准。他的理论中,那些用来解释各种行为的动机缺乏方案过于简单化,无法充分考虑行为领域内的各种现象。而且,他的理论没有精确说明影响自我实现这一现象发生、维持和改变的情境变量。

从理论的实证效度来看,如果没有充分测量马斯洛理论中的主要结构,便无法考察其理论的实证效度。正如我们所看到的,研究人员已经建构起测量自我实现理论的适当方法,但将这些方法用于检验理论时,研究结果并没有得到一致的支持。例如,有研究(Mathes, 1978, pp. 215-222)并没有发现马斯洛假设的自我实现者比非自我实现者更有创造力的证据。同样,里克曼等人(Ryckman, Robbins, Thornton, Gold, & Kuehnel, 1985, pp. 288-298)使用大学本科生样本,也没有发现支持马斯洛的假设的证据。

从理论的应用价值来看,马斯洛的理论在应用领域很有影响力。他的理论表述对牧师和教育咨询计划产生了重要影响。此外,许多管理人员都接受了马斯洛的观点,即人道、开明的公司有责任帮助他们的员工达到自我实现,帮助员工实现这一目标在经济上也是有利可图的。因此,他们认可并实施了公司各级人员共同决策、相互信任、彼此关怀和合作的方案(Maslow, 1987, p. 257)。

从理论的启发意义来看,马斯洛的理论非常具有启发性,激发了不同学科研究者的思考。他不仅鼓励理论家和研究者考虑人性的健康方面,而且促使他们中的一些人重新思考自己狭隘的科学观及其对理解人类功能的局限性。具体来说,他严厉批评某些理论家和研究者"对优雅、光鲜、技术和装备的盲目追求,这通常会影响问题的意义、活力、重要性以及一般的创造性"(Maslow, 1970a, p. 11)。因此,他说服研究者将科学视为一个企业,在这个企业中,人们提出重要的问题,然后使用技术来帮助解决这些问题，而不是使用复杂的技术来研究相对不重要的问题。

马斯洛的人格理论有其突出的特点，即特别强调人性论，但这套理论以及对理论的研究方法也存在一些问题。

马斯洛的心理学的最大特点，就是以人性观作为理论的出发点，力图通过对人的基本需要和潜能的考察来寻找健康人格形成的条件。由于马斯洛的理论一改心理学界对人性的悲观看法，为我们揭示出人性的光明之处，其乐观精神令人鼓舞。他提出对人性发展的乐观估计，强调人的社会性的自然基础，个人与社会之间不存在根本的矛盾，理想社会应以充分发挥人的潜能为目的。

客观地说，马斯洛的人性观中存在的最大问题是，他强调人性在本质上是由生物学基础而不是由社会学基础决定的。马斯洛将人性中由这两种因素决定的内容混淆起来，并简单地用生物机体或遗传天性去解释人性中许多极其复杂的需要，从而忽视了复杂的社会和文化因素对人性的重要作用和影响力。人的本质的形成与实现，既受到个体生物本性的影响，也受到个体置身其中的现实社会生活的影响。如果人性仅仅是由生物学本性决定的，那么人和其他动物在基本需要方面不会存在重大区别。如果我们必须把人类和动物的本性区分开来，力图把握人性中比动物更丰富、更复杂的方面，那么只有借助人的社会学基础才能给出正确的解释。因为人类和动物的最大区别就在于，人类创造了高度发达的社会与文化。

马斯洛极力反对心理学研究中沿用19世纪唯科学主义的传统方法，尤其是机械主义方法论，认为这种方法论对当前出现的种种人性问题已无能为力，对人的研究必须代之以更系统、更科学的方法。马斯洛认为，应该扩大科学的权限，以解决人类信仰、道德、价值观问题，缓和当代科学与信仰的严重对立，达到真、善、美的和谐统一。从某种程度上来说，马斯洛的心理学中最富有启示性的内容就是他整合的、以人为中心的心理学方法论。它超越了二歧式心理学，以整合的思维进行心理学研究，动摇了占主导地位的机械主义心理学方法论的根基，建构了以人为中心的心理学研究范式。

马斯洛倡导以"问题中心论"代替"方法中心论",在此原则的指引下开展"优良样品"的研究,开辟了自我实现者研究这一心理学新领域,为价值、人性、动机、健康人格等课题的研究积累了重要的材料。但是,在具体研究过程中,由于缺乏成熟的研究方法,马斯洛只能依赖小样本的个案研究,其中包括访谈、问卷调查、临床观察、内省报告与文献资料分析等,这些方法无不是被"正统"的心理学家排斥的。但具体来说,马斯洛的研究方法依然存在一些缺陷。

首先,马斯洛的自我实现者的研究只能涵盖人类心理规律的一部分,这与弗洛伊德的精神障碍患者的研究有相似的局限。虽然马斯洛力图整合弗洛伊德的精神障碍患者的研究和行为主义"平均数"人的研究,但在实际操作过程中,他的精力还是主要放在自我实现者身上,较少留意精神障碍患者和普通人的生活。

其次,从统计学上来看,马斯洛的自我实现者研究中样本是极少的,他自己也承认,"我只从事一些小规模但可立即获得结果的试验性研究。一般来说,研究对象最多也只有十多个",而且"这些对象均是来自西方文化的人"。显然,如此少的样本难以保证研究的信度与效度。

最后,马斯洛在选择自我实现者时,选择过程本身就蕴含着他自己的价值判断,这就难以保证研究的客观性。

18　罗杰斯：活出真实的自我

罗杰斯是"心理学第三势力"——人本主义心理学的重要代表人物之一。他的人格理论主要来源于他本人的生活经历和丰富的咨询、教育实践。罗杰斯认为，人天生就有一种自我实现的趋向，这种趋向是人进行各种活动的内部动机。他将最健康的人称为"机能充分发挥者"，认为这样的人具有自信和积极的人格特征。在罗杰斯的人格理论中，自我概念是占据核心地位的部分，他还着重分析了从婴儿到成人的过程中，自我与外部经验的相互作用及其对塑造人格的影响。本章将介绍罗杰斯以自我或自我概念为核心的人格结构理论、自我发展理论，以及他的理论在咨询和教育等方面带给我们的启示。

18.1　罗杰斯传略

罗杰斯（Carl Ransom Rogers，1902—1987），出生于芝加哥郊区一个名叫橡树园的地方。他的父母都曾在威斯康星大学受过高等教育，这在当时是很了不起的事情，因此罗杰斯的家庭很富足。

罗杰斯的家庭生活充满浓厚的宗教气氛，他的父母都有虔诚的宗教信仰，而且热心于地方的宗教事务。这也影响着罗杰斯，很小的时

图 18.1　罗杰斯

候,他就经常阅读《圣经》中的故事。罗杰斯的家庭成员都是正统的清教徒,家庭氛围比较保守。他的父母能够给予孩子们无微不至的关怀,但更为看重的是要合乎礼教,凡事有分寸,不能随便表达过分的亲密。对于家庭的社交生活,罗杰斯曾写道:"我想大体上可以这样概括我家对外人的态度,我们不能担保那些人不会在我家做出意料不到的事情,他们许多人打牌、看电影、抽烟、喝酒,还有其他一些说不出口的事情。因此最好的办法是忍耐他们,因为他们不知晓事理。要禁止同他们的任何交往,关起门来过自己的日子。"(Rogers, 1973, p.3)罗杰斯是一个孤独的孩子,基本上没有在家庭之外交朋友的机会,只能从书本中寻找一些慰藉,他4岁就开始在母亲和哥哥姐姐的帮助下学习阅读,这使他的知识远远超过同龄的孩子。

12岁时,罗杰斯的父母为了使家中的孩子远离城市生活的堕落,举家搬到芝加哥以西30英里处的一个大农庄。农场的生活激发了罗杰斯对科学的兴趣,他观察农场的大飞蛾,阅读关于飞蛾的书籍,还抓来一些飞蛾亲自做实验。正是这些经验,激发了这位孤独的少年成为一位科学家的潜质。

1919年,罗杰斯考入威斯康星大学,他刚开始选择的专业是农业,这是农场生活培养出的兴趣。1922年,罗杰斯正上大学三年级,这一年他作为全美10名代表之一,被挑选出来参加在北京举行的"世界学生基督徒联合会大会"。这次为时六个多月的旅行彻底改变了罗杰斯的精神世界。北京之行的途中还经过日本和菲律宾,中间有三个月在中国境内访问,途经湖北、山东、广东、江苏、上海、福建。在这次旅行中,罗杰斯遇到了许多文化和宗教背景不同的年轻人,他们使罗杰斯认识到许多跟他原来的观念相抵触的东西。在宗教问题上,罗杰斯有了全新的发现,他写道:"我认识到,同为真诚、正直的人,却可以有多么不同的宗教信仰。在许多重要的方面,我头一次得以摆脱我父母教给我的宗教思想,而且确信我不可能再跟他们一致了。"(Rogers, 1961, p.9)回国之时,他已经彻底摆脱了家庭的影响,在精神、理智和情感上走向了真正的独立(Thorne, 1992)。

回国之后，罗杰斯患了十二指肠溃疡，其间，他与父母的信仰之战仍在继续。从此，罗杰斯与家庭成员之间的感情变淡了。病情好转后他便在一个贮木场找了一份临时工作，以求在经济上独立。

1924年，罗杰斯与埃利奥特（Hellen Elliot）举行了婚礼。婚后，他进入纽约联合神学院学习，以圆他成为一名牧师的梦想。在纽约联合神学院学习没多久，他便被神学院对面哥伦比亚大学师范学院的心理学和精神病学吸引。在哥伦比亚大学师范学院听了许多课之后，他毅然向师范学院提出申请，从此便开始正式攻读临床和教育心理学硕士学位。

1928年，罗杰斯在纽约州西部的罗切斯特找到一份工作，这是属于"防止虐待儿童协会"的一个"儿童研究部"。他在罗切斯特待了12年。"儿童研究部"的学术环境不是很理想，罗杰斯在这里所做的工作主要是实践而不是研究，他的主要任务是对违规少年和贫困阶层家庭的不良少年及其家长提供心理辅导。在当时的心理治疗领域，弗洛伊德学派占据统治地位，强调以治疗师为中心，由治疗师告诉当事人一切，当事人是脆弱无知的。但在长期的实践中，罗杰斯逐渐对这一治疗方式产生怀疑，他逐渐有这样一种感觉：当事人也许比治疗师更了解自己，他们也许应该在治疗中发挥更大的作用。罗杰斯写道："如果我不刻意炫耀自己的才智和学识，我就可以依靠当事人来指引治疗进程，从而做得更好。"（Rogers，1961，p.12）

1939年，罗杰斯出版了《问题儿童的临床治疗》（*The Clinical Treatment of the Problem Child*）一书，正是由于这本书，他被俄亥俄州立大学聘为正教授，从而进入其理论研究的黄金时代。罗杰斯对心理治疗作了一些新尝试，例如，他声称他的治疗方法对解决问题不感兴趣，而对如何帮助个人成长和发展感兴趣；更重视人的情绪感受而不是认知；更关注现在而不是过去；咨询关系本身是当事人成长的重要因素等。1942年，罗杰斯出版了《咨询和心理治疗：实践中的若干新概念》（*Counseling and Psychotherapy: Newer Concepts in Practice*）。1945年，他开始了在芝加哥大学的为期12年的研究生涯。1951年，他出版了《当事人中心治疗》（*Client-Centered Counseling*），这本书是对以人为中心观点所做的全部工作的一次整理。1956年,美国心理学会授予罗杰斯杰出科学贡献奖,这意味着美国心理学界已经承认并赞赏罗杰斯的观点。1957年,罗杰斯发表了他最有影响力的一篇论文——《治疗性人格改变的必要和充分条件》(The Necessary and Sufficient Conditions of Therapeutic Personality Change),这篇文章明确地把治疗关系放在首要地位,而且宣称提出的六个条件既是有效治疗的必要条件,也是充分条件。

1957年,罗杰斯前往威斯康星大学任教。1961年,《论成为一个人》(On Becoming a Person)出版,这本书无疑是他所有著作中最具价值的一本。除了心理治疗,书中还谈到人的生存目标、人与人之间的关系、教育、家庭生活等话题。1963年,罗杰斯应以前的学生法森(Richard Farson)的邀请,去加州共同创办一个独立的研究机构。这个名为"西部行为科学研究所"的机构位于加利福尼亚南端一个名叫拉霍亚(La Jolla)的滨海小镇,直至1987年去世,罗杰斯一直住在这个美丽的地方。罗杰斯晚年开始关注世界和平,他认为以人为中心的方法可以解决国家之间、文化之间、种族之间的冲突,他周游世界各地做了大量工作,并因此于1987年获得诺贝尔和平奖提名。

18.2　人格结构

罗杰斯的理论以自我为核心展开,因此被称为自我论(self-theory)。在长期的心理治疗实践中,关于自我的理论构成他的人格理论的核心。罗杰斯起初并不重视自我概念,但在心理治疗过程中,他发现来访者在谈话中总会用到"自我"之类的词,比如"我真的不知道我是谁""我想做回真实的自己"等。从这些谈话中,罗杰斯意识到自我在来访者的经验中占有很重要的地位。由此,罗杰斯和同事花费大量精力集中研究自我概念,并最终使自我在他的理论体系中占据核心地位。

罗杰斯认为,**自我概念**(self-concept)是个体现象场中与个体自身有关的内容,是个人经验中关于自己的所有知觉、认识和感受。其中,现象场是指个体主观的经验世界。正常个体的现象场具有三个特点:(1) 主观世界内部的协调一致性;(2) 主观世界与客观世界之间存在一致性;(3) 能够有效、如实、灵活地处理新经验。自我概念对个体的个性与行为具有重要意义,它不仅控制个体对环境的知觉,而且决定个体对环境的行为反应。

根据临床实践,罗杰斯将自我概念区分为**真实自我**(real self)和**理想自我**(ideal self)。真实自我是自我概念中对自己真实状况的觉知,是自我经验的产物。理想自我是指个体最希望自己是什么样的人,或应该是什么样的人。在罗杰斯看来,真实自我和理想自我都是可以测量和用于咨询诊断的概念,两者的一致性程度可作为个体心理调节能力的标志。

18.3 人格动力

罗杰斯关于人格的基本假设是,在每个人的内心深处,都有一种被称为自我实现趋向的内在动机,它是一种主动的驱动力,目的是实现我们的潜能,使我们能够保持和提升自己。在罗杰斯看来,所有动机都基于自我实现趋向,他曾这样界定这一趋向:"人的内在自我具有一种核心能源,这种能源并不是只有一部分可信赖,而是整体均可信赖。简单来说,就是一种不仅维持现状,而且朝着提升个人境界的方向去实现的概念。"(Rogers,1980,p.123)

在罗杰斯看来,任何一种生物,不管是一株草,一棵树,一只小鸟,还是一个人,只要它被赋予生命,就会明显表现出一种生长、发展的趋向,这种趋向不易用简单的词语来概括,总的来说,它是一种求生存、求强大、求茂盛、求完美的趋向。为了支持这一概念,他引用了一些实验,这些实验表明,与提供较少复杂刺激的环境相比,甚至老鼠也更喜欢提供较多复杂刺激的环境。同样,人类也在寻找新体验,避免缺乏刺激的环境。实验表明,当人们被悬浮在隔音水箱中失重时,他们很快就会产生厌恶的幻觉。对罗杰斯来说,这些研究和他的临床经验表明,每个人都有一种成长的趋向,都在寻求新的和不同的体验。

自我实现趋向包括生物和心理两个方面,前者旨在满足基本生存需要,例如对水、空气、食物的需要,后者涉及个体发展潜力和自我实现。这种自我实现趋向是有选择性和方向性的,因此个体会表现出一种建设性趋向。罗杰斯认为,除了在最不正常的状况下,生物体不会表现出自我毁灭的能力(Rogers,1960,p.242)。如果社会能够以一种有益和鼓励方式对待个体,他们就会发展出善良等积极的品质。不过,尽管罗杰斯对人性抱着积极的态度,但他仍看到人有时是不成熟的甚至反社会的,会表现出恐惧、防御、无知等消极的方面。在罗杰斯看来,上述消极的方面是社会化错误导致的结果,而不是人类天性使然。因此,罗杰斯提出,社会既可能促进也可能阻碍个体的这种自我实现趋向。

18.4 人格发展

罗杰斯关于人格发展的观点集中体现在他对自我发展的分析上。但是,不同于其他心理学家对人格发展阶段的关注,罗杰斯更重视自我发展的机制。

18.4.1 积极关注与价值条件

不同于实践经验中的真实自我,理想自我主要通过与他人的互动而形成。罗杰斯认为,当人们与周围的重要人物(比如父母、兄弟姐妹、朋友、老师等)互动时,会形成一种"我应该是一个怎样的人"的自我概念,而这种自我概念在很大程度上依赖他人的评价。也就是说,人们开始用他人的想法来评价自己,而不是用实际感受来评价自己。罗杰斯认为,之所以如此依赖他人的评价,是因为个体天生就有被重要他人关爱和接纳的需要,即寻求**积极关注**(positive regard)的需要。罗杰斯不确定这种需要是天生的还是后天习得的，但他坚持认为，这种需要对个体有非常大的影响。当满足他人的要求时，个体就会体验到来自他人的正面评价（Rogers，1959，p.223）。因此，相比于自我的主观感受，个体更渴望来自他人的肯定（Rogers，1959，p.224）。例如，如果生活中的重要他人认为攻击别人是正确的，那么即使个体自己认为这种行为不妥，也可能会忽视真实自我的感受，并按照重要他人的期望行事，以此获得他们的认可。这种寻求认同和避免不认同的需要促使理想自我概念的产生（Rogers，1959，p.209）。

理想自我概念的形成依赖**价值条件**（conditions of worth），即个体为了获得积极体验必须满足的条件。在现实生活中，个体的行为都是有价值条件的。父母常常会要求孩子往好的方面发展，罗杰斯承认他在儿童期也被要求凡事要努力，要尊重长者，等等。在社会化过程中，个体逐渐明白一些想法和行为是恰当的，另一些则是不恰当的。因此，儿童可能总想着如何不辜负某种期望，而不去关注和发现那些真正令自己快乐的事情。他们会通过一些特定的方法来赢得父母和重要他人的关爱和积极关注。这种只有满足一定条件才能获得的积极关注被称为**有条件积极关注**（conditional positive regard）。

18.4.2 自我协调

当价值条件与个体的主观评估一致时，人们就能接触真实自我，并继续朝着自我实现的方向前进。在这种情况下，个体的理想自我与真实自我是和谐的，达到了自我协调的状态。所谓**自我协调**（self congruence），就是一个人的自我概念中没有互相冲突的经验。例如，如果父母只在孩子努力学习时才表扬他，那么孩子的自我概念中就接受了来自父母的观念；如果孩子既因为自己努力学习而感到愉快，又能得到父母的表扬，那么他的自我就是协调的。在这种情况下，他会形成"我是好孩子""我是愉快的"等自我概念。如果孩子的直接经验与来自父母的评价性经验不一致，就会出现不协调。如果孩子在努力学习时感受不到愉快，只有在玩耍时才能感到愉快，在这种情形下，孩子就陷入**自我不协**

调。有条件积极关注会导致孩子只能接受自己好的那一部分,而排斥他人认为自己不好的那一部分。

尽管父母的意图是好的,但不幸的是,父母觉得孩子"不好"的那一部分品质往往才是真正的健康品质。一些父母对孩子的教养类型属于独裁型,他们要求孩子只能顺从。虽然这些父母的本意是好的,但这样一种管教方式阻碍了孩子向自我实现发展的趋势。那些只为孩子提供指导而不作过多限制的父母,被称为权威型父母。有以大学生为被试的研究表明,独裁型父母管教下的大学生,其自我实现水平普遍低于权威型父母管教下的大学生(Dominguez & Carton, 1997)。一个孩子如果不去挑战父母的权威,他的理想自我就会服从父母,他的真实自我虽然会感到迷惑并反抗,但始终处于压抑状态。罗杰斯认为,过分严厉的父母之所以教育孩子的方式不对,是因为他们认为孩子的自我应该符合父母的价值条件。良好的教育方式应该不给孩子强加任何价值条件。

自我不协调导致焦虑。罗杰斯认为,当个体被他人的期望引导,而且这些期望与个体的真实自我不一致时,就会出现问题。例如,一个人的理想自我是一个学习很优秀的人,但在真实生活中他的学习成绩只能排在中等水平,这个人就会感到焦虑。在这种情况下,理想自我阻碍了个体接触真实自我和实际感受,并成为个体自我实现的阻碍因素。在罗杰斯看来,这种焦虑会触发防御机制以应对威胁。个体可能会采用各种防御机制以阻止与自己的直接经验不一致的经验进入意识层面。歪曲就是其中一种防御机制,孩子会认为父母不是不表扬自己,只是嘴上不说。否认也是一种防御机制,即孩子会认为父母没有不高兴,对父母的反应视而不见,听而不闻。歪曲和否认都是为了避免自我不协调,对一个自我概念中缺乏相应经验的人来说,即使积极的评价,也可能使他产生不协调从而导致焦虑。例如,一个自认为缺乏吸引力的女性,当有人说她有吸引力时,她可能会想,这人不是出于礼貌,就是有什么企图。

18.4.3 促进自己和他人的自我实现

健康的自我概念应当真实自我与机体感受一致,当个体受到与其固有经验不一致的他人的评价、期望或指导时,理想自我就会阻碍他接触真实自我和实际感受,从而阻碍个体朝着自我实现的方向发展。可见,要达到自我实现,个体本身只具有实现趋向是不够的,因为人生活在社会环境之中。因此,人的实现趋向必须在一定条件下才能实现。这些条件包括真诚一致、无条件积极关注、同理心。

真诚一致

真诚一致(congruence)即要求对自己不加任何矫饰,不加任何隐瞒和作假,表现出真实自我,言行一致,表里如一。要让自己的任何经验、任何感受、任何冲动毫无保留地进入意识层面。罗杰斯(Rogers,1961)曾写道:"在咨询关系中,咨询师越是他自己,越是不戴专业面具和个人面具,来访者就越有可能发生建设性的改变和成长。真诚意味着咨询师对当时当地流过自己心头的情感和态度保持开放。'透明'一词与真诚的要素较为一致——咨询师对来访者保持透明,来访者在咨询关系中能够把咨询师看得真切,能体会到咨询师是毫无保留的。"罗杰斯认为,真诚起作用的机制在于它能产生信任。如果你把自己的本来面目和内心实情真诚地暴露给对方,就会使对方觉得他能轻易进入你的内心世界,这是产生信任的重要条件。

无条件积极关注

在罗杰斯看来,形成健康的自我概念的理想条件是**无条件积极关注**(unconditional positive regard),即父母和重要他人无条件地接纳儿童,表达他们对儿童的爱和对儿童价值的肯定,因为儿童本来就是有价值的(Rogers & Sanford,1984,p.1379)。罗杰斯认为,人性在根本上是好的,任其发展会使一个人发挥所有潜能,因此无条件积极关注有利于孩子充分发挥潜能。当然,罗杰斯并不是说父母不要去指导孩子的发展方向或者不教导孩子,无条件积极关注的真正意义在于,让孩子任何时候都能感受到父母的爱,这样孩子才能健康成长。例如,生活中一些父母常常为辅导孩子写作业而深感焦虑,有些父母甚至会对孩子大吼大叫,给孩子带来极大的心理压力。因此,父母在给予无条件积极关注的同时,还应当采用正确的方式辅导和纠正孩子。在无条件积极关注下,自我概念没有任何价值条件,真实自我和经验之间保持一致,因此个体能够保持心理健康。

同理心

同理心(empathy)是指设身处地去体会他人的一切经验,包括欲望、恐惧、冲突等。要进入他人的主观世界,感受并理解他人,既感人之所感,又知人之所感,分享他人的快乐,分担他人的痛苦,并将自己的这些感受有效地表达出来。

罗杰斯认为,个体与真诚一致的、表现出无条件积极关注和同理心的人建立起伙伴关系,有助于促进自己实现自身具备的自我实现趋向。人际关系中只要存在这三个条件,心理成长总会出现。因此,在罗杰斯看来,真诚一致、无条件积极关注和同理心是成为全面发展或自我实现的人的必要和充分条件。在罗杰斯自己创建的当事人中心疗法(client-centered therapy,后来改称 person-centered therapy,即以人为中心的治疗)中,他也特别强调咨询师应具备这三项素质,认为它们是治疗成功的必要和充分条件。

18.5 健康的人格:机能充分发挥者

人如果处在理想的环境中,个人发展会比较顺利,潜能与天赋也会得到充分表达、充分发挥,罗杰斯把这样的人称作**机能充分发挥者**(fully functioning person)。机能充分发挥者是最健康的人,罗杰斯认为他们有以下五个特点。

第一,机能充分发挥者对经验更加开放,能够接受生活中发生的任何主观的或客观的事实。面对消极经验时,人们往往会产生防御,例如不承认自己受到侮辱或不承认自己正在生气。罗杰斯认为,产生防御是由于个体不允许自己的某些体验被自己明确意识到,因为这些体验会威胁到自我。因此,个体可能会过着一种与其自我实现趋向不一致的生活。与之相反,机能充分发挥者能准确知觉到任何经验,不论这些经验是源于自身机体还是源于环境。

第二，机能充分发挥者有着更富存在感的生活（Rogers，1961，p.188）。罗杰斯认为，个体如果能够对经验更加开放，不带防御之心，那么他每时每刻都能体验到新鲜感。他会时刻体会到经验世界中的东西都是崭新的，是以前不曾拥有的。这就意味着，机能充分发挥者能够在最大程度上适应环境，他们流动的生命改变他们自我的组织方式和人格（Rogers，1983，p.288）。对于生活，机能充分发挥者体验到的是流动的过程而不是固定的整体，他们成为自己体验过程的参与者和观赏者，而不是体验的控制者（Rogers，1961，p.189）。

第三，机能充分发挥者会更信任自己的机体。在我们的决策系统中，各种因素往往相互矛盾、相互制约，整个情境非常复杂，经常让我们难以作出最好的选择。例如，选择工作还是继续深造，这是一个两难情境，我们能作出选择，但事实也许证明我们的选择并不适合自己。机能充分发挥者为何能作出最适合自己的选择？罗杰斯认为，不能完全相信机体的人，他们在一定情境中作出决定时，由于防御机制的作用，往往不是回避和歪曲一些重要资料，就是错用不当的资料来进行决策，因此容易作出错误的决定。机能充分发挥者相信自己的机体感受，让自己的机体与意识一起，来权衡每个重要因素的重要性，因此能作出最适合自己的决定。

第四，机能充分发挥者富有创造力。一个人若对新经验持开放的态度，能够信任自己的机体感受，那么这样的人在生活或事业中往往敢于承担风险，进行创新，从而经常创造出新的生活方式或者创意产品。

第五，机能充分发挥者的生活会比其他人更丰富。他们的生活中不只有快乐、满足、安全和幸福，他们还会去寻求挑战，有时会体验到痛苦，偶尔会冒险。对他们来说，不同的情绪体验和生活体验具有同等价值，都是生活中需要去经历和面对的。

后来经过实践，罗杰斯对机能充分发挥者有了新的看法，认为他们在总人口中可能仅占很小的比例，但是未来可能会产生极大的影响。罗杰斯将这样的人称为新兴人士（emerging persons）。新兴人士具备的人格特点大致有以下四个方面。

（1）新兴人士是真诚的。他们会真诚地面对生活和他人，与他人交流时会保持开放的态度，对权威人士采取的维护自身地位的举动表现出拒绝，反对高度结构化和不灵活的官僚机构，提倡以人为本。

（2）新兴人士对物质享受毫不看重。对他们来说，名牌服饰、豪车、别墅、精致的美食完全可以被平价衬衫、自行车、睡袋以及粗茶淡饭代替。他们不会执着于追逐名利，也不关心个人的地位和成就，而会倾向于以非正式和平等的方式与人们展开交流。

（3）新兴人士对现代科技持谨慎的态度，尤其对基于认知科学，以及利用该科学开发出来的可能对自然和人类有损害的技术深感不信任。他们尊重自然，因此对破坏环境的科学技术持反对态度。新兴人士也会支持技术的使用，但同时要求技术只有在能够被明智地用来促进人类福祉时才能加以使用，对于诸如大规模杀伤性武器的研发及类似技术的发展，他们会认为这是对人类生命的漠视并予以反对。

（4）新兴人士信任自己的经历，但不信任外部权威。对他们来说，凡是未得到自身经历证实的事物都是不可信的，即使是权威、领导和专家进行劝说，他们也不会被说服。对于道德、法律等社会规范，他们不会完全遵从。一般来说，当他们觉得自己需要遵从社会规范时，他们就会遵从；当他们认为道德或法律与自己心中的正义或公平相悖时，他们就会做出违反这些道德或法律的事情而且承担相应的后果。

18.6 罗杰斯人格理论的应用

18.6.1 以人为中心的心理治疗

罗杰斯首先是一个临床心理学家，在他一生的学术活动中，心理治疗处于核心地位。罗杰斯于1957年发表的《治疗性人格改变的必要和充分条件》(*The Necessary and Sufficient Conditions of Therapeutic Personality Change*)在心理治疗学术历史上是一篇极为重要的文章。

在这篇文章发表以前,心理治疗领域一直是精神分析和行为主义占统治地位,这些学派非常看重心理治疗过程中的技术,认为专业知识在心理治疗过程中最重要。然而,罗杰斯在这篇文章中提出的六个条件,没有一个涉及技术,全部是属于治疗关系方面的内容。正是由于这篇文章,治疗关系才得到充分重视,并在心理治疗领域掀起改革的浪潮。罗杰斯写道:

> 要使建设性的人格改变得以发生,需存在以下条件,而且它们必须持续一段时间。
> (1) 治疗师与当事人有心理上的接触;
> (2) 当事人处于一种不和谐的状态,脆弱或焦虑不安;
> (3) 治疗师在治疗关系中是一致的或整合的;
> (4) 治疗师体验到对当事人的无条件积极关注;
> (5) 治疗师体验到对当事人的内在参考系的同理心,并力图把这种体验传达给当事人;
> (6) 治疗师对当事人的同理心和无条件积极关注至少在一定程度上成功地传达给了当事人。
>
> 除此之外的其他条件不是必要的。如果这六个条件存在,而且持续一段时间,这就足够了,建设性的人格改变也会随之出现。(Rogers,1989,p.221)

在罗杰斯提出的六个条件中,最为重要的是无条件积极关注、真诚一致和同理心。

有效治疗的第一个条件是无条件积极关注。关于无条件积极关注有这样一个例子,罗杰斯对他的当事人格洛丽亚说:"你看起来就跟我漂亮的小女儿一样。"(Shostrom,1965)由于感受到罗杰斯的无条件积极关注,格洛丽亚变得更加接受自己,她童年期因价值条件而被压抑的真实自我也得到认可,她开始相信自己的个人经验,用自己的价值判断机制来指导自己的行为。

有效治疗的第二个条件是真诚一致，即要求治疗师对自己不加任何矫饰，不加任何隐瞒和作假，表现出真实自我，言行一致，表里如一。要让自己的任何经验、任何感受、任何冲动毫无保留地进入意识层面。罗杰斯认为，真诚起作用的机制在于它能产生信任。治疗师如果能把自己的本来面目和内心实情真诚地暴露给对方，就会使对方觉得他能轻易进入治疗师的内心世界，这是产生信任的重要条件。

有效治疗的第三个条件是同理心。要想明白同理心的意义，首先需要明白的一个概念是内部参考系。内部参考系是涉及个体主观世界的一些经验：感知觉、记忆、思维方式、爱好等。人们用内部参考系来加工信息、理解信息。这个内部参考系只存在于个体内部，代表不同个体看待问题的不同角度，因此每个人的内部参考系都是他自身特有的。同理心的作用就在于进入他人的内部参考系。治疗师站在当事人的角度去理解当事人，深入当事人的内心世界，感受当事人的愤怒、绝望、迷惘和恐惧，就像那是治疗师的愤怒、绝望、迷惘和恐惧，然而治疗师自己产生的愤怒、绝望、迷惘和恐惧并不会卷入其中，这就是罗杰斯描述的同理心（Rogers，1989，p.226）。

罗杰斯把心理治疗中的人格改变分成七个阶段，认为自己的心理疗法涉及其中的第三至第六个阶段。在第三个阶段之前，当事人并不能觉察出自己存在问题，因此不愿意配合治疗。第六至第七个阶段在成功的治疗结束之后，这两个阶段常常涉及人格的继续成长与发展。

处于第一阶段的当事人有以下特点：害怕亲密关系；沟通时只愿谈论一些表面的事情，不愿表达自己；不能认识自己的真实感受和个人意义；觉得自己没有问题或没有改变自己的愿望；自己的内部自我与经验之间没有沟通。总之，处于第一阶段的当事人没有改变自己的愿望，并在一定程度上排斥心理治疗。

第二阶段是当事人刚刚感受到治疗师对他的无条件积极关注、同理心和真诚一致的时候，此时当事人已不像第一阶段那样固执，处于第二阶段的当事人的特点是：已经能谈论一些话题，但这些话题与自己的关系并不是很密切；已能隐约觉得自己有不对劲的地方，但要么认为问题与自己无关，要么认为自己对问题没有责任；描述自己的感受时就好像谈论的是别人一样，或者就好像是在谈论自己的过去一样；感受及个人意义很笼统、模糊、简单。

在第二阶段的基础上继续发展，就进入第三阶段，处于第三阶段的当事人的特点是：可以把自己当作一个对象来谈论，但像谈论客观事物一样谈论自己的经验；能够谈论过去的经验和感受以及它们对自己的意义；排斥自己的感受，觉得自己的感受可耻从而无法接受；能够对感受和意识认识得清楚一些，不像第二阶段那样含混、笼统；常认为自己的选择是无效的。罗杰斯认为，大多数初次来寻求帮助的当事人就处于这个阶段，而且他们在这个阶段所处的时间比较长。

第四阶段和第三阶段共同构成治疗过程的主要部分，处于第四阶段的当事人的特点是：偶尔能够表露此时此地的感受，但像是在违背当事人本意的情况下表现出来的；既想体会自己的感受，又害怕体会自己的感受；理解自己经验的方式开始变得不那么僵化，对自己的个人建构有所认识，并对其正确性产生怀疑；觉得自己应该对问题负起责任，但也会动摇这种信念。

处于第五阶段的当事人已经得到初步治疗，他们能够体验到自己的内在，他们的特点是：能够体验到自己大部分的感受，并能较自由地表达这些感受；能够认同和接受自己的感受，愿意做真实的自己；能够清醒地面对自己体验中的矛盾之处，不像以前那样采取回避的态度；能够意识到自己应该对问题负起责任，并想知道自己出现这些问题的原因。

处于第六阶段的当事人的自我与经验、感受已能融为一体，他们的特点是：能够平静地接受自己的全部经验；能够行云流水般自然表达自己的感受；能够感觉到自己活在每一时刻，而不是像一个物体；生理上感受到松弛，例如流泪、肌肉放松等。

第七阶段在时间上已处于治疗成功结束之后，因此这一阶段的变化并不是发生在治疗室，而是发生在治疗时间之外。处于第七阶段的当事人的特点是：能够立即体验到丰富的新感受；个人经验都是全新的，与过去的个人建构没有关系；体验到的意识就是自我；所有经验都能不加歪曲地进入意识层面。第七阶段的改变已在治疗预期效果之外，因此这一阶段的改变无亦可，有则更好。

18.6.2 以学生为中心的教育观

除了心理治疗领域，罗杰斯的思想在教育领域也占有重要地位。罗杰斯认为，教师应该充分尊重学生的学习自由，让学生自由学习。他在《自由学习》(Freedom to Learn)一书中提到，学习能力是先天的，人类天生就有学习动机，教师的任务不是向学生传授知识，而是指导学生自主学习，尽可能地满足学生的求知欲和创造欲。在罗杰斯看来，教师传授给学生的知识对学生的行为没有什么影响，能够影响学生行为的只能是学生自己发现并吸收的知识。教师仅仅是学习的促进者，一个有效的促进者不取决于他的教学才能，不取决于他的专业知识，也不取决于课程设计、先进的教学工具，等等，而取决于教师是否以真诚、无条件积极关注和同理心来与学生互动。罗杰斯还认为，要想学生将情感和理智全部投入学习，就必须让学生所学的内容有现实意义，并把这种现实意义与课程密切结合起来。罗杰斯提出自由学习的四个要素：第一，学习具有个人参与的性质；第二，学习是自我发起的；第三，学习是渗透性的；第四，学习是由学生自我评价的。他还提出自由学习的多种方法，如提供学习资源、建构真实的问题情境、同伴教学、分组学习、自我评价等。

罗杰斯提倡以学生为中心的教育观，反对传统心理学把学生看作较大的"老鼠"或较慢的"计算机"，反对那种认为学生有自私的、反社会的本能的观点，强调学校和教师应把学生看作"人"，相信学生的本性是好的。他认为，学生的人格健全问题在整个教育中占有非常重要的地位，因为在他看来，学生的人格形成过程就是生理和心理潜能实现的过程。

18.7 理论评价

在长达60年的学业生涯中，罗杰斯创造了堪称伟大的成就。在心理咨询方面,他首创以人为中心的疗法,成为当代最有影响力的心理治疗理论之一。在教育方面,他开创以学生为中心的教育观,强调尊重学生,发挥学生的主观能动性、独立性、创造性,促进学生的自我实现,该教育观也成为当代最具影响力的教育理论之一。

罗杰斯去世之后,他曾经的合作者凯恩将他的贡献概括为十点(Cain, 1990)。(1)罗杰斯强调了在心理治疗的过程中,治疗关系作为一种有治疗效果的要素的重要性。(2)罗杰斯阐明了这样一个观点:人天生具有趋向自我实现的潜能。(3)罗杰斯开创和发展了倾听与理解的艺术,并证明了它们对当事人的治疗效用。(4)罗杰斯用"当事人"一词替代"病人"一词,维护了来访者的尊严,表达了对来访者的尊重。(5)罗杰斯首创将录音用于治疗会谈,为其他研究提供了典范。(6)罗杰斯为心理学家和其他非医学出身的专业人士从事心理治疗铺平了道路。(7)罗杰斯首创用科学的方法研究心理治疗过程和结果。(8)罗杰斯对"会心团体"运动的发展作出了重要贡献。(9)罗杰斯为教育领域的变革贡献了一种激进的理念和实践。(10)罗杰斯将以人为中心的理念和实践应用于化解冲突和维护世界和平。

凯恩还对罗杰斯的影响进行了展望,他认为再过50年,罗杰斯仍然能被心理治疗界记住的东西可能只剩下两样:治疗关系和倾听。也就是上述十点贡献中的第一点和第三点。

凯恩对罗杰斯的上述评价已十分中肯,以下我们着重从三个方面来评价罗杰斯的贡献。

首先,罗杰斯最有意义的贡献也许就是把系统的研究应用于检验心理治疗的过程和效果。他不满足于仅仅使当事人得到成功的治疗,他更重视的是了解当事人成长的过程和动力。在研究中,他应用了大量新技术,例如对治疗过程进行录音以便分析内容,使用Q分类技术测量人格的改变等。他把心理咨询室当作自己的实验室,向公众揭开了心理治疗的神秘面纱。可以说,由于罗杰斯研究性和实践性的结合,他在心理治疗领域的影响可以与弗洛伊德比肩。

其次,罗杰斯促进了这样一种观点,即人有自由意志,而且能对自己的行为负责。他强调个体的意识和主观经验对行为的影响。虽然这种观点在今天看来是如此简单,如此直截了当,但我们要看到,在行为主义和精神分析占统治地位的20世纪40—50年代,倡导这种观点是一件多么困难的事情。

最后,罗杰斯的观点不仅影响了心理治疗,而且影响了心理治疗以外的领域。在心理治疗领域,罗杰斯为我们认识个体提供了全新的以人为中心的方式,以至于他的理论在心理治疗界的影响与精神分析学派齐名。除了在心理治疗领域有巨大影响,他的观点在教育领域、儿童培养训练领域、管理训练领域,以及雇佣关系领域也有深远的影响。

除了以上积极的评价,罗杰斯生前与死后都遭受了很多批评,虽然他对这些批评大都作了辩护,但在他的理论中也确实存在一些局限。

首先,罗杰斯的理论最大的局限也许就是过度强调个体的主观经验和自我报告。罗杰斯对当事人的判断基于当事人对自己的描述,但依靠当事人的主观经验和自我报告,治疗师能在多大程度上认识当事人的问题?治疗师从当事人那里听到的情况有多少是与事实相悖的?从罗杰斯的角度来看,他肯定意识到这些问题。他认为,只要治疗师能做到真诚一致、无条件积极关注和保持同理心,当事人就能自然而然地意识到自己的问题,并能如实回答,但自我报告这种治疗方式的效度始终值得怀疑。

其次,罗杰斯的理论相对简单。罗杰斯主义是由少数几条理论建构起来的,因此整个建构显得相对简单。罗杰斯大量阐述的人的本性和动力可以用两个概念来总结:真诚一致和自我实现。罗杰斯的理论的简单性反映在对人性的揭示有相当大的局限,或者说不够深刻。虽然他列举了一些重要因素,如无条件积极关注和积极自我关注,但他没有检验人性发展的具体过程和动力机制。除此之外,他还假设成人人性的发展动力和机制与儿童相似,这一点值得商榷。虽然罗杰斯重视反映当事人意识内容的自我报告,但他完全忽视了当事人的无意识作用,这也是他的理论相对简单的一种体现。

最后,罗杰斯对人性的态度过分乐观。另一位人本主义大师罗洛·

梅一直批评罗杰斯对人性的态度过分乐观,认为忽视人性中"恶"的方面会使以人为中心的治疗师无法有准备地去面对当事人的负面情绪,这些负面情绪包括愤怒、敌意等。罗洛·梅认为,社会文化虽然会为人们的成长提供正确的方向,但人们的成长并不总是指向自我实现,它也会指向毁灭,例如纳粹党在集中营对犹太人的迫害。

无论如何,罗杰斯在心理学以及心理咨询领域作出的贡献都是富有开创性且影响深远的,他的理论彰显着对人(person)的完整性的信任和独特的人文关怀,使得心理咨询领域将更多注意力放在对人的关怀上。不只心理学界,罗杰斯的理论在许多领域都有广泛的应用,例如教育、政治、种族关系、婚姻和家庭等。

19　罗洛·梅：爱与意志的存在

第二次世界大战之后，存在主义心理学不断发展并从欧洲传入美国，对美国心理学界产生了很大的影响。罗洛·梅便是其中一位重要人物，他对存在主义心理学的研究具有开创性的意义，因此被称为"美国存在心理学之父"。同时，他是美国人本主义心理学流派的创立者之一，是该流派中最具有存在主义倾向的心理学家，他的学说并不建立在任何存在主义哲学流派之上，而是对其内容加以吸收和改造，在心理学的视野内探究人存在的本质，从而形成他独特的存在分析理论。

罗洛·梅从人的存在本身出发，以"存在感"为核心，阐释人的存在方式和存在特征，剖析了现代社会背景下人的生存境况，并结合临床经验，揭示了现代社会中精神疾病的根源所在。他研究了人的存在的诸多方面，涉及大量存在主题，主要包括自我意志、勇气、焦虑、原始生命力、爱与意志等内容。他认为，正是这些内容构成了人格的基本结构并推动人格的发展和成熟。此外，他还根据自我意识的发展将人格的发展划分为不同阶段，形成了自己独具特点的存在主义人格理论。在这样的理论基础上，他作为一名专业的精神病学医师，以自身丰富的心理治疗经验，深刻地分析并总结了各种心理疾病患者的心态和内在潜能，提出了一套独特的存在心理治疗体系。

19.1 罗洛·梅传略

罗洛·梅(Rollo R. May，1909—1994)，出生于美国俄亥俄州艾达镇，他是家中六个孩子中的长子。他的父亲是基督教青年会的秘书，经常需要举家搬迁，罗洛·梅出生后不久就随全家搬到密歇根州麦里恩市，并在那里度过了他的大部分童年时光。由于父母都没有受过什么教育，因此他早期生活的教育环境是非常差的。他小时候与父母的关系都算不上亲密，父母也经常吵架并最终离婚。由于母亲经常离家出走，因此他很早就承担起家庭的重担，还需要照顾罹患精神分裂症的姐姐。

图 19.1　罗洛·梅

罗洛·梅年轻的时候对艺术和文学很感兴趣。起初，他在密歇根州立大学学习英语，但由于在学校担任了一份激进学生杂志的编辑而被学校除名，之后转学至俄亥俄州奥柏林学院，并在那里获得学士学位。在毕业后的三年里，他跟随由艺术家组成的一个团体在欧洲各国游历，这一历程非常类似于埃里克森十年前的历程。但是在欧洲的第二年，他开始感到孤独，以至于不能有效地工作。他写道：

> 终于在第二年的春天，我患了所谓的神经崩溃的病。这意味着，我平时赖以工作和生活的那些规律、原则、价值观都再也不能满足需要了。我感到疲劳至极，不得不休息两个星期，以便获得足够的能量来继续我的工作。我在大学里学过很多心理课程，知道这些症状意味着我的全部生活方式出了问题。我必须为我的生活找到一些新目标，放弃我以前的那种存在方式。

从那时起，他开始倾听自己内在的声音。他写道："当我听到这些声音的时候，我感到我以前的整个生活方式全都倒塌了。"

欧洲经历中的一个事件也影响了他。1932年夏天，他参加了阿德勒在维也纳山区举办的一个研讨班。他非常钦佩阿德勒的观点，并在这个研讨班学到许多有关人类行为和本性的心理学思想。

1933年，他回到美国，并被纽约联合神学院录取，十年前罗杰斯也在这所神学院学习过。但与罗杰斯不同，他在神学院学习的目的并不是想当一名牧师，而是想从中学习有关人类本性的根本问题。在神学院学习期间，他结识了存在主义神学家和哲学家蒂利希（Paul Tillich），并从蒂利希那里学到大量存在主义哲学思想，两人保持了三十多年的友谊。

1938年，他获得神学硕士学位，毕业后当了两年的牧师，但随后他便辞去工作，一心追求他在心理学领域的兴趣。20世纪40年代初，他在纽约市威廉·阿兰逊·怀特精神病学、精神分析和心理学学院（又称怀特学院）学习精神分析，在这里他结识了新精神分析学家沙利文，以及后来的院长弗洛姆，并从他们身上学到了注重文化和人际关系的精神分析思想。

1946年，他私人开业，两年后成为怀特学院的教员，并在怀特学院一直工作到1974年。1949年，40岁的罗洛·梅获得哥伦比亚大学临床心理学博士学位。获得博士学位之前，他经历了生命中最具意义的体验。他在刚过30岁的时候患上了肺结核，并花了三年时间待在纽约萨拉奈克疗养院。那时，还没有治疗肺结核的药物，他只能通过每个月拍的X光片来了解自己的病情是否恶化，其间曾几次徘徊在死亡的边缘。但这件事情对他来说也是一个契机，在死亡的威胁之下，他更加深切地体验到自己的存在，并能够对应自己的理论进行思考。疗养期间，他发现当他感到绝望时，更能体验到疾病的威胁。那些向疾病妥协的病人很快死去，而那些与疾病作斗争的病人却活了下来。他写道："直到我开始与疾病作战，对自己的肺结核产生某种责任感，并有了生存下去的意志，我才取得了持久的胜利。"学会倾听自己内部的声音后，他发现治疗是积极的而不是消极的过程。一个人无论是患了心理的还是生理的疾病，在治疗过程中他都必须是一个积极的参与者。在与肺结核的战斗中,他认识到这样一个真理,即接受心理治疗的病人要想康复,就必须同他们的心理障碍作斗争。

患病期间,他以焦虑这一主题为突破口,并结合自身的焦虑体验,阅读了弗洛伊德、丹麦存在主义哲学家克尔恺郭尔(Soren A. Kierkegaard),以及德国哲学家叔本华(Arthur Schopenhauer)等人的著作。他认为,虽然弗洛伊德极富创造性地分析了人们在威胁下产生焦虑的机制,但相比之下,他更欣赏存在主义焦虑理论,因为它触及焦虑的最深层结构,即人类存在的本体论问题(May,1969)。

恢复健康之后,他于1950年出版了《焦虑的意义》(Meaning of Anxiety)一书,这本书的出版也标志着他的思想的形成。之后,他的学术成就便突飞猛进,将存在心理学探讨的主题扩展至爱、意志、权力、创造、梦、神话等多个领域。三年后,他出版了《人的自我寻求》(Man's Search for Himself)一书,这本书在专业范围内外都为他赢得了声誉。1958年,他与安杰尔(Ernest Angel)和埃伦伯格(Henri Ellenberger)合作出版了《存在:精神病学与心理学的一个新维度》(Existence: A New Dimension in Psychiatry and Psychology),这本书将欧洲的存在心理学和存在心理治疗思想引入美国,推动了存在主义思想在美国的流行。1969年,他出版了自己最有影响力的一部著作《爱与意志》(Love and Will),这本书成为美国当年最畅销的书,并获得了拉尔夫·瓦尔多·爱默生(Ralph Waldo Emerson)奖。此后,他又陆续出版了《权力与纯真》(Power and Innocence,1972)、《追怀友谊》(Reminiscences of a Friendship,1973)、《创造的勇气》(The Courage to Create,1975)、《自由与命运》(Freedom and Destiny,1981)、《存在的发现:存在心理学著作》(The Discovery of Being: Writings in Existential Psychology,1983)、《我追求的美》(My Quest for Beauty,1985)、《神话的呼唤》(The Cry for Myth,1991)等书。由于这些成就,他被誉为"美国存在心理学之父"。在学术生涯中,他担任过美国心理健康理事会理事、心理治疗与咨询联合会主席、高等教育全国宗教委员会委员和纽约心理学会会长等职

(Reeves，1977，p.263)，并获得过纽约临床心理学会颁发的马丁·路德·金(Martin Luther King)奖，以及美国心理学会授予的金质奖章。

1969年，他与第一任妻子德弗里斯(Florence DeFrees)离婚，结束了长达30多年的婚姻，1971年与肖勒(Ingrid Scholl)结婚，但这段婚姻也以离婚告终，此后他与一位荣格主义精神分析学家米勒(Georgia Lee Miller)结婚。1994年10月22日，在忍受了两年的病痛折磨之后，他在加利福尼亚州的家中逝世。

19.2　存在主义的思想背景

现代存在主义在西方的流行起源于丹麦哲学家克尔恺郭尔，他试图理解人类本性，但反对黑格尔(Georg W. F. Hegel)通过抽象思维和逻辑推理来认识本体(May，1973，p.263)。克尔恺郭尔既反对把人看作客体，也反对把人的主观观念看作认识世界的唯一途径，他试图从人的存在这个基本现实出发来理解人，探索人类存在的本质成为存在主义的核心问题。克尔恺郭尔42岁就去世了，但他的观点对后来的学者产生了重大影响。克尔恺郭尔去世后，两位德国哲学家尼采(Friedrich Nietzsche)和海德格尔(Martin Heidegger)使存在主义哲学在20世纪广为流行，海德格尔在1926年出版的《存在与时间》(Being and Time)一书中，首次提出"存在主义"这个术语，促使存在主义理论系统化、明确化。后来，萨特(Jean-Paul Sartre)、梅洛-庞蒂(Maurice Merleau-Ponty)、加缪(Albert Camus)等人通过文学创作进行宣传，进一步扩大了存在主义的影响。总体来看，虽然他们解释存在主义的方式各不相同，但都具有一些共同点。

首先，存在主义者认为存在(existence)先于本质(essence)。西方传统的形而上学一般给"本质"赋予了普遍的、抽象的和形式的特征，而且一般认为从时间上来说，本质先于存在，他们倾向于从本质的角度来理解一切，包括人。但是，存在主义者认为"本质先于存在"并不适用于人，人的存在先于本质。萨特在《存在主义是一种人道主义》(*Existentialism is a Humanism*)中写道:"人首先是存在,与自己相遇,在这个世界上崛起,然后才规定他自己。"意思就是说,人必须先存在,然后才创造他自己。

其次,存在主义反对把主体和客体分开的观点,以及西方科学界把人视为客体的思维方式。存在主义者认为,科学研究必须结合人类自身的经验,一切事物与现象都只在人类感知到它们的时候才真正存在。存在主义者认为,西方科学在对人类行为的研究中采取的价值中立的态度是不正确的。存在主义者认为,我们首先是人,科学研究应该建立在这一基本事实之上,从而将我们的内部经验世界引入科学研究。但这并不意味着,他们不重视主观与客观的平衡,他们也强调在注重主观经验的同时,对问题进行尽可能客观的研究。总体来说,存在主义者认为,应该使科学的研究方法适应有意义的人类现实问题,而不是将研究问题局限于物理学和生理学的方法论(Van Kamm,1969,p. 26)。

再次,存在主义者重视人的自由选择,把"自由意志"作为理解人类功能和发展的核心概念。海德格尔在其著作《存在与时间》中用大量篇幅描述了各种不同的自由,譬如真实性选择的自由、存在与愧疚的自由、良心的自由、关怀的自由、死亡的自由、可能性选择的自由、为自由而自由等。作为人类,就意味着行使我们的自由意志,思考生活的目标并作出决定,从而促进自我发展和自我实现。正是这种能够为自身作出选择的自由给予我们一种意义感,并使我们体会到生命的尊严和价值。

最后,所有的存在主义者都把人类自身作为存在分析的核心,他们强调人对存在价值的关注,对生命意义的追问,即探求人类存在的基本问题:我是谁?生命是否具有意义?生命有度过的价值吗?我该如何实现自身的潜能?如何成为一个独立的个体?

存在主义思想对罗洛·梅产生了很大的影响,但是不同于哲学家的思辨探讨,他更加关注人的存在的心理层面的问题,形成了关于存在的本质及核心的思想体系。

19.3　罗洛·梅的存在分析观

罗洛·梅认为,存在主义者对"存在"(being)这一概念的运用不恰当,因为它将存在表征为一种静止不变的过程。他认为"becoming"更能体现人的存在的特征,存在是人实现自己的潜能,成为真正的自己的过程,在这个过程中人自身就是促使变化发生的源泉。存在并不是自动发生的,也不是静止不动的,而是人面对生活中的问题以实现自身潜能的不断斗争的过程。

罗洛·梅关于人类存在的核心观点是"存在感",即人对自身存在的经验。这种自我意识使人的存在区别于其他动物,获得一种独特的存在感。人要成为他自己,首先就要意识到自己的存在并为它负责,在存在和非存在之间不断作出选择。这种存在意识使人的各种经验得以连贯和整合,将人与自身、人与自然、人与社会联结起来。人越是清晰地意识到自己的存在,越是深刻地意识到自己的潜能,就越能够具有创造性地作出决定并承担起对自己的责任,实现自己的目标(May,1953,pp. 94-104)。然而,如果一个人认识不到自身存在的价值,丧失了存在感,他就可能放弃自由意志,听从他人,不能自由地决定和选择自己的未来,甚至导致心理疾病。

人存在于世界之中,和世界构成一个整体,在不断的发展和变化中实现自己,这体现着存在的本质——存在于世(being in the world)。其中,人存在于世界之中表现为三种方式。(1)存在于物质世界(Umwelt)之中。这是指人在自然的生物环境中生存,维持生物性的存在和需求的满足,它为世间万物所共有,即便没有人类,这个世界依然会存在。(2)存在于人际世界(Mitwelt)之中。人际世界是指人与周围其他人构成的关系世界,包含我们与他人分享的事物的意义,因此在人际世界中,人们不仅关注满足生物性的需求,而且会在交往中增进了解并相互影响,主动参与到社会的发展当中。(3)存在于自我世界(Eigenwelt)之中。自我世界是人自己的世界,是人类特有的意识世界。在这个世界中,人与自身相处,主要关注人的自我意识和自我关系,是人感受世界和理解世界的基础。

罗洛·梅认为,人同时存在于这三个世界之中,任何对个体人格的完整理解都要基于对这三种存在方式的共同考察(May,1983,pp.126-132),在不分裂人性的基础上研究人格问题。

19.4 人格结构

从罗洛·梅的存在分析观可以看出,他认为人格是一个整体的结构,人格研究应该对个体的内在经验进行全面的考察。要想正确认识人格的真相,揭示人的存在的本质特征,就要系统地考虑人与环境及人与自身的关系,将人的内在经验完整地描述出来。由此,罗洛·梅分析了人格结构,提出人格的几个重要组成部分:自我中心性、自我肯定、参与、觉知和自我意识、焦虑。下面从这几个方面阐述罗洛·梅的存在主义心理学的人格结构。

19.4.1 自我中心性

自我中心性(self-centeredness)是指人以独特的自我为核心,强调个体在本质上是一个与众不同的独特存在。罗洛·梅认为,每个人都是独一无二的,都是一个不同于别人的独特存在,自我就处于这个存在的中心地位。人的存在需要保持这种自我中心,将自我与环境及他人区分开来,从而确认自我存在的独特性。自我存在的独特性对于个体的心理健康具有重要意义,在个体形成自身独特的生活模式之前,必须先接受他的自我。在罗洛·梅看来,神经症的出现并不是因为人对环境适应不良,而是因为人为了保持自我的独特性,企图逃避现实的或幻想的外在环境的威胁,然而目的仍然是保持自我中心性。

19.4.2 自我肯定

自我肯定(self-confirmation)是指人保持自我中心性的勇气。人的自我中心性并不会自己生成和发展，人需要不断肯定自己、督促自己，促进自我的成熟，从而保持自我中心性。自我肯定是一种生存的勇气，它是一种内在的素质，是将自我与更多可能性联系起来的方式和渠道，帮助人成为真正的自己，实现自身的潜能。罗洛·梅认为，在现代社会，人们无法实现自身的潜能，并不是因为潜能受到禁锢，而是因为缺乏自我肯定的勇气，由于害怕被孤立而去顺从他人，从而失去未来的各种可能性。

19.4.3 参与

参与(participation)是指在保持自我核心的基础上参与到世界中去。在社会整合的过程中，人需要在保持自我核心完整的条件下，参与社会活动，开展人际交往，保持独立性和参与性平衡发展，通过与他人分享和沟通来共享外部世界。人存在于世界之中，就必然会以各种形式参与到与他人的互动之中。一方面，过分参与会导致与自我的疏离，现代人普遍存在空虚和孤独，在很大程度上就是因为顺从、依赖和参与过多，从而脱离了自我核心；另一方面，过分独立也会使人将自己束缚在狭小的自我世界中，缺乏正常的社会参与，阻碍人格的正常发展。

19.4.4 觉知和自我意识

人的自我意识(self-consciousness)来自觉知能力，觉知(awareness)是指人与世界接触时产生的直接感受，这种能力为人和动物所共有，但是只有人能将它转化为自我意识，自我意识必须基于觉知到的直接经验才能形成。相比于觉知，自我意识具有更加抽象和间接的性质，它是人类区别于动物的本质特征，能够使人类跳出自身的范围反省自己，而且超越具体的世界，生活在"可能"的世界之中。此外，它还可以使人拥有抽象观念和思维能力，能够使用言语和象征符号沟通。正是自我意识构成了人自由选择的基础，它使人能够看到自身和世界的多种可能，并从中作出选择。

19.4.5 焦虑

在罗洛·梅于 1950 年出版《焦虑的意义》(*The Meaning of Anxiety*)一书之前,大多数焦虑理论认为,精神病理学中的神经症就代表高焦虑。罗洛·梅悉心研究了弗洛伊德和克尔恺郭尔关于焦虑的论述,探讨了焦虑在人类存在中的地位和作用。罗洛·梅赞同弗洛伊德的焦虑主要来自个体内部冲突的理论观点,但是关于冲突的本质和来源,罗洛·梅有着不同于弗洛伊德的观点,在《焦虑的意义》一书中,他指出焦虑是个体在自身的存在受到威胁时产生的一种基本反应,而且潜在的焦虑是人类行为的动力机制之一。罗洛·梅的焦虑理论已不是纯粹心理学意义上的焦虑理论,而是哲学的、生物学的和社会文化上的焦虑理论。

焦虑的内涵

焦虑是罗洛·梅存在主义心理学理论的一个核心概念,他认为焦虑(anxiety)是指个体的存在或与存在相依存的价值观面临威胁时产生的痛苦的情绪体验。从这个定义中,我们可以看出罗洛·梅的理论中关于焦虑实质的三个要点。首先,焦虑是存在受到威胁的一种反应。受到威胁的可能是个体的生命,也可能是个体的职业、名誉和家庭。其次,焦虑是个体的基本价值受到威胁的一种反应。他写道:"人是有价值的动物,正是对这些价值的威胁引起了焦虑。我把焦虑定义为由于某一价值观受到威胁而产生的焦虑,个体把该价值观视为自我存在的基础。这种威胁可能针对自然生命力本身——死亡,也可能针对心理生命——丧失自由,还可能针对某种价值观,这种价值观与个体自我的存在相互认同。"(May, 1967, p.72)最后,焦虑是内部冲突的反应。罗洛·梅认为,导致焦虑的内部冲突是存在与非存在的冲突。当个体试图实现自身潜能时,他面临前进与倒退两种选择。前进可实现个体的潜能和存在,但这种做法会对个体当前的安全造成威胁。倒退虽然可以获得暂时的安全,却逃避责任,阻碍潜能的实现,走向了非存在。这两种选择都会引起焦虑

(May,1958,p.55)。

焦虑的分类

在界定本体论焦虑之后,罗洛·梅进一步把焦虑分为两类:正常焦虑与神经症焦虑。他认为正常焦虑是个体成长过程中的一部分,以人的存在本身为根源,个体在成长过程中必须不断挑战自己的存在,这种挑战必将引起焦虑。他写道:"在成长过程中,一个人把过去的价值观转化为更广泛的价值观,其中就必然会与过去的价值观产生冲突而陷入焦虑。正常焦虑会始终伴随人的成长,它意味着放弃眼前的安全而追求更广泛意义上的存在。"(May,1967,pp.80-81)

焦虑是正常的,但逃避正常焦虑会导致神经症焦虑。罗洛·梅认为,神经症焦虑是一种与威胁不相称的反应。当一个人出现成长危机,这个危机威胁他的价值观而无法成为正常焦虑时,就会出现神经症焦虑。例如,大多数人在第一次登台演讲时都会产生正常焦虑。这是因为我们体验到了新环境的威胁,如果我们能正确地面对这种威胁,就能成功地克服它,摆脱危机,变得更加自信。如果我们第一次演讲时不敢面对观众,感到害怕和压抑,或者为了逃避演讲而假装生病,这样的心态就会导致神经症焦虑的产生。

焦虑的意义

通过对焦虑进行分类,罗洛·梅认为心理治疗的目的并不是让人们摆脱所有焦虑,而是帮助人们克服神经症焦虑,更积极地面对正常焦虑。

在罗洛·梅的观念中,焦虑是不可避免的,个体要想实现自身的潜能与存在,就必然会遇到焦虑。从这个意义上看,焦虑是积极的,是存在的特征之一。既然不可避免,人们在面对焦虑时就不应该逃避,而应该以建设性的态度直面焦虑,把焦虑作为实现自我的存在过程中的一个积极经验。罗洛·梅指出,个体要有勇气积极地面对焦虑。要做到这一点,个体必须认识到,"在前进中获得的价值远远大于在逃避中获得的价值"(May,1950,p.229)。消极逃避只能使人放弃自己的自由和责任,勇敢面对焦虑才能使人在斗争中实现自己的价值。

个体应对焦虑的过程也突出体现了人的意识的作用。罗洛·梅在讨论人的存在时综合了意识与潜意识的相互作用,其中意识依然占据主导地位,他指出在实现自己潜能的过程中我们必然会产生焦虑,这种焦虑反过来又会限制我们的意识,此时个体往往会运用各种心理防御机制来与焦虑作斗争,在这个问题上,罗洛·梅基本赞同弗洛伊德提出的心理防御机制的作用。但是,人的现实存在主要是意识层面的,个体越能意识到自己的存在,就越具有建设性与创造性,就越能勇敢地面对困难和达成目标,克服焦虑的消极影响,实现自己的潜能。

在现代社会,由于文化的作用和社会环境的变化,人们的焦虑不断加剧。社会发展过度强调竞争和成就,这种对利益的过度追求造成人与人之间的敌意和仇恨,以及理性与非理性之间的对立,导致从众、孤独、疏离等心理现象。罗洛·梅认为,正是这种孤独感和空虚感使人们的焦虑不断加剧,而当人们试图通过奋斗和竞争克服焦虑时,焦虑反而会进一步加剧。而且,随着工业科技的不断发展和生活节奏的加快,当代社会中人与自然、人与自身,以及人与社会的关系遭到破坏也是焦虑加剧的原因之一。

因此,当前人们面临的挑战首先是要勇敢地面对现代生活的巨大变化,必须接受变化中可能发生的各种情况,并把焦虑作为一种建设性的情感。我们同焦虑作斗争的最终目的是找到个体的存在感,使个体能在自由、健康、有勇气和创造性的存在中找到存在的价值。

19.5 人格动力

人格结构各个部分的发展和整合是一个循序渐进的过程,而人格走向成熟的过程需要深层人格动力的推动。正如弗洛伊德提出力比多是人格发展的动力来源,罗洛·梅提出人的原始生命力(the daimonic)是促进人格成熟的动力之一,这种原始生命力超越善恶,只要正视这一生命动力,通过意识把它整合进人格之中,它就能成为巨大的推动力,促进人不断发现和实现自己的潜能。但是,不同于弗洛伊德认为超我需要压抑本能的观点，罗洛·梅认为压抑会带来更多敌意和自我否定，从而导致心理疾病。他主张正视并接纳人的原始生命力，通过爱与意志把它整合进人格之中，使它们发挥积极的作用，由此原始生命力与爱、意志相辅相成，不断推动人格的发展和成熟。此外，罗洛·梅的研究主要基于西方社会的状况，因此他认为宗教紧张感也是人格动力的一部分，人在宗教信仰中产生的道德紧张感也促使人不断完善自身，走向理想自我。

19.5.1 原始生命力

罗洛·梅关于原始生命力的观点隐含着弗洛伊德的本能学说的痕迹，他认为和本能一样，原始生命力也是人类生命中一种强大的自然功能，它能够让人完全置身于其力量的控制之下，而且会在不同个体身上体现出不同的驱动力量。然而，不同于弗洛伊德对人类本能的看法，罗洛·梅认为原始生命力不是趋乐避苦的，它既可以是创造性的，也可以是毁灭性的，在人的指引和疏导下，这种强大的力量可以转化成人格化的原始生命力，也就是说将它转化成一种爱的驱动力量，变成一个完整的动力系统，从而发挥人类经验中的基本原型功能，成为推动生命肯定自身、确证自身、维护自身、发展自身的内在动力。

原始生命力是一种自然的力量，它超越人的自我，并控制人自身，和宇宙一样是一种本初的力量，主要通过性与爱、愤怒与激昂、对强力的渴望等形式表达出来，对生命具有统摄性的作用。在古希腊，"daimon"（原始生命力、精灵、魔鬼）一词与"thoes"（神灵、上帝）是可以互换的词汇，由此可见原始生命力不仅能够主宰个人，而且能够从心理上支配个人，使人丧失理智。

这种原始生命力最初的表现形态是"非人格化的力量"，如果要使它发挥积极的作用，就必须通过意识对它进行整合。罗洛·梅曾经用一个恰当的比喻阐明这种关系："原始生命力如同河流中的水，意识则是将水流导向某一特定方向的河岸，河水（原始生命力）越汹涌澎湃，河岸（意识）越坚固，两者冲击形成的浪花就越动人。"可见，原始生命力必须通过意识的控制和引导，才能在生命中发挥积极的作用，激发个体的力量和创造性。

罗洛·梅认为,原始生命力作为一种持续存在的内部力量,可以使个体借助爱的形式来增强自身生命的价值,是用于创造和产生文明的一种内驱力。他在《爱与意志》一书中写道,"原始生命力中蕴藏着我们的生气和我们向爱欲开放自身的能力",将原始生命力视为爱的不竭源泉,认为如果一味地逃避和压抑原始生命力,就会使人丧失爱的能力,走向冷漠。

罗洛·梅认为,人的心灵是善与恶一体的,原始生命力也具有两重性。把原始生命力引到建设性方向上的办法有两个,一是与其他人对话,二是自我批判。如果原始生命力处于无个性状态,它就会诉诸集体的非理性行为;如果个体敢于正视自身存在的原始生命力,把它整合到人格结构之中,它就可以成为建设性的力量。正是在这一意义上,罗洛·梅认为人是善恶兼具的,这也是他与其他人本主义心理学家的最大分歧。他曾明确指出自己与马斯洛和罗杰斯之间的分歧(郭永玉,2003)。

19.5.2 爱与意志

罗洛·梅把爱定义为"把他人的喜悦及价值当作自己的来接受"(May, 1953, p.206),爱意味着关心,它要求我们认识到他人的本性所在,并对他人的发展予以积极关注。没有关心就不会有爱,有的只是空洞的情感和短暂的性关系。因此,在罗洛·梅的观念中,关心虽然不等同于爱,却是爱的源泉之一。

后来,罗洛·梅把爱总结为人存在于世的一种结构,它使人实现与自身及重要他人的统一,更加深刻地感受到自己的价值,确认自己的存在。现代人最容易犯的错误就是把爱和性相混淆。罗洛·梅认为,爱的范畴明显要大于性,性只是爱的一种形式。在《爱与意志》一书中,他把西方传统中的爱分为四类:性(sex)、性爱(eros)、友爱(philia)和博爱(agape)。

性是指生理性的爱,是我们的一种生物驱力,它可以通过性交流和其他一些性紧张的释放而得到满足。在现代社会,性还是保持着生殖的力量,驱动种族的延续,它是人类最强烈的快乐和最深刻的焦虑的根源(May,1969,p.38)。罗洛·梅相信,在古代性爱同吃饭、睡觉一样是一件很正常的事情,但到了现代社会性爱则成了一个问题。在维多利亚时代,人们普遍对性持否定态度,性不是有教养的人士谈论的话题。20世纪20年代后,人们开始反抗这种性压抑,性忽然变得公开了。罗洛·梅指出,我们的社会已从拥有性就会感到罪疚和焦虑的时代,转向没有性就会感到罪疚和焦虑的时代。

在美国社会,性常与性爱相混淆。性是生理的需要,而性爱是一种心理的欲望,指代人的爱欲,它通过与一个所爱的人保持长久的合一关系而进行繁殖与创造。性爱是指人们希望建立长久的合一关系,而性只是希望获得快乐的体验。罗洛·梅写道:"性爱寻求与爱人进行愉快和有激情的结合,它能拓展和深化两个人的存在状态……正是这种渴望与爱人结合的欲望,使人类有了温情。性爱产生的是一种分享,这是一种新的格式塔,一种新的存在状态,一个新的磁场。"(May,1969,pp.74-75)

性爱虽是在性的基础上产生的爱欲,但它也建立在友爱的基础上。所谓友爱,它源于亚里士多德,是指两个人之间亲密但无性关系的友谊。友爱并不会突然产生,它需要花时间去培养,它是兄弟般或老友般的缓慢的情感。罗洛·梅写道:"友爱是面对喜爱的人时的一种放松,它是指人们喜欢和另一个人在一起,喜欢这个人走路和说话的节奏,喜欢这个人的完整存在。这为友爱的产生提供了一块宽阔的地方,给它留出了成长的时间。友爱并不要求我们为喜爱的人做任何事情,而只是接受他们,使他们感到高兴,这就是友谊。"(May,1969,p.317)

就像性爱建立在友爱的基础上,友爱则建立在博爱的基础上。罗洛·梅把博爱定义为,"对他人的尊重,对他人幸福的关注,它超越了任何索取,它是无私的爱,是上帝对人类的爱"(May,1969,p.319)。博爱是一种利他主义的爱,是一种精神的爱,它不依赖他人的任何行为和特征,从这个意义上讲,它类似于罗杰斯的无条件积极关注。

罗洛·梅认为,健康的成人关系应建立在这四种爱的结合之上。它基于性的满足,希望保持长久的合一关系,获得真诚的友谊,并无私地关注他人的幸福。但遗憾的是,获得这种健康的爱相当困难。它需要自我肯定,需要温情,对他人加以肯定,放弃过度竞争,为了喜爱的人的利益而自我克制,并要有仁慈和宽恕的美德。

在《爱与意志》一书中,罗洛·梅把意志定义为"组织个体自我的能力,它可以使个体朝着某一目标和方向前进"(May,1969,p.230)。罗洛·梅认为,个体的意志不是飘忽不定的幻觉,而是一个在时空上与世界息息相关的具体而又有结构的反应。正是在意向性和意志中,在追寻意义的人类倾向中,个体才能体验到他的同一性和自由,感受到他的存在。

罗洛·梅认为,在现代社会,爱与意志已分裂。人们将爱与肉欲和性联系起来,而意志在人们眼中则意味着顽固的坚持,人们不能理解爱与意志的真实意义。为何爱与意志会分裂?罗洛·梅提出了一个生物学上的解释。当婴儿来到这个世界上时,他与宇宙万物(Umwelt)、外部环境(Mitwelt),主要是母亲以及自己(Eigenwelt)是浑然一体的。他不需要自我意识的努力就能满足自己的需要,因为母亲的奶水就能满足他的一切。后来,当意志得到发展时,他便不满足于早期婴儿的存在方式,进而拒绝这种存在方式。这种拒绝不仅是他反抗父母的标志,而且是他积极肯定自己的标志。然而,不幸的是,人们常常把这种拒绝看作是消极的,因而抑制了孩子的自我肯定,结果导致孩子将意志从使他们得到满足的爱中分离出来。因此,整合爱与意志,并使它们重新融为一体,是当今极为重要的任务。

19.5.3 宗教紧张感

宗教紧张感(the sense of religious tension)是存在于人格发展中的一种紧张或不平衡状态,罗洛·梅认为人类的发展是一个不断追求完美的过程,这种紧张感根植于人类的本性,是人格发展的动力之一。在罗洛·梅之前,心理学家大多主张个体内部紧张感的消除是人格健全的标志,心理治疗也通常以实现个体心理的平衡和统合,消除紧张感为目的。但是,罗洛·梅并不认为消除个体的内部冲突和紧张感可以作为心理治疗的理想目标,正如焦虑伴随人的一生,罗洛·梅认为人格的最终平衡是不可能实现的,人格是一个动态发展的过程,发展健康人格所需的并不是彻底消除紧张感,而是以这种内部紧张的不平衡状态为动力,把破坏性的心理冲突转变为建设性的心理冲突。

作为社会文化的重要组成部分,宗教可以使人获得人生的最高价值和生命的意义,由此产生的宗教紧张感也增强了人的道德意识。当人意识到自己和理想自我的差距时,就会产生宗教紧张感,其中最明显的表现是人不断地表现出内疚和焦虑,罗洛·梅认为每个人都不可避免地会体验到内疚和焦虑,因为每个人在"想要做什么"和"实际做什么"之间都存在一条鸿沟,正是这两者之间的差距形成了内疚和焦虑的根源,这种心理紧张能够督促个体不断完善自己,提升人的自由意志,鼓励个体承担自身的责任,由此推动人格的发展。

以上罗洛·梅关于人格动力的理论体现了个体内部的原生力量与外部世界对人格发展的共同作用,它们并不是相互独立的,而是相互联系组成了人格动力的基本图像,并构成了存在分析疗法的理论基础。作为个体自身一种内在的发展力量,原始生命力可以将积极的建设性意义整合到个人意志当中,成为爱与意志力量的不竭源泉,正是在发挥个人意志时,个体才能体验到同一性和自由,更加深刻地感受到自身的存在以及与自己的联结。当个体意识到现实与理想之间的鸿沟,以及自身的不足时,爱与意志的作用使个体能够更好地将这种紧张感转化为建设性的力量,从而努力发展自己的潜能,促进人格的发展和完善。

19.6 人格发展

罗洛·梅虽然是一名心理治疗学家,但他一直认为许多心理疾病都与人格有关。他对人格的理解有其自身的特点,例如他认为人格是动态多变的;促进人格变化的因素是紧张;进行内部适应是解决人格问题的关键,遗传和环境因素并不能最终解决人格问题。他根据存在心理治疗的观点,以自我意识为线索,通过个体摆脱依赖、逐渐分化的程度不同,将人格发展分为四个阶段。

罗洛·梅对人格发展阶段的探讨集中于个体与父母或其他有密切关系的人的生理或心理联系。他论述了个体对母亲的身体依赖关系,因为人在胎儿期通过母亲的脐带获得营养,虽然出生后个体与母亲的这种联系被切断了,但个体对母亲的依赖依然存在。罗洛·梅认为,正是这种生理和心理的依赖影响了个体独立性和创造性的发展,也影响了个体人格的发展。罗洛·梅认为,这是个主要问题,处理这个问题的方式在很大程度上决定个体的人格能否走向成熟。个体必须为自己的行为负责,而且需要自主作出决定。因此,"一方面人们需要努力增强自我意识、成熟、自由和责任,另一方面人们倾向于像孩子一样依赖父母或者父母的替代者,这种冲突存在于每个人身上"(May,1953,p.193)。

人格发展的第一个阶段是婴儿时期,两三岁前的儿童基本属于这个阶段,此时个体还没有自我意识,个体的各种潜能也尚未发掘出来。人的自我意识处于萌芽时期,主要在本能的驱使下满足自身的需要。但这一时期对个体以后的人格发展十分重要,它奠定了将来儿童人格发展的基础。如果处于这一阶段的儿童过分依赖父母,那么将来很难发展出独立性和创造性的人格。

人格发展的第二个阶段是反叛阶段,个体开始寻求发展自身内在的力量,这个阶段一般出现在两三岁并一直维持到未成年期,在这个阶段个体主要通过与世界对抗来发展自我和自我意识,竭力获得自由以确立反叛是意识发展的重要一步,但要注意不能将它与自由相混淆,因为这种反叛夹杂着挑战和敌意,个体还并未完全理解与自由相伴随的责任。此外,在这个阶段个体其实并未完全脱离对外界尤其是父母的依赖,因此常常处于独立和依赖的矛盾当中,如何正确处理这种冲突,是这一阶段的重要任务之一。反叛是拒绝父母和社会规则的反抗行为,这种行为是自动的、稳定的、反应性的。真正的自由则与之相反,它包括"开放性、成长的准备……意味着灵活性,准备寻找人类更大的价值"(May,1953,p.159)。

人格发展的第三个阶段是一般的自我意识阶段。这个阶段在时间上与第二个阶段有穿插,它出现在婴儿期并持续到青少年后期。在这个阶段,个体有能力理解自己的错误,认识自己的偏见,以及从错误中吸取教训,产生内疚和焦虑并为自己的行为负责。许多人认为在自我意识阶段,个体获得成熟和健康的存在感。但罗洛·梅认为,在这一阶段,个体的自我意识只是处于一般发展水平,这种自我意识状态不是真正意义上的存在,也不意味着人格的成熟和健康,而大多数人正是处于这一阶段。

人格发展的第四个阶段是创造性的自我意识阶段。个体到达这一阶段才真正意味着人格的成熟。在这个阶段,个体能够接受自己的命运,有勇气面对人生的挑战,个体的意识能够超越各种限制,而且能够体验到没有被扭曲的真相,突破各种局限,达到人类最完善的存在状态。当我们体验到这一令人喜悦的时刻时,我们将获得成熟的自我意识,而且接近自我实现。面对自身的问题时,我们有能力作出选择,并能为我们的行为负责。我们不会被强权左右,不会被过去羁绊,不会原地兜圈,不会拘泥于别人的观点。我们不仅能意识到这些力量,而且有能力自由地选择是否依据它们而行动。"自我意识给了我们力量,使我们能脱离刺激—反应链的约束,并打破这个链索,用一种新的方式作出反应。"(May,1953,p.161)从罗洛·梅对这一阶段的描述可以发现,创造性的自我意识的概念与马斯洛的高峰体验之间的一致性。

19.7 存在心理治疗

20世纪,人们体验到的心理困境已不再是性的压抑,他们的心理问题主要表现为焦虑、失望、空虚、孤独,以及感到人生无价值、无意义。为了解决这些新的心理问题,罗洛·梅把重点集中于探索人生的意义,他以存在主义哲学为基础,从精神分析中吸取营养,从而形成了他独特的存在分析治疗。

罗洛·梅认为,治疗者的首要任务是使空虚和孤独的人通过拓展自己的意识和经验,更多地意识到自我和自我成长的潜能(May,1967,p.126)。为了实现这个目标,治疗者必须把患者看作一种存在,治疗者并不需要帮助患者认清现实,或者采取与现实相适应的行动。治疗者并不是从细节上分析患者的问题,而是关注过去经验和愿望此时如何影响患者,与患者一起发掘自己的内心世界,认清自我存在的结构与意义。"存在心理治疗的背景并不是以精神动力学或行为主义的视角看待患者,而是把患者看作能自由作出选择、承担义务,并朝着自己的目标行动的存在。"(May,1958,p.77)罗洛·梅认为,存在心理治疗的目的并不是让患者接受普遍存在的文化,而是让他们找到人生的意义,获得自由选择的能力,认识自我,肯定自我,最终成长为独一无二的存在(May,1958,p.87)。

存在心理治疗要求治疗者首先要了解患者的症状,并提供途径使患者进入他们生活中遇到的问题,检查、面对、澄清问题并改变他们对生活的理解。其次,治疗者要认识到患者存在的境况,从而使患者增强自由选择的能力并承担责任,认识到自己的潜能,采取行动改变现状。罗洛·梅反对将治疗看作一系列技术和方法,而是将治疗看作一系列态度和思想原则,由于过多的技术会妨碍对患者的理解,因此在治疗过程中要根据患者及治疗阶段的变化采取不同的方法。

罗洛·梅在《存在的发现》一书中,提供了一个真实的案例,以此来说明存在心理治疗的假设和原则。患者赫琴斯女士(Ms Hutchens)是一名30多岁的妇女,家住郊区。她患有喉部癔病紧张症,症状表现为说话声音沙哑,不能正常发音。

罗洛·梅分析,赫琴斯女士感到当她向别人,尤其是向她的父母表达自己的观点时,常常受到否认,因此,她认定什么都不说最安全。罗洛·梅发现,她的心理问题与童年经验有关,在童年期她经常受到母亲和祖母的批评。为了保护自己免遭他人的严厉批评,赫琴斯女士最终患了喉部癔病紧张症。但罗洛·梅感到,对她的治疗最重要的不是作出这种解释，而是应该认识到她现在"存在于这间房子里"（May，1983，p.25）。罗洛·梅发现，和其他人一样，赫琴斯女士也是以自我为中心的，她试图用沙哑的声音说话来保护自身的存在。她过于控制自己的行为而且做每一件事之前都犹豫不决，这也是保护自己的一种方式。

在分析的过程中，赫琴斯女士讲述了自己的一个梦。她在机场旁的一个还未完工的楼房里寻找一个婴儿，找到这个婴儿后，她把婴儿包在自己的衣服里。这时，她的心里充满了焦虑，因为她担心这样会把孩子闷死的！但后来她高兴地发现，孩子还好好地活着。但随后，她产生了一个可怕的想法："我会杀死他吗？"

罗洛·梅分析时发现，这个梦中的机场是患者20岁时进行单人飞行训练的地方，那次的飞行训练使她摆脱了自己的父母。梦中的婴儿可看作是她的小儿子，由于她经常把儿子和自己相认同，因此实际上梦中的婴儿就是她自己，这个婴儿也可以看作是她发展过程中的意识的象征。在梦中，她想杀死这种自我意识。

罗洛·梅进一步分析了赫琴斯女士产生这种意识的原因。6年前，她脱离了父母信仰的宗教，加入了另一个教会，当然她没有把这件事情告诉她专制的父母。在治疗过程中，每当罗洛·梅和她谈起这个话题，她就会感到十分虚弱。她报告感到内心空虚，并需要在躺椅上休息几分钟。最后，她终于鼓起勇气写信告诉父母，她已经改变了宗教信仰，而且在信中声明要让她改变主意是不可能的。在完成这件事情之后，她的情况有了很大好转。在接下来的治疗中，她告诉罗洛·梅她又感到非常焦虑，不知道自己是否会得神经症。罗洛·梅安慰她说，这种结果是极不可能发生的。罗洛·梅分析认为，她感到虚弱和焦虑是因为她企图扑灭浮现在脑海中的杀人意识。她正在努力接受对母亲的痛恨，以及母亲对她的痛恨，力求从母亲的支配下解脱出来，并学会为自己的行动和选择负责，即便这种行动和选择并不是每次都能得到最好的结果。总之，她正在正视自己的存在，积极面对所处的环境，这使她更可能获得自我独立、积极成长和健康的生活方式。

19.8 理论评价

在长达 50 年的学术生涯中，罗洛·梅一直是存在主义心理学在美国的代言人。作为一名心理治疗学家，他从临床经验的视角寻找人类存在的意义，认为人应该对自己的行为和未来负责，而现在的人正是由于缺乏面对自己命运的勇气，因此放弃了自由。在罗洛·梅的眼中，一个健康的人应该能挑战自己的命运，珍惜他的自由，与他人或自己真实地相处，能认识到死亡的必然性，并充满勇气地生活于现在。

首先，罗洛·梅的贡献在于他在美国创建了存在主义心理学。存在主义哲学起源于欧洲，第二次世界大战期间，大量存在主义哲学家涌入美国，他吸收存在主义哲学和精神分析学派的思想，创建了他的存在分析心理学，并著述了大量理论著作。他把人生的意义、价值观、自由选择、潜能和责任等作为存在主义心理学的研究主题，探讨了焦虑、爱与意志、存在、权力、死亡等众多问题。他的存在主义心理学在人格心理学界、心理治疗学界均有重大影响。

其次，作为人本主义心理学的领军者，他推动了人本主义心理学的发展。20 世纪 50—60 年代正是美国人本主义蓬勃发展之时，此时他与罗杰斯、马斯洛一道被认为是人本主义心理学的主要创始者。罗洛·梅之所以与人本主义心理学家站在同一个阵营，原因有三：第一，他与人本主义心理学家一样，都把存在主义哲学和现象学作为自己的思想基础；第二，他与人本主义心理学家一样，都反对当时在心理学界占统治地位的行为主义和精神分析；第三，他与人本主义心理学家一样，都认为每个人均是独特的个体，有能力选择自己的成长。但由于罗洛·梅更倾向于存在主义，因此他与其他人本主义心理学家也有一些分歧，但这不仅不影响他对人本主义运动的贡献，反而是对其他人本主义心理学家的一种补充。

最后，相比于其他人本主义心理学家而言，罗洛·梅的理论更为全面。他的理论整合了心理学和存在主义的观点,提出了针对人的发展过程的详细的心理疗法,涉及面比罗杰斯和马斯洛的理论更为宽广。此外,他还综合了行为主义的一些假说,在早期的研究中,他曾试图利用学习理论和实验研究来增进人们对焦虑意义的理解。因此,他的理论体系比其他人本主义者的理论体系更为全面。

但是,罗洛·梅的存在主义心理学理论也不是完美无缺的,首先,它不是严格意义上的科学研究得出的结果,只是通过临床分析得出的描述性讨论,他的著作中只有极少的假设,他的理论也没有十分清晰的结构,这使得许多人批评他的学说不是心理学而是哲学。罗洛·梅所用的许多概念和术语都非常模糊,在不同的著作中往往有不同的意义,例如"存在""原始生命力""意向性""潜能""意志""命运""本体论罪疚"等。由于罗洛·梅的理论不能客观检验,因此他在许多心理学家面前似乎难以确立应有的地位,但实际上他的学说中有许多积极、有趣的观点,引发了很多人的关注和支持,但是他并没有为这些观点找到科学的依据,以至于他的一些能引发争论和改变人们科学观的观点都被忽略了。

其次,罗洛·梅在有争议的哲学基础上,还带有强烈的宗教色彩。他是受存在主义哲学影响最深的人本主义心理学家,而存在主义哲学以超出心物对立的人的存在为出发点,充斥着主观唯心主义思想,再加上他早期宗教神学教育的经历,因此他的学说从一开始就带有浓厚的宗教色彩。这就使得他把人的存在、自由、创造与社会、自然、科学相对立,并把社会、自然和科学看作扭曲人的存在的力量。他的学说受宗教影响很深,早期他甚至想从心理学的角度寻找上帝存在的证据。但在他后期的著作中,他狂热的宗教态度有所改变,对宗教的看法也回归理性,他认为健康的宗教能使人形成健康的态度,并使人相信人的存在是有意义的。

最后,在从理论转化为实际操作方面,罗洛·梅的理论显示出不足。虽然他对人格有敏锐的理解力,但他的观点过于哲学化而不是科学化,从而使得人们很难应用他的理论指导自己的行为。

20　小结与展望

人格理论体现了心理学家从不同角度或层面对人性及其差异所作的系统性描述和解释。在对这些理论进行了一番全面的了解后,读者很可能依然充满疑惑。究竟什么是人格?人格是如何形成的?人格是可以改变的吗?我们如何去改变人?为什么要去改变人?对于这些问题,我们的疑惑也许并不会因了解人格理论而有所减少。因为人格理论如此之多,理论之间的分歧如此之大,各自讲一套。这些理论的价值何在?一种观点认为,人格理论如此之多,可能表明学科不成熟,随着学科的发展,派别会逐步减少,逐步形成学科共同体的共识,即范式(paradigm)。也就是说,心理学(包括人格心理学)还处于科学的早期发展阶段,或前科学阶段,等到形成范式,就到达规范科学(normative science)阶段,到那时,心理学就是一门成熟的科学了。但这种观点有一个前提,即心理学与物理学具有同样的性质和发展逻辑,而这一前提恰恰是值得怀疑的。也许,心理学就其本性而言就是多学派的,多学派并存并不是不成熟的标志,反而是成熟的标志。人是如此复杂,人性是如此丰富,如果只有一种理论来解释,即便这种理论看起来很完善,也只能说明这个学科的贫乏。人对自身研究的价值不仅在于得出什么结论,更在于探索过程本身充满无限的可能性和巨大的挑战性,因而能给人带来智慧的乐趣(郭永玉,2007,pp.75-76)。

因此,这些理论各有其贡献,一种理论的作用是另一种理论所不可替代的。不同的人格理论侧重于探讨人格不同层面的问题,尽管它们也探讨同样的问题,但主要从不同的方向去寻求解决途径。未来也许会有更完整的理论，但这种理论的基础一定是现存的所有理论成就。本书的结尾将对人格理论的评价标准、人格理论分歧的维度，以及人格理论的未来走向三个问题进行一些讨论。显然，这种讨论不是提供任何结论，而是为进一步反思提供一些线索。

20.1 人格理论的评价标准

对于一个人格理论，我们应该如何评价它？有哪些评价标准？综合起来，这些评价标准主要包括广博性、简约性、准确性、内部一致性、可验证性、实证效度、实用性和激发价值（Hall & Lindzey，1978；Carducci，1998，p. 6；Ryckman，2003/2005，pp. 10 - 12；Cloninger，2009）。广博性、简约性和准确性是对理论外观的评价，当我们对这个理论从了解到熟知时，便能进行这几项判断；内部一致性、可验证性和实证效度是对理论的科学检验，看理论是否可信、有效；实用性和激发价值是对理论用于实践方面的考量。

广博性（comprehensiveness）。这是指一个理论涵盖的范围的广阔程度。一个好的人格理论应该尽可能地对人格作出详尽的解释，应该全面涵盖人格现象或者问题。比如，弗洛伊德的精神分析理论就完整包括了人格结构、人格动力和人格发展等诸多方面，表现出该理论的广博性。

简约性（parsimony）。这是指在其他条件等同的情况下，越简约的理论就越是好的理论。也就是说，在兼顾广博性的同时，用最简单的方式阐释人格的理论就是最好的理论。弗洛伊德的理论虽然广博，但并不简约，他创造了大量假设与构念来阐释他的理论。特质理论均符合简约性的标准，简明易懂，但在广博性上稍逊一筹。

准确性（precision）。这是指一个理论应该用清晰明确的方式来表述。用清晰明确的话语讲出自己的理论不仅方便理论的传播，而且方便理论家之间的交流。但并不是每一个理论都符合准确性的原则，比如荣格的理论则有些晦涩，他用了很多比喻、象征和充满神秘色彩的概念，且意义含混。

内部一致性(internal consistency)。这是指一个理论中的假设、原理、原则等涉及的命题之间应该彼此符合,而不应该相互矛盾。好的理论其基本思想应该是统一的,不应该有相互抵触的地方,若一个人格理论的内部一致性不高,那么这或多或少反映了理论家思想的不成熟。

可验证性(testability)。这是指一个理论应该能提供某些假设,而这些假设可以采用实证方法加以研究。可验证性与准确性关系密切,因为只有准确表达的理论,才能很容易将其概念操作化,然后进行科学验证。因此,可验证性也是实证效度的前提。

实证效度(empirical validity)。这是指一个理论包含的假设应该能被实证研究证实。这是科学评价理论的核心,一个理论不应该仅仅停留在理论家的思想中,没有经过实证研究的理论根基难稳,常常容易遭受怀疑。验证理论的实证效度也是这一理论的追随者必须完成的工作。建立在科学研究基础之上的理论才是好的理论。

实用性(utility)。这是指一个好的理论应该具有应用价值,能够为预测和控制行为、解决实际问题作出贡献。人格理论最典型的实用性便是将理论用于人格评鉴与心理治疗,可以说每位治疗家使用的方法都是基于某一人格理论,每种评鉴方法的发展也必然随着理论的更替而完成。

激发价值(heuristic value)。这是指一个好的理论应该能够促进后续研究,激发后续研究者的研究热情。好的理论需要在理解人格的基础上,对他人有一定启发,这也是对人格理论创造性和深度的评价。在这一点上,弗洛伊德的思想声名远播,不仅影响了心理学,而且影响了人文社会科学的诸多领域,对他的理论的热情直到当代也未消退,他的思想经过心理分析理论家的多次革新,仍然活跃在学术舞台上。

20.2　人格理论分歧的维度

依据科学哲学家库恩(Thomas S. Kuhn)的标准,人格心理学还没有公认的范式。由于研究对象人性及其差异的特殊性和复杂性,人格理论中必然包含人文学科的探讨,如天性与教养、自由意志与决定论、人性善恶等终极问题或形而上问题的假设和观点,这样我们就不难理解人格心理学家为什么会各执己见了。在社会科学和人文学科中,学派林立的现象司空见惯,重要的是我们要厘清问题的分歧所在以及分歧的实质。下面从耶勒和齐格勒(Hjelle & Ziegler, 1981, 1992)提出的九个方面分析这些使人格心理学家产生意见分歧的基本理论维度(黄希庭,2002, pp. 437 – 442;郭永玉,2005,pp. 589 – 593)。

自由意志(free will)与决定论(determinism)。自由意志是指个体能够支配自己的行为,不受外在因素的限制,按照自己的意志自主抉择。决定论是指任何事件都不是偶然发生的,是由这样或那样的已知或未知原因引起的,个体的行为莫不受到各种内在和外在因素的限制,如遗传、当前的环境、过去的经验等。自由意志与决定论维度反映一个人能有多大的内在自由以支配自己的行为,其行为又在多大程度上由意识以外的因素所决定。斯金纳和弗洛伊德都是较极端的决定论者,前者认为人就像一种自动装置,人的行为完全由自身受到的强化物所决定;后者则认为人是一种动力系统,由性本能和攻击本能,以及与本能欲望的压抑有关的早期经验所决定。相反,罗杰斯和马斯洛主张,人是自主的,能超越环境的影响。人是自己的探寻者,也是生活的创造者。显然,他们是典型的自由意志论者。凯利和班杜拉等人所持的观点则比较中立,认为人既有一定的自由,但也受到某些因素的制约,不是完全自由。

理性(rationality)与非理性(irrationality)。这一维度反映人的行为在多大程度上受理性的支配。理性的一端主张人能够用理性来指导行为,如罗杰斯认为人是理性的,凯利强调人像科学家那样,能够理智地预测和控制行为;马斯洛、班杜拉也都认为人是理性的。与理性相反的一端是非理性,如弗洛伊德认为,人在根本上受自身潜意识心理活动的支配,因而是非理性的。

整体论(holism)与元素论(elementalism)。整体论是指将人视为一个有组织的整体,并注重对整体机能的研究,元素论则主张把复杂的人格现象分解为彼此独立的元素逐一加以探讨。人本主义者和心理治疗家通常关注人的整体机能,如罗杰斯和马斯洛均主张人只能是完整的实体,对机体加以分析会使人成为抽象的、不真实的人。相对而言,特质论和社会认知论则更不重视人的整体机能,虽然有理论家提出动态的系统观,但仍被认为没有对人的整体机能给予足够的重视。研究者认为,整体论的意义在于,不仅强调各部分之间的相互影响,而且强调每个部分对于整体功能的贡献也应得到同样的重视。就对行为的作用而言,各部分处于同一起跑线,只是以不同的方式到达终点,因此各部分对于整体同样重要,这种观点非常有利于理解人格的复杂性。特质论则认为,某些部分总是比另一些部分更重要,因而更喜欢着眼于人格机能的特定方面。对一些持元素论的心理学家而言,所谓"整体""系统"之类的词是毫无意义的,他们认为,临床预测当然不如经过严格、精确的科学运算所得到的结果来得可靠。

体质论(constitutionalism)与环境论(environmentalism)。这一维度反映人格特征在多大程度上由先天的遗传素质决定,又在多大程度上是环境影响的结果。古希腊的四种体液学说、弗洛伊德的本我概念都属于体质论。环境论的代表人物是行为主义理论家华生和斯金纳,他们都认为环境塑造了人的行为。不过,目前已有的大量研究表明,遗传与环境同样重要且密不可分,因此大多数心理学家都承认,人格是两者相互作用的结果,再去争论谁更重要没有意义,遗传基因虽然限制了结果但并不能决定确切的结果。因此,重要的是去探索基因设定的限制和机遇,而不是继续在孰重孰轻问题上纠缠不休。

可变性(changeability)与不可变性(unchangeability)。在人的一生中,人格特质是否有可能发生根本的改变呢?如果可能,决定人格变化的因素究竟是什么?对此问题,不仅不同的人格理论观点各异,同一学派的不同心理学家也各执己见。罗杰斯等人主张,自我是不断发展变化的。弗洛伊德则认为,一个人的基本人格结构由早期经验决定,6岁以前的经验决定一个人的人格,在人的一生中,外显的行为可能会发生改变,但基本的人格结构是不变的。同为精神分析学派的埃里克森则认为，在人的一生中，人格始终是变化的，人生历程的八个发展阶段都有其特殊的心理社会危机，一个人如何处理、渡过这些危机，会影响下一个阶段的发展方向。当代大多数心理学家倾向于把人格视为可塑的或相对稳定的，但对于人格发展可能的边界条件、决定发展进程的因素，以及人格改变的过程，如人格的哪些方面能够改变、如何改变，我们并不了解。可变性与不可变性这一维度对心理治疗和教育尤其重要，一些心理学家对心理治疗和教育改变人格的可能性甚为乐观，另一些则不然。

主观性（subjectivity）与客观性（objectivity）。这一维度是行为主义学派与认知学派的分水岭，反映人的行为在多大程度上受主观经验的影响。行为主义者认为，人格就是刺激—反应之间的联结系统。人本论者如罗杰斯则认为，所有人都活在自己的主观世界中，决定人的行为的是人的主观体验，而不是客观物质世界；认知论者凯利也认为，个人的历程由他预期事件的方式决定。他们主张心理学应该研究人的主观经验，而斯金纳则主张只对行为进行严格的科学分析。

前动性（proactivity）与反应性（reactivity）。这一维度与动作产生的真实原因有关，即行为是由内部活动引起的，还是对外界刺激的一系列反应？前动性是指人的行为是主动的，源于人的内部活动而不是外部刺激，人本主义者和认知论者多处于该维度的前动性一端。行为主义者则处于反应性一端，主张人的内部活动并不产生行为，对人的研究就是探求刺激与反应之间的关系，因为刺激和反应都是外显的、可观察的。

均衡性（homeostasis）与不均衡性（heterostasis）。这一维度与行为的动力有关，即一个人的行为动力究竟是什么？是消除紧张以达到内部的平衡，还是不断成长、提高、追求自我实现（不平衡状态）？赫尔和米勒等人认为，人格特点是通过学习获得的，学习与强化和内驱力的关系有关。内驱力使人处于紧张和不平衡状态，强化可以消除或减弱内驱力，从而达到平衡。但新的内驱力又使机体失去平衡，于是有新的行为消除内驱力，从而重新达到平衡。这种理论认为，若没有平衡状态作为动机的基础，人格的发展就不可能实现，应该探求本能、内驱力的性质和降低张力过程中的各种心理机制。罗杰斯和马斯洛等人本主义者则强调个体内部的不平衡状态,认为人生远远不是寻求暂时的平衡,正是不平衡促进了潜能的发挥,人的本性是不断成长的,需要不断寻求新的刺激,成长是没有止境的。和缺乏性需要得到满足以后驱力就减弱不同,成长性需要没有得到满足时,越是去追求就越感到需要,正如越是求知就越觉得自己无知,因此自我实现的性质、方式等问题就成为人本主义心理学关注的问题。

可知性(knowability)与不可知性(unknowability)。这一维度反映人的本性或行为的规律是可以通过科学方法而被认识的,还是包括某些超越科学的、不能被人认识的方面。行为主义者主张,通过系统的观察和实验,可以揭示出人的行为规律,长期以来,他们通过严格的、科学的研究方法探索和验证这些规律。相反,人本论者则认为,人的经验是私人的,每个人都生活在不断变化的主观世界中,而人的主观经验不可能通过科学方法获得某种客观的、确定不变的规律而得到揭示。

珀文(Pervin,2002)梳理了人格理论中的争论和问题,指出这些争论和问题主要包括:(1)如何整合临床取向、相关取向和实验取向三种研究传统;(2)如何整合特质、动机和认知三种分析单元;(3)个人与情境的关系,或个体因素与情境因素的关系,或内控与外控的关系问题;(4)人格跨时间的连续性和跨情境的稳定性在多大程度上存在;(5)天性与教养,或遗传与环境如何交互作用;(6)共同人性与文化差异性的关系,如何整合当今的进化心理学与文化心理学;(7)自我问题;(8)潜意识问题;(9)心理治疗和教育可能带来的人格的变化与不变;(10)心理学与生物学的关系,或心身关系问题;(11)心理学家的个人因素与社会文化因素对人格理论的影响及其关系。

对以上所有问题仅作出一个简单的回答,如"人格是固定不变的"或"人格是可以改变的",显然不能令人满意。问题如此复杂,不可能只有一个简单的结论。人格心理学对这些问题的探索将会是长久的,甚至永远不会有最终的结论,但毫无疑问,随着学科的发展和成熟,我们对这些问题的认识会不断加深。

20.3　人格理论的未来走向

　　没有哪个单独的理论能告诉我们人格的真谛,我们必须合而观之以获得对人格的全面了解,至今这一领域仍然没有发展出一个统一的大理论框架来指导整个人格研究,尽管不断有人格心理学家作出这样的尝试。虽然至今为止的任何尝试都没有得到众人皆认可的结果,但尝试的背后是我们加深了对这一学科的理解。在这一学科的创立之初,理论的争鸣也许并不一定是坏事,这样热闹的场景甚至会加深读者对这一年轻学科的关注和思考。但当人格这一领域被研究了多年之后,仍然持续的争论对学科来说是好是坏、是悲是幸,我们难以评断。今天,我们甚至可以看见某些理论已经在走下坡路,而某些理论还欣欣向荣。许多学者放弃了建构大理论的想法,而转向某一特定研究专题,建构自己的小理论(mini-theory),这样的理论可以帮助我们了解某一心理现象和行为,但它们没有指导整个领域的野心,这种专注于自己领域的小理论的解释力很难涵盖整个人格心理学。

　　各种大理论之间的分歧真的不可调和吗？其实也不尽然,大理论往往固执地坚守自己某一偏执的信念,在我们将这一信念淡化之后,众人眼中的人格也许看起来便相似了很多。我们知道,特质论的信条是稳定而一贯的特质决定行为;生物学理论则认为行为倾向是生而形成的;行为主义则认为行为甚至不需要人格的存在,它就是简单地对情境作出反应;精神分析认为驱动行为的是潜意识;现象学理论关注发挥个人潜能的动力。当我们不那么偏执地看待这些信条时,再举一个例子从最后发展起来的社会认知理论来看人格:如果人格是一系列脚本(如果……那么……)的集合,那么每个脚本提示我们在什么样的情境下应该作出什么样的行为,"如果……那么……"这一脚本形式是不是看起来就像行为主义的"刺激……反应……"呢？如果我们将在某一情境下作出某种反应的"如果……那么……"脚本看作一个稳定的结构,那么这一结构是否就类似于特质论所描绘的特质呢？当然，在同样的情境下，个体并不总是作出相同的行为，那么在时间和精力有限的情况下，个体会按照脚本行动，但在个体审慎地思考时，脚本的力量也许便没有那么大了，从这个意义上看，"如果……那么……"脚本的概念是不是类似于精神分析的潜意识呢？我们所说的类似并不表示相同，只是从这些比较中，我们能够看到人格理论各流派之间的确有一定的共通之处，也的确有发展出一个统一的理论的可能。也许一个成熟的学科终究会有一个统摄整个领域的，至少在某个时期相对完备的理论，即被学科共同体公认的理论，抱着这样的信念，人格理论也许终有一天会汇成一脉。

参考文献

安秋玲. (2009). 自我同一性发展理论的不同取向及其演变关系. 心理科学, (6), 1511-1513.
车文博. (1992). 弗洛伊德主义论评. 长春: 吉林教育出版社.
陈仲庚, 张雨新. (1987). 人格心理学. 沈阳: 辽宁人民出版社.
黄坚厚. (2002). 人格心理学. 台北: 心理出版社.
黄希庭. (2002). 人格心理学. 杭州: 浙江教育出版社.
高玉祥. (2007). 个性心理学(第2版). 北京: 北京师范大学出版社.
郭本禹. (2013). 西方心理学史. 北京: 人民卫生出版社.
郭金山, 车文博. (2004). 大学生自我同一性状态与人格特征的相关研究. 心理发展与教育, (2), 51-55.
郭永玉. (1996). 霍妮的社会文化神经症理论及其历史地位. 中国临床心理学杂志, 4(2), 119-122.
郭永玉. (1999). 孤立无援的现代人——弗洛姆的人本精神分析. 武汉: 湖北教育出版社.
郭永玉. (2002). 精神的追寻——超个人心理学及其治疗理论研究. 武汉: 华中师范大学出版社.
郭永玉. (2007). 人格心理学: 人性及其差异的研究. 北京: 中国社会科学出版社.
郭永玉, 贺金波. (2011). 人格心理学. 北京: 高等教育出版社.
刘钝, 苏淳. (1988). 博学的绅士——弗兰西斯·高尔顿. 自然辩证法通讯, 10, 14.
王国芳, 吕英军. (2011). 客体关系理论的创建与发展: 克莱因和拜昂研究. 福州: 福建教育出版社.
王申连, 郭本禹. (2013). 人格行为遗传学研究的两类取向. 心理科学进展, 21(5), 827-836.
郗浩丽. (2006). 安娜·弗洛伊德对精神分析的贡献. 南京晓庄学院学报, (5), 51-56.

杨慧芳，王礼军．（2016）．安娜·弗洛伊德对自我心理学的贡献与局限．*心理研究*，*9*(6)，27‑32．

叶浩生．（2006）．*心理学通史*．北京：北京师范大学出版社．

尤瑾，郭永玉．（2007）．"大五"与五因素模型：两种不同的人格结构．*心理科学进展*，*15*(1)，122‑128．

袁方．（1997）．*社会研究方法教程*．北京：北京大学出版社．

张厚粲．（2003）．*行为主义心理学*．杭州：浙江教育出版社．

Burger，J. M．（2004）．*人格心理学*（第6版）（陈会昌，等译）．北京：中国轻工业出版社．

Burger，J. M．（2011）．*人格心理学*（第7版）（陈会昌，等译）．北京：中国轻工业出版社．

Hergenhahn，B. R．（1988）．*人格心理学*（何瑾，冯增俊，译）．海口：海南人民出版社．

Olson，M. H．，& Hergenhahn，B. R．（2018）．*人格心理学入门*（第8版）（陈会昌，苏玲，译）．北京：中国人民大学出版社．

Ryckman，R. M．（2003/2005）．*人格理论*（高峰强，等译）．西安：陕西师范大学出版社．

Watson，J. B．（2010）．*行为主义讲演录*（艾其来，译）．北京：现代出版社．

Adams-Webber，J. R．（1979）．*Personal construct theory: Concepts and applications*．John Wiley & Sons.

Adler，A．（1930）．*The pattern of life*．New York，NY：Cosmopolitan Book Corporation.

Adler，A．（1956）．Understanding life. In H. L. Ansbacher & R. R. Ansbacher（Eds.），*The individual psychology of Alfred Adler: A systematic presentation in selections from his writings*．New York，NY：Harper Torch Books.

Adler，A．（1973）．On the origins of the striving for superiority and of social interest. In H. L. Ansbacher & R. R. Ansbacher（Eds.），*Superiority and social interest*（pp. 29‑40）．New York，NY：Viking.

Adolphs，R．，Tranel，D．，& Damasio，A. R．（1998）．The human amygdala in social judgment. *Nature*，*393*(6584)，470‑474.

Allen，J. J．，Iacono，W. G．，Depue，R. A．，& Arbisi，P．（1993）．Regional electroencephalographic asymmetries in bipolar seasonal affective disorder before and after exposure to bright light. *Biological Psychiatry*，*33*(8‑9)，642‑646.

Allport，G. W．（1937）．A definition of personality. In C. L. Cooper & L. A. Pervin（Eds.），*Personality: Critical conceptions in psychology*．London：Routledge Press.

Allport, G. W. (1937). *Personality: A psychological interpretation*. New York, NY: Henry Holt.

Allport, G. W. (1950). *The individual and his religion: A psychological interpretation*. New York, NY: Macmillan.

Allport, G. W. (1955). *Becoming: Basic considerations for a psychology of personality*. New Haven, CT: Yale University Press.

Allport, G. W. (1961). *Pattern and growth in personality*. New York, NY: Holt, Rinehart & Winston.

Allport, G. W. (1961). Traits revisited. In C. L. Cooper & L. A. Pervin (Eds.), *Personality: Critical conceptions in psychology*. London: Routledge Press.

Allport, G. W. (1965). *Letters from Jenny*. New York, NY: Harcourt, Brace & World.

Ardelt, M. (2000). Antecedent and effects of wisdom in old age. *Research on Aging, 22*, 360–394.

Arnett, P. A., & Newman, J. P. (2000). Gray's three-arousal model: An empirical investigation. *Personality and Individual Differences, 28*(6), 1171–1189.

Avila, C., & Parcet, M. A. (2001). Personality and inhibitory deficits in the stop-signal task: The mediating role of Gray's anxiety and impulsivity. *Personality and Individual Differences, 31*(6), 975–986.

Bandura, A. (1961). Psychotherapy as a learning process. *Psychological Bulletin, 58*, 143–159.

Bandura, A. (1971). *Social learning theory*. Morristown, NJ: General Learning Press.

Bandura, A. (1977). Self-efficacy: Toward a unifying theory of behavioral change. *Psychological Review, 84*(2), 191–215.

Bandura, A. (1978). The self system in reciprocal determinism. *American Psychologist, 33*(4), 344–358.

Bandura, A. (1986). *Social foundations of thought and action: A social cognitive theory*. Englewood Cliffs, NJ: Prentice-Hall.

Bandura, A. (1989). Human agency in social cognitive theory. *American Psychologist, 44*(9), 1175–1184.

Bandura, A. (1990). Selective activation and disengagement of moral control. *Journal of Social Issues, 46*, 27–46.

Bandura, A. (1997). *Self-efficacy: The exercise of control*. New York, NY: W. H. Freeman.

Bandura, A. (2006). Toward a psychology of human agency. *Perspectives on*

Psychological Science, 1(2), 164–180.

Bandura, A., & Barab, P. G. (1973). Processes governing disinhibitory effects through symbolic modeling. *Journal of Abnormal Psychology, 82*, 1–9.

Bandura, A., & Kupers, C. J. (1964). Transmission of patterns of self-reinforcement through modeling. *The Journal of Abnormal and Social Psychology, 69*(1), 1–9.

Bandura, A., & Menlove, F. L. (1968). Factors determining vicarious extinction through symbolic modeling. *Journal of Personality and Social Psychology, 8*, 99–108.

Bandura, A., & Walters, R. H. (1963). *Social learning and personality development*. New York, NY: Holt Rinehart and Winston.

Bandura, A., Adams, N. E., & Beyer, J. (1977). Cognitive processes mediating behavioral change. *Journal of Personality and Psychology, 35*, 125–139.

Bandura, A., Adams, N. E., Hardy, A. B., & Howells, G. N. (1980). Tests of the generality of self-efficacy theory. *Cognitive Therapy and Research, 4*, 39–66.

Bandura, A., Blanchard, E. B., & Ritter, B. (1969). Relative efficacy of desensitization and modeling approaches for inducing behavioral, affective, and attitudinal changes. *Journal of Personality and Social Psychology, 13*, 173–199.

Bandura, A., Jeffery, R. W., & Wright, C. L. (1974). Efficacy of participant modeling as a function of response induction aids. *Journal of Abnormal Psychology, 83*, 56–64.

Bandura, A., Ross, D., & Ross, S. A. (1963). Imitation of film-mediated aggressive models. *Journal of Abnormal and Social Psychology, 66*, 3–11.

Bartussek, D., Diedrich, O., Naumann, E., & Collet, W. (1993). Introversion-extraversion and event-related potential (ERP): A test of J. A. Gray's theory. *Personality and Individual Differences, 14*(4), 565–574.

Baumeister, R. F. (1999). On the interface between personality and social psychology. In L. A. Pervin & O. P. John (Eds.), *Handbook of personality: Theory and research* (2nd ed., pp. 367–377). New York, NY: Guilford.

Baumeister, R. F., Shapiro, J. P., & Tice, D. M. (1985). Two kinds of identity crisis. *Journal of Personality, 53*(3), 407–424.

Baumeister, R. F. (1986). *Identity: Cultural change and the struggle for self*. Oxford, United Kingdom: University Press.

Benjamin, J., Li, L., Patterson, C., Greenburg, B. D., Murphy, D. L., & Hamer, D. H. (1996). Population and familial association between the D4 dopamine receptor gene and measures of novelty seeking. *Nature Genetics, 12*, 81–84.

Berman, S., Ozkaragoz, T., Young, R. M., & Noble, E. P. (2002). D2 dopamine receptor gene polymorphism discriminates two kinds of novelty seeking. *Personality and Individual Differences, 33*(6), 867–882.

Bernard, H. S. (1981). Identity formation during late adolescence: A review of some empirical findings. *Adolescence, 16*(62), 349.

Berzonsky, M. D. (1993). A constructivist view of identity development: People as postpositivist self-theorists. In I. Kroger (Ed.), *Discussion on ego identity* (pp.169–203). Hillsdale, NJ: Lawrence Erlbaum Associates.

Berzonsky, M. D., Rice, K. G., & Neimeyer, G. J. (1990). Identity status and self-construct systems: Process X structure interactions. *Journal of Adolescence, 13*(3), 251–263.

Bialer, I. (1961). Conceptualization of success and failure in mentally retarded and normal children 1. *Journal of Personality, 29*(3), 303–320.

Bieri, J. (1955). Cognitive complexity-simplicity and predictive behavior. *The Journal of Abnormal and Social Psychology, 51*(2), 263–268.

Bloom, B. S. (1964). *Stability and change in human characteristics*. New York, NY: Wiley.

Blos, P. (1962). *On adolescence*. New York, NY: Free Press.

Bordages, J. W. (1989). Self-actualization and personal autonomy. *Psychological Reports, 64*, 1263–1266.

Borkenau, P. (1986). Systematic distortions in the recognition of trait information. In A. Angleitner, A. Furnham & G. Van Heck (Eds.), *Personality psychology in Europe: Current trends and controversies* (pp.177–191). Lisse, the Netherlands: Swets & Zeitlinger.

Bouchard, T. J. (1994). Genes, environment, and personality. *Science, 264* (5166), 1700–1701.

Bouchard, T. J., & McGue, M. (1990). Genetic and rearing environmental influences on adult personality: An analysis of adopted twins reared apart. *Journal of Personality, 58*(1), 263–292.

Bouchard, T. J., Lykken, D. T., McGue, M., & Segal, N. L. (1990). Sources of human psychological differences: The Minnesota Study of Twins Reared Apart. *Science, 250*(4978), 223–228.

Bourne, E. (1978). The state of research on ego identity: A review and appraisal. *Journal of Youth and Adolescence, 7*(3), 223-251.

Braungart, J. M., Plomin, R., DeFries, J. C., & Fulker, D. W. (1992). Genetic influence on tester-rated infant temperament as assessed by Bayley's Infant Behavior Record: Nonadoptive and adoptive siblings and twins. *Developmental Psychology, 28*(1), 40-47.

Bremner, J. D. (2005). *Brain imaging handbook*. New York, NY: W. W. Norton & Company.

Brocke, B. (2004). The multilevel approach in sensation seeking: Potentials and findings of a four level research program. In R. M. Stelmack (Ed.), *On the psychobiology of personality: Essays in Honor of Marvin Zuckerman* (pp. 267-293). Amsterdam: Elsevier.

Brocke, B., Beauducel, A., & Tasche, K. G. (1999). Biopsychological bases and behavioral correlates of sensation seeking: Contributions to a multilevel validation. *Personality and Individual Differences, 26*(6), 1103-1123.

Brothers, L. (1996). Brain mechanisms of social cognition. *Journal of Psychopharmacology, 10*(1), 2-8.

Brown, L. T., Ruder, V. G., Ruder, J. H., & Young, S. D. (1974). Stimulation seeking and the change seeker Index. *Journal of Consulting and Clinical Psychology, 42*(2), 311.

Bruner, J. (1956). You are your constructs. *Psyccritiques, 1*(12), 355-357.

Buchsbaum, M., & Stevens, S. (1971). Neural events and psychophysical law. *Science, 172*(3982), 502.

Bullock, W. A., & Gilliland, K. (1993). Eysenck's arousal theory of introversion-extraversion: A converging measures investigation. *Journal of Personality and Social Psychology, 64*(1), 113-123.

Burger, J. M. (2004). *Personality* (6th ed.). Belmont, CA: Wadsworth Publishing.

Burt, S. A., McGue, M., Iacono, W., Comings, D., & MacMurray, J. (2002). An examination of the association between DRD4 and DRD2 polymorphisms and personality traits. *Personality and Individual Differences, 33*(6), 849-859.

Buss, D. M. (1991). Evolutionary personality psychology. *Annual Review of Psychology, 42*(1), 459-491.

Buss, D. M. (1995). Evolutionary psychology: A new paradigm for psychological science. *Psychological Inquiry, 6*, 1-30.

Buss, D. M., & Schmitt, D. P. (1993). Sexual strategies theory: An evolutionary perspective on human mating. *Psychological Review, 100*(2), 204.

Cain, D. J. (1990). Fifty years of client-centered therapy and the person-centered approach. *Person-Centered Review, 5*(1), 3-7.

Campbell-Sills, L., Liverant, G. I., & Brown, T. A. (2004). Psychometric evaluation of the Behavioral Inhibition/Behavioral Activation Scales in a large sample of outpatients with anxiety and mood disorders. *Psychological Assessment, 16*(3), 244-254.

Canli, T., Zhao, Z., Desmond, J. E., Kang, E., Gross, J., & Gabrieli, J. D. E. (2001). An fMRI study of personality influences on brain reactivity to emotional stimuli. *Behavioral Neuroscience, 115*(1), 33-42.

Carducci, B. J. (1998). *The psychology of personality: Viewpoints, research, and applications*. Belmont, CA: Thomson Brooks/Cole Publishing Co.

Cartwright, D., & Peckar, H. (1993). Purposefulness: A fourth superfactor? *Personality and Individual Differences, 14*(4), 547-555.

Carvallo, M., & Gabriel, S. (2006). No man is an island: The need to belong and dismissing avoidant attachment style. *Personality and Social Psychology Bulletin, 32*, 697-709.

Carver, C. S. (2004). Negative affects deriving from the behavioral approach system. *Emotion, 4*(1), 3-22.

Carver, C. S., & White, T. L. (1994). Behavioral inhibition, behavioral activation, and affective responses to impending reward and punishment: The BIS/BAS Scales. *Journal of Personality and Social Psychology, 67*(2), 319-333.

Caspi, A., McClay, J., Moffitt, T. E., Mill, J., Martin, J., Craig, I. W., ... & Poulton, R. (2002). Role of genotype in the cycle of violence in maltreated children. *Science, 297*(5582), 851-854.

Caspi, A., Sugden, K., Moffitt, T. E., Taylor, A., Craig, I. W., Harrington, H., ... & Poulton, R. (2003). Influence of life stress on depression: Moderation by a polymorphism in the 5-HTT gene. *Science, 301*(5631), 386-389.

Cattell, J. M. (1897). Review of "The Average Contribution of Each Several Ancestor to the Total Heritage of the Offspring". *Psychological Review, 4*(6), 676-677.

Cattell, R. B., & Kline, P. (1977). *The scientific study of personality and motivation*. New York, NY: Academic Press.

Cattell, R. B. (1950). *Personality: A systematic theoretical and factual study*. New York, NY: McGraw-Hill.

Cattell, R. B. (1957). *Personality and motivation: Structure and measurement*. New York, NY: Harcourt, Brace & World.

Cattell, R. B. (1965). *The scientific analysis of personality*. Baltimore, MD: Penguin.

Cattell, R. B. (1973). *Personality and mood by questionnaire*. Oxford, United Kingdom: Jossey-Bass.

Cattell, R. B. (1974). *A history of psychology in autobiography*. Englewood Cliffs, NJ: Prentice-Hall.

Cattell, R. B. (1979). *Personality and learning theory:* Vol. 1. *The structure of personality in its environment*. New York, NY: Springer.

Cattell, R. B. (1982). *The inheritance of personality and ability*. New York, NY: Academic Press.

Cattell, R. B. (1984). The voyage of a laboratory, 1928–1984. *Multivariate Behavioral Research, 19*(2), 121–174.

Cervone, D., & Peake, P. K. (1986). Anchoring, efficacy, and action: The influence of judgmental heuristics on self-efficacy judgments and behavior. *Journal of Personality and Social Psychology, 50*(3), 492–501.

Cervone, D., & Pervin, L. A. (2008). *Personality theory and research* (10th ed.). John Wiley & Sons.

Christopher, J. C., Manaster, G. J., & Campbell, R. L. (2002). Peak experiences, social interest, and moral reasoning: An exploratory study. *Journal of Individual Psychology, 58*, 35–51.

Claridge, G. S., Donald, J. R., & Birchall, P. M. (1981). Drug tolerance and personality: Some implications for Eysenck's theory. *Personality and Individual Differences, 2*(2), 153–166.

Clark, L. A., & Watson, D. (2008). Temperament: An organizing paradigm for trait psychology. In O. P. John, R. W. Robins & L. A. Pervin (Eds.), *Handbook of personality: Theory and research* (3rd ed.) (pp. 265–286). New York, NY: Guilford Press.

Cloninger, C. R. (1987a). Neurogenetic adaptive mechanisms in alcoholism. *Science, 236*(4800), 410–416.

Cloninger, C. R. (1987b). A systematic method for clinical description and classification of personality variants: A proposal. *Archives of General Psychiatry, 44*(6), 573–588.

Cloninger, C. R., & Svrakic, D. M. (1997). Integrative psychobiological approach to psychiatric assessment and treatment. *Psychiatry: Interpersonal and Biological Processes, 60*(2), 120–141.

Cloninger, C. R., Sigvardsson, S., & Bohman, M. (1988). Childhood personality predicts alcohol abuse in young adults. *Alcoholism: Clinical and Experimental Research*, *12*(4), 494–505.

Cloninger, C. R., Svrakic, D. M., & Przybeck, T. R. (1993). A psychobiological model of temperament and character. *Archives of General Psychiatry*, *50*(12), 975–990.

Cloninger, S. (2009). Conceptual issues in personality theory. In P. J. Corr & G. Matthews (Eds.), *The Cambridge handbook of personality psychology* (pp. 3–26), Cambridge, UK: Cambridge University Press.

Cloninger, S. C. (2004). *Theories of personality: Understanding persons* (4th ed.). Englewood Cliffs, NJ: Prentice-Hall.

Coccaro, E. F., Siever, L. J., Klar, H. M., Maurer, G., Cochrane, K., Cooper, T. B., et al. (1989). Serotonergic studies in patients with affective and personality disorders: Correlates with suicidal and impulsive aggressive behavior. *Archives of General Psychiatry*, *46*(7), 587.

Coles, R. (1970). *Erik H. Erikson: The growth of his work*. Boston and Toronto: Little, Brown and Company.

Corr, P. J., Pickering, A. D., & Gray, J. A. (1997). Personality, punishment, and procedural learning: A test of J. A. Gray's anxiety theory. *Journal of Personality and Social Psychology*, *73*(2), 337–344.

Costa, P. T., Terracciano, A., & McCrae, R. R. (2001). Gender differences in personality traits across cultures: Robust and surprising findings. *Journal of Personality and Social Psychology*, *81*(2), 322–331.

Costa, P. T., & McCrae, R. R. (1988). Personality in adulthood: A six-year longitudinal study of self-reports and spouse ratings on the NEO Personality Inventory. *Journal of Personality and Social Psychology*, *54*(5), 853–863.

Costa, P. T., & McCrae, R. R. (1992). *NEO PI-R Professional Manual*. Odessa, FL: Psychological Assessment Resources.

Costa, P. T., & Widiger, T. A. (1994). Personality and personality disorders. *Journal of Abnormal Psychology*, *103*(1), 78–91.

Costa, P. T., & Widiger, T. A. (1994). *Personality disorders and the Five-Factor Model of personality*. Washington, DC: American Psychological Association.

Côtè, J. E. (1996). Sociological perspectives in identity formation: The culture-identity link and identity capital. *Journal of Adolescence*, *19*(5), 417.

Côtè, J. E. (1993). Foundations of a psychoanalytic social psychology: Neo-Eriksonian propositions regarding the relationship between psychic structure and cultural institutions. *Developmental Review, 13*, 31–53.

Côtè, J. E. (1997). An empirical test of the identity capital model. *Journal of Adolescence, 20*(5), 577–597.

Côtè, J. E., & Schwartz, S. J. (2002). Comparing psychological and sociological approaches to identity: Identity status, identity capital, and the individualization process. *Journal of Adolescence, 25*(6), 571–586.

Dabbs, J. M., & Morris, R. (1990). Testosterone, social class, and antisocial behavior in a sample of 4,462 men. *Psychological Science, 1*(3), 209–211.

Darwin, C. (1868). *The variation of animals and plants under domestication* (1st ed.). London: John Murray.

Davidson, R. J. (1993). Parsing affective space: Perspectives from neuropsychology and psychophysiology. *Neuropsychology, 7*(4), 464–475.

Davidson, R. J. (2003). Darwin and the neural bases of emotion and affective Style. In P. Ekman, J. J. Campos, R. J. Davidson & F. B. M. De Waal (Eds.), *Emotions inside out: 130 years after Darwin's: The expression of the emotions in man and animals* (pp. 316–336). New York, NY: New York University Press.

Davidson, R. J., Ekman, P., Frijda, N. H., Goldsmith, H. H., Kagan, J., Lazarus, R., et al. (1994). How are emotions distinguished from moods, temperament, and other related affective constructs? In P. Ekman & R. J. Davidson (Eds.), *The nature of emotion: Fundamental questions* (pp. 49–96). New York, NY: Oxford University Press.

Davidson, R. J., Ekman, P., Saron, C. D., Senulis, J. A., & Friesen, W. V. (1990). Approach-withdrawal and cerebral asymmetry: Emotional expression and brain physiology. I. *Journal of Personality and Social Psychology, 58*(2), 330–341.

DeCarvalho, R. J. (1991). *The founders of humanistic psychology*. New York, NY: Praeger.

Depue, R. A. (1995). Neurobiological factors in personality and depression. *European Journal of Personality, 9*(5), 413–439.

DeYoung, C. G. (2010). Mapping personality traits onto brain systems: BIS, BAS, FFFS and beyond. *European Journal of Personality, 24*(5), 404–422.

Digman, J. M. (1996). The curious history of the five-factor model. In J. S. Wiggins (Ed.), *The five-factor model of personality: Theoretical perspectives* (pp. 1–20). New York, NY: Guilford Press.

Dollard, J., & Miller, N. E. (1941). *Social learning and imitation*. New Haven: Yale University Press.

Dollard, J., & Miller, N. E. (1950). *Personality and psychotherapy: An analysis in terms of learning, thinking, and culture*. New York, NY: McGraw-Hill.

Dollard, J., Doob, L. W., Miller, N. E., Mowrer, O. H., & Sears, R. R. (1939). *Frustration and aggression*. New Haven, CT: Yale University Press.

Dominguez, M. M., & Carton, J. S. (1997). The relationship between self-actualization and parenting style. *Journal of Social Behavior and Personality, 12*(4), 1093.

Draper, P., & Harpending, H. (1982). Father absence and reproductive strategy: An evolutionary perspective. *Journal of Anthropological Research, 38*(3), 255–273.

DuCette, J., Wolk, S., & Soucar, E. (1972). Atypical patterns in locus of control and nonadaptive behavior. *Journal of Personality, 40*(2), 287–297.

Dunn, J., & Plomin, R. (1990). *Separate lives: Why siblings are so different*. New York, NY: Basic Books.

Eaves, L. J., Eysenck, H. J., & Martin, N. G. (1989). *Genes, culture and personality: An empirical approach*. San Diego, CA: Academic Press.

Ebstein, R. P., Segman, R., Benjamin, J., Osher, Y., Nemanov, L., & Belmaker, R. H. (1997). 5-HT2C (HTR2C) serotonin receptor gene polymorphism associated with the human personality trait of reward dependence: Interaction with dopamine D4 receptor (D4DR) and dopamine D3 receptor (D3DR) polymorphisms. *American Journal of Medical Genetics, 74*(1), 65–72.

Eisenberg, N., Spinrad, T. L., & Cumberland, A. (1998). The socialization of emotion: Reply to commentaries. *Psychological Inquiry, 9*(4), 317–333.

Enkson, E. H. (1953). Crowth and cnses of the "Healthy personality". In C. Kluckhohn & H. Murray (Eds.), *Personality in nature, society, and culture* (2nd ed.). New York, NY: Knopf.

Erikson, E. H. (1963). *Childhood and society* (2nd ed.). New York, NY: Norton.

Erikson, E. H. (1964). *Insight and responsibility*. New York, NY: Norton.

Erikson, E. H. (1968a). Identity and identity diffusion. In C. Gordon & K. J. Gergen (Eds.), *The self in social interaction* (pp. 197–205). New

York, NY: Wiley.

Erikson, E. H. (1968b). *Identity: Youth and crisis*. New York, NY: Norton.

Erikson, E. H. (1975). *Life history and historical moment*. New York, NY: Norton.

Evans, R. I. (1967). *Dialogue with Erik Erikson*. New York, NY: Harper & Row.

Ewen, R. B. (2009). *An introduction to theories of personality* (7th ed.). Psychology Press.

Eysenck, H., & Wilson, G. (1976). *Know your own personality*. Oxford, United Kingdom: Barnes & Noble.

Eysenck, H. J., & Eysenck, M. W. (1985). *Personality and individual differences: A natural science approach*. New York, NY: Plenum Press.

Eysenck, H. J. (1965). *Fact and fiction in psychology*. Baltimore: Penguin Books.

Eysenck, H. J. (1967). *The biological basis of personality*. Springfield, IL: Charles C Thomas.

Eysenck, H. J. (1970). *The structure of human personality* (3rd ed.). London: Methuen.

Eysenck, H. J. (1982). Development of a theory. In H. J. Eysenck (Ed.), *Personality, genetics, and behavior: Selected papers*. New York, NY: Praeger.

Eysenck, H. J. (1990). Biological dimensions of personality. In L. A. Pervin (Ed.), *Handbook of personality: Theory and research*. New York, NY: Guilford Press.

Eysenck, H. J., & Eysenck, M. W. (1985). *Personality and individual differences: A natural science approach*. New York, NY: Plenum.

Feist, J. (1990). *Study guide for theories of personality* (2nd ed.). Fort Worth, TX: Holt, Rinehart & Winston.

Feist, J., & Feist, G. J. (2002). *Theories of personality* (5th ed.). New York, NY: McGraw-Hill.

Feist, J., & Feist, G. J. (2006). *Theories of personality* (6th ed.). New York, NY: McGraw Hill.

Feist, J., & Feist, G. J. (2008). *Theories of personality* (7th ed.). New York, NY: McGraw-Hill.

Fiebert, M. S. (1997). In and out of Freud's shadow: A chronology of Adler's relationship with Freud. *Individual Psychology, 53*, 241–247.

Figueredo, A. J., Sefcek, J. A., Vasquez, G., Brumbach, B. H., King, J.

Fordham, F. (1966). *An introduction to Jung's psychology*. Middlesex, United Kingdom: Penguin Books.

Fox, N. A., & Davidson, R. J. (1987). Electroencephalogram asymmetry in response to the approach of a stranger and maternal separation in 10-month-old infants. *Developmental Psychology, 23*(2), 233-240.

Fox, N. A., Bell, M. A., & Jones, N. A. (1992). Individual differences in response to stress and cerebral asymmetry. *Developmental Neuropsychology, 8*(2-3), 161-184.

Fransella, F., & Dalton, P. (1990). *Personal construct counseling in action*. London: Sage Publications.

Freud, A. (1965). Normality and pathology in childhood: Assessment of development. In A. Freud (Ed.), *The Writings of Anna Freud* (Vol. 6). New York, NY: International Universities Press.

Freud, A. (1966). *The ego and the mechanisms of defense*. New York, NY: International Universities Press.

Freud, A. (1963). The concept of developmental lines. *Psychoanalytic Study of the Child, 18*(1), 245.

Freud, S. (1920). *Introductory lectures on psychoanalysis*. New York, NY: Norton.

Freud, S. (1923). *The ego and the id*. London, United Kingdom: Hogarth.

Freud, S. (1940). *An outline of psychoanalysis*. New York, NY: Norton.

Freud, S. (1958). *The interpretation of dreams*. New York, NY: Basic Books.

Freud, S. (1959). Some psychological consequences of the anatomical distinction between the sexes. In J. Strachey (Ed.), *The collected papers of Sigmund Freud* (Vol. 5, pp. 186-197). New York, NY: Basic Books.

Freud, S. (1961). *Letters of Sigmund Freud*. New York, NY: Basic Books.

Frith, U., & Frith, C. (2001). The biological basis of social interaction. *Current Directions in Psychological Science, 10*(5), 151-155.

Fromm, E. (1941/1965). *Escape from freedom*. New York, NY: Holt, Rinehart & Winston.

Fromm, E. (1973). *The anatomy of human destructiveness*. Holt, Rinehart & Winston.

Funder, D. C. (2007). *The personality puzzle* (4th ed.). New York, NY: W. W. Norton & Company.

Furtmuller, C. (1973). Alfred Adler: A biographical essay. In H. L. Ansbacher & R. R. Ansbacher (Eds.), *Superiority and social interest* (pp. 330 – 394). New York, NY: Viking.

Galton, F. (1865). Hereditary talent and character. *McMillan's Magazine, 12*, 10.

Galton, F. (1869). *Hereditary genius: An inquiry into its laws and consequences*. New York, NY: Meridian.

Galton, F. (1872). On blood relationship. *Proceedings of the Royal Society of London, 20*, 18.

Galton, F. (1973). *Inquiries into human faculty and its development* (2nd ed.). New York, NY: AMS Press.

Goldberg, L. R. (1981). Language and individual differences: The search for universals in personality lexicons. In L. Wheeler (Ed.), *Review of personality and social psychology* (Vol. 2, pp. 141 – 165). Beverly Hills, CA: Sage.

Goldberg, L. R. (1993). The structure of phenotypic personality traits. *American Psychologist, 48*, 26 – 34.

Goldman, D., Kohn, P. M., & Hunt, R. W. (1983). Sensation seeking, augmenting-reducing, and absolute auditory threshold: A strength-of-the-nervous-system perspective. *Journal of Personality and Social Psychology, 45*(2), 405 – 411.

Goldsmith, T. H. (1991). *The biological roots of human nature: Forging links between evolution and behavior*. New York, NY: Oxford University Press.

Gomez, A., & Gomez, R. (2002). Personality traits of the behavioural approach and inhibition systems: Associations with processing of emotional stimuli. *Personality and Individual Differences, 32*(8), 1299 – 1316.

Gomez, R., Cooper, A., & Gomez, A. (2000). Susceptibility to positive and negative mood states: Test of Eysenck's, Gray's and Newman's theories. *Personality and Individual Differences, 29*(2), 351 – 366.

Gray, J. A. (1987). *The psychology of fear and stress* (2nd ed.). New York, NY: Cambridge University Press.

Gray, J. R., Burgess, G. C., Schaefer, A., Yarkoni, T., Larsen, R. J., & Braver, T. S. (2005). Affective personality differences in neural processing efficiency confirmed using fMRI. *Cognitive, Affective & Behavioral Neuroscience, 5*(2), 182 – 190.

Graziano, W. G., Jensen-Campbell, L. A., & Sullivan-Logan, G. M.

(1998). Temperament, activity, and expectations for later personality development. *Journal of Personality and Social Psychology, 74*(5), 1266–1277.

Hall, C. S. , & Lindzey, G. (1978). *Theories of personality* (3rd ed.). New York, NY: John Wiley & Sons.

Hall, M. H. (1968). The humanistic view: A conversation with Abraham Maslow. *Psychology Today, 7*, 35–37.

Hamer, D. (1997). The search for personality genes: Adventures of a molecular biologist. *Current Directions in Psychological Science, 6*(4), 111–114.

Harmon-Jones, E. , & Allen, J. J. B. (1997). Behavioral activation sensitivity and resting frontal EEG asymmetry: Covariation of putative indicators related to risk for mood disorders. *Journal of Abnormal Psychology, 106*(1), 159–163.

Harris, J. R. (1995). Where is the child's environment? A group socialization theory of development. *Psychological Review, 102*(3), 458–489.

Hebb, D. O. (1955). Drives and the CNS (conceptual nervous system). *Psychological Review, 62*(4), 243.

Hegland, S. M. , & Galejs, I. (1983). Developmental aspects of locus of control in preschool children. *The Journal of Genetic Psychology, 143*(2), 229–239.

Heponiemi, T. , Keltikangas-Järvinen, L. , Puttonen, S. , & Ravaja, N. (2003). BIS/BAS sensitivity and self-rated affects during experimentally induced stress. *Personality and Individual Differences, 34*(6), 943–957.

Herbst, J. H. , Zonderman, A. B. , McCrae, R. R. , & Costa, P. T. (2000). Do the dimensions of the temperament and character inventory map a simple genetic architecture? Evidence from molecular genetics and factor analysis. *American Journal of Psychiatry, 157*(8), 1285–1290.

Hergenhahn, B. (1990). *An introduction to theories of personality* (3rd ed.). Englewood Cliffs, NJ: Prentice-Hall.

Hershberger, S. L. , Plomin, R. , & Pedersen, N. L. (1995). Traits and metatraits: Their reliability, stability, and shared genetic influence. *Journal of Personality and Social Psychology, 69*(4), 673–685.

Hill, K. , & Hurtado, A. M. (1996). *Ache life history.* New York, NY: Aldine De Gruyter.

Hiraishi, K. , Yamagata, S. , Shikishima, C. , & Ando, J. (2008). Maintenance of genetic variation in personality through control of mental mechanisms: A test of trust, extraversion, and agreeableness. *Evolution and Human*

Behavior, 29(2), 79–85.

Hjelle, L. A., & Ziegler, D. J. (1976). *Personality theory: Basic assumptions, research, and theory.* New York, NY: McGraw-Hill.

Hjelle, L. A., & Ziegler, D. J. (1981). *Personality theories: Basic assumptions, research, and applications.* New York, NY: McGraw-Hill.

Hjelle, L. A., & Ziegler, D. J. (1992). *Personality theories: Basic assumptions, research, and applications* (3rd ed.). London: McGraw-Hill.

Hoffman, E. (1988). *The right to be human: A biography of Abraham Maslow.* New York, NY: St. Martin's Press.

Hoffman, L. W. (1991). The influence of the family environment on personality: Accounting for sibling differences. *Psychological Bulletin, 110*(2), 187–203.

Horney, K. (1926). The flight from womanhood: The masculinity complex in women as viewed by men and by women. *International Journal of Psychoanalysis, 7*, 324–329.

Horney, K. (1937). *The neurotic personality of our time.* New York, NY: Norton.

Horney, K. (1942). *Self analysis.* New York, NY: Norton.

Horney, K. (1945). *Our inner conflicts: A constructive theory of neurosis.* New York, NY: Norton.

Horney, K. (1950). *Neurosis and human growth: The struggle toward self-realization.* New York, NY: Norton.

Horney, K. (1967). *Feminine psychology.* New York, NY: Norton.

Hull, C. L. (1934). The concept of the habit-family hierarchy, and maze learning. Part I. *Psychological Review, 41*(1), 33.

Hundt, N. E., Nelson-Gray, R. O., Kimbrel, N. A., Mitchell, J. T., & Kwapil, T. R. (2007). The interaction of reinforcement sensitivity and life events in the prediction of anhedonic depression and mixed anxiety-depression symptoms. *Personality and Individual Differences, 43*(5), 1001–1012.

Hyman, S. (1999). Susceptibility and "second hits". In R. Conlan (Ed.), *States of mind.* New York, NY: Wiley.

Jang, K. L., Livesley, W. J., & Vernon, P. A. (1996). The genetic basis of personality at different ages: A cross-sectional twin study. *Personality and Individual Differences, 21*(2), 299–301.

Jang, K. L., Livesley, W. J., Riemann, R., Vernon, P. A., Hu, S., Angleitner, A., et al. (2001). Covariance structure of neuroticism and agreeableness: A twin and molecular genetic analysis of the role of the serotonin transporter gene. *Journal of Personality and Social Psychology, 81*(2), 295–304.

John, O. P. (1989). Towards a taxonomy of personality descriptors. In D. M. Buss & N. Cantor (Eds.), *Personality psychology: Recent trends and emerging directions* (pp. 261–271). New York, NY: Springer-Verlag.

John, O. P., Naumann, L. P., & Soto, C. J. (2008). Paradigm shift to the integrative Big Five trait taxonomy: History, measurement, and conceptual issues. In O. P. John, R. W. Robins & L. A. Pervin (Eds.), *Handbook of personality: Theory and research* (pp. 114–158). New York, NY: Guilford.

John, O. P., & Srivastava, S. (1999). The Big Five trait taxonomy: History, measurement, and theoretical perspectives. In L. A. Pervin & O. P. John (Eds.), *Handbook of personality: Theory and research* (2nd ed., pp. 102–138). New York: Guilford Press.

Johnson, A. M., Vernon, P. A., & Feiler, A. R. (2008). Behavioral genetic studies of personality: An introduction and review of the results of 50+ years of research. In G. J. Boyle, G. Matthews & D. H. Saklofske (Eds.), *The SAGE handbook of personality theory and assessment* (Vol. 1, pp. 145–173). Thousand Oaks, CA: Sage Publications.

Jones, A. H. (1915). The method of psychology. *Journal of Philosophy, 12*, 462–471.

Jung, C. G. (1923). *Psychological types*. New York, NY: Harcourt.

Jung, C. G. (1963). *Memories, dreams, reflections*. New York, NY: Pantheon.

Jung, C. G. (1965). *Two essays on analytical psychology*. New York, NY: Meridian.

Jung, C. G. (1969). *The structure and dynamics of the psyche* (2nd ed.). Princeton, NJ: Princeton University Press.

Jung, C. G. (1971). *Psychological types* (Trans., R. F. C. Hull). *Collected Works Vol. 6*. Princeton, NJ: Princeton University Press.

Kagan, J., Snidman, N., Arcus, D., & Reznick, J. S. (1994). *Galen's prophecy: Temperament in human nature*. New York, NY: Basic Books.

Kanazawa, S. (2004). Social sciences are branches of biology. *Socio-Economic Review, 2*(3), 371–390.

Kelly, G. A. (1955). *The psychology of personal construct* (Vols. 1 and 2). New York, NY: Norton.

Kenrick, D. T., & Funder, D. C. (1988). Profiting from controversy:

Lessons from the person-situation debate. *American Psychologist*, *43*(1), 23–34.

Kenrick, D. T., Neuberg, S. L., Griskevicius, V., Becker, D. V., & Schaller, M. (2010). Goal-driven cognition and functional behavior: The fundamental-motives framework. *Current Directions in Psychological Science*, *19*(1), 63–67.

Kesler, M. L., Andersen, A. H., Smith, C. D., Avison, M. J., Davis, C. E., Kryscio, R. J., et al. (2001). Neural substrates of facial emotion processing using fMRI. *Cognitive Brain Research*, *11*(2), 213–226.

Kim, H. N., & Kim, H. L. (2011). Trends and directions in personality genetic studies. *Genomics and Informatics*, *9*(2), 45–51.

King, J. E., & Figueredo, A. J. (1997). The five-factor model plus dominance in chimpanzee personality. *Journal of Research in Personality*, *31*(2), 257–271.

Kircher, T. T. J., Senior, C., Phillips, M. L., Benson, P. J., Bullmore, E. T., Brammer, M., et al. (2000). Towards a functional neuroanatomy of self-processing: Effects of faces and words. *Cognitive Brain Research*, *10*(1–2), 133–144.

Klayman, J., & Ha, Y. W. (1987). Confirmation, disconfirmation, and information in hypothesis testing. *Psychological Review*, *94*, 211–228.

Klein, M. (1928). Early stages of the Oedipal conflict. *International Journal of Psychoanalysis*, *9*, 167–180.

Klein, M. (1932). *The psychoanalysis of children*. Oxford, United Kingdom: Hogarth Press.

Klein, M. (1952). Some theoretical conclusions regarding the emotional life of the infant. In J. Riviere (Ed.), *Developments in psycho-analysis* (pp. 198–236). London: Hogarth Press.

Klein, M. (2013). *Envy and gratitude: A study of unconscious sources*. New York, NY: Routledge.

Klein, M. (2018). The Oedipus complex in the light of early anxieties. In *The Oedipus complex today* (pp. 11–82). New York, NY: Routledge.

Kluckhohn, C., & Murray, H. A. (1961). Personality formation: The determinants. In C. Kluckhohn, H. A. Murray & D. M. Schneider (Eds.), *Personality in nature, society, and culture* (2nd ed., pp. 53–67). New York, NY: Knopf.

Knutson, B., Wolkowitz, O. M., Cole, S. W., Chan, T., Moore, E. A., Johnson, R. C., et al. (1998). Selective alteration of personality and social behavior by serotonergic intervention. *The American Journal of*

Psychiatry, 155(3), 373-379.
Kohn, P. M., Hunt, R. W., & Hoffman, F. M. (1982). Aspects of experience seeking. *Canadian Journal of Behavioural Science*, 14(1), 13-23.
Krcmar, M., & Cooke, M. C. (2001). Children's moral reasoning and their perceptions of television violence. *Journal of Communication, 51*, 300-316.
Krippner, S. (1972). The plateau experience. *Journal of Transpereonal Psychology, 4*, 107-120.
Kroger, J. (1989). *Identity in adolescence: The balance between self and other*. London: Routledge.
Kroger, J. (2000). Ego identity status research in the new millennium. *International Journal of Behavioral Development*, 24(2), 145-148.
Larsen, R. J., & Buss, D. M. (2005). *Personality psychology: Domains of knowledge about human nature* (2nd ed.). New York, NY: McGraw-Hill.
Lesch, K. P., Bengel, D., Heils, A., Sabol, S. Z., Greenberg, B. D., Petri, S., ... & Murphy, D. L. (1996). Association of anxiety-related traits with a polymorphism in the serotonin transporter gene regulatory region. *Science*, 274(5292), 1527-1531.
Liebert, R. M., & Spiegler, M. D. (1990). *Personality: Strategies and issues*. Brooks/Cole Pub. Co.
Liebert, R. M., & Spiegler, M. D. (1998). *Personality: Strategies and issues* (8th ed.). Belmont, CA: Wadsworth Publishing.
Liebert, R. M., & Baron, R. A. (1972). Short-term effects of televised aggression on children's aggressive behavior. In J. P. Murray, E. A. Rubinstein & G. A. Comstock (Eds.), *Television and social behavior* (Vol.2): *Television and social learning* (pp. 181-201). Washington, DC: Government Printing Office.
Loehlin, J. C. (1989). Partitioning environmental and genetic contributions to behavioral development. *American Psychologist*, 44(10), 1285-1292.
Loehlin, J. C. (1992). *Genes and environment in personality development*. Thousand Oaks, CA: Sage Publications.
Loehlin, J. C., & Martin, N. G. (2001). Age changes in personality traits and their heritabilities during the adult years: Evidence from Australian twin registry samples. *Personality and Individual Differences, 30*(7), 1147-1160.
Lowry, R. J. (1973). *A. H. Maslow: An intellectual portrait*. Thomson,

GA: Brooks/Cole.
Lykken, D. (1999). *Happiness: What studies on twins show us about nature, nurture, and the happiness set-point*. New York, NY: Golden Books.
Lynch, M., & Walsh, B. (1998). *Genetics and analysis of quantitative traits* (Vol. 1, pp. 535 - 557). Sunderland, MA: Sinauer.
MacDonald, K. (2005). Personality, evolution, and development. In R. Burgess & K. MacDonald (Eds.), *Evolutionary perspectives on human development*(2nd ed., pp. 207 - 242). Thousand Oaks, CA: Sage.
Mairet, P. (1964). *Alfred Adler: Problems of neurosis: A book of case studies*. New York, NY: Harper & Row.
Maltby, J., Day, L., & Macaskill, A. (2010). *Personality, individual differences and intelligence* (2nd ed.). London: Saffron House.
Mancuso, J. C., & Adams-Webber, J. R. (1982). *The construing person*. Praeger Publishers.
Manuck, S. B., Bleil, M. E., Peterson, K. L., Flory, J. D., Mann, J. J., Ferrell, R. E., et al. (2005). The socio-economic status of communities predicts variation in brain serotonergic responsivity. *Psychological Medicine: A Journal of Research in Psychiatry and the Allied Sciences, 35* (4), 519 - 528.
Marcia, J. E. (1966). Development and validation of ego-identity status. *Journal of Personality and Social Psychology, 3*, 551 - 558.
Marcia, J. E. (1993). The status of the statuses: Research review. In J. E. Marcia, A. S. Waterman, D. R. Matteson, S. L. Archer & J. L. Orlofsky (Eds.), *Ego identity: A handbook of psychological research* (pp. 22 - 41). New York, NY: Springer-Verlag.
Maslow, A. H. (1943). A theory of human motivation. *Psychological Review, 50*, 370 - 396.
Maslow, A. H. (1954). *Motivation and personality*. New York, NY: Harper & Row.
Maslow, A. H. (1962). *Toward a psychology of being*. New York, NY: Van Nostrand.
Maslow, A. H. (1967). Self-actualizing and beyond. In J. T. Bugental (Ed.), *Challenges of humanistic psychology* (pp. 279 - 285). New York, NY: McGraw-Hill.
Maslow, A. H. (1970a). *Motivation and personality* (Rev. ed.). New York, NY: Harper & Row.
Maslow, A. H. (1970b). *Motivation and personality* (2nd ed.). New York, NY: Harper & Row.

Maslow, A. H. (1971). *The farther reaches of human nature*. New Yolk, NY: Viking.

Maslow, A. H. (1987). *Motivation and personality* (3rd ed.). New York, NY: Harper & Row.

Mathes, E. W. (1978). Self-actualization, metavalues, and creativity. *Psychological Reports, 43*, 215–222.

May, R. (1950). *The meaning of anxiety*. New York, NY: Ronald Press.

May, R. (1953). *Man's search for himself*. New York, NY: Norton.

May, R. (1958). *Existence: A new dimension in psychiatry and psychology*. New York, NY: Basic Books.

May, R. (1967). *The art of counseling*. Nashville, TN: Abingdon Press.

May, R. (1969). *Existential psychology* (2nd ed.). New York, NY: Random House.

May, R. (1969). *Love and will* (1st ed.). New York, NY: Norton.

May, R. (1973). Existential psychology. In T. Millon (Ed.), *Theories of psychopathology and personality* (pp. 263–271). Philadelphia, PA: Saunders.

May, R. (1983). *The discovery of being*. New York, NY: W. W. Norton.

Mayer, J. D. (1998). A systems framework for the field personality. *Psychological Inquiry, 9*(2), 118–144.

McAdams, D. P. (1992). The five-factor model in personality: A critical appraisal. *Journal of Personality, 60*, 329–361.

McAdams, D. P. (1996). Personality, modernity, and the storied self: A contemporary framework for studying persons. *Psychological Inquiry, 7*(4), 295–321.

McAdams, D. P., & Pals, J. L. (2006). A new Big Five: Fundamental principles for an integrative science of personality. *American Psychologist, 61*(3), 204.

McClellan, J., & King, M. C. (2010). Response: Why it is time to sequence. *Cell, 142*(3), 353–355.

McCrae, R. R. (1996). Social consequences of experiential openness. *Psychological Bulletin, 120*(3), 323.

McCrae, R. R. (2002). Cross-cultural research on the five-factor model of personality. In W. J. Lonner, D. L. Dinnel, S. A. Hayes & D. N. Sattler (Eds.), *Online readings in psychology and culture* (Unit 6, Chapter 1). Center for Cross-Cultural Research, Western Washington University, Bellingham, Washington USA.

McCrae, R. R., & Costa, P. T. (1992). Discriminant validity of NEO-PIR facet scales. *Educational and Psychological Measurement*, 52 (1), 229 - 237.

McCrae, R. R., & Costa, P. T. (1999). A five-factor theory of personality. In L. A. Pervin & O. P. John (Eds.), *Handbook of personality: Theory and research* (Vol. 2, pp. 139 - 153). New York, NY: Guilford Press.

McCrae, R. R., & Costa, P. T. (1996). Toward a new generation of personality theories: Theoretical contexts for the five-factor model. In J. S. Wiggins (Ed.), *The five-factor model of personality* (pp. 51 - 87). New York, NY: Guilford Press.

McCrae, R. R., & Terracciano, A. (2005). Universal features of personality traits from the observer's perspective: Data from 50 cultures. *Journal of Personality and Social Psychology*, 88(3), 547 - 561.

McCrae, R. R., Costa, P. T., Ostendorf, F., Angleitner, A., Hřebíčková, M., Avia, M. D., ... & Saunders, P. R. (2000). Nature over nurture: Temperament, personality, and life span development. *Journal of Personality and Social Psychology*, 78(1), 173 - 186.

McCrae, R. R., Costa, P. T., De Lima, M. P., Simões, A., Ostendorf, F., Angleitner, A., ... & Chae, J. H. (1999). Age differences in personality across the adult life span: Parallels in five cultures. *Developmental Psychology*, 35(2), 466.

McMains, M. J., & Liebert, R. M. (1968). Influence of discrepancies between successively modeled self-reward criteria on the adoption of a self-imposed standard. *Journal of Personality and Social Psychology*, 8(2), 166 - 171.

Metzner, R. J. (1994). Prozac Is Medicine, Not a Miracle. *Los Angeles Times*.

Midgley, N. (2012). *Reading Anna Freud*. New York, NY: Routledge.

Miller, N. E., & Dollard, J. (1941). *Social learning and imitation*. New Haven, CT: Yale University Press.

Mischel, W. (1968). *Personality and assessment*. New York, NY: Wiley.

Mischel, W. (1973). Toward a cognitive social learning reconceptualization of personality. *Psychological Review*, 80(4), 252 - 283.

Mischel, W. (1981). Metacognition and the rules of delay. In J. Flavell & L. Ross (Eds.), *Cognitive development frontiers and possible futures*. New York, NY: Cambridge University Press.

Mischel, W. (1984). Convergences and challenges in the search for consistency. *American Psychologist*, 39(4), 351 - 364.

Mischel, W., & Baker, N. (1975). Cognitive appraisals and transformations in delay behavior. *Journal of Personality and Social Psychology, 31*(2), 254-261.

Mischel, W., & Ebbesen, E. B. (1970). Attention in delay of gratification. *Journal of Personality and Social Psychology, 16*(2), 329-337.

Mischel, W., & Moore, B. (1973). Effects of attention to symbolically presented rewards on self-control. *Journal of Personality and Social Psychology, 28*(2), 172-179.

Mischel, W., & Shoda, Y. (1995). A cognitive-affective system theory of personality: Reconceptualizing situations, dispositions, dynamics, and invariance in personality structure. *Psychological Review, 102*(2), 246-268.

Mischel, W., & Shoda, Y. (2008). Integrating dispositions and processing dynamics within a unified theory of personality: The cognitive-affective personality system. In O. P. John, R. W. Robins & L. A. Pervin (Eds.), *Handbook of personality: Theory and research* (3rd ed., pp. 208-241). New York, NY: Guilford.

Mischel, W., Ebbesen, E. B., & Zeiss, A. R. (1972). Cognitive and attentional mechanisms in delay of gratification. *Journal of Personality and Social Psychology, 21*(2), 204-218.

Mischel, W., Shoda, Y., & Peake, P. K. (1988). The nature of adolescent competencies predicted by preschool delay of gratification. *Journal of Personality and Social Psychology, 54*(4), 687-696.

Mischel, W., Shoda, Y., & Smith, R. E. (2004). *Introduction to personality: Toward an integration* (7th ed.). Hoboken, NJ: John Wiley & Sons.

Murray, H. A., & Kluckhohn, C. (1953). Personality in nature. *Society and Culture, 9*, 701-716.

Neimeyer, R. A. (1985). *The development of personal construct psychology*. Lincoln, NE: University of Nebraska Press.

Nesselroade, J. R., & Cattell, R. B. (1988). *Handbook of multivariate experimental psychology* (2nd ed.). New York, NY: Plenum.

Nettle, D. (2005). An evolutionary approach to the extraversion continuum. *Evolution and Human Behavior, 25*, 363-373.

Nettle, D. (2006). The evolution of personality variation in humans and other animals. *American Psychologist, 61*, 622-631.

Nettle, D. (2007). Individual differences. In R. I. M. Dunbar & L. Barrett (Eds.), *Oxford handbook of evolutionary psychology* (pp. 479-490). Oxford, United Kingdom: Oxford University Press.

Nettle, D. (2011). Evolutionary perspectives on the Five-Factor model of personality. In D. M. Buss & P. H. Hawley (Eds.), *The evolution of personality and individual differences* (pp. 5 - 28). Oxford, UK: Oxford University Press.

Norman, W. T. (1963). Toward an adequate taxonomy of personality attributes: Replicated factor structure in peer nomination personality ratings. *Journal of Abnormal and Social Psychology, 66*, 574 - 583.

Öhman, A. (2002). Automaticity and the amygdala: Nonconscious responses to emotional faces. *Current Directions in Psychological Science, 11*(2), 62 - 66.

Öhman, A., & Mineka, S. (2001). Fears, phobias, and preparedness: Toward an evolved module of fear and fear learning. *Psychological Review, 108*(3), 483 - 522.

Orgler, H. (1963). *Alfred Adler: The man and his work*. New York, NY: Liveright.

Parisi, T. (1987). Why Freud failed: Some implications for neurophysiology and sociobiology. *American Psychologist, 42*, 235 - 245.

Passini, F. T., & Norman, W. T. (1966). A universal conception of personality structure? *Journal of Personality and Social Psychology, 4*(1), 44 - 49.

Pearce, J. (2003). Personal profile: Robert Plomin. *Child and Adolescent Mental Health, 8*(1), 40.

Pedersen, N. L., Plomin, R., McClearn, G. E., & Friberg, L. (1988). Neuroticism, extraversion, and related traits in adult twins reared apart and reared together. *Journal of Personality and Social Psychology, 55*(6), 950 - 957.

Pervin, L. A. (1995). *The science of personality*. Oxford, UK: Oxford University Press.

Pervin, L. A. (2002). *Current controversies and issues in personality* (3rd ed.). John Wiley & Sons, Inc.

Pervin, L. A. (2003). *Personality: The science of personality* (2nd ed.). New York, NY: Oxford University Press.

Pervin, L. A., & John, O. P. (1999). *Handbook of personality: Theory and research* (2nd ed.). New York, NY: Guilford Publications.

Pickering, A. D. (1997). The conceptual nervous system and personality: From Pavlov to neural networks. *European Psychologist, 2*(2), 139 - 163.

Pickering, A. D., Corr, P. J., & Gray, J. A. (1999). Interactions and reinforcement sensitivity theory: A theoretical analysis of Rusting and

Larsen. *Personality and Individual Differences, 26*(2), 357–365.

Plomin, R., & Bergeman, C. S. (1991). The nature of nurture: Genetic influence on "environmental" measures. *Behavioral and Brain Sciences, 14*(3), 373–427.

Plomin, R., & Crabbe, J. (2000). DNA. *Psychological Bulletin, 126*(6), 806–828.

Plomin, R., & Neiderhiser, J. M. (1992). Genetics and experience. *Current Directions in Psychological Science, 1*(5), 160–163.

Plomin, R., & Rende, R. (1991). Human behavioral genetics. *Annual Review of Psychology, 42*, 161–190.

Plomin, R., Chipuer, H. M., & Loehlin, J. C. (1990). Behavioral genetics and personality. In L. A. Pervin (Ed.), *Handbook of personality: Theory and research* (pp. 19). New York, NY: Guilford Press.

Plomin, R., DeFries, J. C., & McClearn, G. E. (2001). *Behavioral genetics* (4th ed.). New York, NY: Worth Pubs.

Quartz, S., & Sejnowski, T. (2000). Constraining constructivism: Cortical and sub-cortical constraints on learning in development. *Behavioral and Brain Sciences, 23*(5), 785–792.

Quartz, S., & Sejnowski, T. J. (1997). The neural basis of cognitive development: A constructivist manifesto. *Behavioral and Brain Sciences, 20*(4), 537–596.

Raine, A., Lencz, T., Bihrle, S., LaCasse, L., & Colletti, P. (2000). Reduced prefrontal gray matter volume and reduced autonomic activity in antisocial personality disorder. *Archives of General Psychiatry, 57*(2), 119–127.

Raleigh, M. J., & McGuire, M. T. (1991). Bidirectional relationships between tryptophan and social behavior in vervet monkeys. *Advances in Experimental Medicine and Biology, 294*, 289.

Ravaja, N., & Kallinen, K. (2004). Emotional effects of startling background music during reading news reports: The moderating influence of dispositional BIS and BAS sensitivities. *Scandinavian Journal of Psychology, 45*(3), 231–238.

Reeves, C. (1977). *The psychology of Rollo May*. San Francisco: Jossey-Bass.

Reiss, D. (1997). Mechanisms linking genetic and social influences in adolescent development: Beginning a collaborative search. *Current Directions in Psychological Science, 6*(4), 100–105.

Ridley, M. (1999). *Genome: The autobiography of a species in 23 chapters*. London: Fourth Estate.

Ridley, M. (2003). *Nature via nurture: Genes, experience, and what makes us human* (Vol. 289). New York, NY: Harper Collins.

Riemann, R., & De Raad, B. (1998). Editorial: Behaviour genetics and personality. *European Journal of Personality, 12*(5), 303–305.

Riemann, R., Angleitner, A., & Strelau, J. (1997). Genetic and environmental influences on personality: A study of twins reared together using the self-and peer report NEO-FFI scales. *Journal of Personality, 65*(3), 449–475.

Robinson, R. G., & Downhill, J. E. (1995). Lateralization of psychopathology in response to focal brain injury. In R. J. Davidson & K. Hugdahl (Eds.), *Brain asymmetry* (pp. 693–711). Cambridge, MA: The MIT Press.

Rogers, C. R. (1957). The necessary and sufficient conditions of therapeutic personality change. *Journal of Consulting Psychology, 21*, 95–100.

Rogers, C. R. (1959). A theory of therapy, personality, and interpersonal relationships, as developed in the client-centered framework. In S. Koch (Ed.), *Psychology: The study of a science* (Vol. 3, pp. 184–256). New York, NY: McGraw-Hill.

Rogers, C. R. (1961). *On becoming a person*. London: Constable.

Rogers, C. R. (1973). My philosophy of interpersonal relationships and how it grew. *Journal of Humanistic, 13*(2), 3–15.

Rogers, C. R. (1960). *A therapist's view of personal goals*. Pendle Hill Pamphlet 108. Wallingford, PA: Pendle Hill.

Rogers, C. R. (1980). *A way of being*. New York, NY: Houghton Mifflin Company.

Rogers, C. R. (1983). *Freedom to learn for the 80's*. Columbus, OH: Merrill.

Rogers, C. R. (1989). *The Carl Rogers reader*. Houghton Mifflin Harcourt.

Rogers, C. R., & Sanford, R. C. (1984). Client-centered psychotherapy. In H. I. Kaplan & B. J. Sadock (Eds.), *Comprehensive textbooks of psychiatry* (4th ed., pp. 1374–1388). Baltimore, MD: Williams & Wilkins.

Rossano, M. J. (2003). *Evolutionary psychology: The science of human behavior and evolution*. Bethesda, MD: Fitzgerald Science Press.

Rotter, J. B. (1954). *Social learning and clinical psychology*. Englowood Cliffs: Prentice-Hall.

Rotter, J. B. (1966). Generalized expectancies for internal versus external control of reinforcement. *Psychological Monographs, 80*, 1–28.

Rotter, J. B. (1967). A new scale for the measurement of interpersonal trust 1. *Journal of Personality, 35*(4), 651–665.

Rotter, J. B. (1971). Generalized expectancies for interpersonal trust. *American Psychologist, 26*(5), 443–452.

Rotter, J. B. (1975). Some problems and misconceptions related to the construct of internal versus external control of reinforcement. *Journal of Consulting and Clinical Psychology, 43*(1), 56–67.

Rotter, J. B. (1981). The psychological situation in social-learning theory. In D. Magnusson (Ed.), *Toward a psychology of situations: An interactional perspective* (pp. 169–178). New York, NY: Academic Press.

Rotter, J. B., & Hochreich, D. J. (1975). *Personality*. Glenview, Illinois: Scott, Foresman.

Rotter, J. B., & Mulry, R. C. (1965). Internal versus external control of reinforcement and decision time. *Journal of Personality and Social Psychology, 2*(4), 598–604.

Rotter, J. B., Chance, J. E., & Phares, E. J. (1972). *Applications of a social learning theory of personality*. Oxford, United Kingdom: Holt, Rinehart & Winston.

Rowe, D. C. (1993). Genetic perspectives on personality. In R. Plomin & G. E. McClearn (Eds.), *Nature, nurture and psychology* (pp. 179–195). Washington, DC: American Psychological Association.

Rowe, D. C., Vesterdal, W. J., & Rodgers, J. L. (1998). Herrnstein's syllogism: Genetic and shared environmental influences on IQ, education, and income. *Intelligence, 26*(4), 405–423.

Rusting, C. L., & Larsen, R. J. (1999). Clarifying Gray's theory of personality: A response to Pickering, Corr and Gray. *Personality and Individual Differences, 26*(2), 367–372.

Ryckman, R. M. (1997). *Theories of personality*. London, United Kingdom: Brooks/Cole.

Ryckman, R. M. (2004). *Theories of personality* (8th ed.). Belmont, CA: Wadsworth Publishing.

Ryckman, R. M. (2007). *Theories of personality*. Belmont, CA: Calif Wadsworth Pub.

Ryckman, R. M., Robbins, M. A., Thornton, B., Gold, J. A., & Kuehnel, R. H. (1985). Physical self-efficacy and actualization. *Journal of Research in Personality, 19*, 288–298.

Saucier, G., & Goldberg, L. R. (1996). The language of personality: Lexical perspectives on the five-factor model. In J. S. Wiggins (Ed.), *The five-factor model of personality: Theoretical perspectives (pp. 21 – 50). New York, NY: Guilford.

Saudino, K. J., & Plomin, R. (1996). Personality and behavioral genetics: Where have we been and where are we going? *Journal of Research in Personality, 30*(3), 335 – 347.

Schierman, M. J., & Rowland, G. L. (1985). Sensation-seeking and selection of entertainment. *Personality and Individual Differences, 6* (5), 599 – 603.

Schmidt, L. A., Fox, N. A., Rubin, K. H., Hu, S., & Hamer, D. H. (2002). Molecular genetics of shyness and aggression in preschoolers. *Personality and Individual Differences, 33*(2), 227 – 238.

Schroth, M. L. (1991). Dyadic adjustment and sensation seeking compatability. *Personality and Individual Differences, 12*(5), 467 – 471.

Schultz, D. P., & Schultz, S. E. (2001). *Theories of personality* (7th ed.). Belmont, CA: Wadsworth Thompson Learning.

Seagal, J. (2004). *Melanie Klein: Key figures in counselling and psychotherapy*. London: Sage Publications.

Shin, W. S. (1993). Self-actualization and wilderness attitudes: A replication. *Journal of Social Behavior and Personality, 8*, 241 – 256.

Shiner, R. L. (1998). How shall we speak of children's personalities in middle childhood? A preliminary taxonomy. *Psychological Bulletin, 124* (3), 308 – 332.

Shoda, Y., Mischel, W., & Wright, J. C. (1989). Intuitive interactionism in person perception: Effects of situation-behavior relations on dispositional judgments. *Journal of Personality and Social Psychology, 56*(1), 41 – 53.

Shoda, Y., Mischel, W., & Wright, J. C. (1994). Intra-individual stability in the organization and patterning of behavior: Incorporating psychological situations into the idiographic analysis of personality. *Journal of Personality and Social Psychology, 67*(4), 674 – 687.

Skinner, B. F. (1938). *The behavior of organisms*. New York, NY: Appleton-Century-Crofts.

Skinner, B. F. (1953). *Science and human behavior*. New York, NY: Free Press.

Skinner, B. F. (1971). *Beyond freedom and dignity*. New York, NY: Knopf.

Skinner, B. F. (1987). Whatever happened to psychology as the science of behavior? *American Psychologist, 42*, 780 – 786.

Smith, B. D., Davidson, R. A., Smith, D. L., Goldstein, H., & Perlstein, W. (1989). Sensation seeking and arousal: Effects of strong stimulation of electrodermal activation and memory task performance. *Personality and Individual Differences, 10*(6), 671‑679.

Smith, B. D., Perlstein, W. M., Davidson, R. A., & Michael, K. (1986). Sensation seeking: Differential effects of relevant, novel stimulation on electrodermal activity. *Personality and Individual Differences, 7* (4), 445‑452.

Stallings, M. C., Hewitt, J. K., Cloninger, C. R., Heath, A. C., & Eaves, L. J. (1996). Genetic and environmental structure of the Tridimensional Personality Questionnaire: Three or four temperament dimensions? *Journal of Personality and Social Psychology, 70*(1), 127‑140.

Stelmack, R. M. (1990). Biological bases of extraversion: Psychophysiological evidence. *Journal of Personality, 58*(1), 293‑311.

Stelmack, R. M., & Geen, R. G. (1992). The psychophysiology of extraversion. In A. Gale & M. W. Eysenck (Eds.), *Handbook of individual differences: Biological perspectives* (pp. 227‑254). Oxford, United Kingdom: John Wiley & Sons.

Steptoe, A., & Wardle, J. (2001). Locus of control and health behavior revisited: A multivariate analysis of young adults from 18 countries. *British Journal of Psychology, 92*(4), 659‑672.

Storr, A. (1991). *Jung*. New York, NY: Routledge.

Sulloway, F. J. (1996). *Born to rebel: Birth order, family dynamics, and creative lives*. New York, NY: Pantheon Books.

Sutton, S. K., & Davidson, R. J. (1997). Prefrontal brain asymmetry: A biological substrate of the behavioral approach and inhibition systems. *Psychological Science, 8*(3), 204‑210.

Svrakic, D. M., Whitehead, C., Przybeck, T. R., & Cloninger, C. R. (1993). Differential diagnosis of personality disorders by the seven-factor model of temperament and character. *Archives of General Psychiatry, 50* (12), 991‑999.

Symons, D. (1992). On the use and misuse of Darwinism in the study of human behavior. In J. Barow, L. Cosmides & J. Tooby (Eds.), *The adapted mind: Evolutionary psychology and the generation of culture* (pp. 137‑159). New York: Oxford University Press.

Taylor, S. E., Klein, L. C., Lewis, B. P., Gruenewald, T. L., Gurung, R. A. R., & Updegraff, J. A. (2000). Biobehavioral responses to stress in females: Tend-and-befriend, not fight-or-flight. *Psychological Review, 107*(3), 411‑429.

Thomas, A., & Chess, S. (1977). *Temperament and development*. Oxford,

United Kingdom: Brunner/Mazel.

Thompson, A. (2009). *Erich Fromm: Explorer of the human condition*. Palgrave Macmillan.

Thorne, B. (1992). *Carl Rogers*. London, United Kingdom: Sage.

Thronquist, M. H., Zuckerman, M., & Exline, R. V. (1991). Loving, liking, looking and sensation seeking in unmarried college couples. *Personality and Individual Differences, 12*(12), 1283–1292.

Thurstone, L. L. (1934). The vectors of mind. *Psychological Review, 41*(1), 1–32.

Tice, D. M., & Baumeister, R. F. (2001). The primacy of the interpersonal self. In C. Sedikides & M. B. Brewer (Eds.), *Individual self, relational self, collective self* (pp. 71–88). Ann Arbor, MI: Sheridan Books.

Tomarken, A. J., Davidson, R. J., & Henriques, J. B. (1990). Resting frontal brain asymmetry predicts affective responses to films. *Journal of Personality and Social Psychology, 59*(4), 791–801.

Tooby, J., & Cosmides, L. (1990). The past explains the present: Emotional adaptations and the structure of ancestral environments. *Ethology and Sociobiology, 11*(4–5), 375–424.

Trusty, J., & Lampe, R. E. (1997). Relationship of high-school seniors' perceptions of parental involvement and control to seniors' locus of control. *Journal of Counseling and Development, 75*(5), 375–384.

Tversky, A., & Kahneman, D. (1974). Judgment under uncertainty: Heuristics and biases. *Science, 185*(4157), 1124–1131.

Van Kaam, A. (1969). *Existential foundations of psychology*. Garden City, NY: Image Books.

Virkkunen, M., Rawlings, R., Tokola, R., & Poland, R. E. (1994). CSF biochemistries, glucose metabolism, and diurnal activity rhythms in alcoholic, violent offenders, fire setters, and healthy volunteers. *Archives of General Psychiatry, 51*(1), 20–27.

Walaskay, M., Whitbourne, S. K., & Nehrke, M. F. (1984). Construction and validation of an ego integrity status interview. *The International Journal of Aging and Human Development, 18*(1), 61–72.

Walker, B. M., & Winter, D. A. (2007). The elaboration of personal construct psychology. *Annual Review of Psychology, 58*(1), 453–477.

Wallerstein, R. S. (1995). Obituary: Erik Erikson (1902–1994). *International Journal of Psycho-Analysis, 76*, 173–175.

Waterman, A. S. (1985). Identity in the context of adolescent psychology. In A. S. Waterman (Ed.), *Identity in adolescence: Processes and contents* (pp. 5 - 24). San Francisco: Jossey-Bass.

Watson, J. B., & Rayner, R. (1920). Conditioned emotional reactions. *Journal of Experimental Psychology, 3*(1), 1.

Watson, J. B. (1930). *Behaviorism* (2nd ed.). New York, NY: Norton.

Wheeler, R. E., Davidson, R. J., & Tomarken, A. J. (1993). Frontal brain asymmetry and emotional reactivity: A biological substrate of affective style. *Psychophysiology, 30*(1), 82 - 89.

Wills, T. A., Windle, M., & Cleary, S. D. (1998). Temperament and novelty seeking in adolescent substance use: Convergence of dimensions of temperament with constructs from Cloninger's theory. *Journal of Personality and Social Psychology, 74*(2), 387 - 406.

Winnicott, D. W. (2005). Transitional objects and transitional phenomena. In D. W. Winnicott (Ed.), *Playing and reality* (2nd ed.). London: Routledge.

Zuckerman, M. (1971). Dimensions of sensation seeking. *Journal of Consulting and Clinical Psychology, 36*(1), 45 - 52.

Zuckerman, M. (1979). *Sensation seeking: Beyond the optimal level of arousal*. Hillsdale, NJ: Erlbaum.

Zuckerman, M. (1990). The psychophysiology of sensation seeking. *Journal of Personality, 58*(1), 313 - 345.

Zuckerman, M. (1991). *Psychobiology of personality*. New York, NY: Cambridge University Press.

Zuckerman, M. (1994). *Behavioral expressions and biosocial bases of sensation seeking*. New York, NY: Cambridge University Press.

Zuckerman, M. (2005). *Psychobiology of personality* (2nd ed., rev. & updated). New York, NY: Cambridge University Press.

Zuckerman, M. (2006). Sensation seeking in entertainment. In J. Bryant & P. Vorderer (Eds.), *Psychology of entertainment* (pp. 367 - 387). Mahwah NJ: Erlbaum.

Zuckerman, M., & Kuhlman, D. M. (2000). Personality and risk-taking: Common bisocial factors. *Journal of Personality, 68*(6), 999 - 1029.

Zuckerman, M., & Litle, P. (1986). Personality and curiosity about morbid and sexual events. *Personality and Individual Differences, 7*(1), 49 - 56.

Zuckerman, M., & Neeb, M. (1980). Demographic influences in sensation seeking and expressions of sensation seeking in religion, smoking and driving habits. *Personality and Individual Differences, 1*(3), 197 - 206.

Zuckerman, M., Bone, R. N., Neary, R., Mangelsdorff, D., & Brustman, B. (1972). What is the sensation seeker? Personality trait and experience correlates of the Sensation-Seeking Scales. *Journal of Consulting and Clinical Psychology, 39*(2), 308–321.

Zuckerman, M., Kuhlman, D. M., Thornquist, M., & Kiers, H. (1991). Five (or three) robust questionnaire scale factors of personality without culture. *Personality and Individual Differences, 12*(9), 929–941.

Zuckerman, M., Persky, H., & Link, K. E. (1969). The influence of set and diurnal factors on autonomic responses to sensory deprivation. *Psychophysiology, 5*(6), 612–624.

图书在版编目（CIP）数据

人格理论/郭永玉等著.—上海：上海教育出版社，2021.9
（人格心理研究丛书）
ISBN 978-7-5720-1034-7

Ⅰ.①人… Ⅱ.①郭… Ⅲ.①人格心理学 Ⅳ.①B848

中国版本图书馆CIP数据核字(2021)第175242号

责任编辑　徐凤娇
书籍设计　陆　弦

人格心理研究丛书
郭永玉　主编
Renge Lilun
人格理论
郭永玉　等著

出版发行	上海教育出版社有限公司
官　　网	www.seph.com.cn
地　　址	上海市永福路123号
邮　　编	200031
印　　刷	上海展强印刷有限公司
开　　本	640×965　1/16　印张 37.5　插页 6
字　　数	522 千字
版　　次	2021年9月第1版
印　　次	2021年9月第1次印刷
书　　号	ISBN 978-7-5720-1034-7/B·0028
定　　价	108.00 元（全二册）

如发现质量问题，读者可向本社调换　电话：021-64377165